金泳三 재평가

대통령과
임기를 함께한
문민정부
최장수 장관의
김영삼 評傳

오인환

조갑제닷컴

민주산악회 산행(마산 무학산). 1990.11.3

민주산악회 산행(도봉산).
1987.10.9

민주산악회 산행(북한산).
1987.9.19

명동성당에서 김수환 추기경의 소개로 요한 바오로 2세 가톨릭 교황과 면담하다. 1984.5.6

미국 워싱턴 내셔널프레스클럽의
'모닝뉴스메이커' 모임에 참석하여 연설하다.
1989.6.16

미국 뉴욕 월도프
아스토리아호텔에서
열린 노태우 대통령과
조지 부시 미국 대통령의
정상회담에 참석하다.
1991.9.23

헨리 키신저
전 미 국무부장관 자택을
방문하여 방소(訪蘇) 결과 및
한반도 관계를 논의하다.
1989.6.12

일본 도쿄에서
가이후 도시키
일본 총리와 회담,
한국과 약속한
일본의 對북한관계
5개 원칙을 지켜달라고
요청하다. 1991.9.18

제14대 대통령 취임식
1993.2.25

문민정부 초대내각 임명장 수여 후 전체 기념촬영(1열 왼쪽부터 이해구, 이민섭, 황인성, 대통령, 이경식, 한완상, 박희태 / 2열 이인제, 권영자, 권영해, 윤동윤, 오병문, 박양실, 황산성, 황길수 / 3열 박관용, 최창윤, 허신행, 김철수, 허재영, 이계익, 김시중, 홍재형, 한승주 / 4열 김덕, 김상철, 이병태, 오인환, 유경현, 김덕룡). 1993.2.26

청와대 본관에서 전직 대통령 오찬(최규하, 전두환, 노태우). 1994.1.10

청와대 첫 국무회의 후 칼국수 오찬. 1993.2.27

대통령 집무실에서 창밖을 내다보는
김영삼 대통령.

부모님께 큰절 올리는 대통령 내외.

시애틀 블레이크섬에서 개막된 APEC 정상회의에 참석해 클린턴 미국 대통령, 장쩌민(江澤民) 중국 국가
주석과 함께. 1993.11.20

휘호 '대도무문(大道無門)'을 쓰는
김영삼 대통령을 지켜보는
클린턴 미국 대통령.
1993.7.11

김영삼 대통령이 천안문광장 서쪽에 있는
인민대회당에서 열린 공식 환영식에서
의장대를 사열하는 모습.
1994.3.28

인민대회당에서
장쩌민 중국 국가주석이
주최한 만찬에 참석하여
우의를 다지고 있다.
1994.3.28.

러시아 대통령 별장에서
옐친 대통령과 함께.
1994.6.1

호소카와 일본총리와 단독 정상회담에서
한·일 양국의 동북아 지역에서의 역할분담과
북한의 핵문제에 대해 논의. 1994.3.24

야당 대표 시절 일본을 방문하여
다케시타 노보루(竹下登) 일본 총리와
반갑게 인사를 나누다. 1989.2

황궁으로 아키히토 일황(日皇)을 예방하여 환담을 나누는
김영삼 대통령 부부. 1994.3.24

넬슨 만델라 남아공 대통령과 함께
청와대 녹지원을 산책하고 있다.
1995.7.7

경찰병원을 찾아 농민 시위 과정에서
부상한 전경을 위문하다. 1994.2.3

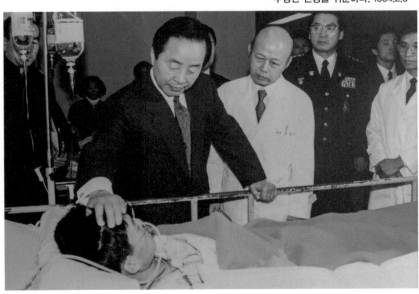

태릉선수촌을 방문, 히로시마 아시안게임에 대비해
훈련중인 선수들과 조깅하는 김영삼 대통령.
1994.1.8

유엔평화유지군 임무를 마치고
소말리아에서 귀국한 국군 상록수부대
장병들과 오찬. 1994.3.19

장·차관 신년하례에서 대통령 부부에게 인사하는 저자(=오인환). 1994.1.3

공보처 업무보고에 앞서
김영삼 대통령과 함께
국민의례를 하는 저자(오른쪽).
왼쪽은 이회창 국무총리.
1994.1.26

언론사 발행인 초청 오찬.
가운데가 저자.
공보처장관으로 배석.
1993.3.8

불굴의 민주투사,
23년 만에 재평가를 시도했다

젖먹이 시절 걸음마보다도 헤엄치기를 먼저 배웠다는 김영삼(金泳三) 전(前) 대통령은 바닷가 출신답게 뼛속까지 억센 기질이었다. 군부 독재와의 반평생에 걸친 싸움을 겪어야 했던 그는 늘 자신만만한 표정으로 사람들을 대했고, 끊임없이 고난과 위기를 겪으면서도 낙천가(樂天家)의 면모를 잃지 않던 인물이었다.

그러나 1997년 가을에 닥친 IMF 금융위기를 겪으며, 생애 처음으로 피곤하고 초췌해진 모습을 감추지 못했다.

고난을 당한 어느 국민보다도 더 큰 충격을 받았기 때문이었을 것이다.

그는 중학생 시절부터 벽에 '미래의 대통령'이라는 글을 써서 붙여놓는 권력 의지를 보였고, 대통령이 된 뒤에는 경제성장과 민주화 발전을 접목시키는 역사적 임무를 위해 혼신의 노력을 기울이던 사람이었다. 그런 만큼 그 누구보다도 실망과 좌절, 죄책감이 컸고, IMF에 대한 대처를 방해해 자신에게 실패를 안긴 다른 정치 세력을 향한 분노가 깊었다.

시련은 그것으로 끝나지 않았다. 한때 90%를 넘는 기록적인 고공 행진을 보이던 국민의 지지율도 곤두박질해 한 자릿수로 떨어졌는가 하면, 서거

하던 2015년까지도 다시 반등할 조짐을 보이지 않았다. 그가 반생(半生)에 걸쳐 쌓아놓은 공로와 업적까지 위협받는 흐름이 계속되고 있었던 것이다.

당시 여론조사의 추세를 보면 경제개발 신화의 주역 박정희(朴正熙)가 역대 대통령 가운데 지지율 1위였고, 철권통치로 민주화를 지연시킨 전두환(全斗煥)이 3저(低) 호황 시대를 잘 이끌었다는 평가 덕이었던지 4위를 차지하는 이변(異變)을 보였다.

민주화 운동의 막내이면서 민주화 공로는 김영삼, 김대중(金大中)과 비교할 수도 없는 처지의 노무현(盧武鉉)이 예상 외로 2위를 차지했고, 김대중이 3위였다. 민주화 운동의 제1 공로자이자 정권의 업적도 상위권이랄 수 있는 김영삼은 노태우(盧泰愚)와 함께 꼴찌 수준이었다.

김영삼의 지지율이 극도로 저조해진 것은 물론 IMF 경제 쇼크 때문이었다고 할 수 있다. 경제에 강한 군부 통치에 대한 평가가 상대적으로 크게 반영된 것도 IMF의 영향으로, 경제가 보다 중시(重視)되었기 때문이라 할 수 있었다.

그런데 간과할 수 없는 대목이 있었다. 한 여론조사에서 국민의 40% 가량이 "YS가 해낸 일이 별로 없었다."는 투의 부정적 평가를 내리고 있었다는 점이다. 현대사를 잘 아는 사람의 관점에서 보면, 그것은 역사적 실체에 반(反)하는 저평가로 여겨졌다.

구체적인 사실에 근거하지 않은 '묻지 마' 식(式)의 평가절하 현상으로 비쳤다. YS 참모들도 억울해했으나 당장 뾰족한 대응책이 있을 수 없었다.

대통령과 5년 임기를 같이한 최초의 장관이자 공보 책임자였던 필자는, 객관적인 역사 재평가를 구하는 노력을 통해 잘못된 인식을 바로 잡아야 한다고 생각했다. 그러나 재조명 시기가 문제였다.

함박눈이 온천지에 쏟아지고 있는데 빗자루를 들고 앞마당을 쓸어보

앉자 무슨 소용이 있겠는가? 격동의 시대인 만큼 세월이 10년쯤 지난 다음 나서는 것이 적절한 타이밍일 것이라는 판단이 들었다. 빠른 템포가 미덕(美德)인 한국적 현실에서는 걸맞지 않은 발상이었으나, 때를 기다리는 것도 하나의 방법일 수 있다고 보았다.

그런 연유로 해서 세월이 많이 흘렀다. 게다가 필자 개인의 사정도 겹쳐 문민정부가 끝난 지 23년, YS가 서거한 지 6년 만인 금년(2021년) 가을에 와서야 『金泳三 재평가』라는 평전을 세상에 내놓을 수 있게 되었다.

세월이 지나는 동안 필자는 틈틈이 현대사에 대한 심층 취재를 진행해 『이승만 평전-이승만의 삶과 국가』를 출간(2013년)했고, 아직 발간하지는 않았으나 『박정희 평전-박정희 리더십의 실체』도 집필을 마쳤다. 문민정부에 객관적으로 접근하기 위해서는 그 전의 권위주의 정부에 대해서도 연구가 필요하다고 보았기 때문이다.

그 사이 3김(金)이 김대중, 김영삼, 김종필의 순(順)으로 세상을 떠나 역사적 객관화의 대상이 되었다. 3김과 대결했던 노태우도 최근 별세했다. 얼기설기 엉키는 복잡한 사실관계도 세월에 따라 시야가 많이 정리되었다.

3김 스스로가 남긴 회고록을 비롯한 여러 가지 기록을 포함해 동(同)시대 정치인이나 학자, 언론인들의 저서와 증언이 모아지면서 '김영삼 재조명'에 대한 여건도 보다 성숙되었다.

김영삼은 6·25전쟁이 끝난 1950년대 중반인 이승만 시대에 정계 투신했으므로, 그의 정치 인생이 바로 야당사(野黨史)이자 현대사(現代史)이기도 한 특징을 안고 있다. 그래서 김영삼 평전은 여야(與野)와 상관없이 공정하고 객관적이게 쓰는 것이 원칙이 되었다.

사실(史實)을 사실(事實)대로 원용하여 김영삼의 발자취와 장단점, 그리고 공과(功過)를 있는 그대로 서술하면서 차분하게 분석하는 균형 잡힌 시각을 유지하느라 노력했다. 정적(政敵)이나 경쟁자들과의 관계를 언급하는 데 있어서도 형평성을 고려하지 않을 수 없었다.

따라서 특정인들에 대해 과도하게 칭찬이나 미화하는 것은 물론, 지나친 비판이나 폄하(貶下)와 왜곡(歪曲)이 없도록 신중을 기했다. 그러면서도 밝힐 것은 밝혀야 한다는 시대적 요구에 부응하고자 나름대로 애를 썼다. 적지 않은 관계자가 생존하고 있어 매우 어렵고 힘든 작업이었음을 밝히지 않을 수 없다.

30년 가까이 언론사에서 일한 필자가 YS의 선거 캠프에 들어가 대통령선거를 몸으로 체험한 뒤, 5년간 장관으로 일한 경험과 경력이 정치 현장을 나름의 눈으로 관찰·분석할 수 있는 내공(內功)을 주었다고 믿는다.

시간이 가면서 술이 익어 가듯이, 평전의 글도 세월과 함께 숙성돼 간다는 사실을 실감할 때가 더러 있었다. 어쨌거나 김영삼 일대기를 탄생에서 서거까지 집대성하는 결정판을 쓰게 된 것은 필자로서는 행운이었다.

후발(後發) 주자(走者)의 입장에서 그간의 많은 기록을 참고할 수 있었고, 관계자들의 감추어진 증언까지 확보해 비교분석하면서 역사의 실체에 더 가까이 접근할 수 있었다. 그러나 오랜 시간 기다린 것에 비례해 평전의 내용이 새로워지고 충실해졌는지에 대해선 자신하기가 어렵다.

재조명 대상 가운데 첫 번째는 아마도 IMF 금융위기에 대한 역사적 책임론에 관한 것이다. 김대중 정부는 IMF 위기 당시 경제팀이던 강경식 부총리와 김인호 청와대 경제수석을 위기의 주범(主犯), 환란(換亂)의 책임자로 보아 직무유기와 직권남용 등의 혐의로 구속기소했다. 김영삼 정부의 IMF 대응 실패를, 두 사람을 상징적으로 내세워 단죄한 것이다.

그러나 두 사람은 무죄로 풀려났다. 1심 법원은 27차례에 걸친 심리 끝에 무죄를 선고했다. 법원은 김대중 정부의 적폐 청산 의지나 여론의 향배에 관계없이 사법적인 판단을 내렸다. 2심 재판부도 1심의 무죄 양형을 유지하는 판결을 내렸고, 3심인 대법원에서도 그대로 인정돼 무죄가 확정되었다.

사법부는 문민정부의 경제 사령탑이던 두 사람의 직무유기와 직권남용 탓에 한국이 IMF 관리체제에 들어가게 되었다는 검찰의 공소 프레임을 인정하지 않았던 것이다.

물론 법원은 검찰이 기소한 부분에 대해서만 심리 판단한 것이고, IMF 사태 자체에 대한 본질적인 책임까지 확대해서 판단한 것은 아니었다.

그러나 판결이 가져온 파장은 크지 않을 수 없었다. 거시적으로 보아 IMF 금융위기에 대한 정확한 원인 규명 문제가 원점으로 되돌아왔다고 볼 수 있었기 때문이다

두 번째 재조명의 과제는 30년 동안 민주화 투쟁이 진행되는 과정에서, "가장 기여도가 높은 민주 인사가 누구였나?"라는 해묵은 궁금증에 관한 것이었다. 관계 기록이나 증언들을 종합해보면, 그 기간 중 투쟁 현장을 떠나지 않고 일관되게 민주화 투쟁에서 주도적 역할을 해온 사람은 김영삼임을 확인할 수 있었다.

그는 3공에 맞서 부마(釜馬)사태를 이끌어낸 주인공이었고, 5공 정권을 상대로 한 목숨을 건 단식 투쟁에 이어 신당(新黨) 돌풍의 주역이었다. 1990년 3당 합당 뒤에는 내각제로 세력을 유지하려는 6공 군부 세력과 싸워 직선제 선거를 쟁취하면서 문민정부를 창출했다.

그는 집권한 뒤 민주화 제도 개선에 나서 한국정치의 고질이던 부정, 관권, 금권 선거를 극복해냈다. 그렇게 돈이 들지 않는 선거를 치르도록 만들어, 명실공히 공명선거를 통해 여야가 정권을 교체하는 당당한 나라로 발돋움시켰다.

세 번째는 군부 통치 청산 작업을 제대로 마무리했다는 점이다. 하나회 제거 작업이 YS의 업적으로 인정되고 있긴 하지만, '역사 바로 세우기'를 통해 군부 세력의 뿌리까지 단죄함으로써 군부가 다시 정치에 개입할 수 있는 요소 자체를 원천봉쇄했다는 사실을 평가해야 할 것이다.

한국 사회가 친일 청산을 제대로 못한 후유증을 앓고 있는 현실에 비춰볼 때, 군부 통치 청산이 제대로 된 것은 그만큼 의의가 있는 것이다. 박정희가 5·16 쿠데타 때 연구 대상으로 삼았던 버마(=미얀마의 옛 이름) 군부가, 2021년 60년 만에 재등장한 것을 보면 한국의 군부 청산 성공의 역사적 의의가 읽히기도 한다.

네 번째로 김영삼이 시행한 금융실명제는 헌정사상 이승만의 토지개혁에 이어 가장 성공한 개혁의 하나가 되었다는 점이다. 금융실명제는 한국이 IT 강국으로 부상하면서 급성장하던 전산화(電算化)와 맞물려, 획기적으로 한국 사회를 투명하게 하는 전기(轉機)를 마련했다. 금융실명제로 정부 수립 이래 수십 년간 한국사회에 만연돼 있던 부정부패의 여지가 놀라울 만큼 줄어들었다.

다섯 번째로, 김영삼은 우리나라에서 처음으로 정보화시대를 연 지도자이기도 하다. 그는 체신부를 정보통신부로 개편하고 정보화 촉진법을 마련한 등 마스터플랜을 세운 뒤, 초고속 정보통신망(=광케이블)을 깔아 정보통신의 산업화를 추진했다. IT 강국으로 가는 정보화 기반을 닦은 것이다. 그는 정보화 역량과 문화와 IT 기술을 접목시키면서 한류(韓流)가 성장하는 기반도 조성했다.

필자의 힘만으로 방대한 현대사를 상대하기에는 벅차고 역부족이었다. 서울대학교 정치학과 강원택 교수가 이끄는 연구팀이 240여 명의 민주화운동 관련 인사들을 상대로 진행한 인터뷰의 생생한 녹취록이, 이 평전을 탄탄하게 만드는 힘이 되었다. 그 녹취록은 현재 「김영삼 민주센터」에 보관돼 있다. 녹취록에 참여한 관계자 모든 분들에게 심심한 경의의 말씀을 드리고 싶다.

회고록과 증언을 비롯하여 관계 자료를 남긴 각계 인사들과, 개인적으로 증언이나 도움말을 주신 분들께도 감사해야겠다. 만약 자료를 잘못 인용하거나 해석에 오류가 있는 등 이 평전에 잘못이 있다면, 그 책임은 전적으로 필자에게 있다는 사실을 밝혀두고자 한다.

출판계가 심한 불황인데도 선뜻 출판을 맡아준 조갑제(趙甲濟) 대표에게 경의를 표한다. 오랫동안의 집필 기간 중 관심과 격려를 아끼지 않은 친지와 가족에게도 고마움을 전한다. 특히 고된 작업을 강행하는 필자를 위한 뒷바라지는 물론, 컴퓨터 작업 같은 실무까지 지원해준 아내 김남희의 내조가 있었기에 평전의 완성도가 높아졌다고 굳게 믿는다.

이 책을 삼가 김영삼 전 대통령의 영전(靈前)에 바칠 수 있어 참으로 영광이다.

2021년 11월
방배동 자택에서 오인환

목 차

[제2부] 반정부(反政府) 정치인, 대통령이 되다

[제9부] "아시아에 이런 대통령도 있다니…"

제 1 부

사상 첫 트리플 '최연소 기록'

1장 사사오입(四捨五入)으로 뒤집힌 개헌안

    1954년, 김영삼(金泳三)은 이제 막 국회의원 출마 자격(=피선거권)을 얻은 26세의 청년이었다. 그런 그가 그해 5월20일로 예정된 제3대 총선에 출마하겠다고 나서자 집안 사람들은 이구동성(異口同聲), 반대했다.

    조혼(早婚) 풍습에 따라 일찍 결혼해 17세 때 외아들 김영삼을 두었던 40대 초반의 아버지 김홍조(金洪祚)는 스스로가 출마 권유(참의원)를 받기도 하는 입장인 데다가, 다른 출마자들과 친분이 있는 처지여서 입장이 거북했다. 그러나 아들의 설득으로 일찍감치 마음을 돌린 어머니의 고집 덕에 어렵게나마 집안 어른들의 허락을 받을 수 있었다.[1]

    북한군이 점령했던 지역에 비해 6·25전쟁의 피해가 거의 없는 경남 거제 출신인 김영삼은 정치적으로 복(福)을 타고난 처지였다. 168.5cm의 키에 다부진 체격의 호남형(好男型) 동안(童顏)인 데다가, 거제도에서 유일하게 배출한 서울대학교(문리대 철학과) 출신으로 웅변까지 잘했다. 또한 장택상(張澤相) 국무총리 밑에서 비서관을 지내며 경력을 다져온 정치 지망생이기도 했다.

    중학 시절부터 책상 앞 벽에 '미래의 대통령'이라고 쓴 종이를 붙여놓고 지낼 만큼 정치가가 꿈이었던 그는, 대학 재학 중 고향에 내려오면 야학을 열면서 동리 사람들과 낯을 익혔다. 그 후 비서관이 되고서도 지역 주민들에게 종종 안부 편지를 보내는 등 교류를 게을리하지 않았다.

그렇게 공을 들인 만큼 '김영삼'이라는 이름은 꽤 알려지게 되었다. 게다가 그의 집안 역시 지역에서 평판이 좋은 가문이었다. 여러 척의 어선을 소유하여 어업으로 성공한 그의 할아버지는 자신이 소유한 밭에다 거제도의 첫 교회를 짓고 개신교 신자가 된 자선가이기도 했다. 또 여장부(女丈夫) 스타일의 어머니는 가난한 이웃들을 보살펴주는 것으로 소문이 자자했다.

총선에 자유당 공천으로 출마한 김영삼은 초반부터 바람을 일으키며 선전(善戰)하여 2만770표를 획득했다. 그것은 차점자(1만4110표)보다 6600여 표가 많은 승리였다. 이렇게 26세에 당선됨으로써 헌정 사상 최연소 국회의원 기록을 세웠다. 지금까지 이 기록은 깨어지지 않고 있다.[2]

그러나 그해 11월27일 자유당이 초대 대통령(이승만)의 연임 제한 철폐를 규정한 개헌안(=사사오입 개헌안으로 불렸다)을 통과시키자, 이에 반발한 김영삼은 민관식(閔寬植)을 비롯한 동료들과 자유당을 탈당, 호헌동지회에 참여했다. 호헌동지회에는 야당인 민국당을 주축으로 무소속과 10여 명의 자유당 탈당파 등 60여 명이 가담해 새로운 원내 교섭단체를 만들었다. 바로 이 호헌동지회를 모태로 하여 본격적인 야당인 민주당이 창당된다. 김영삼은 7개월 만에 자유당 생활을 접고 야당 투사의 길로 접어든 것이다.[3]

개헌안은 국회 재적의원 203명 중 찬성 135표, 반대 60표, 기권 7표가 나와 개헌선인 3분의 2(=136표)에 1표가 미달된 것으로 집계되었다. 이에 최순주 부의장이 개헌안의 부결을 선포했다. 그러나 자유당 강경파가 서울대 교수인 수학자를 동원해 사사오입(四捨五入)이라는 기발한 묘안을 내세웠다.

203명의 3분의 2는 수학적으로는 136이 아니고 135.333이므로 이를 사사오입하면 135가 된다는 주장이었다. 이런 주장에 따라 전날 부결된 개헌안이 뒤집히면서 통과가 선포된 것이다.

이승만의 군부(軍部) 분할 통치

민국당은 전신(前身)인 한민당이 당 이미지를 쇄신하기 위해 당명을 바꾼 것이어서 그 모태는 한민당이라 할 수 있었다. 한민당은 해방 정국에서 건국의 제1공로(功勞) 세력이었다. 하지만 건국의 파트너였던 이승만(李承晩) 대통령의 견제로 결별, 야당의 길을 택하게 되었다.

한민당은 주도 세력 가운데 지주나 토호 출신이 많고, 친일 경력자도 많았다. 그 바람에 체질과 성향으로 보아 '여당 같은 야당'이라는 소리를 들었다.

더구나 반(反) 이승만 노선을 걸으면서 동력이 떨어지고 세력이 약화되었다. 그로 인해 신익희(申翼熙), 지청천(池靑天) 등 항일 투쟁 세력을 영입해 정체성을 강화하면서 민국당으로 당 이름을 바꿨던 것이다. 그 뒤 사사오입 개헌 파동을 계기로 반(反) 이승만 세력을 규합, 새로 민주당을 창당했다. 선명(鮮明) 야당의 출현이었다.[4]

그 이후 민주당은 이승만 독재와 싸웠다. 박정희(朴正熙), 전두환(全斗煥)의 군사 정권과도 치열하게 투쟁하며 민주화 운동에 앞장섰다. 민주당은 대표최고위원에 신익희, 최고위원에 조병옥(趙炳玉), 장면(張勉)을 선출했다. 윤보선(尹潽善)은 의원부장, 유진산(柳珍山)이 노동부장이었다. 김영삼은 중앙당의 청년부장이면서 경남도당 부위원장을 겸하게 되었다. 최연소 의원이 중책을 맡은 셈이었다.[5]

김영삼은 3대 국회 재임 중 법사위, 내무위, 국방위 등 상임위에서 활약했다. 또한 신익희 대표를 노리는 두 개의 탄압 사건에 대한 특별조사위 위원으로도 참여했다.

그중 하나는 신익희가 1953년 영국 엘리자베스 2세 여왕 대관식에 참석했다가, 경유지인 인도 뉴델리에서 북한의 조소앙과 만났다는 폭로가 근거 없는 비방임을 밝혀낸 것이었다. 다른 하나는 그 이듬해 12월, 신익희의 자택에 '인민공화국 최고위원회' 명의의 불온문서가 배달된 사건이었다. 특별조사에서 그 문서가 북한 공작원이 아니라, 김창룡(金昌龍) 특무부대장과 함께 이승만의 총애를 받고 있던 원용덕(元容德) 헌병 총사령관의 지시로 저질러진 정치적 모략임이 드러났다. 조사특위는 "의법 처단해야 한다"고 정부에 촉구했다.[6]

1955년 10월10일, 국회에서 [대구매일신문] 피습 사건을 조사할 당시 조사단장인 자유당의 최창섭 의원이 "백주의 테러는 테러가 아니다"고 궤변을 늘어놓았다. 그러자 김영삼이 등단해 "백주의 테러가 테러가 아니라면 백주의 강도도 강도가 아니란 말인가?"라고 신랄하게 반격했다. 국회에서 그가 행한 처녀 발언이었다.

김영삼이 단상에서 내려오자 신익희, 조병옥, 장택상 등 거물들이 악수를 청하며 격려했다. 그 이후에도 김영삼은 대구시 개표 중단 사건, 7·27 의원 데모 피습 사건, 장면 부총리 저격 미수 사건 등에 대한 대(對)정부 질문에서 눈에 띄게 활약함으로써 '야당의 맹장(猛將)'이라는 별명을 얻었다.[7]

이승만은 6·25전쟁을 치르면서 거대한 공룡처럼 비대해진 군부를 상대로 분할 통치를 시도했다. 함경도 인맥의 정일권(丁一權) 대장(=만주군관학교 출신으로 박정희의 3년 선배였다), 평안도 출신의 백선엽(白善燁) 대장(=만군 출신이며 밴플리트 유엔군사령관을 비롯한 미군 장성들이 인정한 한국군 최고의 전투 지휘관이었다), 충청도 사람인 이형근(李亨根) 대장(=

일본 육사 출신으로 군번이 1번이었다) 등 대장 3명의 정립(鼎立) 체제를 통해 견제와 균형을 찾았다.

그 위에 군 수사기관들로 하여금 이들을 감시·견제케 하는 2중장치도 두었다. 그런데 여·순(麗順)사건 때 군 내부의 공산주의자 색출에서 큰 공을 세우는 등 반공 활동으로 대통령의 신임이 두터워진 특무부대장 김창룡이 독주하게 되면서 균형이 깨졌다.

참모총장 정일권이 위기를 느꼈고, 함경도 인맥의 2인자인 강문봉(姜文奉) 중장이 예비역 대령 허태영을 시켜 출근길의 김창룡을 저격, 살해했다. 1956년 1월30일 발생한 '김창룡 피살 사건'이다. 사건 발생 후 정일권이 지휘 책임을 지고 물러나면서 후임 이형근 총장이 배후 조사를 더 하도록 지시했다. 또한 백선엽이 사건에 대한 군사재판의 재판장으로 등장하면서 군 상층부의 갈등과 대결 구도가 심각한 상황으로 접어들었다.[8]

이 과정에서 국회 국방위 소속이던 김영삼은 같은 당 소속인 이철승(李哲承) 의원과 함께 진상조사에 나섰다. 김영삼은 "일국의 참모총장을 심증만으로 희생양 삼으려 하는가?"라면서 정부를 강하게 압박했다.

궁지에 몰리고 있던 정일권은 야당 지도자 조병옥에게 은밀하게 구명운동을 펴고 있었다. 조병옥은 진상 조사에서 활발한 활동을 편 김영삼에게 "이번에 수고했네. 정일권 같은 사람은 우리 군에 꼭 필요한 사람이야. 두 사람이 잘 지내시게"라면서 만남을 주선해주었다.[9]

사태의 폭발성을 누구보다도 잘 알고 있던 이승만은 강문봉만 구속하는 선에서 사건을 마무리하게 지시하는 한편, 세 대장을 퇴진시키는 인사조치로 불을 껐다. 이승만은 정일권과 이형근을 외국에 대사로 내보내고, 신임이 큰 백선엽만 참모총장으로 재기용했다. 그리고 군사령관에 송요찬(宋堯讚), 합참의장에 유재흥(劉載興) 중장을 발탁해 새로운 세 명의 장군에 의한 정립 체제를 만들어 군부 분할 관리 체제를 이어갔다.

김영삼은 50년 뒤 쓴 회고록에서 "허 대령은 내게 '만일 내가 김창룡을 죽이지 않았다면 그는 야당의 주요 인사들을 절반 넘게 죽였을 겁니다. 그러면 우리나라의 민주주의는 말살됐을 겁니다'고 침착하게 말했다"고 썼다. 또한 "지금도 그 말이 사실처럼 생각이 든다. 김창룡이 정말 무소불위의 힘을 휘두르던 때였다. 방향을 잃은 권력이 얼마나 무서운 재앙을 낳을 수 있는지를 보여주었다"고 회고했다.[10]

당시의 도움을 잊지 않고 있던 정일권은 36년이 지난 1992년 대통령선거 때 하와이에서 암 투병 중임에도 불구하고 서울로 와, 선거에 출마한 김영삼 후보를 위해 찬조 연설을 해준 얼마 뒤 고인이 되었다.[11]

부정선거로 생애 유일 낙선(落選)

사사오입 개헌안 변칙 처리를 계기로 김영삼은 강도 높은 대정부 규탄 발언을 통해 소장파를 대표하는 야당 투사로 성장해가고 있었다. 그는 신익희, 조병옥, 장면을 위시한 거물급 지도자들을 개인적으로 접촉하면서 정치를 배웠다.

특히 조병옥의 총애를 받아 자주 단둘이 아침식사를 하기도 했고, 저녁식사 자리에 수행할 때도 많았다. 김영삼은 조병옥의 신념과 철학, 인간됨과 그릇 크기에 깊이 빠져들었다. 그는 훗날 "우리나라 정치인 중에서 가장 멋있게 일하다가 돌아가신 분이다"고 조병옥을 회고했다.[12]

1956년 5월15일 실시되는 정·부통령 선거에 민주당은 신익희, 장면을 내세우고 선거전에 나섰다. 김영삼은 대통령 유세반의 일원으로 선거를 도왔다. 그러나 국민의 열띤 호응을 받고 있던 신익희 후보가 5월5일 유세를 위해 전북 이리로 가는 열차 안에서 뇌일혈로 쓰러져 서거했다. 충격을 받은 민주당은 큰 혼란에 빠졌으나 아직 부통령 선거가 남아 있었다.

당시 이승만은 81세의 고령이었다. 따라서 만약의 경우 대통령직 승계에 대비하여 부통령 선거가 그만큼 중요했다. 그로 인해 자유당도 잔뜩 긴장했다. 임시 대표 최고위원이 된 조병옥 역시 "장면만이라도 부통령에 당선시켜야 한다"면서 모두를 독려했다. 개표 결과 대통령에는 자유당의 이승만, 부통령에는 민주당의 장면이 당선되었다.

부통령 선거를 지휘하던 조병옥 최고가 어느 날 김영삼과 단둘이 만난 자리에서 "선거에는 현금이 필요한데 후원자들이 집문서만 가져다준다"면서 막바지 선거 자금난을 걱정했다. 그 이야기를 "집에서 어장을 경영하고 있으니 현금 조달이 가능하지 않겠느냐?"는 뜻으로 해석한 김영삼은 부친과 의논한 뒤, 서둘러 상당한 액수의 자금을 마련해주었다.

선거가 끝난 다음 조병옥은 "김 의원이 조달한 돈을 투·개표 참관인 비용으로 썼다"며 고마워했다. 이런 일화는 김영삼이 60년 뒤에 쓴 회고록을 통해 처음으로 세상에 공개되었다. 그것은 비록 초선이었으되 중진급 이상으로 어려운 형편에 놓인 당을 도왔다는 기록이 될 것이다.[13]

당 지도부의 신임을 받으며 잘 나가던 김영삼은 재선의 고비 길에서 낙선, 좌절하게 된다. 3대 국회 말인 1958년, 그는 중앙당의 종용을 받아들여 지역구를 거제에서 부산 서(西) 갑(甲)으로 옮겼다. 거제에서 다시 출마하면 당선이 확실하다는 공론이었으나, 앞으로의 정치적 입지를 위한다는 생각으로 부산을 택한 것이다.

당시 부산에는 10개의 지역구가 있었지만 모두 야당이 열세였다. 그러나 김영삼에게는 승산이 있었다. 그동안 꽤 유명세를 타고 있었고, 모교(母校)가 경남고라는 탄탄한 학연 기반을 가지고 있었기 때문이다. 그러나 막상 출마하고 보니 자유당을 탈당한 괘씸죄가 덫이 되었다.

부산시민들의 지지와 성원이 날로 상승세라고 했지만, 개표 결과는 낙선이었다. 자유당 후보가 2만2131표를 득표한 데 비해 그는 1만8858표를 얻는 데 그쳤다. 자유당 정권이 투표함 바꿔치기 등 부정선거를 감행해 당락을 바꾸는 바람에 생겨난 결과였다고 했다. 그래서 선거 소송을 내기도 했으나 아무 소용이 없었다.

그것은 나중에 9선 의원이 된 김영삼의 의정 생활 가운데 유일한 낙선 기록이 되었다.[14]

신민당 부총무 시절에 일어난 5·16

낙선했던 김영삼은 4·19혁명으로 이승만 정권이 무너진 뒤 7월29일 실시된 5대 총선에서 다시 같은 지역구에 출마했다. 그는 2만9754표를 얻어 차점자의 6987표보다 무려 4배 이상을 득표하여 당선되었다. 2년 만에 설욕하면서 재기한 것이다.

민주당은 233석 의석 가운데 3분의 2 이상인 175석을 획득하는 압도적인 승리를 차지해 집권당이 되었다. 무소속은 49석이었고, 자유당은 고작 2석이었다. 그러나 의원내각제 정부에서의 헤게모니를 잡기 위해 신·구파가 피나는 권력 투쟁에 들어갔다.

내각제에서 대통령은 명목상의 국가원수였고, 실권자는 국무총리였다. 신파는 장면을 총리 후보로 밀었다. 반면 구파는 대통령에 윤보선, 총리에 김도연을 내세우고 있었다. 결과는 윤보선이 신파의 양보에 힘입어 압도적인 득표로 대통령에 피선되었다.

그런데 상식 밖의 일이 벌어졌다. 정치 도의상 먼저 장면을 총리로 지명해야 할 윤보선 대통령 당선자가, 자파인 김도연을 1차로 지명했던 것이다. 거세게 반발한 신파에 의해 김도연 지명안은 부결되었고, 2차로 지명된 장면이 총리로 인준되었다. 민·참의원 합동회의 총 투표수 225표 가운데 인준 통과선인 115표를 간신히 2표 넘긴 117표로 턱걸이 한 것이었다.

구파는 명분과 실리를 다 놓쳤고, 신파는 우열을 가릴 수 없는 세력 분포 앞에서 정국을 이끌어가야 하는 어려운 처지에 놓였다. 국정은 약체 리더십과 무능, 부패로 인해 난맥상으로 흘러갔다. 이 같은 신·구파의 대결은 분당(分黨) 사태로 치달았다.

구파는 1961년 2월20일, 민주당을 집단 탈당해 신민당(新民黨)을 창당했다. 그리고 유진산이 총무, 김영삼과 이민우가 각각 부총무로 임명되었다. 김영삼은 최연소 의원에 이어 33세에 최연소 원내 부총무가 되는 기록을 세웠다.[15]

이 무렵 박정희와 그 추종 세력은 혁명 모의를 진행시키고 있었다. 김영삼은 1960년 5월16일, 거제도 앞바다의 부친 소유 어장에서 어로 작업을 둘러보고 있다가 트랜지스터 라디오를 통해 5·16 소식을 들었다.

군부(軍部) 거사가 일어났을 때, 목숨을 걸고 국민의 생명과 재산을 지켜야 할 내각제 하의 실질적인 국정 최고책임자인 장면 총리는 수녀원에 숨어버렸다. 명목상의 국가수반인 대통령 윤보선은 "내전(內戰)이 일어나면 북한이 남침할 수 있다"는 이유를 들어 유엔군 사령관의 진압 작전 요청에 반대했다. 대통령과 국무총리가 국민을 지켜야 할 의무를 저버린 것이었다.

"나는 젊은 사람의 입장에서 너무나 가슴이 아팠다. 어떻게 정치 지도자들이 이렇게밖에 못하는가. 통곡하고 싶은 마음뿐이었다."[16]

쿠데타 세력은 1962년 3월, 4374명의 정치인을 「정치활동정화법」으로 묶어놓고 2인자인 김종필(金鍾泌) 중앙정보부장의 진두지휘 아래 공화당 사전 조직을 서두르고 있었다. 그들은 사회풍조를 바로잡자는 뜻에서 구파의 젊은 의원들이 결성한 청조회 회원을 비롯한 신민당의 청장년 인사들에게 동참하라고 회유하기도 하고, 협박하기도 했다. 그들은 자신들의 정치적 정체성을 보완해줄 참신하고 유능한 인재들을 찾아내기 위해 혈안이 돼 있었다.

1962년 4월, 중앙정보부 서울시 지부장이라는 사람이 "군정을 지지한다"는 내용의 성명서 초안을 가지고 김영삼을 찾아왔다. 김영삼은 절대로 서명할 수 없다며 거절했고, 그들에게 협력하지 말자고 맹세했다가 변절한 동료들의 배신을 지켜보아야 했다. 며칠 뒤 그 지부장이 다시 찾아와 '설득 반 협박 반'으로 동의를 요구하다가 그대로 돌아갔다. 그해 4월11일자 어느 석간지 1면 광고란에 문제의 지지 성명이 보도되었다.

1962년 초겨울에는 국가재건최고회의 내무위원장 조시형(趙始衡)이 두 차례나 만나자고 하더니, 공화당 창당에서 중요 역할을 해달라고 요청했다. 김영삼은 "쿠데타로 정권을 탈취한 것은 잘못이며, 나는 참여할 수 없다"고 거절했다.

그 뒤 중앙정보부장 김종필과도 안가(安家)에서 만났으나 단호한 거절 의사를 분명히 했다. 김종필은 "이왕 만난 김에 술이나 한잔 하자"고 했고, 이튿날 새벽까지 두 사람은 술잔을 기울이고 헤어졌다.[17]

김영삼, 김종필은 그 뒤 각자의 정치 인생을 살았다. 김영삼은 선명 야당의 기수가 돼 민주화 투쟁을 이끌었고, 김종필은 박정희 정권이 밀어붙인 조국 근대화의 핵심 역할을 맡았다.

30여 년 뒤 두 사람은 다시 만나 산업화와 민주화를 잇는 파트너(=3당 합당)로 한 시절 공생(共生)했다. 정치가 아니면 연출할 수 없는 극적인 드라마를 쓴 것이었다.

참고 자료

1. 『김영삼 회고록』1(백산서당, 이하 마찬가지) p92~93
2. 『김영삼 회고록』1 p96
3. 『김영삼 회고록』1 p101
4. 오인환 『이승만의 삶과 국가』 p484
5. 『김영삼 회고록』1 p102
6. 『김영삼 회고록』1 p112~114
7. 김무성 『왜 김영삼이어야 하는가』 p460
8. 오인환 『이승만의 삶과 국가』 p499~500
9. 『김영삼 회고록』1 p121
10. 『김영삼 회고록』1 p118
11. 『김영삼 회고록』1 p120
12. 『김영삼 회고록』1 p112
13. 『김영삼 회고록』1 p126
14. 『김영삼 회고록』1 p132~133
15. 『김영삼 회고록』1 p145
16. 『김영삼 회고록』1 p158
17. 『김영삼 회고록』1 p161

2장 연거푸 세운
최연소 기록

군복을 벗고 대통령 선거에 출마해 승리한 박정희가 1960년대 초·중반 독재 체제를 구축해가고 있을 시절, 맞서 싸운 야권의 대표적 인물은 민주당 구파 출신의 윤보선 전 대통령과 같은 구파였던 유진산(1905~1974)이었다.

자유당 말기 민주당 원내 총무이면서 구파의 참모장이라 불리기도 했던 그는, 대통령 후보였던 대표최고위원 조병옥이 병사한 뒤 민주당을 실질적으로 끌어가고 있었다. 조병옥을 이을 후계자로 김도연과 윤보선이 맞수였을 때, 진산은 윤보선을 택해 장면 정권의 대통령이 되게 한 공신이었다.

그 뒤 구파가 장면 정권과 결별해 신민당을 창당할 무렵, 명목상의 당대표는 김도연이었다. 그러나 실질적으로 당을 이끌어가는 간사장 자리는 진산의 몫이었다. 대통령 윤보선과 간사장 유진산이 구파의 핵심이었고, 서로 돕고 돕는 밀월 시대가 열렸던 것이다.

두 사람은 5·16 후 야당의 정치활동이 금지된 시기에는 앞으로 있을 해금(解禁=정치 재개)에 대비하여 서로 은밀하게 협력했다. 두 사람을 '선생님'으로 모시던 30대 소장파 김영삼은, 두 사람이 밀월~대결~결별 시대를 거치는 동안 어느 한쪽에 지나치게 기울지 않고 무난하게 처신했다.

윤보선·유진산 콤비의 사이가 벌어지게 된 것은 1963년 5월이었다. 야당의 손발을 묶어놓고 공화당을 사전 조직한 집권 세력은 정치 해금 조치를 취했고, 그에 따라 범야(汎野) 단일 정당을 표방한 민정당이 창당되었다. 그리고 집단 지도 체제 아래 대통령 후보로 윤보선이 지명되었다.

그런데 여기저기서 야당 후보가 나서는 난립 사태가 심각한 문제였다. 과도(過渡) 정부 수반이던 허정(許政)이 신정당, 건국 내각 당시 초대 총리 이범석(李範奭)이 민우당, 이승만 정권에서 외무장관을 지낸 변영태(卞榮泰)가 정민회를 각각 창당했다.

이렇게 야권이 분열된 상태로는 박정희 세력을 이길 수 없다는 이유로 야당 통합론이 부상했다. 그러자 이제는 누가 야권의 대통령 후보가 되느냐가 관건이 되었다. 당연히 민정당 계열은 윤보선, 비(非) 민정 계열은 허정을 각기 내세웠다.

이때 진산은 대국적 견지에서 "윤보선이 허정에게 후보 자리를 양보하고 당권을 맡아야 한다"는 절충안을 냈다.

득표 경쟁력에서 자신이 가장 강하다고 생각하고 있던 윤보선은 이를 즉각 거부했고, 이로써 통합은 물 건너가게 되었다. 윤보선 측은 허정이 대통령, 진산이 총리를 맡기로 했다는 야합설(野合說)을 의심했다.[1]

하지만 그 뒤 윤보선이 극적으로 범야권의 후보가 되었다. 그것은 허정이 청중 동원력에서 윤보선이 최강이라는 사실을 인정하면서 후보를 사퇴했고, 이범석도 중도하차했기 때문이었다. 그러나 변영태는 핵심 지지 세력인 기독교계의 간곡한 만류에도 불구하고 끝까지 완주했다. 그 바람에 야당 표를 잠식한 것이 야권 후보 패인의 하나가 되었다.

윤보선은 박정희에게 15만여 표차로 분패했는데, 변영태가 가로채 간

야당 지지표가 22만4443표였던 것이다.[2]

1964년 5월, 민정당 소속 나용균 국회부의장이 같은 당 소속 의원이 신청한 의사 진행 발언을 불허한 것을 두고 윤보선과 유진산 사이의 불화가 다시 불거졌다. 윤보선 측이 여당을 도운 행위라면서 징계안까지 내자, 진산은 "해명할 기회도 주지 않고 징계를 결의하는 것은 부당하다"는 반론을 폈다.

그러자 윤보선이 "그러면 진산이 혼자서 당을 하지!"라고 화를 냈다. 두 사람은 1965년 여름에 일어난 '진산 파동'을 계기로 결별 수순을 밟게 된다.

'진산(珍山) 파동'

한·일 국교정상화 협정을 반대하는 대학생 데모가 전국적으로 확산되고 있었다. 대학생들은 박정희의 민족주의가 가짜이고, "매판자본(買辦資本)에 나라를 팔아넘기려 한다"면서 대통령의 하야를 촉구하는 단계로까지 치달았다. 정권 출범 이후 최대의 정치 위기를 맞아 극도로 긴장한 박정희는, 계엄령을 선포해 학생 데모를 진압하는 데 성공했다.

4·19 당시 학생들의 편을 섰던 미국은 한·일 국교정상화를 강하게 원했으므로 이번에는 박정희 편을 들었다. 그렇게 정국이 진정 국면에 접어들자 계엄 해제를 위한 여·야 협상이 진행되었다.

공화당은 계엄 해제 조건으로 「학원 안정법」과 「언론 규제법」 제정을 내세웠다. 박 정권은 「학원 안정법」으로 학생 데모를 원천봉쇄하고, "데모를 선동적으로 다룬다"는 이유로 언론에 재갈을 물리려고 한 것이다. 민정당은 언론 규제법에 독소 조항이 많다는 이유로 일단 공화당 주장에 제동을 걸었다.

자신이 "정신적 대통령이다"면서 박정희와 감정적인 각(角)을 세우고 있던 윤보선은 "언론을 억제하는 법안은 안 된다"면서 반대론을 지지했다. 반면 "정치란 칼로 두부 자르듯 하는 게 아니다. 토론하고 타협할 수 있어야 한다"는 주장 아래, 박정희의 실체를 인정하는 현실 노선의 유진산은 온건론이어서 당론을 내기가 쉽지 않았다.

두 법안은 결국 민정당이 퇴장한 가운데 공화당 단독으로 통과되었다. 민정당에 그 후유증이 닥쳤다. 의총에서 "언론윤리위원회 법안이 상정됐을 때 왜 단상 점거 등 적극적인 반대 투쟁을 벌이지 않고 퇴장이라는 소극적인 행동을 취했는가?"고 하는 규탄의 소리가 터져 나왔던 것이다.[3]

공화당을 도와준 '사쿠라'를 가려내 당에서 축출하자는 극언이 나오는가 하면, "사쿠라의 실체는 진산이다"는 얘기까지 등장해 언론에 보도되기도 했다. 유진산이 공화당 온건파와 손잡고 내각제 개헌을 추진하기로 약속했다는 묵계설마저 나돌았다.

윤보선과 유진산의 대결에서는 윤의 명분론이 우세한 국면이었다. 당시 언론계는 박정희 정권의 언론 정책에 강력하게 반발하고 있었다. 그렇기 때문에 여론전에서도 언론의 지지를 받은 윤보선 쪽이 유리할 수밖에 없었다. 66일간에 걸친 극한 대결 끝에 실력자 유진산이 제명되었다. 바로 '진산 파동'이었다.[4]

당시 제명권을 가지고 있던 당무위원회는 위원이 10명이었고, 김영삼은 대변인 겸 당무위원이었다. 그는 같은 위원인 서범석, 정성태, 고흥문 의원 등과 함께 윤보선과 유진산을 각각 찾아가 "두 사람이 헤어지면 틀림없이 불행이 온다"고 강조하면서 사태를 수습해보려 애썼으나 실패했다.

김영삼은 계파로는 범(汎) 진산계였다. 그렇지만 명분론에 공감하고 있었으므로 어느 한쪽에 기울지 않고 중도적 입장을 취했다. 사실 김영삼의 충고는 핵심을 꿰는 직언(直言)이었다.

윤보선은 전직 대통령이었다. 그런데다가 대통령 후보라는 정치적 위상과 함께, 선명(鮮明) 노선을 등에 진 민주화 투쟁의 상징이 돼 있었다. 다만 현실 정치 대응력이 미흡한 게 흠이었다. 반면 정치자금과 당 조직을 추스르는 능력이 탁월하고 권모술수에도 능한 것으로 알려진 유진산은, 야당에서 가장 중요한 정체성에서 매우 취약했다. 두 사람이 힘을 합치면 시너지 효과가 날 수 있었다. 그러나 결별하면 야당의 전력(戰力) 약화가 불을 보듯 뻔했다.[5]

나중에 회고록에서 김영삼은 두 사람이 헤어진 것이 야당의 비극이었다고 돌이켰다. 그러면서 "윤보선이 대국적으로 진산을 포용했어야 옳았다는 게 지금까지의 생각이다"고 회고했다.[6]

관용(寬容=Tolerance)의 정치가 필요했다는 성찰에 다름 아니었다.

윤보선에 반격 가한 유진산

야당이 실패한 언론법 저지 문제를 해결한 쪽은 결국 언론계 자신이었다. 박정희의 군국주의적 언론관에 굴복할 수 없다면서 강력히 반발한 언론계는, 언론 규제 대책위원회를 결성하여 철폐 투쟁에 나섰다. 자율 규제를 보강하는 대안도 마련했다.

박정희 정부는 반대하는 몇몇 신문에 대해 보복 조치를 취하는 한편, 몇몇은 대책위 대오에서 이탈케 공작하는 등 압박을 가했다. 그렇지만 언론계의 반발은 수그러들지 않았다.

그런 상황에서 통신사(通信社) 사주(社主)이기도 했던 공화당 중진 김성곤(金成坤)이 막후 조정에 나섰다. 이런 우여곡절 끝에 언론계 대표와 회동한 박정희가 윤리법 시행을 보류하는 결단―사실상 사문화(死文化)―을 내림으로써 언론법 파동은 막을 내릴 수 있었다.[7]

'진산 파동'으로 제명된 유진산이 권토중래(捲土重來)하는 데는 1년도 걸리지 않았다. 그는 살아서 돌아왔을 뿐 아니라, 돌아오면서 상대에게 회심의 결정타까지 가했다.

1967년의 대통령 선거를 앞두고 박정희의 연승(連勝)을 저지하기 위해 야권은 1965년 여름, 제1당인 민정당 중심으로 민주당과 자민당, 국민의당이 통합하여 민중당을 창당했다. 통합 야당의 대표는 당세가 가장 큰 민정당의 윤보선이 되는 게 상식이고 순리였다. 그런데 2당인 민주당의 박순천(朴順天)이 대표를 맡는 이변이 일어났다. 유진산이 노련하게 연출한 반전극(反轉劇) 때문이었다.

윤보선 측은 다시 당에 복귀하려는 유진산을 견제해 통합대회에 참석할 자격조차 얻지 못하게 했다. 그러자 당 밖에서 통합을 추진해오던 유진산이 보복으로 윤보선을 제치고 박순천을 추대케 만든 것이었다. 자민당에다 국민의당 지지까지 받아낸 완승이었다. 그것은 결국 윤보선이 진산을 무리하게 배척했다가 자초한 자업자득의 결과였다.[8]

하지만 진산의 반격 역시 야당의 발전에 도움이 되지 않는 강수(强手)였음은 매한가지였다. 넓게 보면 박정희가 강력한 사령관식 리더십을 발휘해 나라를 산업사회로 끌어올리려던 시기에, 야당은 시대착오적인 당쟁(黨爭) 분열 상태를 벗어나지 못하고 있었던 셈이다.

한일협정 비준으로 탄생한 최연소 원내총무

야권 지도부가 주도권 싸움에 매몰돼 헤매는 동안 젊은 세대가 고개를 들고 있었다. 김영삼이 37세 나이에 통합 야당의 원내총무로 선출된 것이었다. 이 역시 의정사상 최연소 기록이었다.

그에게 최연소 기록을 올리게 기회를 가져다준 것은 한일협정 비준안이었다. 1965년 6월22일 한일협정이 조인되고, 8월13일에 그 비준안이 원안대로 국회를 통과했다. 그러자 민중당은 의원직을 총사퇴하기로 결의하였다.

하지만 이효상(李孝祥) 국회의장이 사퇴서를 반려하자 사퇴 문제를 놓고 비주류 강경파와 주류 온건파가 대립했다. 이 과정에서 원내총무 정성태가 탈당하는 사건이 일어났다. 그로 인해 10월11일에 치러지는 후임 총무 경선에 3선의 김영삼이 나섰다. "미국을 방문하여 민주당 원내총무를 오래 지낸 린든 존슨이 나중에 대통령이 되는 것을 보고 느낀 바가 많았다"는 게 김영삼의 '출마의 변(辯)'이었다.

총무 경선에서는 3선 의원 4명이 겨루다가 2명이 중도하차했다. 잇달아 고흥문 의원도 사퇴하는 바람에 그는 의원 총회 무기명 투표에서 33인 중 29명의 표를 얻어 의정사상 최연소 원내총무가 되었다.

유진산의 롤백으로 큰 타격을 입은 윤보선은 탈당한 뒤 1966년 3월20일, 신한당을 창당했다. 진짜 선명 야당을 만든다는 명분을 내세웠다. 하지만 김영삼은 민중당에 그대로 남는 선택을 했다. 야당의 정통이 한 사람의 거취에 따라 결정되는 것은 아니라고 보았기 때문이다.

1966년 7월25일, 김영삼은 경선을 통해 원내총무 재신임을 받았다. 그가 해결해야 할 선결 과제는 6대 대통령 선거에 나설 당의 후보를 정하는 일이었다. 그러나 당내에는 마땅한 인물이 없었다. 신한당으로 딴 살림을 차려나간 윤보선은 그 당의 대통령 후보가 돼 있었다.

전권을 부여받은 김영삼은 고려대학 총장 출신의 원로 헌법학자 유진오(俞鎭午) 박사(1906~1987)를 당 대표와 대통령 후보 겸직으로 영입하는 데 성공했다. 그렇지만 선거에서의 경쟁력은 별도의 문제였다.

유진오와 윤보선 두 사람의 야권 후보가 박정희와 싸우는 것은 필패(必敗)의 악재일 수밖에 없었다. 야당 간에 통합 문제가 다람쥐 쳇바퀴 돌듯 재론되었다. 결국 민중당과 신한당이 신민당이라는 이름으로 다시 합쳐졌다. 그리고 경쟁력이 높은 윤보선이 통합 대통령 후보가 되고, 유진오는 당수(黨首)를 맡는 것으로 조정되었다. 김영삼은 통합 신당의 의원총회에서 원내총무로 선출되었다.[9]

그렇게 박정희와 재대결한 신민당의 윤보선은 452만6000표를 얻어 568만8000여 표를 획득한 박정희에게 116만여 표 차로 패배했다. 1963년의 1차 선거에서는 15만 표 차이의 분패(憤敗)였으나, 2차에선 대패(大敗)였다.

패인은 경제발전의 성과로 여당에 대한 국민의 지지 기반이 넓어졌기 때문이었다. 반면 야당이 드러낸 고질적인 골육상쟁(骨肉相爭)에 실망한 민심이 외면했기 때문이기도 했다.

대통령 선거에 이어 6월8일에는 제7대 국회의원 선거가 실시되었다. 대통령으로 재선된 박정희는 장기 집권 플랜을 위해 개헌선(=전체 175의석의 3분의 2)을 확보하려는 정치적 의도를 품고 있었다. 박정희는 입으로는 공명선거를 연신 다짐했지만, 정부가 움직이는 방향은 그 반대였다.

이후락(李厚洛) 비서실장의 지휘 아래 김형욱(金炯旭)의 중앙정보부와 내각, 국영기업체 등이 모두 동원되어 천문학적인 정부 예산과 선거자금이 뿌려지는 가운데 관권(官權)과 금권(金權)이 난무한 타락·부패상을 보였다. 6·8 부정선거는 자유당의 3·15 부정선거를 뺨칠 지경이었다는 소리를 들어야 했다.

공화당은 어렵지 않게 비례대표를 포함해 129석(=지역구 102석, 비례대표 27석)을 차지해 개헌선을 넘는 압승을 거뒀다. 신민당은 부산서구에서 김영삼이 4선을 이룬 것을 포함, 45석(=비례대표 17석 포함)의 당선자를 내는 데 그쳤다.

신민당은 선거가 끝나자마자 선거의 전면 무효를 선언하고 등원 거부 투쟁에 들어가면서 재선거를 촉구했다. 대학생들의 부정선거 규탄 대회도 전국적으로 확산돼가고 있었다. 결국 박정희는 8명의 공화당 당선자를 제명 조치하고, 2명은 의원직을 사퇴시켜 급한 불부터 꺼야 했다. 야당은 174일 만에 국회로 돌아왔다.

이때 김영삼은 세 번째 원내총무가 되었다. 42명이 참석한 의원총회의 표결에서 김영삼 22표, 김대중(金大中)과 김재광(金在光)이 각각 9표를 얻었다. 김영삼보다 5년 연상(年上)이면서 2선이었던 늦깎이 의원 김대중이, 부동(不動)의 총무 소리를 듣던 김영삼과 겨루게 된 것이 특징이었다.

김영삼이 네 번째 원내총무가 된 것은 그로부터 1년 뒤인 1968년 11월 8일이었다. 유진오는 당초 김대중을 총무로 지명했다. 그러나 투표 결과 41명 가운데 16명만 찬성했고, 반대 23표에다 기권 2표로 부결되는 항명 사태가 일어났다.

부결된 이유가 동료들로부터 신뢰감을 얻지 못했던 탓이라고 했다. 그러나 구체적인 원인은 유진산 부총재와 고흥문 사무총장의 설득에도 불구하고 김영삼이 끝까지 반대 입장을 고수했기 때문에 생긴 결과였다. 후임 총무로 정성태가 선출되었으나 4개월 만에 사퇴하면서 다시 공석이 되었다. 그로 인해 11월8일 다시 표결이 이루어졌고, 김영삼이 만장일치로 네 번째로 총무로 선출되었다.

그 후 1969년 5월21일에 치러진 전당대회에서 유진오가 총재로 재추대됐을 때, 김영삼은 또 원내총무로 지명되었다. 한국 정치사에서 처음 보는 다섯 번의 원내총무 연임 기록을 세운 것이다.[10]

탁월한 정치 감각

김영삼은 1965년 11월부터 1969년 11월까지 4년여 동안 다섯 차례나 연임하면서 '부동(不動)의 총무'라는 소리를 들었다. 10~20년을 원내총무로 일하는 미국의 정당에 비하면 짧은 기간이지만, 장기 독재 체제를 굳히려는 여권과 격렬하게 투쟁해야 하는 격변기여서 경험과 학습 효과를 과소평가할 수는 없는 노릇이었다.

원내총무는 국회 교섭단체 등록 때 당의 법적 대표였고, 상임위 배정 등 의원 활동의 실질적 사령탑이었다. 또한 여당과의 협상과 투쟁 과정에서 지도력을 발휘해야 했다.

1960년대 후반 "3선 개헌을 둘러싼 대여(對與) 투쟁 전략은 총무의 머리에서 나왔다"는 게 김영삼의 원내 총무관(觀)이기도 했다.[11]

총무 시절 백지(白紙) 위임을 받아 유진오 박사를 영입하는 데 성공했고, 4개 야당이 모여 통합 신당을 만드는 과정에도 깊이 관여했다. 6·8 부정선거로 인해 공화당과 싸울 때 역시 원내 사령탑이었다.

3선 개헌 반대 투쟁 당시에는 야당의 전략 내용이 번번이 누설되는 일이 발생했다. 회의 참석자가 많아 누설 가능성이 높았던 것이다. 그 바람에 김영삼은 총재와 단둘이서만 전략을 짜면서 비밀을 유지할 수 있었다.

공화당의 김종필계(系)를 끌어들여 3선 개헌을 좌절시키려는 계획을 추진했으나, 오히려 되치기를 당하기도 했다. 박정희 측이 신민당 소속 의원 3명을 금품으로 매수, 3선 개헌에 찬성표를 던지게 하는 정치 공작을 먼저 성공시켰던 것이다.

그가 부동의 총무로 명성을 얻은 것은 정치 감각과 능력을 갖추고 있는데다가, 야당의 적통(嫡統)을 잇는 젊은 주류라는 위상이 있었기 때문이다. 진산계 중진으로 이민우, 유치송 등 여러 사람이 있었으나 김영삼을 능가할 인물이 없다는 게 중평이었다.[12]

그러나 보다 핵심적인 강점은 그가 동료 의원들로부터 두터운 신임을 받고 있었다는 점이다. 그는 회고록에서 "동료들의 신임을 받는 이유는 간단했다. 그것은 내가 정직하려고 애쓰는 사람이었기 때문이다"고 회상하고 있다.[13]

경제성장을 이룩하면서 거액의 정치자금을 확보할 수 있었던 박정희 정권은 자신들의 목표 달성을 위해 돈을 마구 뿌리는 금권 정치를 펴기 시작했고, 그 같은 풍조에 따라 여·야 정치인들의 부패 문제가 뒤따르고 있었다. 그러한 정치 풍토에서 개인적으로 돈을 챙기는 일이 결코 없었다는 사실을 '최장수 원내총무 김영삼'이 에둘러 밝힌 것이라고 하겠다.

김영삼이 원내총무 자리를 내놓은 것은 1969년 11월, 「40대 기수론」을 선언하면서 야당의 대통령 후보 경선에 나설 때였다.

참고 자료
1. 유한열 『격동의 시대 내가 아는 진실』 p114
2. 이종찬 『숲은 고요하지 않다』1 p257
3. 『김영삼 회고록』1 p220
4. 유한열 『격동의 시대 내가 아는 진실』 p117
5. 이기택 『김영삼 민주센터 녹취록』
6. 『김영삼 회고록』1 p224
7. 조갑제 『박정희평전』7 p117~119
   임영태 『대한민국사(史)』 p381~382
8. 유한열 『격동의 시대 내가 아는 진실』 p119
8. 『김영삼 회고록』1 p228~229
10. 『김영삼 회고록』1 p230~235
11. 『김영삼 회고록』1 p231
12. 이기택 『김영삼 민주센터 녹취록』
13. 『김영삼 회고록』1 p231

3장 초산 테러와
3선 개헌 저지 공방

1968년 한 해는 안보 위기로 정국이 뒤숭숭하고 불안했다. 1월 말의 김신조 등 북한 특공대의 청와대 기습사건, 미국 정보함 푸에블로호 피랍 사건이 잇달아 일어나 한반도의 안보 상황에 심각한 국면이 펼쳐졌다. 그 바람에 정치권도 자제 분위기여서 여야의 충돌도 별로 없었다. 박정희가 오 랜만에 휴식기를 맞은 셈이었다.

그러나 평온이 다시 찾아들면서 연말에 떠들썩한 정치가 복원되기 시 작했고, 개헌론이 고개를 내밀었다. 현행 헌법이 대통령의 재선 이상 출마 를 금지하고 있었기 때문에 박정희가 더 집권하려면 3선 출마가 가능하게 끔 헌법 조항을 바꿔야 했던 것이다.

1969년 1월7일, 해가 바뀌자마자 공화당 길재호(吉在號) 사무총장이 "개헌을 신중히 검토 중…"이라고 운을 떼면서 시중에 나돌던 개헌설이 공 식화되었다. 그 사흘 후엔 박정희 자신이 연두 기자회견에서 "꼭 필요하다 면 개헌 논의를 연말에 해도 늦지 않을 것이다"고 밝혀 공개적으로 개헌 논 의의 물꼬를 텄다.

"임기 중 헌법을 고치는 일은 없을 것이다"며 몇 번이나 강조해오던 대통령이 슬그머니 말을 바꿈으로써, 3선 개헌 문제가 초미의 관심사로 부각되었다. 야당은 반대 공세를 펴기 시작했다. 신민당 원내총무 김영삼이 제70회 국회 본회의 대정부 질문에서 포문을 열었다.

김영삼은 "한국은 독재국가이다"고 강조하면서 "3선 개헌은 제2의 쿠데타이다", "장기 집권했기 때문에 너무 부패했다", "반역자가 되지 않기 위해 대통령이 3선 개헌 의사를 철회하도록 건의할 용의가 없는가?" 하고 따져 물었다. 또한 중앙정보부는 국민이 원망하는 '원부(怨府)'라면서 공작 정치를 대놓고 규탄했다.

한껏 수위를 높인 대여(對與) 선전포고 같은 연설이었다. 이 발언은 야당의 반대 투쟁이 급진전하는 계기가 되었다.[1]

박정희의 눈엣가시 같은 존재

당시 중앙정보부는 김영삼 총무의 국회 발언이 크게 보도되는 것을 방해하기 위해 26명의 간첩단 검거 사건을 서둘러 발표했다. 이를 언론이 대서특필케 함으로써 교묘하게 간접 언론 통제 수법을 썼던 것이다.

김영삼이 박정희의 눈엣가시 같은 존재로 떠오르자, 이후락 비서실장과 함께 권력 실세의 한 사람이던 김형욱 중앙정보부장이 협박하고 나섰다. 그는 골프장에서 신민당 사무총장 고흥문과 마주치자 "YS(=김영삼) 배때기에는 칼이 안 들어가나?"라며 대놓고 협박했다. 밤늦게 그 얘기를 전해 들은 김영삼이 "기자회견을 열어 협박 사실을 공개하겠다"고 하자, 당황한 고흥문이 "제발 그러지 말라"고 매달렸다.[2]

며칠 뒤인 6월20일 밤, 김영삼은 상도동 자택으로 귀가하다가 자택 근처 골목 어귀에서 승용차에 탄 채 정체불명의 괴한들로부터 초산 테러를 당했다. 종로구 청진동에 있던 「장원」에서 유진오 총재, 양일동 의원과 함께 3선 개헌 반대 전략을 숙의하고 돌아가던 길이었다. 장원은 야당 정치인들에게 외상을 잘 준다 해서 단골 정객이 많았던 유명한 한식집이었다.

골목에 들어서자 괴한 2명이 싸우기 시작했고, 그 중 한 명이 승용차 문을 열려다가 열리지 않자 오른손에 들고 있던 검은 물체를 차 뒤쪽으로 던졌다. 순간 "수류탄이다!"고 고함치며 승용차를 급발진시켜 궁지에서 벗어났다. 다행히 수류탄은 아니었으나 공업용 초산이 담긴 병을 던진 것으로 확인되었다. 차체의 페인트가 녹아내려 있었다.

미국 여행 때 안전을 위해 자동차 문을 안에서 잠그는 것을 보고 따라 하는 습관을 들였는데, 때문에 문이 열리지 않아 다행이었다. 당시는 요즈음처럼 자동 잠금 장치가 개발되기 전이었다. 하마터면 초산을 뒤집어쓰고 생명을 잃었거나, 얼굴에 화상을 입어 호남형(好男型)이라는 소리를 듣던 YS가 대중 정치가로서의 생명을 앗길 뻔했던 것이다.[3]

야당의 기를 꺾기 위해 김형욱이 시킨 짓이라고 직감한 김영삼은, 이튿날 국회에서의 신상 발언을 통해 "김형욱이 초산 테러의 배후이다"며 대놓고 규탄했다. 배후라는 증거를 대라는 역공을 당할 수도 있는 상황에서 직감 쪽에 승부수를 던진 것이다. 증거 운운하다 보면 역공의 타이밍은 놓치기 마련이었다. 배짱과 용기로 위험 부담을 감수하기로 작심한 셈이었다.

그 시절 '김형욱' 하면 "산천초목이 떨었다"는 소문이 나돌 만큼 무시무시한 사람이었는데, 거기에 맞상대를 하고 나섰으니 정말 겁이 없구나 싶었다.[4]

경찰이 사건 배후 조사에 나서고, 국회에 진상 조사 특위가 설치돼 활동에 들어갔다. 그렇지만 정치 테러 사건이 늘 그러했듯이, 진상이 밝혀지지 않은 채 사건은 미궁에 빠졌다. 김형욱이 "명예 훼손이다"고 펄펄 뛰면서 고소했으나, 수사기관이 소환 조사를 펴는 일은 일어나지 않았다.

3선 개헌 뒤 '팽' 당한 이후락과 김형욱

3선 개헌이 끝나자 박정희는 개헌의 1등 공신격인 이후락과 김형욱에게 보상은커녕 둘 다 퇴진 조치했다. 그것은 개헌에 찬성해준 공화당 의원들에게 준 일종의 보답 같은 것이었다. 당시 공화당 의원들은 개헌 찬·반론에서 팽팽하게 맞서는 진통을 겪고 있었다. 그런 상황에서 이만섭(李萬燮) 의원이 의원들에게 원한의 대상인 두 사람의 퇴진을 지지 선행 조건으로 제시하여, 박정희가 이를 수용했던 것이다.[5]

그러나 권력 관리의 관점에서 보자면 더 이상 쓸모가 없어졌으니 '팽'시킨 것이라 할 수 있었다. 하지만 박정희는 이후락에겐 주일 대사, 김형욱에겐 전국구 의원직을 마련해주어 불만을 달래는 제스처도 잊지 않았다. 그 뒤 호남 출신의 김대중이 역전극을 펼치며 신민당 대통령 후보가 되자 심상치 않은 바람이 일기 시작했다.

긴장한 박정희는 "정무 감각이 무디고 정치 공작에 미숙하다"는 평을 듣고 있던 4성 장군 출신의 김계원(金桂元) 중앙정보부장을 빼고, 그 자리에 "김대중 전략에 밝고 꾀가 많으며, 정략에 능하다"는 이후락을 다시 불러들였다.[6]

이후락은 수단 방법을 가리지 않는 선거 전략을 동원해 대선 승리를 챙겼고, 유신 체제를 만드는 작업까지 주도했다. 반면 전국구 의원으로 지내며 불만이 많았던 김형욱은 1973년 미국으로 비밀리에 출국, 미 의회에서 박정희 정권 치부를 폭로하는 등 반(反) 박정희 노선을 걸었다.

재기의 기회 없이 박정희와의 관계가 악화된 김형욱은, 결국 1979년 김재규(金載圭) 중앙정보부장의 지시로 프랑스 파리 근교에서 외국인 청부업자들에 의해 살해되었다.

3선 개헌 뒤 평의원으로 위상이 초라해진 김형욱은, 국회의사당에서 김영삼과 마주치자 "형님, 잘못했습니다. 제가 하고 싶어서 했겠습니까?"라고 세 살이 적은 사람에게 형님, 형님 하면서 사과하는 일이 벌어졌다. 김형욱이 자신의 입으로 초산 테러를 지시했음을 털어놓은 셈이었다.[7]

공화당 JP파를 포섭해 개헌 저지 시도

초산 테러가 발생한 뒤 40여 일이 지난 1969년 7월25일, 박정희는 "개헌안이 국민투표에서 통과될 때는 나와 정부에 대한 국민의 신임으로 간주하겠다. 부결되면 국민의 불신임으로 보고 즉각 물러나겠다"는 내용의 특별 담화를 발표했다.

언뜻 듣기에는 진인사대천명(盡人事待天命)하겠다는 자세로 읽히기도 했다. 하지만 그것은 3선 개헌에 대한 논의를 그간의 경제성장 성과에 교묘하게 연결시키는 일종의 '대(對)국민 트릭'에 다름 아니었다.

야당은 본격적인 반대 투쟁에 들어갔다. 그러면서 3선 개헌에 반대하는 김종필계 비주류와 손을 잡고 개헌안 통과 저지를 위한 연합작전을 추진했다. 박정희는 집권 초, 중반까지 김종필과 그를 따르는 공화당 주류를 내세워 정국을 운영했다.

그런데 JP가 독주한다는 이유로 군 상층부를 포함한 반대 세력에 의해 권력 투쟁에서 밀려 외유에 나서게 되자, 비서실장 이후락과 김성곤, 백남억(白南檍), 길재호 등 비주류 4인 체제에 대신 힘을 실어주었다. 4인 체제가 신(新)주류가 되었고, JP계는 구(舊)주류로 밀려났다.

구주류는 꼬장꼬장한 성격의 원로 변호사 출신 정구영(鄭求瑛) 전(前) 당 의장을 정신적 지주로 삼아 JP 후계자 노선을 유지해갔다. 정구영은 둘째 아들이 박정희의 육사 2기 동기라는 개인적 인연도 있었으나, 박정희에게 직간(直諫)할 수 있는 대표적인 여당 속의 야당이었다.

4인 체제가 3선 개헌을 추진하자 구주류는 본격적인 반대 투쟁에 들어갔다. 그 핵심인 양순직(楊淳稙), 예춘호(芮春浩)가 앞장서 의원직 사퇴서를 정구영에게 맡기고 있었다. 배수진을 쳤던 것이다.

그때까지 김종필도 겉으로는 확고한 개헌 반대론자였다. 신민당과 구주류가 비밀리에 소통하면서 연합 문제를 논의하게 되었다. 김영삼 총무가 극비리에 구주류계 의원들을 일일이 만나 연합 가능성을 타진했다. 중앙정보부가 감시망을 강화하고 있었으므로 호텔이나 음식점과 같은 공공장소를 피하고, 간첩이 접선하듯 몸조심을 했다.

구주류 의원들이 용기를 보이는 등 반응은 긍정적이었다. 유진오와 정구영이 양쪽 대표로 만나 마지막 표 점검을 위해 서로 정보를 교환하자고 합의하는 단계까지 갔다. 유진오는 "개헌 투쟁 전략을 김 총무와 단둘이서만 논의해가니까 기밀이 보장되더라"고 말하기까지 했다.[8]

그러나 정치 공작에 대한 경험이 많고, 다양한 기법을 구사할 수 있는 정부·여당을 야당이 당해낼 리 없었다. 박정희는 김종필을 청와대로 불러 "임자가 날 도와줘!"라고 당부하는 등, 특유의 인간적 대화를 펴면서 설득했다. 일설에 의하자면 그것은 설득이 아니라 강한 협박이었다고도 한다. 그렇게 하여 개헌 반대에서 지지로 마음을 바꾼 JP가, 오히려 동지들을 각개 격파하여 지지 쪽으로 전환시키려 노력하기 시작했다.[9]

뒤통수 맞은 신민당

중앙정보부도 구주류들을 상대로 강도 높은 회유와 협박에 나섰다. 그간 대화를 나누어오던 구주류 의원들이 표결 날짜가 다가오자 김영삼을 피하기 시작했다. 갑자기 사라지거나 눈짓을 해도 모르는 척하는 사람이 늘어났다. 해당 의원들은 잔뜩 겁을 먹고 있는 것 같았다.[10]

중앙정보부는 구주류에 대한 철저한 표 단속을 했다. 그런 한편 야당 쪽을 상대로 매수(買收)공작까지 펴 3명의 신민당 의원들을 개헌 찬성 대열에 합류시켰다. 뒤통수를 맞은 신민당은 세 의원의 의원직을 박탈하는 강수로 '당 해산'이라는 비상 처방 카드를 빼어들었다.

1969년 9월17일, 신민당을 해체하고 3명을 제외한 의원 44명의 이름으로 신민회라는 새로운 교섭단체를 만들었다. 해산은 당의 운명을 건 일대 모험이어서 반대론도 있었으나, 한 사람의 이탈자도 없었다.[11]

박 정권은 국회 표결을 앞두고 공포 분위기를 조성했다. 정·사복 경찰과 중앙정보부원들이 포위망을 이루어 국회의원이 출입할 때도 신분증을 확인하는 등 분위기가 살벌했다. 신민당은 표 대결을 포기하고 의사당 단상 점거 농성에 들어가는 실력 행사로 전환했다.

그러자 공화당은 국회 제3별관으로 비밀리에 자리를 옮겨 공화당과 무소속 의원 등 122명이 참석한 가운데 기명 투표를 실시, 전원 찬성으로 개헌안을 변칙 처리해버렸다. 국민투표를 앞두고 박 정권은 "혼란이냐 안정이냐?"는 협박성 선전과 함께, 대대적인 금품 살포와 관권 동원에 나섰다. 그렇게 해서 개헌안은 국민 77%가 참가한 가운데 65%의 찬성으로 통과되었다.[12]

유진오 당수는 "3선 개헌안은 민주주의가 돌아오지 않는 다리이며, 이 다리를 넘어서는 날에는 평화적인 방법으로 민주주의를 되찾을 길이 영원히 막힐 것이다"는 경구(警句)로 울분을 달랬다.[13]

구주류와의 연합작전은 중과부적(衆寡不敵)으로 실패로 끝났다. 하지만 야당의 그 같은 시도는 의미가 결코 작지 않았다. 야당이 정부·여당의 정치 공작이나 의사당 내의 수적 열세를 이유로 극한투쟁을 벌이던 추세에서 벗어나 민주적 절차를 밟아 당당하게 저지시키려고 한 것은, 그때까지

보지 못하던 발상이었기 때문이다.

국민투표에서 본격적인 전국 규모의 반대 투쟁에 들어가려던 신민당에는 악운이 겹쳤다. 유진오가 뇌질환으로 병상에 쓰러졌던 것이다. 신익희, 조병옥 후보가 대통령 선거 운동 기간 중 연이어 병사한 악몽이 되살아날 수밖에 없었다.

그 뒤 신민당은 심각한 내분으로 분열의 진통에 빠졌다. 김영삼이 야당의 정체 현상을 뛰어넘기 위해 「40대 기수론」을 들고나온 것이 바로 이때였다.

참고 자료

1. 『김영삼 회고록』1 p263~268
2. 『김영삼 회고록』1 p281
3. 김영수 『김영삼 민주센터 녹취록』
4. 남재희 『김영삼과 나』 p169
5. 이만섭 『정치는 가슴으로』 p167
6. 함성득 『대통령 비서실장론』 p103
7. 『김영삼 회고록』1 p297
8. 예춘호 『정구영 평전』 p433
9. 예춘호 『정구영 평전』
   [월간조선](1986년 12월호)
10. 『김영삼 회고록』1 p327
11. 『김영삼 회고록』1 p300
12. 임영태 『대한민족사(史)』 p334
13. 예춘호 『정구영 평전』 p436

4장 '40대 기수론'의 정치학

　　1969년 11월8일, 42세의 김영삼이 원내총무 자리를 사퇴하고 "빈사 상태에 빠져있는 민주주의를 기사회생시키기 위해 대통령 선거에 야당 후보로 나서겠다"고 선언했다. 세칭 '40대 기수론'이 등장한 것이다.

　　5·16 이후 9년간 집권했고, 다시 3선 개헌까지 하면서 장기 독재 체제를 구축한 박정희 정권에 대한 도전이었다. 야당인 신민당이 3선 개헌안의 국회 날치기 변칙 통과를 저지하지 못한데다가, 대통령 후보로 학계에서 영입한 유진오가 깊은 병에 걸려 있는 절망적 상황에서, "3선 집권만큼은 막아야 하지 않겠느냐?"는 절박감에서 나온 정치적 선언이었다.[1]

　　김영삼은 나중에 "원내총무를 다섯 차례나 연임하면서 정치 경험이 없는 유 총재를 도와 3선 개헌 반대 투쟁을 지휘했다. 유 총재가 와병 중이었으므로 내가 전면에 나설 수밖에 없다고 생각했다. 유진산 수석 부총재는 결격 사유가 많았다. 다른 원로들은 훌륭한 인재들이었으나, 전국적 지지 기반이 나보다 나은 조건을 갖춘 마땅한 분이 없었다"고 회고했다.[2]

　　원로 중심의 서열을 중시하는 보수 야당에서 그것은 일종의 폭탄선언 같은 충격이었다. 50~60대이면서 일본 식민지 시기 독립운동에 관계했거나 엘리트 교육을 받고 식민지 체제에 적응해 살아왔으며, 조선왕조의 영향으로 사대부(士大夫)적 정치 질서를 몸에 익히고 있던 기라성 같은 원로들은 한결같이 강하게 반발했다.

"보수 정당에는 서열이 있는 법인데 가당치 않은 일이다", "김영삼이 케네디는 아니지 않은가?", "당풍 쇄신을 앞둔 시점에서 혼란이 예상된다.", "시기적으로 현명치 못하다"는 등의 반응이 나왔다.

직격탄을 맞은 계파 보스 유진산은 "입에서 젖비린내 나는(=구상유취, 口尚乳臭) 아이들이 무슨 대통령이냐?"면서 비웃었다. 그는 자파 계열 의원들에게 거부하라는 지시를 내렸다. 대변인 김수한이 진산의 반응을 그대로 기자들에게 전해주면서 '구상유취'라는 단어가 시중의 유행어가 되었다. 긍정적 평가를 한 원로는 서범석 의원을 비롯하여 극소수였고, 나머지는 반발 일변도였다.[3]

야당에 활력 안긴 40대 기수론

박정희 시대의 야당은 분열과 통합을 계속하면서 이합집산을 거듭하고 있었다. 1963년 대통령 선거에서 분열로 패배한 야당은, 그 뒤에도 여러 차례 통합을 놓고 위기를 겪었다.

1967년 대선에서 윤보선 후보가 두 번째로 패배하자 후유증이 거셌다. 1969년 3선 개헌안이 공화당의 날치기로 변칙 통과되는 것도 막지 못했다. 그해 9월10일, 개헌 투쟁을 지휘하던 총재 유진오가 뇌질환 치료차 일본으로 떠나면서 사퇴했다.

그에 따라 이듬해 1월26일, 새 총재를 선출하고 대통령 후보 지명대회를 열기로 했다. 당시 총재 후보로는 주류의 유진산 수석 부총재, 비주류의 정일형(鄭一亨), 이재형(李載瀅)의 3파전이었다. 그때 김영삼이 40대 기수

론을 주장, 느닷없이 대통령 후보 선언을 함으로써 파문을 일으켰던 것이다.[4]

　김영삼은 자신의 선언을 기정사실화하기 위해 40대 동료이자 라이벌인 김대중(=당시 47세)에게 동참을 권유했다. 반발을 누그러뜨릴 수 있는 강력한 우군(友軍)이었던 김대중의 첫 반응은, "강력한 유진산 체제와 싸워 승산이 있겠는가? 왜 불가능한 일을 하려고 하느냐?"는 부정적인 것이었다.

　주춤해지는 듯하던 40대 기수론은 2개월 뒤 김대중이 경선 참가를 선언하고 나서면서 탄력을 받기 시작했다. 김대중 자신도 사실은 전당대회에 대비해왔으나, 비난과 반발이 김영삼에게 쏟아져 상처를 입는 동안 발톱을 감추고 있다가 한참 뒤에 고개를 내민 셈이었다.[5]

　김대중도 1968년 6월5일, 후임 원내총무 경선에 나섰다가 계획이 좌절되자 2년 뒤에 있을 전당대회에 대비해 롤백 작전을 계획해오고 있었던 것이다. 평의원인데도 그는 계파 수장처럼 6명의 비서진을 보강해두고 은밀하게 전국의 대의원들을 포섭해오고 있었다. 당시 중앙정보부는 그의 조직책들이 눈에 띄지 않게 움직이는 것을 추적, '베트콩'이라고 부르면서 주목했다.[6]

　해가 바뀌어 이듬해(1970년) 2월12일, 해방 정국에서 이승만, 김구(金九)를 추종하며 반탁(反託)투쟁을 벌여 전국적인 명성을 떨쳤던 이철승(李哲承, 당시 48세)이 40대 기수론 대열에 가세했다. 그는 윤보선이 예우해준 덕에 경력이나 관록으로 볼 때 양김(兩金)을 능가하는 중진급 대우를 받고 있었다.

　그는 5·16으로 「정치정화법」에 묶여 해외로 쫓겨나가 망명 생활을 했다. 그러다가 1970년 1월에 가까스로 서울로 돌아올 수 있었고, 귀국 21일 만에 출마 선언을 한 것이다. 이철승까지 가세하면서 40대 기수론은 이제 본격적인 대세(大勢)가 되었다. 박정희 정권에 맞서 제대로 싸우지도 못하던 야당에서 진취적인 젊은 세대가 등장한 데 대해, 여론이 호응하기 시작했기 때문이다.[7]

새로 총재가 된 유진산의 거취가 변수였다. 6월에 있을 전당대회를 9월로 미루어놓고 있던 유진산 스스로도 "당이 대통령 후보로 나설 것을 명령한다면 십자가를 지겠다"며 출마 의사를 내비치고 있었던 것이다. 민주당 구파 출신의 유진산은 신익희, 조병옥, 윤보선 등 구파 주류 계보를 잇는 거목이었고, 당내 제1계파인 진산계의 수장이기도 했다.

그 간의 전통으로 보면 대통령 후보 0순위를 차지할 위상이었다. 그러나 결정적인 취약점을 가지고 있었다. 하나는 실용적인 정치 노선으로 박정희 체제와 타협하는 일이 잦아 야당 지도자로서의 선명성이 퇴색해있었다. 또한 권모술수가 능하고, 정치자금 조달 능력이 탁월하다 해서 구악(舊惡)의 이미지를 벗어나기가 힘들었다. 게다가 조강지처(糟糠之妻)와 헤어지고 후처(後妻)를 택한 사생활까지 겹쳐 최악의 조건이었다.[8]

자신의 약점을 잘 알고 있는 유진산은 처음에는 불출마, 다음엔 출마 가능성을 비치면서 기회를 노리고 있었다. 그러다가 40대 기수 3인이 각개 약진하면서 단일화에 실패할 것으로 내다보고, 조건부 출마론을 내세웠다. 이 같은 그의 태도에 40대 기수는 물론 비주류 원로들까지 반발했다. 그러자 그는 후보 사퇴의 조건으로 총재가 세 사람 중 한 명을 지명할 권한을 달라고 요구했다. 후보 자리는 양보하겠으나, 대신 당권(黨權)을 쥐겠다는 속셈을 드러낸 것이다.

범(汎)진산계에 속하는 김영삼과, 오래 전부터 진산과 친한 사이인 이철승은 지명 제의를 수락하지 않을 수 없었다. 그렇지만 비주류로 냉랭한 사이였던 김대중은 한마디로 거부했다.[9]

지명 대회 전날 유진산은 "신민당 대통령 후보로 연부역강(年富力强)한 김영삼을 택했다"고 선언했다. 김대중이 이를 인정하지 않았으므로 반쪽짜리 지명인 셈이었으나, 김영삼에게는 일단 큰 지원이 아닐 수 없었다.

유진산은 지명 선언을 하면서 미리 받아놓은 "당의 결정에 승복한다"는 김영삼, 이철승의 서약서도 공개했다. 반발 사태까지 고려한 노회한 사전 포석이었다. 이철승은 "속았다"면서 반발했다. 이철승으로서는 유진산과 해방 정국 시절부터 동지 관계로 친했고, 더구나 유진산이 자신의 삼촌과 오랜 친구 사이였으므로 지명을 철석같이 믿고 있었던 것이다.

"박정희의 적수(敵手)는 김영삼이다!"

겉으로 보기에 자기편(=구파)끼리 짜고 치는 각본처럼 보였을 것이다. 이철승이 신파였기 때문이다. 그러나 진산의 선택은 예사롭지 않은 구석이 있었다. 그는 40대 기수들에게 "박정희는 목숨을 걸고 총칼로 권력을 잡았는데 자네들은 맨주먹 가지고 내놔라 하고 있다. 쉽게 내놓겠는가?"라고 묻곤 했다. 박정희의 깊은 속을 꿰고 있는 지략가다운 통찰이었다.

당시 김영삼과 이철승은 다 같이 선명 노선을 내세웠으나 강도가 달랐다. 김영삼은 목숨을 걸고 달려드는 결기(結氣)가 있었고, 소년 시절부터 다져왔다는 권력 의지로 똘똘 뭉쳐있었다. 반면 경륜과 관록에서 앞서는 이철승은 감투 정신이 약해보였다.

융통성이 있다거나 유연하다는 것은, 어려울 때 타협할 가능성이 높다는 뜻이기도 했다. 진산은 강성(强性)의 박정희와 대적할 인물은 당연히 강성인 김영삼이라고 꿰뚫어 본 것이다.[10]

(유진산이 예견했듯 김영삼은 그 뒤 박정희의 몰락을 향해 전력투구했고, 이철승은 중도 통합론을 내세우고 타협하면서 안주했다.)

40대 기수론은 박정희를 긴장시켰다. 3선 개헌안을 변칙 처리한 뒤 박정희는 한시름을 놓고 있다가, 야당발(發) '40대의 반란' 소식을 들었다. 당시 52세였던 박정희는 5세에서 11세까지 연하인 40대 기수들을 '애송이들'이라고 내려다보았다.

학병 세대에 속한 박정희는 다른 세대에 비해 유달리 격변기를 겪었다. 그런 만큼 전중(戰中) 세대랄 수 있는 40대들을 정신적으로는 10~20년쯤 아래로 여기는 것 같았다. 오히려 65세로 13세 연상이던 유진산을 더 가깝게 느끼고 있었다. 일본 식민지 시대를 겪은 동질감 때문이었을 것이다.

유진산은 독립운동에 참가했다. 또 해방 정국에서는 반공 청년 운동을 주도한 인물이어서, 일본군 중위 출신의 박정희와는 경력이 달랐다. 그런데도 여러 가지로 서로 대화가 잘 통했다.

두 사람은 반공에서 같은 생각이었고, 뛰어난 정략가라는 점에서 기질적으로 비슷했다. 정치적 밀당(=밀고 당기기)을 통해 공존할 수 있다는 실용주의적 노선에서도 통했으며, 파란만장한 인생 경험에서도 닮았다.

국민이 보기에 유착(癒着) 관계이지만, 두 사람은 싸우면서도 함께 살 수 있다는 데 동감했다. 그 바람에 박정희는 내심 유진산이 야당 후보가 되기를 바랐다. 공교롭게도 학병 세대의 대표적 인물인 [사상계(思想界)] 발행인 장준하(張俊河) 역시 "어떻게 이렇다 할 경험도 없는 저 친구들(=40대 기수들)이 후보가 될 수 있는가?"고 한탄하면서, 몸담고 있던 신민당을 탈당했다.

박정희와 서로 싫어하는 처지였던 그 또한 40대 기수들을 내려다보고 있었던 점에서는 똑같았던 셈이다.

학병 세대는 타자(他者)의 시선으로 식민지 조국을 바라보며 고뇌하고 저항하던 특이한 세대였다. 장준하와 함께 일본군을 탈영해 충칭(重慶)

에 있는 김구의 임시정부를 찾아갔던 김준엽(金俊燁) 전 고려대 총장, 박정희의 대구사범 동기동창이고 5·16혁명 이론의 멘토였던 황용주(黃龍珠) 전 MBC 사장, 중진 작가 이병주(李炳注) 등이 그 세대를 대표하고 있었다.

박정희는 40대 바람을 잠재우기 위해 유진산을 돕는 정치 공작을 펴도록 김계원 중앙정보부장에게 지시했다. 김계원은 유진산에게 여러 차례 거금을 건넸고, 박정희도 직접 정치 자금을 대주었다. 중앙정보부는 언론사에 대해 '40대 기수론'이라는 단어를 쓰지 못하게 하고, 기사도 크게 취급하지 못하도록 재갈을 물렸다.[11]

박정희는 1970년 8월에는 유진산의 해외 순방 기회를 마련해주어 야당 지도자로서의 이미지를 키울 수 있도록 도왔다. 그러다가 김계원이 유진산의 집에 자주 드나드는 것이 목격돼 40대 기수들이 일제히 비난하는 일까지 생겼다.

유진산에게 불리하게 돌아가는 흐름을 정치 공작으로는 유리하게 반전시킬 수 없었다. 유진산이 출마 포기를 선언하던 날, 훗날 정일권 총리의 애인으로 밝혀진 미모의 호스티스 정인숙이 한강변에서 친오빠에게 피살되었다. 그즈음 서민용 와우아파트가 무너져 33명이 사망하는 사건이 터지는가 하면, 저항 시인 김지하(金芝河)의 장편 담시(譚詩) 「5적(五賊)」이 정치 문제화되기도 했다. 이 같은 어수선한 정국 분위기는 유진산에게 더욱 불리한 정치적 환경이었다.[12]

방심(放心)의 허(虛) 찔려 역전패 당하다

1970년 9월29일에 열린 지명대회에서 야당 대통령 후보 경선이 치러졌다. 1차 투표에서 낙승이 예상되던 김영삼이 과반수 득표에 미달하는 이변이 일어났다. 전체 대의원 885명 가운데 김영삼 421표, 김대중 382표, 무효 82표로 집계되었다. 1위 김영삼이 과반수(=443표)에 22표가 모자랐던 것이다.

2차 투표에 들어갔다. 여기서 김대중은 1차 때 김영삼 지지 대신 무효 표를 던졌던 이철승계를 끌어들이는 데 성공했다. 결국 김대중 458표, 김영삼 410표로 한국 정치사에 남는 극적인 역전(逆轉)이 펼쳐졌다. 순식간에 무명(無名)에 가까운 재선 의원 김대중이, 40대 기수론의 제창자이자 야당의 적통(嫡統) 후보라는 소리를 듣던 김영삼을 꺾고 박정희와 대결하게 되는 이변의 주인공이 된 것이다. 김대중을 거인(巨人)으로 만든 두 사람 중 한 명은 김영삼이고, 다른 한 명은 박정희라는 '김대중 신화'가 생기게 된 순간이었다.[13]

지명대회가 열릴 무렵 당 안팎의 지배적 여론은 '김영삼 낙승'이었다. 김영삼 자신이 40%의 대의원을 거느리고 있는 진산계 소속이었고, 제2파벌인 이재형 부총재의 지지 약속도 받고 있었다. 더구나 총재의 1차 지명에서 패배한 이철승의 서약(=패배하면 승자 지지)까지 확보하고 있었기 때문이다. 어림잡아 65% 지지표를 모을 수 있다는 추산이었다.

그 같은 분위기로 인해 긴장이 풀린 탓인지 김영삼의 선거사무실은 모두 손을 놓고 있었고, 방문객만 북적거렸다. 총재 비서실장 신동준이 "김영삼이 거저먹으려 한다"고 불평을 할 정도였다. 마지막 표 점검을 독려해야 할 당사자도, 전날 밤 지명 수락 연설문 문장을 다듬고 있었다. 실제로 지명 대회 진행 중 가판(街販) 신문을 낸 D일보는 「김영삼 지명 확실」이라는 제목까지 달았다.[14]

그런데 이변이 연달아 연출된 것이다. 1차 때는 김영삼 지지를 약속한 이재형이 실제로 자파 대의원들에게 지지 지시를 내리지 않았다. 그 바람에 표가 흩어지는 차질이 생겨났다. 그렇게 된 것은 동생이 경영하는 대기업(=

대림산업)의 존재 때문에 이재형이 중앙정보부의 압력에서 자유롭지 못했을 것이라는 관측이 나왔다.[15]

　무엇보다 2차 투표 때는 김대중의 기습 전략이 결정타였다. 그는 1차 투표가 끝나자 이철승 계열을 끌어들이는 담합에 성공했다. "당권을 이철승 측에 양보한다"는 약속을 명함에다 써주고, 김영삼에게 가기로 서약돼 있는 이철승 표를 자신 쪽으로 돌려세운 것이다. 그 바람에 '명함 각서'라 하여 유명해졌다.

　"정치인의 약속이 깨지는 순간이었다. …나는 의외의 결과에 큰 충격을 받았다." 김영삼은 나중에 회고록에서 그 거래 과정을 상세하게 복기해 놓았다.[16]

　이철승은 대회가 열리기 전 이미 같은 신파 출신이면서 동향인 호남 출신 정계 후배 김대중에게 표를 줄 생각이었다. 김영삼에게 가면 사표(死票)가 될 것이라는 게 그가 내건 이유였다.[17]

　이철승 표가 흔들리고 있다는 것은 이미 1차 투표 때 나타났다. 그런데도 서약 준수 여부를 지켜봐야 할 유진산이나, 당사자인 김영삼이 철저하게 챙기지 않고 노 마크 상태로 두었다는 사실이 지금까지도 미스터리다. 『김영삼 회고록』도 그 점에 관해서는 구체적인 언급 없이 에둘러 지나가고 있다.[18]

　이철승 카드 말고도 김대중은 마무리 전술에서 상대를 앞서고 있었다. 대회 전날 밤 김대중과 부인 이희호(李姬鎬), 그리고 유일한 원내 지지자 김상현(金相賢) 의원이 당사(黨舍) 근처인 종로구 청진동 일대 수십 군데 여관에 분산돼있는 전국 대의원들을 일일이 찾아다니며 읍소(泣訴) 작전을 폈다. 그 같은 노력은 충청 지역과 다른 비(非)호남권에서 예상보다 많은 표로 연결됐음이 나중에 확인된다.[19]

김대중은 앞서 지적했듯이 두더지 작전을 통해 호남 지역 이외의 지역에도 공을 들여왔고, 마지막 순간 그 표를 재확인하고 있었다. 야당의 대의원들은 대체로 궁핍하게 사는 사람들이 많아 돈 봉투의 유혹에 약하기 마련이었다.

김대중의 심야 작전을 뒤늦게 알고 놀란 상도동의 핵심 김동영 의원이 대응하려 했으나, 이미 때가 늦었다. 통금 시간(=밤 12시 정각)이 다가오고 있었고, 수중에 자금도 남아 있지 않았다. 김대중 측은 자파 의원들에게 미국식 지지 피켓을 들고 나오게 해 부동표를 공략했는데, 김영삼 측은 그러한 참신한 준비도 없었다.[20]

게다가 유진산의 지명이 감표(減票) 요인이기도 했다. 그가 지닌 '사쿠라 이미지' 탓으로 김영삼의 선명성이 훼손된 것이다. 그 바람에 적지 않은 골수 야당 대의원들이 등을 돌린 측면도 있었다. 당시 선명도 평가는 김대중＞김영삼＞이철승 순(順)이었다.[21]

좋은 인상 남긴 김영삼의 승복 연설

대회장에서 김대중 1위의 개표 결과가 발표되는 순간 단상의 고위 당직자들은 대경실색(大驚失色)했고, 김영삼 자신도 한순간 망연자실(茫然自失)했다. 그러나 곧 정신을 가다듬고 단상으로 나아가 마이크를 잡았다. 순간 장내에는 쥐 죽은 듯 고요한 적막이 흘렀다.

김영삼은 "김대중의 승리는 우리 모두의 승리이고 나의 승리이기도 하다. 야당의 승리를 위해 거제도에서 무주구천동까지 전국 곳곳을 찾아가겠다"고 역설했다. 경선 결과에 승복하는 의연한 자세를 보였던 것이다. 대회장은 환호에 묻혔다.

그는 자신의 선거본부로 돌아가서도 통곡하는 참모들을 달래며 "역사

앞에서 더 큰 일을 하라고 하나님이 고통을 주신 것 같다. 그걸 달게 받고 당이 지명한 김 후보를 돕자"고 강조했다.[22]

40대 기수론이 처음 등장됐을 때 언론의 반응은 긴가민가한 것이었다. 평소의 김영삼이 미래지향적인 지적(知的) 이미지를 강조하는 정치가 유형이 아니었기 때문이다.[23]

그런 탓인지 어처구니없는 역전패 장면을 희화화하는 여론도 없지 않았다. 그러나 예상 외의 패배에도 불구하고 승복 연설을 당당하게 하는 모습은, 그를 다시 보게 만드는 기회가 되었다.

"나는 패배했으나 내가 주창한 40대 기수론은 채택된 것 아닌가?"라고 외칠 때, 그것은 제스처가 아니라 신념에서 나온 것이라는 인상을 줄 수 있었다.

초대 대통령 이승만은 불쾌한 대화나 토론이 있었어도 다음 행사 때 유쾌하게 행동했고, 고된 일이 끝나면 즉시 잊어버리는 등 심리 전환에 능했다. 감정을 조절하거나 제어하는 능력이 뛰어나기에 가능한 일이었다.[24]

대회장의 김영삼도 빠른 심리 전환의 모습을 연출하고 있었다. 물론 김영삼이 위인전에서나 보는 듯한 의연한 이미지만 보인 것은 아니다. 대회 일정을 모두 끝내고 집에 돌아온 그는, 안방의 침대를 모두 때려 부수며 분노와 좌절을 곱삭혔다. 또 젊은 비서를 붙들고 "너만이라도 여관을 돌았으면 이렇게 됐겠느냐?"면서 인간적인 통한(痛恨)의 안타까움을 표출하기도 했다.[25]

참고 자료

1. 박권흠 『김영삼. 그의. 정치사상. 경륜』 p55
2. 김영삼 『나의 정치 비망록』 p124

3. 『김영삼 회고록』1 p337

4. 임영태『대한민국사(史)』

5. 주돈식『우리도 좋은 대통령을 갖고 싶다』 p393

6. 박정태『김영삼의 사람들』 p61

7. 『김영삼 회고록』1 p338

8. 이사달『3K 정치이력서』

9. 박정태『김영삼의 사람들』 p100

10. 노병구·오세응『김영삼 민주센터 녹취록』

11. 이성춘『김영삼 민주센터 녹취록』

12. 『김형욱 회고록』1

13. 안철현『한국현대 정치사』

14. 박정태『김영삼의 사람들』 p115, 120

15. 박권흠·김봉조『김영삼 민주센터 녹취록』

16. 『김영삼 회고록』1 p344

17. 강인섭『김영삼 민주센터 녹취록』

18. 이성춘『김영삼 민주센터 녹취록』

19. 이성춘『김영삼 민주센터 녹취록』

20. 노재성『김영삼 민주센터 녹취록』

21. 오세응『김영삼 민주센터 녹취록』

22. 이성춘『김영삼 민주센터 녹취록』

23. 유한열『격동의 시대 내가 아는 진실』 p127

23. 유한열『격동의 시대 내가 아는 진실』 p125
    『이종찬 회고록』1

25. 조갑제『박정희 평전』10 p110

5장 김대중 도와 지원 유세

　김대중이 역전극을 벌이며 야당의 대통령 후보로 등장하자 공화당 정권은 바짝 긴장했다. 김대중은 박정희가 싫어하고 꺼려하던 대표적인 야당 정치인의 한 사람이었던 것이다. 그는 날카로운 대정부 질문으로 장관들을 곤혹스럽게 만들었고, 박정희가 자부하던 경제정책을 혹평하기 일쑤였다.

　상고(商高) 출신인 김대중은 숫자에 밝았기에 박정희의 아픈 곳을 찌를 수 있었을 것이다. 박정희는 김대중이 스스로 '경제통'이라면서 노른자위로 통하는 국회 재경위에서만 활동하는 것도 못마땅해 했다.[1]

　선동적인 연설 솜씨, 흑색선전에 능한 것, 좌익 경력 등으로 미루어 경계 대상이 되었다. 1967년 총선 때는 "무슨 일이 있어도 김대중을 낙선시키라"고 관계기관에 지시까지 했다.[2]

　실제로 김대중 지역구인 목포에 진도 출신의 예비역 장성 김병삼을 출마시키고 파격적인 집중 지원을 했으나, 결과는 김대중 압승이었다.[3]

　김대중 후보에 대한 대책 마련에 나선 박정희는, 정치 공작에 미숙하다면서 야당의 조롱까지 받던 4성 장군 출신의 중앙정보부장 김계원(=10·26 대통령 시해사건 당시 청와대 비서실장)을 퇴진시켰다. 그 대신 주일대사로 나가있던 전 비서실장 이후락을 재기용했다.

꾀가 많고 정무 감각과 판단력이 좋으며, 위기 대응에서 유능하다 해서 '제갈 조조'라는 별명을 갖고 있던 이후락은 김대중 전략에도 밝았다. 여권에 이후락과 견줄 책사가 없었던 것이다.[4]

3선 개헌의 1등 공신이었고, 이제 3선 대통령을 위한 선거운동까지 주도하게 된 이후락. 그는 중앙정보부를 중심으로 해 정부, 여당을 진두지휘하는 야전 사령관이 되었다. 이렇게 정부와 여당이 발 빠르게 임전 태세를 갖추어 가는 데 반해, 야당은 다가오는 선거보다 당장의 당권 싸움이 먼저였다.

선동적인 연설로 선거판 달군 DJ

김대중 후보는 유진산 총재가 지명한 경선 후보였던 김영삼이 패배한 만큼, 전당대회를 열어 총재에 대한 신임 여부를 물어야 한다고 주장하고 나섰다. 군사 통치를 마감시킬 수 있는 선거를 앞두고 왜 야당은 적전(敵前) 분열 상태에 들어갔는가?

거기엔 고질 같은 야당의 신·구파 갈등 문제가 깔려있었다. 당권은 주류 구파인 유진산이 쥐고 있고 대통령 후보는 비주류 신파인 김대중인 정치 상황은, 민주당 정권 때의 신·구파 대결(=구파의 윤보선 대통령과 신파의 장면 총리)의 데자뷔(Deja-vue)였다.

그 같은 구도로는 선거운동이 제대로 이루어지기 어렵다고 보아, 후보 측이 자신의 지지 세력 중심으로 선거조직을 확보하겠다며 선제 공세를 편 것이라 할 수 있었다. 또 당시 당내에는 박정희의 경제성장 업적 때문에 야당이 이길 수 없는 선거라는 패배감이 짙게 깔려있었다.

그런 만큼 선거 후의 당권 차지 문제는, 대선보다도 앞날을 위한 포석으로 비중이 더 높았다고 볼 수 있었다. 김대중이나 이철승이 40대 기수론에 일단 동참한 것도 당권의 행방을 의식한 포석이었다고 보는 시각이 존재했다.[5]

반면 후보 자리를 빼앗긴 주류 입장에선 어떤 일이 있어도 당권을 지키는 일이 마지노선이었다. 주류, 비주류 간에 당 주도권을 놓고 5개월간의 밀고 당기는 진통 끝에 타협안이 이루어졌다. 선거 기간 중에는 당 기구의 기능을 일단 중지하고, 양쪽이 각각 3명씩 대표를 추천해 임시 운영위원회를 구성해서 선거를 치르기로 합의했다. 양쪽이 각기 반 걸음씩 양보한 셈이었다. 그래도 선거본부장은 김대중 지지자인 중진 정일형이 맡게 되었다.

10월 들어 대전을 시작으로 전국 9개 도시를 도는 야당 후보의 유세가 시작되었다. 돈과 행정 조직을 총동원하는 정부와 여당의 조직적인 유세에 비해, 야당의 유세는 엉성한 시작이었다. 그러나 곧 바람이 일기 시작했다.

김대중은 파격적인 공약을 잇달아 터트리면서 예의 선동적인 연설로 선거판을 달구었다. 가령 향토예비군제의 폐지를 선언해 사람들을 놀라게 했다. 그것은 북한이 무력 대남 공세를 계속하던 시대에 금기(禁忌)를 깬 파격 발언이었다. 안보 위기를 조장하는 위험한 주장이라는 정부와 여당의 강력한 반격을 받고 여론의 역풍을 의식해 물러섰지만, 박정희를 크게 흔들어 놓는 위력이 있었다.

대통령 3선 조항의 환원을 주장해 장기 집권 불만 세력을 겨냥하기도 했다. 또 중앙정보부 개편, 정치 보복 금지, 대중 경제 실현 등 정책 대안들을 제시했다.[6]

야당 선거 사상 최대 인파 몰려

잇따른 파격적인 공약들이 여론의 뇌관(雷管)을 계속 자극했다. 대세를 타고 매스컴의 보도도 뜨거워지고 있었다. 여권은 물량 작전으로 나왔으나 차츰 쫓기는 입장이 되었다. 여권의 선거본부장 이후락은 공작 정치적 정략을 동원해 야당 붐을 진화시키려 했다.

그는 영·호남 지역감정 부추기기를 통해 영남 표를 결속시키려 했다. 또 흑색선전의 귀재라는 김대중의 선거참모 빼돌리기, 향토예비군 폐지 공약이 크게 먹혀들자 이에 대한 안보 논리 역공으로 역효과 얻기, 신민당 지도부 상대 이간 공작 등의 정략을 구사했다. 대부분이 적중했거나 효과를 보았다는 평가를 낳았다.[7]

그럼에도 유세 후반 들어 수도 서울을 포함한 중부 지역의 여론이 눈에 띄게 공화당에 불리하게 돌아가고 있었다. 영남이 박정희, 호남이 김대중에게 몰표를 준다고 가정할 때, 캐스팅보트(Casting vote)를 쥐고 있는 중부 지역의 심상치 않은 분위기가 여권에는 충격이었다.

김대중은 전주에서 "박정희가 종신(終身) 총통제를 꾸미고 있다"고 폭로하고 나섰다. 서울 장충동 공원에서 열린 야당 유세 때는 세칭 100만 인파(=80만으로 추정)가 몰려들었다. 그때까지 야당 선거 사상 최대의 인파였다.[8]

당시 여권의 선거본부가 야당 붐을 진화시키려고 내놓은 결정적 무기는, 지역감정 조장과 박정희의 「마지막 출마 선언」이라는 두 가지라 할 수 있었다. 공화당의 대표적 지원 유세 연설자인 이효상(李孝祥) 국회의장 등이 "신라 천 년 만에 나타난 박정희 후보를 다시 대통령으로 뽑자" "전라도 사람들이 똘똘 뭉쳐있으니 우리(=영남 사람들)도 뭉쳐야 산다"며 노골적으로 동·서간에 지역감정을 자극하는 발언을 내놓기 시작했다. 중앙정보부는 부산·경남 지역에 "전라도 사람들이여, 단결하자!"는 선동적인 흑색 선전물을 제작해 대대적으로 살포했다.[9]

여권 선거본부는 "이번이 마지막 출마"라는 것을 강조하는 결정적인 카드를 써야 한다고 박정희를 압박했다. 못마땅해 하던 박정희는 단안을 내리지 못하다가 장충단의 여권 후보 유세에서 「4선 불출마 선언」을 했고, 신문 방송은 이를 대서특필했다. 중부 지역뿐만 아니라 전국에서 큰 효과를 일으켰다. 그러나 마지막 호소에서 박정희는 "나를 한 번 더 뽑아주시오, 하는 정치 연설을 하는 것은 이번이 마지막이다"고 했을 뿐이다. 다시는 국민을 상대로 직접적으로 표를 구걸하지 않겠다는 뜻이지, 대통령을 세 번만 하겠으니 마지막으로 뽑아달라고 못 박은 것은 아니었다.[10]

그것은 박정희가 선거가 끝나기도 전에 이미 유신 체제를 구상하고 있었음을 의미한다. 치밀하게 계산된 말장난에 속아, 그의 숨겨진 의도를 언론과 국민이 눈치채지 못했을 뿐이다.

김대중이 바람을 일으키며 전국적인 스포트라이트를 받고 있을 때, 김영삼은 경선 패배를 승복하면서 약속한 대로 지원 유세를 다니고 있었다. 후보 중심의 중앙 유세반에는 끼지 못하고, 소도시 등 변두리 지역 순회 유세를 담당했다.

재기를 향한 발판, 한국문제연구소 개설

김대중 측은 "경선에서 2위를 한 후보를 선거본부장으로 하겠다"던 경선 당시 약속을 지키지 않았다. 김영삼의 텃밭인 영남 지역에 대한 중앙 유세반의 유세에서도 큰 도움이 됐을 YS를 연사로 쓰지 않았다.

대선 캠페인의 피크였던 4월18일의 서울 장충동 유세 때도 김영삼은 멀리 떨어진 충남의 한 소도시에서 혼자 유세를 다녔다. 그 같은 변두리 유세 일정에 대해 YS 측근들이 불만을 표시하자, 선대본부 측은 "김영삼이 경상도만 다니다시피 하고 자기 PR만 하고 있지 않은가?"면서 면박을 주었

다 한다.[11]

김영삼의 외로운 변두리 유세에는 신민당 부녀국 부국장 김윤덕과 비서 김덕룡이 수행했다. 따라다니는 취재진이 별로 없었다. 그나마 KBS 남정판 기자만 자주 수행했다. 남정판은 문민정부에서 공보처 차관이 되었다. YS측은 취재기자들에게 전화를 걸어 "못 본 체할 수 있는가?"고 항의하기도 했다.

김영삼은 의원들의 신임을 받았기에 부동의 총무가 될 수 있었지만, 취재기자들에게도 가장 인기가 좋은 정치인이었다. 그런데 갑자기 외면받기 시작한 것이다. 그 같은 홀대는 당사자에게 좌절감, 배신감 같은 충격을 주었을 것이다.[12]

시련은 계속되었다. 선거에서 패배했으나 전국적인 거물이 된 라이벌 김대중은, 당에서도 총재와 맞서는 위상을 확보했다. 하지만 김영삼은 유진산을 지지하는 여러 중진 가운데 한 사람일 뿐이었다. 유진산과 김영삼 사이에 경선 후유증이 낳은 앙금도 남아 있었다.

YS측은 유진산이 제대로 챙기지 않아 이길 수 있는 경선을 실패했다고 원망하고 있는 데 반해, 유진산 측은 YS의 자만(自慢)이 패인이 아닌가 하는 반응이었다. 그 후유증 탓인지 유진산은 야당 중진이면 누구나 바라는 국회부의장 자리를 김영삼이 아니라 이철승에게 주었다.

경선 패배 이후의 상황은 김영삼에게 수모감과 굴욕감을 갖게 했고, 김대중 콤플렉스도 안겨주었다. 그것은 통칭해 '김대중 쇼크'라 할 수 있었다. 그 쇼크는 김영삼이 심기일전(心機一轉)하는 모티브를 가져다주었고, 양김 시대의 경쟁을 통해 민주화 투쟁에 기여하는 동력의 하나가 되기도 했다.

선거가 끝난 뒤 김영삼은 본격적인 재기에 들어갔다. 한국문제연구소라는 연구소를 열고 초대 회장에 민주화 투쟁 세력의 재판을 변호했던 강신옥 변호사를 앉혔다. 당시 야당의 중진급들은 연락사무소를 두고 있었으나 연구소를 둔 사람은 없었다.

조윤형, 김동영, 최형우, 김덕룡, 홍인길, 김기수 등 중진, 소장파들이 차례로 모여들면서 핵심 지지 세력을 형성하기 시작했다. 여러 차례 정치적 고락을 나눈 사이인 고흥문(高興文) 의원이 재정 지원을 많이 했다.

참고 자료
1. 『김영삼 회고록』1 p232
2. 김대중 『행동하는 양심으로』
3. 조갑제 『박정희 평전』9 p38
4. 함성득 『대통령 비서실장론』 p103
5. 유한열 『격동의 시대 내가 아는 진실』 p127
6. 임영태 『대한민국사(史)』 p338
7. 김충식 『남산의 부장들』 p322
8. 김충식 『남산의 부장들』 p309
9. 임영태 『대한민국사(史)』 p339~340
10. 조갑제 『박정희 평전』10 p112
11. 유한열 『격동의 시대 내가 아는 진실』 p127
12. 강인섭 『김영삼 민주센터 녹취록』

6장 유신(維新) 체제와 '김대중 납치사건'

박정희는 3선 대통령의 임기(1971~75년)가 시작된 지 겨우 1년이 지났을 때인 1972년 10월17일, 느닷없이 유신(維新) 체제를 기습적으로 선언했다.

그는 1971년 대통령 선거에서 막바지 장충단 유세를 하면서 3선을 끝으로 더 이상 출마하지 않겠다는 말을 분명하게 하지 않았다. 다만 "이번이 국민에게 표를 달라고 구걸하는 마지막 호소"라고 애매하나 의미심장한 선언을 했다. 그랬던 박정희가 국민에게 직접 호소하지 않아도 되는 간접선거를 통한 새로운 장기 독재 체제를 들고나왔던 것이다. 그것은 '제2의 5·16'이나 다름없었다.[1]

박정희는 군사작전처럼 정치에서도 타이밍을 능숙하게 구사했다. 그는 유신을 선포하면서도 국내외의 반발을 최소화할 수 있는 시점을 교묘하게 골랐다. 미국의 닉슨 대통령이 재선을 위한 선거전에 뛰어들어 월맹(=북 베트남)과의 정전 협상에 정신이 팔려있을 때를 노렸고, 국내에선 신민당 총재 유진산, 40대 기수인 김영삼과 김대중, 이철승 등 핵심 지도부가 미국과 일본을 방문하고 있던 '서울 부재(不在)'의 공백을 택했던 것이다.

국회를 해산하고 모든 정당과 정치 활동을 금지시킨 박 정권은, 평소

의정 활동에서 강성(強性)이던 야당 정치인들을 보안사령부를 동원해 연행, 구금했다. 김영삼의 비서실장 김봉조와 핵심 참모인 김동영, 최형우, 이세규, 그리고 김대중계인 김상현, 조연하, 박종률이 끌려가 고문을 받는 등 모진 고생을 했다. 차제에 강성 야당 인사의 기를 꺾으면서 선명 노선을 펴는 양김의 귀국을 막으려는 압박이기도 했다.[2]

미국 하버드대학 동아시아연구소의 초청으로 미국을 방문 중이던 김영삼은, 유신 선포 소식을 전해 듣자 즉시 귀국을 서둘렀다. 긴박한 서울에서의 상황 전개 소식을 직접 부인 손명순이 국제전화로 전해준 뒤, 당분간 귀국하지 말고 사태를 관망하자며 남편을 설득했다. 국무부의 조언을 들은 초청자 측의 라이샤워, 코헨 교수도 "서울 가면 위험하다"면서 귀국을 적극 만류했다.

그럼에도 불구하고 김영삼은 "대통령을 하겠다고 나섰던 사람이다. 나 혼자의 안전을 위해 나라와 국민을 팽개칠 수 없다"면서 귀국길에 올랐다. 김포공항에 도착한 그는 기관원들에 의해 연행돼 자택에 강제 연금되었다. "정치 상황이 나빠지면 현장에서 싸운다"는 현장 제일주의 원칙이 이때 세워졌다.

동남아를 방문 중이던 유진산도 귀국길에 올랐다가 김영삼처럼 봉변을 당해야 했다. 김대중과 이철승은 사태를 더 관망해봐야 한다면서 귀국하지 않았다. 김대중은 1년 뒤 중앙정보부에 의해 강제 납치돼 귀국하게 된다.

허를 찔린 반(反)유신 세력

유신 선포 1개월 뒤 실시된 국민투표에서 찬성 1281만여 표, 반대 108만여 표가 나온 것으로 집계되었다. 찬성 지지표가 압도적으로 많이 나온 것은 관권·금권을 동원한 대규모 선전 선심 공세의 결과 때문이라고 하더라도, 고도 경제성장을 이끌어낸 '박정희 리더십'에 대한 국민의 기대와 신임이 컸기 때문에 가능했던 현상이었다. 사회 각계의 기득권층이나 중산층도 지지 대열에 가담하고 있었다.[3]

유신 체제에 대한 국민의 선택이 저항이 아니라 지지로 일단 판별나자, 허를 찔린 반(反)유신의 야권 세력은 일단 움츠러들었다. 1년이 지난 뒤에야 겨우 전열을 다시 가다듬을 수 있었다.

신민당 부총재인 김영삼은 하루 몇 갑씩 피우던 담배를 끊고 금주(禁酒)하는 등 새로운 각오를 다졌다. 그러나 총재 유진산이 현실을 인정하는 실용 노선이었고, 많은 의원이 현실에 안주하는 성향이어서 당을 강경 노선으로 선회시키기가 어려운 실정이었다.

그러는 가운데 1973년 2월 제9대 총선이 실시되었고, 김영삼은 다시 국회의원으로 당선돼 6선 의원이 되었다. 유신 헌법에 따른 이 총선에서 공화당은 38.7%의 득표율로 73석을 얻었고, 신민당은 32.6%의 득표율로 52석을 확보했다. 그러나 6% 차이인데도 여당은 총 146석의 의석을 차지했다. 전체 의석의 3분의 1에 해당하는 유신정우회의 73석을 제1당이 가져가는 헌법 규정 때문이었다.

총선 5개월 20일 뒤인 8월8일, 일본에서 반정부 활동을 펴고 있던 김대중이 서울로 강제 납치돼 자택 근처에 버려지는 세칭 '김대중 납치사건'이 일어났다. 사건의 발단은 박정희의 오랜 측근이자 군부 실력자였던 수도경비사령관 윤필용(=육사 8기) 소장 숙청 건으로 거슬러 올라간다.

당시 정권의 2인자 역이던 이후락 비서실장을 견제해오던 윤필용은, 남북 공동 성명 이후 이후락과 급속히 친해지면서 밀착하는 사이가 되었다. 어떤 술자리에서 박정희의 후계자가 되라는 발언을 하기도 했다는데, 그것이 대통령 귀에 들어가게 되었다.

세력 균형의 견제 구도를 깬 불충(不忠)에 격노한 박정희의 명에 따라, 윤필용은 부정부패 혐의로 구속되면서 숙청되었다. 박정희는 이후락까지 손을 대려고 했다. 그렇지만 대안이 될 만한 마땅한 인물이 없는 데다가, 정치적 파장이 너무 클 것을 우려해 그만두고 거리를 두기 시작했다. 이에 초조해진 이후락이 신임을 되찾기 위한 돌파구로 기획한 것이 김대중 납치였다는 것이다.[4]

DJ를 거물 정치인으로 만든 세 사람

김대중은 대통령 선거에서 유세장 교통사고를 당한 후유증(=고관절 부상)을 치료하기 위해 일본으로 건너갔다. 그러다가 유신이 선포되자 그대로 일본에 눌러앉은 그는, 조총련계 재일교포 인사와 함께 반(反) 유신 활동을 펴고 있었다.

박정희는 관련 보고를 받을 때마다 몹시 불쾌해하고 못마땅해 했다. 이후락은 일부러 자주, 자세하게 보고했다고 한다. 그러면서 이후락은 박정희의 골칫거리인 김대중을 납치해오면, 유신 정권에 대한 저항을 끝맺게 할 수 있을 것으로 판단한 듯했다.

이후락은 중앙정보부 요원들을 동원해 김대중을 일본 도쿄에서 납치, 배편으로 서울로 끌고 온 데까지는 성공했다. 그러나 지략가(智略家)라는 그도 납치극이 오히려 침체돼있던 반(反)유신 세력을 잠에서 깨어나게 만들어, 민주화 투쟁이 되살아나는 역풍을 불러일으키리라는 사실은 미처 예상하지 못했다.[5]

뿐만 아니라 일본과 미국의 반발을 불러일으켜 세계적으로 나라의 국격(國格)이 훼손되는 후유증까지 덮쳤다. 섣부른 납치극은 결국 자신뿐 아니라 박정희의 몰락까지 자초하는 자충수(自充手)가 되고 말았다.

학생들은 납치 사건에 대한 해명, 중앙정보부 해체를 외치면서 일제히 시위를 벌이기 시작했다. 재야(在野)는 민주수호국민협의회를 결성하는 한편, 헌법 개정 서명 운동까지 벌이기 시작했다. 납치가 한국의 중앙정보부에 의한 범행임이 밝혀지면서 일본의 주권을 침해한 것이 확인되자 한·일 관계가 경색되었다. 당연히 미국과의 관계도 나빠졌다.

카터 대통령의 인권 정책과 맞물려 한국정부의 입장이 더욱 옹색해졌다. 이후락을 밀사로 해서 남북대화를 진행하던 북한도 "이후락 같은 불한당과는 더 이상 대화를 하지 않겠다"는 반응을 보이면서 대화 중단을 선언했다.

신민당 부총재 김영삼은 '김대중 사건'에 대한 국회 대정부 질문을 자청했다. 그는 국회 본회의에서 "김대중에게 가한 테러의 진상을 밝히고 내각이 총사퇴할 의사가 없는가?"고 직격탄을 날렸다. 또 김대중에게 가하고 있는 가택 연금(軟禁)의 불법성을 지적하면서, "연금을 즉각 해제하라"고 강도 높게 주장했다.[6]

당시 당 총재 유진산을 포함한 어느 야당 의원도 대통령과 중앙정보부를 상대로 그 같은 강성 발언을 하려 들지 않던 시기였다. 박 정권에 이어 전두환 정권에 이르기까지, 김대중에 대한 연금 해제를 일관되게 주장한 야당 정치인은 라이벌인 김영삼이 유일했다.

김대중 개인적으로는 일본에서 끌려오는 과정에서 수장(水葬) 당할 공포를 겪는 등 고초와 위기를 겪었다. 그러나 다른 한편으로는 박정희 독재에 대한 저항의 상징으로 국제적인 각광을 크게 받기 시작했다.

당시 시중에는 김영삼, 박정희, 이후락 세 사람이 김대중을 키워주었다는 시사성 있는 비유가 나돌았다. 김영삼이 40대 기수의 대통령 후보 경선에서 역전승의 기회를 제공했고, 박정희는 대선에서 팽팽한 접전을 통해 김대중을 키워주었으며, 이후락은 잊혀져가던 그를 납치함으로써 다시 국제적 거물로 되살아나게 했다는 것이다.

참고 자료

1. 조갑제 『박정희 평전』1 p114
2. 『김영삼 회고록』2 p22
3. 김행선 『박정희와 유신체제』 p61
4. 조갑제 『박정희 평전』10 p213
5. 한홍구 『유신』 p117
6. 『김영삼 회고록』2 p272

7장 최연소 당 총재 탄생

유신 체제가 국민투표의 찬성, 지지를 받으며 자리를 잡아가자 반(反) 유신 세력의 기세는 주춤해지고 있었다. 구심력이던 신민당도 그 같은 흐름에 얹혀 안주하려는 경향이었다. 그 같은 현상은 야당으로서는 뼈아픈 자기 부정이나 다름없었다.

유신 체제는 여야(與野)간 정권 교체를 사실상 불가능하게 만들어 놓았다. 박정희는 야당이 유신 체제를 인정하고, 그 범위 안에서 정당 활동을 해야 한다고 요구했다. 그러므로 거기에 순응한다는 것은 야당의 존재 이유인 정권 교체를 포기하는 것이나 마찬가지였다.

1973년 12월17일, 신민당 부총재 김영삼은 서울 주재 외국 특파원들과 회견을 가졌다. 이 자리에서 그는 박정희 정권에 대해 '헌법 개정과 중앙정보부 해체'를 촉구하는 공개 발언을 했다. 국민이 직접 대통령을 뽑는 직선제로 돌아가자고 주장한 것이다.

'유신 철폐'같은 자극적인 단어 대신 '헌법 개정'이라는 완곡한 표현을 써서, 필요 이상 박 정권을 자극하지 않으면서 할 말을 다하고 있었다. 총재가 아닌 부총재, 그것도 여러 부총재 가운데 한 사람이 당의 진로와 관련된 중요한 정치적 이슈에 대해 개인적으로 공개 발언을 한 것은 매우 이례적인 일이었다.

배짱과 패기가 없으면 하기 어려운 그 같은 주장은, 연로(年老)하고 지쳐서 현실을 인정하는 실용 노선의 유진산에게선 기대 가능한 일이 아니었다.[1]

김영삼은 유진산을 개인적으로도 끈덕지게 설득했다. 장고(長考)를 거듭하던 유진산은 10여 일 뒤 "새해부터 신민당은 개헌 요구에 전력투구할 것이다"는 쪽으로 당론을 모아갔다.[2]

그 같은 야당의 당론이 확정되던 날, 박 정권은 곧바로 긴급조치 1호와 2호를 선포했다. 유신헌법 개폐(改廢) 주장을 하지 못하게 하고, 유신헌법에 대해 부정하거나 반대와 비방의 일체 행위를 금지토록 조치했다. 마치 사전에 알고 있었던 것처럼 발 빠르게 야당의 공세를 원천 차단하고 있었다.

바로 그 무렵이던 1월10일, 공교롭게도 유진산이 쓰러져 병원에 입원했다. 위경련인 줄 알았으나 병이 깊었다. 대장암이라는 진단이 나왔다. 극비에 부쳐진 병명을 홍보비서 김덕룡이 의사였던 부인을 통해 먼저 알게 되었다. 김영삼 측은 총재 유고(有故) 시에 있을 후임 총재 경선 준비를 서둘렀다.

총재 측 주류가 관리하고 있던 전국 대의원 명단을 확보하는 일이 가장 시급한 과제였다. 비서와 참모들이 총동원돼 800여 명 가운데 600여 명의 명단을 알아낼 수 있었다.[3]

신상(身上) 발언 통해 선거 분위기 압도

당시 김영삼은 선명 노선을 주장해왔기 때문에 당내에서 고립되었고, 중앙정보부의 견제와 방해를 받아 정치 자금줄도 말라 있었다. 총재 후보 그룹 중에서 조직이나 자금력이 가장 열세였으며, 지지 현역 의원도 황낙주와 김동영, 최형우, 문부식 4명뿐이었다.[4]

유진산이 그해 4월28일, 69세 나이로 타계하자 8월20일에 전당대회가 열려 후임 총재 경선이 실시됐다. 경선에는 진산 직계인 견지동우회와 당 사무총장 신도환계의 지지를 받는 원외의 김의택, 당내 재력가인 정해영과 고흥문 그리고 이철승, 김영삼 등 5명이 나섰다. "풍부한 재력에 조직이 탄탄하다는 고흥문이 다크호스"라는 소문이 나돌았다.

당시 중앙정보부는 향후 야당 노선의 중요성 때문에 진산의 노선을 이어받는 김의택을 음양으로 적극 지원하고 있었다. 그때까지 돈도 없고 조직도 없어 출마를 않겠다던 총재 권한대행 김의택이 갑자기 나선 것도, 박정희의 오더를 받았기 때문이라는 설이 파다했다.[5]

1차 투표에서 열세 예상이던 김영삼이 197표를 얻는 이변이 일어났고, 2위가 142표의 김의택이었다. 과반선 365표에 크게 미치지 못했던지라 2차 투표에 들어가게 되었다. 1차에서 예상 외로 111표 득표로 4위에 그친 고흥문이 기권하면서 김영삼 지지를 선언했다.

당초 승산이 있다고 본 고흥문은 만약의 경우를 대비해 김영삼 진영과 표가 많이 나오는 쪽을 지지키로 묵계를 맺고 있었는데, 입장이 뒤바뀌게 되었던 것이다. 이철승도 사퇴해 김의택 후보를 지지하겠다고 했다.

2차 투표에서도 김영삼 302표, 김의택 203표로 역시 과반에 미달이어서 3차 결선에 들어가야 할 상황이었다. 그런데 사무총장이 납득하기 어려운 이유를 들면서 결선 투표를 하루 미루자고 했다. 그 바람에 이에 반대하는 김영삼 후보 측과 큰 소동이 벌어졌다. 결선 투표를 다음날로 미루자는 것은 중앙정보부가 농간을 펼 시간을 벌어주자는 게 아니냐는 루머가 장내에 돌았다.

신상 발언에 나선 김영삼은 "내가 당수가 되는 것을 막겠다는 음모가 있다. 하지만 나 김영삼은 죽어도 신민당은 죽을 수 없다는 신념으로… 대회 연기에 합의키로 했다"고 연설했다. 우레와 같은 박수갈채가 대회장을 가득 메웠다.

분위기가 김영삼 쪽으로 쏠리는 게 확인된 순간이었다.

결국 대세가 기운 것을 느낀 김의택이 의연하게 사퇴를 선언, 김영삼이 만장일치 형식으로 총재로 뽑혔다. 열세의 김영삼이 승리할 수 있었던 것은 대통령 후보 경선 때와는 달리 대의원들을 저인망(底引網)식으로 포섭하는 총력전을 폈고, 선명과 강경으로서의 야당성 회복을 주장한 선거 전략이 적중했기 때문이다.[6]

경선에 개입한 중앙정보부가 YS를 총재로 만드는 1등 공신이었다는 중평도 있었다. 중앙정보부는 유신헌법을 비판하는 내용의 출마 선언문을 사전에 입수하는 데 성공, 선언문을 쓴 비서 박권흠을 연행해갔다. 하지만 YS는 즉각 선언문을 복사해 대의원들에게 공개해버렸다. 유신 체제를 비판한 후보가 YS밖에 없는 상황에서, 중앙정보부의 그 같은 개입은 YS의 선명성을 극대화시켜 주었다.[7]

그것은 부동층이던 대의원들이 지지 후보를 김영삼으로 점찍는 계기가 되었다.

당 총재 YS의 달라진 면모(面貌)

김영삼이 46세 나이에 총재가 된 것은 최연소 의원, 최연소 원내총무를 이은 최연소 총재 기록을 세운 것이었다. 그때까지 한국 야당에서는 60대가 되어야 그 자리에 오르는 게 상식이자 관례였다. 신익희의 61세를 시작으로 해 조병옥 62, 장면 60, 박순천 66, 윤보선 66, 유진오 63, 유진산 총재가 66세였다. 50대를 뛰어넘어 단번에 활력과 진취성의 40대가 바통을 이어받은 셈이었다.[8]

김영삼의 선명 노선은 윤보선이 이어온 전통 야당의 적통을 이어받은 것이다. 그 이후 야당의 정통성은 김영삼과 김대중에게 주어졌고, 야당은 양김 중심으로 재편되었다.[9]

개인적으로 대통령 후보 경선 때 불의의 일격을 받고 뒷전으로 밀렸던 김영삼이 4년 만에 당권을 확보하는 재기에 성공했고, 가택 연금 중인 김대중의 몫까지 등에 지고 박정희와 대결하는 국면이 열리게 되었다.[10]

김영삼이 민주화 투쟁을 현장에서 진두지휘하고, 현장에 접근할 수 없는 김대중은 상징적 존재의 입장에서 협조하는 '쌍끌이 체제'의 시작이었다.

1970년대 박정희에게 도전한 대표적인 야당 인물은 김대중, 장준하, 김영삼 3명이었다. 김대중과 장준하는 탄압과 핍박을 심하게 받았다. 김영삼은 두 사람보다 덜했으나 수난을 당하기는 마찬가지였다.

김영삼이 덜 시달린 것은 그만이 가지고 있는 정치적 배경 때문이었다고 할 수 있다. 그는 4·19혁명의 불을 댕긴 마산(馬山) 의거의 고장인 영남 출신이었다. 그래서 섣불리 건드리기 어려운 상대라는 인식이 있었다. 이것은 나중에 부마(釜馬) 사태가 터지자 다시 확인되었다. 게다가 김영삼은 '의회주의 내에서의 투쟁'이라는 온건 성향이어서 박정희가 용인할 수 있는 특징을 지니고 있었다. 그러나 총재가 되면서 사정이 달라지기 시작했다.[11]

1974년 10월 7일, 국회에서 신민당 대표 질문에 나선 김영삼은 의회 본위의 대여 투쟁이라는 선을 그으면서 개헌 투쟁을 선언했다. 유진산 총재 당시 '유신 체제 내(內)의 정당'이라는 소리를 듣던 당의 유화 노선이 강경 노선으로 선회한 것이다. 재야, 학생들의 지지와 지원을 받으며 11월14일에는 한 걸음 더 나아가 개헌을 위한 원외 투쟁까지 선언했다.[12]

결국 박정희 정권과 야당의 강경 노선 사이에 강(强) 대 강 대결 구도가 형성되었고, 충돌이 불가피해졌다. 개헌 투쟁에 대비해 김영삼은 중도

계와 고흥문계, 진산계인 견지동우회를 새로운 주류로 삼는 당직 인사를 했다.

총재 선거에서 도와준 고흥문을 2인자 자리인 정무위원회 부의장, 진산계 유치송을 사무총장, 중도인 육군 중장 출신의 김형일을 원내총무, 고흥문계 이중재를 정책심의회 의장으로 기용했다. 자신의 상도동 사단은 당 조직에 집중 배치하여 전력을 강화했다.

최형우 사무부총장, 황낙주 수석 부총무, 김동영 조직국장, 문부식 선전국장, 서석재 조직국 부국장, 박희부 조직부장 식으로 당 조직을 장악한 것이다. 비주류에게도 당직을 안배해오던 인사 전통을 무시하고 총재의 리더십을 강화한 당직 인사였다.

참고 자료
1. 강인섭 『김영삼 민주센터 소장 녹취록』
2. 『김영삼 회고록』2 p40
3. 한홍구 『유신』 p353
   문정수 『김영삼 민주센터 소장 녹취록』
4. 이기택 『김영삼 민주센터 녹취록』
5. 박정태 『김영삼의 사람들』 p254
6. 최형우 『더 넓은 가슴으로 내일을』 p140
7. 박권흠 『김영삼 민주센터 녹취록』
8. 한홍구 『유신』 p353
9. 김명구 『해위 윤보선』 p342
10. 심완구 『김영삼 민주센터 녹취록』
11. 임영태 『대한민국사』 p446
12. 『김영삼 회고록』2 p62

8장 타격 받은 김영삼 리더십

새로이 선명 투쟁 선언을 하고 나선 김영삼은 11월 예산 심의를 거부하고, 국회 내에 「헌법개정특위」를 구성하자고 제의했다. 공화당과 유정회는 그 제의를 즉각 거절했고, 신민당은 투쟁 강도를 높여갔다.

1974년 11월15일, 신민당 의원 54명은 어깨에 「개헌만이 살 길이다」는 띠를 두른 김영삼을 앞세우고 국회(=태평로에 있던 옛 국회의사당)에서 안국동 중앙당사까지 가두시위를 펼쳤다.

이어 11월4일부터 국회 농성 투쟁에 들어갔다. 김영삼은 눈에 띨 업적을 보여주어야 한다는 초조감에 쫓기고 있는 듯했다.[1]

그러나 그 농성 투쟁은 당내의 내부 분열 탓에 제대로 지속될 수가 없었다. 김영삼의 총재 취임 이래 4개월간에 걸쳐 강경 노선을 펼쳐가는 사이 숨죽이고 지켜보던 비주류들이 고개를 들고 "감성적인 선명 투쟁은 피해야 한다"면서 반대 목소리를 내기 시작했고, 때맞추어 정부는 국회 문을 닫아버렸다.

12월5일에 김영삼은 재야의 윤보선, 백낙준, 유진오, 함석헌, 천관우 등 각계 인사 71명과 함께 민주회복 국민선언대회를 열고 10명의 대표 중

한 사람이 되었다. 우익 보수 노선의 신민당은 그때까지는 진보·좌파 계열 인사가 많은 재야와 일정한 거리를 두고 있었다. 그런데 개헌 투쟁을 위해 보수와 진보가 대오를 같이 하게 된 셈이었다.

그 같은 연대는 신민당, 통일당과 같은 제도권에서 뿌리를 내리는 데 실패하고 재야로 돌아간 잡지 [사상계] 전 대표 장준하가 "민주화 세력은 단일화해 힘을 모아야 한다"면서 적극적으로 주선하고 나섰기에 실현이 가능했다.[2]

그것은 심상치 않은 현상이었다. 박정희의 유신 체제를 견제하려는 반대 투쟁 세력이 결집에 성공하는 흐름을 보여주었기 때문이다. 그런데 동남아에서 일어난 공산화 도미노 사태가 그 같은 세력 결집에 찬물을 끼얹으면서 위기에 빠질 뻔한 박정희를 구했다.

1975년 4월17일, 공산 크메르 루즈(Khmer Rouge)군이 캄보디아의 우파 정권을 붕괴시키고 공산 정권을 세우는 데 성공했다. 미군이 철수한 뒤홀로 전장터를 지키던 남쪽의 월남 정부가 4월30일 북쪽의 월맹과 베트콩에 무조건 항복하는 사태가 일어났다. 그 같은 일련의 사태는 북한의 대남(對南) 적화 전략에 시달려온 한국사회에 엄청난 충격을 안겨주었다.

팽창하는 공산 세력에 의해 아시아의 민주주의 국가가 차례로 붕괴될 수 있다는 도미노 이론(=미 국무장관 존 F 덜레스가 창안한 이론)이, 한반도에서도 현실화되는 게 아니냐는 불안과 공포에 휩싸이게 된 것이다.

그 무렵 김일성은 중국 베이징(北京)으로 달려가서 "한반도 적화(赤化)의 기회가 왔다. 지원해달라"고 요청하고 나섰으나, 중국이 거부하고 있었다. 그런 사실은 나중에 밝혀졌다. 김일성은 또 "이 전쟁으로 잃는 것은 군사 경계선(DMZ)이고, 얻는 것은 조국의 통일이다"며 큰소리까지 쳤다.[3]

군 출신답게 발 빠른 기동력을 과시하던 박정희는 특유의 전시(戰時)

동원 체제적 성격을 강화하고 나섰다. 안보 위기를 앞세워 유신 체제를 출범시켰던 그는, 국민의 관심을 어렵지 않게 개헌 논쟁에서 안보 태세 강화로 돌릴 수 있었다.[4]

미국 잡지 [뉴스위크]는 "박정희는 … 운이 좋은 지도자다. 그가 국내에서 어려움에 직면하면 김일성이 … 엉뚱한 역할을 해서 … 궁지에서 구해내려 하기 때문이다"고 냉소적인 논평을 하고 있었다.[5]

긴급조치 9호까지 선포한 박 정권은 안보 위기를 계기로 해서 야당에 정치 휴전을 갖자고 제의해왔다. 신민당 입장에서는 그 제의를 거부하기가 어려웠다. "안보에 여·야가 따로 없다"면서 수용했다. 그러면서 김영삼이 "여·야 영수회담을 갖자"고 긴급 제안했다.

순발력을 보인 것이다. 그에 대해 청와대는 의외로 즉각 반응을 내놓지 않았다. 28일이라는 시간을 이례적으로 끌다가 동의하는 회답을 보냈다. 회담을 성사시킨 주역은 청와대 비서실장이나 중앙정보부가 아니라, 경호실장 차지철(車智澈)이었다.

1975년 5월11일, 청와대에서 박정희 대통령과 김영삼 신민당 총재는 배석자 없이 단둘이서 2시간에 걸쳐 영수회담을 가졌다. 회담이 끝난 뒤 청와대 대변인이 "난국 극복을 위해 여·야가 국가적 차원에서 노력을 같이한다는 데 의견을 함께 했다"는 요지의 발표를 했다. 신민당 측은 별도의 발표를 하지 않았다.

당으로 돌아온 김영삼은 2인자 격인 고흥문 부의장과 1시간가량 요담했는데, "박 대통령과 회담 내용을 공개하지 않기로 약속했다"면서 입을 다물어 버렸다. 대통령 쪽도 말을 아꼈다. 이효상 국회의장이 회담이 어떠했는가 하고 묻자 "김 총재와 서로 밖에 나가서 얘기하지 않기로 약속이 돼있다"고만 대답했다.[6]

여·야 영수회담의 경우 양쪽이 각기 회담 내용을 브리핑하는 게 관례였다. 그런데 특별한 이유도 없이 그 같은 관례를 무시하게 되니까 뒷말이 무성할 수밖에 없었다. 당장 정가와 언론계 주변에 "YS가 거액의 정치자금을 받고 선명 노선을 바꾸기로 했다"는 등 근거 없는 루머가 나돌기 시작했다.

소문의 내용이 구체적인 데다가 내용이 사실인 것처럼 보이게 된 것은, 소문의 진원지가 대체로 여권 심층부였기 때문이다. 특히 불만이 많은 신민당 비주류는 "혼자 먹느냐?"고 막말을 하는 등 반발하는 모습도 연출했다.[7]

밀약설, 거액 수수설이 난무하고 있다는 사실을 잘 알면서도 김영삼은 침묵의 약속을 계속 지켜갔다. 박정희가 1979년 타계하고 자신도 대통령직을 떠난 뒤, 김영삼은 25년이 지난 2000년 1월에 당시를 회상하는 내용을 회고록에서 공개했다.

박정희의 눈물에…

청와대에서 박정희를 만난 김영삼은 커피를 마시면서 대화를 시작했다. 새 한 마리가 창밖의 나무 위에 내려앉는 게 보였다. 지난해 흉탄을 맞고 타계한 육영수 여사에 대한 조의(弔意)를 표했다. 범인인 재일동포 문세광(文世光)이 대통령을 저격했으나, 그 유탄에 육 여사가 맞았던 것이다.

망연한 표정이 된 박정희가 "김 총재! 내 신세도 저 새 같습니다"라고 말하고는 바지 안주머니에서 손수건을 꺼내 눈물을 닦았다. 그 모습을 보니 인간적으로 안됐다는 생각이 들었다. 박정희는 아시아 지도를 펴놓고 한반도와 그 주변 정세를 설명하기 시작했다. (청와대를 방문한 국내외 인사를 상대로 통계 수치나 도표를 가지고 정치, 경제에 관해 브리핑하는 것이 그의 버릇 같은 관행이었다.)

김영삼은 "민주주의 합시다. 대통령 직접 선거를 합시다"면서 대화를 끌고 갔고, "유신헌법을 빨리 철폐해 멋진 민주주의를 합시다"고 강조했다. 박정희가 "김 총재!"라고 불러놓고 한동안 말을 끊었다가 "김 총재, 나 욕심 없습니다. 집사람 공산당 총 맞아 죽고 이런 절간 같은 데서 오래 살 생각 없습니다. 민주주의 하겠습니다. 그러니 조금만 시간을 주십시오"라고 말했다.

박정희가 손수건으로 눈물을 훔치는 것을 본 뒤라 "그럼 언제 하겠습니까?" 하고 다그치듯 물을 수가 없었다. "민주주의 하겠습니다"라고 말하는 것이 "이번 임기를 마지막으로 물러나겠다"는 뜻으로 들렸다.

박정희는 뒤이어 "우리 둘만의 비밀로 하자"면서 "조선 놈들은 문제가 있어요. 내가 정권을 내놓는다고 미리 알려지면 금방 이상한 놈들이 생겨날 겁니다. 대통령으로 일하는 데 여러 가지로 문제가 생깁니다"고 권력 누수(漏水)를 우려하는 이야기를 했다.

당시 유신헌법으로 대통령에 선출된 박정희는 임기를 3년 정도 남기고 있었다. "나는 민주주의가 된다면 우리 국민이 그 정도는 참고 기다릴 수 있겠다는 생각을 했다. 그래서 비밀을 지켜주마고 약속했다"고 회고록에 적어놓았다.[8]

회고록에서 당시 회담 분위기를 위와 같이 회상한 김영삼은, 결론으로 "인간 박정희를 믿었으나 그는 김재규에게 살해될 때까지 민주화 약속을 지킬 생각은 않고 영구 집권을 꾀했다. 지금 생각해보면 처음부터 나를 속이려 거짓말을 한 것이다"고 끝을 맺었다.[9]

그는 정말 김영삼을 속인 것일까?

그렇다면 박정희는 김영삼을 정말 속인 것일까? 김영삼은 기록을 남겼으나 박정희 쪽은 남긴 것이 없으니, 한쪽의 주장만으로 역사적 진실을 가리기는 쉽지 않다. 그러나 객관적으로 보면 동남아 국가들의 공산화 쇼크로 일단 숨통이 트이는 행운을 얻은 박정희가, 국가 안보를 강조하면서 현상을 다지려고 할 때이지 '민주화' 운운하는 약속을 할 시기는 아니었다.

기록을 보면 그 시기 민주화와 관련된 어떤 정치 구상이나 계획이 준비됐다거나, 준비하려는 움직임이 있다는 흔적이 없다. 청와대가 야당이 회담을 제의한 지 28일이 지난 뒤 반응을 보인 것부터가 전혀 예상하지 않고 있었다는 증좌가 될 것이다.

실제로 정치 담당인 신직수(申稙秀) 중앙정보부장은 영수회담을 받아들일 필요가 없다고 결론짓고 있었다. 민주화 요구에 대해 구체적인 선물을 줄 수 없으면서 회담을 갖는 것은 정부로서는 실익(實益)이 없고, 야당에 선전의 빌미만 줄 것이라는 판단이었다.[10]

그런데 뒤늦게 회담이 성사되었다. 정보부와 별도로 정치 공작을 펴기 시작한 경호실장 차지철이 주선하고 나섰던 것이다. 박정희 영구 집권론자인 강경파 차지철이 회담 주선의 창구라는 것은, 영수회담을 '야당 총재 길들이기'라는 공작 차원으로 접근한 게 아니냐는 해석을 낳게 한다.

위와 같은 상황에서 박정희의 민주화 발언이 어떻게 나왔을까? 박정희 개인의 민주주의관(觀)과 특유의 대화법에 주목할 필요가 있다. 그는 전형적인 선(先) 경제, 후(後) 정치발전론자였다. 중화학공업화가 성공하고 경제성장이 궤도에 안착하는 것을 전제로 민주주의를 하겠다는 말을 할 수 있는 인물이었다.

김영삼 다음으로 민주당 총재가 된 이철승과도 내각제 개헌을 검토해보자는 약속을 했다가 흐지부지한 일이 있었다. 당시에도 이철승이 먼저 내각제 개헌을 제의했다.[11]

박정희는 5·16 이후 3선 개헌 등 큰 정치적 파동이 있을 때마다 "임자, 임자"라고 정답게 부르며, 솔직 담백한 인간적인 대화를 통해 상대를 설득하거나 양보케 하는 특이한 대화법으로 유명했다. 또 교묘하게 이간질하는 장기(長技)도 가지고 있었다. 종종 그 대화법에 걸려든 사람이 김종필이었다.[12]

김영삼을 만난 날도 박정희는 눈물까지 보이며 그 특유의 대화법을 동원한 듯하다. 김영삼이 회고록에서 언급하지는 않았으나 그간 토막 일화로 널리 알려진 내용을 종합해보면, 박정희는 김영삼을 차기 대통령감으로 인정하고 대화를 진행했던 것으로 보인다.

그 내용의 요지는 박정희가 "김대중은 (군부의) 거부 대상이기 때문에 집권이 어렵고, 공화당에는 경상도에서 YS와 맞설 만한 인물이 없으니 김 총재가 차기 대통령이 되는 것이 아니냐?"고 말했다는 것이다.[13]

박정희의 그 같은 지적은 김대중이 버거운 상대이고, "대통령감이 못 된다"면서 집요하게 'YS 자질론'을 펴는 정부와 공화당에 속이 상해 있던 YS의 두 가지 콤플렉스를 꿰뚫어 보듯 단번에 정리해주는 효과를 냈을 듯하다.

그러면서 "민주주의를 하겠으니 시간을 달라"고 호소했으니 마음이 움직였을 것이다. 김영삼은 그날 당으로 돌아왔을 때까지도 상기(上氣)된 상태였다. 회고록에서도 박정희가 손수건으로 눈물 닦는 모습을 보고 진정성(眞情性)이 느껴져 구체적 민주화 일정을 더 이상 추궁하지 못했다고 회상하고 있는 것을 보면, 두 사람 간에 있었던 대화의 분위기가 연결된다.[14]

사면초가(四面楚歌)의 YS

신민당은 영수회담 뒤 선명 노선에서 개헌 투쟁 유보를 결정하는 등 온건 노선으로 선회해갔다. 박정희의 민주화 약속이 실현될 수 있을 것으로 믿고, 당 노선의 방향과 수위 조절에 나선 것이다. 하지만 정부와 여당 쪽은 변화가 없었다.

박정희는 보다 여유를 가지고 추가 긴급조치를 발동해가며 준(準) 전시 (戰時) 체제적인 통치로 정국을 운영해가고 있었다. 회담 3개월 뒤인 1975년 8월23일, 김영삼은 총재 취임 1주년을 맞아 기자회견을 열었다. 여기서 김영삼은 "긴급조치 9호를 해제하라"고 촉구했다. 그런데 검찰이 야당 총재의 정치적 발언까지 문제 삼아 긴급조치 9호 위반으로 불구속 기소했다.

9월25일에는 수행비서 김덕룡이 교도소에 있는 시인 김지하의 「양심 선언문」을 확보해 배포했다는 혐의로 구속되는 사태까지 생겼다. 김영삼은 박정희가 민주화 약속을 어기고 탄압에 나선 게 아닌가 보고, 중간에 사람을 넣어 확인해보려 했으나 반응이 없었다. 그는 측근들에게 "박정희에게 속았다"고 분개하기 시작했다.

김영삼은 그 뒤 '김옥선(金玉仙) 파동'이라는 악재(惡材)까지 겪는다. 10월8일, 남장(男裝) 여성으로 유명한 신민당 김옥선 의원이 정기국회 대정부 질문에서 "도처에서 열리고 있는 안보 궐기대회가 관제 데모"라고 주장했다. 그는 전시 체제 성격의 각종 안보 정책이 정권 연장의 수단일 뿐이라고 정면 비판했다.

김옥선의 폭탄 발언에 대해 공화당과 유정회는 "국가 안보에 위해(危害)가 되는 발언"이라고 문제 삼고, 국회의원 제명을 추진했다. 자파(自派)인 김옥선 문제를 놓고 고심하던 YS는 "자진 사퇴를 하는 게 좋겠다"고 종용하게 되었다. 그러자 자신을 보호해주리라 믿었던 당이 외면하는 데 실망한 김옥선은 눈물을 머금고 사퇴했다. 신민당에는 그같이 유약한 대응을 비난하는 항의 편지가 날아들기도 했다. 편지 속에는 남자 구실을 제대로

못한다고 조롱하듯 면도칼이 들어있었다.[15]

그로 인해 비주류가 일제히 들고 일어나 총재직 사퇴를 요구하고 나섰고, 심복 중의 심복이라 불리던 조윤형(趙尹衡=조병옥 박사의 장남이자 조순형 전 의원의 형)과 당내 2인자 격인 중앙위 부의장 고흥문이 대오에서 이탈하는 사태가 발생했다.

조윤형은 다른 이유도 있었지만, 김영삼의 온건 노선 선회에 반대하고 있다가 '김옥선 파동'으로 결별을 결심하게 되었다. 그는 이듬해인 1976년, 반(反) 김영삼 기치를 든 비주류 대표 이철승의 선봉장으로 변신했다. 고흥문이 떠나게 된 것은 주류에서도 주축을 이루었던 고흥문의 그랜드계(=그랜드호텔에 사무실이 있다 해서 그런 이름이 붙었다)가 함께 이탈하는 것이어서 타격이 컸다.

결별 이유는 여러 가지였다. 그러나 주된 것은 1970년에 맺은 후보·당권 밀약(=후보는 김영삼, 당권은 고흥문)을 지키지 않고 1974년 전당대회에서 YS가 다시 당권을 차지하게 되면서 생긴 오래 된 갈등에서 비롯되었다. 그 역시 이철승 쪽의 한 축이 되었다.

김영삼은 사면초가(四面楚歌)였다. 리더십은 깊은 상처를 입었고, 선명 이미지도 퇴색했다. 당 장악력이 약화되면서 반(反) 김영삼 비주류 연합이 때를 만난 듯 연대 움직임을 구체화해갔다. 다음 총재 선거가 김영삼 제거의 기회라고 본 중앙정보부는, 비주류들을 상대로 공작 정치를 본격화하기 시작했다.

참고 자료

1. 이성춘 『김영삼 민주센터 소장 녹취록』
2. 한홍구 『유신』 p148

3. 『김정렴 회고록』 p287

4. 전인권 『박정희 평전』

5. 『김영삼 회고록』2 p81

6. 『김영삼 회고록』2 p88

7. 이성춘 『김영삼 민주센터 녹취록』

8. 『김영삼 회고록』2 p83~85

9. 『김영삼 회고록』2 p89

10. 김충식 『남산의 부장들』 p615

11. 『이철승 회고록』 p140

12. 『김종필 증언록』
    조갑제 『박정희 평전』 p245

13. 박정태 『김영삼의 사람들』 p277~281

14. 『김영삼 회고록』2 p84

15. 한홍구 『유신』 p214

9장 이철승에게 빼앗긴
당권(黨權)

반(反) 김영삼 노선의 비주류 연대가 강화돼 가자 당황한 김영삼은 1976년 1월에 재야(在野) 케이스로 남겨두었던 정무위원 자리 두 개를 자파 인사로 메우고, 당외(黨外) 인사 30명을 중앙 상무위원으로 기용하는 등 견제 포석을 놨다. 그해 3월에는 이철승 국회부의장의 임기가 끝나자, 후임으로 진산계인 견지동우회 리더 이민우(李敏雨)를 지명했다. 이민우는 그 후 상도동계의 2인자가 되었다.

이철승, 고흥문, 정해영, 신도환, 김원만, 정운갑 등 비주류 6개 계보는 "총재의 개인적인 독주 행태를 막는다"면서 그때까지의 단일 지도체제를 집단 지도체제로 바꾸기로 공동 목표를 세웠다. 그 목표는 당 안팎으로 힘을 얻어가기 시작했다. 투쟁력이 좋은 야당 지도자의 출현을 막기 위해 중앙정보부가 비주류를 상대로 공들여온 전략이 바로 집단 지도체제였다. 그런 만큼 보이지 않는 힘이 적극 지원하고 있었던 것이다.

김영삼 측도 집단 지도체제가 필요하다는 대세를 거스를 수가 없었다. 김영삼의 주류와 비주류의 대결인 5월25일의 전당대회를 나흘 앞두고, 비주류가 동원한 정치 폭력배들이 관훈동 신민당사로 쳐들어왔다. 그들이 총무국장과 조직국장 등 주류 측 간부들을 감금하고, 대의원 명단을 내놓으라고 협박하는 폭력 사태가 일어났다. 불길한 징조였다.

대회 당일에도 주류 측은 만일의 사태에 대비한다면서 청년국(靑年局) 당원을 대거 동원했다. 말이 청년국이지 여차하면 힘을 쓰게 될 주먹 부대였다. 그러나 해방 정국에서 우파 주먹들을 데리고 공산당 청년들과 싸운 경력의 이철승과, 반공 청년단 단장을 역임했던 신도환은 그 분야에서 한 수 위였다.

중견 폭력배 두목 김태촌(=그는 나중에 한국의 주먹계를 실력으로 평정한다)이 이끄는 폭력배들이 못이 뾰족하게 나온 각목(角木)을 들고 나타났다. 그들은 주류 측의 주먹 부대를 마구 두들겨 피투성이로 만들면서 단숨에 대회장을 장악해버렸다. 소속 의원들은 당시 회의장에 입장조차 하지 못한 채 돌계단에 삼삼오오 앉아 무력하게 난투극을 지켜보고 있었다.[1]

김영삼도 민가 지붕 위를 통해 급히 몸을 피했다. 뒤따라가던 김수한(金守漢)은 "YS가 매우 재빨리 뛰어갔다"고 천연스럽게 피신 장면을 회고했는데, 달아나는 편이 뭇매를 맞고 피를 흘리는 모습을 보이는 것보다는 낫다는 비애가 담긴 표현이었다.[2]

당시 폭력배 동원의 배후에는 청와대 경호실장 차지철이 관련돼 있다는 소문이 파다했다. 다시 선명 노선으로 되돌아간 YS가 총재가 되려는 것을 방해하기 위해 개입했다는 것이다.[3]

대회장을 폭력배를 통해 장악한 비주류는 대회장에서, 쫓겨나간 주류는 중앙당사 회의실에서 각각 대회를 열고 김원만(=비주류), 김영삼(=주류)을 당 대표로 뽑았다. 그러나 중앙선거관리위원회는 "적합하지 않다"면서 양쪽의 등록을 모두 인정하지 않았다.

3개월 뒤 6명의 최고위원과 1명의 대표최고위원을 뽑는 집단 지도체제를 채택한 가운데 열린 추가 전당대회에서, 이철승이 당 대표최고위원으로 선출되었다. 소수였던 주류는 일단 단일 지도체제를 포기할 수밖에 없었다. 1차 투표에선 김영삼 349표, 이철승 263표, 정일형 134표가 나와 리더십에 상처를 입은 YS가 선전(善戰)한 것으로 나타났다. 그러나 비주류의 정일형이 2차 투표에서 후보를 포기하고 이철승을 지지했다. 그 바람에 이철승이 389표를 얻어 364표를 얻은 김영삼을 누르고 승리한 것이다.

이철승의 중도 통합 노선이 당 지도 노선으로 등장했다. 김영삼은 "이 대표는 나보다 연상(여섯 살)이나 청년 때부터 사귀어온 오랜 정치적 지도자로서 … 도울 일이 있으면 언제든지 나서겠다"고 결과에 승복하는 연설을 했다.[4]

그는 "당의 일을 법정으로 끌고 가면 안 된다"면서 앙앙불락하는 참모들을 달래고, 각목대회의 폭력 사태를 고발하지 않기로 결정했다. 또 "독재와 싸우기 위해서 적전(敵前) 분열은 안 된다"면서, 집단 지도 체제 채택을 당헌(黨憲)으로 고친 비주류의 결정에 대해서도 대국적으로 인정하는 태도를 보였다.[5]

심판대에 오른 중도 노선

이철승 대표가 총재 경선에서 들고나온 중도 집단 정치는 '중도'와 '통합'의 두 개념이 합쳐진 정치를 하겠다는 뜻이었다. 독재를 지양(止揚)하되 그렇다고 민주 투쟁만 주장하지 않고, 양자의 주장을 수용해 상호 보충하고 상호 조절함으로써 조화를 찾아간다는 설명이었다.[6]

유신 체제 속에서 정부·여당은 독주하고 선명 노선을 내건 야당은 결사반대하는 한국적인 정치 현실에서, 사실 정치의 생산성은 바닥이었다.

극한적인 흑백 대결 구도 속에서도 경제성장이 계속되고 있었다. 그러나 근로자·농민 등 서민들의 민생이 외면되기 일쑤였던 반면, 치열한 정쟁만 돋보이곤 했다. 현실이 그러했던 만큼 "국민을 위한 생산성 있는 정치를 구현해야 한다"는 이철승의 주장은 신선미가 있었고, 참여 속의 개혁을 통해 내실 있고 효과적인 '투쟁'을 전개해야 한다는 주장은 새로운 형태의 지도력으로 비칠 수도 있었다.[7]

그는 실제로 제96회 정기국회에서 의사 진행 지연 전술, 국회 퇴장, 단상 격돌의 구태의연한 관행을 없앴다. 체제 비판이나 안보 비방 발언을 피하면서 국민생활에 관련된 정책을 집중 추궁했다. 과감하게 예산안을 수정, 만장일치로 통과시켜주기도 했다.

미·일 순방 외교에도 나서 박동선(朴東宣) 사건, 카터 대통령이 내건 인권과 주한 미군 철수 문제로 어려움에 처한 대미(對美) 외교를 돕는 초당적 외교도 벌였다. '청부(請負) 외교'라는 당내의 비판도 받았으나, 고맙게 느낀 박정희가 초청해 영수회담도 가질 수 있었다.[8]

그러나 그의 중도 통합론은 출발부터 순조롭지 못했다. 언행 불일치에서 오는 리더십의 신뢰 추락 현상이 생기고 있었기 때문이다. 그는 '각목 대회'라고 불렸던 1976년 총재 선거 당시 중앙정보부의 집중 지원을 받았고, 차지철이 폭력배 동원의 배후라는 소문이 파다했다. 일선 취재기자들은 이것이 중도의 민낯인가고 의아해했다.

박정희가 김영삼을 대놓고 견제하던 1979년 총재 선거에서는 김영삼의 자금줄을 더욱 조이는 등 이철승 집중 지원설이 거셌다. 당내 반대 세력은 "투쟁을 외면한 야당은 정권 도전을 포기한 것"이라면서 들러리 야당을 그만두라고 맹공(猛攻)했다. 재야는 이철승 체제에 절망감을 표시하면서 "당신들의 정체는 무엇인가?"라고 공개 질의까지 했다.[9]

"중도 통합론은 사쿠라 논리다"고 하는 평가가 전염병처럼 시중에 번지고 있었다.[10]

중도 통합론은 사실 주목할 만한 정치 실험이었다. 조선왕조 이래 소외되거나 무시돼온 중간 세력의 목소리에 주목하는 계기를 마련해주었기 때문이다. 조선왕조의 사색당파(四色黨派) 싸움은 극한적인 2분법적 대립 속에서 처절하게 전개돼 왔는데, 중간 세력이 존재할 수가 없었다.

해방 정국에서도 중도 좌파의 여운형이나 중도 우파의 안재홍은 세력의 기반을 마련하지 못했다. 이승만 정권 시절에도 군소 정당은 포말(泡沫) 정당의 신세였다. 박정희 시대에 와 상황은 더욱 어려워져 있었다고 할 수 있다.

이철승의 라이벌인 김영삼은 중도 우파 및 우파에 속했고, 철저한 반공주의자인 이철승의 돌파구는 극우·우파 쪽이었다. 그러나 이미 극우의 자리를 선점하고 있던 박정희는 중도론 같은 협치(協治)의 개념에 관심이 없었다.

체제에 순응하면 대가를 주겠다는 게 박정희의 실용적 논리였다. 이철승의 중도 통합론은 자칫 굴종론(屈從論)으로 전락할 수 있는 척박한 정치 환경을 맞은 셈이었다. 개인으로서도 불운이었으나, 일반론인 중도론의 위상에도 부정적인 영향을 남겼다.

야당이 득표율서 여당 이긴 10대 총선

1978년 12월12일에 치러진 제10대 총선에서 공화당 68명, 신민당 61명, 통일당 3명, 무소속 22명이 당선되었다. 당선자 수는 공화당이 신민당보다 7명이 많았다. 그러나 전국적인 득표율은 신민당이 32.2%의 지지를 얻어 공화당의 31.1%보다 1.1%가 높았다. 헌정 사상 처음으로 야당이 여당을 이긴 사건이다.

그 같은 결과가 나온 것은 두 가지 원인 때문이었다. 하나는 유정회로 인해 의석 3분의 1을 이미 확보한 공화당이, 관권과 금권 선거를 자제했기 때문에 가능했다는 분석이었다. 다른 하나는 장기 집권에 대한 염증과 경제 불황에 대한 불만이 반영된 것이라는 분석이었다.

이철승은 "(신민당이) 온건 노선으로 나가니 국민의 지지가 이렇게 나온 것이다"면서 정치의 생산성이 높아진 것이 원인이라고 풀이했다. 김영삼 전 총재 측이 "민심 이반 탓이다"고 한 데 비해, 아전인수 격인 해석이라고 할 수도 있었다. 그렇지만 근거가 전혀 없는 것도 아니었다.

이 선거에서 김영삼 자신도 부산 서·동구에서 당선돼 원내 최다선인 7선 의원이 되었으나, 그의 계보에선 6명만 당선되었을 뿐이다. 이철승의 발언을 반박하려면 YS의 선명 노선 쪽이 압도적으로 당선자를 냈어야 할 것이었다.[11]

그 같은 선거 결과는 이철승의 리더십에 다소나마 힘을 실어줄 수 있는 계기였다. 그러나 '힘이 실리는 기쁨'은 오래 가지 못했다. 3월17일에 일어난 '백두진(白斗鎭) 의장 파동'이 이철승의 이미지에 다시 심각한 타격을 주었고, 그 파동은 7개월 뒤 박정희가 피살되고 유신 체제가 막을 내리는 '정치적 쓰나미'의 전주곡이기도 했다.[12]

파동은 유정회 출신 국회의원 백두진이 대통령에 의해 국회의장에 내정되면서 싹이 텄다. 그는 자유당 시절 재무장관을 지낸 정·재계의 거물이었다. 이것은 경호실장 차지철의 추천을 박정희가 수용한 인사였다.

중앙정보부장 김재규가 '백두진 불가론'을 여러 차례 전달했으나, 이미 일방통행의 경직 상태에 빠져있던 청와대는 그 건의를 묵살해버렸다. 김영삼은 "직선으로 선출된 의원이 아니고, 대통령이 지명한 통일주체국민회의에서 선출한 유정회 출신이 국회의장이 된다는 것은 지역구 의원과 유권자인 국민을 무시하는 처사"라고 반발, 이를 반대하는 강경론을 주도했다.

김재규가 우려했던 관선(官選) 의장 불가론이 정쟁의 핵으로 등장한 것이다. 신민당 강경파는 백두진을 국회에서 정식으로 선출하는 절차를 밟을 경우 본회의장에서 퇴장하기로 결정했다. 여권은 이를 유신 체제에 대한 도전으로 간주한다면서, 야당에 대해 "퇴장하지 말고 대신 본회의장에 출석해서 반대하라"고 반대 방식까지 알려주는 희한한 수법으로 압박해왔다.

10대 국회 해산론까지 여당 쪽에서 들먹이고 있었다. 어처구니없게도 이철승 대표가 그 압박에 굴복하고 말았다. 그는 여당 쪽이 제의한 대로 반대 이유를 밝히고 일부는 퇴장하겠다는 절충안을 낸 것이다. 결국 이철승과 신도환, 이충환, 유치송, 고흥문, 김재광 최고위원과 송원영 원내총무 등 7명이 본회의에 참석했고, 김영삼을 비롯한 비당권파 16명은 불참했다.[13]

여론은 김영삼이 주도한 강경노선 쪽을 지지하고 있었다. "백두진의 의장 선출은 국민을 능멸하는 처사"라고 맹비난하고 나선 강경 노선 측은 박수를 받았고, 어정쩡한 처신을 한 이철승은 정치적 치명상을 입었다.

참고 자료

1. 이기택 『김영삼 민주센터 녹취록』
2. 이기택 『김영삼 민주센터 녹취록』
3. 박정태 『김영삼의 사람들』 p305
   『김영삼 회고록』2 p95
4. 이철승 『대한민국과 나』2 p53
5. 박권흠 『김영삼 센터의 녹취록』
6. 이철승 『대한민국과 나』2 p53
7. 이철승 『대한민국과 나』2 p22
8. 이철승 『대한민국과 나』2 p112
9. 김정남 『진실의 광장에 서다』 p299
10. 이철승 『대한민국과 나』 p65

11. 박정태 『김영삼의 사람들』 p323

12. 『이종찬 회고록』1 p314

13. 남홍진 『당당한 지도자 김영삼』 p154
    『김영삼 회고록』2 p101

10장 총재직을 되찾다

　'백두진 파동'을 계기로 김영삼에 대해 감정이 더 나빠진 박정희는 불쾌감을 노골적으로 표현하기 시작했다. 그는 "백 의장이 유정회 의원이기 때문에 반대한다면, 유정회 의원을 뽑은 통대(=통일주체국민회의)에서 대통령을 선출한 만큼 나에게도 반대하겠다는 뜻 아니야?"라고 반문했다.

　그러면서 "김영삼이 유신 체제를 뒤엎겠다고 나선다면 우리는 '예!' '예!' 하면서 손 놓고 있겠나. 지금까지 법(=긴급조치) 위반을 한 게 일곱 건이나 되지만, 야당을 탄압한다는 오해를 받기 싫어서 전당대회(1979년 5월말) 전에는 절대 안 잡아넣는다. 김영삼이 신민당 총재로 되는 일은 절대 없을 것이다"고 엄포성 발언도 했다. "내 눈에 흙이 들어가기 전에 김영삼은 안 돼!"라고 소리치기까지 했다.[1]

　그 무렵 신민당 당사 주변 곳곳에 포진해 있던 중앙정보부 요원 등 기관원들의 표정엔 살기가 감돌았다. 선명 노선을 긍정적으로 다루는 언론사의 기사를 견제하는 통제도 강화되고 있었다.[2]

　박 정권은 김영삼의 자금줄부터 조이기 시작했다. 너무나 철저하게 돈줄을 차단하는 바람에 전국적으로 후원자를 두고 있던 김영삼 자신도 돈을 구할 수가 없었다. 김영삼이 자신의 집을 저당 잡히고 빌린 돈을 내놓아 겨우 경선 준비에 나서는 형편이었다. 다른 참모들이 국회의 세비(歲費)를 담보로 넣고 은행 융자를 받는 모습을 취재진이 목격하기도 했다. YS가 차비가 없어 걸어 다닌다는 소문까지 나돌았다.[3]

전당대회를 며칠 앞두고 김재규 중앙정보부장이 문중(門中)의 주선으로 같은 김녕(金寧) 김씨인 김영삼과 비밀 회동을 가졌다. 강경론의 차지철과는 달리 조정을 통해 돌파구를 마련하려던 김재규는 김영삼의 '총재 선거 출마 포기'라는 수습안을 제시했다.

"박 대통령이 보통 (나쁜) 감정을 가진 게 아니다." "총재 선거에서 당선이 된다 하더라도 선거가 끝나고 나면 100% 구속된다"면서 후보 사퇴를 결심하라고 종용했다. 종친회 회장이기도 했던 김재규는 "피는 물보다 진하다"면서 감성에 호소하기까지 했으나, 김영삼의 대답은 "어떤 일이 있어도 입후보하겠다"는 것이었다.[4]

다른 버전도 있다. 김재규는 10·26사태로 구속된 뒤 변호인 접견에서 "당권 도전을 포기시키기 위해 김영삼의 긴급조치 위반 사례와 참모들의 비위 사실을 들이대며 압박함으로써 합의가 이루어졌으나, 보고를 받은 대통령이 역정을 내는 바람에 수습안이 수포로 돌아갔다"고 진술했다는 것이다.

어느 쪽 주장이 진실인지 여부는 지금으로선 확인할 길이 없는 미스터리다. 확실한 것은 여하튼 외통수 파국(破局)으로 가는 길밖에 아무것도 남지 않았다는 점이다.[5]

전직 야당 총재 자택마저 압수 수색

김영삼 지지 의원들도 정보기관으로부터 회유와 위협을 받고 있었고, YS 지지 대의원들은 해당 지역 경찰서 정보과 요원들의 접촉 대상이었다.

정보기관은 당권 도전자인 신도환, 이기택에 대해서도 "이철승에게 양보하라"는 거센 압박을 가했다.[6]

5월18일, 경찰은 한국문제연구소가 대의원들에게 배포하려고 비밀리에 인쇄해놓은 『한국문제』15호를 인쇄소를 기습해 압수해갔다. 또 김영삼의 상도동 자택을 강제 수색해 일기장과 메모, 사진, 전화번호부 등을 증거품이라면서 모두 압수해갔다. 법치 국가에서 있을 수 없는 편법 압수 수색을 야당 총재를 지낸 정치인의 자택을 상대로 펴고 있었다.[7]

그 같은 전(全)방위적 압박과 탄압으로 하마터면 정보기관이 개가를 올릴 뻔했다. 당권을 빼앗긴 지난 2년8개월 동안 세력이 위축되고 약화돼 있었다. 게다가 자금까지 말라 있어 공룡처럼 거대해진 이철승 체제와 그 배후를 상대하기에는 승산이 없다고 판단한 황낙주, 박권흠 등 10여 명의 참모들이 "이번엔 포기하자"면서 당권 도전을 그만두자고 주장하고 나섰던 것이다.

이에 대해 김동영, 김덕룡과 같은 김영삼 측근들은 "당권 도전 포기는 민주화 투쟁 포기"라면서 반대했고, 양자 사이에 격렬한 논쟁까지 벌어졌다. 김영삼도 한때 크게 흔들렸으나 뚝심을 보여준 핵심 측근들의 결기(結氣)에 이끌려 출마를 강행키로 마음을 고쳐먹었다.[8]

당시 김영삼 측은 그간 연대 세력이 모두 이철승 쪽으로 넘어가는 바람에 국회의원 4명, 원외 위원장 1명뿐인 소(小) 계보의 하나로 위축돼 있었다. 반면 박 정권과 밀월 관계를 다져온 이철승은 당내 4개 파벌의 보스와 현역의원 40명을 확보하고 있었다. 게다가 최고위원 6명 가운데 사실상 5명의 지지를 받는 압도적인 당내 제1 세력이었다. 뿐만 아니라 정보기관과 청와대 경호실장이 막후의 지원 세력으로 버티고 있었으니, 외형상으로는 다윗과 골리앗의 싸움이었다.

DJ에게 손을 내밀다

1979년 봄, 김영삼은 동교동으로 김대중을 찾아가 협조를 구했다. 김대중은 당 밖인 재야에 있었으나 당내에 확실한 지지 기반을 가지고 있었으므로 큰 도움이 되는 상대였다. 김영삼은 박정희 체제를 상대로 민주화 투쟁을 주도할 수 있는 거의 유일한 당내 인물인데다가, 김대중의 연금 해제를 일관되게 주장해온 유일한 존재이기도 했다.

김대중은 협조를 약속했고, 상도동과 동교동 간의 조직 확대와 대의원 공략 방안에 대해 협의하기 시작했다. 박정희를 개인적으로 더 미워하는 윤보선 전 대통령도 오랜 침묵을 깨고 나와 지지를 선언했다. 정당 집회에 참석한 적이 없던 재야 지도자 함석헌(咸錫憲)도 김영삼 지구당 개편 대회에 나와 격려사를 했다. 양심범가족협의회를 비롯한 재야에서도 선명 야당의 출현을 고대하고 있었다.

5월 30일, 전당대회가 열렸다. 개인적으로는 '사쿠라' 소리를 듣는 이철승과 민주투사 김영삼의 대결이었으나, 이철승과 김영삼을 내세운 유신 정권과 반(反)유신 세력의 대결이라는 상징적 의미가 있었다. 그런 만큼 야당의 전당대회가 그렇게 많은 국내외의 관심을 끌기도 처음이었다.[9]

김영삼, 이철승, 신도환, 이기택의 네 후보가 경선에 나선 1차 투표 결과가 나왔다. 재석(在席) 대의원 715명 가운데 이철승 292표, 김영삼 267표, 이기택 92표, 신도환 87표였다. 약세라는 저평가를 받고 있던 김영삼이 선전한 것으로 나타났다.

2차 투표에서는 3위의 이기택이 극적으로 김영삼 지지로 돌아섰다. 그 바람에 김영삼이 378표를 얻어 367표를 획득한 이철승을 11표 차로 누르고 승리했다. 과반을 2표 넘긴 아슬아슬한 승리였으나, 유신 정권의 운명을 바꿀 역사적인 역전(逆轉)이었다.

1등 공신은 김영삼이 '40대 기수론' 패배 후에 만든 직할부대 한국문제연구소 팀이었다. '호메이니 부대'라는 별명(=이란 호메이니가 망명을 마치고 고국에 돌아가 권력을 잡은 사실을 비유해 지었다)을 듣던 한국문제연구소 팀. 비서실 2세대의 리더 김덕룡을 중심으로 한 홍인길, 이원종, 문정수 등의 비서와 참모들은 전국 곳곳을 누비며 헌신적으로 대의원들을 설득했다.

그들의 손에는 거제 어장의 멸치 포대와 한국문제연구소가 발간한 「한국문제」란 유인물이 들려있었고, "선명 노선으로 독재를 끝내자"는 메시지를 전하고 있었다.[10]

승리를 가져온 구체적 외부 요인은 크게 보아 네 가지였다. 첫째는 가택 연금 중이던 김대중이 감시망을 피해 몰래 빠져나와 중식당 아서원에서 열린 김영삼의 단합대회에 참석, 열띤 지지 연설을 했다는 점이다.

1973년 납치사건 이래 처음 가진 공개 연설에서 김대중은 김영삼이 반독재 투쟁을 주도할 당내 유일한 인물임을 강조하고 지지를 호소했다. 1시간에 걸친 그의 열변은 분위기를 뜨겁게 달구는 기폭제가 되었다. 때가 때인 만큼 자신의 지지 세력뿐 아니라 부동층에게도 영향을 주었다. 김대중은 자파 계열의 총재 후보였던 박영록, 김재광, 조연하 등 3명을 대회 하루 전 극적으로 사퇴시키는 이벤트도 만들어 YS에게 힘을 몰아주었다.

두 번째가 이기택의 캐스팅보트(Casting vote)였다. 부산 출신인 이기택은 지역 강자인 김영삼의 영향권을 떠나 대구권의 신도환계가 되었다. 그 뒤 독립하면서 1차 투표에서 보스였던 신도환을 추월하면서 다크호스로 등장한 것이다. 그는 마지막 순간 김영삼을 지지하는 퍼포먼스를 연출, YS에게 승리를 안겨주며 새로운 스타로 떠올랐다.

세 번째는 이철승을 당선시키려던 중앙정보부와 차지철이 경쟁을 벌이다가 혼선을 자초한 것이 패인(敗因)의 하나가 되었다고 할 수 있다. 당시 중앙정보부는 이철승을 적극 지원하고 있었는데, 차지철이 끼어들어 별도로 신도환을 포기시키는 계획을 추진했다. 양측이 부딪치게 되자 대통령의 지시로 중앙정보부가 빠졌으나, '신도환의 포기~이철승 지지 선언'이 타이밍을 놓쳐 득표 작전에 차질이 생겼다는 것이다.[11]

네 번째는 대회장의 열기라는 변수였다. 대회가 열린 신민당 마포 당사는 이철승이 박정희에게 부탁해 마련한 야당 최초의 당 소유 건물이었다. 그 전까지는 셋방살이 신세였고, 중앙정보부의 방해로 당사 구하기가 매우 힘들었다. 그런 만큼 이철승은 자신이 지은 당사에서 최초의 전당대회를 열어 승리하고 싶어 했다.

그런데 마포 당사의 대회의실은 1000명 이상을 수용하지 못해 방청석을 따로 둘 수가 없었다. 앞마당이 자연스럽게 방청석이 된 셈인데, 정식 방청석이 아니어서 구호를 외칠 수 있었다. 거기로 대회장에 입장할 수 없는 당원 등 수백 명 이상의 청년과 대학생들이 몰려들어 유신헌법 철폐와 "김영삼!"을 연호하기 시작했다. 우렁찬 구호가 대회장까지 들리자 YS의 참모가 재빠르게 쪽지를 내려 보내 "성원에 감사한다. 더욱 지지해 달라"면서 선동했다.[12]

이철승, 김영삼 사이에서 어느 쪽을 택할지를 놓고 침묵으로 버티던 이기택을 마지막으로 설득하기 위해 김영삼이 함께 4층 창가로 다가갔을 때, 응원은 절정을 이루었다. "김영삼! 김영삼!" 하던 연호가 어느 사이 "김영삼!" "이기택!"으로 바뀌고 있었다. 김영삼이 "이 동지! 저 소리가 들리지 않아요? 저것이 신민당에 보내는 국민의 함성이오!"라고 말했다. 순간 이기택이 김영삼의 손을 굳게 잡고 흔들었다.[13]

그러나 김영삼, 이기택 지지표가 이탈자 없이 합치더라도 과반선인

386표에 27표나 모자라는 형편이었다. 신도환의 타이밍을 놓친 이철승 지지 선언과, 대회장의 열기(熱氣)라는 변수가 역사를 바꾸게 된 마지막 일격이었던 셈이다.

강경 투쟁 선언한 총재직 수락 연설

회의장을 포함한 당사 4개 층 화장실엔 빈 봉투가 어지럽게 널려 있었다. 대의원들이 양쪽에서 경쟁적으로 나눠준 봉투에서 알맹이(=현찰)를 빼낸 뒤 버린 빈 봉투들이었다. 예상됐던 돈 잔치였다. 정보기관의 막대한 자금 지원을 받은 쪽이 압도적으로 돈 봉투를 뿌렸을 것이다.[14]

그러나 적지 않은 대의원들은 돈 봉투에 양심을 팔아넘기지 않았다. 방청석의 함성을 들으며 선명 야당이 필요한 시기라는 점에 공감(共感)한 대의원들이 마음을 돌려 김영삼에게 기표했던 것이다. 그 바람에 "방청객의 함성이 들리는 장소였기에 김영삼이 승리할 수 있었다"는 뒷말이 나왔던 것이다.[15]

그러고 보면 김영삼은 1974년 총재 경선에선 대회장의 분위기에서 대세(大勢)를 읽은 부동층 대의원들이 대거 가담하면서 승리를 굳힐 수 있었고, 1979년 경선에선 방청객들의 열띤 연호의 도움을 받고 아슬아슬하게 역전승을 일궈낼 수 있었다. 모두가 '선명 노선'이라는 명분을 등에 지고 있었기에 가능했던 일이었다.

반면 1차 투표에서 과반수를 넘긴 후보가 없을 경우 1등 후보에게 표를 몰아주자고 한 연대를 믿고 있다가 허를 찔린 이철승 쪽은, "히틀러의 나치가 의사당을 포위해 불법적으로 정권을 탈취하는 식"이라고 투덜댈 뿐 속수무책이었다.[16]

패자가 된 이철승은 32년 뒤에 쓴 회고록에서 "내가 잘못 판단한 것은 이기택의 인간적 신의(信義)였다. 나는 고려대 학생회장이던 그가 4·19 학생 리더로 활동할 때부터 지원(=이철승이 고려대 선배였다)해 왔고… (신민당 대표 최고위원이었을 때) 당 사무총장으로 임명했다. 그런데 지지 건으로 부총재를 달라고 요구해와 '더 큰 다음에 하라'고 거부했는데, 부총재를 받는다는 조건으로 김영삼을 지지하는 방향으로 갔다"고 쓰고 있다.[17]

김영삼은 총재직 수락 연설에서 "공화당 정권은 이미 총선에서 국민으로부터 불신임 당했기 때문에 더 이상 존립할 능력도 명분도 없다. 이 나라의 장래를 위해 조속한 시일 내에 정권을 평화적으로 이양할 준비를 하라"며 강경 투쟁을 선언했다.[18]

그러나 대회장의 청중들이 인상 깊게 들었던 연설 대목은 단상에 오른 김영삼이 개구일성(開口一聲)으로 던진 이 한마디였다. "여러분! 신민당은 이제 선명해졌습니다. 왜냐하면 내가 당수가 되었으니까…"[19]

YS가 당수가 되던 날 서울과 부산 등지의 소주, 막걸리가 동이 났다고 한다. 통음(痛飮)으로 선명 야당의 등장을 축하해주고 있었던 것이다.[20]

5·30 전당대회의 진정한 의의(意義)는 김영삼이 이철승의 뒤에 있던 박정희와 싸워서 이긴 게임이라는 데 있었다.

참고 자료

1.   조갑제 『박정희 평전』12 p222
     『김영삼 회고록』2 p102
2.   홍성만 『김영삼 민주센터 녹취록』
3.   홍성만 『김영삼 민주센터 녹취록』
4.   『김영삼 회고록』2 p106
5.   박정태 『김영삼 사람들』p339
6.   『김영삼 회고록』2 p96

7. 『김영삼 회고록』2 p109

8. 박정태 『김영삼 사람들』 p336

9. 박관용 『김영삼 민주센터 녹취록』

10. 박정태 『김영삼 사람들』1 p333

11. 조갑제 『박정희 평전』12 p251

12. 이철승 『대한민국과 나』 p176

13. 『김영삼 회고록』2 p112
    김덕룡 『김영삼 민주센터 녹취록』

14. 홍성만 『김영삼 민주센터 녹취록』

15. 유한열 『격동의 시대, 내가 아는 진실』 p143

16. 이철승 『대한민국과 나』 p176

17. 이철승 『대한민국과 나』 p177

18. 김정남 『진실, 광장에 서다』 p303

19. 이태 『김영삼과 나』 p208

20. 남홍진 『대단한 지도자』 p160

제 2 부

반정부(反政府) 정치인, 대통령이 되다

1장 YS 탄압과 부마(釜馬)사태

　　김영삼은 총재에 당선된 지 12일 만인 6월11일, 박 정권과 처음으로 충돌했다. 그는 서울외신기자 클럽에서 "야당 총재로서 통일을 위해서는 장소나 시기를 가리지 않고 북측의 책임 있는 사람과 만날 용의가 있다"고 말했다. "김일성도 포함되는가?"라는 기자 질문에 "그렇다"고 대답했다.

　　일주일 뒤 북한 부주석 김일이 신민당과 노동당 대표 간의 예비 접촉을 갖자는 반응을 내놓자 박 정권은 정식으로 이를 문제 삼았다. 역대 정권에서 통일 관련 문제는 대통령의 성역(聖域)이고, 야당엔 금기(禁忌) 사항이었다. 그런데 야당 총재가 이 관행을 깬 것으로 간주했던 것이다.[1]

　　11일 뒤인 6월29일에는 방한한 미국 대통령 지미 카터(Jimmy Carter)가 김영삼과 국회에서 단독 요담을 가져 박정희의 심기를 더욱 불편하게 만들었다. 박정희 정권의 독재와 인권 유린을 못마땅해 하던 카터, 그에 비해 세계를 상대로 하는 대전략을 다뤄야 할 미국 대통령이 '인권'에만 매달리는 것에 불만이었던 박정희. 두 사람은 카터의 방한 이전부터 신경전을 벌이고 있었다.

　　그로 인해 박정희는 김영삼이 카터와 만나 한국의 민주화와 인권 문제를 거론하게 되는 것을 꺼려했다. 여러 가지로 못 만나게 수를 쓰기도 했다. 그래도 두 사람은 여의도 국회의사당에서 만났다.

카터를 만난 김영삼은 "당신이 밤낮 인권, 인권하는데 한국에 무슨 인권이 있는가? 박정희는 지금 수많은 사람을 죽이고 고문하고 감옥에 집어넣고 있는데, 그런 독재자를 돕는 것은 도대체 뭐냐? 그게 인권을 내세우는 당신이 할 일인가?"고 항의했다.[2]

인권 문제 놓고 맞선 박정희와 카터

인권 외교를 내세운 카터는 1977년 1월, 미 33대 대통령에 취임했다. 그는 취임 후 박정희 정권의 독재를 견제하기 위해 '주한 미군 전면 철수' 카드를 뽑아 들었다. 박정희는 카터의 도덕주의적 정책이 미국의 세계 전략이라는 관점에서 볼 때 동북아의 평화를 위해 잘못된 것이라고 생각했다. 조지아 출신의 땅콩 장수가 일을 그릇치고 있다는 매우 비판적 입장이었다.

바로 그 카터가 1979년 6월, 정상회담을 위해 서울에 오게 되었다. 카터는 한국정부의 영접 의전 절차를 무시한 채 비행장에서 의정부 미군기지로 바로 가는 무례하고 오만한 결례를 보였다. 박정희는 "주한 미군 철수 문제를 가지고 논쟁하지 않겠다"는 카터의 방침을 무시하고 45분간에 걸쳐 철수 불가론을 설파해 카터의 화를 더욱 돋우었다.[3]

그러나 카터의 인권 개선 요구를 수용해 반(反)유신 체제 인사들을 대거 석방해야 했다. 그것은 박정희의 권위를 약화시키는 흐름이 되었고, 김영삼은 박 정권에 대한 가차 없는 비난을 퍼부었다. 반면 카터의 기(氣)를 꺾었다고 느낀 박정희가 새삼 자신감이 넘쳐 강경 노선을 유지해갔다고 보는 견해도 있었다.[4]

1979년 7월23일, 제102회 임시국회에서 김영삼은 對정부질문을 통해

"78년 총선에서 공화당이 신민당에 1.1% 뒤진 것은 18년에 걸친 장기 집권에 대한 국민의 염증 때문이었다"고 주장하면서, "박정희는 이제 정권을 이양하는 준비를 해야 할 것"이라고 직격탄을 날렸다.

7월31일, 당 기관지 [민주전선] 주간인 문부식이 검찰에 긴급조치 위반으로 구속되었다. 국회 대표 연설 내용을 [민주전선]에 게재한 혐의였다. 그것은 김영삼을 옥죄려는 탄압의 시작이었다.

총재 제명으로 이어진 YH 여공 사건

이철승이 이끄는 신민당과 관계를 끊었던 재야가 김영삼이 총재로 복귀하자 다시 손잡은 계기가 된 것이 YH 여공 사건이었다. 1979년 8월9일, 해직(解職) 교수 이문영과 문동환 목사가 김영삼의 자택을 찾아와 "YH 여공들이 찾아갈 테니 도와주었으면 좋겠다"고 부탁, 김영삼이 이를 받아들인 것이다.

당시 여·야 정치권은 도시산업선교회 등의 개입으로 노동문제에 이념이 끼어들고 있다고 보아 가급적 노사 문제에 거리를 두고 있을 때였다. 여공 200여 명(=여공은 40여 명이었으나 더 많은 지원 세력이 합류했다)은 이미 마포구 도화동 신민당사 4층 강당에 도착해 있었다. 김영삼은 "더 억울한 일이 없도록 정부에 촉구하겠다"고 약속했다.

당직자들이 보사부 등 관계 부처에 협조를 구했으나 약속이나 한 듯모두 발뺌을 했다. 경호실장 차지철이 배후에서 강경 대응하라고 지휘하고 있었다. 여공들은 경찰 병력 투입에 대비해 강당 입구에 바리케이드를 치고 "경찰이 진입하면 모두 뛰어내리겠다"고 비장한 각오를 보이고 있었다. 자살조까지 짜 놨다.

신민당도 국회의원과 당 간부들이 당사에서 함께 밤을 새웠다. 당사

밖에는 2000여 명의 기동경찰이 에워싸고 있었다. 원내총무 황낙주가 이순구 시경국장에게 전화를 걸어 "잘못 진입하면 희생자가 날 것이다. 철수해 달라"고 요구했으나 묵살당했다.

중앙정보부장 김재규의 지시를 받은 경찰 병력 수백 명이 새벽 2시께 곤봉, 벽돌, 쇠파이프 등을 들고 당사로 진입했다. 이들은 무차별 폭력을 가하면서 여공들을 모두 끌어내 8개 경찰서에 분산 수용했다. 경찰 작전은 23분 만에 끝났으나 4층에서 투신한 여공 김경숙 양이 숨졌다.

저항하던 대변인 박권흠이 몰매를 맞고 중상을 당하는 등 당직자 30여 명이 다쳤다. 취재기자 12명도 중경상을 입었다. 김영삼은 경찰과 몸싸움을 하며 당사 밖으로 겨우 빠져나왔으나 자택으로 강제 연행되었다.[5]

8월17일, 서울시경은 노조 지부장 등 3명을 주동자로, 인명진 목사 등 5명을 배후 조종자로 보아 구속했다고 발표했다. 경찰은 사고에 대한 모든 책임을 야당과 재야에 물었다.

8월30일, 신민당은 『말기적 발악- 신민당사 피습사건과 YH사건의 진상』이라는 보고서 책자를 만들어 세상에 내놓았다. 신문 방송이 사건 보도를 제대로 하지 못할 때였다. 경찰은 보고서를 인쇄, 배포한 것이 긴급조치 위반이라면서 총재 비서실장 김덕룡을 구속했다.[6]

총재단 직무 집행 가처분 신청

1960년대 말 한국이 수출에 국운을 걸기 시작했던 시절, 갑자기 각광을 받게 된 수출품이 한국산 가발(假髮)이었다. 중국이 핵 실험을 하자 미국이 제재에 나서 '중공 봉쇄'를 단행했고, 중국산 가발을 쓰면서 미국 가발 시장의 90%를 장악했던 이탈리아 가발 산업이 몰락했다.

이 무렵 한국이 그 공백을 파고 들어가 가발 주도국이 되었다. 1966년 가발 공장을 재빨리 차리고 단기간에 크게 성공한 인물이 YH무역 사장 장용호였다. 그는 폭발적인 가발 붐에 힘입어 4, 5년 사이에 종업원 3000여 명, 수출 순위 15위의 큰 기업으로 급성장했다. 그러다 다른 사업을 벌이면서 외화를 빼돌리다가 사업이 기울어버렸다.

종업원 1800명을 줄였고, 은행 부채도 31억 원이 넘었다. 1979년에는 그나마도 320명 수준으로 감소되었다. 저임금, 불법 해고 등 횡포에 견디지 못한 종업원들이 전국섬유노조 YH지부를 결성하게 되자 회사는 1979년 3월29일, 폐업 공고를 냈다.

종업원들이 해당 부처와 언론, 채권은행에 호소했으나 반응이 없었다. 종업원들은 4월13일부터 농성에 들어갔다가 경찰에 의해 강제 해산되었다.

YH 여공 강제 진압 사태로 여론이 악화되었고, 정국이 급랭했다. 신민당은 비상대책위를 구성하여 18일간 YH사태에 항의하는 농성을 펴는 등 투쟁에 들어갔다. 신민당이 강경 노선을 펴자 정부·여당이 맞불 작전으로 내놓은 공작 정치 작품이 '신민당 총재단의 직무 집행 가처분 신청'이었다.

원외 지구당 위원장 조일환을 비롯한 3명의 이름으로 서울민사지법에 낸 가처분 신청의 요지는 "(신민당원) 조윤형이 수감돼 있을 때 당적을 잃고, 그 뒤 당적에 복귀된 것이 아닌 상태에서 대의원 자격이 없는데도 총재 경선 때 투표했고, 그들(=지구당 위원장)이 임명한 대의원들도 자격이 없기 때문에 그 투표는 원인무효이므로 (김영삼의) 총재직 당선도 따라서 무효"라는 주장이었다.

YS, 공개적으로 정권 타도 선언

처음에는 이 가처분 신청에 주목하는 사람이 별로 없었다. 그러나 당 내부엔 미묘한 반응이 있었다.

나중에 총재 대행으로 지정되는 정운갑 전당대회 의장(=당내 서열 3위)이 3선 개헌에 반대했다가 공화당을 탈당하고 신민당에 입당한 예춘호(芮春浩)에게 "김 총재와 이철승의 갈등을 조정하는 중간 역할을 하자"고 제의했다. 정운갑이 정부쪽과 기맥을 통하고 있다고 느낀 예춘호가 "선생님은 자유당, 저는 공화당 출신입니다. 여기서 주인 행세를 할 수 없습니다"고 오히려 충고했다. 비주류 측은 가처분 사건의 추이에 대해 은근한 기대감을 가지고 있었다.[7]

결국 가처분 신청은 9월8일, 서울민사지법 합의 16부(조언 부장판사)에 의해 받아들여졌다. 이로써 김영삼의 총재직 직무가 정지되고, 총재와 부총재에 이어 서열 3위인 전당대회 의장 정운갑이 총재 직무 대행으로 지정되었다.

그 이틀 뒤 법원의 통고를 받은 김영삼은 기자회견을 갖고 박정희에게 "하야할 것을 강력히 촉구한다"고 선언하는 성명서를 냈다. 김영삼이 공개적으로 정권 타도를 선언한 것은 그때가 처음이었다.[8]

같은 날 서울대생 1만5000여 명이 교내에서 시위를 벌였다. 전주 중앙성당 기도회에서는 김재덕 주교가 총재직 직무집행 가처분 신청을 조롱하면서 "YH 여공 사건, 신민당사 난입 사건, 학원 사태를 일으킨 현 정권에 대해 직무집행 가처분을 해야 한다"고 주장하는 강론을 폈다.

이철승, 신도환과 같은 비주류는 정운갑 대행 체제를 지지하고 나섰고, 상당수 의원은 권력의 압력과 그 반대 입장인 여론의 압박 사이에서 고민하고 있었다. 그러나 정운갑 지지 세력이 소수에 불과한데다가 당직은 계속 YS계가 장악하고 있었으므로 사실상 YS가 당을 운영하고 있는 셈이었다.

당무가 제대로 돌아가기 어려웠다. 정운갑은 명실공히 당권을 거머잡기 위해 사무총장, 원내총무를 임명, 중앙선관위에 신청했다.

9월25일로 심리 일자가 잡혔다. 대응에 나선 김영삼은 최후의 반격 카드를 뽑아 들었다. 신민당 전국 대의원대회를 열어 유신 체제의 불법적인 정치 탄압을 규탄하고, 국민의 이름으로 정치 공작을 저지한다는 전략이었다. 1500여 명의 대의원이 비상 소집된 가운데 「김영삼 총재 전국 당원대회」를 열고, 김영삼이 유일한 신민당의 법통(法統)임을 선언했다.

이 대회에서 42명의 의원들이 김영삼 지지 서명을 하고 충성을 맹세했다. 그것은 정운갑 대행 체제에 결정적인 타격을 주었다. 중앙선관위는 정운갑의 신청에 대한 심리를 중단했다.

[뉴욕타임스] 인터뷰 기사를 꼬투리로 잡다

전국 대의원회의를 열기로 갑자기 결정했을 때 시간 여유는 4일밖에 남아있지 않았다. 통상적인 연락 방법만으로는 충분하게 대의원들을 소집할 수가 없었다. 신문방송이 대회 개최 기사를 대서 특필해주고, 비상 연락망을 모두 동원했기 때문에 짧은 시간 내에 대의원들을 서울로 끌어모을 수 있었다. 모두 자비(自費)를 들여 상경했다.

김영삼은 대회의 스타트를 선동 연설가로 명성이 높은 김태룡에게 부탁했다. 그가 철성(鐵聲)이라고 불리던 카랑카랑한 쇳소리로 50분간 유신 정권의 탄압을 규탄하는 열변을 토하자, 기립 박수가 터지면서 분위기가 달아올랐다. 30분간 연설 예정이었으나 박수가 자주 터지는 바람에 20분이 더 걸렸다.

대회가 끝난 뒤로도 열기가 이어지는 가운데 최형우, 예춘호, 한병채, 오세응이 나서서 의원직 사퇴서 서명 운동을 이끌었다. 결국 42명이 사인을 하면서 김영삼 지지를 선언했다. 최후 반격이 일단 효과를 올린 것이다.[9]

박 정권은 신민당을 정운갑 대행 체제로 돌리는 데 만족하지 않고, 김영삼을 아예 정계로부터 추방할 음모를 꾸몄다. 김영삼의 [뉴욕타임스] 인터뷰 내용을 꼬투리 잡아 '의원직 제명'이라는 초강수를 두었다.

인터뷰 기사의 골자는 "미국은 박 대통령에 대한 지지를 중단해야 한다. … 카터 대통령이 방한한 것이 박 대통령의 위신을 높여줌으로써 … 반대 세력을 말살시키도록 용기를 불어넣어 주었다. … 미국이 박 대통령에 대한 공개적이고 직접적 압력을 통해서만 제어할 수 있다고 말할 때마다, 미국 관리들은 한국의 국내 정치에 개입할 수 없다고 한다"는 것이었다.

박정희는 인터뷰 내용이 용공적(容共的)인 이적(利敵) 행위이며, '민주화 압력'이라는 내정 간섭을 요청하여 국회의원으로서의 품위를 손상한 것으로 보았다. 9월22일, 공화당과 유정회는 소속 의원 전원의 이름으로 징계 동의안을 국회에 제출했다. 그리고 열흘 뒤에 제명을 최종 결정했다.[10]

여권의 강한 기세에 밀린 원내총무 황낙주가 "발언이 일부 와전(訛傳)됐다"고 책임을 언론 쪽에 돌리며 사태를 수습하자고 건의했다. 당 간부들도 대부분이 정부와의 타협을 바라는 분위기였다. 그러나 YS는 그 같은 수습책 건의를 받아들이지 않았다.

의정 사상 첫 국회의원 제명

정부와 공화당은 10월 들어 김영삼의 국회의원직 제명 공작에 들어갔다. 제명의 이유는 1)김일성 면담 용의를 표명해 국론 분열을 가져왔다. 2)총재직 가처분 결정 음모에 사법부가 하수인 역할을 한 것이라고 주장해 법원을 모독했다. 3)유신헌법을 부인해 국권과 국민 주권을 모독했다. 4)국민의 궐기를 호소하고 헌법 질서를 파괴하는 선동 행위를 했다. 5)국가원수에 대한 모독 발언을 수없이 했다. 6)[뉴욕타임스]와의 회견에서 사대주의적 발언을 했다 — 는 것이었다.

1979년 10월4일, 공화당과 유정회는 여당 단독으로 법사위에 이어 본회의를 열고, 참석한 159명 전원의 찬성으로 「김영삼 의원 제명 처리안」을 날치기로 의결 처리했다. 의정 사상 최초의 국회의원 제명이었다.[11]

날치기 현장으로 달려간 최형우가 법사위원장 서상린을 주먹으로 쳐서 넘어뜨렸다. 신민당은 이에 맞서 의원 총회를 열고 총사퇴할 것을 결의, 의원 66명이 사퇴서를 제출했다. 당 분위기뿐 아니라 여론까지 싸늘해지자 반(反) 김영삼의 비주류 의원들까지 모두 사퇴 제출에 동참했던 것이다.

제명 직후 국회에서 열린 신민당 의원 총회에서 김영삼은 "순교의 언덕, 절두산을 바라보는 이 국회의사당에서 나의 목을 자른 공화당 정권의 폭거는 저 절두산이 주는 역사의 의미를 부여받을 것이라 믿습니다. 오늘의 이 고난은 민주 투쟁을 위한 순교로 받아들여질 것입니다"는 고별사를 남겼다.

미 국무성은 주한 미 대사 글라이스틴(William H. Gleysteen, Jr)을 본국으로 소환했다. 미국이 한국의 내정(內政)에 불만을 품고 대사를 본국으로 소환한 것은 20년 만의 일이었다. 미국은 이승만 정권 말기인 1958년, 이른바 2·3 국회 보안법 파동에 항의해 다울링(Walter C. Dowling) 대사를 소환한 적이 있었다.[12]

"박정희, 먼지라도 만들어 터는 사람이다."

10월15일, 김재규가 최형우와 만나 "당신이 버티고 있으니까 정 대행 체제가 굴러갈 수가 없다. 당신도 (당기 위원장 겸 정무위원에서) 사퇴하라"고 압력을 넣었다. 최형우가 거절하자 이후락까지 나서 "박정희는 먼지가 나지 않더라도 먼지를 만들어 터는 사람이다"면서 퇴진하라고 협박했다. 나

중에는 차지철까지 나섰으나 이틀 뒤 대통령 시해 사건이 터졌다.[13]

김영삼의 의원 제명이 진행되던 1979년 말은 박 정권이 이미 심각한 경제 위기를 맞고 있을 무렵이었다. 때문에 정치 위기가 겹치는 것을 막기 위해 유신 체제에 도전하는 야당 지도자의 발을 묶는 조치를 취한 것이라 할 수 있다.

그러나 역효과를 내 오히려 정치 위기를 악화시킨 셈이 되었다. 부마사태가 일어난 것은 부산 출신인 김영삼을 제명한 것이 경공업 중심의 부산·경남 지역이 겪는 경제 불황이라는 불만에 불을 붙인 기폭제가 되었던 것이다.

국회에서 제명당한 뒤 국회를 떠날 때가 유신 시절 YS의 전성기였다. YS는 "잠시 살기 위해 영원히 죽는 길을 택하지 않고, 잠시 죽은 것 같지만 영원히 살 길을 선택할 것이다"고 외친 다음 의사당을 떠났다. 떠나기 전에 국회 수위들과 악수를 나누는 의젓한 모습이 인상적이었다.

그는 괴로워하는 측근들을 오히려 격려하는 침착한 모습도 보였다. 그 때를 전후해 "닭의 모가지를 비틀어도 새벽은 온다", "한 번 살기 위해 영원히 죽기보다 오늘 죽어 영원히 살겠다", "이 정권은 오래 못 간데이" 같은 멋 있는 세리프를 남겼다.[14]

YS는 당을 배후에서 완전하게 장악하고 당당한 리더십을 보였다. 그랬기에 10·26 후 다시 컴백할 때 이철승을 비롯한 비주류들이 끽소리도 하지 못했다.[15]

참고 자료

1. 『김영삼 회고록』2 p118
2. 『김영삼 회고록』2 p119

3. 이춘근 『미국에 당당했던 대한민국의 대통령들』 p246
   공로명 『나의 외교노트』 p315
4. 돈 오버도퍼 『두 개의 한국』 p179
   김충식 『남산의 부장들』 p732
5. 홍성만, 김덕룡, 문정수, 이성춘, 박권흠 『김영삼 민주센터 녹취록』
6. 김정남 『진실, 광장에 서다』 p251~256
7. 김정남 『진실, 광장에 서다』 p249~250
8. 『김영삼 회고록』2 p148
9. 김태룡 『김영삼 민주센터 녹취록』
10. 『김영삼 회고록』2 p153
11. 김정남 『진실, 광장에 서다』 p304
12. 박실 『박정희 대통령과 미국 대사관』 p196
13. 최형우 『더 넓은 가슴으로 내일을』 p175
14. 전육 『김영삼 민주센터 녹취록』
15. 전육 『김영삼 민주센터 녹취록』

2장 김영삼 제명(除名),
박정희 운명(殞命)

YH 여공들의 농성으로 비롯된 박 정권의 신민당 탄압은 총재단에 대한 직무 집행 가처분 신청에 이어 김영삼에 대한 국회의원 제명 처리로 진전되었고, 중앙정보부가 내세운 정운갑 대행 체제가 등장하기에 이르렀다. 그러나 중요 당직을 장악하고 있던 YS가 자리를 비우지 않고 버티는 바람에 신민당은 '정치적 총재'(=김영삼)와 '법률적 총재'(=정운갑)가 동시에 당사에서 집무에 나서는 '한 지붕 두 가족' 살림처럼 되었다.

그 와중에 부산과 마산에서 부마사태가 일어났다. 그해 10월16일, 부산대학교 학생들이 '독재 타도, 유신헌법 철폐'를 외치며 시위에 나선 것이 부마사태의 시작이었다. 오전에 교내에서 시작된 시위는 경찰의 성급한 조기 진압 시도가 역효과를 불러 시위자 수를 늘렸다.

오후에 학생들이 도심으로 진출하면서 도로 주변의 소상인, 시민들이 동조하거나 가세하는 양상으로 진전되었다. '김영삼 총재 제명 철회' 구호도 등장했다. 밤에는 무직자, 접객업소 종업원, 때밀이, 구두닦이와 같은 도시 하층민이 대거 가담하면서 10여 개소의 파출소와 17개소의 공공기관이 습격당했고, 수십 대의 경찰 진압 차량이 불태워지는 과격 양상을 띠었다.

유신 체제 아래에서 억눌렸던 국민의 민주화 요구가 김영삼 제명을 계기로 폭발한 것이라 할 수 있었다. 부산 현지에 온 한 장관이 "신민당 의원 사직서를 선별 수리한다는 얘기가 불에 기름을 부은 꼴"이라고 증언했다. 군사 정권 출범 이래 학생과 다양한 시민 계층이 함께 대규모 시위를 벌인 것은 처음 있는 일이었다.[1]

다음날인 17일 자정, 부산 지역에 비상계엄령이 내려졌다. 동조 시위가 시작된 마산 지역엔 그보다 등급이 낮은 위수령이 선포되었다. 3개 공수여단과 해병대 1개 연대, 그리고 경찰 등 1만 수천 명이 투입되었다.

위수령이면 족할 시위 사태에 계엄령이 내려진 것이나, 시가전(市街戰) 같은 특수 전투 목적에 대비해 고강도 훈련을 받은 특전사 병력을 동원한 것은 과잉 대응이라 할 수 있었다. 특전사 투입은 1980년 전두환(全斗煥) 신(新)군부 시절의 광주(光州)사태(=나중에 민주화 항쟁으로 명명)처럼, 과잉 유혈 진압 가능성으로 인해 사태를 더욱 악화시킬 우려가 있었다.

그럼에도 불구하고 신속하게 국무회의 의결이 나온 것은 "사태를 빠른 시일 내에 진정시켜 (시위가) 다른 지역으로 확산되는 것을 막아야 한다"는 대통령의 생각이 반영됐기 때문이었다.[2]

박정희의 그 같은 초반 압도 전략은 일단 성과가 있었다. 당시 부마사태와 관련해 160여 명이 구속됐는데, 대학생은 16명에 불과했다. 나머지는 노동자, 도시 하층민, 무직자, 때밀이와 같은 민간인들이었다. 사태는 학생 시위의 범주를 넘어서 폭동이나 도시 봉기로 볼 상황 전개였으나, 계엄군의 초반 압도에 기세가 꺾여 소강상태에 접어들었다.

대량 살상의 위기는 지나갔다. 박정희는 차지철로부터 "신민당이 시위를 선동하는 배후인 것 같다"는 보고를 받고 있었다. 차지철은 부마사태 선동 여부를 가려내기 위해 신민당 지구당 당직자들을 조사하라고 중앙정보부에 지시를 내렸다.

부마사태가 심상치 않다는 보고를 받은 김영삼은 기대보다도 걱정이 앞섰다. 인명 피해 등 예기치 않은 불상사를 가져오지 않을까 우려한 것이다. 당시 신민당이나 재야는 부마사태와 이렇다 할 직접적인 관계가 없었다. 학생들이 먼저 일어났고, 시민들이 동조했을 뿐이었다.[3]

그런데 사태 대응 과정에서 대통령에게 부마사태에 관한 보고를 비서실장이나 중앙정보부장이 하지 않고, 경호 업무를 책임진 경호실장이 계속하고 있다는 사실이 드러나 주목을 받았다. 박정희 체제에서 처음 보는 성격의 월권(越權) 행위였다. 차지철이 경호 영역을 벗어나는 권한 행사를 강행하고 있었던 것이다.

통치 시스템 깨트린 차지철의 독주(獨走)

18년간 박정희 체제를 이끌어온 핵심은 비서실장, 중앙정보부장의 두 요직을 장악해온 군 출신 심복들이었다. 김종필, 김형욱, 이후락, 신직수 등 역대 중앙정보부장과 이후락 비서실장이 핵심이었다. 박종규 경호실장도 핵심이었으나 한 급 아래의 자리로 대우받고 있었다(경제 각료 출신인 김정렴 비서실장이 유일한 예외).

박정희는 이들 이외에 군에 관한 정보 및 보안 담당인 보안사령관과 육군 최정예 부대인 수도경비사령관에 충성파를 기용해 핵심세력들을 감시, 견제하는 구도도 만들어 권력 체계를 관리해왔다. 시스템 운용의 귀재(鬼才)라는 소리가 거기서 나왔다.

용인술(用人術)과 권모술수가 능한 박정희는 그 시스템을 기본으로 해 이간책을 쓰거나, 적절한 인사 배치를 통해 강한 국정 장악력을 과시할 수 있었다. 그런데 1979년 들어 그 시스템이 전처럼 제대로 작동하지 않는다는

뒷말이 무성해졌다.[4]

사단(事端)은 경호실장 차지철이 분수를 지키지 않고, 무리하게 독주(獨走)하기 시작한 데서 비롯되었다는 세평이 들려왔다. 5·16이 일어났을 때 27세의 특전사 대위로 박정희 소장의 경호를 맡았던 그는, 국회로 진출해 5선의원에 국회 상임위(내·외무위원회) 위원장을 역임한 중진으로 성장한 박정희의 국회 쪽 심복이었다.

경호실장 박종규가 문세광에 의한 육영수 여사 저격 사건으로 물러난 뒤 후임으로 발탁된 그는, 대통령에 대한 경호를 정치적 안위(安危)에까지 넓히는 경호 체제 강화로 점수를 땄다.[5]

그는 사설 정보 조직까지 설치하여 경호실이 직접 정치 정보를 다루기 시작했다. 경호 업무를 전담하는 경호실이 정치 관계 업무에 관여하는 것은 국법 질서를 문란시키는 행위였으나, 박정희는 이를 제지하지 않았다.

1976년 12월 코리아게이트 사건으로 그만둔 신직수에 이어 중앙정보부장으로 취임한 김재규는, 대통령과 같은 고향(=경북 구미) 출신이었다. 게다가 나이는 아홉 살 차이가 났지만, 박정희와 육사 2기 동기로 군 시절부터 형제같이 지내던 사이여서 골수 충성파였다. 그러나 그는 차지철의 월권(越權) 행위를 저지하지 못하고 충성 경쟁에서 밀리는 처지가 되었다. 차지철이 정치판에 밝고 대통령의 심기 읽기에 뛰어난 데다가, 대통령의 신임도 더 두터웠기 때문이다.

차지철은 1978년 12월22일자로 김계원 전 주중 대사가 청와대 비서실장으로 온 뒤에는, 아예 비서실장 업무 영역까지 넘보기 시작했다. 대통령의 포병 장교 시절부터의 오랜 친구이고, 자신이 대위일 때 이미 2성 장군이던 대선배를 무시하고 나섰던 것이다.

김계원과 김재규는 곧 동병상련(同病相憐)의 처지가 돼 '반(反) 차지철'

이 되었다. 그렇지 않아도 김재규가 지난날의 상관이던 김계원을 비서실장 후보로 추천할 만큼 두 사람은 군 시절 상하 관계로 신뢰가 깊은 사이였다. 그러나 대통령과의 오랜 인간관계로 보아 막강할 수 있는 두 사람이 손을 잡았는데도, 차지철에 무게를 두는 박정희의 편애(偏愛)로 인해 힘을 쓰지 못했다.

교만해진 차지철은 국회 요인이나 장관들을 배석시킨 가운데 경호실 국기 하강식을 갖는 등 2인자 행세를 했다. 또 국회나 공화당 요직 인사, 군 장성 인사에 개입하거나 농간을 부렸다. 후계 구도를 노린다는 소문마저 떠돌 지경이었다. 그렇지만 박정희는 웬일인지 모른 체하고 넘어가고 있었다.[6]

김재규의 잇단 헛발질

1979년 5월 말, 선명 야당의 기치를 든 김영삼이 2년8개월여의 침묵을 깨고 이철승에게 빼앗겼던 총재직을 탈환하겠다면서 나섰을 때, 김재규와 차지철의 갈등도 증폭돼가기 시작했다.

박정희는 김영삼의 그 같은 도전에 강한 반감(反感)을 표출했다. 미움의 강도를 절감한 김재규가 중간에 사람을 넣어 김영삼을 먼저 만났다. 김녕(金寧) 김씨인 김재규는 같은 문중인 김영삼에게 "피는 물보다 진합니다"고 강조하면서, 총재 경선에 나가지 말라고 끈질기게 설득했다.

"박정희가 보통 (나쁜) 감정을 가진 게 아니다. 경선 결과가 어떻게 나오든 선거가 끝나면 100% 구속된다"면서 위협했다. 그러나 김영삼은 "나는 반드시 총재로 당선될 것이다"고 되받았다.[7]

김재규는 박 정권과 협조가 잘 되는 이철승을 재선시키기 위해 거액의 정치 자금을 대주고, 신민당 의원과 대의원들을 상대로 지지 공작까지 폈다. 그때 별도로 공작에 나선 차지철이 후보 4인 중의 한 사람인 신도환을 상대로 포기 작업을 펴던 것과 엇갈려 혼선이 일었다.

대통령이 교통정리에 나서 정보부 쪽이 손을 뗐다. 그렇지만 차지철이 적절한 타이밍을 놓치는 바람에 승리를 가져올 수 있었던 '신도환 카드'가 차질을 빚어 패인이 되었음은 앞서 밝힌 대로다. 그럼에도 이철승 패배의 책임은 김재규가 모두 뒤집어썼다.

1979년 9월16일자 [뉴욕타임스]에 "미국은 압력을 통해 박정희 독재를 제어해야 한다"는 김영삼의 인터뷰 기사가 보도되자 이번에도 김재규가 수습에 나섰다. 그는 김영삼에게 "회견 내용이 와전된 것이다"고 한마디 해주면 사태를 수습하겠다고 설득했으나 거절당했다. 총재 경선 출마 때도 그랬지만 [뉴욕타임스] 회견 건과 관련해서도 타협에 나섰으나 성과를 올리지 못했던 것이다.

반면 차지철이 낸 직무 집행 정지 가처분 신청 아이디어는 정치를 법령으로 다루는 무리수라는 비판에 부딪혔으나, 일단 김영삼의 파상(波狀) 공세를 막을 수 있었다. 강경책이 먹혀든 셈이었다.

박정희와 차지철은 김영삼을 제명하고 구속시켜야 한다는 강경론이었는 데 비해, 김재규는 구속까지 갈 필요가 있겠느냐는 온건론이었다. 결국 유혁인 정무수석이 대통령을 설득해 제명하는 선에서 타협했다. 박정희는 온건론을 끝내 못마땅하게 여기고 있었다.

그해 10월9일, 경찰은 자생적 공산주의 지하 조직이라는 남민전(=남조선 민족해방전선 준비위원회)을 적발하여 일당 74명을 검거했다고 발표했다. 중앙정보부가 추적 중이었는데, 경찰이 가두 불심 검문에서 우연히 주모자 이재문을 검거하는 행운을 잡은 것이었다. 이것은 차지철이 중앙정보부의 무능을 따지는 빌미가 돼 대통령의 김재규에 대한 신임이 더 멀어지고 말았다.[8]

'김영삼 프레임'에서 벗어나지 못한 박정희

그 무렵 중앙정보부는 정운갑 대행 체제가 정상화되도록 만드느라 당직을 장악한 YS계 당직자들을 퇴진시키려는 압박을 계속하고 있었다. 10월15일에 김재규가 YS계의 강경파 리더인 최형우를 직접 만난데 이어, 신민당 원내총무 황낙주도 만나 "우리가 이 난국을 수습하지 못하면 광화문 네거리가 피바다가 됩니다"고 겁을 주면서 (정 대행 체제가 일할 수 있게) 김영삼이 당 밖으로 나가줄 것을 요구했다.[9]

황낙주는 이에 대한 김영삼 측 반응을 김재규가 아니라 같은 지역 출신 국회의원인 전 경호실장 박종규에게 전달했다. 그 바람에 김재규는 대통령에게 보고할 기회조차 얻지 못했다. 부마사태가 일어난 이튿날(10월18일) 부산 현지를 다녀온 김재규는 "사태가 물가고(物價高)에 대한 불만과 조세 저항에다 체제 저항까지 겹친 민란의 성격이어서, 정부가 근본적인 대책을 강구하지 않으면 안 된다"고 박정희에게 보고했다.

박정희는 화를 내면서 질책했다. 신민당 배후설을 얘기하던 김재규가 배후가 없는 민중 봉기처럼 말을 바꾸어가는 것이 심기를 건드린 듯했다. 당시 김재규는 부마사태의 원인에 대해 여러 인사들에게 엇갈리는 이야기를 하고 있었다.

김재규를 야단친 박정희는 잇달아 "부산 같은 사태가 생기면 이제는 내가 직접 발포 명령을 내리겠다"면서 심하게 질책했다. 궁정동의 최후 만찬에서도 박정희는 김영삼 문제로 언성을 높였다.

"신민당 공작은 어떻소?"라고 대통령이 묻자 김재규는 "당분간 정운갑 대행 체제가 정상화되기 어렵다"고 답했다. 그러자 박정희는 "부산 사태는 신민당이 개입해서 한 일인데 괜히들 놀라가지고 야단이야. … 브라운(=미국방장관)이 오기 전에 김영삼을 구속했어야 하는 건데 … 정보부가 좀 무서워야지"라고 김재규를 나무랐다.

옆에 있던 차지철이 "신민당이고 학생이고 간에 전차로 싹 깔아 뭉개버리겠습니다. 캄보디아에서는 몇백만 명을 죽여도 그만인데, 그까짓 10만이고 20만이고 탱크로 깔아뭉개지요"라고 거들었다. 울컥한 김재규가 "각하, 이따위 버러지 같은 자식을 데리고 정치를 하니 올바로 되겠습니까?"라고 외치며 권총을 뽑아 들었다. 마지막 순간까지 '김영삼 프레임'을 벗어나지 못한 채 대통령은 시해되었다.[10]

김재규의 진심은 어디에 있었나?

김재규는 박정희가 자신을 야단치는 것은 차지철이 중간에서 농간을 부리기 때문이라고 보고 있었다. 10·26 대통령 시해 사건 공판에서 행한 비서실장 김계원의 증언에 의하면, 김재규는 일이 틀어지거나 대통령의 신임이 흔들릴 만한 일이 생기면 차지철의 농간 탓이라고 보고 "없애버리겠다", "죽여버리겠다"며 흥분하기 일쑤였다고 한다.

10월 들어 욱하는 성격으로 분노 장애 조절 능력이 의심된다는 김재규가 흥분하는 일이 잦아지고 있었다. 차지철도 대통령을 면담하고 나온 경호실장 선배인 박종규에게 "혹시 김재규 부장을 바꾸겠다는 말씀은 없었습니까?"라고 묻고 있었다. 그 말은 차지철이 무능을 이유로 김재규 경질 건의를 이미 했다는 사실을 시사하는 것이었다.[11]

김종필이 남긴 증언록을 보면, 취임 초 김재규는 박정희의 종신 집권을 위해 중앙정보부의 기본 임무까지 자의로 바꾸면서 차지철과 충성 경쟁을 벌이는 강경파로 비치고 있었다.[12]

1978년 12월12일의 10대 총선에서도 선거 운동을 총괄했다. 김재규는 최선을 다했다. 그러나 득표율에서 신민당이 공화당보다 1.1% 이기는 이변이 일어나는 바람에 대통령에게 면목이 없게 되었다는 것이다.

그런데 김재규의 궤적을 따라가 보면 같은 강경 노선이면서도 박정희, 차지철과는 결이 다르다는 인상을 준다.

보안사령관이던 김재규는 1971년 대통령 선거 당시 "이번 선거가 마지막 출마라는 것을 공약으로 내걸어야 한다"고 강력하게 건의하고 있었다. 정치 민주화도 이루어야 한다는 게 그의 생각이었다는 것이다.

그러나 반대로 유신 체제가 왔고, 박정희의 종신 집권 욕심을 무너트리려는 구상도 가지고 있었다고 했다. 1976년 코리아게이트 사건 뒤 중앙정보부장이 되자 "우리나라 로비만 잡힌 것은 미국이 유신 체제를 못마땅하게 보기 때문이다"면서 체제 완화를 건의했다. 1977년에는 직선제 개헌을 해도 무난히 당선될 수 있다고 설득했다. 또 1979년 8월 중순에는 「긴급조치 9호」가 긴급 조치에 관해 입만 뻥긋해도 처벌하는 것은 지나치게 국민의 자유와 인권을 제한하고 있다"면서 9호를 철폐하고, 독소 조항을 뺀 뒤 규제를 완화한 10호를 발령하자고 건의하기도 했다.

10호는 대신 가톨릭농민회와 도시산업선교회 등 좌파성 조직을 집중 규제 대상으로 삼자는 것인데, 대통령이 수용하지 않았다는 것이다.[13]

김재규가 김영삼의 [뉴욕타임스] 인터뷰 사건을 중간에서 무마하려던 시도 역시 정국이 더 나빠지는 것을 막아보려는 노력의 하나였다. 경제 정책에서도 김재규는 신현확 경제부총리의 경제 안정화 정책을 지지했다. 신현확은 "고도 경제성장 정책이 이미 한계에 부딪혔기 때문에 대규모 구조 조정을 해 경제 체질을 바꿔야 한다"고 주장, 고도 경제성장 신화(神話)에 매몰돼 있는 박정희와 대결하고 있다가 10·26을 맞았다.

반면에 차지철은 대통령을 따라 성장론을 계속 지지했다. 10·26 시해 사건 공판 기록을 보면, 김재규는 전향적인 민주주의관을 가지고 온건·개혁 노선을 위해 노력해왔다는 진술을 논리적으로 전개하고 있었다. 그 이전에 있었던 온건 노선과 통하는 일관성을 유지하고 있다고 할 수 있다.

유신 체제 붕괴의 동인(動因)이었던 YS

김재규는 "유신헌법 공표 때부터 박 대통령이 계속 집권하기 위해 만들어놓은 헌법이기에 이를 타도해야 한다는 생각을 갖게 되었다"고 진술했다. 3군단장 시절 박정희를 사령부 안에 연금하고 하야 약속을 받아낸다는 계획을 세우기도 했다. 또 1974년 9월18일 건설부장관 사령장을 받을 때 바지 주머니에 권총을 넣고 가는 등 두 차례나 저격 의도가 있었으나 실행하지 못했다고 주장했다.

그는 중앙정보부장이 된 뒤 순리적(順理的) 방법으로 유신 체제를 바꿔보려 했으나 불가능했고, 1979년 4월에도 육군참모총장을 궁정동 안가에 불렀다가 중지했다고 진술했다. 박정희가 바로 유신 체제 자체였으므로 그의 심장을 멈추게 할 수밖에 없었다는 주장이었다.[14]

김재규와 차지철의 권력 투쟁은 2인자 자리를 노리는 충성 경쟁이었고, 그 싸움에서 밀린 김재규가 충동적으로 우발적 범행을 저지른 것으로 보는 것이 정설이 되었다. 그에 따라 신군부는 김재규를 처형하는 등 사법 절차를 서둘러 집행해버렸다.

야권 측도 정치적 야심이 없는 윤보선 전 대통령과 일부 재야 쪽만 이의(異議)를 제기하고 구명 운동을 폈을 뿐이다. 결국 김재규가 단순한 국가원수 시해범인가, 아니면 민주화 의사(義士)인가라는 논쟁은 명확하게 정리되지 않은 채 미궁에 빠져버렸다고 할 수 있다. 언젠가는 역사 재평가가 필요하게 될지도 모른다.

현 단계에서 확실한 것은 두 사람 간의 투쟁이 2인자 다툼이거나 강온

노선 간의 대결이었거나 간에, '김영삼 죽이기' 프로세스 위에서 본격화되었
다는 사실이다. 김영삼은 부마사태에 이르기까지 선두에 서서 반(反) 유신
투쟁을 이끌어 온 인물이기도 하지만, 다른 한편으로는 유신 체제 핵심부
가 내부 분열로 붕괴되는 데 있어 결정적 동인(動因)이 되고 있었음도 확인
할 수가 있는 것이다.

참고 자료

1. 『김영삼 회고록』1 p162
   조갑제 『박정희 평전』12 p273~286
2. 조갑제 『박정희 평전』12 p293
3. 전육, 김정남, 김덕룡 『김영삼 민주센터 녹취록』
4. 김성진 『박정희를 말하다』 p167
5. 김진 『청와대 비서실』 p79
6. 심융택 『백곰, 하늘로 치솟다』
   『김종필 증언록』1 p510
   『전두환 회고록』1 p36
7. 『김영삼 회고록』2 p106
8. 한홍구 『유신』 p368
9. 조갑제 『박정희 평전』12 p314
10. 『김영삼 회고록』1 p170~171
11. 조갑제 『박정희 평전』12 p318
12. 『김종필 증언록』1 p494
13. 김정남 『진실 광장에 서다』 p312~314
14. 김정남 『진실 광장에 서다』 p312
   안동일 『10·26은 아직도 살아있다』 p80

3장 12·12는 하극상(下剋上)의 군사 반란

신민당 총재 김영삼은 박정희 대통령의 장례식이 거행된 지 이틀 뒤인 1979년 11월5일 기자회견을 갖고 "유신헌법은 이제 의미가 없어졌다. 3개월 안에 개헌을 하고 … 국민이 대통령을 직접 뽑도록 해야 한다"고 주장했다. 4·19혁명 당시 허정(許政) 과도(過渡) 내각이 신속하게 헌법을 개정해 대통령 직선제를 의원 내각제로 바꾸고 선거를 실시함으로써 야당인 민주당이 집권했던 선례를 염두에 둔 발언이었다.

반(反) 유신 투쟁을 선도해오면서 부마(釜馬)사태라는 기폭제까지 이끌어온 신민당의 입장인 만큼 그렇게 주장할 수 있었다. 하지만 대통령 권한 대행 최규하(崔圭夏)는 11월11일, 야당의 직선제 개헌 요구를 일축했다. 그는 "유신헌법이 대통령이 궐위할 때는 3개월 안에 후임자를 뽑는다고 규정하고 있어 (1980년) 1월26일까지 후임자를 선출해야 하는 상황이다. 그러므로 일단 유신헌법에 따라 통일주체국민회의에서 새 대통령을 선출하고, 그 대통령이 현행 헌법이 규정한 잔여 임기를 채우지 않고 새로 제정되는 헌법에 따라 선출되는 새 대통령에게 정부를 이양한다"는 정부안을 발표했다. 유신 정치는 철폐하되, 여러 가지 어려운 정치 현실을 감안한 수습안이

라는 것이었다.[1]

그에 따라 12월6일, 유신 통대(統代) 선거가 실시돼 최규하가 10대 대통령에 선출되었다. 최규하는 과도 정부를 이끌게 되므로 출마를 한사코 고사했으나, 국무위원들이 만장일치로 밀자 피할 도리가 없었다는 것이다. 취임 뒤 최규하는 악법인 「긴급조치 9호」를 해제하고 구속자 68명을 석방했으며, 김대중의 가택 연금도 해제했다. 또 신민당 총재 직무 정지 가처분 신청 사건도 취하케 해 김영삼의 당 총재로서의 법적 지위가 원상회복되었다. 일부 민주화 조치가 가시화되고 있었던 것이다.[2]

그러나 지지 세력이나 정치적 기반이 없는 직업 외교관 출신이었던 최규하 체제는 불안했고 불투명했다. 내각 안에서 부총리 신현확이 새로운 TK 세력의 대부로 부상하고 있었고, 김영삼과 김대중, 김종필 등 3김은 대권 행보에 여념이 없었다.

가장 심상치 않은 현상의 하나는 계엄사령관인 정승화(鄭昇和) 육군 참모총장의 구(舊)군부와, 시해 사건 합동수사본부장 전두환 소장이 이끄는 신(新)군부 간의 갈등설이었다. 갈등설은 "대통령이 피살된 연회 장소에서 불과 50m밖에 떨어져 있지 않은 곳에 있었던 정승화가, 총소리를 듣고도 김재규의 범행 사실을 정말 몰랐는가?"라는 것부터 여러 가지 행적이 수상하다는 합수본부의 의구심에서 비롯되고 있었다.[3]

시해 사건 이튿날 계엄사령관이 된 정승화가, 시해 사건 당시 출동 문제와 관련해 직무 유기 혐의로 구속된 경호실 차장 이재전 중장을 석방토록 지시한 것이 더욱 의혹을 증폭시켰다. 이재전의 직무 유기는 시해 사건 당일 밤 정승화 스스로가 내린 지시와 관련된 것이었다. 따라서 자신이 관련된 부분을 지우려는 의도가 있는 게 아니냐고 볼 수 있었기 때문이다.

청와대 금고에서 나온 돈의 처리, 부정 축재자에 대한 처리 및 재산 목록 등 계엄사의 다른 업무 처리 내용에 대해서도 합수본부(=신군부) 측은 이견(異見)을 가지고 있었다.[4]

갈등이 표출된 것은 시해 사건 때문이었으나, 갈등의 뿌리는 보다 깊은 데 깔려있었다. 단기(短期) 육사 5기의 정승화는 비(非) 육사 출신의 구(舊)군부를 대표하는 입장이었다. 단기 육사란 해방에서 6·25전쟁까지 단기 훈련만 받고 임관했던 육사 1기와 2기(=박정희)에서 10기까지를 가리킨다. 이에 비해 통칭 정규 육사 1기(=육사 11기)인 전두환은 4년제 정규 육사 출신을 이끄는 신군부의 리더였다. 그로 인해 구·신세력 간에 팽팽한 긴장 관계가 깊어지고 있었던 것이다.

선진국 군대에도 파벌이 있고 라인도 있지만 문제가 되지 않는 것은 오랜 '문민(文民) 우위 원칙' 전통에서 벗어나지 않기 때문이다. 문민 우위 원칙(Civilian Supremacy)이란 문민(=민간 정부)에 의해서 군대가 통제되고 운영되어야 한다는 원리로, 문민 통제 또는 문민 지배라고도 불린다.

그런데 한국의 경우에는 군 장성 출신인 박정희가 군부를 중심으로 한 권위주의 통치를 해왔기에 문민 우위 원칙이 존재하지 않았다. 박정희의 타계로 군부의 구심(求心)이 사라지면서, 어느 쪽이 군부의 헤게모니를 잡는가 하는 암투가 시작되었다고 할 수 있다. 구(舊)군부는 대체적으로 전향적인 사고를 하는 군인이 많았으나, 신(新)군부엔 박정희가 후반부 통치를 위해 키워놓은 사(私)조직 '하나회'에 속한 정치 군인들이 핵심 세력인 게 특징이었다고 할 수 있다.

군부 내 구(舊)·신(新) 대결은 언젠가 터질 화약고

정승화는 주월(駐越) 사령관을 지내면서 국민적 영웅이 된 채명신(蔡命新)과 단기 육사 5기 동기였다. 채명신이 중장을 마지막으로 예편한 뒤 대사(大使)로 전직한 데 비해, 후발 주자였던 정승화는 대장이 되고 참모총장직에까지 올랐다.

박정희에게 잠재적 도전자가 될 수 있는가 여부가 이렇게 두 사람의 운명을 갈라놓았다는 게 정설이었다. 비정치적이고 실용, 건실한 성품인 정승화의 경우, 카리스마는 없었으나 지지 군맥(軍脈)은 탄탄한 편이었다. 그는 막강한 권력을 가진 계엄사령관 자리에 올랐으나, 정규 육사 출신들이 장악한 육군의 중추 구조까지는 통제하지 못하고 있다는 평을 들었다.[5]

정승화는 10·26사건 20일 후인 11월16일, 육본 교육참모부 차장 장태완(張泰玩) 소장을 수도권을 지키는 핵심 군부 요직인 수도경비사령관에 임명했다. 1950년에 육군종합학교를 졸업한 비육사 출신의 장태완은 이른바 '정승화 인맥'으로, 전두환과는 경쟁 관계여서 서로 싫어했다. 그 바람에 "전(全)을 경계하기 위해 장(張)을 기용했다"는 소문이 나돌았다.[6]

정승화는 그에 앞서 계엄사령관이 되자마자 육본 참모차장에 단기 육사 9기인 윤성민(尹誠敏) 중장을 발탁한 바 있었다. 작전을 총괄하는 육본 작전참모부장에는 역시 자신의 계열인 하소곤 소장을 기용했다. 그는 총장 취임 때도 단기 육사 7기로 참모차장이던 이건영 중장을 수도권 담당 3군 사령관으로 발탁했다. 3군 사령관은 참모총장 후보 서열 1위인 요직으로 알려져 있었다.

이건영은 김재규 밑에서 중앙정보부 1차장을 맡았던 측근이었고, 김재규가 6사단장일 때 사단 참모장을 지낸 사람이었다. 문홍구 합참본부장도 김재규가 보안사령관일 때 참모장이었다. 정승화는 그 밖에 전성각 중장을 3군단장으로 임명하는가 하면, 수도기계화사단장 손길암 소장을 위시하여 30사단장 박희모 소장, 26사단장 배정도 소장 등 수도권 외곽의 지휘관들을 직접적인 영향권 아래 두고 있었다. 말하자면 김재규, 정승화 군맥을 강

화해나가고 있었다는 것이다.[7]

반면 신군부 측 리더인 전두환은 박정희가 집권 후반기에 대비해 내놓고 양성한 인물이었다. 사조직 하나회의 리더인 그는 1979년 봄, 소장이면서 중장 보직의 요직인 보안사령관에 발탁되었다. 청와대 실세와 중앙정보부장을 견제하는 역할을 맡은 자리였다. 그와 동기인 노태우(盧泰愚) 소장이 일선 전투 사단인 9사단장으로 진출하면서, 정규 육사 11기가 군 상층부에 진입했다.

12기에서 20기까지의 하나회 출신들이 앞에서 끌어주고 뒤에서 밀며 국방부, 육본, 수경사나 특전사의 각급 부대장, 육군 참모총장 전속 부관을 위시한 1급 보직 자리를 차지하기 시작했다. 구·신세력 간에 단층 현상이 두드러지게 된 것은 박 정권의 말기 현상이 드러나기 시작한 1979년께였다.

합수부(合搜部)의 우세승으로 결판나다

복합적인 갈등 구조 속에서 구·신세력이 정면충돌하는 계기가 생겼다. 정승화가 그해 12월13일자로 껄끄럽게 압박해오는 합수본부장 전두환을 한직(閑職)인 동해사령관으로 발령 낼 예정이었다. 이런 정보를 사전에 포착한 전두환 측이 하루 앞서 정승화에 대한 수사 착수 건의서를 최규하 대통령에게 내는 선제공격을 하고 나선 것이었다.

대통령과의 면담 시간은 오후 6시30분으로 잡혔다. 전두환은 재가(裁可)에 30분가량 걸릴 것으로 예상하고, 오후 7시께 정승화를 연행하도록 보안사의 허삼수, 우경윤 대령을 미리 총장 공관으로 급파했다. 그러면서 만약의 사태에 대비하여 경복궁에 있는 수도경비사령부 소속 30경비단(=단장 장세동 대령, 육사 16기) 본부에 황영시 1군단장과 차규헌 수도군단장, 유학성 군수차관보(=이상 3명은 단기 육사 출신)와 노태우 9사단장, 박준병 20사단장(=육사 12기), 박희도 공수여단장(육사 12기), 최세창 3공수 여단장(육사 13기), 장기오 5공수 여단장(육사 12기), 김진영 33경비단장(육사 17기)을 집결시켜 놓았다.

공수여단과 수경사의 주력 부대를 중심으로 9사단, 20사단을 지원 부대로 확보하고, 협상 역할을 맡길 황영시와 같은 선배 장성까지 포진시켰던 것이다. 그런데 수사 착수 건의서 재가를 꺼려한 최규하가 국방장관의 배석을 요구하면서 시간에 차질이 생겼다. 그 바람에 예정대로 재가가 났을 것으로 본 허삼수 일행이 총장을 연행하려다가 예기치 못한 총격 사건이 발생했다. 오후 7시15분 무렵이었다.

불법적인 총장 연행이 12·12 군사반란으로 이어지고, 쿠데타의 시작으로 기록되는 순간이었다. "남편이 괴한들에게 납치됐다"는 총장 부인의 신고에 따라 육본에 제일 먼저 도착한 참모차장 윤성민은 대(對)간첩 작전인 「진돗개 하나」의 비상 경계령을 수도권 일원에 내렸다. 일단 간첩의 소행 가능성이 있는 것으로 추정한 것이다.[8]

그 후 8~9시간에 걸쳐 정승화 지지 세력인 계엄 군부와, 전두환 지휘하의 합동수사본부 지지 세력 사이에 실(實)병력과 탱크를 비롯한 중무기까지 동원되는 내전(內戰) 직전까지의 공방전이 전개되었다. 공방전은 총리로 임명된 신현확의 중재로 확전되지 않은 채 다행스럽게 수습되었다. 그러나 합수부 측의 우세승으로 결판이 났다.

합수부 측이 승기(勝機)를 잡을 수 있었던 것은 보안사에 상황실을 설치하고, 예하 보안부대를 동원해 서울 근교 각 부대의 전화 교환대를 장악, 각 부대 지휘관들의 통화를 도청했다. 이를 통해 각 지휘관의 출동 의지와 동향, 부대 이동 상황을 실시간으로 파악함으로써 설득과 출동의 양면 작전을 편 것이 결정적 승인(勝因)이 되었다는 것이다.

핵심 참모인 육사 17기의 허화평 대령이 작성한 작전 계획에 따라 전두환의 통일된 지휘 아래 기습 작전을 폄으로써, 제한된 병력으로도 훨씬 병력이 많았던 육본과 제3군사령부를 와해시킬 수 있었다.[9]

반면 계엄사 측은 구심(求心)인 정승화의 부재(不在)가 결정적인 약점이었다. 병력 동원에서 우세할 수 있었으므로 초반에 기동력을 발휘했다면 유리할 수 있었다. 그러나 총장을 대신해 지휘를 맡아주어야 할 국방장관이 피신해버려 그 도움을 받지 못했고, 참모차장 윤성민이 나섰으나 초반부터 반란을 진압할 강한 의지와 실천력을 가지고 있지는 않았다.

3군 사령관을 포함한 여러 장성들도 마찬가지여서 우왕좌왕하다가 시간을 흘려보냈다. 수경사령관 장태완이 단호한 전투 의지를 가지고 출동했으나, 그는 사령관에 취임한 지 26일밖에 되지 않아 부대 장악력이 미흡했다. 게다가 예하 부대장이나 참모들이 이미 합수부와 연결된 경우가 많아 명령이 제대로 먹혀들지 않고 있었다.

그는 훗날 "초저녁에 '장 장군 파이팅!'이라며 응원하던 장성들이 자정 무렵에는 몽땅 태도를 바꾸었다. 정병주(=특전사령관), 김진기(=육본 헌병감) 외에는 전부 배신했다. … 부하들에게 나라를 위해 목숨을 바치라고 하던 친구들이, 위기에 부딪히자 제 목숨만 아까운 줄 알더라"고 회고했다. 군부 지휘관 가운데 임무를 엄정하게 다한 간부는 한 명도 없었다고 김종필도 증언했다.[10]

도망치기 바빴던 4성 장군 출신 국방장관

12·12에서 최규하는 군부 문제에 문외한이었다. 더구나 계엄사령관인 육군 참모총장이 보안사 분실인 서빙고로 연행되어 유고(有故)인 상황에서, 내전으로 가는 것을 막고 양측의 대결을 수습할 국가 위기관리의 최고·최

적의 책임자는 4성 장군 출신인 국방장관 노재현(盧在鉉)이었다.

단기 육사 3기로 육군 참모총장까지 역임한 노재현은 고향이 경남 마산이어서, 서종철(徐鍾喆) 전 국방장관(=박정희의 육사 2기 동기)과 함께 영남 군벌의 보스였다. 그는 같은 영남 출신인 1군 사령관 정승화 대장(=경북 김천)과 전두환 1사단장(=경남 합천)을 각각 참모총장과 보안사령관으로 박정희에게 추천해 재가를 받아낸 인물로, 활달하고 호방한 전형적인 무인(武人)이기도 해서 두 사람 모두가 무시할 수 없는 선배였다.[11]

그는 10·26 이후에도 정승화와는 향후 정국에 관해 깊은 대화를 나누는 사이였고, 파격적인 발탁의 은인이기도 했으므로 전두환과도 사이가 좋았다. 도전해오는 전두환이 못마땅했던 정승화는 두 차례나 인사 조치해야 한다는 건의를 노재현에게 했고, 전두환은 전두환대로 정승화를 직접 조사해야 한다면서 세 차례나 노재현을 찾아갔다. 그때마다 노재현은 애매한 반응을 보이며 양쪽의 건의를 묵살했다. 섣불리 처리했다가 큰 사태로 번지는 것을 우려했기 때문이다.

그러던 국방장관이 막상 상황이 벌어지자 지리멸렬했다. 참모총장 공관 옆에 있는 국방장관 공관에서 총소리를 들은 그는, 확인해볼 생각은 하지도 않고 민간인 복장으로 담을 넘어 피신했다. 그 뒤 상황이 숨 가쁘게 진행되는 동안 10시간이나 자신을 찾는 대통령 앞에 나타나지 않고 직무를 소홀히 함으로써, 사태를 조기 진화시킬 수 있는 골든타임을 놓쳤다. 자신은 군사 반란에 반대하는 입장이면서 전두환 측이 성공하는 데 결정적으로 기여한 셈이 되었다.

공관에서 달아난 그는 1시간30분이 지난 뒤 국방부 상황실에 전화를 걸어 상황을 알아본 다음, 밤 9시30분께 나타났다. 그러나 국방차관 김용휴로부터 참모총장 불법 연행 사실을 보고받고서도 대통령에게 연락을 취하지 않았다. 밤 10시 무렵 총소리가 나자 한미연합사 상황실로 피신했고, 그곳에서 "관저로 빨리 오라"는 대통령의 전화를 받았으나 다시 몸을 숨겼다.

13일 새벽 1시50분경, 합수부가 동원한 공수여단 병력이 국방부로 진입해 들어가는 과정에서 소규모 총격전이 벌어졌다. 그러자 그는 다시 몸을 숨겼다가 새벽 3시50분 수색대가 나서서 국방부 건물 지하 계단에 은신 중인 그를 발견했다.

군사 반란을 합법화해준 두 사람

총리로 임명돼 조각(組閣)을 논의하러 대통령 관저에 갔던 신현확이 전두환과 마주쳐 심한 언쟁을 벌인 뒤 사태 수습에 간여하게 되었다. 12·12사태가 터지자 대놓고 전두환을 몰아친 유일한 지도자가 신현확이었다. 신현확이 노재현과 통화에 성공해 "왜 대통령에게 오지 않는가?"고 추궁하자 노재현은 "총격전이 벌어지고 있는데 어떻게 갑니까?"고 대답했다. 신현확은 자신이 국방부로 가서 노재현을 데려오겠다고 용감하게 나섰다.

국방부로 달려간 신현확은 바리케이드를 치고 경계 중이던 무장 군인과 그 배후의 전두환 휘하 지휘관들을 상대로 실랑이를 벌였다. 그렇게 해서 심약한 모습을 보인 4성 장군 출신 국방장관을 간신히 최규하 앞으로 데려올 수 있었다.[12]

노재현은 전두환과 마주치자 겸연쩍게 웃으며 순순히 수사 촉구 건의서에 부서(副署)했다. 일촉즉발의 내란 사태를 막으며 새벽까지 버텨왔는데, 최고 군부 지도자가 무력하게 하극상(下剋上)의 반란을 인정하는 모습을 연출하고 있었던 것이다. 신현확은 "국방장관이 저렇게 유약할 수 있는가?"면서 아연실색했다.

그동안 끈질기게 결재를 거부하던 최규하도 더 이상 반대할 배짱과 결기가 없었다. 두 사람은 신군부의 군사 반란을 합법화해주는 요식 절차를 밟아준 셈이었다. 노재현이 왜 10시간 동안 피신해 다녔는지, 왜 전두환 앞에서 당당하게 따지지 못했는지에 대한 경위는 아직까지 명확하게 밝혀진 것이 없는 듯하다.

12·12 군사 반란은 우리에게 세 가지 교훈을 남겼다. 하나는 박정희의 하나회 양성은 경위가 어떠하든 큰 과오의 하나였다. 하나회 조직처럼 육군의 중추를 장악하고 수도권 주변의 정예 부대를 동원할 수 있다면, 어떻게 문민정부가 가능하고 문민 우위 원칙이 설 수 있겠는가?

둘째는 소심하고 나약한 국가 지도자는 나라와 민족의 재앙이 될 수도 있다는 가능성이다. 12·12가 일단락된 다음날, 최규하가 공화당 총재이던 김종필에게 전화를 걸어 상기된 목소리로 "아, 총재님이십니까? 저 어젯밤에 죽을 뻔 했시유!"라고 말했다고 한다.[13]

건의서 재가를 끝까지 거부하는 강골(強骨)의 국가 리더십이 아쉬운 역사적 순간이었다.

셋째는 대통령이 심복 부하에게 살해되었다는 극적인 비극성으로 큰 충격을 받은 탓인지, 한국사회가 12·12사태의 본질과 내막을 제대로 알지 못한 채 넘어가고 있었다는 점이다.

참고 자료

1. 신철식 『신현확의 증언』 p304
2. 『김영삼 회고록』2 p175
3. 『김종필 증언록』2 p66~67
4. 임영태 『대한민국사』 p517
5. 조갑제 『제5공화국』 p573
   김영명 『대한민국정치사』 p315

6. 『김종필 증언록』2 p67

7. 『전두환 회고록』1 p254~255

8. 조갑제 『제5공화국』
　　이계성 『지는 별 뜨는 별』 p63

9. 임영태 『대한민국사』 p518

10. 조갑제 『제5공화국』 p109
　　『김종필 증언록』2 p71

11. 『전두환 회고록』1 p213

12. 신철식 『신현확의 증언』 p307
　　『전두환 회고록』1 p208~210

13. 『김종필 증언록』2 p68

4장 물 건너 간 양김(兩金)의 야권 단일화

군권(軍權)을 장악한 신군부가 최규하 과도 정부 뒤에서 정국의 추이를 지켜보는 가운데, 3김은 활발하게 대권을 겨냥한 정치 활동을 펴고 있었다. 다른 한편으로 노사 분규와 학원 소요로 정국은 혼란에 빠져들었다. 각종 유언비어가 끊임없이 나도는 가운데 안개 정국이 이어졌다.

신민당 총재 김영삼은 1980년 1월25일, 연두 기자회견을 열었다. 그는 정치 일정에 관해 모호한 태도를 보이기 시작한 과도 정부에 대해 "비상계엄을 즉시 해제하고 하루빨리 정권을 민주 정부에 넘길 수 있어야 한다"고 촉구했다. 곧 있을지 모르는 라이벌 김대중과의 대통령 후보 경선에 대비해 전국 시·도 지부 및 지구당 결성과 같은 조직 정비도 서둘렀다.

그러나 사면이 된 뒤에도 김대중은 곧바로 신민당에 입당하지 않고 신경전을 폈다. 재야와 신민당이 통합되어야 하고, 자신은 재야를 대표하고 있는 만큼 상응하는 지분을 가져야 한다고 주장했다. 김영삼이 10·26 이후 당을 효율적으로 이끌지 못해 정국 주도권을 잡는 데 실패한 만큼, 국민적 지지가 이미 검증된 자신이 대통령 후보가 되어야 한다는 논리가 깔려있었다.

부마사태에 이르기까지 유신 체제를 무너뜨린 주역이 신민당이므로 신민당 중심 체제로 가야 한다는 입장을 세운 김영삼은, 상무위원회에 재야 인사를 위한 지분을 3분의 1까지 내주겠다는 양보안을 내놓았다. 당내의 DJ계까지 합치면 양김의 당내 세력이 균등해진다는 주장이었다. 하지만 김대중은 그 같은 계산법에 동의하지 않았다. 그는 김영삼 주도 체제에서 당내 경선을 해보았자 승산이 없다고 판단하고 있었다.

재야의 구심점인 전 대통령 윤보선이 야권 단일화가 필요하다는 국민적 여론을 업고 양김을 상대로 당내 경선을 계속 유도, 압박했으나 소용이 없었다. 원로 목사 강원룡이 역할 분담론까지 제시했으나 양쪽에서 거부당했다. 김수환(金壽煥) 추기경을 비롯한 종교계나 일부 재야에선 김대중에 대한 군부 비토 세력의 존재를 이유로 'YS 대세론'에 동조하는 흐름이었다. 언론계와 여론의 동향도 비슷한 추세였다.

김대중은 결국 신민당 입당을 거부하고 재야의 민주화 운동 단체인 국민연합을 중심으로 활동하겠다고 선언했다.[1]

대권 도전 나선 JP

신군부가 앞으로 어떻게 나올지 예측하기 어려운 불길한 잠재적 위기를 외면한 채, 양김은 본격적인 대권 경쟁에 들어섰다. 김대중은 국민연합의 조직을 개편하면서 장외 투쟁에 나섰고, 자신의 장기인 선동 연설 솜씨를 과시하며 곳곳을 돌아다녔다. 신군부는 그 같은 움직임을 합헌 정부를 넘어트리는 민중 혁명을 목표로 삼고 있다고 보고 주목했다.[2]

김영삼은 최규하 과도 정부와 신군부 사이에 끼어 정치적 입지가 애매했던 공화당 총재 김종필과 공식 회담을 갖는 등 파트너 관계를 모색했다. 김종필은 야당과도 대화가 되며, 필요하다면 신군부와도 소통이 가능한 정치적 위상을 가진 잠재적 역량이 기대되는 인물이었다. 그러나 그 역시 의

외의 행보를 벌이기 시작했다.

10·26 사건 당시 공화당 총재고문이던 그는, 최규하 대행을 과도 정부의 대통령 후보로 추대하려는 움직임이 일자 자신도 출마하겠다고 나섰다. 자신은 유신 체제에서 탄압받은 피해자라고 야당 정치인처럼 말하면서, 대통령이 돼 유신 잔재를 정리하겠다고 주장했다.

"정치적 중립 성향의 최규하가 대통령이 되어 헌법을 개정한 뒤 하야(下野)한다"는 시국 수습안을 주도하고 있던 부총리 신현확, 박정희 사후 TK의 대부(代父)로 급부상한 그는 JP의 주장을 한마디로 거부했다. 유신 정치의 대표로 간주될 JP가 유신헌법에 따른 통일주체국민회의 선거에 출마한다는 것은, 유신 철폐를 원하는 국민을 납득시킬 수 없는 악수(惡手)로 판단했기 때문이다.

JP는 "내가 나가면 얼마든지 이길 수 있는데 왜 기득권을 포기하는가? 일단 (권력을) 잡고 봅시다. 공화당이 재집권하면 당신이 펴고 싶은 정책을 다하게 해줄 텐데 왜 반대하는가?"고 되물었다. 신현확은 "지금 위기관리를 잘못하면 국가가 더 큰 위기에 빠지고 무너질 수도 있으므로 최악의 사태를 막으려고 그러는 것이다"고 반론을 폈으나 결론을 내리지 못했다.

결국 정승화 계엄사령관이 압박 작전을 쓰는 가운데, TK 세력의 중진인 공화당의장(서리) 박준규가 "신현확의 시국 수습안에 합의해주면 당 의장 자리를 내놓겠다"는 타협안을 제시했다. 그러자 JP는 출마를 포기하는 대신, 어렵지 않게 공화당 총재 자리를 얻어내 정치적 재기의 발판으로 삼을 수 있게 되었다.[3]

이에 대해 김종필은 당무회의에서 "정당 배경을 가진 사람이 과도 정부의 대통령이 되는 것은 … 여야 간에 피투성이 싸움이 예상되고 국민의 인식도 좋지 않을 것"이라면서, 자신은 대선 후보를 내지 말자는 주장을 했

다고 둘러대고 있었다.[4]

'만년 2인자'를 면할 기회 놓치다

총재가 된 뒤에도 김종필은 박정희를 부정하고, '피해자 코스프레'를 하는 변신의 모습을 계속했다. 박정희가 없는 유신 체제에서 대표라고 할 수 있는 그가 그렇게 기회주의자처럼 처신하자, 청산인(淸算人)의 입장에 서서 유신의 죄과를 속죄하고 정국 수습에 기여하는 모습을 그리던 많은 사람이 실망했다.

박정희 지지층과 극우 보수 세력은 물론, 신군부도 충격을 받았다. 배신(背信)을 들먹이는 사람도 많았다. 말년의 전두환이 남긴 회고록을 보면, 당시 신군부의 반응이 확인된다. "JP는 자신의 살 길만을 찾으려 했다. 구(舊) 여권, 보수층을 결집시킬 수 있다는 신뢰를 보여주었더라면 상황은 달라졌을 것"이라고 전두환은 회고했다.[5]

노태우도 회고록에서 "JP가 유신에 대한 책임을 지고 혼란을 수습하는 길로 나갔다면, 군부는 그를 지지했을 가능성이 높았다"고 쓰고 있다.[6]

김종필은 5·16의 설계자였다. 더구나 중앙정보부를 창설해 정보 정치, 금품 정치의 길을 열면서 박정희의 권력 기반을 굳혀준 인물이다. 한 시대를 풍미했던 풍운아답게 목숨을 걸고 유신 체제의 청산 역을 맡고 나섰더라면, 단기적으로는 군권을 쥔 신군부와의 갈등이나 충돌을 피할 수 없었을지 모르나 제5공화국 출범의 역사가 달리 쓰일 수도 있었다.

그러나 18년간 권력과 부(富)의 꿀맛을 본 JP는 더 이상 5·16 당시의 패기와 열정, 그리고 비전을 가지고 있지 않았다. 소극적이고 기회주의적인 구(舊) 정치인의 한 사람이 돼 있었다.[7]

그가 막상 현실적으로 나선다 한들 핸디캡이 없지도 않았다. 박정희가

JP의 군부 교류를 몹시 꺼려했기 때문에 그는 아예 군부 접촉을 포기했다. 그런 탓인지 신군부에는 그를 지지하는 사람이 전혀 없었다.

더구나 단기 육사 8기인 그와 정규 육사 11기와의 사이도 좋지 않았다. 초급 장교였던 대위 시절에 전두환과 노태우는 4대 의혹 사건이 일어나자, 중앙정보부장이던 김종필을 신악(新惡)이라고 지목하면서, 거세해야 한다고 들고 일어난 적이 있었다. 박정희가 묵살해 없던 일이 되었으나, 양자 사이의 앙금까지 없어진 것은 아닐 터였다.

전두환이 합수본부장 시절 언론계 중진들과 만난 자리에서 "김종필 가지고는 안 되겠다"고 공개적으로 볼멘소리를 털어놓기 시작했을 때, 그의 운명은 결정되었다.

어떻게 보면 김종필은 신군부가 스스로 집권하자는 발상을 하고, 장기간 반란을 준비해가는 계기를 만들어준 주요 당사자의 한 사람이 되고 말았다고 할 수 있다.[8]

최규하의 이원집정제(二元執政制) 구상

정치적으로 애매했던 JP를 도와준 사람은 역설적이게도 정적이었던 김영삼이었다. 안개 정국의 불확실성을 해소하는 데 역부족을 느낀 김영삼은, 김종필과 회담하는 등 공조(共助) 체제를 펴면서 입지를 인정해주는 배려를 했다. 그러나 이렇게 한 자락 까는 것을 잊지 않았다. "공화당이 야당이 될 수 있다는 것만으로도 국민에게 고맙게 생각해야 한다."[9]

그동안 중앙정보부의 탄압으로 숨죽이고 있던 노사 분규가 터져 나오기 시작했다. 계엄령이 전국적으로 확대된 5월17일까지 987건의 노사 분규가 발생했다. 분규는 폭력, 방화와 같은 파괴적 양상을 보이다가 거친 정치적 주장을 내세우는 단계로 발전해갔다.

3월에서 5월 중순까지 120개 대학에서 2100여 회에 걸쳐 학생 시위가 일어났고, 시위는 국민연합 등 재야의 영향을 받고 있다고 했다. 5월15일에만 전국 8개 대학 10만여 명이 '신현확 내각 퇴진', '계엄령 해제'를 외치며 대규모 가두시위를 벌였다.[10]

최규하 과도 정부는 시간이 지나면서 자꾸 말을 바꾸는 바람에 김영삼을 비롯한 야권의 비판을 받았다. 배후의 군부 세력이 정승화에서 전두환으로 바뀌고, 신군부의 집권 음모가 진행되면서 상황이 변화된 영향 때문이었다.

최규하는 12·12 이후 군부가 자신을 지지하고 있는 것으로 착각해 이원집정제(二元執政制)를 추진했다. 그렇지만 신군부가 전두환을 대통령으로 내세우기 위해 대통령 간선제를 택하면서, 한시적 역할을 끝으로 밀려나게 된다.

그해 3월 말 보안사령관 전두환이 국무총리 신현확을 찾아와 "제가 중앙정보부장을 겸임하겠으니 양해해주십시오"라고 말했다. 신현확은 반대 의사를 분명히 했다. 그런데 14일 뒤인 4월14일, 최규하가 전두환을 중앙정보부장 서리에 임명한다고 발표했다.

신현확과 육군참모총장 겸 계엄사령관으로 간 이희성 중앙정보부장은 "정보기관은 양립하는 게 원칙"이라면서 최규하에게 두 차례나 반대를 건의한 바 있었다. "아! 이들이 벌써 한 배를 탔구나!"[11]

전두환의 두 자리 겸직은 신군부가 정권까지 장악하겠다는 공개 도전이었다. 실제로 중정부장을 겸직함으로써 신군부가 국내의 모든 정보를 한 손에 쥘 수 있게 되었고, 당시 돈으로 800억 원이라는 막대한 예산을 마음대로 쓸 수 있게 되었다.

12·12 이후 5·16을 벤치마킹한 신군부는 김종필이 4대 의혹 사건을

통해 공화당 창당 자금을 마련했던 전례를 참고삼아, 중앙정보부 예산을 전용하는 방법으로 민정당의 창당 자금을 마련할 수 있었다. 나중에는 공화당 당사를 포함한 재산까지 빼앗아 민정당 용으로 썼다.

DJ 구속으로 터진 광주 항쟁

5월17일, 신군부는 비상계엄령을 전국에 확대하면서 정치 활동을 금지했다. 김종필과 이후락, 박종규 등 9명은 '권력형 부정 축재 혐의'로 구속하고, 김대중과 문익환, 김동길, 이영희를 '사회 불안 조성 및 학생과 노조 소요의 배후 조종 혐의'로 연행, 구속했다. 관련자들을 대상으로 모진 고문이 가해지고, 김대중과 국민연합이 중심이 된 민주화 국민운동 계획을 '내란 음모사건'으로 조작해갔다.[12]

3김 가운데 유일하게 연행을 면한 김영삼은 "전두환이 제2의 박정희가 되고 싶은 모양이구나"고 하면서 "5·17사태는 민주 회복이라는 국민적 목표를 배신한 폭거다. 나는 … 나라를 건지기 위해 모든 노력을 다할 것이다"고 내외신 보도진들에게 밝혔다. 그리고는 무장 군인들에 의해 자택 연금되었다.[13]

김대중 연행 48일 만에 수사기관이 내놓은 내란 음모의 요지는, "국민연합이 학원 소요 사태를 폭력화하고 민중 혁명을 유발한 다음, 정부를 타도하여 김대중을 수반으로 하는 과도 정부 수립을 획책했다"는 것이었다.

신군부가 김영삼을 구속자 명단에서 제외한 이유는, 박정희가 김영삼을 탄압했다가 부마사태를 자초했던 전례를 감안한 것 때문이었다. 마찬가지로 김대중을 구속하는 것도 광주의 민심을 자극할 우려가 있었다. 그럼에도 구속을 감행한 이유는 좌익 경향의 DJ가 재야, 노동자, 학생들로 구성된 국민연합을 만들어가는 과정과 활동을 보고 생긴 '레드 콤플렉스

(Red complex)'가 더 컸기 때문이라는 것이다.

당시 김근수 중앙정보부 국장이 "이렇게 YS와 DJ를 차별하면 광주 시민이 가만 있겠는가?"고 우려했다는데, 그것은 곧 현실이 되었다.[14]

이튿날인 5월18일부터 광주 항쟁이 시작되었다. 긴장한 신군부는 시가전(市街戰)과 같은 특수 목적을 위해 훈련된 특전사 병력을 투입하는 무리한 강수를 두었고, 끝내 시민을 대상으로 과잉 폭력 진압을 시도하는 학살극이 벌어지게 된다.

광주 항쟁은 김대중이 체포된 사건을 계기로 학생·시민들이 반기(反旗)를 들고 대규모 시위를 벌이는 가운데, 신군부가 진압을 위해 공수부대를 투입하는 초기 단계를 거쳐 대략 4단계(임영태『대한민국사』 p536~540)로 진행되었다. 그러는 동안 수많은 무고한 사상자를 내는 등 한국 현대사 최대의 민주 항쟁으로 기록되었다. 시민 시위가 광주 지역 일원으로 확대되며 민중 봉기 양상으로 전개되자, 공수부대의 무차별적 폭력과 발포로 대규모 사상자가 났다.(2단계)

세 번째 단계는 광주시 일원이 시민군의 해방구가 되고, 신군부가 계엄군을 일단 철수시킨 채 재진입을 준비하는 과정이었다. 또 네 번째 단계는 계엄군이 본격적으로 재진입한 '충정(忠正) 작전'에 맞서 시민군이 무기를 들고 저항했으나, 역부족으로 진압되는 마지막 과정이다. 5·18 광주사태는 그 후 김영삼의 문민정부가 출범하면서 민주화 항쟁으로 승격되고, 광주 항쟁 지역이 민주화 성역으로 승화되었다.

군부(軍部)에 대해 무지(無知)했던 정치권

10·26으로 민주화 세력이 활기를 찾게 됐음에도 불구하고, 신군부가 264일에 걸친 오랜 시간 동안 '세계에서 가장 긴 시간이 걸린 쿠데타'를 성

공시키게 된 이유는 무엇인가. 18년에 걸친 오랜 정치적 탄압 탓에 야권의 세력이 약화돼 있었고, 아직 충분히 조직력이 복원되지 않은 것이 첫 번째 이유가 될 것이다.

두 번째는 한국 사회가 군부에 대해 너무 모르고 있었다는 점이다. 김영삼 자신도 12·12사태가 신군부의 하극상 군사 반란이라는 점을 처음에는 파악하지 못했다. 시해 사건 수사의 한 과정으로 알았을 정도였다.[15]

김영삼뿐만 아니라 다른 야권 지도자들도 하나회 중심의 정치 장교들이 야심적인 40대들이고, 유사 이래 최강의 정치 장교 시대를 만들어놓았음을 몰랐다. 게다가 그들이 국방부와 육군본부 및 수도권 부대의 핵심 요직을 장악하고 있다는 사실, 그로 인해 5·16 당시의 박정희보다 월등 강력한 결집력과 파워를 지니고 있으며 정치 공작에 능숙한 집단이라는 현실을 제대로 파악하지 못하고 있었다.

김종필까지도 "12·12까지만 해도 전두환을 크게 주목하지 않았다." "신군부 별것 아니다. … 미국이 가만 있지 않을 것이다"고 취재진들에게 큰 소리칠 정도였다.[16]

그 바람에 낙관적 성품의 YS는 유신 시대가 막을 내리면서 군부 시대도 끝난 것으로 속단했다. "군인 출신이 역사를 망쳤는데 또 다시 나올 수 있겠느냐?"면서 민주화 대세론을 믿고 있었다.

이철승이 "신군부에게 등장 구실을 주면 안 된다"고 충고했고, 취재기자들 또한 신군부를 경계하라고 귀띔해주었다. 그럼에도 "즈네들(=자기들)이 뭔데 그따위 짓 하나, 함부로 못한데이!"라면서 귓등으로 흘려들었다.[17]

YS는 자신의 집권 기회가 온 것처럼 착각에 빠져, 전국을 돌며 세력을 키우는 일에 몰두하고 있었다. 김대중도 마찬가지였다. 그것이 당시 야당의 한계였다.[18]

신군부를 섣불리 건드렸다가 역효과가 날 가능성을 우려해 YS가 신중하거나 소극적인 측면도 있었다.[19]

전두환의 중앙정보부장 겸직 조치가 났을 때 YS가 별 말을 하지 못하고 넘어가 소극적 대처라는 평을 들은 것이나, 윤보선 중심의 일부 재야와 천주교 쪽에서 김재규 구명 운동을 펼칠 때 양김이 이를 외면했던 것도 신군부의 기색을 살핀 것이라 볼 수 있었다.[20]

전반적인 여론의 향배도 신군부 쪽이 유리했다. 야권의 정치적 파상 공세가 거셌고 정치 사회적 혼란이 오고 있었으나, 지배 연합은 어떤 분열의 조짐도 보이지 않았다. 거대한 기득권 세력으로 덩치가 커진 관료 조직, 재벌 연합과 신군부 사이에는 균열의 조짐이 잘 드러나지 않았다.

신군부가 보다 유리할 수 있었던 것은 경제성장의 꿀맛을 알기 시작한 도시 중산층들이 대규모 학생 시위에 대해 호의적이지 않았고, 시위 세력과 신군부가 정면충돌하는 상황에서 민주화가 가능할 것인가에 대해 회의적이었다는 점이다.[21]

양김의 분열로 인해 신군부에 정권이 넘어간 것 아니냐는 통설이 일반화돼 있으나, 그것도 정확한 통찰이라 보기 어렵다. 1980년의 천하 대란 상황을 보면, 설사 양김이 단일화를 이루었다 하더라도 신군부의 벽을 넘기가 어려웠던 게 정치 현실의 실상이었다고 볼 수 있기 때문이다.

김대중과 김종필이 감옥에 가 손발이 묶인 상황에서, 상대적으로 집안에서 활동할 자유가 있던 김영삼의 외로운 투쟁이 전개되기 시작했다. 대중 폭력 시위로는 평화적 정권 교체를 이룰 수 없다는 비폭력 의회주의자인 그에게, 신군부의 압도적인 물리력 앞에서 어떤 선택지(選擇枝)도 남아있지 않았다.

참고 자료

1. 김명구 『해위 윤보선』 p392
   『김영삼 회고록』2 p232
   김정남 『진실 광장에 서다』 p343
   김덕룡 『김영삼 민주센터 녹취록』

2. 김정남 『진실 광장에 서다』
   『전두환 회고록』1 p292

3. 신철식 『신현확의 증언』 p307

4. 『김종필 증언록』2 p62

5. 『전두환 회고록』1 p294

6. 『노태우 회고록』 p402 (김영명 『한국의 정치변동』서 재인용)

7. 이영석 『JP와 HR』

8. 함성득 『대통령 비서실장론』

9. 『김영삼 회고록』2 p81

10. 『전두환 회고록』1 p295~300

11. 신철식 『신현확의 증언』 p325

12. 김정남 『진실, 광장에 서다』 p395

13. 『김영삼 회고록』2 p201

14. 이종찬 『김영삼 민주센터 녹취록』

15. 김영삼 『나의 정치 비망록』 p205

16. 『김종필 증언록』2 p72
    이성춘 『김영삼 민주센터 녹취록』

17. 이철승 『대한민국과 나』 p187
    이성춘, 김봉조 『김영삼 민주센터 녹취록』

18. 박관용 『나는 영원한 의회인으로 기억되고 싶다』 p52

19. 이원종 『진실, 광장에 서다』

20. 김정남 『진실, 광장에 서다』

21. 김영명 『한국의 정치변동』 p227
    윤여준 『Statecraft』 p336

5장 국민의 잠을 깨운
YS 단식(斷食)

5·18 계엄 확대에 따라 김대중, 김종필이 연행된 뒤 김영삼은 신민당 정무회의를 열고 계엄군 철수와 김대중의 석방을 요구키로 결의했다. 그런 다음 재야 지도자인 윤보선과 함석헌을 비롯한 원로들을 방문해 사태 수습책을 논의했다.

그럴 즈음 현역 대령 한 명이 찾아와 "군은 불안 요소를 제거하고 군으로 돌아가겠으니 기자회견이나 성명서 발표는 하지 말아 달라"는 전두환의 요청을 전달했다. YS는 한마디로 거절했다.

5월20일, 김영삼이 "5·17 광주사태는 민주 회복이라는 국민적 목표를 배신한 폭거이다. 양심이 가리키는 바에 따라 나라를 건지기 위한 모든 노력을 다할 결의를 밝힌다"는 내용의 성명서를 발표하려는 순간, 무장한 헌병 1개 중대가 자택 안팎을 에워싸고 취재기자들을 몰아냈다. 가택 연금이 시작되었다.

그들은 개미 한 마리 얼씬거릴 수 없도록 지독하게 통제했다. 비서들도 홍인길과 장학로 둘만 출입이 가능했다. 그렇게 5월20일부터 시작되어 이듬해 4월30일까지 계속된 1차 연금의 시작이었다. 신군부에 의한 야당 탄압은 계속되었고, 김영삼 측근인 김동영과 최형우가 구속의 갈림길에 서 있었다.

기자회견이나 성명서 발표처럼 기본권에 속하는 최소한의 저항 수단까지 빼앗긴 김영삼은 "이제 부끄러움의 대상이 돼 버린 야당 총재 자리를 내놓는 것이 국민에 대한 사죄의 뜻이자 쿠데타에 대한 저항 의사의 표시"라고 밝히면서 정계 은퇴를 선언했다. 신민당 대변인 박권흠이 은퇴 성명을 발표했고, 수석 부총재인 이민우가 총재 직무대행이 되었다.

당시 정가에는 김영삼의 경남고 후배인 보안사 대공처장 이학봉 중령(=육사 18기, 하나회)이 중간에 사람을 넣어 사퇴를 압박했다는 얘기가 나돌았다. 은퇴 선언문에 "시국이 어려워진 것은 3김 때문이었다"는 내용을 포함시켜 달라는 신군부 측의 요구를 김영삼이 단호하게 거부했다고도 했다.[1]

김대중, 김종필을 강제로 정계에서 제거한 신군부는 마지막으로 김영삼까지 밀어낸 것이다. 연금 생활 첫 몇 달 동안은 분노로 잠을 이룰 수 없었다. YS가 할 수 있었던 일 중 하나는 전경을 앞에 두고 전두환을 맹공(猛攻)하는 것이었다. 언론 통제로 기사를 쓸 수 없었으나 일선 기자들은 그 장면을 취재했다. 당시 방송사가 찍어놓았던 호통 장면이 생생한 오디오와 함께 2016년 김영삼 서거 때 하루종일 방영돼 화제가 되었다.

그는 당시 신군부의 의사가 직·간접으로 반영된 국내 신문이나 TV를 일체 보지 않았다. 종교의 영향으로 마음의 안정을 되찾으면서 일주일에 두 번 이상 가족 예배를 보았고, 붓글씨(書道)를 쓰며 마음을 달랬다. 대도무문(大道無門), 극세척도(克世拓道), 사필귀정(事必歸正), 민주회복(民主回復)이라는 글을 자주 썼다. 고향 거제와 부산에서 한 자씩 딴 '거산(巨山)'이라는 아호를 그때부터 낙관(落款)으로 사용하기 시작했다.

간디와 네루, 토인비, 드골, 케네디의 회고록이나 저서, 백범 김구(金

九)의 저서를 읽고 또 읽었다. 새벽 5시에 일어나 네다섯 평 되는 안마당에서 조깅과 제자리 뛰기를 해 잔디가 몽땅 망가져버렸다.[2]

신군부의 이상한 쿠데타

신군부는 정치인들과 재야, 학생, 노동계와 학계 인사들을 깡그리 구속했다. 그런 가운데 광주 항쟁을 무력으로 유혈 진압하는 한편, 국보위(=국가보위 비상대책위원회) 설치안을 통과시켰다. 당연히 전두환이 상임위원장 자리에 앉았다.

마지막 걸림돌이던 최규하의 대통령 사임은 8월16일에 이뤄졌다. 군부의 지지를 믿었던 최규하는 주위에서 사임을 권유하자 "군이 나를 지지하고 있는데 왜 내가 물러납니까?"라고 반문했다가, 신군부의 진의(眞意)를 재차 확인하는 과정을 거치면서 물러났다.[3]

8월21일, 전군(全軍) 지휘관 회의에서는 전두환을 만장일치로 대통령에 추대했다. 그는 이튿날 대장으로 전역했고, 8월27일에 치러진 통대에서 11대 대통령으로 당선되었다. 264일 동안 진행된 신군부의 '세계에서 가장 오래 걸린 이상한 쿠데타'가 결국 성사되었던 것이다.[4]

신군부는 제11대 국회의원 선거를 계기로 보안사와 중앙정보부의 정치 공작을 통해 정계를 4당 체제로 강제 개편했다. 보안사는 권익현과 권정달, 이종찬과 같은 육사 출신과 민간인 엘리트들을 주력으로 하여, 호남 출신 인사들 및 상도동계인 한병채와 박권흠을 포섭해 여당인 민주정의당을 만들었다. 민정당은 육사 출신과 서울법대 출신들이 핵심이라 해서 '육법당(陸法黨)'이라는 소리를 들었다.

보안사에 밀려 2급 기관처럼 위축된 중앙정보부는 유진산 직계였던 유치송과 YS 비서실장 출신 신상우, 유진산의 아들 유한열을 비롯한 온건파를 모아 제1야당인 민주한국당을 창당했다. 게다가 제2야당으로 국민당까지 만들었다. 민한당과 국민당은 민정당의 1, 2중대라는 비아냥을 들어야 했다. 여기에 진보 세력을 위한 구색용으로 김철(金哲)의 사회당도 등장했다.

인위적으로 이뤄진 그 같은 정계 개편에서 경계와 기피 대상으로 몰린 야당 세력은 계속되는 탄압에 쫓겼다. 더구나 양김의 후퇴로 구심점까지 잃어 지리멸렬이었다.[5]

김영삼의 은퇴로 기댈 데가 없어진 상도동 사단도 세 갈래로 나뉘어 흩어졌다. 비서실장이던 박권흠과 한병채, 오세응은 민정당으로 갔다. 한때 특보였던 손세일, 김현규와 신상우, 서석재, 심완구는 민한당에 둥지를 틀었으며, 김동영과 최형우·김덕룡은 사수파(=잔류파)였다.

전두환 정권은 정국이 안정 국면에 접어들자 5월1일, 1년 만에 김영삼의 가택 연금을 해제했다. 물론 정치 규제는 풀지 않았다. 김영삼은 구(舊) 신민당 의원들과의 만남을 주선하면서 재기의 기회를 노렸다. 점심이나 저녁식사 자리를 마련하곤 했는데 "그 같은 회식이 정치규제법에 저촉된다"는 당국의 으름장 때문인지 참석자가 의외로 극소수였다.

'민주산악회' 만들어 평화적 투쟁 시도

한번은 롯데호텔에서 40여 명과 만날 약속이었는데, 참석한 사람은 이민우와 김명윤, 김동영, 최형우, 김덕룡을 비롯하여 7명뿐이었다. 그걸 보고 "이제 YS시대는 끝났다"는 회의론까지 일었다.[6]

김영삼은 6월7일, 김동영과 최형우 등 예전의 신민당 중진들과 도봉산을 오르게 된 것을 계기로 '민주산악회'를 발족시켰다. 당시 정치규제법에 묶여있는 야당 인사들은 모임 장소 마련이 마땅치 않은 데다가, 기관원의 미행과 감시, 도청을 따돌릴 수 있었으므로 산행이 민주화 투쟁을 위한 하나의 방편이 될 수 있었다.

김영삼은 매주 목요일 산행을 정기적으로 하면서 뿔뿔이 흩어져있던 동지들을 다시 모으기 시작했다. 야산(野山)이 많은 유고슬라비아에서 티토(Josip Broz Tito)가 나치를 상대로 레지스탕스 전략을 폈듯이, 김영삼은 야산이 많은 한국에서 군부 독재를 상대로 비폭력 저항과 민주화 운동을 펼치기 시작했던 것이다.

YS 자신의 건강 다지기 목표도 있었다. 연금 생활로 쇠약해진 몸을 단련해, 대통령 선거에서 약속이나 한 듯이 병사(病死)했던 신익희나 조병옥의 전철을 밟지 말아야 한다는 다짐이 그에게는 있었다.[7]

민주산악회는 산에서 흔히 보는 보통의 등산 모임과는 분위기와 운영이 달랐다. 산행을 계속하면서 몸가짐이나 언행이 흐트러지거나 질서에서 일탈하는 행위를 경계했다. 정상에 오르면 모여앉아 산행 의식을 거행했다. 애국가를 먼저 부른 뒤 회장의 연설을 듣는 과정을 두었고, 기독교식의 기도로 산행을 마무리했다.

YS는 다른 종교 의식도 근처에서 함께 하도록 배려했다. 기도의 주된 내용은 "저희들 마음속에 자유의 강이 흐르게 하시고, 이 산하에 민주화를 부르짖는 메아리가 그치지 않게 하소서"였다.[8]

등산객들이 그 같은 산행 의식에 경의를 표하곤 했다. 신민당 조직국장 출신인 노병구가 조직부장을 맡으면서 전국적으로 지부가 생겼고, 미국과 일본에도 해외 지부가 발족했다.

각자가 마시고 먹을 것을 싸들고 왔으므로 유지비와 같은 별도의 경비가 들지 않았다. 또 별다른 조건 없이 누구나 가입할 수 있었기에 쉽게 시민들에게 다가갈 수 있었다. 민주산악회가 유명해지면서 전국적으로 일반 시민들의 등산 붐도 함께 일어나기 시작했다. 말하자면 김영삼이 등산 대중

화의 주역이기도 했던 것이다.[9]

산행에서는 회장의 연설이 가장 비중이 높았다. 그랬으므로 이민우 회장(=YS는 고문이었다)은 매주 목요일마다 신랄하고 강도 높은 5공 비판 연설을 준비해야 했다. 그러다 보니 눌변(訥辯)이었던 그가 명(名)연설가로 변해갔다. 그는 산행에서 갈고 닦은 연설 솜씨로 종로·중구에 출마했을 때 신당 돌풍의 주역이 되었다.[10]

민주산악회가 활발하게 움직이자 5공 당국은 긴장했다. 산행을 변형된 정치 활동으로 보고 참가자들을 상대로 불법 연행과 연금, 협박, 회유 등의 방법을 동원하여 방해 작업을 폈다. 특히 예비역 장성들이 참가하는 것을 막기 위해 취업 알선을 포함한 원천 봉쇄 방법도 썼다.

민주산악회는 김영삼을 따라 산에 함께 올라간 [뉴욕타임스] 기자가 "한국 야당은 산에 가서 모인다"면서 새로운 형태의 레지스탕스로 묘사하는 내용의 보도를 하는 바람에 해외에도 널리 알려지게 되었다.

5공 당국은 그 등반 회견이 정치 활동 금지 조치를 위반했다는 이유를 들어 1982년 5월31일, 김영삼에 대한 2차 불법 연금에 들어갔다. 그러나 "이럴 때일수록 우리는 산에 올라야 한다"는 회장 이민우의 뚝심에 힘입어 민주산악회는 참가자가 줄었으나 산행은 지속해갈 수 있었다.[11]

다시 연금된 김영삼은 1982년 10월17일에 치러진 큰아들 은철의 결혼식에 참석하지 못했다. 결혼식 전날 관할 경찰서장이 찾아와 "식장에 모시고 가겠다"고 말했는데, 한나절만 연금을 풀어준다는 얘기였다. YS는 서장의 제안을 즉석에서 거절했다.

철저한 언론 통제 탓으로 대다수 국민은 YS가 연금 상태인 사실도 알지 못하고 있는 게 현실이었다. 그런데 결혼식 참석 보도가 나가면 전두환 정권의 연금 조치를 은폐시켜주는 결과가 된다는 것이 거절 이유였다. YS

는 순간적인 기지(機智)를 발휘해 5공의 2차 불법 연금 사실을 공개적으로 규탄하는 기회를 얻었다. 미국 통신사 [AP]가 결혼식에 불참케 된 경위를 이렇게 보도했던 것이다.

"YS는 하루 전 신혼의 아들 부부와 식사하면서 양해를 구했다. 그렇지만 한 사람의 아버지로서 그렇게 매정한 모습을 보여줄 수밖에 없었을까 하는 비판도 없지 않았다."[12]

1981년 겨울, 크리스마스를 앞두고 수감된 김대중을 대신해 부인 이희호가 대통령에게 진정서를 내고 형집행정지 처분을 받은 다음, DJ 부부는 미국으로 출국했다. 5공 당국이 미국의 압력을 수용해 취한 조치였다. 앞으로 정치 투쟁을 하지 않는다는 조건이었고, 5공은 거액의 여행 경비도 달러로 환전해주었다. DJ는 일단 사선(死線)을 탈출하는 데 성공했고, 홀로 남은 YS는 목숨을 건 단식 투쟁에 들어가게 된다.[13]

광주 항쟁 3주년에 단식 돌입

김영삼이 단식 투쟁에 들어간 것은 광주 항쟁 3주년이 되는 1983년 5월18일이었다. 전두환 정권은 그럭저럭 안정기에 접어들고 있는 반면, 야권은 앞날이 암울해지는 상황에서 목숨을 걸고 던진 비장의 일격이었다.

인도의 마하트마 간디(Mahatma Gandhi)는 식민지 본국인 대영제국과 맞서 목숨을 건 열일곱 번의 단식 투쟁을 통해 국가와 정치 지형까지 변화시킬 수 있었다. 간디를 죽게 하지 않기 위해 영국을 포함한 세상은 매번 양보했다. 영국이 민주주의의 원조(元祖) 국가이고 인간의 생명과 권리, 상식을 존중하는 사회이기 때문에 가능했던 변화였다.

그러나 신군부의 5공에서 그러한 양식과 관용을 기대할 수는 없었다. 그래서 참모들은 단식을 모두 반대했다. YS가 성깔대로 끝장을 내겠다고 버티다가 최악의 상황이 올 수도 있었다. 그렇게 되면 '만사가 끝'이라며 포기를 설득했다. 그러나 당사자는 "어찌 보면 어리석고 무모한 짓이다. 그러나 그 길 말고 다른 방법은 없다"고 단호하게 말하면서 단식 투쟁에 돌입했다.[14]

김영삼은 단식에 들어가면서 「단식에 즈음하여」라는 성명서를 내고 "구속인사 전원 석방, 정치 활동 규제 전면 해금" 등 5개 항을 요구했다. 세계 4대 통신인 [AP], [로이터], [UPI], [AFP]와 해외 방송 신문들이 단식 뉴스를 다뤘다. 당사국인 국내에서는 단 한 줄도 제대로 보도되지 않았다.

죽은 반달곰은 톱기사, 단식은 1단 기사

김영삼 단식 보도 통제로 인해 한국의 언론 자유 실태가 만천하에 드러났다. 5공은 언론 탄압에 있어 매우 영악하고 노회했다. 일제 시절처럼 신문지에 빈 자리가 보이게끔 우악스럽지 않았고, 박정희 때처럼 내놓고 강압적이지도 않았다.

통치에 부담이 가거나 큰 영향을 주는 기사를 취사선택해, 크기와 제목을 안 보이게 조절하는 지능적인 통제를 했다. 그래서 일반 국민들은 일일이 분간해낼 수가 없었다. 단식 보도를 일체 금지하면서 위장된 언론 자유 실태의 마각이 그대로 드러나는 계기가 되기도 했다.

단식 성명은 보도가 금지되었다. 그 6일 뒤 한 신문이 단식에 따른 여·야의 움직임을 「최근 사태」「정계 관심사」라는 애매한 제목을 붙여 과감하게 톱기사로 다루자 뒤따르던 다른 신문엔 줄이라는 압력이 들어갔다.

5월25일의 서울대병원 강제 입원 사실도 보도금지. 그러자 6월 들어 각 신문사의 젊은 경찰 출입 기자들이 불만을 표출하기도 했다. 당시 국내에 한 마리만 살아있던 반달곰이 지리산에서 밀렵꾼에 의해 죽었다는 르포

기사가 톱기사였다. 그런데 최대 뉴스라고 할 YS의 단식은 1단으로 처리되었고, '단식'이라는 단어도 쓰지 못했다.

국내 언론에 크게 실망한 김영삼은 단식 중단 성명에서도 "반달곰에 대해서는 대서특필하고, 야당 당수의 연금과 단식은 언급하지 않는 언론을 개탄한다"는 유명한 말을 남겼다. 당시를 회상하는 많은 글 중에도 언론의 소극적 태도를 질타하는 지적이 많았다.[15]

5공 당국은 처음에는 YS의 단식을 정치적 쇼나 제스처로 보고 심각하게 받아들이지 않았다. 정치 공작이 판치는 정치 불신의 시대였으므로, 보이지 않을 때는 적당히 먹고 마시며 단식하는 시늉만 할 것으로 보았다. 그러나 시간이 지나면서 물과 소금만으로 버티고 있다는 사실을 알게 되면서 인식이 달라졌다. 참고로 간디는 주스는 마셨다.

단식 8일째 되던 5월23일, 경찰은 쇠약해진 상태의 YS를 강제로 서울대병원으로 이송시켰다. 만일 유고(有故)가 생길 경우 엄청난 정치적 악재(惡材)가 될 것을 우려한 나머지 선제 조치를 취한 것이었다. 5월23일에는 야당 의원 등 23명이 동조 단식에 들어갔다. 31일에는 함석헌과 홍남순, 문익환, 예춘호가 동조 단식에 참여했으며, 60여 명의 민주 인사들이 시국 선언을 발표했다.

에드워드 케네디(Edward Kennedy) 미국 상원의원이 성명을 냈고, 재미교포들도 단식 투쟁 전미(全美) 비상대책위원회를 결성했다. 윤보선 전 대통령, 유진오 전 신민당 총재, 김수환 추기경, 박형규 목사를 비롯한 많은 인사들이 병원을 찾아와 단식 중단과 생명 보존을 간곡히 호소하기도 했다.[16]

단식 10일째가 되자 민정당 사무총장 권익현이 찾아와 연금을 해제하겠다고 통보하고, "원하신다면 외유를 하셔도 좋다"고 제의했다. YS는 "국민들을 군사 독재의 폭압 아래 두고 외국에 나갈 수 없다"고 거절했다.

YS의 단식은 YS와 DJ의 연대를 다시 맺게 해주는 계기가 되었다. DJ는 5월과 6월 두 차례 걸쳐 YS의 단식 투쟁을 지지하면서, "미국은 5공 정권 상대의 정책을 재고해야 한다"고 주장했다. 정치 투쟁을 하지 않겠다는 5공 상대의 서약 너머로 정치적 활동 공간을 만든 것이다. YS와 DJ는 1983년 광복절을 기해 「민주화 투쟁은 민족의 독립과 해방을 위한 투쟁이다」는 역사적인 제목의 공동 성명을 발표하기에 이르렀다.[17]

공동 성명 내용은 "전두환 정권의 통치가 낳은 경제적 소외, 학원 탄압, 지역 불균형, 국민의 기본권 유린의 해소는 오로지 민주 정부 수립을 통한 민주화로써만 가능하다"는 저항 자유주의 이념의 전형을 보여주었다.[18]

단식 17일째이던 6월3일, YS의 건강 상태가 극도로 악화되었다. 병원 측은 최소한의 응급조치마저 거부할 경우, 생명이 위험할 수 있다고 경고했다. 김수한 추기경을 비롯한 외부 인사와 가족들의 간곡한 권고에 따라 일단 링거를 맞았다. 단식 23일째 되던 날, 김영삼은 단식 중단 성명서를 발표했다.

단식 투쟁은 역사의 분수령이 되었다. 단식이 있던 해 한국에서는 군부 독재를 견제해야 할 모든 기관이 기능을 상실하고 있었다. 국회가 살았는가? 야당이 살았는가? 언론이 살았는가? 정부를 비판하고 견제할 수 있는 것은 오로지 학생 데모뿐이었다. 정부가 무서워하는 것이 있어야 했다.[19]

YS의 단식이 공안 통치에 주눅이 들어있던 야권과 국민을 일깨워주었고, 야당과 국민이 하나로 결집하는 계기를 가져왔다. 단식 사태를 계기로 민주화추진협의회가 결성되었고, 신민당 창당 및 신당 돌풍으로 이어진다. 단식이 5공이 무서워할 것을 몰고 온 셈이었다.

5공 정권도 이때부터 강압적인 통치 방식을 바꾸어 대대적인 유화 정책으로 국민 정서에 영합하기 시작했다. 어느 정도 안정 기반을 확보했다고 본 것이 착각이었음을 뒤늦게나마 깨달았던 것이다.[20]

민추협의 모태는 민주산악회

단식을 제대로 오래 하려면 첫 단계로 식사를 세 끼에서 두 끼로, 다시 한 끼로 단계적으로 줄여나가야 한다. 그런 다음에는 죽으로 대치해 줄여나가면서, 장에 남아있는 숙변까지 모두 배출한 뒤 본격적인 단식에 들어가야 한다. 그리고 단식을 끝내려면 앞의 절차를 역순(逆順)으로 되밟아야 한다.

김영삼의 단식은 우리나라에 단식에 관한 참고 문헌이 없고 전문가도 찾기 어려운 상황에서, 적당하게 단식에 들어갔다가 심한 고통을 겪은 무모한 도전이었다. 며칠 뒤 잔변(殘便)이 창자벽에 말라붙으며 온몸을 구르고 비명을 질러야 하는 극심한 복통으로 고생했고, 병원에서 물리적으로 관장(灌腸)을 할 때에도 고통이 컸다.

단식이 끝난 뒤에도 돌덩어리처럼 굳은 잔변 배출이 어려워 엄청나게 고생했다. YS는 20, 30년 뒤에도 단식 얘기만 나오면 표정이 일그러졌다. 서울대병원도 장기 단식자를 치료해본 경험이 없었기 때문에 의사들이 단식에 관해 집중적인 공부를 해야 했다.

단식은 몸 속에 있는 지방이 소진되고 몸에서 악취가 나는 단계로 갔다가, 다음은 얼굴의 피부가 파괴된다. 나중에는 뇌 속까지 파괴돼 정상 상태로 회복되지 않을 수 있다는 게 의사들의 경고였고, 참모들도 그 바람에 걱정이 컸다.

YS가 단식을 중단한 것은 가시적 성과를 따지기에 앞서 5공의 독재 통치와 그에 맞서 싸우는 민주화 투쟁의 실상(實像)이 전 세계에 알려지게 됐

고, 한국 사회에 경각심을 일으키는 효과가 충분했다는 판단에 따른 것이었다.[21]

민주산악회는 1984년 5월, 민추협(=민주화추진위원회)을 탄생시키는데 기여했고, 그 모태가 되었다. 1987년 12월 전국 120여 개 지부에 회원이 2만여 명이었다.[22]

민주산악회에는 정치 지망생이나 정치에 관심이 있는 사람이 많이 모였으므로 선거 조직으로 전용하는 게 어렵지 않았다. 선거가 시작되자 산(山) 대신 유세장에 모여 대중 동원의 수단이 되기도 했고, 세(勢)를 규합하는 기초가 되었다. 민주화의 첨병이었던 것이다.

그로 인해 1987년 대선뿐 아니라, 1992년 대선 때도 민주산악회는 김영삼 후보를 위한 선거운동의 주역 중 하나였다. 요즈음 이야기하는 '노사모' 같은 것의 전신(前身)이라 할 수 있었다.[23]

1992년 대선에서 승리한 김영삼은 대통령에 취임한 뒤 민주산악회 해체를 지시했다. 표면적으로는 민주화 목표가 이뤄진 만큼 그 역할이 끝난 데 따랐다는 것이 지시의 배경이었다. 그러나 속내는 호가호위(狐假虎威)하면서 권력 단체로 변질돼 국정 수행에 장애가 되는 것을 막기 위한 결정이었다.

이미 산악회 유공자들이 각 부처 산하기관 등에 진출(=이 또한 전형적인 낙하산 인사였다)하게 되면서 "군화가 가자 등산화가 등장했다"는 소리마저 들려오고 있었다. 회원들이 국민이 만든 산악회인데 왜 정부가 개입하는가 하고 항의했으나, 받아들여지지 않았다.[24]

참고 자료

1. 박정태 『김영삼의 사람들』 p55
2. 『김영삼 회고록』2 p212
3. 신철식 『신현확의 증언』 p342
4. 임영태 『대한민국사(史)』 p523
5. 전육 『김영삼 민주센터 녹취록』
6. 김무송 『왜 김영삼이어야 하는가』
7. 김동영 『타오르는 민주 성화』
   『김영삼 회고록』2 p216
8. 박중현 『대통령과 종교』 p164
9. 노병구. 김덕룡 『김영삼 민주센터 녹취록』
10. 홍인길 『김영삼 민주센터 녹취록』
11. 김덕룡 『김영삼 민주센터 녹취록』
12. 『김영삼 회고록』2 p227~228
13. 김무성 『왜 김영삼이어야 하는가』 p81
14. 김영삼 『나의 정치 비망록』
    김정남 홍인길 『김영삼 민주센터 녹취록』 p219
15. 김성우 『신문의 길』 p200
    이원종 『김영삼 민주센터 녹취록』
16. 김덕룡 『새벽을 열며』 p21
17. 『김영삼 회고록』2 p282
18. 강원택 『한국민주화와 민추협』 p98
19. 김성우 『신문의 길』 p230
20. 박정태 『김영삼의 사람들』 p137
    남시욱 『한국 보수 세력 연구』 p445
21. 김덕룡, 홍인길, 김기수 『김영삼 민주센터 녹취록』
22. 『김영삼 회고록』2 p218
23. 홍인길 『김영삼 민주센터 녹취록』
24. 김덕룡 『김영삼 민주센터 녹취록』

6장 예상을 뒤엎은 신당 돌풍

야권은 단식 투쟁을 계기로 활기를 띠기 시작했다. 하지만 김영삼이 몸조리를 하던 몇 달 사이에 5공의 대응 탄압에 밀려 다시 움츠러들고 있었다. 상도동계의 활동이 겨우 눈에 띌 정도였다. 정치 활동이 금지돼 있던 김영삼은 일선에 나설 수 없었다. 그로 인해 배후에서 범야권을 묶는 민주화 연합 투쟁 기구 발족을 추진하기 시작했다.

5공은 「정치 풍토 쇄신을 위한 특별법」에 의해 정치 활동을 금지시킨 야권 정치인들을 한꺼번에 해금하면, 제1야당인 민한당을 위협하는 견제 세력으로 결집(結集)될 것을 우려한 듯했다. 그래서 투쟁성이 약한 쪽부터 3단계로 나눠 해금하는 꼼수를 썼다. 김영삼과 김대중 등 야당 핵심 인사 15명은 그 바람에 2·12 총선 이후까지 발이 묶여 있었던 것이다.[1]

김영삼의 민주화 추진 연합체 추진 제의를 전달받은 미국 거주 김대중의 반응은 여러 가지 이유로 부정적이고 소극적이었다.(나중에 상세히 설명) 한국과 미국을 오가던 김종필 역시 "악법도 법이고 법은 지켜져야 한다"는 게 소신이라면서, 참여를 사양했다. 아직은 자신이 나설 때는 아니라고 판단한 것이다.[2]

김영삼은 김대중의 핵심 측근인 김상현을 대리인으로 삼아 1년여의 노력을 기울인 끝에 상도동계와 동교동계 중심의 민추협(=민주화추진협의회)을 1984년 5월18일에 결성할 수 있었다. 마침 단식 투쟁 1주년이기도 했다.[3]

민주화 투쟁 전개가 시급할 시기인데 왜 민추협 결성이 1년 가까운 산고(産苦)를 겪어야 했을까? 첫째 이유는 김대중의 딜레마와 깊은 관련이 있었다. 그는 야권의 결집이 시대의 요청이라는 것을 누구보다도 절감하고 있었으나 선뜻 결단을 내릴 수가 없었다. 그는 전두환에게 정치 활동을 하지 않겠다고 서약하고 미국에 갈 수 있었다. 그러나 미국에서 정치 행위인 민주화 활동을 폈으므로 약속을 어긴 셈이었다.

귀국할 경우 반정부 활동 혐의로 보복당할 가능성이 컸다. 그렇지 않아도 5공은 즉각 재수감하겠다고 으름장을 놓기 시작했다. 자신이 서울로 되돌아갈 수 없는 상황에서 야권 연대가 추진된다면, YS의 독무대가 될 것이 명약관화(明若觀火)했다. 결정적인 시기가 오고 있는데 그것은 하나의 악몽이 될 수 있었던 것이다.

그런 영향으로 동교동계는 두 갈래로 나뉘었다. DJ의 입장을 수용한 박영록, 김종완, 박종태는 YS와의 연대를 반대하고 나섰다. 반면 민추협으로 돌파구를 삼아야 한다고 보는 김상현, 조연하, 김녹영, 박종율, 예춘호는 찬성 쪽이었다. 결국 8인 위원회에서 민추협 결성에 합의할 수 있었다.

민추협 결성이 늦어진 또 다른 이유는 전두환 정권의 집중적인 방해 공작과 탄압에 부딪쳤기 때문이기도 했다. 민추협 동참 서명을 받으면 당장 어딘가로 불려가는 일이 잦았고, 서명을 안 한 것으로 해달라고 사정하는 사람도 생겼다. 그런가 하면 서명을 하고는 해외에 나가버리는 경우마저 있었다.

약속하고 집으로 찾아가면 자리를 피하기도 했다. 발기인 명단을 보면

먹으로 지운 이름이 그득해 용지가 걸레가 되다시피 했다.[4]

　YS는 문호를 넓혀 재야인사의 참여도 허용하자는 입장이었다. 그러나 DJ 쪽의 대리인인 김상현이 이념 문제로 대립한 적이 있었던 전철을 또 다시 밟지 말자면서 "순수한 정치인만의 조직을 만들어야 한다"고 주장하자 YS가 이를 수용했다.

　재야의 문익환 목사는 초기에만 관여했을 뿐이다. 재야는 그 뒤 민통련을 결성, 민주화 투쟁의 재야 쪽 구심점이 된다.[5]

　민추협은 상도동계와 동교동계가 철저하게 조직을 50:50으로 반분(半分)하는 연대였다. YS와 DJ가 공동 의장이었다. 단 DJ가 미국에 있었으므로 김상현이 대행이 되고, DJ는 귀국 때까지 고문으로 위촉되었다. 또한 요직은 공평하게 나누든가, 정·부(正副)로 책임을 나눠 맡았다.

　상도동계는 최형우가 간사장, 동교동계는 한광옥이 대변인을 맡았다. 대변인은 역할이 가장 중요한 직책이었다. 이런 식으로 한쪽이 국장을 맡으면 다른 쪽이 부국장이 되었다.

　양쪽에서 4명씩 위원을 내 8인 위원회를 구성했다. 재야의 문익환 목사가 "예춘호는 재야에 남아있어야 한다"고 주장하고, DJ 쪽은 "민추협에 참여해야 한다"고 맞섰다. 우여곡절 끝에 예춘호는 빠지고 김상현이 공동 의장 대행으로 임명되면서 양쪽의 공조 체제가 갖추어졌다. 김동영과 최형우는 YS와 김상현이 격이 맞지 않는다고 반대했으나 YS가 무마했다.[6]

민추협 참여 갈등으로 결별한 DJ와 김상현

　김대중의 반대를 무릅쓰고 민추협 발족에 힘썼던 김상현은 그 뒤 DJ로부터 외면 받는 처지가 되었다. DJ가 사면복권 된 뒤 현충원에 참배하러 가는 행사를 치를 때, 이제까지 2인자를 자처하고 있던 김상현을 참배 멤버에서 뺀 것이 결별의 계기였다.

공개적인 무시에 충격을 받은 김상현은 자신을 배제시키려는 게 DJ의 의도라고 보고, DJ가 평민당을 창당할 때 따라가지 않고 YS의 통일민주당에 그대로 잔류했다.[7]

민추협의 등장은 5공의 최대 골칫거리가 되었다. 5공은 민추협의 활동을 원천 봉쇄하기 위해 서울 시내 건물주들에게 사무실을 빌려주지 말라는 사발통문을 돌렸다. 그래서 궁여지책으로 비서 홍인길의 이름으로 1984년 6월 초, 종로구 관철동의 어느 빌딩 옥상에 지어진 가건물을 어렵사리 빌렸다.

그런데 한 달쯤 지나 실체가 들통이 나자 건물주가 해약을 통보해왔다. 건물주는 책상, 의자와 같은 집기를 들어낸 뒤 사무실을 폐쇄해버렸다. 그 바람에 자물쇠를 부수고 들어가 돗자리를 펴고 회의를 해야 했으므로 '돗자리 회의'라는 말까지 나왔다.[8]

민추협은 2·12 총선이 다가오면서 다시 진통이 불거졌다. 총선 참여는 전두환 정권의 정당성을 인정하고 들어가는 결과라는 반대(명분론)가 나왔고, 현행 선거제도 아래서 야당이 아주 불리하다는 실리론이 뒤를 잇기도 했다.

신당이 잘 해봤자 제2야당이 돼 5공의 틀에 갇히고 말 것이라는 비관론도 있었다. DJ의 최측근인 권노갑이 DJ의 만류로 목포·신안 위원장이면서도 2·12 총선 출마를 포기했던 것을 보면, 그 분위기의 심각성을 알 수 있다.

참여파들은 "총선 거부는 선언적 의미 이상의 정치적 효과가 없다. 선거를 통한 민주화 투쟁이 훨씬 적극적인 대응 방법이다"고 맞섰다.

김영삼은 개인적으로 "전두환 정권에 억눌려온 국민이 분노를 표출시킬 기회를 만나면 엄청난 폭발력을 보여줄 것"이라고 낙관론을 펴면서, 선거 참여론이 대세를 이룰 시기를 기다리고 있었다. 남다른 정치 감각으로 평가받던 YS는 이때 이미 별도로 은밀하게 신당 준비를 진행시키고 있었다.[9]

12월7일, 민추협 운영위는 총선 참여 여부의 결정을 의장단에 일임했다. 공동의장 대행 김상현은 적극 참여파의 한 사람이었다. 그랬기에 YS는 "신당을 통해 선거 투쟁을 전개하겠다"고 선언할 수 있었다.

12월20일, 신민당(=신한민주당)은 창당 발기인 대회를 열고, 이어 조직책 선정 작업을 서둘렀다. 정식 창당은 1985년 1월18일에 이루어졌다. 총재는 상도동계의 이민우가 만장일치로 추대되었다.

신당 창당은 창당 발기인 대회 전날인 12월19일, 민한당의 김현규 정책위 의장과 박관용, 서석재, 홍사덕 등 8명이 집단 탈당한 뒤 신민당 창당 참여를 선언하면서 정가를 발칵 뒤집어놓는 들뜬 분위기에서 진행되었다. 민한당 의원들의 집단 참여는 이를테면 '신민당 돌풍'의 전주곡(前奏曲)이랄 수 있었다.[10]

그러나 5공은 신당이 채 자리도 잡기 전에 선거를 강행, '동토(凍土) 선거'라는 얘기까지 들려올 지경으로 초반 분위기는 썰렁했다. 신당 출마 예정자들조차 신민당 바람을 예상하고 있는 사람은 별로 없었다. 그 간판으로 출마하겠다는 사람이 서울 관악의 김수한(=국회의장 역임), 영등포의 박한상 전 의원 정도였다.

신당은 30~40석 정도로 원내 교섭단체나 구성하면 성공이라고 보는 게 중론이었다. 언론도 초기에는 관련 기사를 크게 다루어주지 않았다.[11]

결정적인 한 방이 필요한 때였으나 YS 자신은 정치 규제에 묶여있었다. 그는 자신을 대신해 바람을 일으킬 역할을 상도동계 원로인 이민우 총재에게 맡기기로 하고, 서울 종로·중구에서 출마케 하는 승부수를 던졌다.
종로·중구는 '정치 1번지'로 불리는 곳이었다. 유권자의 정치의식도 높을 뿐
아니라, 서울의 한복판이라는 위치로 인해 선거 때마다 관심이 집중되는 곳
이었다.

　　YS는 이곳에 신민당을 대표하는 이민우가 출마해 바람을 일으킨다면,
그 돌풍이 전국으로 확산될 수 있을 것으로 보았다. 처음 이민우는 "고희
(古稀)를 넘긴 나를 사지(死地)에 보내려 하느냐?"면서 거듭 고사했다. 그렇
지만 김영삼의 담판성(談判性) 설득에 더 이상 버틸 수가 없었다. 그는 "민
주화를 위해 이 한 몸 바치겠다"고 결단을 내렸다. 두 사람이 담판 과정에서
계속 마셨다 해서 마주앙(=국산, 흰 포도주) 마시기가 유행이 되기도 했다.

　　YS는 마지막까지 남겨두고 적절한 인재를 찾던 서울 성북구에는 서울
대 민청학련 출신의 청년운동가 이철을 투입했다. 이철은 나중에 국회의원
과 코레일 사장을 역임했다. 그는 이민우를 뒷받침하는 히든(hidden) 카드
였다. 박정희 독재 체제에 맞서 싸우다가 사형 선고까지 받았던 이철은, "사
형수가 돌아왔다"는 쇼킹한 선거 포스터를 내걸고 바람을 일으키는 비장의
무기가 되었다.[12]

　　당시 서울 종로·중구의 터줏대감은 만주에서 신흥무관학교를 사재(私
財)로 지어 독립군 간부를 양성했던 독립운동가 이회영(李會榮)의 손자이
자 민정당 중진인 이종찬(李鍾贊)이었다. 육사 16기 출신인 이종찬은 민정
당 원내총무를 지냈다. 이에 비해 민한당 출마자는 민주당 원로 정일형(鄭
一亨) 박사의 중구 텃밭을 이어받은 아들 정대철(鄭大哲)이었다. 광역 선거
여서 1구에서 2인을 뽑았던 당시, 이민우로서는 이종찬과 정대철 가운데 한
사람을 반드시 극복해야 했다.

　　김영삼은 약속대로 비서실장 김덕룡을 사무장 삼아 민주산악회와 민

추협 조직을 동원하는 등 당력을 일단 종로·중구 지역구에 집중했다. 서울대와 연·고대 등의 학생회를 통해 수백 명의 대학생들도 동원했다. 서울고 운동장에서 열린 첫 유세 때 이래저래 10만여 명의 청중이 모여들었다.

연단에 오른 이민우는 수년간 민주산악회에서 닦은 웅변 솜씨를 선보였다. 그동안 갈고 닦은 강도 높은 5공 비판에 청중들은 열광했다. 사이사이 몰려 앉아 있던 학생들이 "이민우!" "이민우!" 하고 연호를 시작했고, 청중들이 뒤따르면서 유세장이 후끈 달아올랐다. 취재진들에게는 그 장면이 서울시민들이 민주 대행진에 적극 호응하는 모습으로 비쳤다.[13]

'이민우 바람'의 희생자가 된 정대철

언론계에서는 종로·중구에서 일어난 '신당 바람'에 주목하지 않을 수 없어 점차 선거 관련 보도를 대폭 늘려가기 시작했다. 종로·중구의 신당 바람은 활발해진 언론 활동을 통해 전국적인 '신당 돌풍'으로 커갔다.

김대중이 다시 수감될 수 있다는 위험을 감수하면서 선거 4일 전 귀국하게 됨에 따라 5공 당국은 더욱 긴장했다. 김대중의 선동 정치 역량이 불위에 기름을 끼얹는 꼴이 되지 않을까 우려하고 있었다. 대통령이 언론사사장들을 청와대로 초치하고, 문공부장관이 편집국장들을 만났다.

신문의 12개 지면(紙面) 가운데 반이 선거 관련 기사여서, 선거판을 필요 이상 과열시킨다면서 자제를 촉구했다. 그러나 그 압박이 제대로 먹혀들지 않았다. 5공도 표를 얻어야 했으므로 압박의 선을 넘기가 어려웠다. 게다가 그동안 당국의 통제로 시달리던 언론이 기회가 온 김에 본때를 보여주리라고 작심하고 있었기 때문이다.[14]

정대철이 '이민우 바람'의 희생자가 되었다. 긴장한 정대철이 유세장에서 이민우의 친일 행적을 공격하자마자 사방에서 "우" 하는 야유와 함께

"야, 인마! 그건 네가 할 소리가 아니야!"는 고함 소리가 들리더니 지지도가 급전직하(急轉直下)했다.[15]

선거는 바람에만 의지할 수 있는 것이 아니므로 바람을 표로 연결시키는 작전도 병행했다. 젊은 운동원들을 시켜 한국은행에서 지폐를 동전으로 바꿔 자루 가득 실어오게 한 뒤, 공중전화로 유권자에게 일일이 전화를 걸어 야당 지지를 호소하는 대(對) 시민 캠페인을 벌였다. 당시로서는 획기적인 선거 운동 기법이었다.

YS의 수행비서 김기수가 유세장에서 유인물을 뿌리면서 마이크로 선창(先唱)하는 역을 도맡았다. 수시로 경찰에 끌려가기 때문에 모두가 기피하는 악역이었다. 형사들은 그의 얼굴을 알고 있었던지라 잡아가지도 않았다.[16]

결국 이민우는 8만2687표를 얻어 8만4258표를 득표한 이종찬에게 1571표 차이로 2등을 차지, 당선했다. 신민당은 전국 91개 선거구에서 93명을 공천해 지역구 50석, 전국구 17석 등 모두 67석을 차지했다. 이로써 단숨에 민정당의 2중대 소리를 듣던 민한당(=지역구 26석, 전국구 9석으로 모두 35석)을 누르고 제1야당이 되었다. 내외의 예상을 보기 좋게 뒤집은 것이다. 민한당은 그 뒤 와해의 길로 들어서게 된다.

민정당은 148석을 확보해 과반수를 넘길 수 있었다. 그러나 불합리하고 불공정한 법과 제도, 그리고 관권에다 금권 선거로 얻은 결과이었기에 떳떳하지 못했다.

참고 자료

1. 김동영 『타오르는 민주화』 p51
2. 『김종필 증언록』2 p125
3. 임영태 『대한민국사』 p555

4. 『김영삼 회고록』2 p287

5. 강원택 『한국의 민주화 민추협』

6. 예춘호 『김영삼 민주센터 녹취록』

7. 권노갑 증언

8. 홍인길 『김영삼 민주센터 녹취록』

9. 김무성 『왜 김영삼이어야 하는가』 p93

10. 박관용 『나는 영원한 의회인으로 기억되고 싶다』 p80

11. 김수한 [월간조선] 2016년 2월호

12. 『김영삼 회고록』2 p299~301

13. 홍성만 『김영삼 민주센터 녹취록』
    유한열 『격동의 시대, 내가 아는 진실』 p190

14. 김성우 『신문의 길』 p280

15. 『이종찬 회고록』2 p16~17

16. 김덕룡, 김기수 『김영삼 민주센터 녹취록』

7장 1000만 개헌 투쟁 주도하다

신민당은 총재 이민우를 중심으로 대여(對與) 공세를 펴갔으나 5공 정권의 역습에 밀려 주춤거렸다. 정치 공작에 능한 5공은 「학원 안정법」 제정 시도, 예산안 강행 처리를 몸으로 막은 야당 의원에 대한 사법 처리, 야당 의원 12명의 집단 탈당 공작 등으로 수단 방법을 가리지 않고 야당을 압박했다. 야당 지도부가 흔들리고 있었다.[1]

김영삼과 김대중을 비롯하여 15명을 마지막 단계까지 정치 규제로 묶어 놓았던 5공이 마침내 해금(解禁)을 단행했다. 이로써 갓 몸이 풀린 김영삼이 고문 자격으로 신민당에 입당하게 되면서 당은 활기를 되찾게 되었다. 김영삼은 '1000만 개헌 서명 운동'을 펴나가기 시작했다.

1986년 가을까지 대통령 중심 직선제 개헌을 마치자는 주장이었다. 당초 실무진은 '100만 개헌 서명 운동'을 펴자고 품신했다. 그런데 김대중이 100만이라는 숫자가 산술적으로 목표 달성이 어렵다면서 난색을 표했다. 그러자 김영삼이 "1000만 개헌 서명 운동이라고 이름 짓자. 누가 일일이 숫자를 확인할 수 있겠는가. 정치적 상징으로서 강력한 메시지를 던져야 한다"고 주장해 그대로 낙착되었다.

그 아이디어는 크게 히트했다. 전두환 정권에 강력한 압박을 가했고, 국민 여론에 크게 어필하는 등 선전 효과가 컸다. DJ는 그 과정을 보고 "YS가 통이 크고 대단한 사람이다"고 평했다는 소리가 돌았다. YS와 DJ의 스케일, 특징의 차이라는 소리도 나왔다. YS가 서명 운동을 주도하는 계기가 되기도 했다.[2]

DJ의 느닷없는 대선 불출마 선언

야당이 개헌 문제로 기세를 올리는 사이, 전국적 지명도를 가진 이렇다 할 대통령 후보군이 없는 민정당은 침묵을 지키고 있었다. 민정당은 1986년 4월, 내각책임제 국가인 영국과 서독 등 4개국을 순방하고 돌아온 전두환이 유럽식 내각제의 장점을 강조하면서, 대통령 중심 간선제에서 내각책임제로 당론을 바꿨다. 총선거에서 승리해 1당이 되면 계속 집권이 가능하니까, 군부 중심 체제를 이어갈 수 있다는 판단으로 그렇게 선회한 것이라 할 수 있었다.[3]

여야의 합의로 국회에 헌법특위가 구성돼 개헌 논의가 일단 제도권 안으로 들어오는 데 성공했다. 그러나 대통령 중심 직선제와 내각책임제로 개헌안 내용이 판이하게 달라 접점이 찾아지지 않았다.

10월3일, 이민우는 절충안으로 어떤 제도를 택할지 여부를 국민투표에 부치자는 '선택적 국민투표'를 제의하기에 이르렀다. 그렇지만 86아시안게임의 성공적 개최라는 업적을 업고, 5공 정권은 야당 및 학생 운동권에 대한 일련의 강경 조치를 앞세우며 반격에 나섰다. 점차 기세를 올려가고 있는 직선제 개헌 투쟁을 저지하기 위해 비상 대비 계획을 실행에 옮기기 시작한 것이다.[4]

신민당 의원 유성환이 "반공은 국시(國是)가 아니다"라고 주장하자 이를 국가보안법 위반이라면서 구속했다.(10월14일) 전국 27개 대학의 학생 대표들이 건국대학교에서 농성에 들어가자 1259명을 무더기로 구속하는 일까지 벌어졌다.(10월28일)

북한이 금강산댐을 건설해 수공(水攻)으로 수도권을 침수시키려 위협한다고 강조하고, 대대적인 캠페인을 벌여 안보 위기의식을 강화하면서 야권을 압박했다. 시중에는 '국회 해산 임박', '친위 쿠데타설', '김대중 재수감' 등 사회를 불안케 만들고 긴장시키는 여러 가지 괴담(怪談)이 나돌고 있었다.

5공은 비상조치를 발동하는 날을 11월8일로 정하고 있었다는데, 사흘 전인 11월5일에 김대중이 "직선제 개헌 요구가 받아들여지면 대통령 선거에 출마하지 않겠다"고 선언하는 일이 벌어졌다.

너무나 의외였다. 서독을 방문 중이던 김영삼이 수행원을 서울로 급히 보내 진의(眞意) 파악에 부심(腐心)했다. 여권은 박정희 정권 이래의 탄압 경험에서 생긴 트라우마로 인해 선제(先制) 대응한 것이 아니겠느냐고 보는 등 해석이 구구했다. 정작 그 뒤 출마가 가능한 정치 상황이 오자 김대중은 상황 변화를 이유로 출마하기로 말을 바꿔 거짓말(食言) 논란의 대상이 되었다.

이민우 총재가 양김의 직선제 투쟁을 부정하는 '이민우 구상'을 선언한 것이 이때였다. 이민우 구상이란 것은 지자제 실시, 언론기본법 폐지, 구속자 석방, 사면복권 등 민주화 7개 항의 요구 조건이 받아들여진다면 내각제 개헌을 긍정적으로 수용할 수 있다는 내용이었다. 겉으로 보면 손색이 없는 민주화 협상 의지의 표현이었다. 그러나 당시 실질적인 리더인 양김의 직선제 노선을 정면으로 부정하는 도전이라는 점에 문제의 심각성이 있었다.

이민우의 선언은 그간 그와 물밑 접촉을 해오던 민정당 노태우 대표가

"이민우 구상을 긍정 검토할 용의가 있다"고 맞장구를 치자 단번에 정국을 긴장시키는 현안이 되었다. 표면적으로는 야당의 권력 투쟁이 불거진 것이지만 내용적으로는 민주화 투쟁 노선을 둘러싼 갈등이 표출된 것이고, 여권의 공작설까지 끼어든 복합적인 상황이 전개되기 시작한 것이다.

당시 노태우는 언론사 중진들과 만난 자리에서 "이 총재가 해달라는 것이 너무 많다"며 힘들다는 투의 제스처를 쓰는 등 양자 사이에서 물밑 대화가 깊숙이 진행되고 있다는 것을 은근히 과시하기도 했다.

연상의 심복에게 뒤통수를 맞은 격이 된 김영삼이 이민우와 만나 "직선제 당론을 변경한 것은 아니고 민주화를 강력히 촉구한 발언이다"면서 일단 사태를 봉합했다. 그러나 노선 충돌이 더 이상 감추어지지 않았다.

'삼양동 할아버지' 이민우의 변심(變心)

30대의 김영삼이 처음 신민당 최연소 원내총무로 두각을 나타낼 당시, 40대이면서 부총무가 된 사람이 이민우였다. 나중에 민한당 총재가 된 유치송(柳致松)과 더불어 유진산 당수가 이끄는 진산계 기둥의 한 사람이었던 그는, 진산 사후 상도동에 합류했다. 그래서 1976년과 1979년에 YS를 신민당 총재로 만드는 데 주도적 역할을 했고, 민주산악회와 민추협 결성 때도 앞장선 2인자이자 원로였다.

2·12 총선에서 종로·중구에 입후보해 강력한 5공 비판 연설로 신당 바람몰이의 주역이 되었고, 정치 규제에 묶여있던 YS와 DJ를 대리해 신당의 총재 자리에 올랐다. 당시 김대중은 동교동계 원로인 김재광을 총재 후보로 내세웠다가, 직선제 당론을 고수한다는 조건으로 이민우에게 양보했다.

동교동 측은 일사불란한 대통령 직선제 노선이었으나, 상도동 측은 이민우를 비롯하여 적지 않은 인사들이 내각제도 민주화의 방식이라는 열린 생각을 하고 있었다. DJ가 상도동 측이 5공과 내각제 협상을 벌일 가능성을 차단키 위해 총재 자리를 내주었다는 말도 있었다.[5]

틸틸한 서민적 풍모로 '삼양동 할아버지'라는 애칭으로 불리기 시작한 이민우는, 재능 있는 젊은 의원들의 보좌를 받으며 단숨에 양김에 버금가는 거물로 부상할 수 있었다. 시간이 흐르고 정치 상황이 요동치면서 김영삼에게 고분고분하던 이민우가 달라지기 시작했다는 소리가 나왔고, 상도동을 오가는 빈도도 줄어들고 있었다.

이민우의 대중적 인기와 독자 행보 가능성을 우려한 김대중은 김영삼에게 "당 운영에 문제가 많다"면서 친정(親政) 체제로 들어가야 한다고 촉구했다. 당시에는 김대중이 "전두환이 직선제 개헌을 받아들인다면 여권이 꺼리는 나는 대통령 선거에 불출마하겠다"고 선언한 때여서, YS가 당 총재로 취임해 경쟁 구도에서 유리한 위치를 잡을 수도 있는 시기였다. 하지만 대리 총재 역할을 그만두어야 할 이민우는 꿈쩍도 하지 않았다.

이민우의 때아닌 고집에 심기가 불편해진 김영삼이 핵심 심복인 최형우를 보내 '총재직 이양'을 설득했다. 이민우는 "이렇다 할 잘못도 없는데 왜 그만두는가. 5월 전당대회 때 보자"면서 노인 특유의 노여움까지 얹힌 불쾌감을 표시했다.[6]

"절이 싫으면 중이 떠나야…"

1987년 새해 들어 양김이 '직선제와 민주화 7개항 병행(竝行) 추진 불가'를 합의하면서 견제구를 던지자 이민우가 반발했다. 2월19일에는 비주류의 수장 이철승이 내각제 지지를 표방하는 바람에 이민우 지지세가 늘어나면서 전선(戰線)이 넓어졌다.[7]

갈등이 재연되자 그는 다시 '이민우 구상'을 꺼내 들었다. 상도동과 동교동은 그 같은 행동 뒤에 여권의 정치 공작이 작동하고 있다고 보았다. 그가 장세동(張世東) 안기부장이 주도한 정치 공작에 말려들었고, 대변인이면서 핵심 참모 역할을 했던 홍사덕(洪思德)이 여권과의 교감 아래 각본을 만드는 등 막후 역할을 수행하고 있다고 했다.[8]

안기부가 동원한 조직 폭력배가 신민당 당사를 무력으로 점거하는 사태가 발생했고, 그들에게 YS 비서 박종웅이 매를 맞아 중상을 입었다. YS는 "나에게 테러한 것과 마찬가지다"면서 분노했고, 이민우와의 결별을 당기게 되었다.[9]

양김의 압박에 반발한 이민우가 당무를 거부하고 온양온천으로 가버리자, YS는 이럴 수도 저럴 수도 없는 입장이 되었다. 이때 원내총무 김현규가 해법(解法)을 제시했다. "중이 절이 싫으면 절을 떠나야 하는 것 아니냐?"면서 탈당해 신당을 창당하자고 건의한 것이다.

건의를 들은 YS는 다음날 지리산 산행을 떠났다. 큰일이 있으면 산행하면서 결심을 굳히는 YS의 관행이 다시 등장한 것이다. 탈당 계획을 전해들은 김대중의 얼굴에도 화색이 돌았다.[10]

YS의 신당 창당

산행에서 돌아온 뒤 YS와 DJ는 자파 계보 의원들을 한 사람씩 불러 탈당을 설득하기 시작했다. 90명 신민당 의원 중 74명(상도동계 40명, 동교동계 34명)이 이민우의 구상을 배격한다면서 양김 지지를 선언하고 탈당했다. 김영삼은 이민우의 핵심 대여(對與) 창구인 홍사덕까지 설득해 당을 떠나게 만들었다.[11]

집단 탈당 움직임을 뒤늦게 안 이민우가 YS를 급히 찾았으나 때는 이미 늦었다. 당시 신문·방송의 사진은 온양온천의 큰 방에서 지지 의원들이 오지 않아 혼자 외롭게 앉아 있는 이민우의 쓸쓸한 모습을 비추고 있었다. 이민우의 도전이 '찻잔 속의 태풍'으로 끝난 것이다.

김영삼은 13세 연상인 이민우를 알뜰하게 챙겼다. 이민우가 칠순(七旬)을 맞자 하객 2000~3000명이 모이는 칠순 잔치를 챙겨주었고, 생애 처음인 승용차까지 마련해 주었다. 그러나 그가 정치적 배신의 길로 들어서자 칼로 두부 베듯 갈라서고 말았다.

김영삼은 2·12 총선에서 신당이 승리하자 관제(官制) 야당인 민한당을 공중 분해시켰다. 그러자 "민주화를 추진한다면서 그럴 수 있는가?"라는 일부 여론이 들려왔다.

이민우 파동의 해결책으로 김영삼은 다시 신민당을 붕괴시키는 초강수를 두었다. "너무 가혹했다"는 일부 여론이 다시 뒤따랐다. 그에 대해 김영삼은 단호하게 "야당이 둘이면 반드시 하나는 사쿠라 노릇을 하는 게 군부 통치 하의 한국 야당이 보인 적나라한 모습이었다. 사쿠라 쪽은 죽이고 선명한 쪽을 살려야 한다. 그래야 직선제가 산다"고 강조했다. 직선제로 상징되는 민주화에 장애가 되는 것은 희생할 수밖에 없다는 정당관(觀)이었던 것이다.[12] 그것은 생사를 건 싸움터에서 형성된 생존의 정치학이라 할 수 있었다. 또한 비폭력 투쟁 방식을 유지해온 김영삼의 온건 노선이 취할 수 있는 한계로서의 승부수였다고 할 수 있다.

이민우 파동으로 의외의 소득을 올린 쪽은 이민우나 5공이 아니라 양김이었다. 양김과 이민우가 충돌하면서 야당이 선명성에 따라 재편되는 과정에서, 양김의 영향력이나 세력의 결집력이 엄청나다는 사실을 국민의 눈앞에서 과시했던 것이다. 때문에 재야를 포함한 야권의 여러 지도자 가운데 한 명에 불과하던 김영삼과 김대중이, 이 파동을 계기로 정상급 지도자의 반열에 오르게 되었다. 5공의 정치 공작이 오히려 양김의 정치적 위상을 강화시키는 역효과를 가져온 셈이었다.

이민우 파동은 야당의 대여 투쟁 전략도 바꾸게 했다. 양김은 '1000만 개헌 서명 운동'을 펴면서 민주화의 실질적 주체인 국민을 참여시키는 방향을 택했던 것이다.[13]

패배자가 된 이민우에 대한 평가도 박하게 나오지 않았다. 비주류 부총재로 중립적이었고, 나중에 상도동계에 합류해 이민우의 자리를 이어받아 YS 정권에서 국회의장에까지 오른 원로 김수한은 "이민우 구상은 시국관의 차이에서 비롯된 것이다. … 그의 순수성을 의심해서는 안 된다"는 견해를 밝히고 있었다.[14]

이민우는 일반적인 정치적 배신자들과는 다른 부류의 정치가였음을 확인해주고 역사의 뒷무대로 떠났다. 이민우가 회고록을 쓴다는 소리를 듣고 혹시나 해서 홍사덕이 찾아갔다. 한때 무욕(無慾)의 정치인이라는 소리를 듣던 사람답게 이민우는 "지금 야당은 양김이 끌고 가고 있다. 두 사람이 없으면 민주화 투쟁을 끌고 갈 사람이 없다. 내가 아무리 섭섭하더라도 그 두 사람에 대해 나쁜 얘기를 할 사람인가?"라고 말할 뿐이었다.[15]

1월14일, 박종철 군의 고문치사(致死) 사건이 터져 정국이 다시 경색되었다. 그 바람에 5공이 수세에 몰리게 되자 신민당은 일단 고문 정국으로 국면 전환을 꾀하며 대여 공세에 주력했다. 박종철 추도회도 열었다. 이때는 재야 쪽이 야당보다 더 적극적이었다.[16]

상도동이 먼저 터트릴 뻔한 '박종철 사건'

1987년 1월15일, 한 신문에 「경찰서에서 조사받던 대학생이 쇼크사(死)」라는 기사가 조그맣게 보도되었다. "경찰이 쇼크사라고 검찰에 보고했으나 … 가혹 행위에 의해 숨졌을 가능성에 대해 수사 중이다"는 요지였다.

6월 항쟁의 도화선이 된 서울대 언어학과 3학년 박종철 군의 고문치사 사건은 세상에 그렇게 알려지게 되었다.

언론이 일제히 파고들자 경찰은 보도 5일 만에 물고문 사실을 인정한 뒤, 수사 경찰관 2명을 고문치사 혐의로 구속했다. 박 군은 불법 연행된 상태에서 경찰이 추적하던 학교 선배의 소재를 대라는 수사관의 10여 시간에 걸친 물고문과 전기고문을 견디다 못해 숨을 거두게 되었다는 것이다. 당시 치안본부장이 기자회견에서 "책상을 '탁' 치니 '억' 하고 죽었다"고 말했다가 여론의 뭇매를 맞았다.

이 사건은 4개월여가 지난 5월18일, 천주교 정의구현사제단이 "진범은 따로 있다"면서 고문 사건이 조작·축소·은폐된 사실을 폭로하면서 더욱 국민을 경악시키고 분노케 했다. 직접 고문했다는 경위를 포함한 경찰 수사관 3명이 추가 구속되었고, 배후의 치안감이 축소에서 은폐 과정에 관련된 혐의로 구속되기까지 했다.

이 사건으로 5공 정권의 도덕성은 더욱 먹칠당했다. 더군다나 사건이 민주화 투쟁 세력과 5공 정권 사이에 개헌을 둘러싸고 벌어진 대치 정국의 과정에서 발생하는 바람에, 6월 항쟁을 불러오는 기폭제가 되었다.[17]

사건이 조작되었다는 사실을 가장 먼저 알게 된 사람은 인천 시위와 관련하여 영등포구치소에 수감됐던 이부영이었다. 동아일보 기자 출신의 이부영은 나중에 국회의원을 지냈다. 그는 고문치사 사건과 관련하여 구속된 경찰관의 불만을 통해 진상을 알게 되었다. 이부영은 이를 쪽지에 적어 YS 캠프에 몸담고 있던 서울대 동창이자 재야 동지 김정남에게 알렸다. YS 캠프는 그 사실을 어느 신문과 함께 폭로하려다가, 진술만으로 공개하는 것은 무리가 있다고 보아 포기했다. 그 뒤 통보를 받은 천주교 정의구현사제단 신부 김승훈이 추기경의 반대에도 불구하고 폭로하는 결단을 내렸던 것이다.

당시 YS 캠프가 신중했던 이유가 있었다. 그것은 5공이 통일민주당 창당 과정에서 '용팔이'라고 불리는 폭력배를 동원해 57개 지구당 중 20여 군데를 습격, 파괴하고 총재의 취임사 내용을 문제 삼는 등 탄압 일변도였다. 박종철 치사 사건이 엉뚱하게 정치 사건으로 둔갑해 진상 규명이 더 어려워질 가능성이 있었다. 전두환이 외경심을 가지고 대하던 가톨릭이 총대를 맨 것은 결과적으로 신의 한 수였다고 할 수 있었다.[18]

이민우가 김영삼, 김대중에 의해 무력화되면서 내각제 개헌 가능성은 물 건너간 셈이 되었다. 출구를 찾는 데 실패한 전두환은 "단임(單任) 실천의 정치 일정을 원만하게 진행시키기 위해서는 대통령 간선제인 현행 헌법을 유지시켜 나갈 수밖에 없다"면서 호헌(護憲) 선언을 하고 나섰다.[19]

그러나 국민 여론과 시대의 흐름을 무시한 전두환의 호헌 선언은, 국민의 저항을 더욱 자극하는 악수(惡手)가 되었다.[20]

1987년 5월1일, 신민당을 떠난 상도·동교동계를 중심으로 통일민주당이 창당되었다. 김영삼은 세 번째 야당 당수가 되는 기록을 세웠다. 5월27일에 통일민주당은 재야와 손잡고 「민주헌법쟁취 국민운동본부」를 결성했다. 인천 사태 당시 좌파 성향의 운동권으로 인해 연대가 깨졌던 야당과 재야가 다시 맺어진 것이다.

언론은 "민주당이 재야의 포로가 되었다", "김영삼 총재의 운신 폭이 좁아졌다"고 비판하고 있었다. 그러나 포위된 것은 야당이 아니라 전두환이었다.[21]

'6·29 선언' 이끌어낸 6월 봉기

6월9일, 연세대 학생 이한열 군이 학교 앞에서 시위 도중 최루탄에 뒷머리를 맞아 나중에 사망하는 사건이 일어났다. 여론은 더욱 5공과 멀어져 갔다. 궁지에 몰린 가운데 5공은 전당대회를 열고 노태우 민정당 대표를 대통령 후보로 지명했다. 직선제 개헌 요구를 끊고 대통령 선거 국면으로 바꿔보려는 고육지책(苦肉之策)이었다.

그러나 같은 시기 국민운동본부가 개최한 「박종철군 고문·살인 은폐 규탄과 호헌 철폐 운동」이 벌어지고 있었으므로 그 같은 시도는 약발이 먹히지 않았다. 오히려 역효과가 컸다. 전국 22개 지역에서 40여만 명이 시위에 참여해 '6월 국민 항쟁'의 드라마를 쓰기 시작했다.

서울대회의 경우, 경찰 저지로 대회장에 접근하지 못한 김영삼과 민주당 소속 국회의원, 민추협 관계자가 광교 쪽으로 방향을 트는 것을 본 수천 명의 시민이 가세했다. 경찰이 최루탄을 쏘자 일대 모든 차량이 항의의 경적을 울리는 장면이 연출되었다.

6·10 대회의 특징은 도시의 화이트칼라들이 대거 시위에 가세하기 시작했다는 점이었다. 박정희 타계 이후 정치 변동 과정에서 침묵·방관해오던 광범위한 중산층이 민주화 투쟁 세력을 적극적으로 지원하고 나선 것이다. 언론에서는 '넥타이 부대'라고 통칭했고, 해외 언론이 「중산층의 반란」이라는 제목을 붙인 그 같은 움직임은 단번에 대세를 뒤집는 위력으로 커졌다. 그로 인해 힘의 균형은 민주화운동 쪽으로 기울어졌다.[22]

거리로 쏟아져 나온 '넥타이 부대'

중산층을 거리의 행동파로 끌어낸 요인은 물론 첫째와 둘째가 고문치사 사건과 4·13 호헌 조치였다. 하지만 셋째는 무차별 최루탄 난사였다. 가스 독성도 강해진데다가 사용 방법이 난폭해져 그야말로 '지랄탄'이었다. 최루탄 남용이 5공 정권과 경찰에 대한 증오심을 더욱 크게 부채질했다.[23]

6월18일에는 전국 34개 도시와 4개 군·읍에서 약 130여만 명이 시위에 나서고 있었다. 서울, 광주, 대전, 대구, 부산을 비롯한 대도시 중심가가 시위대에 점거당했다. 파출소가 피습되거나 전경들이 무장 해제 당하는 일이 도처에서 벌어져 경찰의 대응력이 한계에 부딪혔다. 부마사태의 진원지인 부산 시위가 특히 심상치 않았다.

군부대가 위수령에 대비해 출동 준비에 들어갔고, 서울 정가에는 비상조치 임박설이 나돌았다. 5공 정권은 박정희 정권처럼 위수령이나 계엄령을 선포하여 군을 동원하거나, 국민의 요구를 수용하는 양보 가운데 한 가지를 택해야 하는 중대한 기로(岐路)에 몰리고 있었다. 그러나 비상조치는 끝내 취해지지 않았다.

이듬해 가을로 예정된 서울올림픽을 성공적으로 치러야 한다는 국가 중대 과제를 앞두고 있는 데다가, 1980년 '서울의 봄' 당시와는 달리 양김과 재야, 학생 등 야권이 단합돼 있었다. 그들이 국민적 지지를 폭넓게 받고 있었기 때문에 강경 대응이 등장할 계제가 아니었다.

제임스 릴리(James Roderick Lilley) 주한 미 대사가 세 차례나 청와대를 방문했고, "군이 출동하는 사태가 오지 않기를 희망한다"는 내용의 레이건(Ronald Wilson Reagan) 미 대통령의 친서를 전달하는 등 강한 압박을 가하고 있었다. 군 내부에서도 반대 의견이 중견 지휘관들로부터 개진되고 있는 분위기였으므로, 출동 계획이 취소되는 등 상황이 극적으로 반전되었다.[24]

6월24일, 여·야 영수회담이 열리자 민주당 총재 김영삼은 4·13 호헌 선언 철회, 선택적 국민투표 실시를 요구했다. 전두환은 4·13 호헌 결정을 사실상 철회하는 한편, 개헌 논의를 재개하겠다고 물러섰다.

6월26일에도 국민운동본부는 평화 대행진을 개최했다. 전국 270여 곳에서 100여만 명이 격렬하게 시위를 벌여 경찰이 큰 피해를 입었고, 시위자도 3467명이나 연행되는 사태로 이어졌다.

민정당 대표 겸 대통령 후보였던 노태우의 기습적인 6·29 선언(=「국민화합과 위대한 국가로의 전진을 위한 특별 선언」)은 6월 항쟁이 절정을 찍던 6월29일에 드라마틱하게 등장했다. 노태우는 그 선언에서 대통령 직선제 개헌, 언론 자유, 김대중 사면 복권 등 8개 항의 실천 약속을 내놨다. 직선제 수용과 김대중 사면 복권이 핵심이었다.

일반적인 예상을 뛰어넘은 그 선언에 의표(意表)를 찔린 국민들은 일단 환영 일색이었다. 눈앞에서 민주화가 생생하게 실현되는 듯한 착시 효과까지 일으켜, 찻값과 식비(食費)를 받지 않는 가게가 많았다. 당사자인 김영삼은 "이 시대 국민에게 희망을 주는 발표로 보여 환영한다"는 소감을 피력했다. 민추협 공동의장 김대중은 "인간에 대한 신뢰가 생긴다"고 논평했다.

언론들도 역사적 의의를 챙기며 대서특필했다. 6·29 선언은 "아시아권 국가에서 처음 보는 민주주의 성숙 과정의 현장을 보였다"는 점에서 세계 언론의 주목도 받았다. 그것은 「87년 체제」로 불리는 민주화 대장정의 기점(起點)이 되었다.

전두환 기획, 노태우 연출의 정치 드라마

기습적인 6·29 선언은 노태우의 '외로운 결단'으로 미화돼 기대 이상의 성과와 효과를 창출했다. 그러나 따지고 보면 그 실체는 정치 공학적 접근법의 산물이었다. 5공의 1인자인 전두환이 기획 연출하고, 후계자이자 2인자인 노태우가 주연을 맡은 고난도 정치극(劇)이었던 것이다.

이민우 구상이 좌초되면서 내각제 개헌의 길이 막히자, 전두환은 다시 호헌론(=대통령 간선제) 카드를 꺼내 들다가 국민의 강력한 반발에 부딪쳐 대통령 직선제를 피할 수 없게 되었다. 그러나 전두환은 직선제를 수용하더라도 그동안 여권의 상식이던 필패(必敗)가 아니라, 정권을 재창출할 수 있다는 역발상을 하고 있었다.

사면 복권으로 정치 재개에 나선 김대중이, 김영삼과의 사이에서 후보 단일화를 이룩하기 어렵다는 복잡한 정치 방정식을 꿰뚫고 있었던 것이다. 양김이 각자 출마하게 될 가능성이 높고, 그 경우 야권 지지표가 갈려 여권이 어부지리(漁父之利)로 승리할 수 있다고 계산한 것이다.

6월 17일, 전두환은 노태우와 만나 "직선제를 받아들이자"고 제의하기에 이르렀다. 다른 군부 출신들과 마찬가지로 직선제 콤플렉스를 가지고 있던 노태우는 처음엔 완강하게 거부했다. 『전두환 회고록』2에는 "극적 선언(=6·29 선언으로 나타났다)을 연출해 (양김보다 전국적으로 낮은) 지명도를 넓히면 경쟁력도 커진다. 박정희 대통령보다 얼굴도 잘생기고 말도 잘하고 신선하고 인상도 좋으니 할 만하다"면서 직선제를 받아들이라고 날을 바꿔가며 설득했다고 적혀 있다.

처음엔 완강한 반대였다가 생각을 바꾸게 된 노태우가 나중에는 직선제 수용은 자신이 결단했고, 전두환은 완강하게 반대하는 역할을 맡아달라고 역(逆) 건의를 해와 오히려 전두환을 당황하게 만들었다고도 했다.[25]

노태우의 생각이 바뀌게 된 것은 아마도 전두환이 내건 '4자 필승론'에 설득되었기 때문일 듯하다. 그 전략은 "김영삼이 부산·경남 표를, 김대중이 호남 표를 석권한다. 여권 후보자는 인구가 가장 많은 대구·경북 표를 기반으로 해, 지역 색깔이 상대적으로 옅은 수도권과 강원 지역 및 안정 희구 세력의 표를 얻으면 승산이 있다"는 정치 공학적 계산이었다.

여권의 이 같은 '4자 필승론'은 1987년 당시에도 일부 알려졌으나 크게 주목받지 못했다. 후보 단일화가 필요하지 않다는 점을 강조하기 위해서 김대중이 내놓은 '4자 필승론'만 부각되었다. 전두환이 내건 '4자 필승론'의 존재로 인해 6·29 선언에 대해서 학계는 부정적인 반응을 내놨다.

국민에게 항복한 것처럼 가장하고 국민의 눈을 속이는 권력 연장의 정치 공학적 술책을 썼다거나, 지역감정을 부추겨 양김의 경쟁을 유도하는 공작 정치를 폈다는 비판이 있었다.[26]

그런가 하면 선언의 탄생 과정과 배경이 어떠했던 간에, 군부 세력이 그 같은 돌파구를 마련할 수 있었던 것은 일단 유효적절한 선택이었다는 평가도 있었다.[27]

독배(毒杯)가 된 양김(兩金) 출마

6·29 선언 이후 김영삼, 김대중의 일거수일투족이 뉴스가 되었다. 민주화 투쟁이 진행되는 동안 가라앉았던 대권 경쟁 구도가 다시 수면 위로 떠오른 것이다. 오랜 경쟁 관계로 인해 여러 가지 면에서 두 사람은 쉽게 우열을 가리기 힘든 백중세(白仲勢)라 할 수 있었다.

그러나 6·29 시점에서 보면 김영삼이 유리한 국면이었다. 그는 현직 야당 총재라는 프리미엄뿐 아니라, 1979년 부마사태로부터 그 이듬해의 신군부 군사 반란을 거쳐 1987년까지 직선제 개헌을 목표로 한 민주화 투쟁을 주도해온 명실상부한 야당 제1의 지도자였다. 그에 비해 김대중은 투옥 기간과 미국 체재를 포함하여 오랜 정치활동 공백이 있는 데다가, 사상을 의심하는 국민들도 있었다. 군부 역시 공공연하게 비토 세력임을 자처하는 상황이었다. 1987년에 육군 참모총장 박희도는 "DJ의 출마를 반대한다"는 의견을 공개적으로 선언하기까지 했다.[28]

그에 앞서 1980년, 계엄사령관 정승화 역시 "군인들은 DJ에 반대한다"고 말했다가 세월이 지난 뒤 사과했다.[29]

군부 외의 비토 세력으로 첫째는 고위 관료, 둘째는 영남 세력, 셋째는 대(大)기업인을 꼽기도 했다.[30]

그에 비해 김영삼은 비폭력 온건 노선을 내걸고 있어 격동기를 수습하기 위한 야당의 단일 후보로 더 적합하다는 현실론이 등장하고 있었다. 윤보선 전 대통령이나 가톨릭의 김수환 추기경을 위시한 정계, 종교계, 언론계의 많은 인사들이 'YS 단일 후보론'을 지지하거나 동조하는 입장이었다.

때문에 김영삼은 자신에게 유리하게 형성된 분위기를 등에 업고 양보를 기다리거나, 김대중을 압박하는 움직임을 보였다. 하지만 김대중 쪽에서는 그 같은 여론의 추이에 동의하지 않았다. 민주화 투쟁에서 김영삼이 주도권을 선점(先占)한 것은 김대중이 감옥에 있었거나 장기 미국 체류에서 오는 핸디캡 등 정치적 여건이 나빴던 탓이었다고 보고, 정치 재개에 따른 활발한 홍보 활동으로 여론을 반전(反轉)시켜 가야 한다고 생각했다.

1971년 대선에서 박정희와 맞장을 뜨던 경력과 관록, 수감 생활이 길었던 순교자적 이미지, 호남과 진보 세력의 강력한 지지를 바탕으로 잠재력이 확산되기를 기대했다. 그래서 단일화 문제를 다루면서 시간을 끌었고, 활발하게 지역 순회를 하면서 대국민 홍보에 힘을 쏟았다.

그 같은 노력에도 불구하고 여론의 대세가 바뀔 가능성이 보이지 않자, 김대중은 결국 8월8일 민주당에 상임고문으로 입당하게 된다. DJ의 민주당 입당은 YS가 그간 심혈을 기울여 추진해온 현안이었는데, 그 난제(難題)가 극적으로 풀린 셈이었다. 김영삼은 이제 당내 경선을 통해 자신이 후보가 될 수 있겠다고 내심 기뻐했다.

평화민주당 창당한 DJ

김영삼은 1980년 '서울의 봄' 때도 유사한 경우를 경험했다. 김대중이 신민당 입당을 거부했고, 그에 따라 양김은 각기 독자 노선을 펼치다가 신군부의 쿠데타를 맞았다. 야당이 분열됐기 때문에 모처럼의 민주화 기회를 놓쳤다는 국민의 질책을 받았다.

2·12 총선 때 귀국하면서도 DJ는 YS가 이끄는 신민당과 거리를 두려고 했다. 관제 야당 소리를 듣는 민한당 중진들과도 접촉하면서 한동안 다른 활로를 모색하는 듯했고, 6·29 선언 이후에도 통일민주당과 거리를 두고 있었다. 그러던 DJ가 이번엔 생각을 바꾸고 입당한 것이다.[31]

그러나 입당을 했어도 김대중은 경선을 치를 마음이 없었다. 겉으로는 상도동계와 동교동계가 산술적으로 50대 50의 비율로 당 조직을 균분하고 있었고, 미(未) 창당 지구당 36개는 DJ에게 유리하게 YS가 양보까지 한 상태였다. 그렇지만 당권을 쥐고 있는 김영삼 쪽이 실제적으로 승산이 높다고 보았기 때문이다.[32]

그래서 대안으로 제시한 것이 자신의 지지 기반인 재야까지 포함해서 경선을 하자고 주장하게 되었고, 상도동이 그 제안을 수용하기는 어려웠다. 결국 9월7일에 후보 단일화를 위한 마지막 협상이 시도됐으나 결렬되었다. 양측이 절충점을 찾는 데 실패한 것이다. 양측의 주장은 이견(異見)을 공식화하기 위해 내놓은 협상안 같다는 인상을 주었다.[33]

동교동계는 8월27일에 김대중의 대통령 후보 추대 의사를 공식화하는 애드벌룬을 띄우고, 9월8일에는 자신의 텃밭인 호남을 대상으로 지역 순회를 시작했다. DJ 바람이 일기 시작했다.

9월14일에 김영삼과 김대중이 다시 만났으나 평행선이었다. 김영삼이 "지방 순회를 중단해야 한다"고 지적하자, 김대중은 "나는 15년이나 국민과 격리돼 있었다. 현장의 소리를 확인할 필요가 있다"고 응답했다.

10월에 접어들어서도 DJ는 대중 집회를 계속 펴가면서 재야와 종교계의 지지 서명을 받아내고 있었다. '단일화 불필요론', '4자 필승론'이 흘러나왔다. 독자 출마를 겨냥한 전략이 모습을 드러내기 시작한 것이다.

'단일화 불필요론'이나 '4자 필승론'은 김대중이 독자 출마해도 노태우, 김영삼과 대결해 승리할 수 있다는 주장이었다. "노태우와 김영삼이 영남 표를 나눠 가지고, 김대중이 호남 표를 독식하면 승리할 수 있다"는 계산법이었다. 서울과 경기 지역의 호남 표와 진보 세력 표도 포함시켰을 것이다.

그때까지도 김대중과의 단일화에 미련을 버릴 수 없었던 김영삼은, 'DJ 바람'으로 긴장한 참모들의 압박성 건의를 받아들여 10월10일에 후보 출마를 먼저 공식 선언했다. 상도동의 움직임을 지켜보던 김대중은 11월12일, 평화민주당을 창당하고 총재 및 대통령 후보로 선출되었다. 대통령 선거를 한 달 보름여 남겨놓고 양김이 공식적으로 각개 약진하게 된 것이다.

"내가 평생 처음 야당 당수한다!"

평민당(=평화민주당)을 창당한 김대중은 "내가 평생 야당 당수 하는 게 처음이다"고 감개무량해 했다. 그의 평생의 한(恨)과 각오를 읽게 해주는 대목이라 할 수 있다.[34]

민정당 노태우, 통일민주당 김영삼, 평화민주당 김대중, 신공화당 김종필의 네 후보는 수만에서 수십만에 이르는 대규모 청중을 동원해서 세(勢)를 과시하는 유세전을 펴기 시작했다. 노태우가 12월 들어 서울 여의도광장에서 100만 명 규모의 청중을 모으자, 김영삼과 김대중도 같은 장소에서 각기 100만 명 규모의 인파를 모으는 경쟁을 벌였다.

후보들의 출신 지역 중심으로 지역감정이 드러나기 시작해 그에 따른 갈등이 심화되었다. 노태우, 김영삼 후보의 광주 유세는 폭력 난동으로 중단되었다. 김대중 후보의 대구 유세도 제대로 치를 수가 없었다.

김영삼은 여수 유세에서 지역감정에 의한 반발뿐 아니라, 5공 정권의 방해라는 2중고(二重苦)까지 겪었다. 유세장 연단으로 날아든 돌멩이와 쇳조각으로 수행원 수십 명이 다쳤고, 유세장 경비를 위해 5공 당국이 출동시킨 전경들까지 호주머니에서 돌을 꺼내 던질 지경이었다.[35]

선거를 18일 남겨놓은 시점에서 승객 115명을 태운 바그다드발(發) 대한항공 858편 여객기가 미얀마 상공에서 폭발, 실종하는 사건이 발생했다. 이 여객기 폭파 사건이 선거에 결정적인 영향을 가져왔다. 새삼 안보 불안을 느낀 많은 국민들이 안보를 우선시 하는 여당 후보를 지지하게 만들었기 때문이다. 5공 정권은 투표를 하루 앞둔 12월15일, 대한항공 폭파범 마유미(=김현희)를 바레인에서 서울로 이송함으로써 여당 후보에게 유리한 극적 효과까지 연출했다.

12월16일 실시된 대통령 선거에는 총유권자 2587만여 명 가운데 89.2%가 투표에 참가했다. 김영삼이 28%인 633만여 표, 김대중이 27%인 611만 표를 얻는 데 그쳐 36.6%를 득표(=828만여 표)한 민정당 노태우가 당선되었다. 그러나 양김의 득표율이 55%로 당선자의 36.6%보다 무려 18.4%나 높았다.

야권 지지표가 압도적으로 많았으나, 단일화의 실패로 그 표가 분산되는 바람에 노태우가 어부지리(漁父之利)를 얻게 된 것으로 분석되었다. 결과적으로 5공의 '4자 필승론'이 적중했고, 김대중의 그것은 빗나간 것으로 나타났다.

지역 대결을 내세우지 않았던 중도 우파의 김영삼은 전국적으로 고른 지지율을 유지하고 있었다. 그렇지만 양자의 지역 대결 구도 전략과 대한항공 피격 사건으로 피해를 보았다.[36]

치밀했던 전두환의 '4자 필승 전략'

"김대중의 사면 복권과 양김의 동시 출마, 노태우 당선은 상황의 산물이었다. 그러한 상황을 만든 것은 양김 자신들이었고, 나는 그 상황을 정확히 읽고 이용했을 뿐이다."

전두환은 회고록에서 이렇게 썼다. 자신은 양김이 후보 단일화를 하지 못하고 각자 출마할 것이라고 보았고, 그런 전제 아래 4자 필승 전략(=전형적인 지역 대결 구도)을 내세워 노태우를 당선시킬 수 있었다고 주장하는 것이다. 1980년 '서울의 봄'에서도 양김이 단일화에 실패해 자신이 집권할 수 있는 환경을 만들어주었다는 주장까지 꺼내 들고 있었다.[37]

전두환의 지적은 민주화 투쟁을 이끌어온 양김이 민주화를 지연시킨 측면이 있음을 매도하는 궤변(詭辯)이기는 하다. 그렇지만 어떤 비판보다도 뼈아프게 들리는 대목이기도 하다. 민주당 구파와 신파 소속이던 김영삼과 김대중은, 5·16 이후 박정희 정권에서 전두환 정권에 이르기까지 30년여에 걸쳐 서로 경쟁하는 가운데 군부독재와 함께 싸웠다. 그들이 펼친 쌍끌이 투쟁은 외끌이보다 위력이 컸고 시너지 효과도 컸다.

앞 장에서 설명했듯이, 정치는 살아 움직이는 정치 현실이 중요하다. 따라서 현장 리더십의 김영삼이 후보 단일화 논쟁에서 유리했다. 그러나 큰 테두리에서 보면 양김의 경쟁력은 여러 면에서 백중세(伯仲勢)였다.

경남과 호남을 지역 기반으로 해 강력한 지지층을 확보하고 있었고, 충성도가 높은 추종 세력을 거느리고 있었다. 보수와 중도 온건 세력이 YS를 선호한 데 비해, 진보 세력은 DJ 쪽에 쏠렸다. 문제는 양자의 세력이 같은 목적을 추구하면서도 상호 배타적 성향을 가지고 있다는 점에 있었다.

김영삼은 폭력이 등장하는 거친 반대로 인해 광주를 위시한 호남에서 제대로 유세할 수 없었고, 김대중도 영남에서 푸대접이 심했다. 대선에서는 노태우가 36.6%의 지지를 얻은 데 비해, 양김의 득표율은 55%로 18.4%가 더 높았다.

그렇지만 야권 단일화가 이루어졌을 때 그 같은 수준의 득표를 할 수 있었을까 하는 의문이 나왔다. 결과적으로 단일 후보가 당선될 수 있다고 보지만, 변수가 적지 않다는 점을 간과할 수 없다는 것이다.

추종 세력의 배타성은 더욱 심했다고 할 수 있다. 탄압받으며 오랫동안 투쟁해 왔는데, 왜 집권 기회를 맞아 양보하는가? 그 양보는 그들에게는 투쟁에 대한 보상을 포기하는 것으로 받아들여지므로 독자 출마를 지지하는 것이다.

실제로 단일화를 전제로 상생(相生) 전략을 짜는 문제도 난제 중의 난제였다. 4·19 뒤 등장한 민주당 정권은 내각제 아래 구파가 대통령, 신파가 국무총리를 맡는 식으로 권력 분점을 했으나 당파 싸움이 치열했다. 자유당보다도 상대 파벌을 더 증오한다고 알려져 있었다. 그런데 직선제를 맞아 5공이 마련한 개정 헌법은 부통령제, 결선 투표제, 4년 중임제를 채택하지 않아 최소한의 권력 분점 제도도 존재하지 않았다. 상생 전략을 가지고 양쪽이 겨루다 보면 '민주화 완성'이라는 역사적 목표를 추구하기 어렵고, 예기치 못한 난관에 부딪칠 가능성이 높다는 것을 알 수 있다. 1980년이나 1987년에 후보 단일화가 이루어졌다면, 민주화 발전 상황이 어떻게 전개되었을까? 산업화와 민주화를 함께 이룩하는 작업이 더 빠르게 성취되었을까? 민주화가 빨리 추진되기를 희망하는 국민의 여망은 일단 충족시킬 수 있었을 것이다. 그러나 산업화와 민주화가 보다 빨리 궤도에 올랐을 것이라는 보장은 없을 듯하다.

한국의 야당은 30년 가까운 군부 독재 체제 아래서 생존의 위협을 겪어야 하는 어려운 상황을 견뎌야 했고, 소수의 투사들이 국민의 지지에 의

지해 독재와의 투쟁에 올인 하는 과정을 겪어야 했다. 선진국처럼 유능한 인재를 확보하며 집권을 위해 준비할 인적·물적·제도적 여력이 없었고, 시간도 없었다.

"준비된 대통령이다"라고 호언해 왔지만 김영삼과 김대중은 1987년부터 5년, 10년이 지난 뒤 집권했음에도 소수 세력의 한계를 극복하지 못했다. 야당 출신 대통령은 행정 경험이 전혀 없었다. 그런 데다가 야당 출신의 유능한 인재도 태부족이어서 독재 체제가 그간 키워낸 고위 관료, 특히 경제 분야는 관료에 의지할 수밖에 없었다. 집권 기간이 5년 단임제인데도 너무나 야심적인 목표를 세웠고, 이를 비조직적으로 추구하다 보니 성공을 거두기가 어려웠다.[38]

그것은 야당의 1980년대 집권이 반드시 축복으로 이어질 수 있는 것도 아니고, 경우에 따라 다른 정치 후진국처럼 역사를 후퇴시키는 경우마저 가능할 수 있다는 교훈을 주고 있다. 단일화의 실패는 다른 후진국에서 보듯 쿠데타 재발 등 민주화 실패로 이어질 수 있어 주목되었다. 그렇지만 한국의 경우 야당 지도부가 번갈아 국민의 지지를 획득해 계속 민주화 투쟁을 주도해 갈 수 있었으므로, 민주화 실현은 결국 시간 문제였다.

참고 자료
1. 김무성 『왜 김영삼이어야 하는가』 p94
2. 이성춘, 김기수 『김영삼 민주센터 녹취록』
3. 『전두환 회고록』 2 p594~596
4. 『김영삼 회고록』 2 p320
5. 김현규 『김영삼 민주센터 녹취록』
6. 홍사덕 『김영삼 민주센터 녹취록』
7. 박정태 『김영삼의 사람들 2』 p297

8. 박정태『김영삼의 사람들2』p289

9. 박종웅『김영삼 민주센터 녹취록』

10. 김현규『김영삼 민주센터 녹취록』

11. 『김영삼 회고록』2 p323

12. 이원종『국민이 대한민국』

13. 김기수, 김덕룡『김영삼 민주센터 녹취록』

14. 박정태『김영삼의 사람들2』p292

15. 홍사덕『김영삼 민주센터 녹취록』

16. 이성춘『김영삼 민주센터 녹취록』

17. 임영태『대한민국사(史)』p560~562

18. 김정남『김영삼 민주센터 녹취록』

19. 『전두환 회고록』2 p610

20. 김영명『대한민국 정치사』

21. 『김영삼 회고록』2 p23

22. 김영명『대한민국 정치사』p240

23. 『김영삼 회고록』3 p55

24. 김영명『대한민국 정치사』p240
    임영태『대한민국사(史)』p566

25. 『전두환 회고록』2 p629

26. 강원택『한국의 민주화와 민추협』

27. 김영명『대한민국 정치사』p244

28. [뉴욕타임즈]

29. [신동아] 1985년 4월호 p150

30. 김덕룡『한국대통령 통치 구술 사료집』4

31. 『김영삼 회고록』3 p88

32. 심의석『김영삼 민주센터 녹취록』

33. 강원택『한국의 민주화와 민추협』p120

34. 이성춘『김영삼 민주센터 녹취록』

35. 심의석『김영삼 민주센터 녹취록』

36. 『김영삼 회고록』3 p130

37. 『전두환 회고록』2 p653

38. 김충남『대통령과 국가경영』p657

8장 YS, 제2야당으로 밀려나다

민정당 대통령 후보 노태우는 양김이 후보 단일화에 실패하는 바람에 어부지리로 36.6%의 소수 지지만으로 대선에서 승리할 수 있었다. 그런데 선거가 끝난 뒤 여론조사에서 후보 단일화 실패와 야권 분열에 대한 책임론이 불거져 야당 지지율이 곤두박질했다. 반면 노태우는 64%의 지지율로 고공 행진하는 여론조사 결과가 나오고 있었다.[1]

높아진 지지에 고무된 노태우는 자신이 어부지리로 간신히 승리한 처지라는 사실을 잊은 채, 다음 있을 총선에서 압승할 수 있다고 과신하게 되었다. 두 가지 조치가 뒤따랐다. 하나는 대선 2개월 뒤인 1988년 2월에 있을 예정이던 총선을 4월로 두 달 연기하기로 결정했다. 퇴임하는 전두환이 5공 친정 세력을 대거 진출시키려는 공천권 행사를 원천적으로 차단키 위한 고육책(苦肉策)이었다.

전두환은 이미 후임 대통령 당선자와 상의도 없이 자신의 직계 군 세력을 참모총장 등 군 요직에 포진시키는 군 인사를 단행한 바 있었다. (취임 후 노태우는 이를 뒤집어 자신의 추종 세력으로 바꾸어버렸다.) 유사한 사태가 정치권에서 재발할 가능성이 있었던 것이다. 또 다른 하나는 박정희의

10월 유신 이래 여·야가 동반 당선되던 1구 2인제의 중선거구를 버리고, 1구 1인의 소선거구제를 택함으로써 여권 당선자를 대폭 늘려보려는 모험의 길을 택한 것이다.

그런데 이런 두 가지의 조처가 희망과는 반대의 결과를 가져와 여소야대(與小野大) 정국을 만들고 말았다. 총선거가 2개월 연기된 사이 위축됐던 야당이 빠른 속도로 원기와 사기를 되찾기 시작했고, 양김 책임론을 거론하던 민심이 여당 견제 카드 쪽으로 돌아서는 분위기로 반전돼 갔기 때문이다. 특히 소선거구제의 등장이 결정타가 되었다. 민정당은 가까스로 원내 1당 자리를 유지했고, 온건 노선의 제1야당인 김영삼의 민주당은 제2야당으로 밀려났다. 그 대신 제2야당이던 김대중의 평민당이 드디어 제1야당으로 부상하게 된 것이다.

DJ의 합당 약속을 믿다

노태우와 청와대 참모들이 소선거구제로 기울자 민정당 내부에선 강력한 반대 의견이 나왔다. 반대자들을 대표해 원내총무가 청와대로 찾아가 "소선거구제로 가면 민정당이 완승하든가 완패할 가능성이 있다. 완승해도 완패해도 위기가 올 수 있다는 게 문제다. 완승하면 야당이 부정선거 시비로 극한투쟁을 할 것이고, 완패하면 여소야대가 돼 정권의 위기가 오게 될 것이다"면서 번의(翻意)할 것을 건의했다.

지금 봐도 문제의 핵심을 제대로 찌른 지적이었다. 그러나 이미 결심을 굳힌 노태우는 그런 건의를 귓등으로 흘리고 말았다.[2]

김대중과 평민당은 이미 소선거구제로 당론을 정해놓고 있었으므로 여당과의 선거법 개정 협상 절차만 남겨놓고 있었다. 김대중은 평민당이 텃밭인 호남을 석권하고, 호남 인구가 많이 진출해 있는 수도권에서 선전(善戰)

하면 승산이 있다고 계산하고 있었다. 흥미롭게도 추구하는 목표는 상반(相反)되지만, 대선에서 4자 필승론으로 여당과 겹치더니 총선에선 소선거구제 전략으로 다시 겹치는 우연이 연출되었던 셈이다.

중선거구 지지 노선인 통일민주당의 향배가 문제였다. YS의 핵심 참모인 김동영, 김덕룡은 강력한 소선거구제 반대론자였다. 원내총무 김현규도 "농촌에서 1인 1구이고, 대도시에서 인구 비율에 따라 1구 3인까지 선출 가능케 하자"는 절충안까지 거부했다. 그것은 민정당과 평민당이 암묵적으로 합의한 안이었다.

그런데 이변이 일어났다. 대선 패배에 대한 책임을 지고 총재직을 사퇴한 뒤 속리산으로 은거해 있던 김영삼이, 당 중진들과 협의하는 절차도 없이 소선거구제를 수용하는 결정을 내렸다. 김대중이 소선거구제를 받아들이면 합당하겠다고 한 약속(=밀서)을 믿고 혼자 결단한 것이다. 그에 따라 1차 선거구 협상에서 중·대 선거구에 합의했던 민주당이 2차 협상 때는 당론을 바꿔 소선거구제를 수용했다.

황병태 스카우트로 당내 반발 직면한 YS

김영삼의 결단은 수수께끼 같은 성격의 결정이었다. 그는 대선 패배 18일 만인 1988년 1월6일의 전당대회에서 총재직을 재신임 받아 재기의 기회를 얻었다. 그러나 보름 정도를 지나 다시 총재직을 떠나야 하는 리더십의 위기를 맞았다. 대선 패배론의 후폭풍이 뒤늦게 그를 덮친 것이다.

소장파 리더로 급성장한 원내총무 김현규가 원외 지구당 위원장들의 지지를 받으며 YS를 찾아와, "어렵게 직선제를 얻어 선거를 치렀으나 양김의 분열로 정권 교체에 실패했다. 국민과 역사 앞에 책임져야 한다"면서 퇴진론을 최후 통첩했다. "퇴진을 거부하면 평민당의 동조 의원들을 묶어 다른 당을 창당할 수도 있다"고 압박하면서 "일단 책임을 지면 다시 모시겠다"고 약속까지 했다.

당시 민주당과 평민당의 참모나 중진들은 단일화 실패에 대해 책임을 절감하고 있었다. 그렇지만 정작 당사자인 양김은 그에 대해 일언반구도 언급이 없었다. 부글부글하다가 민주당 쪽에서만 사태가 터졌던 것이다.[3]

당시 YS에겐 다른 악재까지 겹쳤다. 대선 패배의 충격에서 벗어나지 못하던 그는, 제주도에서 만난 경제기획원 차관보 출신의 한국외국어대학 총장 황병태(黃秉泰)를 당 부총재로 발탁했다. 황병태는 장기영(張基榮) 부총리 밑에서 차관보까지 지내며 한때 박정희의 신임이 두터웠던 엘리트 경제 관료 출신이었다. 그는 YS 정권에서 중국 주재 대사를 지냈다.

황병태는 "공작 정치에 맞서는 투쟁 정당의 이미지만으로는 안 된다. 수권(授權) 정당의 리더로 탈바꿈해야 하고, 정책 정당으로 발돋움해야 한다"면서 YS의 진로에 대해 조언했다. 잘 정리된 충고였다.

깊은 인상을 받은 YS는 즉석에서 스카우트를 제의했다. 뒤늦게 그의 영입 소식을 들은 당 중진들은 "최루탄 가스도 마셔보지 못한 인물에게 부총재 자리는 과하다", "총재가 독재한다"고 반발했다.[4]

은퇴 선언서 발표한 뒤 설악산으로

그 무렵 원내총무가 퇴진론을 건의하고 나섰던 것이다. 대세 판단이 빠른 것으로 알려진 YS였으나, 그 같은 건의를 수용하는 데는 며칠간의 장고(長考)가 필요했다.

YS는 은퇴 선언서를 발표하고 곧장 설악산으로 들어가 매일 산행을 했다. 그만큼 머릿속이 복잡해져 있다는 뜻이었다. 그런데 대선 패배 책임의 또 다른 쪽 당사자인 DJ는, 소선거구제를 꺼내 들고 평민당의 총선 전략을 이끄는 등 건재를 과시하고 있었다.

2월이 되어 YS 자문역의 서울대 이각범, 박세일 교수가 속리산으로 YS를 찾아갔다. 두 사람은 김영삼 정권 때 청와대 사회문화수석으로 일했다. 이들은 DJ 측의 문익환 목사가 전달을 의뢰한 장문의 편지를 전해주기 위해 왔던 것이다.

그 편지에는 후보 단일화를 이루지 못한 잘못을 통절하게 반성하는 내용이 담겨 있었다. "노태우 정권을 효율적으로 견제하기 위해서는 야당이 통합되어야 하며, 그러기 위해서는 소선거구제로 바꿔야 한다"는 논리를 전개하고 있었다. "YS가 소선거구제를 수용해준다면 기꺼이 평민당을 통일민주당과 합당시키겠다"는 DJ의 약속도 전했다.

편지를 읽은 YS는 두 교수에게 의견을 물었고, 두 사람은 양당의 통합이 우선이라고 조언했다. 김대중 측은 YS와 DJ 두 사람과 두루 친한 서울대 한완상(韓完相) 교수도 보내는 등 두 채널을 가동해 YS를 설득했다. 한완상은 보수인 김영삼 정권과 진보인 김대중 정권에서 각각 통일원 장관과 교육부총리로 봉직한 기록의 진보파 학자다.[5]

김영삼은 당 중신들과의 협의 절차를 생략한 채 소선거구제에 동의해주고, DJ를 만나기 위해 서울로 올라왔다. 다가오는 총선을 진두지휘해야 한다는 명분이 뒤따랐다. 그것은 DJ가 난처한 입장에 있는 YS의 재기를 도와준 셈이라 할 수 있었고, YS가 DJ에게 제1야당이 될 수 있게 양보하는 실수를 자초한 결과로 이어진다.[6]

김영삼이 소선거구제를 수용했으나 평민당은 양당 통합을 위한 실무 협상 단계에서조차 제대로 움직이지 않았다. 김대중은 통합의 시작을 알리는 총재직 사퇴 수순을 밟지 않고, 그 대신 통합 야당의 양김 공동 대표제를 뜬금없이 제의하고 나섰다. 통합 협상은 시작부터 벽에 부딪혔다.

그 과정을 지켜보던 YS는 대신 재야 세력이 만든 한겨레민주당과의 통합을 추진키로 했다. 3월16일, 당명을 '우리민주당'으로 정하고 통합선언을 가지려고 할 즈음, 갑자기 DJ가 평민당 총재직 사퇴를 선언했다. 야권의 정통성을 겨냥하는 두 당의 통합을 일단 미루게 하고, 3당 통합을 하자는 메시지였다.

그로부터 3당 통합 협상이 시작되었다. 그러나 최종 단계에서 도장을 찍기로 한 시각, DJ의 결재를 받으러 간 평민당 협상 대표는 돌아오지 않았다. 민주당 협상 대표들에게는 일단의 괴(怪)청년들이 달려들어 난장판이 되었다. 그 폭력 사태로 3당 통합 협상은 판이 깨지고 말았다.[7]

김광일, 노무현 두 변호사 영입

4월16일, 소선거구제의 13대 총선이 치러졌다. 통일민주당은 투표율에서 1위인 민정당의 33.39%에 이어 23.83%의 지지를 얻어 19.26%를 얻은 평민당을 앞질렀다. 그러나 1인 1구인 소선거구제의 특징 때문에 의석수에선 3위로 밀렸다.

민정당이 전국구 38석 포함하여 125석을 차지했고, 호남을 석권한 평민당이 70석(전국구 16석)으로 제1야당 자리를 차지했던 것이다. 민주당 의석은 59석(전국구 13석)으로 제2야당이었다.

투표율에서 평민당에 이긴 것은 그나마 다행이었으나, 의석수에서 진 것은 선거에서 졌음을 의미했다. 중선거구제를 고수했더라면 득표율과 의석수에서 승리했을 것이라는 후회로 인해 상실감이 더 커졌다. 그런데 민주당의 불운은 그것으로 끝나지 않았다. 선거 전략에서도 시행착오를 겪게 되었기 때문이다.

선거를 앞두고 호남에선 일찌감치 '황색 바람'이 불고 있었다. 대선 패배 책임론은 보이지 않았다. 그렇지만 부산·경남 지역은 냉담한 분위기가 가시지 않고 있었다. 김영삼은 최형우와 서석재와 같은 상도동 핵심 측근과, 재야에서 스카우트한 김광일과 노무현 두 변호사가 부산·경남에서 바람을 일으켜 북상해야 한다는 주장을 수용했다.

총재가 서울·수도권에서 승부를 봐야 한다는 수도권 후보들의 건의를 묵살하고 부산·경남 쪽을 택하게 된 것은, 자신의 정치적 본거지인 이 지역의 냉담한 분위기에 긴장했기 때문이다. 특히 공들여 영입한 두 변호사의 주장을 무시할 수 없었을 것이다.

YS가 정계 은퇴를 선언했을 때 부산, 경남의 재야는 대부분 DJ 쪽으로 돌아서고 있었다. 그 바람에 YS는 부산 지역 재야의 대부(代父)인 변호사 김광일을 영입하기 위해 온갖 노력을 아끼지 않았다. 김광일은 동료인 노무현과 함께 공천을 받는다는 조건(=one plus one)으로 입당하게 되었다. 그로 인해 이미 공천을 받았던 총재 비서 박종웅은 지역구와 함께 선거 사무실, 집기까지 노무현에게 넘겨주어야 했다.[8]

거물급 신인의 맹추격에 발 묶인 YS

노무현의 그 같은 출마에 대해 당시 주한 미 대사는 "민주화 열차에 마지막 승차한 것"이라고 평했다. 미 대사는 그 노무현이 10여 년 뒤 대통령이 되리라는 것을 꿈에도 생각하지 못했을 것이다. 김영삼은 스스로도 연고지인 부산 서구에 직접 출마하는 승부수를 던졌다. 그 보완책으로 서울 종로에 총재직 대행이던 친구 김명윤 변호사를 공천, 바람을 일으켜 부산 바람과 연계시키는 협공 전략을 세웠다. 그러나 그 전략은 차질을 빚었다.

김명윤은 2·11 총선 때의 이민우처럼 바람을 일으키지 못했고, 자신의 지역구에서조차 낙선했다. 대신 지원 유세로 바람을 일으켜줄 김영삼은 지역구에서 삼성 비서실 출신의 거물급 신인 곽정출 후보의 맹추격을 막느라 발이 묶여있었다. 그 같은 차질은 선거 결과로 이어졌다.

서울 강서 갑에 출마한 홍보비서 이원종(=나중에 장관급 정무수석 역임)은 1000여 표의 차이로 낙선했는데, YS가 한 번만 더 지원 유세를 했다면 당락이 바뀔 수 있었다는 게 정가와 언론계의 관전평이었다.[9]

반면 전국 비례대표 하위 순위(11번)에 이름을 올리는 배수의 진을 치고 바람몰이 유세에 올인한 김대중은, 황색 바람을 일으키는 데 성공해 제1 야당 자리를 차지할 수 있었다.

김영삼은 반독재 투쟁에 올인하면서 야권 제일의 투쟁가로서의 실적과 명성을 올렸다. 그러나 시대 흐름에 맞는 전략이나 정책 개발 등 소프트웨어의 리더십에서 같은 수준의 저력을 보이지 못했다. 반면 민주화 투쟁 현장과 떨어져 미국에서 오래 머물던 김대중은, 타자(他者)의 시선으로 서울의 정치를 객관화할 기회를 얻을 수 있었다.

미국의 선진 정치와 선거 전략을 벤치마킹할 기회를 얻었던 그는, 대통령 선거에서 4자 필승론, 총선거에서 소선거구제론, 훗날 호남도 집권할 기회가 있어야 한다면서 지역 등권론을 내놓는 등 상황과 필요에 따른 자신의 전략을 개발, 응용해가고 있었다. 그런 의미에서 잇단 선거에서의 패배는 YS에게 투쟁가에서 전략가, 정치가로 탈바꿈하는 계기를 가져다주었다.

세상이 앞으로 가고 있는데, 야당이 그 추세를 따르지 못한다면 역사의 흐름에서 탈락할 수 있음을 깨닫게 한 것이다. 그는 불확실성의 시대를 맞으면서 야당은 언제라도 정권을 인수할 수 있는 수권 정당의 면모를 갖춰야 하고, 국민에게 꿈과 희망을 줄 수 있는 정강(政綱) 정책을 연구해놔야 한다고 생각했다. 때마침 YS는 야당의 개방 정책을 강조하는 황병태를 만났고, 두 사람은 콤비가 되었다.

청문회 스타로 떠오른 노무현

총선거 뒤 다시 총재직에 복귀한 김영삼은 "민주화의 실현과 함께 수권 정당으로의 발돋움이라는 커다란 과제를 위해 신발 끈을 다시 조여 맨다"고 했다. 민주화가 많이 진행되고 있는 과정이기 때문에 '수권 정당'이라는 표현에 방점이 찍힌다는 것이 그의 생각이었다. 그 생각은 절실했다.

하지만 여소야대 정국에서 제2야당의 한계를 극복하는 일이 현실적으로 쉽지 않았다. 정치적 위상이나 비중, 파급력이 제1야당 때와 비교해 기대치에 미치지 못했기 때문이다.[10]

민주당, 평민당, 공화당의 야권 3당은 여소야대 정국에서 공조 체제를 유지하면서 노태우 정권을 압박했다. 노 정권은 일방적으로 수세로 밀려가고 있었다. 무능하고 무력하다 해서 '물태우'라고 불리기 시작했다. 그런 상황에서 정국 주도권에 관해 영향력이 큰 쪽은 제1야당의 김대중이었다. 제1야당이라는 프리미엄과 민주화 투쟁에서 얻은 카리스마와 권위가 상승 작용을 일으키고 있었다.[11]

제2야당인 민주당은 5공 청문회를 맞아서야 침체 분위기에서 벗어나면서 당세(黨勢)를 제대로 과시할 수 있었다. 5공 청문회와 광주 특위 청문회에서 YS가 발탁한 김광일, 노무현, 이인제가 뛰어난 활약상을 보이면서 청문회 스타로 부상했고, 덩달아 민주당의 인기도 상승했다.

11월9일에 나온 여론조사는 민주당이 4당 가운데 76%의 지지를 차지하는 우세를 보인다고 했다. 민주당은 자신감을 되찾아가고 있었고, 지지부진하던 5공 청산 작업을 가속화시키는 데 크게 기여했다.[12]

1989년 1월24일에 김영삼, 김대중, 김종필 등 야3당 총재가 회동하여 특위 정국, 중간 평가, 지자제, 남북 관계 및 북방 외교, 비민주적 악법 개폐, 민생 치안의 6개 의제를 놓고 공조 체제 유지 방안을 논의했다. 국정을 끌고 가는 것이 노태우 정권이 아니라 야3당이라는 것을 한눈에 보게 하는 장면이었다.

2월11일, 김영삼과 별도의 단독 회동을 가진 노태우는 자신의 대선 공약이던 중간 평가에 대해 불투명한 태도를 드러내기 시작했다. 중간 평가는 노태우가 선거 막바지에 자신에게 유리하게 전개되는 선거 분위기를 굳히기 위해 내놓은 대국민 '깜짝 서약'이었다. 그러나 약속과는 달리, 신임과 연계하지 않는 중간 평가 국민투표를 실시하겠다고 한 발 뒤로 물러섰다.

그렇게 5공 청산 정국을 넘겨보겠다는 태도를 드러낸 것이었다. 그것은 '선(先) 5공 청산'과 '신임 연계 중간 평가'를 갖기로 한 야당과의 기본 합의를 흔들려는 술책이기도 했다.

중간 평가에 대한 야권의 입장 차이를 조율하기 위해 김영삼, 김대중, 김종필의 3김은 3월4일에 서로 만나 "공동보조를 취해 나간다"는 입장을 재확인했다. "중간 평가는 당초 약속대로 신임 국민투표 형식으로 이뤄져야 한다." 그러나 노태우와 김대중 간의 단독 회담이 있은 뒤 중간 평가 문제가 꼬리를 내리기 시작했다. 김대중이 중간 평가를 신임과 연계하지 않기로 단독 합의해버린 것이다. 김종필도 대통령과 비슷한 교감을 나누고 있었다.

황금 분할 아닌 망국 분할

3월20일, 노태우는 중간 평가 유보를 선언했다. 노태우가 대(對) 국민 공약을 파기한 데다가, 김대중과 김종필이 타협해버린 상황에서 민주당 홀로 투쟁 노선을 택할 수밖에 없었다. 민주당과 평민당의 사이가 벌어졌다.[13]

정국을 주도하던 평민당은 3월25일에 문익환의 방북(訪北) 사실이 알려지고, 6월26일에는 당 소속 국회의원 서경원의 밀입북 사건이 터지면서 기세가 꺾였다.

김대중은 서경원이 북한에서 받아온 공작금 5만 달러 가운데 1만 달러를 받은 혐의로 기소되었다. 6월30일에는 여대생 임수경의 밀입북 사건까지 터져 공안 정국이 조성되었다. 노 정권은 전통적 공작 정치 수법인 공안 몰이를 대대적으로 펼치기 시작했다.

제1야당이 색깔론에 휘말려 휘청하는 사이 여유를 보이던 민주당에도 뜻하지 않은 악재가 닥쳤다. 4월14일, 강원도 동해시 보궐선거에서 후보 매수 사건과 관련해 서석재 당 사무총장이 구속되는 사건이 일어난 것이다.

서석재가 YS의 가신 출신인데다가, 선거 관련 자금 운용을 총재도 모르게 전결(專決)로 처리할 수 있는 게 아니라고 해서, 김영삼과 민주당은 매수 자금과 관련된 스캔들에 휘말려 만신창이가 되었다. 정국 주도권을 의식하고 무리하게 밀어붙인 것이 화근으로 돌아온 셈이었다.

민정당과 김종필의 공화당 사이의 합당설, 중간 평가 동의, 문익환 방북과 공안 정국, 동해 후보 매수 사건 등 일련의 사건이 휘몰아치면서 야3당의 공조 체제는 사실상 붕괴되었다.[14]

1989년 12월15일, 노태우는 3김과의 영수회담에서 연내 5공 청산을 위한 11개 항에 합의했다. 광주 문제에 걸림돌이던 정호용이 의원직을 사퇴했다. 그는 육사 11기의 하나회 출신으로, 광주 민주화 항쟁 당시 특전사령관이었기 때문에 주목받는 처지였다. 12월31일에는 백담사에 가 있던 전두환 전 대통령을 국회에 불러 청문회에서 증언을 듣기로 합의했다.

공안 정국의 역풍으로 정국 주도권이 약화되면서, 노태우는 국민들의 5공 청산 요구를 더 이상 외면할 수 없었던 것이다. 그러나 국회 청문회에서 전두환을 향해 "살인마 전두환!"이란 고함소리가 들리고, 명패가 날아가는 소동이 일어나 청문회장은 아수라장이 되었다. 결국 자정을 넘기면서 답변도 제대로 듣지 못한 채 청문회는 용두사미(龍頭蛇尾)로 끝나고 말았다.[15]

　여소야대 정국의 한 치를 내다볼 수 없는 앞날을 두고 정가에는 갖가지 풍문과 억측이 나돌고 있었다. 민정당과 평민당의 연립 정부 구성설, 민주당과의 보수 대연합설이 여당 쪽에서 흘러나왔다. 실제로 1989년 6월에 노태우가 김영삼에게 "혼란 시국에 대처하기 위해 정책 연합을 하는 게 어떤가?" 하고 물은 적도 있었다. 김영삼은 그때 4·19 당시 민주당 신·구파의 대결 경과를 설명하면서 "정책 연합은 정국 불안을 해소하지 못한다. 하려면 합당을 해야 한다"고 대답했다. 민정당과 합당하자는 게 아니라, 정책 연합은 "답이 아니다"는 점을 지적하려던 것이었다고 한다.[16]

　누군가는 '1노 3김'의 여소야대 구도를 황금 분할이라고 말했는데, 멋부리기 수사(修辭)에 불과했다. 견제와 균형을 이룰 때는 황금분할이랄 수 있으나, 그런 경우는 잠시일 뿐이다. 한국정치는 대결과 대치 정국이 많고, 위기 때는 더 꼬이기 일쑤여서 망국 분할이라고 하는 것이 과장이 아니었다.

첫 소련 방문으로 북방 외교 길 터

　김영삼은 1989년 6월2일, 소련 공산당 중앙위 산하의 IMEMO(=세계경제 및 국제관계 연구소) 소장인 예브게니 프리마코프의 초청을 받아 소련을 방문했다. 프리마코프는 제3인자인 연방회의 의장에 내정돼 있는 고르바초프 대통령의 최측근으로, 개방(=글라스노스트) 정책에 따라 한국과의 교류가 필요하다는 점을 강조해온 정치학자이기도 했다.

　근·현대사에서 소련을 최초로 방문한 한국의 정치가는 1896년 러시아

황제 니콜라이 2세의 대관식에 고종의 특사로 참석한 민영환(閔泳煥)이었다. 그로부터 93년이 흐른 뒤, 김영삼이 정치가로서 두 번째로 소련을 방문하게 된 것이다.

따라서 그 방문은 한·소간에 본격적인 정치 교류가 스타트한 이정표가 되었다. 그 뒤 노태우 정권의 북방 외교가 활발하게 전개되었다.[17]

13명의 수행원과 함께 모스크바에 간 김영삼은 프리마코프와 한·소 수교를 포함한 한반도 문제를 논의했다. 김영삼이 모스크바에 체류하는 동안 평양에서 급히 날아온 북한의 대남 관계 책임자인 조평통 위원장 허담과 만나 양자 회동까지 가졌다.

20여 년 동안 북한 정권의 외교부장을 지낸 관록의 허담은 "김일성(金日成) 주석이 김 총재 만나기를 학수고대하고 있다. 함께 평양에 가자"고 권유했고, 김영삼은 "아직 시기가 익지 않았다"면서 정중하게 고사했다.

세계적인 뉴스의 주인공이 될 수도 있으나, 정부에 신고하지 않은 북한과의 접촉이 국내에서 공안 표적이 될 수 있다는 사실을 감안해 신중을 기했던 것이다. 당시 적절하게 대응하도록 보좌한 국회 통일위 소속의 박관용 의원이 신임을 얻었고, 그는 나중에 김영삼 정권의 초대 대통령 비서실장으로 발탁되었다.[18]

김영삼은 귀국한 뒤 대통령을 만난 자리에서 소련 방문 결과를 상세히 설명했고, 북방 정책에 관심이 있던 노태우는 수첩에 메모하는 등 주의를 기울이는 태도를 보였다.[19]

김영삼의 방소 3개월 뒤, 이번엔 IMEMO의 마르티노프 소장을 비롯한 소련 대표단 12명이 답례로 한국을 방문했다. 3당 합당으로 민자당 대표가 된 김영삼은 1990년 3월20일, 다시 모스크바를 방문했다.

첫 번째 방문 당시에는 야당 지도자였던 데 비해, 2차 방문은 집권 가능성이 보다 확실한 여당 대표였기에 상대적으로 의전이 격상돼 있었다. 김영삼은 프리마코프의 주선으로 크렘린 궁전에서 고르바초프와 예정에 없던 짧은 회동을 가질 수 있었다. 그는 회동 뒤 "한·소간의 수교 추진 문제가 논의되었다"고 밝히고, 고르바초프가 "양국 수교에는 아무런 장애물이 없다. 생동력 있게 추진하자"고 말했다고 전했다.[20]

김영삼의 소련 방문은 집권당 대표가 고르바초프를 만났다는 점에서, 6월에 개최된 노태우와 고르바초프의 한·소 정상회담으로 연결되는 과정이 되었다.[21]

참고 자료

1. 『이종찬 회고록』1 p86~87
2. 『이종찬 회고록』2 p82
3. 김현규 『김영삼 민주센터 녹취록』
4. 성기철 『김영삼 사람들』3 p26
5. 이각범 『2019. 7.14 인터뷰』
6. 김현규 『김영삼 민주센터 녹취록』
7. 『김영삼 회고록』3 p142~143
8. 박종웅 『김영삼 민주센터 녹취록』
9. 황병태 『김영삼 민주센터 녹취록』
10. 『김영삼 회고록』3 p147
11. 임영태 『대한민국사(史)』 p639
12. 『김영삼 회고록』3 p162
13. 『김영삼 회고록』3 p172~175
14. 임영태 『대한민국사(史)』 p641
15. 『김종필 증언록』3 p146
16. 『김영삼 회고록』3 p203
17. 『김영삼 회고록』3 p186~187
18. 정재문 『소련은 그리 먼 곳이 아니었다』 p96

19. 『김영삼 회고록』3 p202
21. 이종찬 『김영삼 민주센터 녹취록』

9장 3당 합당 선언과
민주화 운동

빌리 브란트(Willy Brandt) 서독 총리의 대연정(大聯政)이나 일본의 자민당을 벤치마킹했다면서 3당 합당이 선언됐을 때, 많은 사람들을 놀라게 한 것은 보수 대연합 문제가 드디어 등장했다는 데 있지 않았다. 정통 선명 야당인 김영삼의 민주당이 어떻게 군사 독재 세력의 후예들과 합칠 수 있겠느냐는 데 있었다.

그것은 한국 정치의 양대(兩大) 과제인 좌우 이념 문제와 독재·민주화 투쟁의 문제에서, 당시로서는 후자 쪽에 국민적 관심이 기울어져 있었음을 말해주는 것이다. 따라서 3당 통합에 대한 반응도 '배신' '변절' '야합(野合)'이라는 등, 김영삼을 겨냥한 것으로 보이는 합당의 적합성에 대한 반응이나 반발이 대부분이었다. 국민이 만들어준 여소야대(與小野大) 구도를 인위적으로 여대야소(與大野小)로 뒤엎었다 해서, 총성 없는 쿠데타를 일으킨 것이라는 극언까지 들었다.[1]

정치적 치명상을 입고 추락할지 모른다면서 비판론이 더 커지고 있는 추세였다. 그런데 민주당 동료들까지 비관적이던 상황에서 소수파 리더인 김영삼은 다수파인 군부 추종 세력과의 대결 속에서 민자당 총재, 대통령 후보 자리를 꿰찼다. 그리고 끝내는 국민의 지지를 받고 대통령에 당선될 수 있었다. 어떻게 그런 일이 가능할 수 있었는가?

그것은 김영삼의 정치적 도전이 민주화 운동의 일환이라며 많은 국민이 인정했기에 가능할 수 있었다는 관점을 낳는다. YS가 직선제를 주장하며 내각제 선호의 여권 핵심 세력과 벌이던 투쟁을 변형된 민주화 투쟁으로 받아들인 게 아니냐는 것이다. 당시 3당 합당의 물꼬를 튼 인물은 공식적으로 대통령 노태우로 알려져 있다.

그는 압도적인 여당을 만들기 위해서 소선거구제를 택하는 승부수를 걸었다가 오히려 패배하자 재빨리 방향을 틀었다. 1988년 4월17일, 참모들에게 야당과의 연합형태를 구상해보라고 지시한 것이다.

당시의 여소야대 정국은 한국 헌정 사상 집권 여당이 처음 겪는 정치 현실이었다. 안정적인 정국 운영도 어렵고, 집권 세력의 퇴로 확보 여부도 난감한 문제였던지라 대통령은 불안하지 않을 수 없었던 것이다. 실제로 여소야대 국회에서 노 정권은 손발이 꽁꽁 묶여있었다.[2]

당시 노태우의 머릿속엔 온건 보수 노선으로 알려진 김영삼의 존재가 입력돼 있었다. 그는 민정당 자문 교수 대부분이 YS를 찍었다는 소리를 들었고, 참모들로부터 차기 여당 후보로 최적임자라는 보고도 받고 있었다. 때문에 민주주의를 할 인물이라는 인상을 가지게 되었다는 것이다. 그는 나중에 자신이 "YS를 잘못 본 색맹(色盲)이었다"고 후회하는 말도 했다.[3]

1988년 7월2일, 정기승 대법원장의 임명 동의안이 과반수에서 7표 모자라 부결되면서 여소야대의 충격이 표면화되었다.[4]

노태우는 제1야당인 평민당 총재 김대중에게 먼저 손을 내밀어 보았다. DJ는 "여당과 합친다면 내 입장이 매우 어려워질 것이다. … 협조할 것은 협조하겠다"며 신중하게 반응했다.

극우 보수의 민정당과 진보 성향 평민당의 연합 문제는 근본적으로 한계가 있었고, 당시 제1야당으로 정국을 주도하는 입장인 DJ로서는 성급하게 움직일 아쉬움 같은 게 없었다. 노태우는 1989년 1월9일, 김윤환(金潤煥) 원내총무에게 통일민주당과 접촉해보라고 지시했고, 양자 간에 물밑 대화 채널이 구성되었다.

홍종철 대통령 비서실장, 박철언 의원과 황병태 민주당 특보, YS의 복심인 김덕룡이 대좌했다. 그러나 대화 도중 노태우와 김대중 간의 중간 평가 유보 합의, 민주당의 동해 보선 후보 매수 사건이 돌출하는 바람에 2개월 동안 대화가 끊겼다.[5]

그 뒤 소련을 방문하고 돌아온 김영삼이 노태우를 만났다. 그 자리에서 민주당과의 연합 여부를 타진하는 노태우에게 YS는 "민주당 시절, 같은 당인데도 신·구파 간의 정당 연합은 열흘도 못 가 좌초하고 말았다. … 더욱이 민주당과 민정당은 뿌리가 다르기 때문에 하려면 새롭게 합당을 해야 할 것"이라고 적극론을 폈다.[6]

YS가 노태우에게 적극적인 태도로 나선 것은 통상적인 야권 통합의 방식으로는 자신이 야당의 대통령 후보가 되기 어렵다고 보고, 대안으로 여당과의 합당 방안을 택했던 것이다. 당시 평민당과의 통합 문제가 다른 채널로 진행되고 있었으나, 그 통합은 제1야당 평민당의 김대중에게 유리한 것이어서 YS로서는 수용할 수 없는 입장이었다.[7]

신현확이 3당 합당 권유

김영삼은 이미 1989년 초, TK의 대부로 알려져 있던 신현확 전 국무총리로부터 3당 합당 아이디어를 극비로 전해 들었다. 12·12와 '서울의 봄' 당시 전두환의 신군부를 견제했던 신현확은, 자신이 직접 나서보려다가 역부족을 느끼고 포기했던 인물이었다. 그러다가 10년이 흘러 정국이 여소야대로 다시 혼미해지자 교통정리 역을 자처하고 나선 것이다.

신현확은 "지금 같은 여소야대 체제로는 누구도 정권을 잡기 어렵다. 3당 합당을 해야 한다. 그러기 위해서는 내각제 개헌을 해야 한다"고 충고했다. YS는 합당의 필요성은 공감했다. 그러나 여당과의 합당, 내각제 개헌을 국민이 어떻게 받아들이겠는가 하는 문제에서 판단이 쉽지 않았다.

숙고에 숙고를 거듭했다. 고민으로 날을 꼬박 지새우기도 했다. 수면제를 먹어야 잠을 이룰 수 있었다. 고심 끝에 YS는 "그것도 한 방법이겠다"고 동의했다. 이미 공화당 총재 김종필과 얘기가 돼 있던 터라 신현확은 마지막으로 노태우 대통령을 설득하는 수순을 밟았다. '내각제 개헌 조건부 3당 합당'이라는 퍼즐은 그렇게 완성되었다.[8]

김종필은 이런 주장과 다른 증언을 하고 있다. 자신이 민정당과 공화당이 합당하자고 먼저 제안했는데, 박철언이 "이왕 야당과 합당하려면 유신 잔당 소리를 듣는 공화당보다 민주당과 해야 국민의 지지를 얻을 수 있다"며 노태우를 설득해 민정·공화 양당 합당이 진행될 수 없었다고 주장했다. 그 뒤 노태우는 JP 몰래 YS와 접촉했고, YS에게도 JP와의 협상 사실을 알리지 않았다는 것이다. YS와 JP는 그 과정이 불쾌했으나 대국적으로 수용했다고 김종필은 쓰고 있다.[9]

그 같은 성격의 배경에다 숙고의 시간이 있었기에 김영삼은 노태우의 제안을 받고 자신 있게 반응할 수 있었을 것이다. 그러나 합당에는 동의하지만, 내각제 개헌 문제는 어떤 형태든 국민적 동의가 전제되어야 한다면서 명확한 결론을 유보하고 있었다. 원활한 정국 운영 확보가 당장 눈앞의 목표인 노태우도 그 문제는 다그치지 않고 넘어갔다.

김영삼은 그 같은 접촉 사실을 극비로 감춘 채 최측근인 수석 부총재 김동영을 사무총장, 비주류 부총재 이기택을 원내총무로 기용하는 등 중량급을 전진 배치했다. 또 정책위의장 황병태를 총재특보로 올리는 당직 인사를 했다. 합당을 전제로 해 당 지도 체제를 강화한 것이다.

이때 이유 없이 원내총무 자리에서 밀려난 게 불만이던 또 다른 측근 최형우가, YS의 물밑 행보를 모른 채 평민당과의 통합을 추진하고 나섰다. 여기에 박용만을 비롯한 중진급과 노무현, 김정길 등 초·재선 의원들이 가세했다. 초조해진 YS는 적당한 구실을 내세워 다른 길을 가려는 최형우를 저지하려 했으나 막무가내였다.

최형우의 돌출 행위는 어떻게 보면 YS 특유의 비밀주의가 자초한 결과였다. 그는 김동영이나 이기택에게도 협상 사실을 귀띔하지 않았다. 당내에서는 오직 황병태와 김덕룡만 알고 있었다. 오랫동안 정보 공작 정치에 시달려온 YS는 비밀을 아는 사람이 적을수록 그에 비례해 오래 비밀이 유지된다는 경험을 가지고 있었고, 그것을 현실에서 적용하다가 부작용을 맞은 셈이었다.

사정이 그러니만치 3당 합당이 선언되자 상도동 비서진이나 민주당 의원들이 일반인들보다 더 놀랐다. 당장 부정적인 반응이 나왔다. 군부 세력과의 합당은 말도 안 된다, '선(先) 결정 후(後) 논의'라는 비(非)민주적 방식에 대해서도 승복할 수 없다는 강한 반발이었다.

평민당과의 협상을 주선하다가 꼴이 우습게 된 최형우는 아예 산행(山行)이나 한다면서 행방을 감춰버렸다. 당의 의사를 묻지 않고 혼자의 판단만으로 큰 판을 벌인 YS는, 집안 추스르기부터 시작해야 하는 외로운 처지였다. 그는 "호랑이를 잡으려면 호랑이 굴에 들어갈 수밖에 없지 않은가?"면서 제2야당인 민주당이 집권하기 위해서는 3당 합당 같은 방법이 불가피하다고 지지를 호소했다.

그 같은 접근은 민주당 사람들이면 공감하고 있는 공통된 고민이었기 때문에 호소력과 파급력이 컸다. 설득력이 뛰어난 것으로 알려진 YS는 '케이스 바이 케이스'로 공을 들였다. 공화당과 연대하려는 게 아닌가 하고 짐작했던 상도동 직계는 곧 지지로 돌아섰다. 그러나 명분을 중시하는 야당의 전통으로 인해 다른 여러 의원이 쉽게 납득하려 들지 않았다. 지지하더라도 반신반의(半信半疑)하는 경우가 많았다.

결국 끝까지 반대 의사를 관철한 이기택, 김광일(=1997년 YS의 청와대 비서실장 역임), 노무현(=제16대 대통령)은 YS와 갈라서는 진통을 겪어야 했다. 이들은 '꼬마 민주당'을 창당했다가 김대중의 평민당과 합당했다.

YS가 가장 공들여 설득한 상대가 최형우였다. 상도동의 두 기둥 중 하나로 알려진 최형우와 김동영을 언론은 '우(右) 형우', '좌(左) 동영'이라고 불렀는데, 김동영의 병(=전립선암)이 깊어지고 있었으므로 강력하고 불같은 성격인 최형우의 추진력이 더욱 절실했다고 할 수 있다. 산행 열흘 만에 나타난 최형우는 그간의 고집을 꺾고 2월3일 동참했다.

김영삼은 '큰 돌', 최형우는 '작은 돌'

3당 합당에 강력하게 반대하는 최형우를 달래기 위해 YS는 끈질긴 설득전(說得戰)을 펴야 했다. 최형우가 YS를 면담하고 방에서 나오자 YS의 부인 손명순 여사가 "잘 돼가고 있나요?"라고 물었다. 최형우가 "총재가 날 보고 돌(대가리)이라고 합니다"고 대답했다. 그러자 손명순이 "그러면 큰 돌하고 작은 돌이 함께 하시지요"라고 응수했다. 얼굴을 찌푸리고 있던 최형우가 그 기지 넘치는 유머에 웃고 말았다.

김영삼이 짧은 시간에 민주계를 다시 결속시킬 수 있었던 것은 민주계가 YS의 강력한 집권 의지에 공감을 표시했기 때문이었다. 또 "끝까지 함께 가자"는 그들만의 의리론, 즉 신의(信義)의 정치가 상하를 연결시키는 접착제 역할을 했음을 부인하기 어렵다.[10]

대표적인 예(例)가 초선 의원인 변호사 출신 이인제가 버티는 최형우에게 "총재가 호랑이굴에 들어가 죽게 생겼는데 보고만 있을 것인가?"라고 일갈했다는 일화를 들 수 있다. 이인제는 훗날 이회창, 노무현을 상대로 대선 후보 경선에 나서게 된다.[11]

돌아온 최형우의 주도 아래 똘똘 뭉친 민주계 의원 53명은, 개인주의적이고 비조직적인 다수의 민정계나 공화계와는 달리 뛰어난 충성도와 결속력을 과시하면서 YS의 1등 공신이 되었다.

동지애조차 없던 '한 지붕 세 가족'

처음 민주계를 대하는 민정계와 공화계의 분위기는 '한 지붕 세 가족'을 환영하는 따뜻한 동지애라고 할 수가 없었다. 3당 합당으로 국회에서 주도권을 잡은 뒤 민정계 중심으로 끌고 가자는 속셈에서 이심전심(以心傳心)인 여권 사람들은, 입이 빠른 중진들을 앞세워 YS의 기 꺾기에 나섰다. YS가 가장 싫어하는 성격의 시련이었다.

민정계는 의원 총회 때마다 경륜, 철학, 국정 노하우 등 YS의 자질이나 준비 여부를 알아보고 싶다면서 이곳저곳을 찔러댔다. 그들은 유신 말기 공화당 시절에 만들어졌다는 「YS의 자질론」을 기본으로 삼았다.

그 자질론은 "YS는 전문 지식이 부족하다. … 어떤 문제도 깊이 생각하지 않고 낙관적으로 본다. … 국가 정책에 대한 행정 경험과 냉정한 판단력이 국민의 기대에 부응할 수 있을지 의문이다"는 식의 편견에 찬 내용이 그 요지였다.[12]

답변이 궁해진 YS는 툭하면 얼굴이 벌겋게 달아오르기 일쑤였고, 민

주계가 등장해 지원 발언을 하면 평온을 되찾기도 했다.[13]

뿌리와 환경이 다른 민주계와 민정계는 물과 기름 같이 서로 겉돌고 있었다. 양자의 갈등이 최초로 공개적으로 불거진 것은 YS의 소련 방문 때였다. 소련과의 수교를 위한 물밑 접촉이 한창 무르익은 시기여서, 노태우와 비선(秘線) 밀사였던 박철언은 YS가 끼어드는 것이 못마땅했다. YS 입장에서는 민주당 총재 시절에 이어 여당 대표로 방문하는 것이어서 의욕이 넘쳤다.

수교의 공(功)을 의식한 신경전이 불가피한 상황이었다. 박철언이 자신은 정부 각료인 정무장관 자격으로 가는 것이므로, 소련 방문 의원단 단장인 YS와 동격이라고 발언했다. 그 바람에 상도동계가 일제히 들고 일어나는 소란이 일어났다.

노태우가 단장인 YS가 아니라 수행원인 박철언에게 고르바초프에게 보내는 친서를 맡긴 것도 신중하지 못한 처사였다. 그것을 모르던 YS는 크렘린 궁전에서 예정에 없이 고르바초프를 만나면서 박철언에게는 알리지도 않았다. 관계자 모두가 제각기 논 셈이어서 공개적 마찰이 일어날 수밖에 없었다.[14]

4월3일 치러진 충북 진천·음성 보궐 선거에서 민자당 후보가 패배한 뒤, 당 최고위원인 김영삼이 "공작 정치 때문에 졌다. 민자당은 몸집이 커진 만큼 겸손해야 한다"면서 당내 기강을 바로 잡아야겠다고 선언했다.

소련 방문 당시 민정계 쪽으로부터 받은 불쾌감이 물집이 되어 터진 셈인데, 어떻게 보면 총재인 노태우에 대한 정면 도전이었다. YS는 노태우 주재로 청와대에서 열린 당직자 회의에 참석치 않고 부산 지구당 개편대회를 챙기기 위해 부산으로 내려갔다.

박철언은 "내가 3당 통합 과정이나 방소 기간 중에 있었던 일에 대해 진실을 얘기하고 반격을 가할 경우, 김영삼 최고의원의 정치 생명은 하루에

끝날 것" "YS는 내가 크는 걸 밟아버리겠다는 모양인데, 그렇게는 안 될 것이다"고 극언했다.

김영삼은 박철언의 발언을 일단 묵살했고, 대신 민주계들이 "박 장관을 경질하라"고 벌떼처럼 일어났다. 김영삼은 부산에서 돌아온 뒤에 가진 6시간에 걸친 4자(노태우, 김영삼, 김종필, 박태준) 오찬 회동에서 포문을 열었다.[15]

YS는 그 자리에서 거칠게 나왔다. "이놈의 자식들아, 내가 대통령에 미친 줄 아나, 나 대통령 안 해! 너희가 그런 음모를 해가지고 나를 매장할 수 있다고 생각하나?"면서 집요하게 노태우의 공작 정치를 공격했다. 노태우는 변명을 늘어놓으며 YS를 달랬다.

단 둘이 남은 자리에서 YS는 "너희가 나를 죽이려는 것을 내가 다 알고 있다. 나를 죽이려는 안기부의 비밀 보고서를 내가 입수했다"면서 보고서 사본이 든 노란 봉투를 내보였다. 그 보고서는 「김영삼 최고의원의 최근 특이 동향」이라는 제목 아래 개황, 최근 동향 분석, 평가, 대책의 4개 항으로 구성되어 있었다.

'대책' 항목에는 ▷김영삼에 대한 정치 자금 지원을 견제하는 대책 ▷배후 지원 세력에 대한 견제와 와해 대책 ▷부산 지역의 반(反) 김영삼 여론 조장책 ▷민정계의 김영삼에 대한 접근 여부 감시책 ▷김영삼의 개인 이미지 격하 방법이 적혀있었다.

안기부가 대통령에게 직보(直報)하는 대책 보고서의 사본이었으므로 노태우는 그 증거 앞에서 할 말을 잃었다. 그것은 안기부 고위 간부가 YS에게 줄을 서기 위해 빼돌린 것으로 나중에 밝혀진다.

김종필이 결정적 순간 김영삼을 지지하고 나섰다. 노태우는 정무장관 박철언을 퇴진시키는 등 응분의 책임을 물을 수밖에 없었다. JP는 그 뒤

"박철언이 … 산전수전 다 겪은 정치 9단(=YS를 가리킴)을 다룰 수 있다고 생각했다면 착각이었다. 박은 말하자면 한정된 목표를 타격하고 기지로 되돌아와야 하는 유격대장일 뿐이었다"는 관전평을 남겼다.[16]

그것은 노태우가 YS를 과소평가했다가 낭패를 당하게 됐음을 에둘러 지적하는 내용이기도 했다. YS의 승부사적 기질과 남다른 결기(結氣)를 제대로 파악하지 못하고 일을 벌였다고 본 것이다.

외톨이 신세의 박철언과 내각제 각서 파동

대통령 부인 김옥숙 여사의 인척인 검사 출신의 박철언은 명석한 두뇌의 소유자로, 대통령의 핵심 참모였다. 그는 노태우 당선의 1등 공신이라면서 월계수회를 거느리고 있는 실세였다. 차세대 주자라고 해서 황태자 소리까지 듣고 있었다. 정무장관직을 당 4역으로 격상시키는 등 월권, 독주를 한다 해서 민정계 중진 대부분이 등을 돌리고 있었다. 당내에서도 외톨이였다.

박철언은 친화력도 약해 언론계의 평가 역시 비우호적인 편이었다. 언론은 그가 호가호위(狐假虎威)하면서 국민적 지도자인 대선배 김영삼에게 무모하게 도전하는 무리수를 두고 있다고 보았다. 언론 탓에 그의 대국민 이미지도 좋다고 볼 수 없었다. 한마디로 사면초가(四面楚歌)였다.

박철언 파문이 있은 지 6개월 뒤, 이번에는 내각제 각서 파문이 일어났다. 박철언 파문이 노태우와 김영삼 간 암투의 탐색전이라고 한다면, 내각제 각서 파문은 노태우 쪽이 리턴 매치처럼 벌인 본격적인 공격이었다.

처음에는 YS 쪽이 불리한 국면처럼 보였으나, 정치적 타격을 받은 것은 대통령 쪽이었다. 탐색전에서 드러난 패배에서 산 교훈을 얻지 못하고, 깊은 전략적 숙고 없이 같은 성격의 공작을 되풀이하다가 되치기를 당한 셈이었다.

　내각제 각서 파동은 그 연원이 1990년 1월22일로 거슬러 올라간다. 3당 통합 협상 과정에서 노태우가 "내각제를 논의해보자"고 운을 뗐다. 그렇지만 김영삼이 "얼마든지 얘기할 기회가 올 것"이라면서 반대해 그 선으로 끝났다.

　노태우는 5월9일 전당대회를 앞두고 내각제를 당의 공식 입장으로 확정 짓고 싶어 했으나, YS가 문서화에 반대했다. 노태우가 비서실장을 보내 "내각제라도 한다고 해야 다른 계파에서 3당 합당을 흔쾌히 수용하지 않겠는가?"라면서 합의 각서는 절대 외부에 발표하지 않겠다고 약속했다.[17]

　다음날 민정계 사무총장 박준병이 서명을 받으러 상도동에 갔다. 그는 YS가 맡기로 돼 있는 대표최고위원 자리를 경선하자는 주장이 민정계에서 나온다고 압박했다. YS는 피할 수 없게 되었다고 보고 "내각제는 국민과 야당이 반대하므로 실현이 불가능하다. 나 자신도 반대한다. 다만 세 계파의 융합을 위해 필요하다니 서명은 해주겠다"면서 한글로 사인해주었다. 당시 공식 문서에는 한문으로 사인하는 게 YS의 관례였다고 한다.[18]

　그로부터 20여 일이 흐른 5월29일, 내각제 합의 사실이 한 석간신문에 폭로되었다. 누군가 고의적으로 흘린 게 분명해 보였으나 민정, 공화계가 공식적으로 부인했다. 게다가 노태우 대통령과 고르바초프 대통령 간의 샌프란시스코 정상회담이 진행되던 시점이어서 흐지부지 묻혀 버렸다.

　그런데 5개월 뒤인 10월25일, 이번에는 노태우, 김영삼, 김종필의 사인이 들어있는 진짜 합의 각서 사본이 폭로되었다. 민자당 사무총장 박준병이 "보관 중이던 사본이 며칠 동안 분실되었다가 훼손된 채 돌아왔다"고 폭로 경위를 얼버무렸다.

　정국이 발칵 뒤집혔다. 많은 사람들이 내각제 합의가 사실로 드러난 이상, 그간 부인해오던 YS가 정치 생명에 큰 타격을 입게 되는 게 아닌가 보았다. 허를 찔린 격이 된 김영삼은 2~3일간 침묵을 지켰다.

그는 내각제 각서의 존재에 대한 설명이나 해명으로 사태가 진정될 일이 아니라고 보았다. 차제에 민정계의 내각제 주장은 정치 공작의 산물이라는 점을 부각시켜 체제의 정통성에 대한 논란으로 끌고 가는 정공법(正攻法)을 택했다.[19]

YS는 "합의문서는 나를 궁지에 몰아넣고 고사(枯死)시키려는 노태우 지시의 정치 공작이다. … 설사 그러한 약속이 있었다 하더라도 국민의 뜻은 거스를 수 없다"고 반격했다. 상도동 측은 각서 유출 배후에 박철언이 있다고 보고 있었다.[20]

언론은 YS의 공작 정치 규탄과 그에 따르는 활동과 동선(動線)을 크게 보도하기 시작했다. 각서에 대한 약속 위반 문제는 초점에서 벗어나 있었다. 언론의 그 같은 보도 추세는, 김영삼이 민주화 투쟁에서 부각시킨 대통령 직선제와 6공의 내각제 주장 간의 대결이 여당 내부에서 YS에 의해 되살아나고 있다고 보기 시작했음을 의미한다.

노태우 자신도 충격이 커 진정제를 맞으며 안정을 취해야 했고, YS의 반격과 거부에 대해 "당무(黨務)는 다른 사람이 보면 된다"는 불편한 심기를 감추지 않았다. YS와의 결별까지 심각하게 고려했다. 부인 김옥숙도 "YS가 대통령이 되면 안 되겠다"고 말하기 시작했다.

이때 노태우에게 참아야 한다고 충고한 사람이 김재순 의원이었다. 그는 "박정희가 10·26을 맞은 것이나 전두환의 백담사 행(行)이 이루어진 것이 YS의 파괴력 때문이지 않은가. 지금 헤어지면 임기를 다 마치지 못할 사태가 올 수 있다. 참아야 한다"고 조언했다는 것이다.[21]

당무를 중단한 YS는 아버지 김홍조 옹이 사는 마산으로 내려가 버렸고, 여론은 YS에게 유리하게 돌아가고 있었다.

대통령이 먼저 꼬리를 내렸다. 노태우는 노재봉 비서실장과 상도동 측의 김동영 사이에서 해결의 실마리가 풀리지 않자, 정무장관 김윤환을 마산으로 내려 보내 "내각제를 더 이상 논의하지 않겠다. 대표최고위원의 권한을 강화한다"는 수습 방안을 가지고 YS를 설득했다.

김윤환은 "내각제 각서 파동에서 드러난 김영삼의 파괴력을 보고 김대중을 이길 유일한 사람이라는 생각이 들었다"면서 YS 지지를 결심했다는 인물이다. 노태우의 수습안보다 김윤환의 개인적 설득에 YS가 더 귀를 기울였을 듯하다.

잇단 정치 공작에 반발한 민주계

3당 합당 당시 민주계의 반발로 진땀을 뺀 김영삼은, 내각제 각서 파문 때문에 두 번째로 민주계를 상대로 홍역을 치르게 되었다. 잇단 정치 공작에 짜증과 불만이 쌓인 대부분의 민주계가 "YS는 이용만 당하고 후보가 되기 어렵다"는 비관적 결론을 내린 뒤, 집단 탈당하자면서 YS를 압박하기 시작한 것이다. 적전분열(敵前分裂) 현상 같은 것이었다.

여전히 합당에 부정적이던 최형우는 "3당 합당을 해가지고 일을 어렵게 만듭니까?"라면서 YS에게 대들었고, 15~18명의 민주계가 실제로 탈당하는 구체적인 수순에 들어갔다. 비서 출신 최기선(=나중에 인천시장 역임)의 귀띔으로 그 사실을 안 YS가 현장으로 달려가 "연말까지 후보 가시화가 안 되면 내가 앞장서서 나가버리겠다. 이번 일은 없었던 걸로 해주게"라고 달래야 했다.

박관용은 "총재가 후보가 될 확률이 3%도 안 된다"면서 탈당을 건의했었다고 회고했다. 그 바람에 한동안 그의 별명이 '삼프로'가 되었다.[22]

의리가 강하다는 민주계는 YS의 설득을 받아들여 다시 똘똘 뭉쳤고, 청와대와 민정계엔 그 결속력과 돌파력이 엄청난 압박 요인이 되었다. 내각제 파동이 지난 뒤 노태우는 1990년 12월27일, 강영훈 총리를 퇴진시키고 청와대 비서실장 노재봉을 후임 총리로 기용하는 등 친정 체제를 강화했다. 임기 후반기 누수에 대비한 인사 포석이었으나, 김영삼을 견제하자는 의도가 겹쳐 보이는 인사였다.

유신 시절 신민당 비주류 대표 이철승이 내건 중도 통합론의 이론적인 틀을 마련해주었다는 서울대 정치학과 교수 출신의 노재봉은, 극우 성향인데다가 반(反) YS 계열이자 열렬한 세대 교체론자였다. 김영삼과 충돌했다가 옷(=정무장관직)을 벗었던 박철언이 체육청소년부 장관으로 재기했고, 법무부 장관이던 TK 정해창이 비서실장으로 발탁되었다. 언론인 출신 최영철은 정치특보로 기용되었다. 이들 인사의 특징은 강성이거나 내각제 신봉자들이라는 점이었다.

대통령이 노재봉을 총리로 기용한 것은 YS 때문에 불씨가 꺼진 내각제 카드를 다시 꺼내드는 계기를 만들어 보자는 속셈이었다. 또한 경우에 따라 노재봉을 후계 구도의 하나로 부각시키는 포석이 아니냐는 관측이 따랐다. 실제로 노태우는 "김영삼일 수도 있고 제3자를 부각시킬 수도 있다"는 말을 흘려 그 같은 관측에 무게를 실어주었다.

그러나 노재봉은 학생운동을 비롯한 민주화 운동 세력에 대한 탄압을 강화하다가, 1991년 4월26일 명지대생 강경대 군이 시위 도중 경찰의 쇠파이프에 맞아 숨지는 사건이 일어나면서 위기를 맞았다. 그해 2월 한보건설 측의 로비 자금을 받은 국회 건설위 소속 의원들이 서울시에 압력을 가해, 수서(水西) 지구에 대한 택지 분양 허가를 불법으로 해주었다는 세칭 '수서 사건'으로 여론의 뭇매를 맞고 있던 것과 겹쳐 위기가 중첩되고 있었다.

노재봉이 KBS와의 대담에서 다리를 꼬고 앉아 고압적인 태도로 답변하는 모습이 여론을 더욱 자극했다는 얘기가 돌았다. 내각제 주창자를 꺼려하는 김대중의 평민당이 들고 일어났고, 민자당 내에서는 YS의 민주계가 거들었다. YS계의 원로인 김수한(=나중에 국회의장 역임)이 "퇴계로에서 시위 현장을 지켜보니 공안 통치가 아니라 무법 천지였다"고 지적하면서 이기붕, 차지철의 이름까지 들먹였다.[23]

악화된 여론 탓으로 노재봉은 사퇴할 수밖에 없었다. 취임 5개월 만인 1991년 5월에 낙마하는 단명(短命) 총리였다. 노재봉의 퇴장으로 내각제 시도를 위한 마지막 카드도 빛을 잃어버렸다. 노태우는 그럼에도 불구하고 수서 사건의 후속 대책으로 「정치 풍토 쇄신을 위한 제도 개선 특위」를 설치하여 내각제 개헌을 위해 중·대 선거구제 도입을 추진하려고 안간힘을 썼다. 그렇지만 이 역시 김영삼의 강력한 반대로 무산되었다.

노태우, 김종필, 박태준의 생존법 차이

노태우의 한 측근이 쓴 저서[24]를 보면 노태우가 청와대 참모와 민정당 참모를 비롯한 가용 인력을 총동원하고, 온갖 지모와 술수·공작 등 인위적인 노력을 기울여 군부의 영향력을 계속 유지하려고 시도한 과정을 짐작할 수 있다. 그는 위관(尉官) 시절 보안사에 오래 근무하면서 박정희가 구사한 술수 정치와 정치 공작을 보고 배우고 체험도 했고, 보안사령관이 되면서 직접 지휘까지 해본 인물이었다.

육사 11기 중 가장 뛰어난 정치 장교라는 평을 들었다. 육사 동기이며 민정당 대표를 지낸 권익현(權翊鉉)이 그에게서 배운 것으로 알려지기까지 했다.[25] 때문에 그는 야당 투사 김영삼과 3당 합당을 했을 때에도 정치 공작을 통해 YS를 길들이고 순화시킬 수 있을 것으로 자신했을 것이다. 수십 년간의 군부 독재 시기에 여권과 관계를 맺은 대부분의 야당 관계자들이 타협하거나 훼절(毁節)한 것이 사실인 만큼, 가능해 보이는 발상이었다.

그러한 공작적 관점에서 보자면 정무장관 박철언의 YS에 대한 공격은 노태우가 편 탐색전이라 할 수 있었다. 실제로 YS도 박철언이 자신의 기를 꺾어 컨트롤하려는 노태우의 의중을 대신한 것으로 받아들이고 있었다.[26]

내각제 각서 파동은 탐색전에서의 실패를 만회하고, YS에게 큰 타격을 줄 수 있는 반격의 기회였다. 그런데 또 실패했다. 민주화 투쟁을 주도해온 김영삼의 승부사적 기질과 배짱, 파괴력에다 국민적 지지를 탐색전 과정에서 충분히 알게 됐을 텐데도, 과소평가하고 있다가 더욱 참담한 패배를 자초했던 것이다.

물론 근본적으로는 노태우가 박정희처럼 카리스마와 파워가 없었고, 정권의 태생적(胎生的) 한계라는 약점을 안고 있다는 점이 불리한 여건이었다. 그러나 '기교의 노태우'가 '힘의 김영삼'에게 눌렸다는 현실 정치에서의 관점이 더 비중 높은 요인일 수가 있다.

YS는 3당 합당 뒤 한 사석(私席)에서 "세 사람이 두 손을 함께 잡았는데 장군 출신의 손이 떨리고 있더군!" 하고 털어놓은 적이 있다. 기가 센 YS에겐 상대의 소심(小心)이 느껴졌던 모양이다. 다 아는 것처럼 노태우는 예비역 대장, 김종필은 예비역 준장 출신이다. 김종필은 노태우에 대해 "김영삼이 뭐라고 하면 그리로 쏠리고, 박철언이 다른 얘기를 하면 이쪽으로 움직이곤 했다"고 말했다.[27]

그는 "김영삼의 사생결단식 기세를 당해내지 못했다. YS의 여론몰이 정치에 밀려 열흘 만에 내각제 추진을 포기했다"고 증언하기도 한다.[28]

노태우의 우유부단(優柔不斷)과 소심증을 지적한 것이다. 박태준의 노태우관(觀) 역시 JP와 비슷하다. 그는 "노태우에겐 YS의 버르장머리를 고

칠 만한 배짱도, YS의 멱살을 틀어쥘 용기도 없어 보였다"고 증언하고 있다.[29]

하지만 노태우는 전두환처럼 배짱이 있고 직선적이며 순발력이 뛰어나지는 않았으나, 인내심이 엄청나고 기질도 강했다. 더구나 합리적 사고를 하는 다른 측면이 있는 인물이었다. 육사 11기에선 가장 기획 조정 능력이 뛰어나 전두환의 성공이 있게 한 키맨(Key Man)이었다고 한다.[30]

"이간시키거나 뒤통수를 치는 복잡 미묘한 노 대통령의 행동에 내가 또 한 번 걸려들었다"면서 뛰어난 권모술수를 지적한 사람도 있다.[31]

어쨌든 노태우를 흉보던 김종필, 박태준도 결정적인 위기를 당하자 정면 돌파를 하지 못하고 돌아서 갔던 인물들이다.

노태우는 군부 독재의 떳떳하지 못한 후예라는 6공의 태생적 한계, 퇴임 후 출구 전략이 어두운 자신의 처지를 잘 알고 있었다. 그래서 YS를 제압하려고 계속 강수를 두다가 실패하면 사태가 더 어려워진다는 점을 감안해, 무리수를 두지 않으려 했던 것으로 여겨진다. 그 대신 공작 정치에 밝은 사람답게 대세에 밀려가면서도 한계 내에서 정교한 심리전을 통해 YS를 견제·조정해 5년 임기를 무사히 마치려고 인내심을 발휘하고 있었다. 그 점에서 그는 성공했다고 할 수 있다.

YS 특유의 정면 돌파 방식

제14대 총선을 맞아 노태우는 여러 차례에 걸쳐 "김영삼 대표가 총재인 나를 대신해 총선을 치르게 될 것"이라고 강조했다. 민자당이 안정 과반수 선까지 무난하게 확보할 것이라는 낙관론이 나오고 있었으므로, 앞질러 덕담을 한 것처럼 들렸다. 그런데 전체 299석 가운데 149석으로 과반수에도 미치지 못하는 결과가 나오자 참패했다는 소리가 들려왔다. 게다가 민정계는 선거 책임론을 꺼내기 시작했다.

노회한 김종필과 박태준 등 최고위원들은 YS가 보란 듯이 자신들도 책임을 진다는 제스처로 당사에 출근하지 않았다. 후보 조기 가시화를 주장하면서 자신을 추대해달라고 대통령 쪽을 압박하던 YS로서는 예기치 못한 복병을 만난 셈이었다.

나흘 동안 침묵을 지키던 김영삼은 3월28일, 긴급 기자회견을 자청하여 "5월 전당대회에서 대선 후보 경선에 출마할 것"이라고 폭탄선언을 했다. "총선 이후 어려운 상황을 극복하기 위해서는 후보를 조기 가시화해야 한다. 전당대회부터 5월로 앞당기자"고 주장하고 나선 것이다.

그동안 경선이 아닌 추대 방식을 끈질기게 요구해오던 YS가 자유경선 수용으로 양보를 한 대신, 후보 조기 가시화 시기를 8~10월에서 5월로 당기자고 한 것이다. 그런데 그런 요구를 받아들이면, 대통령의 임기를 10개월이나 앞두고 후보가 가시화되기 때문에 권력 누수의 우려가 있었다. 그러나 노태우는 그 선언을 수용했다. YS 특유의 정면 돌파 방식이 성공을 거두었던 것이다.

그때까지도 노태우는 YS가 야당 체질을 확실하게 극복하지 못한 데다, 국정 관리에도 적절한 적응이 되지 않아서 마음이 상해 있었다. YS에 대한 마음이 수시로 흔들렸다. 그런 노태우의 조기 전당대회 수용에는 김영삼과의 사이에 '사후 보장'의 밀약이 있었기 때문이라는 소문이 나돌았다.[34]

그러나 달리 보면 YS의 선언은 나름대로 묘수였다. 선거 패배 책임론을 둘러싸고 대통령과 충돌하지 않고, 자신도 책임을 피해갈 수 있었기 때문이다. YS로서는 사실상 선거를 주도해온 사람은 대통령인데, 결과가 나쁘게 나오자 명목상 2인자에 불과한 자신에게 책임을 묻는 것은 선거 결과를 빌미로 자신에게 타격을 입히려는 민정계의 속셈으로 보고, 이를 피해 간 것이다.

노태우는 박철언과 자신의 처남인 김복동(육사 11기), 동서인 금진호 등 친족들에게 공천을 주었다. 또한 자타가 인정하는 반(反) YS의 선봉인 노재봉을 전국구 4번으로 영입했으며, 최병렬과 현홍주, 김종인을 위시한 친위 세력을 대거 전국구 당선권에 배치했다. 237개 지역구 공천자 중에도 민정계가 162명이나 되었다.

반면 김영삼은 당선 가능성이 높다는 대구의 유성환을 공천하지 못했다. 게다가 친구이자 오랜 파트너인 김명윤 변호사를 전국구에 넣는데도 실패했다. 지역구 역시 민주계에서 50명가량 공천할 수 있었을 뿐이었다. 당시 민주계는 오히려 민자당이 대승(大勝)할 경우, 노태우가 내각제 개헌 카드를 꺼내들지 않을까 전전긍긍하고 있던 형편이었다. 한마디로 YS와 민주계가 패배 책임을 질 분위기나 상황이 아니었던 것이다.[33]

경선(競選) 트라우마의 김영삼, 후보 추대 원해

김영삼은 1971년 신민당 대통령 후보 경선에서 승리를 기정사실로 여겨 후보 수락 연설문을 다듬고 있다가, 김대중의 기습 전략에 말려 극적으로 역전패한 뼈아픈 경험을 가지고 있었다. 그런데 20년이 지나 민자당 대통령 후보 경선을 맞아 그때의 트라우마가 되살아났다. 그래서 경선에 의한 선출 방식보다, 당이 자신을 후보로 추대해주기를 바랐다. 민자당에선 김대중을 상대로 승리할 수 있는 대중적 지지 기반을 갖춘 인물이 자신밖에 없다는 것을 전제로 한 판단이었다.

그것은 노태우 입장에선 딜레마였다. YS의 요구를 딱 잘라 거부할 형편도 아니고, 그렇다고 덥석 수용하기에는 문제가 간단치 않았다. 민주주의 자유 경선을 치르는 마당에, 누가 어떻게 확실하게 보장할 수 있다는 것인가? 그는 그때까지도 YS의 요구에 대해 확답을 하지 않고 있었다.

경선 국면으로 전환되자 민정계의 박태준, 이종찬, 이한동 세 사람이 경선 참여 움직임을 보였다. 그 중 민정계의 맏형으로 관리자 역을 맡아왔던 박태준은 "박정희 대통령처럼 나라를 부강(富强)시킬 수 있다"면서 "기회가 오면 총대를 메겠다"고 외치며 월등한 재력을 바탕으로 이미 민정계의 50%선을 포섭하고 있었다. 그런 박태준이 민주계엔 심상치 않은 커다란 위협이었다.

박태준은 박정희의 군 시절부터 오랜 심복 부하였다. 만약 5·16이 실패로 돌아가 처형될 경우, 자신의 가족을 돌봐줄 사람으로 박태준을 염두에 두고 혁명 모의에서 빼놓았다고 박정희가 고백할 정도의 인간 관계였다.

박태준은 대통령의 지시에 따라 포항제철 건설에 나서 세계적인 철강인이 되었다. 포항제철을 정치권력으로부터 보호하느라 전두환의 권고를 뿌리치지 못하고 정치 초년생의 입장으로 정계에 투신했다.

그는 YS와 1927년생 동갑(=나중에 YS는 1928년생이라고 정정)의 나이로, 국방부 인사과장이던 육군 대령 때 국회 국방위에 자주 출석했다가 민주당 국방위 소속 의원이던 젊은 YS와 만나 서로 반말을 나누는 사이가 되었다. 그럼에도 엘리트주의자인 그는 철저한 반(反) YS 입장이었다.

정치인들에 대해 근본적으로 부정적이던 그는, "YS는 내각제 약속을 쉽게 깬 사람이고, 머릿속에 든 것이 없다"는 편견에 사로잡혀 있었다. 자신이 경험하지 못한 민주화 운동 경력에 대한 존중심도 별로 없는 경제개발 우선(優先)주의자였다.[34]

김영삼 역시 대중 정치인으로서의 박태준에 대한 평가가 낮았다. 그 바람에 민주계가 박태준의 움직임을 보고 긴장했을 때, YS는 태연했다. 이유를 물으니 이 같은 대답이 돌아왔다.

"박태준은 전형적인 유신 잔재 세력의 군 출신이어서 문민화로 가는 시대정신에 맞지 않는다. 용모와 어투도 유권자의 표를 구하는 대중 정치가와 거리가 멀다."[35]

그는 일제 때 일본으로 건너가 자수성가한 아버지의 초청으로 소년 시절 일본에 유학해 대학까지 마쳤다. 때문에 일본어는 유창했으나 오히려 한국어가 어눌했다. 일본 정·재계에 발도 넓었다. 그래서 친일파 논란이 될 수 있는 게 치명적인 약점이었다. 게다가 정치판에 어울리는 캐릭터도 아니었다. 군인 같은 기업가이고, 깐깐하고 융통성 없는 정치 초년생이었다.

그렇지만 그것은 대선을 전제로 할 때의 이야기이지, 당내 경선에선 사정이 달랐다. 소수파 민주계를 압도할 수 있는 다수파 민정계 수장이어서 득표 동원력이 누구보다도 강했던 것이다. 따라서 민주계는 정면 돌파 전략을 세웠다. 박태준을 구(舊)시대 인물로 치부해 경선에서 제외해야 한다는 경선 제한론을 들고 나왔던 것이다.

민주계는 노태우에 대한 '퇴임 후 보장' 약속을 내세워 대통령 주변을 상대로 집요한 설득과 압박을 계속했다. 경선 선언 때 화를 냈던 노태우는 다시 YS와 화해 국면에 들어가 있었다. 노태우는 4월 초, 안기부장 이상연을 불러 "박태준은 본선(=대통령 선거)에서 경쟁력이 없다. 다른 대안도 없다. 유일한 차선책(=최선책이란 단어가 사용되지 않았다)은 YS를 후보로 만드는 방법뿐이다"면서 박태준에게 경선 포기를 권고하라고 지시했다.

박태준을 만난 이상연은 여론조사 결과와 같은 관련 자료를 내보이고 경선 포기를 종용했고, 완강하게 거부하는 상대와 긴 시간 논쟁했다. 이상연은 결국 "김대중과 싸워 승산이 없다고 한 여론조사를 무시하고 출마했다가 패배하면 보수 세력이 몰락하게 된다. 책임지겠는가?"라는 요지의 최

후통첩 카드를 내보였다. 박태준은 강한 개성의 소유자였으나 더 이상 버틸
계제가 아니라고 판단했다.

"너희는 시나리오 다 짜놓고 하냐?"[36]

노태우는 확실한 의중은 보이지 않은 채 YS의 결정적 장애 요인이던
박태준을 일단 치워주고 있었다.

노심(盧心) 앞세워 YS 견제

노태우는 김영삼에게 "당신이 내 의중의 인물이다"고 딱 부러지게 확
답한 적이 없다. 애매하게 지지 발언을 하거나 다른 대안도 있는 것처럼 발
언하기 일쑤였다. 그 바람에 많은 사람이 노태우가 YS를 밀고 있으나 변수
가 있다고 짐작할 뿐이었다. 그러다 보니 김영삼은 노태우의 안개 속 의중
을 살피지 않을 수 없었고, 정가에는 노심(盧心)이 YS를 견제하는 데 성공
했다는 소리도 나돌았다.

3월31일, 내각제 각서 파동 당시 친(親) YS계로 돌아섰다는 김윤환 원
내총무가 앞장서서 금진호, 남재희, 김용태, 정순덕, 김종호, 정재철, 김진
재, 이웅희 등 민정계 중진 9명과 함께 YS 지지 성명을 내고 '김영삼 대통
령 후보 추대위원회'를 결성했다. 민정계를 본격적으로 포섭하려는 포석이
었으나, 노심(盧心)이 이미 YS에게 와 있다는 메시지를 과시하는 선제 공세
이기도 했다.

김영삼은 한국신문편집인협회 초청 조찬 모임에서 "정권 재창출이 될
때까지 노 대통령과 나는 한 몸이 돼서 간다는 말을 유념해 달라"면서 경선
이 형식적인 절차에 불과한 것처럼 말했다. 노심(盧心)이 자신에게 와 있는
양 강조한 것이다.

노태우의 속마음을 확인하기 위해 상도동 측은 TK 출신 중진 이만섭

(李萬燮)을 동원하기도 했다. 6선 관록의 이만섭은 같은 대구 출신이고 나이도 동갑이어서 노태우도 예우하는 입장이었다. 노태우가 YS 행보에 대해 불만을 털어놓자 이만섭은 "김영삼은 약속을 지킬 사람이다. … 후보가 안 되면 탈당을 불사할 인물이기도 하다"면서 설득도 하고 겁도 주었다.

이만섭이 헤어지면서 "그러면 김영삼 대표로 결정된 것으로 알고 가겠다"고 말하자 노태우는 빙그레 웃었다고 한다.[37]

노태우의 초청으로 청와대를 방문한 김종필도 노심을 확인하는 역할을 수행했다. 노련한 JP는 대화 전체의 흐름 속에서 YS가 의중의 인물임을 알 수 있었다고 회고했다. JP는 독대가 끝난 뒤 그 길로 자신을 기다리고 있던 YS를 만나 노심을 확인해주었다. 날 듯이 기뻐한 YS가 "이제 경선은 끝난 것이나 다름없다. 앞으로 정치생명을 같이 합시다"고 말했다.[38]

그럼에도 불구하고 노심은 계속 오리무중(五里霧中)이었다. 노태우는 육사 16기의 군 출신이면서 중앙정보부에서 잔뼈가 굵은 이종찬에게 "경선에 나가도 좋다"고 허락했다. 이종찬은 민정당 초대 원내총무를 지냈으며, 지역구가 정치 1번지 종로구였다. 판사 출신의 경기 북부 지역 중진 이한동(李漢東=DJ 정부에서 자민련 몫 국무총리 역임)에게도 출마하라는 사인을 주었다.

그런가 하면 육사 11기인 노태우의 처남 김복동은 두 차례에 걸쳐 "가족회의에서 YS로 결정이 났다"라면서 이종찬에게 경선에 출마하지 말라고 충고했다. 이종찬의 부인을 만난 영부인 김옥숙은 "YS는 믿을 수 없다. 우리는 중립이다"고 말하기도 했다.[39]

결국 민정계 단일 후보로 이종찬이 결정되었다. 그는 보이지 않는 손의 방해로 경선 신청에 필요한 추천 대의원 확보에 애를 먹었으며, 선거 운동에서 제한받고 있다고 주장했다. 선거 운동은 합동 연설회, 개인 연설회,

전당대회에서의 정견 발표의 세 가지였다. 그런데 YS측이 합동 연설회를 거부했고, 육사 14기로 예비역 육군 준장인 사무총장 이춘구는 "정견 발표는 대회장 질서 유지를 위해 불가하다"고 하여 못하게 되었다는 것이다.[40]

이종찬은 대통령에게 공정한 경선을 계속해 건의했다. 그러다가 전당대회를 앞두고 "더 이상 들러리를 서지 않겠다"면서 후보직을 사퇴했다. 민주계는 좌장 최형우의 진두지휘 아래 민정계와 공화계 대의원에 대한 설득 작전을 폈다. 5000여 명을 대상으로 해 60%를 접촉하는 데 성공했다. 돈도 적지 않게 썼다.

남은 돈을 반납하니까 YS가 "이런 한심한 놈들 봤나"라고 했다. 정치판에서 돈을 반납하는 일은 처음 보았다는 뜻인데, 기특하다는 의사 표시이기도 했다. 5월19일, 올림픽공원 체조경기장에서 열린 전당대회에서는 총 6660명의 대의원이 참석한 가운데 66.3%인 4418명의 지지를 얻은 김영삼이 민자당의 제14대 대통령 후보로 선출되었다.

절반의 성공, 절반의 실패

여소야대 정국에서 아무 일도 할 수 없었던 노태우는 거여(巨與) 민자당의 출현에 의지해 그럭저럭 정국을 운영해갈 수 있었다. 당의 간판인 김영삼의 존재와 영향력 때문에 야당인 평민당은 전과 같은 위력을 발휘하기 어려웠다. 또 YS의 당내 민주화 투쟁(=직선제 고수)으로 인해 명분이 중요한 여론 경쟁에서도 야당에 별로 뒤지지 않았다. 그런 점에서 3당 합당의 효과에서 제1의 수혜자였다.

3당 합당이 없었다면 노태우 정권은 야3당의 견제와 무능, 무력증이 겹쳐 임기를 제대로 채우지 못하는 불우한 정권이 되었을 것이다. 무사히 임기를 마칠 수 있었다는 것만으로도 3당 합당은 역사의 재평가를 받을 만했다.[41]

노태우는 YS가 대통령 후보가 되는 데 크게 기여(=절반의 성공)했다. 그렇지만 다른 한편으로 끊임없이 YS를 감시, 견제하는 정치 공작을 펴는 2중 전략을 썼다. 그 바람에 당사자인 YS로부터 고맙다는 인사 대신 "그는 나를 지지한 적이 없다"는 매몰찬 회고담[42]을 들어야 했다.(=절반의 실패)

　YS가 국정 수업을 제대로 받을 수 없었던 것도 공작 정치의 후유증이라 할 수 있었다. 전두환 정권 시절 노태우 자신은 차근차근 후계자 수업을 제대로 받으며 국정을 폭넓게 익혀갈 수 있었다. 그러나 김영삼은 3당 합당 초기부터 강도 높은 정치 공작에 시달리는 가운데 스스로를 지키면서, 후보 자리를 확보하기 위해 야당 시절과 비슷한 형태의 힘든 투쟁을 계속해갈 수밖에 없었다. 결국 두 사람 사이의 불신(不信)은 대선 운동 기간 중 불화(不和) 관계로 깊어져 대통령의 여당 탈당이라는 충격적인 사태로 발전했다.

참고 자료

1. 김덕룡 『김영삼 민주센터 녹취록』
   임영태 『대한민국사(史)』 p643
2. 박철언 증언(2005년)
   전육 『김영삼 민주센터 녹취록』
3. 조갑제 『노태우 육성 회고록』 p253
4. 조갑제 『노태우 육성 회고록』 p20
5. 성기철 『김영삼의 사람들』3 p101
6. 『김영삼 회고록』3 p238
7. 박태균 『노태우 시대의 재조명』 p157
8. 신철식 『신현확의 증언』 p374~376
9. 『김종필 증언록』2 p151~155
10. 강준만 『김영삼 이데올로기』 p44
11. 이인제 『김영삼 민주센터 녹취록』
12. 고바야시 게이지 『김영삼』 p278

13. 김봉조 『김영삼 민주센터 녹취록』

14. 조갑제 『노태우 육성회고록』 p213

15. 『김영삼 회고록』3 p267~274

16. 『김종필 증언록』2 p166

17. 조갑제 『노태우 육성 회고록』 p213

18. 『김영삼 회고록』3 p275~277

19. 박태균 『노태우 시대의 재조명』

20. 김덕룡 『김영삼 민주센터 녹취록』

21. 성기철 『김영삼의 사람들』

22. 박관용 『나는 영원한 의회인으로 기억되고 싶다』 p103

23. 임영태 『대한민국사』 p651

24. 박철언 『바른 역사를 위한 증언』

25. 전육 『김영삼 민주센터 녹취록』

26. 『김영삼 회고록』3 p266~267

27. 『김종필 증언록』2 p160

28. 『김종필 증언록』2 p170

29. 이대환 『박태준』 p616

30. 이상연 증언(2019. 9. 3)

31. 『이종찬 회고록』2 p157

32. 『김종필 증언록』2 p173
    『이종찬 회고록』2 p153

33. 성기철 『김영삼 사람들』 p274

34. 이대환 『박태준』

35. 김영환 『김영삼과 나』 p225

36. 이상연 증언(2019. 9. 3)
    이대환 『박태준』

37. 『이종찬 회고록』2 p163

38. 『김종필 증언록』2 p177

39. 『이종찬 회고록』2 p193

40. 『이종찬 회고록』2 p191

41. 『김영삼 회고록』2 p303

42. 『김영삼 회고록』3 p301

10장 대통령과 대선 후보의
불협화음(不協和音)

　김영삼이 후보로 선출된 뒤에도 노태우와의 관계는 개선되지 않았다. 양쪽의 정치적 이해가 맞물린 정치자금 문제 등 최소한의 현안이 물 밑에서 논의되고 있는 상태에서, 김영삼의 이동통신 사업자 선정 취소 요구와 중립 선거 관리 내각 구성 요구가 연이어지면서 관계가 더 악화되고 있었다.

　1992년 8월20일, 체신부 장관은 제2 이동통신 사업자로 선경그룹이 선정되었다고 발표했다. 임기 말의 대통령이 재계 판도를 바꿀 초대형 사업의 사업자에 자신의 사돈 기업(=선경 최종현 회장의 맏아들 최태원과 노 대통령의 맏딸 노소영이 결혼한 사이)을 선정한 것이어서 정·재계는 물론 세상을 놀라게 했다.

　김영삼은 그에 대한 여론이 나쁘다는 얘기를 어디선가 들은 듯 확대 비서실 회의에서 의견을 물었다. 당시 YS는 군 장성 출신을 비롯해 정계·관계·학계·언론계 중진들을 특별보좌관으로 대거 기용해 선거 업무를 돕게 하고 있었다. 이들은 나중에 청와대 수석이나 장·차관으로 기용됐다. 필자도 그 중 한 사람이었다.

　"임기 말의 대통령이 국민경제에 막대한 영향을 주는 국책 대형 사업자 선정을 하는 것은 상식을 벗어난 일이다", "차기 대통령에게 일임하는 것이 정도(正道)이다", "더구나 사돈 기업에 이권을 주는 행위는 국민이 용납하지 않을 것이다", "100만 표의 감표 요인이라고 본다"는 여러 의견이 쏟아졌다.[1]

그날을 전후해 이동통신 사업자 선정 반대 의사를 굳힌 김영삼은 노태우와의 주례 회동에서 반대 의사를 정식으로 밝혔다. 노태우는 "아니, 모든 사람이 찬성인데 왜 김 후보만 반대합니까?"고 앙앙불락하는 기색이었다. YS는 당사자인 선경그룹 최종현도 만나 "최 회장이 반납하는 방법밖에 없다"고 압박했다. 선경은 하루 뒤 울며 겨자 먹기로 사업권을 반납하겠다고 발표하기에 이르렀다.[2] (김영삼 집권 뒤 선경은 다시 사업자로 재지정되었다.)

대통령의 권위를 손상당했다고 느낀 노태우는 몹시 화를 냈다. 노태우 주변에선 "저렇게 하는 YS가 퇴임 후를 보장해주겠느냐?"면서 믿을 수 없다는 소리가 나돌기 시작했다. 야당 쪽은 양측의 불화라는 틈새에 끼어들고 있었다.

탈당 선언으로 YS에 타격 준 노태우

8월28일, 김영삼은 노태우의 뒤를 이어 당 총재로 선임되었다. 군 장성이 아닌 순수 민간인 출신이 31년 만에 집권당 총재와 대통령 후보 자리를 겸직하게 된 것이다. 김영삼은 총재 취임사에서 "이제 명실상부한 문민시대가 열리고 있다"고 선언한 뒤 "금력으로 권력을 만들 수 있다는 생각과, 권력으로 재산을 만들 수 있다고 생각하는 악폐를 반드시 고쳐야 한다"고 소리를 높였다.[3]

그런데 총재 취임 사흘 만에 14대 총선 당시의 관권 선거를 폭로하는 양심선언이 터지는 악재(惡材)와 마주쳤다. 충남 연기 군수였던 한준수가 기자회견에서 "내무부가 노 대통령의 측근 임재길을 당선시키기 위해 조직적으로 금품을 살포하고 공무원을 동원했다"고 폭로한 것이다.

대선을 3개월 앞둔 시점에서 예기치 못한 정치적 부담을 안게 된 김영삼은 9월16일 기자회견을 열었다. 그는 이 자리에서 "이번 대통령 선거를 공명정대하게 치를 수 있도록 중립 선거관리 내각을 구성해야 한다"면서 획기적인 분위기 쇄신책을 들고 나섰다. 중립 내각은 야당의 단골 메뉴였는데, 급하게 되니까 여당 후보가 대통령을 향해 "당신의 참모를 모두 바꿔 달라"고 요구하는 상황이 벌어진 것이다.

청와대가 다시 발칵 뒤집혔고, 노태우도 화가 몹시 났다. 사태가 더 미묘해진 것은 당시 정원식(鄭元植) 국무총리가 남북회담 대표로 평양에 가 있을 때여서 교체 요구 타이밍이 좋지 않았기 때문이다. 분위기가 그럼에도 불구하고 율사(律士) 출신 정무수석 김중권(金重權)이 "(큰 흐름으로 볼 때) 내각 교체는 빠를수록 좋다"고 대통령을 설득했다.[4]

노태우는 주례 회동에서 김영삼에게 중립 내각 구성 요구를 수용한다고 밝혔다. 그는 한 걸음 더 나아가 공명선거를 국민들에게 약속한다는 차원에서 "민자당을 탈당하겠다"고 기습적으로 탈당 의사까지 통고했다. 노태우는 그동안 김영삼과의 사이에서 크고 작은 갈등과 암투를 겪으며 특유의 인내로 버텨왔다. 그러던 노태우가 자신의 체면과 권위를 크게 손상시키는 일이 겹치자, 경우에 따라 대선에서 치명적일 수 있는 반격(=보복)의 카드를 던진 것이라 할 수 있었다.[5]

혹을 떼어내려다가 혹 하나를 더 붙인 꼴이 된 김영삼은 1시간 동안 화를 내기도 하고 설득도 시도해보았다. 그렇지만 노태우는 결심을 바꾸지 않았다.[6]

선거가 임박한 상태에서 여당인 민자당 최대 계파의 수장이기도 한 대통령이 탈당한다는 것은, 자당(自黨) 후보의 당선을 포기하거나 경우에 따라 방해하는 것으로 볼 수 있는 극약 처방이었다. 김영삼은 노태우가 불화·불신 관계에 빠진 자신이 당선되는 것을 내심 두려워하고 있었고, 대통령이 탈당하면 당의 전열이 무너져 자신의 당선 가능성이 희박해질 것이라는 계산까지 한 뒤 탈당 선언을 한 것으로 보았다. 노골적인 방해 공작으로 간주하게 된 것이다.

당시 노태우는 사이가 악화돼 가던 김영삼보다, 우호적인 사인과 행동을 보여주는 민주당 김대중에게서 보다 확실한 퇴임 후 보장을 받을 수 있다고 판단한 듯했다.[7]

노태우의 탈당 선언이 나오자 민주당의 김대중, 국민당의 정주영은 환영 일색이었다. 크게 고무된 김대중은 "한국 정치에 있어 코페르니쿠스적인 대전환"이라고 격찬하기까지 했다. 반면 민자당은 일대 혼란에 빠졌고, 민주계는 충격을 받아 일손을 놓았다. 그 선언은 국민들에게도 쇼킹한 뉴스였다.[8]

대통령 탈당을 신호로 반(反) YS계 민정당 인사들의 동반 탈당이 이뤄졌다. 10월13일에는 당 고문인 채문식, 윤길중을 선두로 한 11명, 이튿날에는 박철언, 김용환을 비롯한 5명이 집단 탈당했다. 연쇄 탈당으로 탈당 효과를 극대화하려는 듯했다. 나중에는 경선자였던 이종찬도 탈당 대열에 합류했다.

'찻잔 속의 태풍'으로 끝난 탈당 도미노

탈당 파동으로 당의 전열은 흐트러졌다. YS는 흔들리고 있는 당을 추스르기 위해 민주계를 총동원해 민정계를 다독이는 등 동분서주했다. 현역

위원이 탈당한 지역은 임시로 선거대책위원장을 두어 선거 체제를 보완하면서 안간힘을 다했다.[9]

결론적으로 말해 노태우와 일부 민정계 중진들의 탈당은 김영삼에게 이렇다 할 타격을 주지 못한 '찻잔 속의 태풍'으로 끝났다. 민주화 투쟁의 두 간판이자 라이벌 관계인 양김이, 1987년에 이어 다시 대결하는 경쟁 구도가 형성돼 있어 퇴조하는 군부 추종 세력의 정치적 파괴력이 약세일 수밖에 없었다. 게다가 YS가 여론 지지도에서 DJ를 8~10%선으로 우세를 보이는 대세가 YS의 방어벽이 되고 있었다.

흥미로운 사실은 탈당 도미노 과정에서 김영삼이 보인 의연하고 확신에 찬 리더십이, 사태를 조기 수습하고 전열을 단기간 내에 재정비할 수 있는 원동력이었다는 점이다. TV로 탈당 뉴스가 전해진 저녁, YS는 비서실 참모들을 모아 놓고 자신의 심경과 입장을 밝혔다. 그는 대통령과의 사이에서 여러 가지로 충분한 얘기가 있었다고 담담하게 설명하면서 "흔들리지 말고 가던 길을 계속 가자. 승리가 눈앞에 있다"고 격려했다. 동요하지 않고, 흥분하거나 초조해하지도 않았으며, 누구를 원망하지도 않는 담담한 태도가 설득에 무게를 더했다. 참모들은 곧 활기를 되찾을 수 있었다.[10]

YS는 당의 중진들을 상대해서도 특유의 결연한 모습으로 "걱정할 것 없다. 차라리 잘 된 것 아니냐"면서 비장한 각오를 내비쳤다. 오기가 그를 더 강하게 만든 것 같았다.[11]

그때 YS가 흔들리는 심약한 모습을 연출했다면 역사가 달라졌을지도 모른다.

탈당 정국의 하이라이트는 박태준의 거취 문제였다. 노태우 탈당 나흘만인 9월21일, 김영삼은 포항제철의 야심작이라는 광양제철소 4기 설비 준공식을 준비하기 위해 광양에 가 있던 박태준을 찾아가 선거대책본부장을 맡아달라고 당부했다. 박태준은 반(反) YS 세력의 리더였다. 그렇지만 철강인으로서의 명망과 민정계에 대한 리더십, 재정 지원 문제에서 "대안이 될 만한 다른 인물이 없다"고 판단하여 YS가 직접 삼고초려(三顧草廬)를 시도한 것이다.

박태준은 즉석에서 본부장 제의를 고사했다. 바쁜 유세 일정을 취소하고 간 YS는 하루 종일 박태준을 설득하며 공을 들였다. 하지만 수많은 보도진이 지켜보는 가운데 빈손으로 돌아갈 수밖에 없었다. 그 뒤 박태준은 포항제철 회장직과 민자당 최고위원직 사퇴서와 함께 민자당 탈당계를 내면서, YS와의 관계를 청산하는 마무리 작업까지 마쳤다.

박태준은 그러나 현실 정치에는 더 이상 간여하지 않고 중립(中立)을 지키겠다는 점은 약속했다. 그 약속이 김영삼과 박태준을 회복할 수 없는 적대(敵對) 관계로 몰고 간 '말의 씨앗'이 되었다.[12]

몰래 정주영 지원했다가 찍힌 박태준

대통령의 압력으로 경선 불참을 선언했던 박태준은 민정계를 대표해 경선에 나선 이종찬을 지원했다. 그럼에도 김영삼은 그 뒤 선거대책위원장을 맡아달라고 부탁할 정도로 관계가 나쁘지는 않았다.

그러나 선거대책위원장을 매정하게 고사한 것까지는 좋았으나, 정치적 중립 약속을 깨고 포철의 부인회를 앞세워 은밀하게 정주영 후보를 지원한 사실이 알려지자 상황이 악화되었다. 정주영도 YS를 상대로 약속을 깬 전력이 있었으므로, 김영삼의 격분은 그만큼 강도가 높을 수밖에 없었다.

1992년 1월10일, 정주영이 국민당을 창당하자 지지층이 겹치는 YS에겐 악재였다. 현대그룹의 주요 기업이 포진하고 있는 경상도의 표가 분산되고, 중도 보수표가 갈릴 수 있었기 때문이다. 그 점을 잘 알고 있는 정주영은 김영삼의 민자당 사무실을 찾아와 "나는 국회의원 선거에만 관심이 있다. 김 총재가 대통령이 되셔야죠"라고 말했다. YS는 그가 대통령 후보로는 출마하지 않겠다고 약속한 것으로 받아들였다.[13]

그때까지만 해도 정주영은 자신이 대통령 후보로 나설 수 있다는 생각을 하지 않고 있었다. 그는 연세대 교수로 대중의 인기가 높은 김동길(金東吉)을 의중의 후보로 점찍어 놓고 국민당에 끌어들이기까지 했다. 그런데 총선에서 국민당 바람이 일면서 32석(=전국구 7석 포함)을 차지하는 이변(異變)이 일자 마음이 달라져, 스스로 나서기로 결심한 것이다.[14]

그는 후보가 된 뒤에도 YS의 약점을 파고드는 언행을 서슴지 않았다. "김영삼이 경제를 말하는 것은 소가 웃을 일이다"고 조롱까지 했다. 선거 사흘 전에는 국민당이 불법 녹음으로 알아낸 '부산 복국집 회동 사건'을 폭로, YS에게 결정적 타격을 주려고 했다. 서울 정가에는 김영삼이 집권했을 때를 가정한 살생부(殺生簿)가 나돌았다. 1위가 정주영이었고 2위는 박태준, 3위가 박철언이라는 식이었다.[15]

그런 소문은 나중에 모두 현실화되어 '적중률 100%'의 예측이 되었다. 대선에서 승리한 김영삼의 집권이 시작되자마자 박태준은 일본으로 도피했다. 정치 보복이 임박하자 몸을 피했다는 소문이 나돌았다. 그가 떠난 이틀 뒤인 3월10일, 포철 정기 주주총회가 열렸다.

황경노 회장 등 박태준이 키워온 인맥 100여 명이 하루아침에 포철을 떠나게 되는 대대적인 인사 조치가 취해졌다. 정명식 신임회장이 들어서면서 '박태준 흔적 지우기'가 계속되었다. 박태준의 재정 지원을 많이 받았던 최형우, 서석재, 박관용과 같은 민주계 핵심들이 YS에게 통사정했으나 한마디로 거절당했다는 뒷말도 나돌았다.

25년간 포철을 키워온 박태준은 전두환, 노태우 정권 시절 두 차례 경질 위기가 있었으나 무사히 넘어갔다. 그러나 김영삼 정권을 맞아 정부의 영향과 간섭을 벗어날 수 없는 국책 기업의 한계를 넘지 못했다. 박태준의 포철 신화가 끝장이 난 것이다.

직선적인 성격의 박태준이 오기의 김영삼을 감정적으로 대하다가 역린 (逆鱗)을 건드리는 실착(失着)으로 화를 자초한 것 아니냐는 얘기가 많았 다. 많은 사람들이 '정치는 상식'이라는 원칙을 살려갔다면 무사할 수 있었 을 것이라면서 아쉬워했다.

"한국병(病) 고쳐 신(新)한국 건설하자!"

민정계의 집단 탈당이 진행되는 와중인 10월13일, 김영삼은 국회 본회 의에서의 당 대표 연설을 통해 정치의 후진성, 경제 침체, 부정부패와 같은 '한국병 현상'을 고쳐 '신(新)한국'을 건설하자는 비전을 제시했다. 30여 년 지속된 군부 통치의 암울한 시대를 끝내고, 새로운 민주 한국을 향해 달려 가자는 메시지였다.

주목되는 것은 그날 그가 자신의 9선 의원직도 사퇴했다는 점이다. 9 선 의원은 의회주의자임을 자처해왔던 YS가 헌정 사상 최초로 달성했던 기 록이다. 그가 노태우의 탈당으로 정부에 의해 그동안 자행돼온 금권, 관권 선거의 시비가 기본적으로 없어진 상황에서, 공명정대한 선거를 치르겠다 는 의지를 보이며 배수의 진을 쳤다고 할 수 있었다.

11월 들어 선거전이 본격화되었다. 집단 탈당의 여파로 분위기가 가라 앉은 민자당을 추스르면서, 김영삼은 야당 때처럼 도전적으로 선거운동을 펴기 시작했다. 정부의 지원이 끊긴 상태에서 민자당은 두 가지 핵심 전략 으로 나서게 되었다.

하나는 민주화 투쟁을 통해 형성된 김영삼의 대중 정치가로서의 스타성을 최대한 활용한다는 것이었다. 그는 민주당 후보 김대중의 선동 연설 능력이나, 재벌 총수인 정주영의 금품 공세에 맞설 수 있는 명성과 경력, 관록을 지닌 여권 최초의 전형적인 대중 정치가라 할 수 있었다.

항일 투쟁으로 일생을 보낸 초대 이승만 대통령은 고령이어서 전국 유세를 다닐 수 없었고, 박정희 대통령은 공약이나 정책을 설명하느라 연설이 단조롭고 지루했다. 이효상이나 김종필 같은 능변(能辯)의 찬조 연사의 지원을 받아야 했다.

군 장성 출신의 노태우는 수준급 연설 능력이 있었으나, 청중의 가슴을 울리게 하는 데는 미흡했다. 김영삼은 철성(鐵聲)이라고 불린 카랑카랑한 쇳소리의 즉흥 연설로, 청중을 단번에 들뜨게 하거나 사로잡는 솜씨를 과시했다. 연출을 한 게 아닌데도 툭하면 '김영삼!' '김영삼!' 하는 연호(連呼)가 여기저기서 터져 나오기 일쑤였다.

그는 참모들이 써준 연설문을 탐탁하게 여기지 않는 듯했다. 유세장 청중에게는 애드리브가 속출하는 즉흥 연설이 더 잘 먹혀든다고 보았기 때문일 것이다. 하지만 취재진은 공약이나 정책을 분명하게 알리는 연설문을 더 선호했다.[17]

민자당의 또 하나의 전략은 선거 조직을 2원화한다는 것이었다. 민정, 민주, 공화계의 공(公)조직과 민주산악회, 나라사랑본부를 비롯한 사(私)조직을 가동해 지지표를 결집시키고 득표의 확장성을 확보한다는 전략이었다.

공조직은 민정계가 선거대책본부장, 홍보대책본부장을 맡아 전면에 나서고, 민주계는 보조하는 역할이었다. 사조직은 야당 시절처럼 민주계가 전담했다. 공조직은 여론조사를 상시화하면서 여론의 추이를 살피고, 그 향배에 따라 공략 지점이나 후보자의 연설 내용을 조절하는 식의 최신 선거 기법을 썼다. 그 점은 자금과 인원, 정보가 모자랐던 과거의 민주계에겐 낯선 분야였다.

이승만 정권 이래 집권 여당은 권위주의 체제를 유지하기 위해 각종 비열한 수단과 방법으로 국회의 다수당 자리를 확보하려고 시도했다. 이승만 정권은 관권, 금권 선거로도 안심이 되지 않자 갖가지 불법이 판치는 부정선거까지 자행하다가 4·19혁명을 맞아 쓰러졌다.

박정희 정권은 부정 선거는 가급적 피해 갔으나 대신 금권, 관권 선거의 규모를 늘려 선거를 타락시켰다. 경제성장에 따라 음성적인 정치 자금이 늘자 장기 집권을 위해 천문학적인 선거 자금을 쏟아 부었다. 정통성의 결여로 권력 기반이 약한 전두환 정권 때는 관권, 금권선거가 더 교묘해졌다.

직선제가 부활한 노태우 후보 시절에도 군부 세력의 퇴로 확보라는 현안이 걸려 있었던지라 엄청난 선거 자금이 동원된 것으로 알려졌다. 야당 출신이 후보자리에 오르면서 관권 선거라는 프리미엄은 사라졌으나 금권 정치의 전통은 계속되었다. 규모만 줄었을 뿐이었다.

집권 여당의 공·사 조직은 돈이 돌지 않으면 움직이지 않는 특성을 가지고 있었다. 따라서 선거에 이기기 위해서는 필요한 자금을 준비하는 게 필수였던 것이다. 그러나 YS는 그만큼 큰 돈을 만들 여력이 없었다.

김영삼에 의한 정권 창출이 민정계에겐 정권 재창출의 대안이었고, 살길이었다. 그로 인해 민정계 쪽이 자금 문제를 맡게 되었다. 노태우가 민자당을 탈당해 관권, 금권 선거의 여당 프리미엄이 없어진 뒤에는, YS가 대리인을 내세워 금융계의 황제라던 이원조를 접촉했다. 이원조는 노태우의 동서인 금진호와 함께 선거 자금 지원 문제에 관계했던 것으로 널리 알려져 있다.[18]

당시 정가에는 민자당의 선거 자금 규모가 수천억 원대라는 소문이 나돌았다. 민자당의 활동 규모로 보아 근거 없는 억측이라 할 수 없었다. 국가

기관에서 조사한 전례가 없으므로 정확한 규모를 밝혀내는 것은 가능하지 않다. 당시 자금 흐름을 파악할 수 있었던 한 고위 핵심 인사는 3000억 원대일 것이라고 보수적으로 추산하고 있었다. 확실한 것은 최대 재벌인 정주영도 여당에 못지않게 금력을 쏟아 부었고, 민주당의 김대중도 승리하기 위해 최대한 자금력을 동원했을 것이라는 점이다.

김영삼이 승리를 확신하게 된 것은 12월12일의 대구 유세였다. 그날 대구 유세에서는 수성천 고수부지(高水敷地) 13만여 평이 인파로 발 디딜 틈이 없었다. 여·야가 사력을 다해 청중을 동원하던 시대이긴 했지만, "대구가 생긴 이래 최대의 인파"라고 했다. YS는 그때 뜨거운 열기를 느끼며, 대세가 완전히 굳어졌다는 확신을 가질 수 있었다고 했다.[19]

지지 세력 결집시킨 '부산 복집 사건'

고비도 있었다. 투표 사흘 전인 12월15일, 이른바 '부산 초원복국집 사건'이 터져 막판의 선거판이 요동을 쳤다.

법무장관 김기춘이 부산 지역 중요 기관장들과 저녁 회식을 갖고 "우리가 남이가?" 하면서 YS를 당선시키자는 모의를 했다는 것이다. 이런 사실은 국민당 측이 회동 정보를 사전에 알고 비밀리에 녹음해두었다가, 민자당 측이 수습할 여유가 없게끔 선거 사흘 전에 회심의 결정타로 날린 것이었다.

유세 도중 보고를 받고 크게 놀란 YS는 즉시 서울에 올라와 대책회의를 열었다. 승리를 눈앞에 둔 상태에서 결정적인 차질이 생기는 게 아닌가 해서 매우 긴장해 있었다. 회의 도중 TV 뉴스를 보고 사건이 톱기사가 아니고 여러 선거 관련 사건 중 하나로 다루어진 것을 보고 평정심을 되찾았다.

이튿날, 민자당은 대화 내용보다 오히려 국민당의 불법 녹음이 공작정치라는 점을 부각시키며 역공했다. 당시 선거 관리는 공명하게 진행되고 있었다. 언론에서는 회의를 불법 도청하고, 극적으로 타이밍을 맞춰 폭로하는 '권위주의 체제 정부가 하던 비열한 공작 정치'가 민주화의 흐름이 대세인 상황에서, 정당(=국민당)에 의해 재현된 점에 주목하여 비중을 둬 보도했다.

민주당은 이 폭로 사건이 김대중에게 유리하게 작용할 수 있다고 보아 면밀하게 지켜보고 있었다. 그러나 이 사건은 오히려 영남의 지역감정을 자극해 YS 지지층을 결집시키는 역풍으로 작용하게 되었다.[20]

노태우의 탈당으로 YS와의 사이가 단절되었기 때문에 노 정권의 장관이 YS를 돕는 공식적인 선거운동을 펼 상황이 아니었다. YS 캠프도 8~10%의 지지도 우세를 유지하고 있었으므로 노 내각에까지 도와달라고 손을 내밀 생각을 하는 사람이 별로 없었다. 더구나 김기춘은 선거 부서인 내무장관이 아니어서 영향력도 없었다. 구태여 말하자면 개인적인 행동이었다.

김기춘은 오랜 세월이 지난 뒤 "그 모임은 선거 대책 모임이 아니라 단순 회식이었다"고 회고하면서 "선거에 관한 일반적인 얘기가 오간 것뿐인데 도청과 폭로 과정을 거쳐 대책회의나 한 것처럼 둔갑되었다"고 밝혔다. 어쨌거나 시키지 않은 짓을 해 선거를 망치려 하느냐는 비난을 받던 김기춘은, 예기치 않은 역풍이 일어난 바람에 공을 세운 셈이 되었다. 그 뒤 그는 YS의 출신지인 거제도에서 다선(多選) 의원으로 성장했다.

"반정부 인사가 대통령이 되다!"

대선은 12월19일에 실시되었다. 김영삼이 유효 투표의 41.4%인 997만7332표를 얻어 14대 대통령으로 당선되었다. 차점자인 김대중은 804만1284표(33.37%)를 얻었고, 정주영은 388만67표(16.1%)에 그치는 결과를 보였다. YS는 호남을 제외한 모든 지역에서 DJ보다 앞섰다. 하지만 1987년 대선에서 YS를 지지했던 사람 중 44.5%만이 이 선거에서 YS를 지지했다. 1987년 노태우 지지자 중 66%가 YS를 지지했다. 결국 전통적인 보수층의 지지가 결정적이었다.[22]

1987년 대선이 군정이냐 민정이냐의 싸움이었다면, 1992년 대선은 민주 세력 간에 벌어진 보수 대(對) 진보의 싸움이었다. 범(汎)보수가 YS를 지지했고, 진보가 DJ를 지지했던 것이다.[23]

[뉴욕타임스]는 "한국이 전(前) 반정부 인사를 대통령으로 뽑고 30년 군정을 종식시켰다"고 보도했다. [워싱턴 포스트]는 "이번 선거는 한국의 오랜 민주화 과정에서 하나의 분수령을 이루었다"고 평가했다. 또 일본 [아사히(朝日)신문]은 "이제 한국 정치는 … 민주화 과도기를 거쳐 본격적인 문민 시대로 접어들었다"고 논평했다. 중국, 러시아, 영국, 프랑스, 독일을 위시한 세계 각국 언론들도 30여 년 만에 순수 민간인 출신 대통령이 등장했음을 크게 다루고 있었다.

1993년 2월25일, 김영삼은 취임식을 거쳐 제14대 대통령 자리에 올랐다. 그는 취임사에서 "오늘 우리는 그렇게도 애타게 바라던 문민 민주주의 시대를 열기 위해 이 자리에 모였습니다"면서 문민시대 개막을 선언했고, "다시는 정치적 밤이 없을 것이다"고 밝혔다. 취임식장을 가득 메운 내외 귀빈과 국민 대표들로부터 열렬한 박수와 환호성이 터졌다. 그렇게 문민시대는 역사적인 행보를 시작했다.[25]

참고 자료

1. 오인환 당시 정치특보 증언
2. 『김영삼 회고록』3 p310

3. 『김영삼 회고록』3 p313~314

4. 김중권 정무수석 증언 (2013. 3. 27 종편 TV)

5. 이만섭 『정치는 가슴으로』 p281

6. 『김영삼 회고록』3 p317

7. 『김영삼 회고록』3 p318

    이만섭 『정치는 가슴으로』

8. 김충남 『대통령과 국가경영』 p487

9. 『김영삼 회고록』3 p319

10. 오인환 증언

11. 이만섭 『정치는 가슴으로』 p282

12. [동아일보] 특별취재팀 『문민정부 1800일 비화』 p300

13. 오인환 증언

14. 허영섭 『영원한 도전자 정주영』 p469~470

15. 오인환 증언

16. [동아일보] 특별취재팀 『문민정부 1800일』 p300~301

17. 오인환 증언

18. 박관용 『김영삼 민주센터 녹취록』

19. 『김영삼 회고록』3 p343~344

20. 박희태 『대변인』 p174

21. 『이종찬 회고록』2 p269

    이강래 『12월19일』 p269

22. 이경재 『김영삼 민주센터 녹취록』

23. 김충남 『대통령과 국가경영』 p507

24. 김덕룡 『김영삼 민주센터 녹취록』

25. 『김영삼 회고록』3 p352

26. 『김영삼 대통령 회고록』上 p36

제3부

'민주화의 완성'을 향하여

1장 하나회 척결과
금융실명제

김영삼은 1993년 2월25일 취임 첫날, 군부 통치시대 이래 줄곧 민간인 출입이 금지됐던 청와대 앞길과 인왕산 등산로를 개방했다. 이어 역대 대통령들이 비자금을 넣어두고 관리해온 대통령 집무실의 초대형 금고를 철거했다. 또한 부패, 부정을 청산하고 투명한 사회를 지향하자는 뜻에서 대통령의 사유 재산 내역을 공개하겠다고 선언했다.

국민의 관심이 집중되는 가운데 김영삼은 민주화의 장애 가능성이 높은 군내(軍內)의 사조직 '하나회'를 과감하게 제거하는 조치를 취했고, 앞선 정권들이 실행을 포기했던 금융실명제를 단호하게 단행했다. 예상을 뛰어넘는 강도 높은 개혁이어서 쿠데타 못지않게 온 사회를 긴장시켰다.

초기의 그 같은 개혁은 그 뒤 김영삼의 대표적인 업적으로 역사에 남았다. 그러나 집권 말기의 IMF 사태로 인해 종합 평가를 제대로 받을 기회가 없었던 탓인지 나열식으로 단순 평가, 또는 저평가된 상태로 지나가게 되었다.

예컨대 하나회 제거는 나열식 단순 업적의 하나라고 할 수 없다. 민주화 투쟁을 주도해왔던 김영삼이 문민정부를 창출한 뒤, 민주화를 완성하기 위해 취해야 했던 결정적인 개혁이었다. 그 조치를 분수령으로 해 YS는 민주화를 위한 제도 개혁까지 단행해 민주화 마무리 작업을 마칠 수 있었다. 하나회 제거라는 관점에서가 아니라 김영삼의 '민주화 완성'이라는 큰 틀에서 보아야 하고, 군부 통치 청산이라는 큰 틀에서 봐야 하는 것이다.

김영삼은 대선 후보 시절부터 하나회 문제를 해결하겠다고 마음먹었으나 서두를 생각은 아니었다. 군의 정기 인사 때 군부 개편을 하면서 자연스럽게 정리해간다는 복안이었다. 하지만 예기치 않던 상황의 전개가 결심을 앞당기게 되었다.

대통령 취임 전 하나회 측 관계 인사들이 당선자 측근들을 상대로 로비를 벌이는가 하면, 충성 맹세까지 하고 있다는 사실을 알게 되었다. 특히 하나회의 후원자였던 한 인사는 YS 측근들을 상대로 술도 사주고 돈도 주면서 인사 청탁까지 했다는 것이다.

취임 전 육사 13기로 역시 하나회 출신이었던 6공의 국방장관 최세창이 "군은 하나회에서 관리하고 통제하겠다"는 의미의 발언을 하면서, "문민 정부는 군과 협조가 잘 될 것이다"라고 공개적으로 밝혔다. 군부가 군부 출신 대통령 시절처럼 문민정부에서도 영향력을 행사할 것이라는 뉘앙스의 말을 한 것이다. 이래저래 몹시 화가 난 김영삼은 "이런 자들을 모두 정리해 나가야겠다"고 결심을 굳혔다.[1]

김영삼은 취임 11일 만인 3월8일, 권영해 국방장관을 청와대로 불러 "김진영 육군 참모총장(육사 17기)과 서완수 기무사령관(육사 19기)을 교체하기로 했다"면서 "후임자를 추천해보라"고 말했다. 두 사람 다 하나회였음은 두말 할 나위가 없다.

육사 17기의 선두 주자이고 전두환, 노태우의 후계 그룹 중 강자로 알려져 있던 김진영과, 군의 정보 책임자인 서완수가 퇴진했다. 대신 비(非)

하나회 출신으로 군부에서 인망이 있던 연합사 부사령관(육사 17기) 김동진과 기무사 참모장 김도윤이 후임으로 발탁되었다.

24일 뒤인 4월2일에는 기무사와 함께 실세 3사(司)로 불리던 수방사령관 안병호(육사 20기)와 특전사령관 김형선(육사 19기)을 보직 해임했다. 하나회였던 두 사람을 대신하여 역시 하나회가 아닌 한미연합사 부참모장 도일규(육사 20기)와 육본 동원참모부장 장창규(육사 21기)를 소장에서 중장으로 승진시켜 그 자리에 임명했다.[2]

하나회가 정리되기 시작한 것은 YS가 취임사에서 인용한 군정(軍政) 종식 약속이 실행에 들어간 것을 의미했다. 4월2일에는 국방부와 합참 소속 장교들이 모여 사는 서울 용산구 동빙고동 군인아파트에 육사 20기(=중장급)부터 36기(=중령급)까지 142명의 명단이 적힌 「육사 하나회 회원」이라는 제목의 괴문서가 살포되었다. 나중 조사에서 그 가운데 105명이 하나회 회원임이 확인되었다.

이 괴문서 살포 사건은 그 뒤 100일 동안 여섯 차례에 걸쳐 실시된 군부 개편의 계기가 되었다. 그 기간 중 국방부 고위 간부 8명 가운데 5명, 합참본부 간부 11명 가운데 9명, 고위 장성 14명 가운데 11명, 군단장 11명 가운데 5명, 사단장 22명 가운데 9명, 해군 고위 장성 11명 가운데 7명, 공군 고위 장성 10명 가운데 4명이 전역하거나 경질되었다. 그 뒤를 이어 1000여 명의 장교들이 정리되었다.[3]

김영삼은 26세이던 1954년에 국회의원이 되고 나서 줄곧 국회 국방분과위에서 활동했다. 그러나 군부 정권의 감시와 통제 탓으로 군과 제대로 소통할 수가 없었다. 1987년에 야당 대통령 후보가 되면서부터 군의 탈(脫)정치화, 숙군(肅軍) 문제를 심각하게 고려하게 되었다.

특히 1987년 대선 막바지에 YS 지지를 선언하고 민주당에 입당한 전

육군참모총장 정승화로부터 하나회 신군부에 관한 얘기를 많이 들었다. 본격적인 준비는 첫 내각의 국방장관으로 육군 소장 출신의 권영해(육사 15기)를 발탁한 데 있었다. 비(非) 하나회 출신인 권영해는, 하나회 실세였던 국방장관 이종구가 "기획력이 출중하고 유능하다"는 이유만으로 국방차관으로 발탁했던 인물이었다. 하나회, 비 하나회를 모두 객관적으로 다룰 수 있는 입장이라는 점에서 군 개혁의 적임자로 인정받았던 것이다.

군부 독재가 하나회를 키웠다

군에 지지 기반이 없던 초대 대통령 이승만은 정일권, 백선엽, 이형근의 세 육군 대장을 경쟁시키고, 특무대와 헌병사령부를 통해 감시·견제하는 구도로 군을 통솔했다. 이에 비해 박정희는 비서실장, 경호실장, 보안사령관, 수경사령관 등 직계와 육참총장을 상호 견제케 하는 시스템으로 군을 장악했다.

그렇지만 문민정부는 "대통령이 국방장관을 중심으로 3군 참모총장이 연결되는 국방 라인을 통해 군을 통제함으로써 문민 우위 원칙을 지켜가게 해야 한다"는 게 권영해의 건의였다. YS는 이를 수용했다. 이로써 육군 소장 출신의 권영해가 3성, 4성 장군들을 어렵지 않게 거느릴 수 있는 여건이 마련되었다.[4] YS가 세운 문민 우위 원칙은 그 뒤 정권에서도 굳은 전통으로 자리잡게 되었다.

하나회 정리는 잠재적인 도전 가능성을 사전에 정리하는 성격이어서, 반발 또는 유혈 사태까지 각오해야 하는 긴장된 작업이었다. 기밀 유지가 결정적 관건이었다. 국방부 인사국장이 하나회 소속이어서 국방장관은 부국장을 통해 주요 보직 인사안을 정리하게 했고, 유사시를 대비하는 준비도 갖춰야 했다.

김영삼은 육참총장과 기무사령관을 교체할 때 먼저 후임자에게 인사안을 통고해, 차질 없이 인수인계를 할 수 있게 사전 준비를 취할 시간을 준 뒤 인사를 단행했다. YS는 집권 초 군 인사를 단행하면서 뜬눈으로 밤을 새우곤 했고, 이른 새벽 조깅으로 비장한 각오를 다시 다지곤 했다. 그때마다 경호실은 철야로 관계 정보 기관들을 체크하며 긴장의 끈을 놓지 않았다.[5]

하나회 제거 과정에서 물의나 반발과 같은 부작용이 없었던 것은 아니다. 큰 사고 없이 작업이 진행될 수 있었던 것은 "문민 시대가 왔다"는 역사의 흐름을 거역할 수 없는 사회 분위기가 중요했기 때문이었다고 할 수 있다.

구체적으로는 하나회의 오랜 독주에 불만이던 다수의 비 하나회 출신들이 군부 개혁을 강력하게 지지하게 된 것이 큰 힘이 되었고, 부산·경남(PK) 출신 군 장성들의 도움이 주요 변수가 되었다. 또 하나회에서 이탈한 사람들도 결정적인 역할을 했다. 그러나 무엇보다도 중요했던 것은 위험을 무릅쓰고 대수술을 결심한 김영삼 개인의 리더십과 추진력이었다고 할 수 있다.

육군 내 사조직인 하나회를 키우고 지원자 역할을 한 박정희 소장과 주역인 전두환 대위가 처음 만난 것은 5·16 직후였다. 거사(擧事) 사흘째인 5월18일, 누가 시킨 것도 아닌데 서울대 ROTC 교관이던 정규 육사 11기의 전두환 대위는 육사로 달려갔다. 그는 교장 강영훈 중장의 반대를 무릅쓰고 후배 육사 생도 800여 명을 이끌고 쿠데타 지지 가두 행진을 벌였다.

그때까지 상황이 불투명한 상태였는데, 육사 생도가 지지 행진을 편 것은 5·16이 성공했음을 기정사실화하는 심리적 효과가 있었다. 최고회의 의장 박정희가 전두환을 눈여겨보는 계기가 되었다. 그 후 상명불복(上命不服)한 전두환은 출셋길로 들어서고, 지휘관으로서 정도(正道)를 지킨 강영

훈은 강제 예편당한 뒤 미국으로 쫓겨났다.[6]

1963년 2월18일, 박정희는 민정 이양 계획을 선언했다. 그러자 전두환은 노태우와 손영길을 포함한 5명의 육사 11기 동기들과 함께 의장 공관을 찾아가 민정 이양 반대를 건의했다. 박정희는 민정 이양 선언이 여론 무마용임을 시사(示唆)하면서, 경호실장 박종규 소령에게 "이 친구들을 적극 도와주라"고 지시했다. 사조직을 권장한 것이다.

그 해 7월, 이들 육사 11기는 중앙정보부장 김종필의 4대 의혹 사건을 신악(新惡)이라고 규탄하고 나섰다가, 쿠데타 음모로 되몰리게 되었다. 박정희는 사건을 조사한 방첩부대장 정승화 준장(=10·26 시해 사건 당시 육참총장)에게 "젊은 사람들이 뭘 좀 잘못했으면 선배들이 잘 타일러 주어야 한다"면서 선처하라고 지시했다. 하나회에 대한 기대를 재확인해준 셈이어서 하나회 본격화의 계기가 되었다.[7]

그 뒤 전두환은 청와대 외곽 경호를 맡는 수경사 30대대장, 참모총장 수석 부관, 공수여단장, 경호실 작전 차장보를 거치면서 출세 가도를 걸었다. 동기 노태우도 전두환의 후임 자리를 도맡아 가며 함께 입지를 다졌다. 이들 두 사람에 앞서 박정희의 부관을 역임하며 선두였던 동기 손영길은 '윤필용 사건'에 연루돼 예편되면서 도중하차했다.

월남 파병 때 전두환을 비롯한 육사 11기는 참전 유공자의 중심이 돼 맹호사단장이던 박정희의 심복 윤필용 장군의 지원을 받으며 군 상층부로 진입했다. 박정희는 자신의 이념과 철학을 승계하는 정당을 키우지 못했으나, 정규 육사 출신 정치 장교들을 친위 세력으로 키우는 데 성공한 셈이었다.

그 뒤 하나회는 능력과 충성심을 갖추었다는 정예 장교를 각 기별로 12~16명씩 뽑아 뒤를 돌봐주고, 주요 보직이나 3성 장군까지의 진급을 보장해주었다. 전두환이 여러모로 리더 역할을 했다. 그로 인해 10·26 대통령 시해 사건이 났을 때 하나회는 군의 인사, 정보 라인의 요직을 장악하고 있었다. 나중에는 그 같은 유리한 입장에 힘입어 12·12 신군부 쿠데타에서도 성공할 수 있었다.[8]

간선(間選)으로 대통령이 된 전두환은 5공에서 7년 집권을 했고, 뒤를 이어 동기 노태우가 직선제 선거에서 대통령에 당선되었다.

노태우 정권은 더 이상 군 출신을 정치 지도자로 내세울 수 없게 되자, 야당 지도자 김영삼과 3당 합당을 한 뒤 내각제를 통해 실질적인 권력 행사를 해나갈 생각이었다. 그러나 대통령 직선제를 고수하는 김영삼과의 당내 투쟁에서 밀리는 바람에 주도권을 잃게 되었고, 문민정부의 카리스마를 업은 김영삼의 강력한 군 개혁에 의해 세력이 와해되었다.

군 개편 과정에서 하나회와 관련된 크고 작은 불만이 적지 않았고, "좌시할 수 없다"는 등 반발도 많았다. 심지어는 쿠데타 모의설까지 등장했다. 1993년 육본의 요직인 인사참모부장에서 지방부대로 좌천된 육사 21기의 선두 주자 최승우(소장)가, 예비역 대장에다 현역 중장들을 포함하여 군사 반란을 모의하고 있다는 정보가 안기부에 들어오자 청와대는 긴장했다.

그렇지 않아도 최승우의 동기인 이충석 합참 참모부장이 새로 부임해 온 합참의장 이양호가 주최한 회식 자리에서 술에 취해 "군이 이렇게 매도돼도 되는 거냐?"면서 울분을 토했다. 그 바람에 회식 자리가 엉망이 되었다 해서 분위기가 뒤숭숭할 무렵이었다. 기무사의 조사 결과 쿠데타 모의는 존재하지 않았던 것으로 드러나 모두 한숨을 돌릴 수 있었다.

1994년 10월, 제3사관학교 교장의 이임식 연설 내용도 저항적이라 해서 주목받았다. 이 사건들은 오히려 문민정부의 숙군에 대한 비판과, 하나회에 대한 일부 동정 여론을 잠재우는 계기가 되었다. 하나회가 그나마 마지막 입지까지 잃은 셈이었다. 최승우와 이충석은 얼마 뒤 군을 떠났다.[9]

하나회 정리는 부정적이거나 비판적인 측면도 드러냈다. 옥석(玉石)을 가리지 않는 일률적인 제거 기준 탓에 군에 남아있어야 할 우수한 야전 지휘관들이 옷을 벗어야 했던 것이다. 그리고 그 자리를 행정형(型) 군인들로 채우면서 군이 문약(文弱)해지기 시작했다는 지적이 나왔다.[10]

TK(=경북) 세력이 퇴진하자 그 자리에 PK(=부산·경남) 세력이 들어섰다는 비판도 등장했다. 대표적 인물로 이병태 중장(육사 17기. 국방장관 역임), 윤용남 대장(육사 19기. 육참총장)을 비롯한 6~7명이 거명되고 있었다. 새로운 군부 실세로 떠오른 국방장관 권영해 중심의 '신라의 달밤회'가 생겼다는 지적도 나왔다.[11]

6·25전쟁을 치르면서 공룡처럼 커진 한국군은, 전쟁이 끝난 훨씬 뒤까지도 육·해·공군이 병력과 무기 체제 등 각 군의 전력에서 균형을 이루는 적정 구조 조정을 하지 못했다. 북한의 대남(對南) 적화(赤化) 전략에 맞서야 한다는 안보 이유가 있기는 했으나, 장기 독재 체제를 유지해야 하는 군부 출신 대통령들이 군부, 특히 육군이 꺼려하는 감군(減軍)이나 숙군 조치를 외면해왔기 때문이다.

한국군이 안고 있는 심각한 문제는, 국방 예산의 70% 안팎을 인건비를 포함한 운영 유지비로 써야 하는 고비용 저효율 구조였다. 문민 대통령의 등장은 그 문제를 본격적으로 다룰 수 있는 기회였다. 하지만 김영삼은 군 인사 개혁은 기습적으로 단행했으나, 군 구조 개혁에는 제대로 손을 대지 못했다.

권영해가 구조 조정에 전문성이 있는 조성태 중장을 국방부 정책실장으로 발탁, 군 구조 개혁에 착수했다. 그러나 1993년 12월에 권 장관이 퇴진하는 바람에 동력을 잃고 말았다. 후임 장관이 국방 개혁위원회를 국방 연구위원회로 명칭을 바꾸면서 형해화(形骸化)되었다는 것이다.[12]

법치주의에 반했던 소급 입법

하나회 제거는 민주화를 저해하는 근본 원인을 도려낸 미래지향적 조치였다. 그렇지만 과거를 청산하는 과정을 생략했기 때문에 반(半)만의 개혁이라 할 수 있었다. 제대로 역사적 의의를 가지기 위해서는 12·12와 광주민주항쟁에 대한 단죄(斷罪) 등의 청산 절차가 전제되어야 했다. 하지만 그 문제는 문민정부가 감당하기에는 벅찬 부담이었다.

3당 합당을 통해 집권에 성공했는데, 합당에 참여했던 5, 6공 세력을 조사 대상으로 해야 한다는 딜레마가 있었다. 게다가 지역감정과 지역대결이라는 뇌관을 잘못 건드리면 폭발적인 국론 분열의 위기가 올 가능성을 안고 있었다.

그 점을 인식한 김영삼은 취임 후 2개월 반쯤 지난 시점에서 12·12를 하극상(下剋上)에 의한 군사 쿠데타적 사건으로 규정했다. 또 5·18 광주사태에 대해서는 문민정부가 '광주 민주화운동'의 연장선상에 서 있다고 하여 '광주 유혈폭동'이라고 했던 군사 정권의 규정을 뒤집고 바로 잡았다. 다만 처벌 문제에 대해서는 "역사에 맡기자"고 호소했다. 국민의 70% 이상이 이를 수용하겠다는 의견을 보였다.[13]

그에 따라 육참총장이던 정승화를 포함한 22명이 전두환과 노태우를 비롯한 34명을 12·12사태와 관련하여 '군 형법상의 반란 및 내란 목적 살인 혐의'로 고소한 것에 대해, 검찰은 "명백한 군사 반란이나 … 관련자들을 기소할 경우 불필요한 국력 낭비의 요소가 있기 때문에 기소 유예 처분한다"고 결론지었다.

또 5·18 광주 민주항쟁과 관련, 322명이 전두환과 노태우를 위시한 35명을 1994년 5월13일 서울지검에 고소한 것도 1년2개월간 조사 끝에 "군을 배경으로 새로운 정권과 헌법 질서를 창출한 변혁 과정으로, 사법 심사

의 대상이 되지 않는다"면서 '공소권 없음' 결정을 내렸다.[14]

그러나 1995년 10월19일, 민주당 국회의원 박계동이 국회 대정부 질문을 통해 전 대통령 노태우의 거액 비자금 사건을 폭로하면서 사정이 급반전하게 되었다. 유엔총회 참석차 미국에 가 있던 김영삼은 이홍구 총리로부터 폭로 사건 보고를 받고, 일단 철저 수사를 지시했다. 헌정 사상 유례가 없는 전직 대통령의 대규모 부정부패 사건을 제대로 다루지 않을 경우, 국민적 저항으로 문민정부가 흔들릴 수 있다고 본 것이다.[15]

노태우의 측근인 서동권 전 안기부장이 "사실이 아니다"고 부인하고 나섰다. 그렇지만 새로운 혐의 사실이 계속 드러나면서 비자금 규모가 자그마치 4600억대임이 확인되었다. 구속 수사 외에 다른 처리 방안을 대통령에 상신할 수가 없는 상황이었다.[16]

격분한 여론은 노태우가 구속된 것을 계기로, 12·12와 광주 민주화 항쟁에 대한 사법적 판단도 함께 이뤄져야 한다고 요구했다. 반발 강도가 심상치 않았다. 김영삼은 "민족의 정통성을 바로 세운다"는 각오로 소급 입법을 강행, 5·18 특별법을 제정하여 재수사의 법적 근거를 마련했다.

그때 사태를 더욱 악화시킨 것은 전두환이 자신의 비자금 수사에 반발해 '골목 성명'을 내고 고향 합천으로 내려간 사건이었다. 문민정부와 민주화를 지지하는 국민여론에 대한 도전으로 간주한 김영삼이 "당장 잡아오라"고 명령해 수사관이 급파되었다.[17]

구속 기소된 전두환과 노태우는 1997년 1월16일, 각각 무기징역과 17년 징역형이 확정되었다. 전두환에게는 2205억 원의 추징금이, 노태우에게는 2628억9600만원의 추징금이 확정되었다.

'역사 바로 세우기 운동'은 12·12와 광주 민주화 항쟁에 대한 진상 재수사를 계기로 시작되었다. 당시 6·27 지방선거에서 3당 합당으로 등장한 거여(巨與) 민자당이 예상 외로 참패하고, 김대중이 이끄는 국민회의가 창당되는 등 정치적 역풍까지 겹치고 있어 문민정부가 심기일전하는 기회도 되었다.[18]

김영삼은 역사 바로 세우기에 대해 "명예혁명이고, 제2의 건국이다"고 주장했다. 그 이유는 건국하면서 친일 청산을 제대로 하지 못했고, 그 이래 부패부정 구조도 제대로 척결하지 못했으므로 "군부 통치에 대한 역사 청산을 계기로 민족정기를 제대로 세워보자"는 것이었다.

역사 바로 세우기에는 YS가 넘어야 할 두 가지 장애가 있었다. 하나는 전두환, 노태우에 대한 처벌 문제를 '역사의 심판'으로 미루었던 자신의 역사관을 수정(修正)하는 문제였다. 또 다른 하나는 재수사를 하기 위해서는 특별법을 소급 입법해야 한다는 점이었다. 이 두 가지 장애는 YS의 결단으로 매듭이 풀렸다.

특히 소급 입법은 선진국은 말할 것도 없고 후진국이나 나치 독일, 군국주의의 일본에서도 택하지 않았던 반(反) 법치주의적 발상이라고 해서 어렵다는 게 중론이었다. 그렇지만 YS는 자신의 도덕성의 힘을 빌려 정면 돌파했다.[19]

민족정기는 상해(上海) 임시정부에서 뿌리를 찾아야 한다는 결론이 나왔다. 이승만 독재와 30여 년간의 군부 통치에서 민족적 정통성을 찾기 어려운 만큼, 공화민주주의를 선언한 상해 임시정부를 이어받는다는 해석이었다.

일제의 총독부 건물이던 중앙청(=국립 중앙박물관)을 철거하고, 일제 총독 관저였던 청와대 구 본관(=역대 대통령의 집무실)을 철거하면서 일제 잔재 청산 작업을 진행했다. 민족의 정통성을 복원하는 의미에서 임정 요인 5인의 유해도 봉환했다. 4·19혁명을 3·1운동 다음 가는 의거로 재평가해

4·19 묘역을 성역화했고, 민관 합동으로 5·18 민주화 항쟁 추모식도 거행하면서 나중에 성역화했다.[20]

그렇지만 역사 바로 세우기는 뚜렷한 명분에도 불구하고 소기의 추진 동력이 따르지 못했다. 한때 80~90%의 상종가를 치던 YS에 대한 국민의 지지도가 그의 3독(獨) 현상(=독선, 독주, 독단)이라는 저항에 부딪쳤기 때문이다. 차남 김현철의 국정 개입, 가신들의 부패 스캔들까지 겹쳐 힘을 잃게 되었다.

돈 안드는 선거제도 정착, 역사적 업적

김영삼은 1994년 4월에 통합 선거법(=공직 선거 및 선거 부정 방지법), 정치 자금법, 지방 자치법 개정안의 3개 정치 개혁법을 확정했다. 민주화 투쟁의 장정(長征)을 마무리하는 법과 제도를 마련한 것이다.

YS가 목표로 삼은 것은 첫째가 부패·타락 선거 지양을 통한 '저(低) 효율, 고(高) 비용 정치'의 타파였다. 둘째는 국민의 주권을 분명하게 실현시키자는 것이었다.[21]

통합 선거법의 개정은 그 전까지 대통령 선거, 국회의원 선거, 지방자치단체장 선거에 적용되는 법률이 각기 달랐기 때문에 선거일도 다를 뿐 아니라 선거 비용이 많이 들어 낭비가 심했으며, 효율성도 떨어지는 등 여러 가지로 혼선을 빚었다. 이들 문제점을 법 개정을 통해 일거에 해결하자는 것이었다.

선거일을 법제화한 것은 권력 이동의 예측 가능성을 높인 것이었고, 선거 운동 방식으로 '돈은 묶고 말을 푼 것'은 금권 선거를 막기 위한 방안이었다. 비용이 많이 드는 합동 연설회나 플래카드 전시는 줄이고, 차량과 확성기를 동원한 가두 연설회를 무제한으로 허용했다. 통합 선거법은 당시 여당 의원들조차 "정말 이대로 할 수 있을 것인가"고 반신반의했고, 야당 의원들까지 혁명적인 법 개정이라 할 정도로 비민주적 조항들이 대거 개정되었다.[22]

정치자금법 개정의 목표는 부패의 원천이던 정치 자금의 양성화(陽性化)였다. 후원회를 확대하고 국고 보조금도 만들게 해 야당에도 정치자금의 혜택이 돌아가게 했다. 의석 비율로 배분하던 전국구를 득표 비율로 바꿔 민의(民意)가 잘 반영되도록 조정했다. 선거 운동원도 10분의 1로 줄이게 했다.[23]

이같이 돈을 묶고 말을 푸는 선거 제도 개선, 특히 TV토론의 등장 덕분에 1998년 대선에서 야당의 김대중 후보가 선전하는 기회를 가질 수 있었다. 2003년 대선에서는 노무현 후보가 헌정 사상 가장 돈이 적게 드는 선거운동을 통해 대통령이 될 수 있었다. 마찬가지로 보수 야당이던 이명박, 박근혜도 법적 한도 내의 선거자금만 쓰고도 대통령에 당선되었다. 한국의 선거가 돈의 유혹을 벗어나는 역사적 이변(異變)이 일어났던 것이다.[24]

풀뿌리 민주주의 기초인 지방자치제도 1995년 전면 실시되었다. 지방의회 선거는 노태우 정부에서 시작되었으나, 시장·도지사 등 광역지방자치단체장 선거를 포함해 광역 지방의회, 기초 단체장, 기초 단체 의회의 4개 지방선거를 헌법에 명시한 대로 모두 치른 것은 헌정 사상 처음이었다. 군부 통치 시기에는 대통령이 시장, 군수, 도지사를 임명해 지방 행정권을 장악해왔다. "효율적인 전국 단위의 행정 관리를 위해서…"라는 측면이 있긴 했으나, 장기 집권을 위한 통제가 목적이라는 측면을 안고 있었다.

그러나 김영삼은 시, 도지사에 대한 임명권을 포기하고 지방자치에 선택권을 돌려주는 결단을 내렸다. 실제로 지방행정에 대한 중앙정부의 장악력이 떨어지며, YS의 권력 누수 현상도 빨라질 것으로 예상되었다. 그래도 미련을 털고 민주화 대세를 택한 것이다. 그 결단은 대통령이 정치 자금 받기를 포기한 것 못지않게 비중이 큰 민주화 개혁이었다.[25]

실시 여건은 매우 나빴다. 일제 때 만든 지방 행정구역이 그동안 시대 발전에 따르는 변화를 반영하지 못해 들쭉날쭉 상태여서, 인구 편차가 2만~3만에서 60만~70만까지 나오고 있었다. 서울이나 부산과 같은 일부 대도시를 빼고는 재정 자립도가 아주 낮았다. 더구나 재정 자립을 도와줄 수 있는 국세와 지방세를 재조정하는 문제도 손을 대지 못한 상태였다. 도·군·구로 행정구역을 3단계로 나눠 놓은 것 역시 불필요한 낭비 구조였다.

여당에 대한 지지도가 낮고, 대통령의 인기마저 하락하고 있었던지라 선거를 치를 타이밍마저 나빴다. 성수대교 붕괴와 같은 대형 사건이 잇달아 발생해 YS의 레임덕 현상이 나타나고 있었다.[26] 그럼에도 불구하고 지방자치제 선거는 시행되었다.

참패로 막 내린 지자체 선거

1995년 초, 안기부는 극비리에 지방자치단체 선거 전면 실시에 관한 여론조사를 폈다. 중요 정책 시행을 앞두고 국정 참고 자료를 준비하기 위한 조치였다. 그런데 조사 사본 한 부가 동교동에 넘어가면서 정치 쟁점화되었다.

지방자치제 연기를 위한 정치 공작이라면서 야당이 국회에서 공격했고, 김대중 총재가 13일간 단식 투쟁에 들어갔다. 지자체 선거를 통해 시장, 군수, 도지사 자리를 확보할 경우 막대한 선거 유관 자금을 활용할 수 있는 것을 비롯하여 "대선을 위한 발판이 될 수 있다"고 보아 승부수를 던진 것이라는 해석이 뒤따랐다.

여론조사 사실을 모르고 있었던 YS는 대로해 김덕(金悳) 안기부장을 교체하여 통일부총리로 전보하고, 담당 국장을 사퇴시켰다. 그때까지 실시 시기를 저울질하던 김영삼은 "DJ의 요구를 안 들어주자니 정치가 어렵게 되고, 들어주자니 나라가 어려워질 것이다"고 우려하면서도 전면 실시라는 결단을 내렸다.[27]

협상에 나선 여·야 사무총장은 제대로 준비되지 않은 현실을 감안해 광역 단체장과 도의원, 기초의원 선거만 먼저 치르기로 합의했다. 그러나 여야의 강경파들이 그 합의를 묵살하고 전면 실시로 반전시켰고, 이어 단체장 선거에 정당 공천권을 주어 중앙당 정치에 예속케 만들었다. 막대한 광역 단체의 예산을 노린 정치 포석이라 할 수 있었다.

그나마 기초의원을 정당 공천하지 않고 무급제(無給制)로 한 것은 다행이었다. 그렇지만 그 뒤 정권들이 당략에 쫓겨 유급제로 전환시키면서 연봉 6000만 원이 넘는 철밥통을 만들어 후유증을 키웠다.[28]

지자체 선거 결과는 국민회의의 압승, 자민련의 약진, 민자당의 참패로 나타났다. 광역 단체장은 15개 가운데 민자당 5(부산·인천·경기·전남·전북), 국민회의 4(서울·인천·전남·전북), 자민련 4(대전·충남·충북·강원), 무소속 2(대구·제주)였다.

민자당은 기초단체장 선거에선 총 230석 가운데 71석밖에 확보하지 못했다. 특히 민자당이 전국 선거의 풍향계인 서울시장 선거에서 진 것이 YS에겐 뼈아픈 패배였다. 당시 민자당은 교육계 출신인 정원식 전 총리를 서울시장 후보로 내세웠다. 그는 참신하지도 못했고, 이미지도 좋은 편이 아니어서 여권 지도부가 불안해했다.

반면 김대중이 비장의 무기로 선택한 경제학자 출신의 조순 전 부총리는 온순한 성품에 이미지가 참신했다. 여당 지도부는 거물급 신인으로 등장한 이명박(李明博) 전 현대그룹 사장과의 경선을 벌이게 해 정원식을 띄우는 승부수를 제안했다. 하지만 당사자가 한사코 거부하는 바람에 명승부의 기회를 날려버리게 되었다. 결국 정원식은 조순에게 대패했고, 2위 자리도 지키지 못한 채 변호사 출신의 박찬종에게까지 밀려 3위가 되었다.

이명박이 그 뒤 대통령에 당선되는 저력을 보였다는 점에서 정원식과 이명박의 경선 불발은 YS에겐 불운의 징조였다.[29]

서울시장에 이어 비중이 큰 경기도지사 선거에서 변호사 출신으로 상도동계인 신예 이인제가 경험과 관록, 조직, 자금이 우세한 민정계의 임사빈을 누르고 역전승을 거둔 것이 그나마 YS에겐 위안이 되었다.

단기적 관점으로 보면 50년을 두고 서서히 발전시켜야 할 것을 단번에 실시하는 바람에 예상한 대로 폐단이 너무 컸다. 지방자치에 필요한 여건을 단계적으로 준비하는 세심한 계획이나 전략의 뒷받침 없이 강행한 것은 정치적 리더십의 한계였다. 지방 재정이 자립할 수 있도록 국세와 지방세를 재조정하는 문제나 행정 구역 정비 문제도 그대로 넘어갔고, 지방자치단체와 의회가 담합할 경우에 대비한 견제 혹은 감시 제도도 마련하지 못했다.[30]

거시적 관점으로는 지자제 전면 실시로 한국의 민주주의가 일단 제도적으로 완성의 틀을 갖추게 된 것이라 할 수 있다.[31]

참고 자료

1. 『김영삼 대통령 회고록』상 (조선일보사 발간)
   이원종 『김영삼 민주센터 녹취록』
2. 『김영삼 대통령 회고록』상 p1, p109
   임영태 『대한민국사(史)』 p743
   권영해 『김영삼 민주센터 녹취록』
3. 김충남 『대통령과 국가경영』 p516~517
4. 권영해 『김영삼 민주센터 녹취록』

5. 권영해, 김정남 『김영삼 민주센터 녹취록』

6. 김충식 『남산의 부장들』 p49

7. 조갑제 『박정희 평전』6 p188

8. 권영해 『김영삼 민주센터 녹취록』

9. [동아일보] 특별취재팀 『문민정부 1800일의 비화』 p46

10. 『최병열 자서전』 p269~270

11. 김종대 『위기의 장군들』 p113

　　[동아일보] 특별취재팀 『문민정부 1800일 비화』

12. 김종대 『위기의 장군들』 p107

13. 『김영삼 대통령 회고록』 상 p138

14. 이덕주 『한국 현대사 비록』 p420

　　임영태 『대한민국 사(史)』 p747~749

15. 김영명 『한국의 정치변동』 p335

16. 김영수 『김영삼 민주센터 녹취록』

17. 이원종 『김영삼 민주센터 녹취록』

18. 김덕룡 『김영삼 민주센터 녹취록』

　　서규석 『YS의 수첩정치』 p320

19. 김정남 『김영삼 민주센터 녹취록』

20. 윤여준 『대통령의 자격』

21. 김영명 『한국의 정치변동』

　　이원종 『김영삼 대통령 통치구술 사료집 4』

22. 『김영삼 대통령 회고록』 상 p251

23. 이원종 『김영삼 정부의 성공과 실패』 p170

　　김인섭 『기적은 끝나지 않았다』 p301

24. 김영명 『한국의 정치변동』 p337

25. 이원종 『김영삼 대통령 통치구술 사료집 4』 p307

26. 윤여준 『대통령의 자격』 p397

　　김덕룡 『김영삼 민주센터 녹취록』

27. 이원종, 김영춘 『김영삼 민주센터 녹취록』

28. 김덕룡 『김영삼 민주센터 녹취록』

　　한준석 『박정희 개발독재』 p60

29. 김덕룡 『김영삼 민주센터 녹취록』

30. 이홍구 『김영삼 정부의 성공과 실패』
   한준석 『박정희 개발독재』 p60
   윤여준 『대통령의 자격』 p397
31. 김인기 『박정희 압축민주화로 이끌다』 p170~172

2장 금융실명제를 뿌리내리다

김영삼은 1993년 8월12일 오후 7시45분, 금융실명제 (=「금융실명제 및 비밀 보장에 관한 긴급 재정 명령권 제16호」) 실시를 전격적으로 선언했다. 그날 오후 8시 이후 은행·증권·보험·농협·우체국·새마을금고의 모든 예·적금 통장과 주식, 자기앞수표, 양도성 예금증서(CD), 채권의 발행, 이자의 지급과 상환을 실명(實名)으로 하게 된 것이다.

그것은 하나회 제거 작업을 능가하는 것이었다. 이승만 정권 시절 단행해 북한군이 남침했을 당시 농민 봉기가 일어나지 않게 함으로써 '역사적 개혁'으로 평가되는 토지 개혁 이래 가장 비중이 큰 개혁을 단행한 것을 의미했다.

원래 금융실명제의 1차적 핵심은 금융 거래는 이름을 감추거나 빌리는 익명(匿名)과 차명(借名)은 안 되고, 반드시 실명으로 함으로써 양성화(陽性化)되는 것을 원칙으로 삼았다. 그렇게 금융 소득을 다른 소득과 한데 합쳐 종합 과세를 실시해 탈세(脫稅)를 원천 봉쇄하자는 데 목적이 있었다.

그래야만 대다수 국민이 원망하고 있는 불공평한 과세 관행을 과감하게 수술하고, 형평성을 실현할 수 있기 때문이다. 근로자의 소득은 유리지 갑처럼 투명해 세금이 하나의 예외도 없이 철저히 징수되지만, 재산 소득세는 정확한 세원(稅源)조차 제대로 파악하기가 어려워 세금 징수에서 온갖 부정부패의 온상이었다.

그러나 단기간에 강행할 수 없는 현실을 고려해 이자와 배당 소득에 대한 종합 과세는 1996년 1월부터 시행키로 했다. 또한 주식 양도 차익에 대한 과세는 차기 정권에 넘기기로 하는 식의 단계를 두기로 했다.

그런데 김영삼의 진짜 의중은 정경 유착과 비자금, 접대비, 뇌물, 떡값, 무자료 거래 등 고도 경제성장에 따른 부산물(副産物)로 인해 한국 사회에 만연된 불법적인 검은 돈의 거래를 추적하고 징벌하는, '경제 정의'라는 2차적 기능에 방점이 찍혀 있었다. 그것은 돈의 과거를 따지는 일이 30년 군사 문화의 적폐를 일거에 청산하는 징벌적 개혁에 우선(優先)해야 한다고 보았기 때문이다.[1]

금융실명제 실시에 이어 부동산실명제도 시행되었다. 만성적인 부동산 투기에 효율적으로 대처하기 위해 모든 부처가 인정하는 토지 가격을 산출하여 전국의 토지 가격을 일원화하고, 이를 데이터베이스화해 부동산 정책의 근간이 되게 만들었다.[2] 노태우 정부의 200만 호 건설의 영향도 있었지만 부동산실명제가 등장한 뒤 문민정부에선 여러 정권을 괴롭히던 부동산 투기 열풍이 일어나지 않았다.

역대 정권이 손대지 못했던 '괴물'

금융실명제는 3공에서 5, 6공 시대까지 줄곧 추진됐으나 실현되지 못했다. 박정희 정권 말기에는 고도성장에 따른 부산물로 지하 자금을 비롯한 검은 돈의 규모도 엄청나게 비대해져 국민경제의 암적 존재가 돼 있었다. 금융실명제를 도입해야 한다는 주장이 여러 곳에서 나와 재무부가 법

안까지 마련했으나, 국민의 반발이나 저항이 엄청날 수 있다는 예상 때문에 유야무야되곤 했다.[3]

5공 때는 이철희·장영자 부부의 거액 어음 사기 사건으로 인해 지하 자금의 심각성이 다시 불거졌다. 전두환의 경제 가정교사라 불리던 김재익 경제수석(=아웅산 폭파사건에서 순직)과 강경식 재무장관이 지하 자금을 양성화하기 위해 필요하다면서 실명제 실시를 주장하고 나섰다.[4]

그러나 허화평, 허삼수를 위시한 신군부 실세와 민정당 수뇌부, 경제 부총리 등이 "정권 안보를 위협하는 요인이 될 수 있다"면서 반대했고, 재계까지 가세하는 바람에 법 추진이 유보되었다. "이거 하다가 우리가 당한다"면서 결사반대한 것이 결정적인 브레이크였다.[5]

강경식은 "실명제는 마치 혁명을 일으키듯 어느 날 기습적으로 해치워야 하는데, 민주적으로 한다면서 토론에 붙인 것이 반대를 불러왔다"고 아쉬워했다. 어떻게 보면 철권(鐵拳) 통치 시절이 현실적으로 더 적기(適期)일수 있었던 것이다.[6]

6공에 들어와 노태우 역시 실명제를 대선 공약에 내걸었으나 손을 대지 못했다. 건드리고 싶지 않은 판도라 상자가 돼 있었다. 그러던 것이 야당 투사 출신의 김영삼이 등장, 역대 군부 출신 대통령들이 해내지 못한 일을 자신의 장기(長技)인 기습 전략을 동원해 정면 돌파해버렸던 것이다.[7]

김영삼은 금융실명제 실시를 결심한 뒤 세 사람과만 극비로 협의했다. 서울대 경영학과 교수 출신인 경제수석 박재윤은 "그것 참 중요한 일이다. 시기를 잘 선택해야 한다"고 말했다. '신(新)경제 100일 작전'을 주도하고 있던 그는 금융실명제 실시로 인해 그가 목표로 하던 경기 부양책에 차질을 가져오지 않을까 우려한 것이다.

'신경제 100일 작전'은 경기 회복과 투자 및 수출 증대를 통해 경제를 활성화시키려던 것이었다. 따라서 사회 개혁에 방점을 찍은 금융실명제와는 상충하는 성격을 지니고 있었다.

이에 비해 재무장관 홍재형이나 한국은행 총재 이경식은 "경제가 나쁠 때 실시해야 잃는 것이 적다"는 판단이어서 실시에 찬성하는 입장이었다. YS는 박재윤은 반대론으로 간주해 라인에서 제외하고, 홍재형과 이경식 두 사람에게 준비를 전담시켰다.[8]

그렇게 재무부와 한국은행 산하 한국개발연구원(KDI)의 두 갈래로 진행되던 준비는, 재무부 세제(稅制)실장 김용진의 지휘로 일원화되었다. 김용진은 3, 5공 때의 재무부 안(案)과 연구원 안을 절충해 실명제 법안을 완성했다. 연구원 안은 학자들의 작품이어서 현실을 감안하지 않은 과격한 내용도 포함돼 있었다.

철통 보안을 위해 재무부, 국세청, 법제처, 한국은행 실무 요원 20명이 해외 출장 명령을 받고 일본 도쿄(東京)까지 갔다가, 제각기 몰래 귀국해 비밀 합숙소에서 합류한 뒤 40일 만에 일을 끝낼 수 있었다.[9]

철통 보안으로 아들도 눈치채지 못해

김영삼은 야당 시절부터 기밀 보안 문제를 입에 달고 산 인물이다. 비밀 유지가 관건인 금융실명제 추진은 YS의 보안 취향에 딱 맞아떨어지는 기습 프로그램이었다. 하루에도 몇 번씩 무릎을 맞대고 '신경제 100일 작전'에 대해 보고하던 경제수석 박재윤은, TV 뉴스를 보고 실명제 실시를 알게 돼 경악했다. 국정을 논의하는 공식 기구인 황인성 국무총리와 박관용 비서실장도 마지막 순간에 통보를 받았다.

매주 청와대에 들러 세상 소식을 전하던 아들 김현철도 까맣게 모르기는 마찬가지였다. 그 바람에 대선에서 쓰고 남은 50억 원을 그대로 가지고 있던 그는, 금융실명제 실시로 그 돈을 안기부 예산에 변칙 실명 전환하여 묻어 두었다. 그러다가 5년 뒤인 1998년 2월, 그 사실이 뒤늦게 적발돼 처벌을 받고 아버지에게까지 누를 끼치게 된다.

당시 대통령에게 패싱당한 참모들의 얘기를 전해들은 경제계에선 "YS가 무서운 사람"이라면서 다들 놀라워했다.[10]

한국 경제는 30여 년 동안 고도성장을 추진하는 과정에서 "저축 확대를 통해 산업 자금을 조성한다"는 명분 아래 비(非) 실명 금융 거래 관행을 유지해왔다. 그 결과로 정당성이 결여된 음성·불로 소득과 같은 검은 돈의 규모가 커지고, 지하 경제가 확산되는 추세였다. 재벌 기업에서 국민 개개인에 이르기까지 모든 국민이 부정적인 영향 아래 경제활동을 펴게 되었다.

가명·차명 예금은 부정 축재 자금, 정치 자금, 부동산 투기, 범죄 조직의 자금이 돈세탁을 위해 거쳐 가는 통과 절차가 돼 있었다. 금융실명제 실시 직전인 1993년 8월, 가·차명 계좌의 자금이 최소한 33조 원으로 추산되는 게 현실이었다. 이 수치는 당시의 금융 자산 330조 원의 10%, 총통화 100조 원의 33%에 이르는 규모였다. 그 규모는 더 클 수도 있었다.

훗날 전두환, 노태우의 천문학적 규모의 부정 축재 자금도 금융실명제 실시로 인해 밝혀졌는데, 모두 가·차명으로 숨겨놓은 것들이었다. 하나회 출신의 전·노 두 사람은 박정희로부터 군부 통치를 배우고, 그 체제를 복제한 아류(亞流)였다는 역사적 평가를 받고 있다. 역설적이게도 마르코스 필리핀 대통령 등 다른 외국의 독재자들과는 달리, 재산을 해외에 빼돌리지 않은 점에서도 박정희를 뒤따랐다.

두 사람은 금융실명제가 햇빛을 보게 되리라고 상상조차 못했을 것이다. 금융실명제 실시로 당시 가장 피해를 입은 계층도 5, 6공의 실세 정치인들이었다고 한다.[11]

한 달 만에 반대로 돌아선 지지 여론

금융실명제가 실시되자 언론을 필두로 많은 국민이 개혁다운 개혁을 한다며 환영했다. 하나회 제거에 이은 쾌거라면서 YS의 지지율이 고공 행진하는 분위기가 이어졌다. 수많은 경제학자와 전문가가 입을 모아 잘한 일이라고 평했고, 부작용이나 후유증을 예견하는 경우는 거의 없었다.

그런데 시행 한 달이 지나면서 상황이 달라지기 시작했다. 전혀 예기치 못했던 반발, 저항이 도처에서 발생하여 김영삼 정권을 당혹하게 만들었다. 재벌 기업과 같은 부유층의 반발은 예상된 것이었고, 중산층의 보통 사람들도 감춰놓은 돈이 있는 경우가 많아 갈등이 예상되었다. 사회 전반에 걸쳐 자금의 흐름이 바뀌면서 일부 혼란도 예견되었다.

그러나 파장은 예상을 넘어 심각한 국면이었다. 사채 시장에 의존하던 중소기업들이 자금난을 겪기 시작하다 부도를 맞는 사태로 이어졌고, 그 상황에 적응하지 못한 중견기업들도 부도를 피해가지 못했다. 보다 심각했던 것은, 실명제를 일방적으로 지지 호응할 것으로 예상했던 영세 상인을 비롯한 저소득층이 앞장서서 등을 돌리기 시작했다는 사실이었다.

그동안 과세 특례자로 살아온 수많은 영세민들의 실질 소득이, 금융실명제 바람에 세원(稅源)이 노출되면서 특례 혜택을 잃게 되거나 과세 대상이 되는 일이 발생하자 불만을 터트리게 된 것이다. 부자들의 검은 돈을 막으려는 법인 줄 알았는데, 돈 없는 영세민이 오히려 혼쭐이 나는 현상이 벌어지고 있었다. "못 가진 자가 고통 받는 시대가 왔다"는 역설적(逆說的)인 비판까지 등장했다. 금융실명제를 피하려는 현금이 시중에 풀리면서 때 아닌 과소비 열풍이 일어났다. "있는 사람들의 과소비 대행진이다"고 해서 국민 정서를 자극했다. 금융실명제가 돈의 과거를 따지다 보니, 그 같은 광범위한 반발이 일어났었던 것이다. 기습적으로 단행할 수밖에 없는 금융실명제의 성격 때문에, 내놓고 충분한 사전 대책을 준비해놓을 수 없었기에 혼란의 파장이 더 컸다.[12, 13]

시중(市中)의 부정적인 반응이 반영되면서 언론도 비판적인 논조로 돌아섰다. 한 유력지는 금융실명제가 '경제를 모르는 급진 개혁파들의 작품'이라면서, 1993년 말께는 금융 대란이 일어날 것이라고 보도하고 있었다. 다른 신문들도 "중산층을 불안하게 말라"거나 「중과세래, 얼른 이혼해」라는 제목의 칼럼을 쓰면서 금융실명제 비판에 가세했다. 여론이 이렇게 힘을 모으니 금융실명제 성공이 어렵겠다는 생각이 들 정도였다.[14]

고공 행진하던 김영삼 정권에 대한 지지도가 떨어지기 시작했고, 이때 형성된 침체 분위기는 1994년 말까지 이어졌다. 1995년 말의 총선거를 맞아 정치 자금 마련이 어렵게 된 정치권에서 강한 불만이 나오기 시작했다. 1996년 들어 경제까지 침체되자 "금융실명제로 인해 돈의 흐름이 계속 왜곡돼, 가진 사람들의 과소비를 부추기고 중소기업의 자금난을 가중시킨다"는 비판의 소리가 커졌다. 정치권이 앞장서서 두 차례 금융실명제를 완화할 수밖에 없었다.

종합 과세를 1996년 1월부터 시행하고, 주식 양도 차익에 대한 과세는 차기 정권에 넘기기로 하는 등 당초 계획이 수정 대상이 되었다. 지하 자금을 끌어낸다는 구실 아래, 비(非) 실명 장기 채권을 발행하도록 법을 개정하기까지 했다. 여·야 정치권이 금융실명제를 형해(形骸)화하고 있다는 강한 비판론이 제기되었다.[15]

'정보화 시대 선언'과 금융실명제

금융실명제 역풍이 그렇게 크고 강했던 것은, 검은 돈이 통하는 부정부패 구조를 없애겠다는 개혁이 목숨 걸고 하는 혁명보다도 훨씬 어렵다는 사실을 새삼스럽게 실증했다. 확실하게 지지 세력을 확보할 수 있는 혁명에 비해, 금융실명제 개혁은 국민 각 계층이 거의 전부 약속이나 한 듯 짧은 시간 내에 찬성에서 반대로 돌아서는 '내로남불' 이기주의의 극치를 보여주었던 것이다.

김영삼이 정석(定石)대로 앞으로 세금을 잘 내게 한다는 것을 전제로, 돈의 과거를 불문에 부치는 세제 개혁을 택하여 연착륙(軟着陸=soft landing)을 시도했다면 전천후 반대 사태는 피해 갈 수 있었을 것이다. 그러나 그 경우 부정부패에 대한 역사 청산을 포기하는 것을 의미했다.

그 뒤 "껍데기만 남는 게 아니냐?"는 비판에도 불구하고 금융실명제가 정착해 한국사회의 투명도를 높이는 데 성공한 과정을 보면, YS의 선택과 도전이 옳았다는 것을 입증해준다.

금융실명제가 정착하는 데는 두 가지 흐름이 결정적인 영향을 끼쳤다고 볼 수 있다. 하나는 시행되는 과정에서 국민생활에 파고든 크고 작은 숨겨놓은 돈, 검은 돈이 양성화되는 것을 국민들이 투명 사회로 가는 흐름으로 받아들이기 시작했다는 점이다. 국민들이 탈세할 생각을 버리기 시작했고, 세금 액수에 불평하면서도 의무로 받아들이는 식으로 대세가 형성되었다.

다른 하나는 국민을 그런 방향으로 이끌어가는 데는 정보화·전산화 시대를 불러온 IT산업의 발전이 결정적 역할을 했다는 사실이다. 김영삼은 1994년, 체신부를 폐지하고 정보통신부로 과감하게 탈바꿈시키면서 정보화 시대를 선언했다.

전국적으로 정보화 고속도로(Information Super Highway)로 불리는 광(光)케이블을 깔아 초고속 정보 통신망을 전국적으로 구축했다. 다른 선진국보다 앞선 그 같은 정보화 정책에 힘입어 한국은 IT산업의 강자로 부상하게 됐다.[16]

정부 각 부처와 국세청, 은행과 같은 금융기관을 잇는 초고속 전산화(電算化)가 이뤄지고, 데이터베이스가 구축되었다. 모든 은행 거래가 실시간으로 백일하에 드러나는 금융 시스템이 마련된 것이다. 수상한 금융 거래를 추적할 수 있는 금융정보분석원(FIU: Financial Intelligence Unit)도 나중에 설립되었다.

한국사회는 극히 짧은 시간 내에 선진국처럼 현금보다 카드로 결제하는 신용사회로 바뀌어갔다. 아직도 전국적인 카드 결제가 어려워 신용사회 후진국인 일본과 대비가 된다. 그 같은 추세에서 금융실명제는 자연스럽게 뿌리를 내리는 데 성공했던 것이다.[17]

IT산업의 발전이 없었다면 금융실명제는 지금처럼 정착하기가 어려웠고, 금융실명제가 없었다면 IT산업이 발전해도 한국사회가 지금 수준의 투명도(透明度)를 올릴 수도 없었을 것이다. 그런 점에서 금융실명제를 단행하고, IT산업을 이끌 정보화 시대의 문을 연 김영삼은, 금융실명제가 뿌리를 내리는 데까지 기여한 셈이다.

YS 때 부동산 투기 열풍 없었다

부동산실명제를 포함한 금융실명제는 헌정 사상 가장 성공한 개혁으로 평가되고 있다. 처음 실시할 때 기득권의 강력한 반발과 피해를 당한 서민층의 불만에 부딪히면서, 당초 내용이 약화되는 수난을 겪었다. 그러나 세월이 흐르고 한국사회를 투명하게 하는 효과를 내기 시작하면서, 한국의 국격(國格)을 선진국 수준으로 높인 개혁으로 자리매김했다.

금융실명제는 모든 개혁의 시발점이 되었다. 정치뿐 아니라 경제와 사회 전반에 걸쳐 점진적으로 연쇄적 파급효과를 냈다. 전산화(電算化) 시스템이 발전하는 것과 맞물려 국민의 모든 금융 거래, 부동산 거래 내역이 투명하게 공개되는 사회가 되었다. 그만큼 사회에 만연돼있던 부정과 부패의 여지가 줄어든 것이다.

금융실명제는 1994년 서울 정도(定都) 600주년을 기념하는 행사에서 대한민국 발전에 크게 기여한 개혁 정책으로 꼽혀, 400년 후인 2394년에 공개될 캡슐에 저장되었다.[18]

홍재형 전 재무장관은 YS가 그때 실행하지 않았다면 추진이 10년은 늦어졌을 것이고, 그만큼 한국의 경제발전도 더 늦어졌을 것이라고 주장했다.[19]

여기서 금융실명제에서 등장하는 부동산실명제와 연계되는 땅값 이야기 한 가지를 소개하고자 한다. 1953년부터 2007년까지 54년 동안 한국의 지가(地價) 총액은 1만 배 넘게 폭등했다. 세계 최고 수준이었다. 정권 별로 보면 박정희 집권 기간에 55%로 가장 많이 올랐고, 이승만 14.7%, 전두환과 노태우 시절 7~8% 수준으로 올랐다. 반면 김영삼, 김대중, 노무현 집권 때는 지가(地價) 앙등과 무관했다.[20]

지가 상승은 성장 지상주의, 개발 위주의 정책으로 고성장이 실현되면서 부산물로 등장했다. 서민의 고통이 커지고 부동산 졸부(猝富)가 양산되면서, 부익부 빈익빈 현상을 심화시켰다. 문민정부에서는 과도한 개발이 자제되고, 부동산 투기에 대한 억제 정책이 비로소 힘을 얻기 시작함으로써 땅값이 안정될 수 있었다. 이전 정부인 6공의 토지 공개념에 관련된 3법의 효과도 보았다.

YS가 임기 내내 부동산을 통한 경기부양이라는 역대 정부 단골 메뉴의 유혹에 빠지지 않았던 것을 평가해야 한다. YS는 부동산 투기 열풍이나 논란이 없는 시대를 다스린 유일한 대통령이었다.

참고 자료

1. 임영태 『대한민국사』 p792~793

2. 고병우 『혼이 있는 경제 각료』 p54

3. 강경식, 김용진 『김영삼 민주센터 녹취록』

4. 김용진 『김영삼 민주센터 녹취록』

5. 이종찬, 양수길 『김영삼 민주센터 녹취록』

6. 이장규 『경제는 당신이 대통령이야』 p180~181

7. 강경식 『환란일기』 p330
    김용진 『김영삼 민주센터 녹취록』

8. 『김영삼 대통령 회고록』 상 p168~169

9. 김용진 『김영삼 민주센터 녹취록』

10. 홍재형 『김영삼 민주센터 녹취록』

11. 『김영삼 대통령 회고록』 상
    임영태 『대한민국사』 p794

12. 박관용, 이원종 『김영삼 정부의 성공과 실패』

13. 윤여준 『Statecraft』 p393

14. 강준만 『김영삼 정부와 언론』 p119

15. 임영태 『대한민국사』 p793

16. 정보통신부 『한국의 정보화정책 발전사』

17. 이계민 등 『도전과 비상』 p49

18. 코리언 미러클 『금융실명제』 p407

19. 코리언 미러클 『금융실명제』 p409

20. 유종일 『박정희의 맨얼굴』 p87.

3장 김영삼과 이회창의 애증극(愛憎劇)

김영삼은 1993년 2월26일, 문민정부 초대 내각 인사를 단행했다. 국무총리에 육군 소장 출신으로 민자당 다선의원이던 황인성을 기용했다. 경제부총리로는 이경식 가스공사 사장, 통일부총리에 한완상 서울대 교수를 비롯한 22명의 장관, 그리고 안기부장에 김덕 한국외국어대 교수, 서울시장에 김상철 변호사(=그는 7일 만에 낙마했다)를 각각 임명했다.

그에 앞서 민자당 소속 국회 통일위원장인 4선 의원 박관용을 청와대 비서실장으로 뽑았고, 군 출신 장성들이 독점해오던 경호실장에 '비(非) 육사 비(非) 장성' 출신인 박상범을 발탁했다. 박상범은 박정희 대통령 시해 당시의 경호관이었다. 또한 학계와 언론계 출신 인사들을 청와대 수석비서관으로 두루 기용했다.

개혁 지향적인 유능한 인사, 젊은 층과 여성을 크게 배려하면서 각계각층을 아우르고, 행정의 동맥 경화 현상을 감안해 비(非) 관료 출신을 많이 고르는 게 인사 원칙이었다고 했다. 한 여론조사에서 첫 내각과 비서실 인선에 대해 "잘했다"는 응답이 69.1%로 나와 시작은 좋은 평을 받았다.[1]

그렇지만 첫 내각은 생각보다 개혁적이지 못했다. 청와대 눈치를 보는 관행에서 벗어나지 못한 채 소극적인 내각 운영을 하고 있었다. 박정희의 배려로 경리장교 출신이면서 특과(特科)의 진급 상한선인 준장을 넘어 소장까지 진급했다가 전역한 황인성. 그는 1973년 군의 후배이자 동갑내기인 김종필 총리의 비서실장을 지낸 것을 시작으로, 도지사와 장관을 역임한 뒤 국회로 진출해 다선의원이 된 탁월한 능력과 신중함을 갖춘 참모형 인물이었다. 그렇지만 총리가 명목상의 2인자인 권위주의 체제에 익숙해져 있었던 탓인지 이렇다 할 개혁 의지를 보이지 않았다.

황인성은 대통령 주재로 매년 봄에 열리는 내각의 1994년도 정부 사업 보고회의를 앞두고, 국무회의에서 각 부처별로 준비를 잘해달라고 지시했다. 문민정부의 출범을 계기로 하나회 제거와 같은 큼직큼직한 개혁이 대통령 주도로 진행되고 있는 만큼 그에 부응하는 내각 차원의 부처 개혁 계획이 등장할 만한 계제였으나, 그에 대한 언급이 없었다.

이전의 6공 정부가 하던 루틴대로 일반적인 부처별 사업 계획을 다루자는 듯한 인상이었다. 어느 장관이 "문민정부의 첫해인 만큼 개혁에 관한 내각 차원의 플랜을 보고해야 하지 않겠는가?"라고 지적하자, 국무회의는 흐지부지 끝나버렸다.[2]

각 부처 장관들이 해당 청와대 수석비서관과 의논해 각자도생(各自圖生)하는 상황이 전개되었고, 큰 개혁으로 열렬한 지지를 받는 대통령의 고공 행진 추세에 얹혀 가고 있었다. 그러다가 '우루과이 라운드(UR)'의 쌀 시장 개방 문제라는 장애에 부딪히게 되었다.

「관세와 무역에 관한 일반협정(GATT)」 중심의 국제 질서가 세계무역기구(WTO)라는 새로운 체제로 바뀌는 시대가 왔고, 그에 따라 쌀 개방 문제를 앞세운 우루과이라운드 협상 문제가 한국을 압박하기 시작했다. 미 대통령 클린턴은 1993년 12월7일 밤, 김영삼과의 통화에서 "쌀 시장 개방은 거스를 수 없는 시대적 대세"라면서 농업국인 한국의 특수성을 수용하지 않았다.

12월13일 농수산부 장관 허신행은 미국 농무장관 마이크 에스퍼와의 회담에서 쌀 시장 개방의 구체적인 조건에 합의했다. 쌀 시장 개방 일정에 대해 관세화 유예 기간을 10년으로 하되 최소 시장 접근 폭은 1995년부터 1999년까지 1~2%, 2000년부터 2004년까지 2~4%로 늘어나는 2단계 개방 방식에 합의한 것이다.

김영삼은 선거 때 "대통령직을 걸고서라도 쌀 개방을 막겠다"고 유세 현장에서 했던 말 한 마디로 매우 곤혹스러운 처지에 몰려있었다. 수행 참모가 연설문 원문을 손보지 않는 바람에, 구태여 안 해도 될 발언을 했다가 발목이 잡힌 꼴이었다.

쌀 시장 개방에 생존권이 걸린 농민들은 거세게 반발했고, 야당은 그 분노에 편승해 '쌀 개방 절대 반대'를 외치기 시작했다. UR을 거부하면 국제적 고아 신세로 전락할 수밖에 없다는 사실을 널리 홍보하면서, 위기 국면을 벗어나기 위해 문민정부 출범 10개월 만에 대대적인 당정(黨政) 개편을 하게 되었다.[3]

황인성이 퇴진하고, 대법관 출신의 이회창(李會昌) 감사원장이 후임 총리로 임명되었다. 경제부총리, 통일부총리 등 장관 13명과 국가보훈처장이 바뀌었고, 민주계 좌장인 실세 최형우가 내무장관으로 입각했다.

김영삼이 "균형 감각이 모자라고 다양한 사람을 포용해야 하는 조직 생활에 맞지 않는다"는 반대론을 무릅쓰고 이회창을 발탁한 것은,[4] 쌀 시장을 지키지 못한 데 대한 농민들의 강한 불만을 조기 진화하기 위해서는 국민적 인기를 얻고 있던 그의 대쪽 이미지가 필요했기 때문이었다. 그때까지 순풍(順風)이었던 YS로서는 쌀 개방으로 인한 정국 위기를 극복하면서 개혁 분위기를 계속 살려가고 싶었던 것이다.

대쪽 이미지의 이회창

대법관 출신인 이회창은 군부 통치 시절 시류(時流)에 영합하지 않고, 대법원에서 군부 정권이 기피하는 소수의견을 가장 많이 내면서 대쪽 이미지를 키워왔던 인물이었다. 감사원장에 발탁된 뒤로는 감사원이 대통령 권력으로부터 독립성을 확보하는 데 주력했다. 그는 군부 정권 시절에는 상상조차 할 수 없었던 청와대, 안기부 감사도 강행했다.

또한 역대 정권이 건드릴 수 없는 성역(聖域)이라고 했던 '율곡 사업'에 대한 비리 감사, 평화의 댐 건설에 관한 두 전직 대통령(전두환, 노태우) 서면 조사도 실시했다. 율곡 사업은 대북(對北) 전력(戰力) 격차 해소를 위해 수립한 한국군의 장기 전투력 증강 계획으로, 정권이 바뀌는 것과 상관없이 천문학적 예산이 드는 국가적 초대형 사업이었다. 그렇지만 그 전모가 베일에 가려져 왔다.

이 같은 일은 기본적으로 대통령이 힘을 실어 주었기 때문에 가능했다. 그러나 청와대 측과 사전 상의 절차 없이 이회창이 독자적으로 일을 처리한 것이 적지 않아 뒷소리도 많았다. 어쨌거나 그는 국민적 지지를 얻으면서 대통령의 개혁 정책에도 큰 기여를 한 인물로 부상했다.

이회창은 총리 취임 첫날 국무회의에서 민주계의 좌장인 최형우 내무장관, YS의 비서실장 출신인 김우석 건설부장관, 서청원 정무장관이 지켜보는 가운데 "2기 내각이 모래알처럼 흩어져 '실세 장관'이니 '허세 장관'이니 하는 소리가 나와선 안 된다. 모두 실세가 돼야 한다. 앞으로 1, 2년이 매우 중요하다"고 소회를 밝혔다. 대쪽 이미지답게 메시지에 날이 서 있었다.

김영삼의 개혁이 1차 연도가 지나면서 효율과 지지, 동력이 떨어지는 추세를 맞고 있다는 게 중론이었다. 그래서 신임 총리는 심기일전하기 위해 내각의 고삐부터 강하게 조여 나가겠다고 작심한 듯했다.[5]

김영삼도 이회창 임명이 중단 없는 변화와 개혁을 추진하기 위한 것이라고 밝혔다. 이회창 스스로도 "국정 전반을 폭넓게 관찰하고, 개혁 정책이 중심인 정부의 기본 목표와 정권의 국정 운영이 원활하도록 대통령을 보좌하고 내각 업무를 조정할 생각이다"고 말했다. 그랬던지라 정가와 언론의 관심과 기대가 그만큼 컸다.[6]

하지만 대통령과 총리의 개혁 콤비 플레이는 기대한 것처럼 순조롭게 작동되지 않았다. 이회창이 1994년 1월28일 대통령과의 주례 회동에서 "선거가 없는 앞으로 1년은 우루과이 협정 비준과 세계화 등 개혁 정책이 직면한 난관을 극복하고 승부를 걸어야 할 시기"라고 강조하고, 그에 대응해 내각이 활발하게 일할 수 있으려면 총리의 권한부터 강화해야 한다고 요구한 데서 사단(事端)이 벌어졌다.

이회창은 헌법에 규정돼 있으나 지금까지 사문화(死文化)되다시피 한 총리의 내각 통할권(헌법 제28조 2항)과 국무위원 임명 제청권 및 해임 건의권(헌법 제87조 1, 2항)을 되살려야 한다고 지적했다. 그러면서 "대통령을 보좌하고 행정에 관하여 대통령의 명(命)을 받아 행정 각부를 통할한다"는 규정에 나오는 '대통령의 명'을, 추상적이고 일반적인 명령까지 포함된다고 확대 해석했다. 따라서 그는 외교·국방을 제외하고, 경제를 포함한 일반 내정(內政)에 대한 권한을 1차로 총리에게 일임해줄 것을 주장하고 나선 것이다.

이회창은 한 걸음 더 나아가 대통령의 주요 통치 수단인 수석비서관들로 구성된 청와대 비서실을, '단순한 보좌 기능'에 머물게 해야 한다고 강조하기까지 했다.[7]

정무수석 이원종이나 비서실장 박관용을 통해 이회창의 의중을 사전에 귀띔받고 있던 김영삼은, 즉답을 피하고 침묵을 지켰다. 총리가 제대로 국정(개혁)을 수행하기 위해 총리 권한을 강화하자고 한 의욕은 이해했으나, 이원집정부(二元執政府)적 성격의 권력 구조 개편까지 요구하는 것은 너무 나갔다고 보았기 때문이다.[8]

대통령 중심 직선제를 되찾기 위해 군부 독재 정권과 싸워온 김영삼은, 의회주의자이면서도 강력한 민주주의적 대통령 리더십을 선호하는 입장이었다. 1987년 체제의 산물인 개정 헌법은 대통령을 국가원수로 규정한 유신 헌법의 '제왕적 대통령제'를 그대로 반영하는 등 더 강한 대통령제를 규정하고 있었다. 따라서 YS는 집권한 뒤 권력 구조에 손댄다는 생각은 아예 가지고 있지 않았다. 때문에 이회창의 요구는 뜻밖의 기습이었다고 할 수 있었다.[9]

김영삼은 권력 구조는 그대로 유지했으나 그 시스템은 대폭 개선했다. 역대 군부 출신 대통령들은 비서실장과 경호실장, 중앙정보부장, 보안사와 같은 군 수사 기관장을 국정 운영에 광범위하게 개입시켜 왔다. 그렇지만 김영삼은 그런 시스템이 정치를 왜곡하는 반민주적 요인이 되어왔다고 보고 일절 근절시켰다.

참모들의 개별적 보좌를 받으며 당무를 처리해온 시스템에 익숙해있던 김영삼은, 각 분야의 전문가들인 수석비서관으로 구성된 청와대 비서실을 중심으로 해 대통령이 국정 운영을 직접 진두지휘한다는 게 기본 골격이었다. 다른 한편으로는 수석비서관을 사이에 두고 내각의 각 부처를 통할하거나, 장관을 직접 상대하는 2원화된 통치 구도를 택한 것이라 할 수 있었다.

비서실장에게는 행정적 보좌 기능만 허용했고, 총리에게도 장관들의 '반장' 이상의 역할이 주어지지 않았다. 그런데 신임 총리가 알고 그랬는지 아니면 총리 위상 강화 문제에 골몰하다가 그랬는지 모르나, 대통령이 장악하고 있는 권력 구조의 실질적인 핵심을 자신에게 위임해달라고 요구한 셈이었다.

국무총리가 명목상 2인자가 된 이유

국무총리제는 제헌(制憲) 헌법을 만들 당시, 대통령제를 고집하는 이승만과 내각제를 주장하던 한민당과의 사이에서 나온 절충안의 작품으로 알려져 있다. 한민당이 압도적인 이승만의 카리스마에 눌려 내각제를 포기하고 대통령제를 수용하면서, 대통령 권력을 견제하는 포석으로 국무총리제를 헌법에 삽입한 것이다.

당시 비서도 없이 혈혈단신(孑孑單身)으로 미국에서 귀국한 이승만은, 자기 측 헌법 기초위원이 없었다. 그래서 한민당의 기초위원이면서 대통령제와 내각제 헌법에 두루 밝은 김준연(金俊淵=독립운동가이자 정치인)이 앉은 자리에서 대통령제 헌법을 정리하면서 총리 제도를 넣었다. 여기에 대해 한민당 측 헌법학자인 유진오(俞鎭午=고려대학 총장과 신민당 총재 역임)가 "별 무리가 없다"고 판정해 최종안이 되었다. 말하자면 총리제에 대한 양쪽의 심도(深度) 있는 논란 과정이 생략된 채 역사에 등장한 것이다.[10]

그 과정을 잘 아는 이승만은 헌법에 규정된 총리의 권한을 집권 초부터 아예 무시했고, 대통령을 보좌하는 단순 총리로 자리매김했다. 2인자 두기를 꺼려하던 군 출신의 박정희 역시 총리에게 권력을 나눠줄 의사가 없었다. '대독(代讀) 총리', '의전(儀典) 총리', '방탄(防彈) 총리', '얼굴 마담'처럼 총리를 비하하는 조어(造語)가 이때 생겼다.

정일권이나 김종필은 총리 시절 아예 정치적 야심이 없다는 것을 알리기 위해서인지 '명목상 2인자'에 맞게 처신한 것으로 널리 알려져 있다. 5, 6

공에 들어와서도 그 같은 관례를 따랐다. 하나회 출신 대통령들이 정통성에 대한 열등감 탓에 공화당 시절보다는 다소 나은 대우를 했을 뿐이다.

김영삼은 "이회창이 대통령의 지휘 받기를 원치 않는 모양"이라면서, 매우 절제되긴 했으나 불편한 심기를 감추지는 않았다. 그는 이회창이 내각 통할권을 강화하는 내용의 정부조직법 개정안을 만들어 청와대에 보내왔다는 보고를 받자 "씰(쓸) 데 없는 짓이다!"며 냉소적으로 일소(一笑)에 부쳤다.[11]

얼마 뒤 김영삼은 "총리의 건의는 대통령 중심제인 헌법의 본래 취지에 반(反)하므로 수용하기 어렵다"는 반대 의사를 이회창 쪽에 공식 통보했다. 그에 대해 이회창은 더 이상 언급하지 않았고, 사안별로 총리의 역할을 찾으며 실질적인 책임총리제를 실현해 보겠다고 마음을 먹은 듯했다. 양측이 충돌하거나 조율이 여의치 않을 때 정치적 갈등이 불가피할 수 있는 강수(强手)의 길을 택한 것이다.

해임(解任)인가 사임(辭任)인가?

이회창은 스스로의 판단으로 낙동강 수질 오염 사건을 계기로 그 대책을 세웠다. 그런데 청와대 대변인이 대통령 지시에 따른 것이라고 사실 아닌 발표를 하자 대변인에 전화를 걸어 항의했다. 총리의 독립성을 강조하는 메시지였다.

관변 단체에 대한 지원금을 삭감·중단하는 조치를 독자적으로 내리자, 청와대 쪽에서 비판적 반응이 나왔다. "상문고 비리를 조사하라"고 총리가 관계 부처에 지시했는데도, 대통령이 그 뒤 다시 지시하는 상황이 벌어지기도 했다. 이회창이 중복 지시의 문제점을 주례 회동에서 거론하자 김영삼은 불편한 기색을 감추지 않았다. 그러나 반박하는 발언도 하지 않았

다.[12]

대통령과 총리 사이에 난기류가 일고 있을 즈음, 민주계 핵심들이 차기(次期) 구도와 관련해 이회창 견제에 나선 것도 변수였다. 방송사들이 신임 총리를 상대로 잇달아 인터뷰를 방영했다. 사정(司正) 개혁뿐 아니라 행정, 정치까지 광범위하게 다룰 역량을 갖추고 있는지 테스트해보는 게 초점이었다.

이회창은 '알·부·남'(=알고 보면 부드러운 남자)이라는 신조어(新造語)까지 소개하며 데뷔 무대에서 솜씨를 보였고, 인기가 눈에 띄게 오르기 시작했다. 그러자 2년 후인 1995년 무렵에 차기 구도를 짤 예정이라던 민주계 핵심들이, 이회창의 급부상 현상에 긴장했는지 발 빠른 견제에 나섰다.

그럴 경우 "결집력과 파괴력이 남다르다"는 민주계가 대통령의 귀를 잡고 있는 이상, 이회창의 입장이 불리해질 공산이 컸다. 그러는 사이 1994년 3월, 북한의 핵 확산금지조약(NPT) 탈퇴로 인해 시작된 핵 위기에 대비하느라 통일안보 조정회의가 처음 열렸다. 이 자리에서 대통령과 총리 사이의 갈등이 폭발하고 말았다.

미전향 장기수 이인모를 북송할 때 총리(황인성)가 이 사실을 모르고 있었다는 사실이 드러나자, 대통령이 각 부처 내의 토론 부재를 질책했다. 게다가 문민정부의 대북 정책에 혼선이 있다는 여론이 거세게 일자 비서실장 박관용이 "대북 정책에 대해 사전 조정을 해야 한다"고 건의, 통일안보 조정회의가 발족했다.

참석 멤버는 통일부총리, 외무·국방장관, 안기부장과 외교안보수석이었고, 청와대 비서실장이 배석하게 되었다. 이회창은 이 조정회의가 자신을 안보 논의 라인에서 배제하려는 의도가 아닌가 여겨 총리 비서실장을 옵서버로 참석케 해달라고 건의했고, 김영삼이 이를 수락했다.

그러나 1994년 4월8일, 첫 회의가 열리게 되면서 일이 꼬이기 시작했다. 이회창이 관계 장관들에게 조정회의에 회부·조정된 안건을 사전(事前)에 자신의 승인을 받아 시행하라는 내용의 지시를 내렸기 때문이다. 그 지시는 대통령 명(命)으로 구성된 조정회의의 권한을 총리가 침해하는 성격의 것이어서 폭발성을 안고 있는 문제였다.[13]

김영삼은 이회창과의 주례 회동에서 작심한 듯 "조정회의는 대통령의 지시에 의해 설치된 것인데, 총리가 여기에 이의를 달고 자신의 승인을 받으라고 한다면 총리가 대통령 위에 있는 것인가?"라고 노기(怒氣) 띤 목소리로 따지기 시작했다. 그동안 인내하면서 기억해두었던 문제 행위의 예를 들어가며 조목조목 따진 뒤 "그 같은 총리의 지시 행위는 통치권에 대한 도전이다"는 강력한 표현까지 쓰며 질타했다.

이회창이 열심히 자신의 입장과 견해를 설명했으나 김영삼은 귀담아 듣지 않았다. 일생을 투사로 살아온 김영삼은 그 같은 경우 불같이 화를 내면서 단번에 상대를 제압하는 카리스마를 가진 인물이었다. 비서실에까지 들릴 정도의 고성이 오간 뒤 이회창에게 책임을 물었다고 한다.[14]

이회창의 입장에선 그 순간 대통령과의 관계가 돌이킬 수 없는 길목에 이르렀다고 느껴 사의를 표명했고, 김영삼이 이를 받아들였다고 회고록에 쓰고 있다.[15]

당시 일부 언론은 "대통령이 총리를 해임(解任)했다"고 보도했고, 일부는 "총리가 사임했다"고 보도했다. 마지막 순간 이회창이 '사임'으로 처리해 달라고 요청했고, 김영삼은 이를 수용했다. 그런데 일부 참모들이 보도진에 '해임'이라고 확인해주는 바람에 생긴 해프닝이었다는 후문이다. "총리가 평소 대통령에게 무례한 행동을 했다"는 인신 공격성 가십까지 보도되자 이회창이 "이렇게 뒤통수를 치기냐?"면서 관계 참모들에게 항의 전화를 거는

신경전도 뒤따랐다.[16]

이회창은 법률가로서의 능력과 소신으로 대법관 자리에까지 올랐다. 감사원장으로서 성공할 수 있었던 것도 감사가 기본적으로 법률의 영역이었기 때문이다. 그러나 총리 자리는 다르다. 복잡하게 얽히고설키는 정치 영역이었다. 따라서 총리의 위상 강화는 헌법 조항의 확대 해석 여부로 가능할 수 있는 문제가 아니었다. 법률적이면서 정치적이기도 한 양면의 접근책이 필요했을지 모른다. 그런데 이회창은 법률적 접근에 무게를 두고 가다가 역풍(逆風)을 맞게 된 것이라 할 수 있다.

진한 아쉬움 남긴 두 사람의 결별

이합집산(離合集散)을 밥 먹듯 하는 정치판에서 오랫동안 숱한 사람을 겪은 YS는 말을 아끼고 실천력이 좋은 유형을 선호하는 성향이었고, 한번 사람을 믿으면 모두 맡기는 타입이었다. 50%만 믿고 저울질한다는 박정희와는 대조적이었다.[17]

이회창 다음다음으로 총리에 취임한 이홍구도 책임 총리제가 필요하다는 입장이었다. 그는 이회창의 초등학교와 경기고, 서울법대 동기동창이었다. 이홍구는 재직 중에는 내놓고 주장하지 않으나, 퇴임 후 "대통령이 상당한 정도의 역할을 위임한다면 현행 헌법의 테두리 안에서 책임 총리제 실현이 가능하다"고 보고 있었다. 정치학자 출신이면서 총리직을 경험한 입장인 그는, 대통령과 총리 사이의 폭넓은 현실적 논의를 통한 정치적 접근을 권하고 있었다.[18]

이회창이 총리 위상 강화 방안을 관행화하겠다고 정공법(正攻法)으로 밀어붙일 것이 아니라 정치 현실을 감안한 단계별 접근 방식을 유연하게 활용했더라면, 대쪽 총리의 존재가 절실한 김영삼의 양보와 지원 결심을 받아

낼 수도 있었을 것이다.

김영삼 정부에서 실제적으로 개혁 정책을 중간 점검 또는 평가하고, 방향과 완급(緩急)을 조정하는 참모장 기능을 맡는 인물이나 기구가 없었다. 그랬기에 개혁 업무에 밝고 열의가 있는 총리가 자연스럽게 개혁 전반에 걸쳐 큰 역할을 할 수 있는 공간이 열려있었다. 그 공간으로 통하는 열쇠는 강공(强攻)으로 얻어지는 것이 아니라, 정치력으로 확보해갈 수도 있었다. 두 사람에게 각기 '윈(Win) 윈(Win)' 하는 결과를 가져다 줄 기회가 사라진 것은 그만큼 아쉬운 일이었다.

김영삼의 입장에서 보면 문민정권을 창출하고 산업화와 민주화의 성과를 잇는 교두보는 일단 구축한 만큼, 개혁을 완성하는 일이 모든 현안에 앞선 최우선 과제였다. 역사에 기여하는 업적(=산업화)을 이룬 박정희처럼 자신도 업적을 낼 수 있다는 자신과 의욕을 가지고 있던 그에게, 임기가 5년뿐인 정치 현실에서 2차 연도는 기회와 도전의 시기였다. 총리의 권한 강화 논란이나 성급하게 차기 구도에까지 관심을 쏟을 때가 아니었다.

민주화 투쟁 당시 많은 사람이 YS를 오랫동안 지지했다. 그 연장선상에서 대통령과 총리가 충돌했을 때, 김영삼을 지지하리라고 보는 시각도 가능했다. 그러나 현실은 그렇지 않았다. 대통령과 싸운 뒤 이회창의 지지도가 35%로 치솟고 있었다. YS가 지금은 권력자가 되었으므로 국민들이 김영삼을 비판적으로 보는 시대에 와있었던 것이다.

김영삼은 이회창의 존재 가치를 누구보다도 높이 사는 입장이었다. "여백(餘白)이 있어 인재가 꼬이고 포용력이 크다"는 김영삼. 그가 물밑 대화를 통해 절충선을 찾거나, 혹은 통 크게 이회창을 활용하는 포석으로 나갔다면, 그 후 보수 세력의 미래 정치 지형(地形)에까지 큰 영향을 끼칠 수 있었을 것이다.

참고 자료

1. 『김영삼 대통령 회고록』상 p56~59
2. 오인환 증언
3. 『김영삼 대통령 회고록』상 p222~228
4. 『김영삼 대통령 회고록』상 p279
5. 『이회창 회고록』Ⅰ p359
6. 『이회창 회고록』Ⅰ p349
7. 『이회창 회고록』Ⅰ p336
8. 이원종 수석 인터뷰 2014. 6. 13
9. 강원택「한국정치의 결정적 순간들」(2019. 11. 25 [조선일보])
10. 오인환『이승만 평전』p254
11. 박관용『나는 영원한 의회인으로 기억되고 싶다』p149
12. 『이회창 회고록』Ⅰ p383
13. 『이회창 회고록』Ⅰ p410
14. 『김영삼 대통령 회고록』상 p281
15. 『이회창 회고록』Ⅰ p416
16. 『이회창 회고록』Ⅰ p422
    김덕룡『김영삼 대통령 통치구술 사료집』p199
17. 『홍진기 회고록』
18. 이홍구『김영삼 정부의 성공과 실패』p79

4장 새로운 '코리안 드림'을 찾아라!

　　김영삼은 1994년 11월16일, APEC 정상회담을 마치고 오스트레일리아의 시드니로 가는 비행기 안에서 「세계화 구상」(일명 「시드니 선언」)을 발표했다. 엄청난 속도와 규모로 변하고 있는 대외적 환경에 맞춰 뒤처져 있는 한국사회의 제도와 규범, 관행들을 국제사회 수준으로 개혁하고, 이를 바탕으로 세계의 중심 국가로 발돋움하자는 제안이었다.[1]

　　김영삼은 "APEC 정상회담 도중 많은 정상들이 세계화(Globalization)를 말하는 것을 들으며, 그것이 세계의 대세(大勢)임을 느꼈다"면서 선언을 서두른 배경을 설명했다. 그 선언은 하나회 제거, 금융실명제 전격 실시를 연상시킬 만큼 기습적이기도 해서 사람들을 놀라게 만들었다. 실제로 그것은 제2의 개혁 선언이라 할 수 있었다.

　　한국은 조국 근대화라는 목표 아래 한 세대 넘게 경제발전을 추구해 왔다. 그래서 1995년 국민 1인당 평균 소득이 1만 달러를 넘었고, 수출 총액이 1000억 달러에 도달한 중견 국가가 되었다. 야당 출신 대통령이 30년 만에 문민정권도 창출했다. 일단 산업화와 민주화를 접합시키는 데 성공한 것이다.

그런데 그 이후에 대한 이렇다 할 국가 전략이 없었다. 새로운 코리언 드림(Korean Dream)이 필요했다. 그래서 창조적 선진화(先進化)를 위한 국가 전략으로 '세계화'가 등장하게 되었다는 것이다. 김영삼은 선언 1년 전부터 관련 구상을 익혀오고 있었다.[2]

1994년은 세계경제 질서가 개편되는 격변의 시기였다. 독일 통일, 구(舊)소련의 붕괴 이후 세계경제는 미국 주도의 자본주의 체제로 통합되면서 WTO 체제를 등장시켰다. 그 본질은 시장 개방이었고, 무한 경쟁 시대가 온 것을 의미했다. 세계화 전략의 등장은 대외적으로는 타이밍을 잘 맞춘 정책 수립이었다.[3] 한국에서 세계사적 시간대와 일국사적(一國史的=한국적) 시간대의 수렴이 본격적으로 시작되었음을 알리는 극적 신호탄이기도 했다.[4]

김영삼은 미국에 가서 세계화 분야 문제를 연구하고 귀국한 박세일(朴世逸) 서울대 교수를 청와대 정책기획수석비서관으로 발탁, 세계화 정책에 대한 기획 업무를 맡겼다. 또 이홍구 국무총리와 민간인 김진현(6공의 과기처 장관 역임)이 공동대표인 세계화 추진위원회(이하 '세추위'라 칭하기로 한다)를 설치, 본격적인 정책 추진에 들어갔다.

세계화도 영어의 Globalization이 아닌 「Segeiwha」라고 다르게 표현했다. 글로벌리제이션이 문호 개방과 국제 교류가 중점이라면, 한국의 세계화는 선진국을 따라잡는 시스템 개혁에 방점이 있었으므로 다소 다른 개념이라는 주장이었다.

김영삼은 하나회 제거, 금융실명제 실시, 민주화 제도 보완과 같은 개혁을 추진해왔다. 그러나 선진국 시스템에 비교하면 미흡한 핵심 분야가 그대로 남아있었다. 재벌, 금융, 노사 문제를 비롯한 경제 분야가 가장 중요한 국정의 개혁 대상이었다. 게다가 교육이나 사법, 정치, 언론도 하나같이 개혁이 필요했다. 대통령 임기 5년 내에 그 중 2, 3개만 제대로 개혁해도 획기적인 일이 될 것이고, 성공한 대통령이라는 평가를 받을 수 있었다.

재벌 개혁은 경제 고도성장 과정에서 기관차 역을 맡았고, 이제는 공룡처럼 덩치가 커진 거대 대기업(=재벌)을 대상으로 해야 한다는 점에서 처음부터 고전이었다. 이미 문민정부는 집권 초의 「신경제 5개년 계획」에서 기업 분할 명령제 도입, 주력 업종 선정, 기업 공개, 소유 분산과 같은 재벌과 관련된 본격적인 개혁안을 내놓았다. 그랬다가 큰 반발이 일자 한 발 뒤로 물러선 경험을 겪었기 때문에 신중하게 접근해야 했다.[5]

1993년 7월 「신경제 100일 계획」이 발표될 때에는 대기업의 영향력이 오히려 강화되었다. 그러다가 그 이듬해 말에 세계화 정책이 등장하면서 재벌 개혁 문제가 다시 부상했던 것이다.

세추위는 구조 조정 같은 본격적인 재벌 개혁은 시기상조로 보고, 우선 단기적 과제라고 할 수 있는 국제경쟁력 강화에 초점을 두었다. 그래서 경영의 투명성(透明性)을 제고하는 문제, 내부 거래 줄이기 등 기초적인 병폐를 뜯어고치려는 구상을 가지고 있었다. 그렇지만 청와대 경제수석실과 개혁 담당인 정책수석실 사이에서부터 내부 의견 통일이 쉽게 이루어지지 않았다.

사사건건 양자 사이에서 밀고 당기기(Bargain)를 해야 했으므로 개혁 작업이 순조롭게 진척되지 않았다. 고도 성장기에 엘리트 경제 관료로 커온 경제수석은 그간의 경제 관행과 제도를 옹호하려는 보수적 안정 기조 유지론자였다. 그에 비해 정책수석은 개혁론자여서 양자 사이의 접점을 찾기가 쉽지 않았다. 경제를 안정시키면서 다른 한편으로 개혁성과도 올려야 하는 이율배반(二律背反)적 입장인 대통령으로서는, 어느 한쪽에 힘을 실어주기 어려운 상황이었다.[6]

재벌 개혁 움직임에 촉각을 곤두세우고 있던 재계는 세추위의 개혁 방안 연구 단계에서부터 기밀을 빼냈고, 경제부처 쪽에 압박을 가했다. 재경원이 신중론을 들고 나왔고, 경제수석까지 등장했다. 반대론자나 다름없던 신중론자들은 "경제 흐름을 왜곡시켜 혼란이 일어날 수 있다"고 경고하고 있었다. 재계는 개혁 반대의 목소리를 확산시키기 위해 언론을 대대적으로 이용했다. 한 매체는 당시 「정신 나간 세계화 추진위원회」라는 사설까지 썼다.[7]

경제수석이 세추위 실무단장에게 전화를 걸어 재벌 개혁에 착수했는지 여부를 확인한 뒤, "청와대에서 시키는 일이나 잘하세요"라고 말하기까지 했다.[8] 1998년 8월, 경제수석이 신현확 부총리와 강경식 장관 라인의 정통 경제 관료였던 한이헌에서 이석채(=경제기획원 출신. 나중에 정보통신부 장관, KT 회장 역임)로 바뀌었다. 그러나 기획수석과의 의견 대립은 여전했다. 결국 세추위는 재벌 개혁 문제를 일단 뒤로 미루게 되었다. 사실상 포기한 것이라 할 수 있다.

왜 재벌 개혁 이루지 못했나?

첫째, 정부의 개혁 의지가 부족했다. 오히려 정부는 경제 활성화의 명분으로 민간 자율성 보장, 대기업 선호, 기업주의 중요성 강조와 같은 재계 쪽 논리를 수용하고 있었다. 둘째, 정·관계 (政·官界)가 재벌들과 여러 가지로 밀접하게 연결돼 있었다. 셋째, 집권당이 재계에서 거둬들인 정치자금이란 이름의 '검은 돈'이 개혁 의지를 약화시켰다고 할 수 있다.[9]

박세일은 사회복지수석으로 자리를 바꿔 사법 개혁과 교육 개혁, 노동 개혁 쪽으로 방향을 돌리고, 새로이 정책수석이 된 이각범 서울대 교수가 정보화 정책을 추진하게 되었다.

사법 개혁도 난항(難航)이었다. 사법 개혁의 필요성은 6법(=헌법, 민법, 형법, 상법 민사소송법, 형사소송법) 중심의 법전 공부에만 전념했던 젊은 판·검사가 "연령과 계층, 각 분야에 걸쳐 다양한 인간의 삶이 사건화되고 빠른 속도로 복잡다단하게 변화하는 사회를 상대로 제대로 사법적 대응을 하고 있느냐, 할 수 있겠느냐?"는 원천적 의문에서 비롯되었다.

현실적으로 변호사의 절대수가 모자라 법률 보호가 그 어느 계층보다 절실한 서민들은 변호사 만나기가 하늘의 별 따기였다. 그 바람에 유전무죄(有錢無罪) 무전유죄(無錢有罪)와 같은 냉소적인 유행어가 상식처럼 돼 있었다. 시급히 개선되어야 할 국가적 현안이었다.[10]

변호사의 영역도 민·형사 사건 소송 전담이라는 고정 관념에서 벗어나 노동자 사건, 소비자 사건과 같은 공익 사건과, 급증 추세의 국제 분쟁이나 갈등에 대한 법률적 필요에 부응해야 하는 등 기능과 역할이 다양해졌다. '공급자 중심의 사법'으로의 전환이 절실한 것도 시대의 요구였다.[11]

사법 개혁의 필요성에 대해 각계의 반응은 크게 호의적이었다. 그러나 200~300명 수준이던 사법시험 합격자 수를 1000명 수준으로 늘리는 개혁안을 내놓자, 법조계 전체가 약속이나 한 듯 "질이 떨어진다"는 이유로 반대에 나섰다. 검찰과 법무부를 필두로 사법부, 변호사회를 포함한 재조(在曹)·재야가 똘똘 뭉쳤다. 가장 진보적이라는 민변(民辯)도 절대 반대였다. "박세일이 여섯 번이나 사법시험에 낙방해 한(恨)이 맺혀 있는 바람에 저런다"는 뒷공론도 파다했다.

사법 개혁 물꼬를 튼 것만도 큰 업적

김영삼은 인내심을 갖고 1년 이상 이어진 범(汎) 법조계의 반발과 저항을 견뎌냈다. 그러나 대법원장이 반발하여 사표를 내는 극한 사태에까지 다

다르자, 통치 부담을 의식한 듯 "박 수석, 그만할 수 없나?"라고 전화를 걸기까지 했다. 그럼에도 사시 합격자 정원을 1000명으로 늘리는 1차 개혁을 성공시킬 수 있었다.

하지만 제대로 된 법학 교육을 전담시킬 2차 개혁의 로스쿨(Law school) 문제는 힘이 모자라 포기했다. 로스쿨 안을 만들어 놓은 채 넘어갈 수밖에 없었다.

퇴임하는 판·검사는 2년간 퇴임하는 지역에서 변호사 개업을 할 수 없게 하는 전관(前官) 예우 개선책도 이때 마련되었다. 그러나 인근 지역에서 개업한 뒤 근무했던 지역에 와 변호사 활동을 하는 식의 편법이 생기기 시작했다.

검찰의 독립·정치적 중립 문제, 검·경 수사권 분리를 비롯한 검찰 문제가 가장 큰 현안이었다. 그렇지만 당시로선 이를 염두에 둘 겨를도 없었다. 사법 개혁은 개혁의 물꼬를 튼 것만으로도 큰 업적이었고, 주목할 만한 성과였다. '사법도 서비스'라는 인식을 널리 알려주었고, 무변촌(無辯村)도 사라지게 했다. 그것을 기반으로 훗날 노무현 대통령이 로스쿨을 실시할 수 있었다.[12]

김영삼은 1994년 2월5일자로 대통령 직속의 교육개혁위원회(=위원장 이석희 대우재단 이사장)를 발족하여 세계화, 정보화에 부응하는 신교육 구상을 마련했다. 교육법도 새로 제정했다. 교육 기본법, 초등부 교육법, 고등 교육법 등 교육 헌법을 만들어 1998년 3월1일부터 시행하게 했다. 그동안 경제 개발 우선 논리에 밀려 충분한 교육 예산을 확보하지 못했던 점을 개선, 교육 예산을 선진국 수준인 GNP의 5% 수준으로 상향 조정했다.[13]

30년에 걸친 군부 통치 기간 중 억눌려왔던 노조 활동은 6·29선언을 계기로 급격히 팽창하기 시작했다. 그간의 오랜 탄압과 억압의 구조 속에서 강성 노동운동가들이 대량으로 자생했고, 노조의 규모도 엄청나게 커지면서 한국은 세계적으로 강성 노조와 귀족 노조가 많은 나라가 되었다.

김영삼은 취임 전반기에 노조의 자율성을 보장하고, 노사 관계에 있어서 국가의 중립성(中立性)을 견지하는 방향으로 정책을 펴갔다. 전교조 활동을 허용하는 일부 좌파 정책도 수용했다. 그러나 1993년 7월에 시작된 현대그룹 노동조합 총연합의 연대 파업을 계기로 「긴급 조정권」을 발동하면서 우회전하게 된다. 문민정부의 노동 정책은 그 무렵 등장한 세계화 전략에 맞물려, 국제 경쟁력 강화로 주안점이 옮겨지게 되었다.[14]

현승종 전 총리를 위원장으로 하는 노사 관계 개혁위원회가 6개월에 걸쳐 노사 협상을 통해 노동법 개정안을 만들려고 노력했다. 그런데도 노사 간의 팽팽한 대립으로 합의안을 만드는 데는 실패했다. 그 대신 정부가 정리 해고, 변형 근로제 도입, 상급 단체 복수 노조 허용, 1999년부터의 교원 단결권을 주요 내용으로 하는 노동법 개정안을 만들었다. 개정안은 1996년 12월 국회에 제출했으나, 국민회의와 자민련을 비롯한 야당의 반발로 입법이 좌절되었다.

해가 바뀌면 대선 정국에 들어가게 돼 있어 노동자 표를 의식한 야당에 의해 개정법이 통과될 가능성은 더 없었다. 12월26일 새벽, 신한국당이 단독 국회를 열고 복수 노조 유예와 같은 핵심 조항을 후퇴시킨 내용의 법안을 변칙 통과시켰다. 노동계가 총파업으로 나서고, 야당이 이를 지지하면서 각계의 여론에 밀린 문민정부는 그나마 통과시킨 법안조차 취소시킬 수밖에 없었다.[15]

외교에서는 세계화 전략이 성과를 올렸다. 한국은 유엔에서 안보리 비상임 이사국으로 출마해 일본과 겨룬 끝에 이사국이 되었다. 유엔의 권한 중 80%가 안보리 이사국의 소관이어서 그만큼 국가의 위신(Prestige)을 높이는 데 기여했다. 그 뒤 한국은 원조 받은 국가가 원조하는 국가로 전환한 첫 케이스가 되었고, 유엔 사무총장까지 배출하는 나라로 발돋움했다.[16]

민주화 투쟁에 이어 이를 뒷받침하는 민주화 제도까지 마련했던 만큼, 김영삼은 정치의 질을 한 단계 더 높이는 정치의 세계화 선언도 구상했다. '삶의 질'의 세계화도 추진해 복지 문제가 본격적으로 다루어졌다. 여성 공직자 할당제, 노인 수당의 개념이 도입되었다. 생산적 복지라는 개념도 이때 나왔다.[17]

OECD 가입은 길게 봤을 때 '잘한 일'

김영삼은 1993년 3월, 경제협력개발기구인 OECD(Organization for Economic Cooperation and Development) 가입을 위한 준비 작업을 하라고 지시했고, 심사 과정을 통과해 1996년 12월12일에 29번째 회원국으로 가입했다. 후진국 영역을 갓 벗어난 한국이 GNP가 보다 높고 첨단 하이테크 산업으로 무장한 선진국과 동등하게 경쟁할 수 있기에는 노동 기준과 노동 환경이 미흡한 상황이라는 점에서 반대 의견이 많았다. 그러나 세계화 정책 추진이라는 동력에 힘입어 가입을 강행한 것이라 할 수 있다.

하지만 무모한 모험을 시도한 것이라고 볼 수는 없었다. 그 전 정부들도 OECD 가입 문제를 장기 계획에 넣어두고 있었기 때문이다. OECD 가입으로 맞이하게 된 어려움이나 압박 가운데 가장 큰 것은 자본 이동의 자유화 문제였다. 'Hot money'라 불리기도 하는 외국의 투기성 부동 자금의 무차별 공격에 노출되는 현실이 닥치게 되었던 것이다.

그러나 그런 부동 자금 유입을 제어할 만한 규제 같은 제동 장치는 아직 준비돼 있지 않았고, 그 점은 나중에 IMF 사태를 초래한 원인 가운데 하나로 꼽히게 되었다. 그 바람에 OECD 가입을 너무 서둘렀다는 비판적 지적이 나온 것이다.[18]

그렇지만 한국의 세계화는 역량이 뛰어난 선진국 수준에 접근해 대등한 국제 경쟁력을 확보하자는 국가의 장기 전략이었다. 그랬기 때문에 단기적으로 발생 가능성이 있는 시행착오는 불가피하게 극복해야 하는 결정이었다는 찬성 측의 주장도 설득력이 있는 것이다.[19]

앞서 잠깐 다루었지만, 김영삼의 세계화 정책 가운데 가장 뛰어난 업적으로 평가받는 것은 정보화 개혁이었다. 문민정부는 미국이 초고속 정보화 도로(Information super High way)로 앞서기 시작한 정보화 산업 대열에 합류하기 위해, 1994년 체신부를 폐지하고 정보통신부를 신설하면서 정보화 개혁의 문을 열었다.

선진국에 앞서 광(光)케이블을 전국에 까는 등 정보화 정책이 활발해지면서, 한국은 IT산업의 선두 주자이자 정보화 대국으로 빨리 성장해갈 수 있었다. 그에 따라 방송통신 산업도 급속히 발전했고, 그 기조 위에서 한류(韓流=Korean wave)가 탄생하여 눈부시게 발전했다. 알고 보면 YS는 IT 강국과 한류를 이끌어낸 정보화 시대의 원조(元祖)였던 셈이다.[20]

힘과 추진력이 딸린 세계화 추진

세계화 전략은 말을 바꾸면 국제경쟁력을 겨냥한 국가 주요 시스템의 개혁이었다. 하지만 아쉽게도 충분한 성과를 내지 못했다. 거기에는 여러 가지 원인이 있었다. 원래 국가 시스템 개혁은 전쟁이나 쿠데타를 비롯한 내우외환의 국가적 위기 때가 결정적 계기로 알려져 있다. 판을 뒤엎고 새로 짤 수 있기 때문이다.

김영삼의 경우, 직선제로 뽑힌 대통령이면서도 쿠데타로 집권한 군부 출신을 능가하는 힘과 카리스마를 가지고 있던 집권 초기가 개혁의 적기(適期)였다고 할 수 있다. 그렇지만 세계화 정책이 시작된 1995년 초는, 임기 5년인 대통령의 3년차가 시작되는 시기여서 국정 추동력이 떨어지는 시점이었다. 타이밍이 좋다고 할 수 없었다.

실제로 역대 어느 정권도 경험하지 못한 대형 인재(人災)로 꼽히는 성수대교와 삼풍백화점 붕괴가 잇달아 터지는 불운(不運)이 겹쳐 민심이반(民心離反) 현상이 생겨났다. 거기에다 차남 김현철의 국정 농단 사건이 불거지면서 대통령의 힘이 빠지고 있었다. 개혁 부진의 첫 번째 이유였다.

두 번째 이유는 재벌 개혁, 노동 개혁, 사법 개혁, 교육 개혁을 일제히 추진하는 바람에 개혁 추동력이 분산(分散)될 수밖에 없었다. 그런 상황에서 심지어는 정치 개혁까지 할 구상이었다. 예컨대 재조·재야의 범(汎) 법조 세력과 1년여에 걸쳐 대결한 사법 개혁 하나만으로도 동력이 소진돼 버린 게 아니냐는 얘기가 나올 정도였다. 한 정권이 임기 내에 두세 개의 큰 개혁을 점차적으로 실행해도 성공했다고 보는 견해에 의한다면, 과욕(過慾)이 오히려 짐이 된 셈이라 할 수 있었다.

세 번째는 그나마 대통령이 내각을 진두지휘해 추진했어야 했는데, 힘과 추진력에 한계가 있는 세계화 추진위원회에 맡긴 탓으로 역부족 현상이 생긴 것이라는 진단이었다. 세추위 공동위원장이던 김진현은 "통상 위원회라는 게 논의는 많고 집행력은 낮은 게 특징인데, 세추위도 예외가 아니었다. 위원회가 정부 각 부처를 상대로 일을 하다 보면 힘과 권위가 딸려 말이 먹혀들지 않기 일쑤였다. 총리가 공동위원장이었으나 부처 장악력이나 지휘력이 거의 존재하지 않았다"고 나중에 아쉬움을 토로했다.[21]

공동위원장이던 이홍구 총리도 훗날 "세계화 개혁을 동시에 균형 있

게 추진할 종합적인 전략을 수립하는 데 큰 한계를 노출했다"면서 책임 총
리제와 같은 실세 파워가 있는 리더십이 없었던 점을 아쉬워했다. 그러면서
"고도의 기술과 전략, 그리고 여·야를 아우르는 국가 지도력이 절실하다는
교훈을 주었다"고 했다.[22]

그럼에도 세계화 개혁이 (한국의) 국제적 위상을 높이고 글로벌 파워
로 등장하는 기반을 구축했다는 평가를 받을 수 있었음을 부인키 어렵다.

참고 자료

1. 『김영삼 대통령 회고록』上 p361~365
2. 이홍구 『김영삼 정부의 성공과 실패』 p68
   박세일 『세계화전략』, 『김영삼 민주센터 녹취록』
3. 김호진 『한국의 대통령과 리더십』 p365
4. 강정인 『한국현대 정치사상과 박정희』 p319
5. 김영명 『한국의 정치변동』 p364
6. 김충남 『대통령과 국가경영』 p528~529
7. 박세일 『김영삼 민주센터 녹취록』
8. 강봉균 『김영삼 민주센터 녹취록』
9. 김영명 『한국의 정치변동』
10. 박세일 『김영삼 민주센터 녹취록』
11. 안경환 1998년 [매일경제신문] 「한국병」
12. 안경환 1998년 [매일경제신문] 「한국병」
13. 이명현 『김영삼 민주센터 녹취록』 p186
14. 남시욱 『한국 보수 세력 연구』 p494
15. 『김영삼 대통령 회고록』 상 p270~273
16. 유종하 『김영삼 민주센터 녹취록』
17. 김영춘 『김영삼 민주센터 녹취록』
18. 임영태 『대한민국사』 p808~809
19. 강봉균 『김영삼 민주센터 녹취록』

이원종 『김영삼 대통령 통치 구술 사료집 4』 p294

20. 김진현 『김영삼 민주센터 녹취록』

21. 김진현 『김영삼 민주센터 녹취록』

22. 이홍구 『김영삼 정부의 성공과 실패』 p70

    서진영 『김영삼 민주센터 녹취록』

5장 개혁 동력 소진시킨
대형 인재(人災)들

　김영삼의 대통령 취임 40여 일 전, 충북 청주의 우암상가 아파트에서 가스 폭발 사고가 일어나 28명이 사망하고 48명이 부상했다. 부실 공사가 원인이었다. 그 사고가 문민정부의 개혁 추진력을 실종시키는 대형 인재(人災) 시작의 전조(前兆)임을 예측한 사람은 아무도 없었다.

　취임 첫 달(3월)에 경부선 무궁화호 열차가 노선 침하 사고로 전복, 78명이 죽고 198명이 부상했다. 사고 원인은 안전 불감증이었다. 그 사고를 시작으로 6월에는 경기도 연천의 예비군 훈련장에서 장약통과 폭발물이 부주의로 터지는 바람에 현역병과 예비군 병사 19명이 폭사하고 5명이 중상을 입었다. 사고 원인은 기강해이와 안전 불감증이었다. 사고를 보고받은 김영삼은 불같이 화를 냈다. 군기(軍紀)가 생명인 군에서 그 같은 사건이 발생한 데 대해 분노한 것이다.

　7월26일에는 아시아나 항공기가 전남 해남군 산 속에 추락, 승객 68명이 사망했다. 짙은 안개 속에서 무리하게 착륙을 시도하다가 사고가 난 것이다. 10월10일에는 전북 부안 앞바다에서 여객선 서해페리호가 침몰, 무려 273명이 익사하는 대형 해난사고가 났다. 당시 페리호는 정원 221명보다

141명을 더 태우고, 파도가 높은 악천후 속에서 무리한 항해를 강행하다가 운전 미숙으로 침몰했다. 구명 장비를 착용하라는 안내 방송도 없었고, 승객 명부도 제대로 없어 정확한 피해 규모를 확인하기 위해 근처 섬들을 대상으로 가가호호(家家戶戶) 피해자 방문 조사까지 펴야 했다.

대통령 취임 1년 내에 이처럼 인재 사고가 발생했으나, 국민들은 그때까지만 해도 해가 바뀌면 나아지려니 생각했다. 그런데 이듬해인 1994년 4월, 이회창 총리 경질 사태가 생겨나면서 대통령이 문민독재를 하는 게 아니냐는 비판이 나왔다. 대통령에게 대든 총리의 인기가 오히려 올라갔다.

8월17일에는 서울 팔레스 룸살롱에서 불이 나 손님과 접대부를 포함, 14명이 변을 당하는 화재 사건이 일어났다. 민심이 다소 흔들리는 가운데 대형 인재 사고 시리즈가 다시 시작된 듯했다.[1]

9월에는 인천 지역 공무원들의 대규모 횡령 사건이 적발돼 문민정부의 부패 척결 의지에 찬물을 끼얹었다. 10월21일, 끝내 대형 인재 참사가 터졌다. 한강을 가로지르는 주요 다리의 하나인 성수대교의 중앙 48m 구간이 칼로 떡을 썰 듯 싹뚝 잘리며 강물에 빠지는 어처구니없는 붕괴 사고가 발생한 것이다. 다리 위 버스에 타고 있던 여고생들과 차량으로 출근하던 회사원 32명이 목숨을 잃었고, 17명이 크게 다쳤다.

성수대교는 박정희 정권 때 서둘러 건설된 다리인데, 부실 공사 탓으로 붕괴되었던 것이다. 하루 수만 대의 차량이 통과하는 수도 서울의 중심부 다리가 맥없이 끊긴 것은 시민들에게 엄청난 충격이었고, 언론은 성난 시민의 목소리를 대서특필했다. 세계 건설 시장에서 경쟁자로 부상한 한국 건설업계를 의식했는지 일본 언론이 유난히 보도에 열을 올렸다. 이 붕괴 사고는 나중에 '세계의 100대 재난 사고'로 꼽히게 되었다.[2]

김영삼은 분노한 여론을 달래기 위해 TV 앞에서 "국민 여러분의 참담한 심경과 허탈감, 정부에 대한 질책과 비판의 소리를 들으면서 대통령으로서 부덕(不德)함을 뼈저리게 느끼고 있다"고 사과했다. 왕조 시대에도 천재지변이 일어나면 임금이 "과인(寡人)이 부덕해서…"라고 사과했었다.

그런데 사과문이 발표된 날 저녁, 충주 유람선 화재로 25명이 목숨을 잃고 1명이 실종된 사건이 또 일어나 같은 TV 화면으로 보도되고 있었다. 대통령의 사과가 빛이 바랬고, 사과문을 썼던 청와대 수석은 "그 순간 진땀이 났고 허탈했다"고 회고했다.[3]

사고 원인은 다리를 부실하게 공사한 과거 정부의 졸속 행정에 있었으나, 민심은 현 정부에 책임을 묻는 대세가 형성되었다. 분노가 냉정한 원인 규명의 기회를 주지 않았다. 본격적인 정치 현안으로 부각되었다. 야당인 민주당 대변인이 발 빠르게 "문민정부는 사과(謝過) 정권이다"고 논평하면서, 정부의 책임을 꼬집었다.[4]

그 뒤로도 사고는 계속 터졌다. 12월에는 서울 서대문구 아현동에서 도시가스가 터져 12명이 사망하고 65명이 부상당했으며, 건물이 100여 동이나 파괴되었다. 이재민도 600여 명을 헤아렸다. 해가 바뀌어 1995년 2월 7일에는 한진중공업의 선박에서 불이 나 19명이 사망했다. 4월28일에는 대구 지하철 공사장이 폭발, 102명의 사망자가 발생하고 117명이 부상당했다. 문민정부가 처음 맞는 지방선거를 50여 일 앞둔 시점이었다.

DJ에게 정계 복귀 찬스 제공

6월27일에 실시된 지방선거에서 민심이 민낯을 드러냈다. 여당인 민자당은 기초단체장과 광역의원 선거에서 야당인 민주당과 자민련을 상대로 참패하는 결과가 나왔다. 대선 패배 뒤 영국으로 피했다가 귀국한 DJ는 정계에 복귀할 계기를 잡았다. 잇단 대형 사고가 반사 이익을 가져다준 원인

의 하나라고 볼 수 있었다.[5]

지방선거가 끝난 지 사흘 뒤인 6월30일, 말도 안 되는 대형 참사가 또 일어났다. 최고급 백화점의 하나인 서울 강남의 삼풍백화점 5층 건물이 거짓말처럼 한순간에 폭삭 주저앉은 것이다. 쇼핑객과 직원을 포함하여 501명이 매몰돼 목숨을 잃었고, 6명이 행방불명되었다. 중·경상자는 무려 937명을 헤아렸다.

사고 전날부터 천정이나 벽에 금이 가거나 균열이 생겨나고 있는데도 영업을 중단하지 않고 몰려드는 손님을 받아들인 백화점 측의 탐욕으로 인해, 막을 수 있는 재난을 자초한 인재이기도 했다. 이 백화점 역시 박정희의 고도성장 철학을 모태(母胎)로 부실하게 세워진 건물이었다.[6]

한 신문은「그래도 또 무너지는가?」라는 선정적 제목을 단 첫 사설을 시작으로, 18일간 매일 붕괴 사고 관련 사설을 게재했다. 사건의 문제점과 대책을 한두 번 쓰고 나면 할 말이 더 있는 것도 아닌데, 계속 중언부언(重言復言)하는 것은 그만큼 국민들이 분을 삭이지 못하고 있기 때문이라고 했다.[7]

들끓는 민심을 한마디로 압축하고 있었다. "붕괴 사고는 돈만 아는 가치관에서 비롯된 것이다. 우리 모두의 자화상인지 모른다"면서 한국사회의 천민(賤民) 자본주의적 경향을 경고하는 김수환 추기경의 한탄도 이때 나왔다.[8]

생명 경시(輕視)와 속도 예찬 풍조를 개탄하고, 가치 기준을 새로 정립해야 한다는 도덕 재무장 운동도 제창되었다.[9]

'YS의 불운(不運)'이랄 수밖에…

미국의 시사 주간지 [뉴스위크]는 계속되는 대형 참사가 YS의 잘못이 아닌데도 비난받고 있다고 지적하면서, 대통령을 원망하는 한국인의 정서에 의아해한다고 보도했다. 국내 언론에도 [뉴스위크]의 보도 내용이 전재(轉載)되었다. 그러나 성난 여론을 진화하는 데 별 도움을 주지는 못했다.[10]

8월에는 태풍까지 한반도를 덮쳐서 사망, 실종 53명에 피해액은 4000억 원에 달했다. 9월18일에는 동해에 북한 잠수정이 침투했다가 발각돼 승조원 26명이 사살되고 11명이 집단 자살, 1명이 생포되는 무장 간첩 침투 사건까지 터졌다.

문민정부 중반기에는 모두 14개의 대형 사고가 잇달으면서 1400여 명의 희생자를 기록, '사고 공화국'이란 오명을 남겼다.[11]

30여 년의 군부 통치 시절에도 각종 사고와 사건은 끊이지 않았다. 그래도 김영삼 정권에서처럼 대형 사고가 쓰나미(=지진 해일)처럼 닥친 예는 없었다. 박정희의 성장 신화 아래서 횡행한 졸속, 날림, 부실공사가 대형 참사의 원인이라 했다. 그렇지만 YS 이후 집권한 김대중, 노무현, 이명박 정권에서도 그러한 쓰나미 현상은 일어나지 않았다. YS 시대에만 유난히 약속이나 한 듯 집중적으로 발생했다. 아무도 그 이유를 정확하게 알 수 없었으므로 한마디로 그것은 'YS의 불운(不運)'이었다.

"YS는 참으로 운이 없는 대통령이다. 집권 이후 대형사고 때문에 여덟 번이나 대국민 사과를 해야 했다. 헌정 사상 그런 전례가 없었다. 물론 후에도 없었다."[12]

더욱 운이 따르지 않았던 것은 여론이 군부 통치 시절에 잉태된 사고 원인을 냉정하게 구조적으로 추적해 문제점을 개선할 생각은 하지 않고, 현 정권에 책임을 추궁하는 정서적 접근법이 한국의 현실이었다는 점이다.[13]

경제 발전의 부작용과 같은 이면(裏面)과 잇단 참사들을 연계시켜 국민 모두가 반성하는 계기로 삼기보다, 현 정부의 무능력으로 치부해버리는

여론(=언론)을 볼 때 두려움이 든다는 지적도 있었다.[14]

그런 불운 탓으로 대통령의 지지도가 급락하고, 2차 개혁에 대한 추동력이 떨어져 갔다. 금융실명제 후유증이나 이회창 총리 경질 파문, 측근 비리 발생 같은 정치적 사건은 오히려 부차적이라 할 수 있었다. 그것은 정권의 문제를 넘어 나라와 국민의 불운으로 이어지고 있었다. 우리는 IMF 위기 때도 같은 현상이 있었음을 상술(詳述)하게 될 것이다.

참고 자료

1. 김충남 『대통령과 국가경영』 p546~547
2. 김덕룡 『머리가 하얀 남자』 p151
3. 김정남 『김영삼 민주센터 녹취록』
4. 김정남 『김영삼 민주센터 녹취록』
5. 이동형 『김대중 vs 김영삼』 p430~438
6. 강준만 『김영삼 이데올로기』 p160
7. 김성우 『신문의 길』 p351
8. 이충렬 『아, 김수환 추기경』 p360
9. 강천석 [조선일보] 2014. 5. 칼럼
10. 김구현 『머리를 잘못 빌린 대통령』 p41
11. 백중현 『대통령과 종교』 p183~184
12. 이원종 『김영삼 대통령 통치구술 사료집 4』
    강준만 『김영삼 이데올로기』
13. 강준만 『김영삼 이데올로기』 p160
14. 이항규 [한겨레21] 1995. 7. 20

6장 외교의 지평을 넓히다

김영삼에게 30년의 민주화 투쟁 주도 경력은 국내 정치 무대에서 정체성(正體性)의 상징이었다. 그는 그 상징 때문에 대외적으로 외교의 지평도 넓혀갈 수 있었다.

초대 대통령 이승만은 강력한 반공 정책을 들고 국제무대에 나갔고, 박정희는 경제 고도성장 정책으로 후발국의 선두 주자 자리를 꿰찼다. 전두환, 노태우 두 대통령은 경제발전의 성과 덕으로 해외에서 대우를 받았다.

김영삼은 문민정부의 등장이 산업화와 민주화를 잇는 가교인 점을 강조하며 정상 외교에서 큰 효과를 보았다. 한국의 민주화 완성에 대한 초대 세일즈맨이기도 했던 것이다. 1993년, 김영삼이 국제무대에 데뷔할 때에는 냉전 체제가 무너진 뒤 국제적인 교류와 협력도 활발해졌다. APEC(=아시아태평양 경제회의)이 그 해부터 연례적인 태평양 지역 지도자 회의가 되었고, 1996년 2월의 ASEM(=아시아유럽 지도자회의)도 개최되면서 정상 외교 지형이 넓어지고 있었다.[1]

김영삼은 APEC에 처음 다녀온 뒤 아시아 국가 정상들이 자신을 중국의 장쩌민(江澤民) 주석과 동등하게 예우해준다는 느낌을 받았다면서, "오랜 민주화 투쟁 경력에 대한 경의(敬意)의 표시 같았다"고 자랑삼아 말하곤 했다. 한국 대통령이 국제 외교 무대에서 민주화와 관련하여 그 같은 예우를 받은 전례가 별로 없었다. 그러니 YS의 APEC 나들이는 화려한 외교 무대 데뷔였던 셈이다.

문민정부 출범과 함께 외국 정상들의 방한도 러시를 이뤘다. 독일의 헬무트 콜(Helmut Kohl) 총리, 미국의 클린턴(Bill Clinton) 대통령, 프랑스의 프랑수아 미테랑(Francois Mitterrand) 대통령, 일본의 호소카와 모리히로(細川護熙) 총리 등 16개국 정상이 방한해 정상회담을 가졌다. 한국 쪽에서 찾아가던 순방 외교가 각국 정상이 다투어 방한하는 패턴으로 바뀌기 시작한 것은, 문민정부의 정통성이 그만큼 국제적인 영향력을 발휘하게 되었기 때문일 것이다.

그중 하이라이트가 클린턴의 방한이었다. 한국의 신임(新任) 대통령은 모두 미 대통령과의 첫 번째 정상회담을 워싱턴을 찾아가 가졌는데, 이때 처음으로 신임이긴 마찬가지였던 클린턴이 서울로 찾아와 김영삼과 정상회담을 갖게 되었던 것이다. 한미 외교사에서 한 획을 긋는 사건이었다.

클린턴은 1993년 7월10일, 부인 힐러리 클린턴과 함께 방한, 1차 한미 정상회담을 가졌다. 회담에서는 북한의 핵확산 금지조약(NPT)에로의 복귀, 국제원자자력기구(IAEA)의 특별 사찰 수용, 남북한 상호 사찰을 통한 한반도 비핵화(非核化) 공동 선언 이행을 대북 정책 목표로 삼는 데 합의했다. 두 나라 사이의 24시간 상시 협의 체제인 '핫라인'(Hot Line)을 설치키로 했고, 어떤 장비로도 도청이 되지 않는 비화기(祕話器)도 설치했다.

결혼 비화도 털어놓은 힐러리 클린턴

클린턴은 건강하고 대단히 활달하며 솔직한 성격으로 친화력(親和力)

이 뛰어났다. 그는 김영삼과의 19세 나이 차이에도 불구하고 곧 친구처럼 친숙해졌다. 클린턴은 YS의 민주화 투쟁에 대한 존경과 부정부패 척결 의지에 대한 평가의 말을 아끼지 않았다. 그 같은 기조는 두 사람 사이에 기복도 있었으나 거의 끝까지 유지되었다.

부인 힐러리는 예일대에 다닐 때 클린턴과 만나 결혼하게 된 비화(祕話)를 털어놨다. 힐러리는 항상 도서관 창가에 자리잡고 공부를 했는데, 잘생긴 청년이 근처 자리에 앉아 공부에는 관심이 없는 듯 힐러리 쪽만 바라보고 있었다고 한다.

어느 날 힐러리가 그 청년에게 다가가 "왜 자꾸 쳐다보고만 있느냐. 나를 좋아한다면 데이트 신청을 하세요"라고 딱부러지게 말했다. 그 청년은 머쓱해하면서 데이트 신청을 했고, 두 사람과의 관계는 결혼으로 이어지게 되었다. 그가 바로 클린턴이었다고 밝혀 좌중을 웃겼다는 것이다.[2]

김영삼은 재임 기간 동안 클린턴과는 8차례(15차례 전화 회담), 호소카와 모리히로, 무라야마 도미이치(村山富市), 하시모토 류타로(橋本龍太郎) 총리와 5차례, 장쩌민(江澤民)을 비롯한 중국 정상과 5차례, 러시아 대통령 옐친과 2차례 정상회담을 열면서 4강 외교를 활발하게 벌였다.

북한 핵 위기를 둘러싸고 전개된 한미 외교는 여러 차례 고비도 있었고, 양국의 이견(異見)도 적지 않았다. 그러나 한미 동맹 관계는 흔들리지 않고 기조를 유지해 갈 수 있었다.(각론은 별도로 다루기로 한다.)

1993년 11월6일, 호소카와가 방한해 정상회담이 열렸다. 호소카와는 한·일 과거사 문제와 관련, 일본의 식민지 시절 참을 수 없는 고통을 강요한 데 대해 "깊이 반성하고 사과한다"고 진솔하게 말했다. 한국 대통령이 방일하면 일본 총리가 답방하는 것이 관례였는데, 일본 측이 먼저 방한한 것은 이례적인 일이었다.[3]

김영삼의 대통령 취임 1년 반 사이에 일본에서는 총리가 바뀌었다. 김영삼은 1994년 7월, 자민당·사회당의 연립정부 총리인 무라야마와 서울에서 만났다. 서민적이고 순박한 무라야마 역시 "과거를 반성한다"고 기자회견에서 밝힐 정도로 친한(親韓) 발언을 했다. 두 정상은 사할린에 남겨진 한국인의 영구 귀국 문제를 해결키로 합의했고, 그에 따라 사할린 동포들의 귀국길이 열렸다.[4] 그런데 그 뒤 무라야마가 "한일 합방조약은 합법"이라고 발언하는가 하면, 일본 총무청 장관이 "식민지 시절에 일본이 좋은 일을 많이 했다"고 발언하는 망언(妄言)이 잇따르자 한·일 관계가 악화되었다.

"일본의 버르장머리를 고치겠다!"

김영삼은 11월23일, 중국 주석 장쩌민과의 정상회담에서 일본의 잇단 망언을 규탄하는 양국 공동발언을 발표했다. 이 자리에서 YS가 "일본의 버르장머리를 고치겠다"고 말한 데 대해, 일본정부는 "좀 더 절도 있게 발언해주기 바란다"고 반발하는 바람에 불편한 관계가 더욱 나빠졌다.[5]

한·일 간의 경색 상태는 그간 월드컵 축구대회를 유치하기 위해 치열하게 경쟁하던 양국이 극적으로 공동 개최를 합의하는 대타협에 성공함으로써 풀리게 되었다. 김영삼은 1996년 6월22일, 제주에서 하시모토와 정상회담을 가졌다. 회담에서 두 사람은 "월드컵 축구 공동 개최를 계기로 양국 간의 우호와 협력을 확대시켜 나가자"고 합의했다.

구면(舊面)인 하시모토는 "정치 선배로 모시겠다"면서 비공식 자리에선 김영삼을 깍듯이 형님이라고 부르면서 예의를 차렸다. 효자로 알려진 김영삼 역시 "8순의 계모(繼母)에게 매일 아침 문안 전화를 한다"는 하시모토와 효행(孝行)에 대한 정담(情談)을 나누기도 했다.[6]

그러나 버르장머리 운운한 YS의 발언은 1997년 외환위기 때 일본정부가 한국정부를 돕는 데 냉담했던 중요 원인이 되었다.

1993년 6월1일, 김영삼은 러시아를 방문해 보리스 옐친(Boris Yeltsin) 과도 만났다. 당시 러시아는 구소련 시절 한국에서 빌려간 14억7000만 달러의 차관(借款) 상환 문제라는 현안이 있었다. 옐친은 스탈린이 6·25전쟁 발발에 관여한 것을 입증하는 관련 문서 4종을 건네주었고, 1996년에 기한이 만료되는 북한과의 「조·소(朝蘇) 우호 협력 및 상호 원조 조약」을 갱신하지 않겠다고 약속했다. 차관 문제와 연관이 있었던 듯 그 약속은 결국 지켜지지 않은 채 흐지부지되었다.[7]

장쩌민은 1995년 11월13일, 중국의 국가주석으로는 처음으로 한국을 공식 방문했다. 김영삼과 장쩌민은 "한반도 문제는 남·북 당사자 간의 대화를 통해 풀어나가야 한다"는 데 견해를 같이했다. 또 북한의 개혁, 개방에 관해 깊은 관심을 갖고 대화를 나눴다.

두 사람은 특히 일본의 과거사 망언에 관해 집중 논의했다. 당시에는 중·일 관계도 냉랭할 때였다. 장쩌민은 자신이 어렸을 때 일본군의 난징(南京) 대학살을 직접 보았다면서, 일본을 규탄하는 공동 발표문을 내자는 데 동의했다. YS가 일본의 버르장머리를 고치겠다고 한 발언이 이때 나왔다.

정상회담에서 내놓기에는 다소 비(非) 외교적 표현이었으나, YS는 작심하고 그 같이 말했다고 회고했다. 그동안 여러 차례에 걸쳐 올바른 과거사 인식을 요구하면 이를 수용하면서도, 돌아서면 망언을 거듭하는 일본의 행태가 계속되는 바람에 아이들을 나무랄 때 쓰는 표현을 쓸 수밖에 없었다는 주장이었다.

북한에 뒤통수 맞고 실망한 YS

장쩌민이 김영삼보다 한 살 위로 비슷한 연배였던 두 사람은 APEC 회담 때 친해진 사이였다. 김영삼의 민주화 투쟁 경력을 평가해오던 장쩌민은, APEC 정상회담 당시 회식 장소에서 큰 소리로 "김 대통령을 위한 건배!"(='총통'이라는 중국식 표현을 썼다)하면서 여러 차례에 걸쳐 특별한 관심을 드러내기도 했다.[8]

당시 주중 대사 황병태(黃秉泰=3당 합당 때의 주요 참모)가 "한국은 미국 일변도에서 벗어나 중국과도 대등하게 외교해야 한다"고 대통령에게 건의한 것도 두 정상 간의 사이를 더 굳히는 데 일조한 셈이었다. 언론에 대서특필되는 바람에 미국이 오해하고 대통령의 입장이 거북해지기는 했으나, 중국정부는 한·중 관계를 격상(格上)시킨 발언으로 높이 평가했다고 한다.[9]

집권 초·중반기이긴 했지만 한국 대통령이 동시에 중국과 일본의 정상들과 격의 없이 지낼 수 있었던 것은 아마도 김영삼 시대가 유일할 것이다. 그러나 문민정부의 외교 지평은 북한 핵이라는 변수에 부딪쳐 빛이 바랬다.

YS는 취임사에서 "언제 어디에서든지 김일성 주석과 만날 의사가 있다"면서 개방, 화해의 신호를 북한에 보냈다. 문민정부였으므로 탈(脫) 대결의 사인을 할 수 있다는 게 하나의 긍지이기도 했다. 그래서 미전향 장기수 이인모를 조건 없이 북송했고, 북한이 적절하게 화답할 것을 기대했다. 하지만 착각이었다. 다음 항목에서 다시 다루겠지만, 북송 이틀 뒤 북한의 NPT 탈퇴라는 반격으로 뒤통수를 맞은 YS는 실망하고 분노했다.[10]

그 뒤로 북한의 분리론을 주목하게 된 김영삼은 상황에 따라 대북 정책을 운용함으로써 "냉·온탕을 오가는 게 아니냐"는 소리를 들었고, 일관성 있는 대북 정책이나 장기 전략이 보이지 않는다는 비판도 들었다. 북한 핵 위기에 대응하기 위한 한·미 관계도 여러 차례 기복과 고비가 있었다.[11]

참고 자료

1.   김충남 『성공한 대통령 실패한 대통령』 p181

2.   『김영삼 대통령 회고록』 상 p145~152

3.   『김영삼 대통령 회고록』 상 p194

4.   『김영삼 대통령 회고록』 상 p337

5.   『김영삼 대통령 회고록』 하 p165

6.   『김영삼 대통령 회고록』 하 p221~223

7.   이원종 『한국대통령 통치구술 사료집 4』 p330

8.   『김영삼 대통령 회고록』 상 p203

9.   박진, 황병태 『증언』

10. 박관용 『김영삼 민주센터 녹취록』

11. 김충남 『성공한 대통령 실패한 대통령』

제 4 부

우여곡절, 파란만장의 남북 관계

1장 이인모 북송하자 뒤통수 친 북한

1993년 3월9일, 중앙 일간지 편집국장들과 만찬을 하던 자리에서 김영삼이 불쑥 북한의 미전향(未轉向) 장기수 이인모(당시 76세)를 북으로 보내겠다고 밝혔다. 하나회 제거로 지지도가 고공(高空) 행진하면서 기분이 좋아져 있던 YS가 깜짝 선물을 내놓은 것이다.

6·25전쟁 때 인민군 소위로 전선에 투입됐던 이인모는 유엔군 참전으로 전세가 뒤집히자 산으로 들어가 빨치산 활동을 펴다가 체포됐다. 출옥한 뒤 이번에는 간첩으로 암약하다 검거돼 34년간을 감옥에 갇혀있던 미전향 장기수(長期囚)였다. 그는 북한에선 영웅이 돼있었고, "북으로 돌려보내라"고 주장하는 10만 군중대회에 김일성까지 참석했었다.[1]

문민정부는 전임 노태우 정부로부터 ①북한 핵사찰 문제 ②팀스피리트 훈련 재개 문제 ③이인모 북송 문제 등 세 가지 대북 현안을 물려받고 있었다. 통일원 장관 한완상이 "문민정부의 등장에 따른 남북 관계의 패러다임 전환이 필요하다"면서 현안 가운데 하나인 '이인모 카드'를 쓰자고 건의했다. YS는 그에 대해 아무런 조건도 걸지 않고 보내줌으로써 남북 대화를 촉진할 수도 있고, 북의 대남 공세를 완화시킬 수 있다고 보아 결심했다

는 것이다.[2]

취임 직후부터 김영삼은 수석비서관 회의에서 "내 임기 중에 남북 관계에서 큰 돌파구를 만들어야 한다", "남북 관계 발전과 통일은 우리 정부에 주어진 시대적 사명이다"고 강조한 적이 있었다. '이인모 북송' 결정은 그 같은 대북관(對北觀)에서 나온 첫 번째 정책이었다.[3]

YS가 중시하는 여론이 문제였다. 진보적인 인권 단체들이나 김수환 추기경은 무조건 송환을 지지했으나, 보다 많은 보수 세력들이 북한에 이용당할 가능성을 지적하면서 반대했다. 정보기관들도 "송환은 하되 무조건 보내는 것은 안 된다"면서 "국군의 유해라도 돌려받아야 한다"는 등 여러 이유를 대고 있었다. YS는 그럼에도 불구하고 "노환(老患)에 나이도 많고 하니 인도주의적 차원에서 보내는 것이 적절하다"고 선을 그었다.[4]

"핵을 가진 자와 악수할 수 없다."

그러나 북한은 북송 이틀 뒤 핵확산금지조약(NPT) 탈퇴를 선언하는 것으로 고마움을 대신했다. YS는 반대 여론을 무릅쓰고 선물을 한 것인데, 북한이 마치 문민정부를 상대로 길들이기 작전에 나선 것처럼 보이게 되었다.

YS는 북한의 선의(善意)를 기대한 것이 환상이었다고 깨달은 듯했고, 새삼스럽게 보수적 입장으로 되돌아갔다. YS는 강경 여론에 민감하게 반응하며 취임 100일 기자회견에서 "핵을 가진 자와 악수할 수 없다"는 초강경 발언까지 하게 되었다. 당초 연설문 초안에는 그 같은 표현이 없었고, YS도 북한과의 대화를 포기할 생각을 가진 것은 아니었다. 그런데 공보수석실에서 강하게 표현하려다가 연설문에 그 같은 표현을 등장시켰다는 것이다.

어쨌거나 북한이 남한과의 대화를 거부하는 구실을 준 셈이었다. 보수 우파는 그 같은 태도 전환에 대해 "냉·온탕을 오가는 대북 정책이다"고 비판하기 시작했다. 5, 6공 세력이 보수 우파의 주력이었고, 그들 중 다수가 문민 개혁에 반발하는 반(反) YS 세력이기도 해서 비판의 소리가 더 커지고 있었다.[5]

1993년 판문점 남북 핵 협상 때 북한 대표가 우리 측 대표에게 "전쟁이 나면 서울은 불바다가 될 것이다. 그러니 당신이 살아남기는 어려울 것"이라고 위협하는 사건이 일어났다. 이 사건 역시 국내 여론의 우경화를 가속시켰다.

우파의 반발은 이인모 북송을 건의한 당사자인 한완상 개인에 대한 공세로 이어졌다. 이어 한완상, 김정남, 김도현 등 진보 좌파 인사들에 대한 YS의 인사 정책까지 도마 위에 올랐다. 당시 몇몇 언론은 "YS 정부 안에 간첩이 있다"는 내용의 보도까지 내놨다.

한완상은 국회 통일위원회에서 오래 활동하며 북한 문제에 정통해있던 보수 노선의 박관용 비서실장의 견제까지 받게 돼 협공당하는 입장이 되었다. 결국 그 같은 예상치 못한 부작용과 반발 때문에 부담을 느낀 탓인지 취임 10개월 뒤 있던 첫 개각에서 한완상은 퇴진 당했다. DJ 계열이었으나 YS와도 가까웠던 그는 김대중 정권 때 각료로 다시 재기했다. 이후 노무현, 문재인 좌파 정권에서도 계속 중용되었다.

청와대 교육문화수석이던 김정남도 도중하차했으나 은퇴 후에도 YS와의 정치적 의리 관계를 계속 유지했다. 결국 이인모 북송은 남북 관계를 개선하려던 진보 세력에 찬물을 끼얹은 셈이 되었고, 극우 보수 세력들에게 힘을 실어주는 결과가 되었다.[6]

NSC(통일안보조정회의)를 신설하다

이인모 북송과 북한의 NPT 탈퇴가 이어지는 것을 계기로 국가안보조정회의(National Security Committee)가 신설되었다. 당시 언론 보도를 통해 이인모 북송 사건을 처음 알게 된 황인성 총리가 그 문제점을 지적했다. 그러자 내각 차원의 토의 과정이 없었음을 알게 된 대통령이 이를 질책했고, 그에 대한 대비책으로 박관용 비서실장이 "남북문제를 밀실에서 소수가 다룰 것이 아니라 공적 기구에서 여러 부처가 종합적으로 논의 처리해야 한다"면서 NSC같은 기구의 설치를 건의, 김영삼이 이를 수용함으로써 발족한 것이다.[7]

그 뒤 NSC는 안보 정책의 핵심 기구로 정착하게 되었고, 역대 정권을 이어오고 있다. 어쨌거나 YS는 회고록에서 "장기적인 관점에서 볼 때 이인모 북송이 김일성과의 정상회담 합의에 이르게 하는 등 남북 관계 개선에 작은 디딤돌이 되었다"고 긍정 평가했다.[8]

사실 북의 NPT 탈퇴 선언이 없었다면 문민정부가 북·미나 북·일 관계 개선에 도움을 줄 수도 있었을 것이다. 노태우의 북방 외교로 한국이 모스크바, 베이징과 국교 관계를 수립했고, 또 평양도 워싱턴, 도쿄와의 관계 정상화를 바란다고 밝히고 있었기 때문이다.[9]

참고 자료

1. 한완상 『한반도는 아프다』 p490
    『김영삼 대통령 회고록』상 p98
2. 『김영삼 대통령 회고록』상 p97
3. 정종욱 『정종욱 외교비록』 p32
4. 『정종욱 외교비록』 p33
    『임동원 회고록』 p207
5. 『정종욱 외교비록』 p49
    박관용 『김영삼 민주센터 녹취록』

6. 한승수『김영삼 민주센터 녹취록』
7. 권영해『김영삼 민주센터 녹취록』
8. 『김영삼 대통령 회고록』상 p99
9. 한완상『한반도는 아프다』 p82

2장 영변 폭격 계획
저지시킨 YS

1994년 6월, 북한이 제네바 합의를 어기고 영변 핵시설을 다시 가동하자 한반도에는 전운(戰雲)이 감돌았다. 미국은 육상 병력을 증강하고 패트리엇 미사일 등을 추가 배치하는 한편, 항공모함과 군함 30여 척을 동해에 포진시켰다.

그 무렵 청와대를 방문한 레이니(James Laney) 주한 미국대사가 정종욱 외교안보수석과 일정 얘기를 나누다가 "군사 충돌이 예상되면 미국 민간인들을 철수시키는 것이 표준 작동 절차(SOP)에 있다"면서, 곧 그 계획을 발표키로 했다고 말했다. 그러면서 방한이 예정되어 있던 자신의 딸 가족들도 오지 말도록 했다는 이야기까지 했다. 미국은 그 같은 철수 훈련을 주기적으로 실시하지만 이번엔 상황이 달라보였다.

한반도 주변에 미 육·해·공군력이 집결된 상태에서 딸에게 오지 말라고 한 것은 실제 공격 작전이 임박한 것이 아니냐는 인상을 주었다. 정종욱은 이를 즉시 대통령에게 보고했고, 김영삼은 "이 소식이 알려지면 전쟁이 터지는 줄 알고 한국사회가 엄청나게 동요할지 모른다. 미 대사에게 철수 계획을 발표하지 말라고 하라"고 지시한 뒤, 미 대사를 긴급 초치했다.

보안을 위해 대사 승용차에 성조기를 달지 말고 들어오라고 했다. YS 가 1대 1로 외국대사를 만난 것은 그때가 처음이었다. (황장엽 망명 때 중국대사 면담이 두 번째)[1]

김영삼은 한반도 주변에 전개되는 미군의 이동 움직임(북한 압박용)을 사전에 알고 있었다. 그렇지만 그것이 훈련이 아니라 실제 작전에 들어가는 것이라면 한국에는 재앙이 될 것이라고 생각했다. 영변 핵 시설을 폭격하면, 보복 반격에 나설 북한이 휴전선 일대의 중화기 화력을 수도권을 향해 쏟아 부을 것이 불을 보듯 뻔했다. 미국은 북한의 핵 개발을 저지하는 데 성공할 수 있을지 모르나 한반도는 초토화되고, 전쟁으로 비화하면 민족의 공멸(共滅)로 이어질 수 있었다.

김영삼은 레이니와의 1시간에 걸친 면담에서 그 같은 우려를 설명한 뒤 "내가 있는 한 전쟁은 안 되고, 미국인들의 철수도 안 된다"면서 클린턴 대통령에게 들은 대로 보고해달라고 요청했다. 긴장된 얼굴로 돌아간 레이니는 일단 민간인 철수 계획 훈련 발표를 중단하고, 백악관과 통화했다. 그날 밤 클린턴이 청와대로 전화를 걸어왔다.

YS는 "60만 한국군은 한 명도 움직이지 못하게 명령할 것이다. 한반도를 전쟁터로 만드는 것은 안 된다. … 나는 우리 역사와 국민에게 죄를 지을 수 없다"고 강력하게 어필했다.[2]

클린턴은 YS의 대북 정책을 불신

그러나 미국 측의 설명은 다소 다르다. 미 국방장관 윌리엄 페리는 4월 20일 이병태 국방장관에게 "북한에 대한 외교적 해법이 실패하면 제재(制裁)가 불가피하다"면서, 제재의 방법 중 하나가 전쟁 준비임을 밝혔다.[3]

클린턴은 그 뒤 미 합참에 "군사적으로 영변 핵 시설을 없앨 수 있는

가?"고 물었고, 합참은 "동해에 진출한 미 함정에서 미사일로 정밀 공격(Surgical Strike)하면 영변 핵 시설만 파괴할 수 있다. 그러나 북한의 대규모 반격으로 수도권 일대가 완전히 쑥대밭이 될 것으로 예상된다"고 보고했다.

당시 북한의 군사력 65%가 휴전선 일대에 배치돼 있었다. 8400문의 야포와 2400문의 다연장 로켓포, 1500여 개의 단거리 미사일이 서울 쪽을 향해 조준 사격 상태에 들어가 있었던 것이다. 미 국방부는 "폭격이 전쟁으로 비화되면 90일 내에 전쟁을 종식시킬 수 있다. 그러나 개전(開戰) 한 달 내에 한국군 45만 명, 미군 5만여 명의 사상자 및 민간인 70만~100만의 희생이 예상되고, 610억 달러 규모의 경제적 피해가 추산된다"고 했다.

그래서 폭격을 유보(留保)키로 했다는 것이다. 대신 북한에 다시 사찰을 받으라고 압박을 가하기 위해 동해안 일대에서 양동(陽動) 작전을 펴게 됐다는 게 페리 국방장관의 설명이었다. 말하자면 그 같은 사실이 레이니 대사의 민간인 철수 계획 발언에 대한 해석 차이 때문에 '공격 임박'으로 잘못 알려진 게 아니냐는 주장이었다.[4]

클린턴 행정부가 "YS의 대북 정책은 일관성이 결여돼 있는 게 아니냐?"고 불신하게 된 것이 이 사건을 전후해서였다. 미국이 보기에 YS는 북한에 유화적(宥和的)으로 나갔다가 NPT 탈퇴 선언이 나오자 강경 대응으로 돌아섰고, 영변 핵 시설을 폭격하겠다면서 압박 수위를 높이자 이번에는 반대하고 나서지 않았냐는 것이다. 전반적으로 한미 공조(共助) 체제는 작동하고 있었으나, 양국 정상 사이에는 적지 않은 이견(異見)이 속출했다.

1993년 11월23일의 한·미 정상회담에서 김영삼은 실무 레벨에서 합의된 북한 핵문제에 대한 「일괄 타결 방식」(Package Deal)을 거부, 명칭 변경을 주장하여 「철저하고 광범위한 해결」(Thorough and Deal)이라는 용어로 바꾸게 했다.

정상회담에서 김영삼은 일어서려는 클린턴을 잡아 앉히는 등 결례를 마다하지 않고 밀어붙였다. 하지만 내용이 실질적으로 바뀐 것은 아니었다. 미국 측은 YS의 "대북 전략이 무엇인지 이해하기 어렵다"고 투덜댔다.[5]

김영삼은 1995년 미·북 경수로(輕水爐) 협상 당시 합의서에 '한국형 경수로'로 명시하는 것을 북한이 반대하고, 미국도 적당히 표시하고 넘어가려 하자 클린턴에게 전화를 걸어 격앙된 목소리로 따졌다. 1대 1 대결에 강한 YS답게 톤을 높이다가, 반말 투로 말한 부분이 뒤늦게 확인돼 한때 한·미 정상 사이의 분위기가 나빠졌다. 그 바람에 미·북 협상에까지 영향을 끼칠 뻔했다.[6]

북의 '통미봉남(通美封南)'으로 고전(苦戰)하다

몇몇 사례를 보면 북한의 핵 문제를 비롯한 대북 관련 현안이 한·미 사이의 갈등의 대상이었고, 문제의 발단이 한국 측에 의해 발생한 것임을 알 수가 있다. 왜 그렇게 됐을까?

김영삼은 30여 년 동안 군부 독재와 싸우면서 투사로서의 노하우를 완성한 정치인이었다. 그는 아버지 나이인 김일성과는 한번 겨뤄봐야 할 상대라고 생각했고, 정상회담을 통해 남북 관계의 틀을 바꿔야겠다면서 의욕을 불태우고 있었다. 밤잠을 아껴가며 철저하게 김일성에 대한 공부도 했다.

같은 맥락에서 그는 북한의 변칙 공세에도 당당하게 대응해야 한다는 생각이었다. 상황에 따라 원칙이 바뀔 수도 있다는 상황주의자였다. 그러나 국내 정치와 국제 외교는 차원이 달랐다.

무대와 상대가 다르고, 게임의 조건과 규칙도 달랐다. '통미봉남(通美封南)'이라는 북한의 한국 패싱 전략, 한국의 입장을 무시하는 미국 선거의 존재 같은 '힘이 미치지 않는 영역'까지 존재했다. YS로서는 고전할 수밖에 없었다.

반공 통일, 흡수 통일 등 남북 대결 구도에 익숙해 있는 보수 우파 세력의 반발이 거셌고, 언론도 (대북정책이) "온탕 냉탕을 오간다" "장기 전략, 통일 철학이 없다" "외교를 몰라 거칠다"는 식의 비판적 보도를 쏟아내고 있었다.

통미봉남 현상을 질타할 때는 본인도 같은 생각을 가지고 있었으므로 괴로워하고 고통스러워했다. 그러나 YS는 대미 관계에서 지킬 것은 철저히 지키려고 노력했다. 국익(國益)이었다. 그는 국익을 지키기 위해 기회가 있을 때마다 미국을 향해 노(NO)라고 말하면서 싸웠다. 애국심이 그 동력이었다.

문제는 그 같은 메시지가 제대로 읽혀지지 않는 사회 분위기였다. 지근 (至近) 거리에 있는 참모들조차 YS의 외교 결례나 대시를 걱정하면서, 달은 보지 못하고 손가락만 바라보고 있었다.

아이러니컬하게도 YS가 '노'라고 말해온 것이 애국심이었다는 사실을 인정해준 인물은, YS에게 시달림을 받았던 클린턴 미 대통령이었다. 그는 강릉 북한 잠수정 침투 사건과 관련, 김영삼의 호된 반발에 부딪혔다.

그것은 26명의 중무장한 간첩을 태운 북한 잠수정이 강릉 해안으로 침투했다가 적발된 사건이었다. 전군에 비상 경계령이 내려지고, 2개월간 소탕 작전이 펼쳐졌다. 침투한 간첩 26명 가운데 11명은 자폭(自爆)했고 1명은 생포되었으며, 14명은 도주 중 사살되었다. 1명은 행방불명되었다.

한국군과 민간인들도 피살되는 등 피해가 컸다. 정부는 재발 방지와 사과를 북한으로부터 받아내야 한다는 강경론이었다. 이에 반해 미·북 대화를 감안하고 있던 미국은 적절하게 화해 쪽을 원했다. 그 바람에 정상회담에서 양국 정상이 서로 부딪쳤던 것이다.

YS는 "재발 방지와 사과가 없으면 한국은 40억 달러가 드는 경수로 지원이 어렵다"고 압박했다. 난감해진 클린턴은 배석자를 내보내고 단 둘이 남아 북한에 강력한 메시지를 보내는 「공동 언론 발표문」을 내기로 양보하기에 이르렀다. 그것은 북한이 잠수정 침투 사건을 회피해갈 수 있는 여지를 완전히 막아버린 효과를 가져왔다.

당시 클린턴은 돌아가는 차 안에서 "… 김 대통령은 우리가 이해해야 한다. 그는 평생을 민주주의를 위해 목숨 걸고 싸워온 인물이다. 따라서 언제나 입장을 분명히 한다"고 발표문 합의 경위를 설명했다. 동승했던 미 안보보좌관이 나중에 한국 안보수석에게 이런 일화를 전화로 알려주었다.[7]

왕조시대 중국에 간 말 잘 듣는 오랑캐(=순이·順夷)인 조선의 사신은, 베이징 자금성의 중국 황제를 알현하느라 아홉 개의 문을 엎드려 통과해야 했다. 그러나 거칠게 저항하던 만이(蠻夷)인 동남아국가는 여섯 개의 문만 통과하면 되는 특전을 누렸다고 한다.[8]

역대 12명의 한국 대통령 가운데 미국의 말을 잘 듣는 순둥이 대통령들도 있었고, 중국을 상대로 작아지는 대통령도 있었다. 김영삼은 그 가운데 미국에 대해 '노'라고 말할 수 있었던 세 번째 대통령이었다. 첫 번째는 초대 이승만 대통령이었고, 두 번째는 박정희 대통령이었다.

미국에 'No'라고 말한 한국 대통령

6·25전쟁이 끝나갈 무렵 이승만은 거제도 포로수용소의 북한군 반공포로 2만2000명을 미국 몰래 일방적으로 석방하여 미국은 물론 세계를 놀라게 했다. 그것은 한·미 상호방위조약 맺기를 꺼리던 미국을 끌어들이기 위한 '벼랑 끝 전술(Brinkmanship)'이었다. 아이젠하워 대통령은 이승만

이 휴전 협정도 같은 전술로 방해할 것을 우려한 나머지 서둘러 방위조약을 맺었다.

이승만은 그 후 1954년 7월, 한·미 정상회담에서 아이젠하워가 일본과의 수교를 강력하게 요구, 압박할 때도 이를 단호히 거절했다. 미국은 공산화된 중국 대륙에 대응하기 위해 한·미·일 3각 구도의 방어 전략을 세웠고, 한·일 국교 정상화가 선결 과제라고 보았다. 그렇지만 이승만은 "일본은 믿을 수 없는 나라이니까 국교 정상화를 서둘 이유가 없다"는 신념을 가지고 있었다.

때문에 두 대통령의 정상회담은 접점을 찾지 못하고 격론으로 이어졌다. 그 바람에 화가 치민 아이젠하워가 자리를 박차고 일어나 회담장을 나가는 외교 참사까지 발생했다. 이승만은 누구보다도 미국의 정치와 세계 전략 등 미국 사정에 정통한 친미 인사였지만 한국의 국익을 위해 '노(NO)'라고 말하며 강수를 둔 최초의 대통령이 된 것이다.[9]

두 번째 '노'를 외친 대통령은 박정희였다. 그는 도덕주의를 내걸고 미국의 33대 대통령이 된 지미 카터 때문에 어려운 처지가 되었다. 카터가 장기 독재를 문제 삼아 주한 미군 전면 철수 카드를 들고 나왔기 때문이다.

박정희는 1979년 6월 서울에 온 카터와 정상회담을 가졌다. 이때 장장 45분간 일방적으로 철수 불가론을 전략 강의하듯 발언해 카터의 격분을 샀다. 카터를 자기 나라의 세계 전략조차 이해하지 못하는 조지아 출신의 '미국 촌뜨기'라고 본 박정희는 작심 발언을 했다. 주한미군 철수 문제는 아예 거론하지 말라고 한국 측에 압박해둘 것을 지시까지 해놨던 카터는 허(虛)를 찔렸던 것이다.

카터는 회담이 끝난 뒤 참모와 주한 미 대사를 상대로 삿대질까지 하면서 크게 화를 냈다. 그러나 주한 미군은 물론, 미 국방부 수뇌까지 카터

의 철군 정책에 공공연하게 반대하는 상황이었기에 결국 양자의 충돌은 파국 없이 수습될 수 있었다.[10]

물론 세 대통령은 보복으로 해석되는 카운터펀치를 맞았다. 아이젠하워는 4·19가 일어나자 이승만에 대한 지지를 철회해 하야(下野)의 결정적 계기를 가져왔다. 그것은 한국 국민에게는 다행이었다. 또 카터는 박정희가 시해되자마자 한국의 핵개발 저지 정책을 밀어붙였다. 그 결과 북한이 핵개발을 해나갈 때, 핵 벌거숭이가 되게 하는 문을 열었다.

김영삼 역시 클린턴의 IMF 지원 거부 같은 보복성 대우를 받았다.

참고 자료

1. 정종욱 『대통령 통치 구술 사료집 4』 p442
2. 『김영삼 대통령 회고록』 상 p315~317
3. [조선일보] 2014년 6월7일자 2면
4. 정종욱 『대통령 통치 구술 사료집 4』 p440
   한승주 『김영삼 민주센터 녹취록』 p38 「김영삼 정부의 성공과 실패」
   [조선일보] 「1차 핵 위기」 2013. 3. 11
   김충남 『대통령과 국가경영』 p538~540
   임동원 회고록 p306~307
   박관용 『한국대통령 통치구술 사료집』 p46
5. 박관용 『한국대통령 통치구술 사료집』 p37
6. [동아일보] 특별취재팀 『문민정부 1800일 비화』 p139
   김동현(미 국무성 통역) 『신문보도』
7. 『김영삼 대통령 회고록』 하 p257
8. 다물의 역사
9. 오인환 『이승만 평전』 p433~458
10. 이춘근 『미국에 당당했던 대한민국의 대통령들』 p246
    공노명 『나의 외교노트』 p315
    조갑제 『박정희 평전』 12

3장 무산된 사상 첫 남북정상회담

영변 핵시설 폭격 문제로 한반도에 전운(戰雲)이 감돌고 있을 때, 지미 카터 전 미 대통령이 평양행(行) 특사를 자청했다. 자신이 미·북 간의 조정 역할을 맡아보겠다는 구상이었다. 재임 중 주한 미군 철수 정책을 추진한 전력으로 '김일성이 가장 선호하는 미국 정치인'이 된 카터는, "언제든지 방북해도 좋다"는 '상시(常時) 초청장(Standing Invitation)'을 갖고 있었다.

그러나 북한이 카터의 평양행을 미국의 양보로 오판(誤判)하는 것을 우려한 클린턴 대통령과 국무부는 반대하는 입장이었다. 그런데도 카터의 평양행이 성사될 수 있었던 것은 카터와 같은 조지아 출신의 상원의원 샘 넌(Samuel A Nunn)이 적극 지원해주었기 때문이다.

카터가 출발하기 전 미 국무부는 "카터는 미 정부의 공식 사절이 아니다. 클린턴의 친서(親書)도 휴대하지 않고 있다"고 한국 정부에 통고했다. 한국도 카터가 북한에 이용당할 가능성이 있다고 보아 1994년 6월 카터 방한 당시 YS가 청와대에서 오찬을 함께 하는 수준에서 적절하게 예우했다.[1]

"북한에 가서 무슨 얘기를 하면 좋겠는가?" 하고 카터가 물었을 때, 한승주 외무장관이 "언제 어디서든지 남북 정상회담을 갖자고 제의했던 김영삼 대통령의 취임사 내용이 아직도 실효성이 있다"고 설명한 뒤, "김일성 주석의 의사를 타진해봐 달라"고 부탁한 적이 있었다.[2]

그렇지만 별 기대는 하지 않았다. 그런데 카터가 의외로 6월18일, '김일성, 정상회담 제안'이라는 큰 선물을 가지고 평양에서 돌아왔다. 카터를 만난 김영삼은 심도 있는 검토 과정도 생략한 채 즉석에서 "좋다. 만나겠다"고 답했다. 그리고는 한승주를 시켜 카터가 그 사실을 언론에 미리 알리지 않게 하라고 지시했다. 자신이 발표하면서 세계적 스포트라이트를 받고 싶었던 것이다.[3]

열흘 뒤 한국 측에서 통일원 장관 이홍구, 북한에선 김용순 비서가 대표로 나와 장소와 일정 등 실무 전반을 논의하는 예비회담을 가졌다. 두 사람은 1934년생 동갑내기였다. 회담 장소 선정이 핵심 쟁점이었다.

YS는 "남북 정상이 만나는 것 자체가 중요하다"면서 회담 장소를 평양으로 양보하도록 했다. 그리고 회담의 성과를 확대키 위한 추가 회담 가능성, 대동강 강변에서의 조깅을 요청했다. 부축을 받아야 하는 늙은 아버지와, 상대적으로 젊고 활력이 있는 김영삼의 조깅 모습이 대비되는 것을 꺼려한 김정일이 반대했다. 그렇지만 김일성이 "하게 해드려!"라고 결론지었다. 회담이 이뤄졌더라면 YS의 조깅 모습이 세계적 뉴스가 될 뻔했다.[4]

남북 양측은 한국 측이 100명 규모의 대표단과 함께 TV, 라디오 실황중계 장비를 갖춘 80명의 취재단이 방북한다는 데 합의했다. 김영삼은 '1국가 2체제'를 주장하는 김일성의 연방제 통일안에 대해 이산가족 교환 방문, 서신 교환, 상대국 TV와 라디오 접근 공개 같은 점진적 조치를 제의할 구상이었다. 기근으로 시달리는 북한 주민을 위한 쌀 50만 톤 지원이라는 깜짝 선물도 준비했다.[5]

심장발작으로 쓰러진 김일성

김영삼은 회담을 10여 일 앞두고 남북문제 전문가들로부터 집중적인 과외 수업을 받는 한편, 정치권 등 각계각층의 인사와 실향민을 두루 만나 의견을 들었다. 여러 가지 시나리오에 대한 대응 방안을 세워 대학노트에 꼼꼼하게 기록하는 등, 밤잠도 제대로 자지 않고 준비에 공을 들였다.

YS는 자신의 부친보다 한 살 많은 1912년생으로, 고령인 김일성이 정상회담에 따르는 부담과 압박을 견뎌낼 수 있을까를 우려했다.[6]

김일성도 열세 차례나 관계 참모 회의를 가지는 등 준비에 나서고 있었다. 그는 7월6일에는 김영삼이 와서 묵을 예정인 평양 북쪽 160Km지점의 묘향산 여름별장에 직접 가서 침실, 욕실을 둘러보고 냉장고 안까지 점검하는 등 신경을 쓰는 모습이었다.[7]

그렇게 과로하던 김일성은 저녁식사 뒤 심장발작을 일으키며 쓰러졌고, 8일 새벽 2시에 사망했다. 평소 동맥경화증, 심장병 계열의 병을 앓고 있던 그는 심한 스트레스와 피로 누적을 이기지 못하고 발병했던 것이다. 불행히도 주치의가 동행하지 않은데다가, 묘향산 일대에 내린 집중 호우로 육로와 헬기를 이용하는 공중 루트가 모두 두절되는 바람에 신속하고 적절한 치료 기회를 놓치고 말았다. 평양에서 보낸 헬기가 악천후 속에서 추락, 의료진이 몰살했다는 설도 있었다.

김일성 사망 소식이 전해진 이튿날 아침, 조깅에 나선 김영삼 역시 긴장과 과로로 목이 돌아가지 않는 증상이 나타나 응급 치료를 받는 작은 소동이 벌어지기도 했다.[8] 사망 소식이 전해지자 김영삼은 즉시 만약의 사태에 대비해 전군에 비상경계령을 내렸다. 순전히 방어적 개념이었으나, 북한 측은 공격 의사가 있는 것처럼 왜곡해 대남 공격 자료로 썼다.

오후 5시, 국무총리를 포함한 전 각료와 안기부장이 참석한 가운데 대통령 주재로 긴급 국무회의가 열렸다. 조문(弔問) 문제가 주요 의제였다. 통일원 장관 이홍구와 김덕 안기부장이 연이어 발언하면서 조문에 반대하는 내용의 의견을 내놨다.

두 사람 모두 저명한 정치학자 출신이고, 안보 관련 직책을 맡고 있었기 때문에 발언의 무게가 묵직했다. 무거운 분위기 속에서 진행된 회의에서 조문의 필요성을 주장하는 각료는 한 사람도 없었다. 김영삼은 '조문 불가'라는 내각의 만장일치 의견을 그 자리에서 수용했다.[9]

당시 정상회담에 관해서 보수 여론의 비판이 거셌다. 6·25전쟁 때 수백만의 인명 피해를 낸 가해자인 김일성에게 사죄부터 받아야 한다는 여론이 있었고, 정상회담 수용을 항복의 표시로 보는 강경 노선까지 등장했다. 따라서 조문을 하자거나, 사망 이후의 정상회담 재개에 대한 희망을 표시하기가 어려운 상황이었다.[10]

보수와 진보 세력 간에 벌어진 조문 논쟁은, 진보 성향의 학생 운동권 출신인 민주당 이부영 의원이 국회에서 조문 사절을 보내지 않는 것을 비판하는 발언을 함으로써 불거졌다. 진보 측은 "YS 주변에 남북문제를 깊이 통찰하는 참모가 없는 것 같다", "YS의 남북문제에 대한 철학이 부족하다"는 비판을 제기했다. 이를 보수 여론이 반격하면서 정부는 회담 추진 전보다 더 우경화로 밀려갔다.

일주일 뒤 정부는 김일성을 애도하는 어떤 행위도 엄단할 것임을 선언했다. 김일성의 장례식 다음 날, 그가 6·25전쟁을 일으킨 주모자임을 입증하는 100건의 구(舊)소련 측 기밀문서가 새삼스럽게 공개되면서 반공 분위기가 고조되었다. 그 문서는 6월 초 한·소 정상회담에서 옐친 소련 대통령으로부터 넘겨 받은 것이었다.

그것은 YS가 강경 노선으로 돌아선 게 아니라, 본래의 보수 노선으로

되돌아온 것이라 할 수 있었다. 크게 반발한 북한은 악의적인 대남 비방 선전을 재개했다.[11]

노벨평화상 수상 가능성도 있었건만…

10여 년 동안 김일성을 대리해 내치(內治)를 맡아오던 김정일. 그는 남북 정상회담이 이뤄지면 자신에게 유리하지 않은 중대한 변화가 오리라고 우려한 나머지 회담에 반대하는 입장이었다. 그래서 YS의 조깅 건도 반대했으나 김일성이 뒤집었다.

또 김일성이 제대로 응급조치를 받지 못한 것에 대해 자연사(自然死)가 아니라는 등 뒷말이 나오자 유훈(遺訓)통치를 강조하기 시작했다. 그는 3년상(喪)을 치르는 동안 아무 일도 벌이지 않았다. 남북 정상회담 재추진에도 관심이 없었다. 핵 개발 문제는 처음부터 그의 작품이었으므로 정상회담이 흐지부지되면서 남북이 핵 문제를 다룰 기회도 사라져버렸다.[12]

남북 정상회담이 무산되자 가장 아쉬움이 컸던 인물은 당사자인 김영삼이었다. 그는 김일성의 사망으로 회담이 불발이 된 것을 '임기 중 가장 아쉽고 안타까웠던 일' 중 하나로 꼽았고, 그 얘기만 나오면 "아쉽다"는 소리를 입에 달고 살았다. 김일성이 고령임에도 정상회담 개최를 결단한 것은, 죽기 전에 핵 문제와 남북 관계의 큰 획을 그을 생각 때문이었다고 볼 수 있어 성과에 큰 기대를 걸 수 있었다는 것이다.

YS가 남긴 메모를 보면 "핵무기 개발을 포기하라. 전쟁이 일어나선 안 된다. 남북 전쟁은 공멸(共滅)의 길이다. 전쟁이 시작되면 먼저 북한이 괴멸될 것이다. 전쟁을 일으키면 당신은 역사와 민족 앞에 씻을 수 없는 죄인이 될 것이다"는 내용이 적혀있었다.[13]

남북 정상회담 무산에 대한 견해는 대체로 상반된다. 정상회담이 성사되었다면 핵 문제, 통일 문제에 대한 기본 틀이 마련될 수 있었고, 필요 이상의 엄청난 자금이 김대중 정권 때 북한에 제공되는 등의 부작용도 없었을 것이다. YS가 먼저 노벨평화상을 수상했을 가능성이 있었다고 보는 견해도 있다.[14]

물론 반대 의견도 있었다. 당시 10년간 실권을 행사해온 실세(實勢) 김정일은, 자신의 통치를 불신하고 큰 개편을 가져오려는 아버지의 결단을 수용하기 어려웠을 것이라고 보는 관점이다. 김일성이 큰 획을 긋기에는 너무나 늙고 노쇠해 있었다는 것이다.[15]

참고 자료

1. 정종욱 『김영삼 민주센터 녹취록』
2. [동아일보] 특별취재팀 『문민정부 1800일 비화』 p97
3. 박관용, 한승수 『김영삼 민주센터 녹취록』
4. 권영해 『김영삼 민주센터 녹취록』
5. 돈 오버도퍼 『The two Korea』(두 개의 한국)
6. 『김영삼 대통령 회고록』상 p328
7. 돈 오버도퍼 『The two Korea』(두 개의 한국)
8. 이성헌 『김영삼 민주센터 녹취록』
9. 오인환 증언. 당시 공보처장관으로 긴급 국무회의에 참석
10. 정종욱 『한국대통령 통치 구술 사료집 4』 p459
    이성헌 『김영삼 민주센터 녹취록』
11. 돈 오버도퍼 『The two Korea』(두 개의 한국) p503
12. 정종욱 『한국대통령 통치 구술 사료집 4』 p457
    권영해 『김영삼 민주센터 녹취록』
13. 김기수 『김영삼 민주센터 녹취록』
14. 임정규 『역대 대통령의 정상회교』 p181
15. 이홍구, 박진 『김영삼 민주센터 녹취록』

4장 주체사상 설계자
황장엽의 망명

1997년 2월12일, 북한의 주체(主體)사상 창시자로 알려진 황장엽(黃長燁, 당시 75세) 노동당 비서가 동료 김덕홍을 데리고 베이징에 있는 한국 총영사관에 택시를 타고 와 망명 요청을 했다. 총영사의 긴급 보고를 받고 달려온 정종욱 주중 한국 대사에게 황장엽은 망명이 실패할 경우 입에 털어 넣으려 했다는 극약을 보여주며 "내가 주체사상을 만들었는데, 김일성 일가의 개인 숭배에 이용당하는 데 크게 실망했다"고 망명 동기를 밝혔다. 그러면서 "내가 미쳤다. 가족들을 북한에 두고…"라면서 인간적인 고뇌를 털어놓기도 했다.[1]

황장엽은 일본 도쿄와 소련의 모스크바에 장기 유학하면서 철학을 전공했고, 북한에 귀국한 뒤에는 김일성종합대학의 철학 교수로 있으면서 김정일을 가르쳤다. 김정일이 졸업한 뒤 김일성대학 총장이 되었고, 그때부터 김일성을 도와 주체사상 이론을 체계화하는 데 주도적 역할을 했다.

그는 1972년 북한 헌법에서 '주체사상'을 북한 체제의 통치 이념으로 채택함에 따라 주체사상의 최고 권위자로 인정받게 되었다. '주체사상의 설계자이자 전도사'라는 소리를 들었다. 그 공로를 인정받아 최고인민회의 의장, 노동당 국제담당 비서, 최고인민회의 외교위원회 위원장과 같은 요직을 두루 역임했다.

김일성 사망 후에는 베이징에서 주체사상 교육에 필요한 자금(=외자)을 조달하는 무역회사를 설립, 운영하는 것을 도왔다. 오랜 측근인 김덕홍이 무역회사 사장 역이었다.[2]

다른 사람보다 출국이 자유스러웠던 그는 해외에 자주 드나들었고, 북한 체제가 잘못 가고 있다는 인식을 갖게 되었다. "남한에서는 공산 혁명이 결코 일어날 수 없다", "미군은 한반도에 지속적으로 주둔해야 한다"고 해외 인사들에게 주장하는가 하면, 권력이 북한 군부로 이동되는 것에 대해 심각한 우려를 은밀하게 표명하기도 했다.

황장엽은 1996년 2월, 모스크바에서 열린 주체사상 토론회에서 북한 정권에 대한 반대 의사를 공공연하게 드러내면서 대내외의 주목을 받게 되었다. 그는 그해 8월21일에는 북한이 민족주의 국가도 사회주의 국가도 아닌 나라가 되었으며, 순수한 주체사상과는 아무런 상관도 없는 완전한 독재국가가 되었다는 견해를 담은 논문까지 작성했다.

그것은 자신에 의해 체계화된 이론의 틀(=주체사상)을 몸통으로 삼고, 북한이 그 위에 수령론을 덧붙여 '김일성 일가의 개인 숭배 사상'으로 변조시킨 것이라고 보는 그의 관점이 요약된 것이라 할 수 있었다. 그의 모스크바 발언을 두고 북한 [노동신문]이 비판하고 나서면서 그의 운명은 달라지기 시작했다.[3]

대로(大怒)한 김정일, "시체라도 끌고 오라!"

그에 대한 북한 당국의 감시가 엄중해졌고, 여러 차례 자아비판을 하도록 강요받았다. 권력의 핵심에서 밀려나는 것은 이제 시간 문제였다. 한국의 정보기관도 모스크바 발언을 계기로 황장엽에 관심을 가지게 되었고, 그가 중국에 왔을 때 체제에 대한 불만을 가지고 있다는 사실을 알아냈다.

그 뒤 황장엽이 일본을 방문하자 그에게 접근해 망명을 시도케 할 계획이었다. 그러나 워낙 북한 측의 감시가 강화돼 있었던지라 포기했다. 그후 다음 단계 계획인 베이징에서의 시도가 성공을 거두었다는 것이다.[4]

북한 노동당 최고 지도부에 속한 황장엽이 망명한 것은 분단 이후 52년 만의 대사건이어서 세계적인 뉴스였다. 그는 사실상 북한의 내부 메커니즘을 증언할 수 있는 최고의 인물이었다.

황장엽의 탈출을 뒤늦게 안 북한은 곧 호전적인 반응을 내냈다. 국방위원장 김정일이 "시체라도 끌고 오라"고 대로했다는 것이고, 남한의 납치극이라고 우기면서 북한으로 되돌려 보내주지 않으면 보복하겠다고 위협했다. 부총리급 인사를 베이징에 보내 북한 송환을 요청하고, 북한 청년들을 동원해 한국 총영사관을 포위하는 압박 작전도 폈다. 그 바람에 중국 공안부대가 장갑차를 동원해 대치해야 했다.[5]

중국의 외교부장은 남·북한이 중국에 와서 중국 정부도 모르게 망명극을 연출한 것은 중국의 권위와 체면을 크게 손상시킨 사건이라면서 깊은 유감을 표시하고 있었다.[6]

중국 외교부는 북한 체제의 핵심 인사인 데다가, 장쩌민 주석과도 잘 아는 사이인 황장엽의 망명이 북한에 줄 충격을 고려한 듯 일단 평양으로 돌아가라고 권하는 듯했다. 그로 인해 북한 송환이 임박한 듯한 분위기가 느껴지고 있었다.

그때 사태의 심각성을 보고받은 김영삼이 장쩌민에게 "황장엽이 한국으로 망명하기를 원하는 만큼 한국에 와야 한다. … 북한에 송환되면 한국과 외교 문제가 발생할 것이다"는 내용의 친서(親書)를 보냈다. 중국 정부는 한동안 반응이 없었다. 중국은 1992년 7월7일에 맺은 한국과의 역사적인 수교(修交)로 큰 충격을 받았던 북한에 대해 큰 부담을 느끼고 있었다. 그런 상태에서 미묘한 외교 부담을 또 다시 안게 된 것이다.

김영삼은 이번에는 주한 중국 대사를 비밀리에 청와대로 불러들였다. 대통령이 외국 대사를 1대 1로 면담한 것은 영변 핵시설 폭격 문제로 주한 미 대사를 만난 이후 두 번째였다. 김영삼은 "장 주석이 여러 차례에 걸쳐 나에게 '형제같이 지내자'고 말했다"는 점을 상기시키고, "황 서기가 북한으로 보내지면 즉시 총살당하게 될 것이다. 그러면 장 주석은 국제적 지탄을 받게 된다"고 강조한 뒤, 자신의 이야기를 장쩌민에게 그대로 전해달라고 요구했다. 한국어가 유창한 중국 대사는 그날 중에 보고하겠다고 약속했다.[7]

얼마 뒤 "한국으로 바로 보내는 것은 힘들다. 국제 관례상 제3국을 경유해 가는 것이 좋겠다"는 내용의 회신이 왔다. 중국이 한국 쪽의 손을 들어준 것이다.

필리핀 거쳐 전세기 편으로 서울 도착

한국 쪽에서 선호한 제3국은 필리핀이었다. 북한 대사관이 없을 뿐 아니라, 라모스 대통령과 YS의 친분 관계가 좋은 점이 고려되었다. 김영삼은 반기문 외교안보수석(=나중에 유엔 사무총장 역임)을 라모스 대통령에 보내 선처를 부탁했고, 상대는 흔쾌하게 응낙했다. 황장엽 일행은 3월18일, 극비리에 특별기편으로 베이징을 떠나 필리핀의 휴양 도시 바기오 지역으로 옮겨졌다.

며칠 지나 라모스의 입장이 곤란해졌다. 야당이 들고일어나 공격을 시작하는가 하면, 암살조가 입국한다는 제보까지 들어오는 등 신변 안전 문제까지 부각되었다. 중국 정부와 맺은 '한 달 이상 제3국 체류' 약속을 지키기 위해 라모스와 '밀당'을 벌이는 가운데, 황장엽은 4월20일 전세기 편으로 서울에 도착했다.

그가 가지고 온 방대한 정보는 여러 가지로 유용했다. 북한 지도층의 사고(思考) 경향 같은 것까지 알 수 있었다. 한국은 대북 정책은 있으나 대북 전략이 없을 때가 있고, 대북 정책과 전략은 있으나 통일 전략이 없을 때도 있다는 점을 확인할 수도 있었다.[8]

황장엽은 "남한 정부의 권력 핵심 깊숙한 곳에 북한 간첩이 자리 잡고 있다. 그가 올린 보고서에서 당시 대통령 비서실장이던 김광일의 개인적 발언 기록을 읽은 적이 있다"고 털어놨다.[9]

당시 언론은 '황장엽 리스트'에 대해 대서특필하고 있었다. 황이 털어놓는 정보 보따리에는 김대중의 과거 행적에 대한 상당한 비밀이 포함돼 있다는 내용도 보도되고 있었다. 그 바람에 김영삼은 불필요한 오해를 피하기 위해 재임 중에는 황장엽을 만나지 않았다. 그러나 퇴임 후에는 다른 이유로 만날 수가 없었다. 김대중 정부에 의해 황장엽이 사실상 연금 상태에 있었던 것이다.[10]

황장엽은 여러 차례 북한 정보기관으로부터 암살 위협을 당했고, 그로 인해 줄곧 신변 보호를 받고 있었다. 그는 2010년 10월10일, 목욕탕에서 숨진 채로 발견되었다. 향년 87세였다.

참고 자료

1. 정종욱 『김영삼 민주센터 녹취록』
2. 『김영삼 대통령 회고록』하 p297
   돈 오버도퍼 『The Two Korea』(두 개의 한국) p580

3. 돈 오버도퍼 『The Two Korea』

4. 권영해 『김영삼 민주센터 녹취록』

5. 『김영삼 대통령 회고록』하 p297

6. 유종하 『김영삼 민주센터 녹취록』

7. 『김영삼 대통령 회고록』하 p299～300

8. 권영해 『김영삼 민주센터 녹취록』

9. 돈 오버도퍼 『The Two Korea』 p583

10. 『김영삼 대통령 회고록』하 p303

5장 북핵 문제로 불거진
미국과의 불협화음

김영삼은 야당 당수 시절 여러 차례 미국 외교의 2중성을 비판하고 공격한 경험을 가지고 있었다. 미국은 한국의 민주화와 인권 문제를 중시한다고 하면서, 다른 한편으로는 군부 정권을 지지하고 비호하는 양다리 외교를 공공연하게 진행했던 것이다. 미국의 국익이나 세계 전략을 위해서였을 것이다.

문민정부가 출범한 이후에는 민주화 이슈가 더 이상 한·미 사이에 현안이 될 수 없었다. 그러나 핵 문제를 포함한 대북 정책은 미국이 주도권을 갖고 이중적일 수 있었다. 김영삼은 그 점을 우려하고 있었다.

김영삼은 미국 대통령 빌 클린턴과 1993년 같은 해 임기를 시작했다. 클린턴은 1992년 말의 대선에서 아버지 부시를 상대로 승리했다. 김영삼은 클린턴과 만나 "대북 관계에서 남북 대화와 미·북 협상이 두 개의 트랙(Two Track)으로 가야 하고, 과거의 군부 정권보다 정통성(正統性)이 강화된 문민정부가 주도권을 행사하는 게 바람직하다"고 주장했다. 이후 기회 있을 때마다 그 필요성을 강조하고 있었다.[1]

그에 대해 클린턴은 이해한다면서 "미국은 북한과의 관계를 가질 때 사전(事前)에 한국 대통령과 긴밀하게 상의하겠다"고 약속했다. 그 뒤 클린턴은 약속을 충실하게 지키지는 못했지만, 상황이 지난 뒤에라도 모든 내용에 대해 한국정부에 통고하고 협의하는 자세를 보였다.[2]

핵 문제를 포함한 북한 문제는 미국의 세계 전략과 한국의 대북 전략, 북한의 한국 따돌리기 전략인 '통미봉남(通美封南)'이 서로 복잡하게 부딪치는 상황이어서 이견(異見)과 갈등의 여지가 상존했다. 또 국내 여론을 중시(重視)하는 김영삼의 정치적 시각도 의외의 변수가 될 수 있었다.[3]

북한의 NPT(=핵확산금지조약) 탈퇴 선언이 김영삼과 클린턴이 맞은 첫 고비였다. 김영삼은 문민정부의 이름으로 모처럼 결단한 이인모 북송 선물을 북한이 무시하고, NPT 탈퇴라는 뒤통수까지 친 데 대해 실망하고 분노했다. 김일성과의 회담을 진지하게 준비했던 그로서는, 내심 아들 김정일의 긍정적 반응을 기대하고 있었던 만큼 충격이 더 컸을 듯하다.

국내 여론도 반발하고 있었다. 김영삼은 이인모 북송 아이디어를 냈던 한완상의 "초지(初志)를 관철해야 한다"는 건의를 묵살했다. 취임 100일 기자회견에서 그는 "핵을 가진 자와는 악수도 하지 않겠다"면서 강경 노선으로의 선회 방침을 내놓았다. 상호주의를 인정하지 않는 공산주의자들과는 대화하지 않겠다는 선언이었다.

그러나 클린턴은 북한과의 대화를 촉구하는 정책 방향이어서 미국과의 사이에 불협화음이 발생할 가능성이 커진 셈이었다. 1993년 11월23일, 워싱턴에서 열린 한·미 정상회담에서 YS는 미국의 대북 협상에 대한 불만을 털어놓았다.

그는 "핵 문제는 궁극적으로 남북 대화를 통해서 해결해야 한다"고 주장하면서, "미국은 북한의 속성을 모른 채 끌려가는 것 같다"고 미국의 협상 자세에 대한 문제를 제기했다.

미 대통령에 직통 전화, 마찰의 원인?

김영삼은 북한 핵 문제에 관한 '일괄 타결(package deal)'이라는 용어부터 바꿔야 할 것이라고 주장하고 나섰다. 한국이 북한에 끌려 다닌다는 인상을 주기 때문에 사용해서는 안 된다는 지적이었다. 그는 나중에 자신의 주장에 대해 "북한 핵 문제를 미국과 북한이 주고받기 식으로 한꺼번에 해결하려 할 것이 아니라, 한·미가 요구하는 조건들을 북한이 충족시켜 나가는 데 따라 단계적으로 대북 관계 개선 노력을 취하자는 뜻이었다"고 설명했다.[4]

김영삼의 용어 교체 주장은, 협상 전반을 사전 조율하는 양측 실무진이 한 번도 들어보지 못한 현안이었다. 정상회담에서 YS가 예고 없이 즉석 제안을 한 셈이어서 외교 의례(protocol)상 결례라 할 수 있었다. 당황해하는 클린턴을 상대로 김영삼은 85분간의 회담 예정 시간 가운데 50분을 이 주장에 할애했다. 이 문제는 양측 안보 보좌관들이 나서서 '철저하고 광범위한 접근(Thorough and Broad Approach)'이라는 용어로 대체시킬 수 있었다.

클린턴 대통령은 YS의 끈질긴 고집에 밀려 용어 대체와 함께, "팀스피리트 훈련 중단 여부는 한국이 결정권을 행사한다"는 현안까지 양보했다. 후폭풍이 따랐다. 회담이 끝난 뒤 클린턴이 참모들을 심하게 질책했다는 것이다.[5]

미국의 조야는 "YS의 대북 전략이 자주 변하는 이유가 뭐냐?"고 묻는 등 불편한 분위기였다. "미국이 낚싯대를 드리우고 있는데 한국 측이 떠드는 바람에 (북한이) 미끼를 물지 않는다"고 우회적으로 불만을 흘리고 있다.[6]

1994년 6월에 미국이 북한과의 대화 추진에 앞서 영변 핵 시설을 '정밀 폭격(Surgical Strike)'하려는 전략을 추진했다. 그러자 김영삼은 "전쟁이 나면 북한의 대규모 반격으로 한국의 수도권이 초토화된다"면서 완강하게 반대했다. YS는 "주한 미 대사가 한국에 있는 미국인들을 한국에서 철수시키는 소개령(疏開令)을 내릴 것 같다"는 보고를 받고, 미국이 전쟁을 일으키려는 것으로 여겨 클린턴에게 직통 전화로 항의한 것이다.

YS는 미국이 항공모함과 같은 무력을 전개시키는 압박 전략을 쓴다는 것은 알고 있었다. 그렇지만 정밀 폭격 계획이 진행되고 있다는 사실은 몰랐다. 정밀 폭격 계획은 북한이 반격할 경우, 주한 미군과 한국에 엄청난 피해를 가져올 수 있다는 미국의 전략적 판단에 따라 취소되었다. 그러나 앞서 언급한 것처럼 한국 대통령이 주한 미 대사를 청와대로 초치하면서 승용차에 미국 국기를 떼고 들어오라고 한 것(=국내 언론을 의식해 기밀을 지키려 한 조치였으나 미국 측으로서는 외교상의 결례에 해당되는 경우였다)이나, 필요한 확인 절차와 대응 프로그램 없이 미국 대통령에게 직통 전화로 항의한 것은 양국 간에 보이지 않는 마찰의 원인이 되었다.[7]

북한 반발 물리치고 한국형 경수로(輕水爐) 밀어붙여

영변 핵시설 정밀 폭격을 추진하는 등 강경 노선이던 미국은, 11월에 있을 상·하 의원 선거를 앞두고 정책 방향을 선회했다. 북한의 핵 의혹 규명을 사실상 포기하고, 핵 개발을 동결하는 선에서 마무리하기 위해 협상을 서두르게 되었다.

8월5일, 김일성 사망 뒤 중단돼 왔던 미·북 3단계 고위급 회담이 재개돼 로버트 갈루치 미 국무차관보와 강석주 북한 외교부 제1부부장 간의 제네바 협상이 진행되었다. 8월13일, 미국은 북한이 핵 개발을 동결하는 조건을 붙여 경수로(輕水爐)를 건설해주기로 약속하고, 북한과 연락사무소 설치에 합의했다.

그 같은 미국의 양보에 대해 김영삼은 "붕괴에 직면해 있는 북한과 타협한다는 것은 북한 정권의 생존을 연장시키는 결과를 초래할 것이다"면서 반발했다. 그러나 제네바 미·북 기본 합의를 막을 수는 없었다. 한국은 협상에 직접 참여도 못한 입장에서 경수로 건설비를 부담하게 되었다.

일이 그렇게 진행된 것은 미국과 북한이 정전 협정 당사자인 데 반해, 한국은 당사자이면서도 국제법상의 당사자 자격이 없다는 데서 비롯되었다. 1953년 휴전에 반대하던 이승만 대통령이 한국 대표가 정전 협상장에 참석하지 못하도록 명령을 내림으로써 전쟁의 한쪽 당사자인 한국 대표가 빠진 채 미국과 중국, 북한의 3개국 대표만 정전 협정에 서명했던 것이다.

또 제네바 미·북 협상에서 북한은 미국만을 협상 대상으로 하고 한국을 제외시키는 통미봉남(通美封南) 전략을 썼고, 협상을 빨리 마무리하고 싶은 미국은 한국 참여 문제로 북한과 지루한 샅바 싸움을 할 의사가 없었다. 그 때문에 한국은 협상 과정을 긴밀하게 협의하겠다는 미국의 약속을 수용할 수밖에 없었고, 옆에서 방관하는 입장에 서게 되었다.[8]

북한은 미국이 경수로 건설을 지원해주면 핵 개발을 하지 않겠다고 했고, 미국이 이에 동의하는 바람에 한국이 경수로 건설 지원을 담당하겠다고 약속하게 되었다.

한국정부가 경수로 건설 약속을 한 것은, 북한이 핵을 포기하는 게 한국 국민들의 안전을 보장하기 때문이었다. 게다가 "통일에 대비해 북한에 한국형 원자로를 설치해놓는 편이 장기적으로 좋지 않겠느냐"는 일부 인사들의 의견을 참작하면서 가능해졌다는 주장도 있다.[9]

김영삼은 1994년 8월17일, 클린턴과의 통화에서 북한에 제공하는 경수로는 한국형이어야 한다고 주장했다. 당시 경수로 지원 문제는 한·미·북 3

국의 입장이 미묘하게 충돌하고 있었다. 북한은 미국에 경수로 지원을 요구하면서 미국형이나 제3국의 모델을 원했고, 미국의 입장에서도 이의를 제기할 이유가 없었다. 그러나 한국은 입장이 달랐다.

김영삼은 40억 달러에 이르는 건설 경비를 한국에서 주로 부담해야 하는 사정이어서 한국의 자본과 기술 참여가 절대적 요인임을 지적하고, 당연히 한국형 경수로를 택해야 한다고 주장했다. 한국형 경수로로 알려진 경북 울진의 원자로는 세계적으로 뛰어난 성능을 인정받고 있었다.[10]

한반도에너지개발기구(KEDO) 공식 출범

1995년 3월, 북한의 경수로 건설 지원과 관련하여 한·미·일 3국은 북한에 건설될 경수로에 대한 재정과 공급을 담당할 국제기구인 'KEDO(Korean Peninsula Energy Development Organization=한반도에너지개발기구)'를 설립한다. 북한은 한국형 경수로 설치에 동의했다가 열흘 뒤인 8월27일이 되자 이를 거부하고 나섰다. 생떼를 쓴 것이다.

그러다가 10월17일에 미·북 협상이 타결되면서 북한은 IAEA(국제원자력기구)의 특별 사찰을 수용하고, 경수로 모델은 한국형인 울진 3·4호기로 할 것을 최종적으로 받아들였다. 그럼에도 불구하고 그 이듬해 봄까지도 경수로 지원 문제는 한·미 양국을 괴롭혔다.

1995년 3월9일, 한반도에너지개발기구(KEDO)가 공식 출범했으나 북한 측은 또 한국형의 수용을 거부하는 트집을 부렸다. 결국 6월13일에 가서야 북한은 한국형 원자로인 울진 3·4호기를 공급한다는 최종 합의에 도달했다. 이에 따라 8월19일, 경수로 착공식이 북한 신포시에서 거행되었다.

북한은 경수로가 완공되면 소유권을 갖고 투자 금액을 20년간 분할 상환할 예정이었다. 2001년 9월 본 공사에 착공, 발전소 기초 굴착 공사에 들어갔다. 하지만 2002년 10월, 북한이 고농축우라늄(HEU) 개발을 은밀하게 추진하는 것이 드러나면서 미·북 제네바 합의가 깨지자 사업은 중단되었다. 북한이 핵 동결 약속을 위반하고 핵 개발을 계속해오는 속임수를 쓰고 있음이 확인됨으로써 '믿을 수 없는 협상 상대'로 전락한 것이다.

　　2006년 5월, 경수로 사업은 종합 공정률 34.5% 상태에서 공식 종료됐다. 하지만 KEDO(=한국·미국·일본·유럽 투자)가 투자한 1조3744억 원은 한 푼도 돌려받지 못했다.

참고 자료

1. 박진 『김영삼 민주센터 녹취록』
2. 『김영삼 대통령 회고록』 상 p341
3. 정종욱 『역대 대통령 통치 구술 사료집』 4
4. 『김영삼 대통령 회고록』 상 p214
5. 박관용 『김영삼 민주센터 녹취록』
   정종욱 『역대 대통령 통치 구술 사료집』 4
   [동아일보] 특별취재팀 『문민정부 1800일 비화』 p189
6. 박관용 『김영삼 민주센터 녹취록』
7. 박관용 『김영삼 민주센터 녹취록』
8. 이원종 『역대 한국 대통령 통치 구술 사료집』 4 p318
9. 박관용 『김영삼 민주센터 녹취록』
10. 『김영삼 대통령 회고록』 상 p343

6장 클린턴의 제주도 깜짝 방문과
4자 회담

　　김영삼은 1995년 7월, 워싱턴 몰(Mall)에 세워질 한국전 참전 용사 위령비 제막식 참석차 워싱턴을 방문했다. 미 상·하원 합동회의에서 연설하는 기회를 갖는 등 국빈 자격의 최고 예우를 받았다. 이때 김영삼은 한국이 북한과의 휴전협정을 항구적인 평화협정(平和協定)으로 대체하기 위해 미국과 중국을 중재자 겸 보증인으로 내세워 협상할 의사가 있다고 알렸고, 미국 측은 큰 관심을 보였다.

　　북한은 휴전 이후 줄곧 미국과 평화협정을 맺어야 한다고 주장해왔으나 미국은 이를 무시했다. 반면 한국은 그 사이 중국, 소련과 국교를 맺었다. 그런데 한국이 휴전협정을 평화협정으로 바꾸는 과정을 주도하는 4자 회담을 구상한다고 했으니 관심을 끌 수밖에 없었다.

　　그러나 귀국한 뒤 상황이 바뀌었다. 북한에 공여한 쌀을 싣고 간 수송선을 북한이 억류하는 사건이 터지자 국내 여론이 강하게 반(反) 북한, 반공 분위기로 돌아서고 있었다. YS는 4자 회담 구상을 일단 접어둘 수밖에 없었다. 그러나 한국의 국내 사정을 잘 알지 못하는 미국 외교관들은, 사전 협의나 통보도 없이 그 구상을 일방적으로 백지화했다면서 큰 실망감을 나

타내는 일이 벌어졌다.[1]

4자 회담 아이디어는 그 뒤 1996년 2월, 유종하 외교안보수석이 다시 꺼내 들었다. 그는 새로이 내용을 보완한 뒤, 일본을 방문하는 클린턴이 예정에 없던 한국 방문을 하게 되는 데 결정적 기여를 했다. 새롭게 보완된 아이디어는 정전협정을 평화협정으로 만들자는 1차 구상에서 한 걸음 더 나아갔다. 항구적인 한반도 평화협정 체결을 위해 남북한·미국·중국이 참여하는 '4자 회담'으로 강화하고, 한국과 미국이 함께 공동 제안하자는 내용으로 바뀌어 있었던 것이다.

당시 클린턴은 4월에 일본을 방문하는 일정이 공표되었으나, 한국에는 들를 시간이 없는 것으로 전해졌다. 지금까지는 미 대통령이 일본에 올 경우 한국을 방문하는 것이 상례(常例)였다. 김영삼은 "미·일 정상이 도쿄에 앉아서 무슨 한반도 논의인가?"라면서 화를 냈다.

유종하는 백악관 안보보좌관 안토니 레이크를 먼저 한국에 초청해 설득 작전부터 폈다고 한다. 한국과 미국이 공동 제안하는 4자 회담을 북한이 받아들일 경우, 클린턴 재선 운동에 큰 도움이 될 것이라고 설명했다. 솔깃한 현실적인 논리였다.

15일 뒤 그는 클린턴이 제주도에 잠시 들러 회담하는 방안을 수용했다고 연락해왔다. 클린턴도 4자 회담이 호재(好材)가 된다는 점을 놓치지 않았던 것이다. 1996년 4월 16일, 클린턴은 서울을 거치지 않고 제주도로 직접 날아왔다. 그는 김영삼과의 정상회담에서 한반도 평화를 위한 새로운 제안으로 「4자 회담」을 갖자고 공동 제안하게 된다. 한국이 혼자 제안하는 경우보다 무게와 비중이 한층 높아진 것이다.

클린턴의 제주도 깜짝 방문은 세계적인 이목을 한국이 **빼앗았다**는 점에서 일본의 대미 외교에서는 아픈 대목이었고, 김영삼에게는 체면을 세워

주는 기회가 되었다.

그러나 「4자 회담」은 생명이 짧았다. 김영삼 정권에 이은 김대중 정권이 북한과 직접 대화하겠다면서 「4자 회담」 안을 폐기시켜버렸기 때문이다.[2]

잠수정 침투 사건으로 북한 첫 공식 사과

1996년 9월18일, 중무장한 북한 간첩 26명을 태운 잠수정이 동해안에 침투했다가 적발되었다. 김영삼은 "침투 사건에 사과하고 재발 방지를 약속하기 전에는 북한과의 대화나 지원을 모두 유보하겠다"는 강경한 자세를 보였다.

김영삼은 11월24일 APEC 정상회담에서 만난 클린턴에게 "미국은 북한 잠수정 침투 사건에 대해 우유부단한 태도를 보이고 있다"고 항의하면서 강력한 대응책을 촉구했다. 크리스토퍼 국무장관이 그에 앞서 "남북이 상호 자제해야 한다"면서 적절하게 남북이 화해 국면으로 가기를 원하는 발언을 했던 것이다.

입장이 난처해진 클린턴은 배석자들을 모두 내보낸 뒤 잠수정 침투가 도저히 용납할 수 없는 사건임을 인정하고, 북한에 강력한 메시지를 보내기 위해 「공동언론 발표문」을 내놓기까지 했다. 미국의 입장을 재정리한 것이다.

북한은 그해 말 [평양방송]을 통해 깊은 유감을 표시했다. 물론 [평양방송]은 북한 주민은 못 듣는 단파 방송이었다. 그래도 북한이 한국을 상대로 공개적으로 사과한 것은 역사상 처음 있는 일이었다.[3]

회담을 마치고 돌아가면서 클린턴은 참모들에게 "김 대통령을 이해해야 한다. 그는 민주주의를 위해 평생을 싸워온 사람이어서 언제나 입장이 분명하다"고 말했다는 사실은 앞 장에서 소개한 그대로다.[4]

하지만 그렇게 말은 했어도 강력한 항의에 밀린 미국 대통령의 속이 편할 리가 없었다.

김영삼은 회고록에서 1994년 11월의 APEC 정상회담 당시의 에피소드 하나를 소개하고 있다. 당시 중간선거에서 자신이 소속한 민주당의 참패로 의기소침해 있는 클린턴에게 "왜 이렇게 풀이 죽었어요? 선거는 원래 이기기도 하고 지기도 하는 게요. … 절대 기죽지 말아요. … 다음 대통령 선거에서는 반드시 재선에 성공할 것이오. 공이 바닥에 부딪히면 올라갈 수밖에 없는 겁니다"고 위로했는데, 그 때문인지 클린턴이 오후에는 훨씬 밝아진 표정이었다는 것이다.[5]

김영삼은 클린턴과의 사이가 대체로 원만했다고 여겨 회고록을 쓴 듯하다. 그러나 클린턴 측의 반응은 그 뒤 뉘앙스가 달랐다. 클린턴은 YS가 "무슨 말을 하는지 모르겠더라"는 투로 반응했다는 것이다.[6]

"홀어머니 밑에서 성장한 클린턴이 YS에게서 부정(父情)을 느끼는 것 같더라, YS를 만나면 두 손 깍지를 틀고 다리를 가지런히 놓는 등 예의를 지키더라"[7]고 했는데, 왜 덕담(德談)으로 반응하는 대신 냉소적인 코멘트를 내놨을까? 8번의 정상회담과 15차례의 전화를 나누는 사이 쌓인 불편한 심기(心機)를 드러낸 것이 아닐까?

재선(再選) 염려해 한국 기피한 클린턴

1993년 봄, 서울에서 열린 한·미 정상회담 당시, 김영삼이 '대도무문(大道無門)'이라고 붓글씨를 쓰는 모습을 클린턴이 옆에서 다소곳이 서서 들여다보는 사진이 나왔다. 사진의 구도가 마음에 들지 않은 주한 미 대사관 측은 언론 비공개를 요청했다. 그런데 걸작 보도사진감이라고 본 YS가 국내언론에 공개하고, 나중에는 자신의 회고록에까지 게재하는 고집을 부렸다.

11월 워싱턴에서 다시 한·미 정상회담이 열리자 김영삼이 '패키지 딜'이라는 북미 회담 용어를 바꾸자고 고집했다. 그 바람에 회담장에서 일어나는 클린턴을 잡아 앉히는 결례까지 있었다는 사실 역시 앞서 소개한 바 있다.

1995년 봄에는 미국과 북한이 경수로 공급 협상을 벌이면서 '한국형 경수로'라고 명기하는 것을 미국이 꺼린다는 보고를 받은 김영삼이 직통 전화로 불만을 토로했다는 이야기도 이미 나왔다. 여기서 YS가 격앙된 반말 투의 목소리로 말했다는 사실을 한국어를 잘 아는 사람이 뒤늦게 발견해 문제가 되면서, 두 나라 사이의 분위기가 나빠진 적도 있었다.[8]

28년 동안 미 국무부 통역관으로 일했다는 한국인 김동현은 한 인터뷰에서, 반미(反美)로 알려진 노무현 정권 시절보다 그때가 한·미 관계가 더 어려웠던 시기 같았다고 증언하고 있다.[9]

반미라기보다 "NO"를 외치는 일이 잦았다는 뜻일 것이다. 김영삼의 그 같은 매끄럽지 못한 외교적 처신에 대해 '외교를 모르는 아마추어적 행동', '외교 미숙에서 오는 실수나 결례'라고 비판적으로 보는 시각이 많았다. 그의 참모 중에도 "국내 정치에서 하듯 무리하게 승부사 기질을 보이려 했다"고 지적하는 시각이 있었다.

그러나 그 같은 시각은 공정하지도 객관적이지도 않을 수 있다. "미국 외교의 하위 구조에 만족하는 친미파적 발상이 아니냐?"는 반론에 부딪힐 공산이 있는 것이다.

미국은 영변 핵 시설 정밀 폭격 작전을 추진하면서 전쟁터가 될 한국 정부의 입장을 고려한 것 같지 않다. 주한 미군은 펜타곤(=미 국방부)과 함께 작전에 관한 세부 검토에 참여했으나, 동맹국인 한국군 수뇌부에 귀띔조차 하지 않았다. 김영삼도 미 항공모함 선단이 북한을 압박하기 위해 시위 작전을 펴는 수준으로 알고 있었다. 만약 폭격이 실행되었다면, 작전이 임박해서야 통고했을 가능성이 높았다.

클린턴은 제네바 미·북 회담에 한국이 참여할 수 없게 된 데 대해, 매사 한국과 사전에 의논해서 회담에 임하겠다고 약속했다. 그래서 한국은 제네바에 로버트 갈루치 미국 대표의 파트너로 장재룡 대사를 급파했다. 한동안 갈루치는 장재룡과 협의 시간을 가졌다. 그렇지만 클린턴의 재선 운동에까지 영향이 미치리라는 판단이 서자, 한국 측 의견을 듣다가 일이 그르쳐질 경우를 우려한 나머지 만남을 기피하기 시작했다. 경수로 지원 경비를 떠맡을 입장인 한국이 겉돌게 되었던 것이다.

클린턴 행정부는 북한에 경수로 보장서를 써주면서, 한국정부가 알게 되면 난리를 치게 될 것을 우려해 보안을 철저히 해달라고 부탁했다. 이에 북한 측이 "우리는 비밀 지키는 데 이골이 난 나라"라고 대답해 폭소가 터지기까지 했다는 것이다.[10]

참고 자료

1. 돈 오버도퍼 『The Two Koreas』(두 개의 한국) p555
2. 유종하 『김영삼 민주센터 녹취록』
   돈 오버도퍼 『The Two Koreas』 p558
3. 『김영삼 대통령 회고록』하 p246, p255
   박관용 『김영삼 정의의 성공과 실패』 p96
4. 『김영삼 대통령 회고록』하 p257
5. 『김영삼 대통령 회고록』상 p359
6. 박진 『김영삼 민주센터 녹취록』
7. 박관용, 박진 증언
8. [동아일보] 특별취재팀 『문민정부 1800일 비화』 p139
9. 김동현 [조선일보] 인터뷰
10. 김동현 [조선일보] 인터뷰

7장 완전히 빗나간
'북한 조기 붕괴론'

　김일성이 사망한 뒤 북한에선 자연재해가 잇달아 일어났다. 식량난이 발생하여 굶어죽는 사람이 늘어나기 시작했고, 탈북자도 속출했다.『두 개의 한국』(Two Korea)을 쓴 [워싱턴포스트] 기자 돈 오버도퍼는 "노후화된 탄광이 폐광되고 석유 수입이 줄어들자 공장들이 줄줄이 문을 닫았다. … 연료 부족으로 지방도로에는 자동차가 눈에 띄지 않았다. … 평양에서조차 난방이 끊어지고 정전되는 일이 다반사였다. 기차들도 대부분 정상 운행을 하지 못했다. 1996년 비료 생산 감소로 농산물 수확량이 줄고, 홍수로 식량 사정이 더욱 나빠졌다. 시골에서는 식량 배급량이 반으로 뚝 떨어졌다"고 어려운 상황을 상술했다.

　그는 미국의 한 정보기관 관리가 "곤경에 처한 북한을 신체 기관이 하나씩 망가져 가는 가망 없는 환자에 비유하고 있었다"고 썼다.[1]

　정보기관뿐 아니라 미 국무부 고위 관료들 사이에도 북한의 '조기 붕괴론'을 예측하는 사람들이 늘고 있었다. 북한의 우방인 러시아나 중국의 북한 문제 전문가들까지 비관적인 전망에 공감을 표시했다. 한국으로 망명한 황장엽 북한 노동당 비서는 북한이 5년 내에 붕괴할 것 같다고 내다보기까지 했다.

가장 민감한 반응을 보인 곳이 한국이었다. 김영삼 역시 그 같은 조기 붕괴론을 예측하는 인사 중 한 사람이었다. 그는 기회가 있을 때마다 붕괴 가능성을 얘기했고, 그렇게 보는 여러 가지 상황 정보를 소개했다.

잇단 기근으로 배급 제도가 붕괴되었다든가, 북한 전역에서 붕괴에 대비하려는 듯 북한 주민들이 시장을 여는 것이 급증하고 있다는 등이었다. 국방부도 '붕괴 시기가 언제인지가 관건'이라는 견해를 유지하고 있었다.[2]

대통령에게 북한 상황을 보고하던 사람 가운데 한 명인 통일원 장관 한완상은, "김 대통령이 북한 붕괴 뒤 흡수통일의 가능성이 있는 게 아니냐고 믿는 것 같았다"고 증언하고 있다.[3]

조기 붕괴론의 배경에 대해 식량 위기가 심각한데다가 북한이 냉전 종식 후 '소련 해체'라는 세계적 흐름에서 살아남은 몇몇 국가 중 하나라는 사실, 그리고 김일성 사망 뒤 정권 교체기로 정정이 불안정할 수 있다는 분석이 뒤따랐다.[4]

그러나 조기 붕괴론 예측은 완전히 빗나갔다. 북한은 어려운 상황을 벗어났고, 체제 수호를 위한 전략으로 핵무기 개발을 들고 나왔다. 세계 전략의 일부로 북한을 다루는 미국은 상황 변화에 따라 정책을 수정해갔다. 하지만 붕괴론 쪽에 깊숙이 발을 담근 셈인 한국은 대북 정책 기조가 일시 혼선을 빚게 되었다.

북의 이중적 태도는 동족애(同族愛)에 대한 배신

1995년이 되면서 북한의 식량 부족 문제가 심각한 국면에 접어들었다. 북한은 식량난 해소를 위해 일본을 비롯한 일부 국가에 쌀 지원을 호소하기에 이르렀다.

쌀이 남아돌아 보관에 골머리를 앓고 있던 일본은 잉여 쌀 문제를 해결하면서, 동시에 북한과의 관계 개선에 도움이 된다는 일석이조(一石二鳥)의 효과로 인해 관심이 있었다.

북한은 조선 삼천리총공사를 통해 한국의 쌀 지원도 요청했다. 김일성 사망 후 남북 관계가 냉랭한 상태였으나, 인도적 지원을 외면하기는 어려웠다. 6월7일에 이석채 재정경제원 차관과 북한의 전금철 아·태평화위원회 부위원장이 베이징에서 식량 원조 문제를 위한 회담을 열었다. 이 회담에서 북한은 100만 톤 규모의 쌀을 지원해달라고 요청했으며, 한국은 1차로 15만 톤을 무상지원하기로 합의했다.

김영삼은 "쌀 지원을 계기로 북한도 생산적인 대화와 교류·협력의 장으로 나오길 바란다"고 출입기자들에게 밝히는 등 낙관론을 폈다.[5]

6월25일, 쌀 1차분 2000톤을 실은 씨아펙스호가 북한의 청진항으로 출발했다. 이홍구 통일원 장관이 배가 떠나는 항구까지 배웅에 나섰다. 그러나 일이 꼬이기 시작했다.

씨아펙스호가 쌀 하역 작업을 하는 도중 북한의 위협으로 태극기를 내리고 북한의 인공기(人共旗)를 달게 된 사고가 발생했다. 이 보고를 받은 김영삼은 즉각 북한 쪽으로 가고 있던 나머지 쌀 수송선 2척을 회항 조치했다. 정부는 북한 측의 공식 사과가 있을 때까지 쌀 추가 지원을 중단키로 했다.

당시는 성수대교 붕괴로 골머리를 앓고 있던 때였다. 조선 삼천리총공사 명의의 사과 전문이 왔고, 남북은 7월15일 베이징에서 제2차 쌀 회담을 갖게 되었다.

다시 북한 측에 의한 사고가 났다. 쌀을 싣고 청진항에 입항한 삼선비너스호의 선원이 카메라로 청진항을 촬영했다. 그 바람에 북한 당국이 선원 21명과 선박을 "정탐 행위를 했다"면서 억류 조치해버린 것이다.

다시 쌀 수송이 중단되었다. 쌀을 무상으로 지원하기 위해 간 민간 선박의 선원이 고의(故意)로 정탐 행위를 했다고 뒤집어씌우는 것은 한마디로 억지였다. "나는 실로 황당하고 난감했다. …" 쌀을 무상으로 보내주는 온정을 베푼 데 대해 고맙다는 인사를 받기는커녕, 인공기 사건에 이어 쌀 수송선과 선원을 억류당하는 기막힌 입장에 놓이게 된 것이다.

"북한의 이런 이중적인 태도는 한마디로 표리부동(表裏不同)한 공산주의자들의 전형적인 모습을 보여준 것이고, 동족애(同族愛)에 대한 배신이었다"고 김영삼은 회고했다.[6]

대북 쌀 지원은 북한 측의 생트집으로 15만 톤을 지원한 후 중단되었다. 그 뒤 1996년 들어 26명의 무장 간첩을 태운 북한 잠수정 침투 사건의 영향으로 정부 차원의 인도적 대북 지원은 재개되지 않았다.[7]

여론의 추이에 따라 변한 대북 정책

김영삼이 대통령으로 취임할 당시 남북한 관계는 상황이 좋지 않았다. 전임 노태우 정부가 북방 정책으로 나름의 성과를 올렸다고 했지만, 북한 핵 사찰과 한·미의 팀스피릿 훈련, 미전향 장기수 이인모 북송의 세 가지 현안을 미해결인 채 문민정부에 넘겼던 것이다.

북한과 본격적인 화해와 협력의 길을 추구하겠다는 목표를 제시한 김영삼은 남북 간 경색을 가져온 그간의 패러다임을 과감하게 전환하자면서, 조건 없이 이인모를 북송하는 결단을 내렸다.[8]

'이인모 북송'이라는 선물을 받은 북한은 고맙다는 화답 대신 NPT 탈퇴 선언이라는 핵 카드로 응수, 문민정부의 뒤통수를 쳤다. 파워 테스트를 한 셈이었다. 민주적 정통성을 지닌 문민정부를 상대로 과거 군부 정권과의 대결 시대처럼 '벼랑 끝 전술(brinkmanship)'로 나온 데 대해 김영삼은 실망하고 분노했다. 결국 "핵을 가진 자와는 대화할 수 없다"면서 강경 노선으로 선회했고, 남·북 간의 상황은 더 나빠졌다.

북한에 심한 기근이 온 뒤 쌀 지원 문제에 부정적이던 김영삼은, 일본이 인도적 차원에서 접근한다는 소식이 전해지자 쌀 지원으로 방향을 바꿨다. 그러나 앞서 말한 대로 북한 당국이 쌀 수송 선박에 대한 인공기 게양 강요와, 심지어는 선박 압류 및 선원 억류 같은 비우호적 사건을 일으키자 쌀 지원을 중단했다.

극우 보수 세력들은 "YS의 대북 정책이 냉·온탕을 오간다"고 비판하거나, "대북 전략과 철학이 빈곤한 탓이다"며 공박하기도 했다.[9]

대북 문제에 관한 YS의 정책 변경은 흑백 논리로만 접근할 성질의 것은 아니다. 어머니를 북한 간첩의 총격으로 잃은 김영삼은 철저한 반공주의자였다. 그렇지만 남북이 해빙의 시대를 맞아 변해야 한다는 시대적 인식을 하고 있었다. 노태우가 군 출신임에도 북방 정책에서 성과를 낸 점을 의식, 문민정부도 본격적인 대북 화해와 협력의 길을 열겠다는 목표를 세웠다. 그 첫 작품이 이인모의 조건 없는 북송이었다.

그러나 북한이 역(逆)으로 치고 나오자 강경 노선으로 회귀했다. 북한에 한 수 접고 들어가는 좌파성 내재적(內在的) 접근을 할 의사가 전혀 없었던 그는, "북한에 일방적으로 양보하지 않겠다"는 것과 상호주의를 지키라는 메시지를 던졌던 것이다.

김영삼은 여론의 추이에 민감한 정치인이었다. 그는 여론의 지지를 얻을 수 있었기에 민주화 운동에 성과를 낼 수 있었고, 야당 세력이 주도하는 문민정부도 창출할 수 있었다는 사실을 누구보다 잘 알고 있었다. 또 국내 정치 중심으로 성장해왔던지라 국내의 정치적 관점에 대해 관심이 컸다.

김영삼이 북한에 쌀을 지원하기로 방침을 바꾼 것은 "일본도 보낸다는데 동족인 한국이 외면했다"는 국민적 비판을 의식한 순발력의 작품이기도 했다. 또 쌀 지원을 중단한 것은, 북한이 지원받는 입장이면서 비우호적이고 비정상적인 행동을 보이는 데 대한 국민적 거부감을 예상하고 내린 조처라 할 수 있었다. 말하자면 YS에겐 국내의 여론 추이가 우선적이었던 것이다.

김영삼의 대미·대북 정책엔 보좌진의 강·온 노선이 경쟁하는 구조 탓에 혼선이 오는 경우도 있었다. 대미 관계는 한승수 외무장관과 정종욱 외교안보수석 사이의 개인적 경쟁 관계가 혼선의 이유가 될 수 있었다. 이인모 북송 결정 과정에서는 통일원 장관이 국무총리를 패싱하고, 대통령의 결재만으로 일을 처리하다가 총리의 반발 사태를 빚었다. 그 바람에 통일안보조정회의가 발족되었다. 이를 통해 크고 작은 관계 사안을 다루게 되어 그만큼 혼선을 줄이는 효과를 거둘 수 있었음은 이미 소개했다.[10]

그러나 조정회의의 등장은 국회 통일위원회 소속 4선 의원으로 남북 관계를 익히게 된 보수 노선의 박관용이, "통일 정책의 패러다임을 바꾸겠다"는 진보 성향의 한완상을 견제하는 계기를 만든 것이기도 했다. 두 사람은 의견이 상충하는 경우가 잦았고, 그 사이에 보수 우익 세력까지 끼어들어 결국 한완상이 쫓기듯 자리를 떠나야 했다.

참고 자료
1. 돈 오버도퍼 『The Two Koreas』 p570
2. 권영해 『김영삼 민주센터 녹취록』
3. 한완상 『한반도는 아프다』 p292
4. 한승수 『김영삼 민주센터 녹취록』

5. 『김영삼 대통령 회고록』하 p81
6. 『김영삼 대통령 회고록』하 p83~84
7. 『김영삼 대통령 회고록』하 p243
8. 한완상『한반도는 아프다』p493
9. 박관용『김영삼 민주센터 녹취록』
10. 김광일『YS정부의 성공과 실패』p145

제5부

거산(巨山) 김영삼, 소산(小山) 김현철

1장 「동숭동 프로젝트」

1992년 12월, 김영삼이 대통령에 당선된 뒤 그 앞으로 총 236개 개혁 과제를 담은 수천 페이지의 문민정부 정책안이 제출되었다. 정치, 경제, 사회학 전공 교수, 고위 공직자 출신, 정부 연구기관 종사자, 중견 언론인을 포함하여 연인원 500~600명이 동원된 자문단이 6개월여의 작업 끝에 마련한 새 정부의 청사진이었다. 자문 팀이 상주해 일하던 지역의 이름을 따 「동숭동 프로젝트」라 불렀다.

'개혁 정책안'과 '국정 운영 계획'으로 크게 두 개로 나누어진 이 프로젝트는 오랜 군부 통치 시대의 관(官) 주도형 경제성장 모델을 혁파하자는 개혁적 발상을 담고 있었고, 더러는 혁명적 아이디어까지 제시했다. 내용을 요약해보면 고도 경제 성장의 기관차 역을 하면서 비정상적으로 필요 이상 방만해진 재벌기업에 대한 구조 개혁, 국제화에 뒤진 낙후된 금융제도의 개편, 탄압에 저항하면서 세계적인 강성(強性) 노조로 성장한 노조 문제를 비롯한 노동 정책과 고비용 저효율의 방만한 정부 조직의 획기적 개편, 혁명적인 규제 개혁이었다.

집권 첫날부터 강력한 개혁 작업에 들어가 6개월 안에 1단계의 틀을 마련한 뒤 초기 개혁 내각을 퇴진시키고, 본격적으로 일하는 2차 내각을 출범시킨다는 시간표까지 제시하고 있었다. 30여 년의 군부 통치 시대를 마감한 만큼, 문민정부가 처리해야 할 과업은 5년짜리 단임 정권이 서너 번 바뀌어도 이루기 어려운 분량의 개혁 과제로 가득했다.

책상물림의 이론가나 국정 경험이 없는 사람들이 대부분인 만큼 낙관적인 이상론에 치우친 내용도 많다고 할 수 있었다. 그런데 문민정부가 출범한 뒤 보니 김영삼은 그 회심(會心)의 프로젝트는 놔둔 채, 자신이 극비리에 마련한 듯한 기습 개혁 정책을 펴나가기 시작했다.

대통령의 1호 개혁 조치는 기습적인 하나회 제거였다. 그것은 전격(電擊)적인 기습이 군사 작전에서와 마찬가지로 개혁 분야에서 유용할 수 있음을 보여주었다. 군부 관련 세력의 반발 움직임을 사전에 차단하는 한편, 개혁의 정치적 효과를 극대화했던 것이다. 이어 군부 통치 시대의 경제성장에 따른 부정부패와 같은 적폐를 척결해야 한다면서 강력한 사정(司正) 작업도 펴나갔다. 사정이 개혁의 동의어처럼 비추어지고 있었다.

국정의 구조 개혁에 역점을 둔 「동숭동 프로젝트」의 존재가 희미해지기 시작했다. 프로젝트 사업에 깊이 관여했고 청와대에서 수석으로 일했던 한 참모가 "많은 개혁안이 가을 하늘에 불꽃놀이 불꽃처럼 사라진 것이 많았다"고 개탄(慨嘆)하는 말을 남기고 있었다.[1]

그 참모의 지적은 YS의 기습적인 청산 정치를 우려 섞인 눈초리로 보고 있던 일부 보수층의 공감을 샀다. 핵심을 찔렀다고 본 것이다. 그러나 뒤집어보면 그것은 YS의 기습 전략이 왜 나오게 되었는가를 비롯해, 그 전략적 의미에 대한 이해나 연구가 부족했다는 것을 말해주는 반대 증거가 된다.

수학적 재능 가졌던 박정희

박정희는 시스템 운용의 귀재(鬼才)라는 소리를 들을 정도로 조직 운용에 밝은 인물이었다. 정보 정치에 밝고 정보를 갖고 군부를 분할 통치하는 데 능숙했다는 뜻인 듯한데, 알고 보면 크고 작은 조직을 활용하는 데도 통달(通達)해 있었다.

그는 육군본부 작전국에서 정보 작전 장교로 일하면서 1급의 작전참모가 되었다. 군에서 작전은 최우선 병과였다. 그는 여러모로 유능할 뿐 아니라 상하좌우의 인간적 소통에도 능하여 여러 사령관이 서로 끌어가려는 참모장이기도 했다. 나중에는 스스로도 사단장, 사령관 등 지휘관으로 활약했다.

수학적 재능이 있었던 박정희는 포병으로 전과해 전투를 수학적, 입체적으로 접근하는 시스템적 사고력을 키웠다. 또 군수(軍需)사령관을 역임해 작전과 쌍벽인 군수 업무까지 익힐 수 있었다.[2]

말하자면 한 사람이 유능한 참모, 참모장, 사령관 역을 두루 잘 해낼 수 있는 흔치 않은 역량을 겸비한 조직 전문가로 훈련받았다고 할 수 있다. 그 같은 준비가 있었기에 그는 5·16을 일으킨 뒤 수천 명의 엘리트 장교들을 동원했다. 그들은 전쟁 중 미국으로 건너가 군사교육을 받으며 선진 문화를 접한 한국사회의 앞서간 지식인들이었다. 게다가 젊은 직업 공무원들을 끌어들이며 수출 전쟁을 총지휘했다.

그는 5000년의 가난을 벗어나자면서 국민을 일깨우는 데 성공했고, 국민이 경제성장의 주인공이 될 수 있게 동기 부여도 했다. 같은 육군 대장 출신인 전두환, 노태우는 박정희가 개척해놓은 코스를 따라 배운 그대로 충실이 따라간 아류(亞流)들이었다.

그렇지만 군부 통치 세력과 민주화를 놓고 투쟁한 김영삼은 입장이 달랐다. 군부 출신들은 경제성장을 위해 민주주의 정신을 무시하고 인권을 희생시켜왔다. 그러나 YS는 인권이 존중되는 민주사회를 제대로 구현하기 시작해야 하는 역사적 책무를 지고 있었다. 그와 더불어 군부 통치기에 이룩한 경제성장 기조를 유지 발전시켜가야 하는 양립(兩立)하기가 어려운 두 과업을 동시에 추진해야 할 처지가 되었다.

더구나 박정희는 시행착오를 거칠 2년간의 군정(軍政) 기간이 있었고, 전두환과 노태우는 30년에 걸친 학습 기간이 있었다. 하지만 문민정부는 5년짜리 단임 정권이었고, 그나마 정권이 힘을 쓸 수 있는 가용 시간은 2년 여밖에 남지 않아 시간에 쫓겨야 하는 처지였다.

김영삼은 박정희와는 대조적으로 자유롭고 비조직적인 정치인의 삶을 살아온 인물이었다. 다시 말해 국회의원은 각자가 독립 기관이고, YS는 헌정 사상 최초의 9선 의원 출신이었다는 뜻이다.

몸싸움에는 익숙했으나…

현대그룹 정주영 회장이 지적했듯이 일생 월급을 받으며 조직 생활, 즉 직장을 가져본 경험이 없었다. 그가 겪어본 유일한 조직 생활은 야당으로서의 투쟁 활동이 모두라 할 수 있었다. 그의 직계 세력인 민주계도 대부분 사정이 비슷했다. 몸싸움(=정치 투쟁)에는 개인적으로나 조직에 의해서나 익숙한 편이었지만, 체계적으로 조직 내에서 일한 경험과 훈련, 역량은 갖추어지지 않았다.

추종 세력과 지원 세력 규모도 소수였다. 그래서 여당처럼 전국 규모의 대행사나 대회전을 기획하거나 연출하는 노하우(Know-How)도 없었다. 그 대신 바람을 일으키는 선전전이나 게릴라식 기습 전법으로 상대를 교란시키고 패퇴시키는 데는 능했다고 할 수 있다.

군 출신들은 젊은 시절부터 참모회의 등을 통해 여러 사람이 토론하고 결론에 도달하는 토론 문화에 익숙해 있었다. 회의 때마다 경청하고 소통하는 자세는 박정희가 가장 민주적이었다는 얘기까지 나올 정도였다. 군사 문화가 조직 운용에 관한 한 하의상달(下意上達)이 잘 되어 "소통력이 좋고 대중 동원에 유리하다"는 역설(逆說)이 등장하는 이유였다.

반면 밤낮으로 정보기관의 감시를 피해야 하는 야당은 기밀 보장이 되지 않는 집단 회의를 가급적 기피했다. 그래서 야당은 지도자 혼자 결단하고, 추종 세력이 뒤따르는 하향식(下向式) 의사 결정 구도가 몸에 배어 있었다. 참가자가 많을수록 기밀 누설 속도가 빠르고, 혼자만 알고 있어야 100% 기밀 보장이 되는 게 현실이었던 것이다.

민주화의 기수 김영삼, 김대중은 현실 활동에서 비민주적으로 보이기 일쑤였다. 그 바람에 독선(獨善)이나 독단(獨斷)적이라고 비판받았던 것은 그 같은 생존 환경 때문에 나온 현상이었다고 볼 수 있다. 그러나 이제 김영삼과 민주계는 투쟁의 마당이 아니라 국가경영을 해야 하는 집권 세력의 입장이 되었다.

혁명보다도 어렵다는 개혁을 강도 높게 추진해야 할 시점에 섰다는 뜻이었다. 이제 어떻게 변신(變身)하고 대응해야 할 것인가가 발등의 불이 되었다. 표면적으로 볼 때 YS와 민주계는 사기가 넘쳐흐르고, 자신이 넘쳐 보였다. 특히 YS는 "박정희가 한 일은 나도 할 수 있다"는 의욕과 투지로 불타올랐다.

따지고 보면 김영삼은 문민정부 창출이라는 새 역사를 쓰고 있었으나, 유효 투표의 41% 지지를 받은 소수 정권이었다. 국민 10명 중 6명 정도의 비율이 반대표를 던진 사람들이었다. 잠재적 반대 세력인 그들을 집중적으로 회유할 필요가 있었다. 그런데 그들의 상당수가 개혁 대상인 기득권층이었다. 특히 문민정부의 손과 발, 그리고 개혁의 일선 업무를 맡을 대소(大小) 관료들의 향배가 중요했다.

경제 성장기에 군부 추종 세력, 재벌 세력과 함께 3대 세력으로 덩치를 키우며 두터운 기득권층이 된 관료 세력. 그들은 사정(司正) 참여 세력이면서 다른 한편으로는 사정 개혁의 대상이기도 했기 때문이다. 여차하면 면종복배(面從腹背)할 가능성이 높았다. 실제로 관료 사회는 사정 개혁이 진행되는 과정에서 한동안 복지부동(伏地不動)으로 저항했다.

이와 같은 상황과 내외 여건 속에서 문민정부는 경제 안정 기조를 흔들 수 있는 재벌 개혁이나 사회적 혼란을 가중시킬 수 있는 노사 개혁, 인기가 별로 없는 정부 조직 대개편을 감행하기 어려웠다고 할 수 있다.

김현철의 비선(秘線) 조직에 대한 비난

학자, 교수처럼 이상(理想)을 중시한 사람들은 김영삼 같은 개혁주의자가 있을 때 어떻게든 모든 분야의 개혁을 해치워야 한다고 주장했다. 이에 반해 현실 정치에 참여하고 있던 민주계를 비롯한 현역들은 "과욕(過慾)은 금물이다. 임기 중 꼭 필요한 인프라를 구축하는 선으로 만족해야 한다"고 주장했다.

두 주장은 구조 개혁이 얼마나 실천해나가기가 어려운 과제인지를 극명하게 부각시키는 서로 상반된 시각을 대표하고 있었다.[3]

YS의 기습 개혁은 이와 같이 상반된 주장을 절충하는 과정에서 가능했던 개혁 전략이라는 특징이 있다고 평할 수 있다. 그런 시점에서 YS의 '하나회 제거'라는 기습 개혁 1호가 등장했던 것이다. 모두의 의표(意表)를 찌른 그 승부수는 극적인 성공작이었다.

국방부 관료들에게 맡겼다면 단시일 내에 해결하기는커녕 제대로 햇빛을 보게 될지를 장담할 수 없는 현안이었다. 그런 것을 문민 대통령의 권위와 카리스마의 이름으로 속전속결했던 것이다. 헌정 사상 어떤 대통령도 시도해본 적이 없는 개혁 전략이었고, 그 뒤 어떤 대통령도 해내지 못한 일이었다.

국민들의 폭발적인 지지로 90%의 고공 지지율을 기록하자 득의양양해진 YS는 "혼신의 힘을 다하자"면서 직계 참모들을 독려했다. 기습전으로 전투를 이길 수는 있어도 전쟁을 승리로 이끌기는 어렵다. 승전(勝戰)하려면 민·군(民軍)이 함께 하는 총력전이 뒷받침돼야 하는 것을 역사가 실증하고 있다.

개혁 전선도 비슷하다. 기습 개혁은 반짝 효과여서 그 열기가 오래 가지 못한다. 또 다른 기습 개혁을 잇달아 성공시켜야 한다. 그렇게 1~2년의 시간을 버는 사이 본격 개혁을 위한 준비를 마쳐야 하는 것이다.

YS가 1993년 8월에 전격 실시한 금융실명제 개혁은 그런 의미에서 타이밍으로 볼 때 시의적절한 제2호 기습 개혁이었다. 하지만 앞 장에서 자세히 언급한 그대로, 불운(不運)하게도 금융실명제 개혁은 하나회 제거와 맞먹는 비중과 의의를 갖는 역사적 개혁이었음에도 그에 비례하는 지지를 얻지 못하고 말았다.

1993년 말, 우루과이 라운드로 농민층이 거세게 반발하는 사태가 발생한 것도 또 하나의 불운이었다. YS는 그 위기를 돌파하기 위해 대쪽 이미지의 감사원장 이회창을 총리로 기용하는 개각을 단행했다. 「동숭동 프로젝트」가 건의한 대로 7개월 만에 본격적인 개혁을 맡을 2차 내각을 발진시킨 셈이라 할 수 있었다.

1995년 들어 김영삼은 세계화를 선언하면서 전면적인 구조 개혁을 추진하기 시작했고, 기우는 지지세를 만회하려고 노력했다. 하지만 6월27일 지방선거에서 민자당은 참패했다. 5·16 이후 34년 만에 처음으로 4대 지방선거가 실시된 데다가, 집권당이 스스로 금권·관권 선거를 포기하고 깨끗하게 치러진 선거였다. 그런데도 민심이 여당을 외면했던 것이다.

많은 사람들이 선거 패인을 반(反)개혁 정서에서 찾았다. 기습 개혁 돌풍을 일으킨 YS의 카리스마에 눌렸던 세력들이 YS의 독선, 독단, 독주 현상이라는 정국 운영 스타일에 반기를 들었다는 것이다. 일방적이고 기습적인 개혁 추진에 대한 반발과 냉소주의, 정책 결정 과정이 공조직보다 사조직에 의존한다는 반응이 공론화돼가고 있었다.[4]

둘째 아들 김현철의 비선(秘線) 조직에 대한 비난도 포함돼 있었다. 여당의 패배엔 평생 라이벌 김대중의 정치적 재기 구도가 연결돼 있어 YS의 심기를 더욱 불편하게 만들었다. 6·27 선거 패배는 YS가 집권 이후 처음 맞는 정치적 패배였다. 세계화 전략이라는 개혁 판을 벌여놓은 구조 개혁의 관점에선 매우 아쉽고 불운한 사건이었다.

참고 자료

1. [동아일보] 특별취재팀 『잃어버린 5년, 칼국수에서 IMF까지』 p34
2. 전인권 『박정희 평전』 p109
3. 이원종 『YS 정부의 성공과 실패』 p168
4. [동아일보] 특별취재팀 『잃어버린 5년, 칼국수에서 IMF까지』 p357

2장 '소통령(小統領)'으로 불리다

"김 대통령의 차남 김현철은 아버지의 호가 거산(巨山)인 데 빗대어 소산(小山)이라 불렸고 '숨은 실력자' '소통령(小統領)'이라는 별칭이 따라다녔다. 김영삼 정부의 실패 뒤에는 김현철의 공로가 절대적인 만큼 온갖 방법으로 국정에 개입해 문제를 야기했다."

'김현철 국정 개입설'에 관한 어느 역사서의 기술 내용이다.[1]

그렇지만 오랫동안 지켜봤던 사람들은 국정 개입이 일부 사실임을 시인하나, 지나치게 과장되었다는 점을 입을 모아 지적하고 있다. 대통령에게 갈 '반(反) YS 세력의 공격'이 아들에게 몰린 측면이 있다는 음모론도 없지 않다. 1959년생인 김현철은 10~20대 초반, 아버지의 민주화 투쟁에 따르는 수난(受難)과 직·간접으로 연결되는 삶을 살았다.

그는 YS의 슬하 5남매 중 넷째였다. 대학(=고려대학 사학과)을 졸업한 뒤 미국에 유학, 당시 유행하기 시작했던 MBA 과정을 마치고 귀국했다. 그러나 야당 지도자의 아들이라 해서 전두환 정권 아래서 취직이 여의치 않았다. 아버지의 이름을 가명으로 쓴 뒤 S증권에 가까스로 입사할 수 있었다.

그는 대학 재학 중이던 1983년 5월18일, 아버지가 단식에 들어갔을 때 친구들과 함께 「김영삼 신민당 총재 단식 돌입」이라는 제하의 유인물을 만들어 시중에 돌리는 일을 했다. 언론이 검열로 인해 단식 뉴스를 제대로 보도하지 못할 때였다. 1987년 대선 때는 고교 동창들과 함께 봉고차에 선거 홍보물을 잔뜩 싣고 유세장을 따라다녔고, 선거 관련 허드렛일을 맡아 하곤 했다.[2]

아버지가 대선에서 패배한 뒤 1988년 봄, 서울 여의도에 중앙조사연구소라는 간판을 단 여론 조사소를 설립했다. 이때 얻은 칭호가 '김 소장'이었다. 아버지의 호인 거산에서 비롯된 소산이란 별칭은 그 뒤 생겼다. 당시 민정당 노태우 후보의 승인(勝因) 가운데 하나가 헌정 사상 처음으로 여론 조사를 선거 운동에 접목한 과학적인 선거 운동이었다는 분석이 나올 때였다. 김현철은 재빠르게 여기에 편승한 것이다.

당시까지 민주계는 여론 조사의 중요성을 제대로 평가하지 못하고 있었다. 이듬해 총선에서 평민당이 제1야당으로 부상하리라고 예측한 것이 적중하자 김영삼이 주목하기 시작했다. 이 무렵을 전후해 그는 각계의 의견이나 여론을 김영삼에게 보고하기 시작했다.

28세의 아들이 층층시하(層層侍下)의 가신(家臣) 그룹 사이에서 참모급으로 발돋움했던 것이다. 주변의 시선은 곱지 않았다. "아들이라는 이점을 이용해 영향력을 미친다"고 여겨 탐탁지 않게 반응했던 것이다.

YS 지시로 설립한 민주사회연구소

김현철은 1992년 대선에 재도전하는 아버지를 돕기 위해 본격적으로 나섰다. 3당 합당(=1991년 1월22일) 협상이 진행 중일 때 "사조직을 만들어보라"는 김영삼의 지시로 친구 박태중과 함께 중앙조사연구소를 확대 개편한 민사연(=민주사회연구소)을 차렸다. 그런 다음 언론사 특파원 출신인

엄호연을 소장으로 하고, 석·박사급 엘리트 20여 명을 확보했다. 엄호연은 YS의 단골 조깅 멤버로 조언 활동을 펴 가신 그룹과 껄끄러운 사이였다. 별도의 사조직이 마련된 것은 3당에서 모인 당직자들을 신뢰할 수 없는 경우를 대비한 YS의 사전 포석의 성격이었다고 할 수 있다.[3]

당시 김영삼은 실무 협상을 전담한 김덕룡, 황병태 외에 당내 누구에게도 3당 합당 추진 사실을 귀띔하지 않았다. 2인자 격인 김동영이나 그와 쌍벽의 경쟁자였던 최형우도 까맣게 모르고 있었다.

그럼에도 조직에 관한 주요 임무를 아들에게 맡긴 이유가 있었다. 그것은 문자 그대로 자신의 분신(分身)인 만큼 보안 걱정을 하지 않아도 되는 데다가, 아들의 역량을 인정했기 때문에 가능한 조처였다. 그 뒤 YS는 가장 신뢰하고 의지했던 김동영이 전립선암으로 병사한 뒤, 그에 필적하는 참모장격인 2인자를 한동안 두지 않았다.

최형우는 뛰어난 투쟁력을 갖춘 활동가였으나 예측 불허의 불같은 성정으로 일관성을 잃을 때가 있었다. 균형 감각이나 조직을 아우르는 친화력에서도 김동영같이 YS의 두터운 신임을 얻지 못했다. 자연스럽게 김현철이 2인자 부재라는 공간을 파고들게 되었다.[4]

김영삼이 집권한 뒤 "김현철의 사조직이 국정에 개입하고 있다"는 시비가 일기 시작했다. 하지만 그것은 계획에 의해 시작된 것은 아닌 듯했다. 김영삼이 정치 사찰 금지 정책을 갑자기 펴면서 정보 공백이 왔고, 사조직을 통해 수집한 정보를 대통령에게 보고하게 된 것이 정치에 개입하는 계기가 되었다고 할 수 있다.

3당 합당 뒤 민자당 대표가 된 김영삼은, 안기부가 여권의 2인자 격인 자신을 상대로 매우 적대적인 내용의 정치 사찰 보고서를 만들어 총재인 노태우 대통령에게 보고했다는 사실을 알고 큰 충격을 받았다. 이것은 YS

의 집권이 확실하다고 본 안기부 고위 간부가 보고서 사본을 빼돌려 상도 동 측에 넘기는 바람에 알게 된 것임을 앞서 지적한 바 있다.

대로(大怒)한 YS는 보고서가 든 노란 봉투를 꺼내 들고 노태우에게 항의했고, 민망해진 대통령이 YS를 달래는 촌극이 벌어졌다. 이른바 '노란 봉투 사건'이다.

야당 시절 군부 세력의 정보 공작 정치에 시달리고 핍박을 받았던 YS는, 이제 여당 2인자가 된 자신을 상대로도 그 같은 악폐가 계속되고 있다는 사실에 새삼스럽게 더 놀랐던 것이다. 이 일을 계기로 김영삼은 "민주화를 제대로 정착시키기 위해서는 하나회 제거에 못지않게 정치 사찰과 공작 철폐가 절실하다"고 판단하게 되었다.

김영삼은 집권 초 안기부(=국가안전기획부)의 역할과 기능을 축소하고, 군 장성 출신들이 주로 맡아온 부장 자리도 교수 출신인 김덕(金悳)을 파격적으로 임명했다. 그리고 정치 사찰을 일체 금지시켰다. 신선한 충격이었으나 엄청난 후유증이 닥쳤다.

권력 핵심에 들어선 'K2 라인'

정보기관의 활동과 기능이 위축·마비되면서 국가 운영에 필요한 일반 정보 수집 기능까지 약화되었다. 게다가 각 국가기관의 신경 부문도 일시에 느슨해졌다. 국가 정보 공백(空白) 현상이 일어났던 것이다. 청와대가 갑자기 세상 주요 정보와 단절된 '깜깜이 상태'가 된 셈이었다.[5]

그러자 김현철이 청와대 비서실과 안기부에 있는 인맥을 통해 취합한 사적(私的) 보고서를 매주 일요일 청와대에서 열리는 가족예배 때 아버지에게 보고하게 됐고, 정보에 목마른 김영삼은 이를 흡족하게 여겼다.[6]

그 같은 경로에 의해 김현철은 자연스럽게 국정에 접근하는 계기를 만들 수 있었던 것으로 보인다. 문제는 그 다음에 왔다. 그 후 정보 기능이 회복되어 안기부장이 대통령에게 보고를 하면 "음, 그건 알고 있고…"라면서 다음으로 넘어가라고 했다. 주요 내용을 아들을 통해 이미 알고 있었다는 뜻인데, 사적 보고는 그렇게 계속되고 있었던 것이다.[7]

1년 뒤 김현철의 정치 활동에 대해 긍정적이던 가신 그룹의 중진 이원종 공보처 차관이 정무수석으로 발탁되었다. 또 김현철이 적극 추천한 안기부 인천지부장 오정소가 정치 담당 제1차장으로 승진했다.

우연찮게도 이원종, 오정소, 김현철은 경복고와 고려대 선후배 사이였다. 그 바람에 권력 핵심에 K2(=경복고) 라인이 형성되었다. 아버지에게 계속 인정받고 싶고, 세상을 상대로 자신의 아버지에 대한 영향력을 과시하고 싶어 하던 김현철. 그래서 YS의 변함없는 편애(偏愛)를 등에 지고 있던 그에게 그것은 국정 개입을 본격화할 수 있는 기회라고 할 수 있었다.

1995년 6월27일에 실시된 지방선거는 민주주의 제도화를 추진하는 문민정부의 정책으로 인해 가능해진 의미 있는 선거였다. 그런 한편 문민정부의 업적을 중간 평가하는 기회이기도 했다. 이 선거에서 여당인 민자당은 참패했다. YS에게는 쇼크였다.

기습 개혁을 주도하면서 홀로 국정을 이끌어가는 듯한 대통령의 독주하는 모습에 식상한 여론이 반대표를 던진 것이 패배의 원인이었다. 사조직의 국정 개입 문제도 큰 이슈로 함께 부각되고 있었다.

한 연구소의 보고서는 "패인(敗因)의 첫 번째로 정책 결정 과정이 공조직보다 사조직에 의존한다는 인상을 주었다. 두 번째는 일방 독주 식의 개혁 추진에 대한 냉소주의가 확산되고 있었다. 세 번째는 민주계의 지분 확대 현상이 두드러져 보였던 탓이다"고 지적했다.

집권 뒤 처음 겪는 좌절이었고, 최초의 공개적인 사조직 비판이었기 때

문에 그만큼 큰 파문이 뒤따랐다.[8]

김현철의 국정 개입설은 크게 보아 세 가지다. 요직 인사와 국정에 관여했다거나, 재계 로비설(=이 부분은 다른 장에서 다룰 것이다)이다. 소문이나 언론 보도는 무성했고 여론도 나빴다. 그렇지만 공식적인 조사로 실체가 확인된 것은 별로 없었다. 세상에 알려진 것들도 언론의 취재나 관계 당사자들의 증언으로 밝혀진 것들이 대부분이었다.

산하 기관 비리 사건의 유탄을 받고 도중하차한 하나회 제거 작업의 주역 권영해 전 국방장관을 KBO(=한국야구연맹) 총재로 재기하게 도와주었고, 이석채 농림수산부 차관이 선배인 강봉균을 제치고 재경원 차관으로 가게 된 것도 김현철과 이원종의 영향 때문이었다는 보도가 있었다. 경복고 출신인 이석채는 그 뒤 청와대 경제수석, 정보통신부 장관으로 승진하는 등 승승장구했다.

김현철을 미국으로 보내야 한다고 건의했다는 박관용 비서실장과 박상범 경호실장이 각기 정치특보와 국가보훈처장으로 자리를 바꾼 것 역시 김현철의 견제 때문이었다는 소문이 나 있었다.[9]

반(反) YS 세력이 만든 희생양(犧牲羊)?

1997년 열린 한보 청문회에서 국회는 참모총장을 역임한 김동진 국방장관과 김현철의 관계를 따졌다. 김현철을 참모총장 시절 만난 것은 시인했으나, 국방장관직 제의를 한 사실은 없다고 부인했다. 김동진도 경복고 출신이었다.

한보 청문회는 김현철을 불러 국회의원 후보 공천, 대선 후보 경선, 공직자 인사에 개입하고 한보 사건, 개인휴대통신(PCS) 사업에 관여한 혐의를 추궁했다.[10]

1996년 총선에서 여당이 승리했을 당시, 파격적인 실무 공천으로 공을 세운 인물은 이원종과 43세의 강삼재 사무총장이었다. 그때도 여론 조사 전문가이기도 한 김현철이 여론 조사 결과를 가지고 영향을 끼친 게 아니냐는 소문이 나돌았다. 나중에 열린 한보 청문회에서 김현철은 공천에 개입한 사실을 부인했다. 그러나 야당 시절 함께 고생한 사람들을 아버지에게 추천했다면서 일부 사실은 시인했다.[11]

이경식 경제기획원 장관 겸 부총리는 1993년 9월, 김현철의 방문을 받았다. 그는 "금융실명제 때문에 기업이 얼마나 어려운지 아느냐?"고 항의조로 말했다. 이경식이 반박하자 분위기가 썰렁해졌고 김현철은 자리를 떴다.[12]

김현철은 1996년 1월, 민주당 전국구 공천설이 있던 전 통일원 장관 한완상을 만났다. 그는 한완상에게 전국구로 출마한다면 YS를 배신하는 것이고, 절연하게 될 것이라고 말했다고 한다. 한완상은 "그가 무슨 자격으로 이런 짓을 하는가?"라고 회고록에서 쓰고 있다.[13]

피해 당사자 중 한 사람으로 알려진 박관용은 "김 소장이 인사 문제에 관여한 것은 사실인 것 같다. 어떤 규모의 영향력을 갖고 있었는지 정확하게 아는 사람이 드물다. 사실보다는 과장된 게 많다"고 선을 그었다.[14]

김현철과 밀접한 관계처럼 알려진 이원종은 "김 소장이 인사에 많은 영향을 끼쳤다는 소문이 있는데, 그건 사실과 다르다. 인사가 만사(萬事)라는 신조를 가질 정도로 인사의 중요성을 강조해온 대통령은 인사에 관한 한 사적(私的) 채널을 활용하지 않았다"고 증언했다.[15]

수행실장 김기수는 "인사 개입 등 김 소장에 대한 소문이 과장된 경향이 있었다. 반(反) YS 세력이 만만한 그를 집중 공략해 희생양(犧牲羊·Scapegoat)을 만든 결과라는 측면이 있다"고 주장했다.[16]

4선의 한 민주계 중진은 김현철이 누구보다도 인사 내정안을 빨리 알

수 있는 위치에 있었고, 그것으로 내정자에게 마치 자신이 결정적인 영향을 미친 양 과시한 것이 인사 관련 소문이 커진 주된 원인의 하나로 보았다.[17]

한 일간지는 "인사 개입 소식이 과장된 것은 청와대 실무 인사팀이 인사 기초 자료를 만들 때 인사에 관심이 많은 김 소장의 의견을 미리 참조한다는 얘기가 있었고, 최종 인사 자료를 입수한 김 소장이 2~3배로 압축돼 있는 후보자들에게 미리 자신이 영향력을 끼친 것 같이 과시한 것이 많았기 때문이다"고 분석했다.[18]

두 차례 국회의원 출마 시도한 김현철

김현철은 스스로도 두 차례에 걸쳐 아버지의 고향인 거제도와, 아버지의 선거구가 있는 부산에서 출마할 계획을 세웠던 것으로 알려졌다. 현역이던 김봉조 의원을 도지사 후보로 돌리고 자신이 후보가 되려 했으나, 대통령이 반대해 뜻을 이루지 못했다. 김봉조는 YS의 먼 인척이었다.

반발했던 김봉조는 그 다음 공천을 받지 못했다. 대신 부산 복집 발언 사건의 주인공이던 전 법무장관 김기춘이 출마하면서 다선 의원의 길로 들어섰다. 대안으로 택한 부산 서구 출마 계획도 대통령이 반대해 대타로 나선 총무수석 홍인길이 국회에 입성했다.

개인적 입장으로 볼 때, 같은 처지에 있었던 김대중의 세 아들은 모두 국회의원이 되는 진기록을 세웠다. 김홍일은 15·16·17대, 홍업은 17대였고, 홍걸은 2020년 민주당 비례 국회의원이다. 이에 비하자면 김현철은 아버지의 반대로 정치적 불운을 겪은 셈이었다. YS는 정치 지망생인 아들의 정계 진출에는 긍정적이었으나, 민심을 거스르는 무리한 출마는 허락할 생각이 없었다고 할 수 있다.

김영삼은 취임 전 가족회의를 연 자리에서 자유중국 장제스(蔣介石)

총통 가족의 일화를 들려주며 자숙할 것을 당부했다. 장제스가 마오쩌둥(毛澤東)의 공산군에 패해 대만으로 피난 갔을 때, 며느리가 보석을 많이 챙긴다는 소리를 듣고 며느리를 불러 아무 말 없이 보석 상자 하나를 건네주었다.

며느리는 보석을 주는 줄 알고 좋아하면서 열어보니, 그 안에 권총 한 자루가 들어있었다. 어려운 국난 시기에 총통 가족으로서의 몸가짐을 제대로 하지 못했으니 자결하라는 메시지였다는 것이다. YS가 그 일화를 인용하면서 가족에게 자숙의 경고를 내렸을 때, 현장에는 김현철도 있었다.[19]

YS의 큰딸 김혜영과 사위 이창해는 대선에 깊이 관여했던 현철이 정치에 개입하면 대통령에게 누를 끼치게 된다면서, "미국에 유학 가야 한다"고 일관되게 주장했다. 이에 대해 당사자는 완강하게 거부하는 태도였다. 막상 YS는 결단하지 못했다. 이 문제로 가족 간에 불화가 생겨 한동안 YS의 속을 태우게 했다. 문제의 시작이었다.

민주계 쪽에서도 초등학교 시절부터 현철을 아는 중진 김덕룡이 유학을 보내야 한다고 주장하고 있었고, 정부 출범 뒤 박관용 비서실장과 박상범 경호실장도 비선 활동에 대한 여론이 심상치 않다면서 대책을 세워야 한다고 건의했다. 적지 않은 사람들도 비슷한 생각을 했기 때문에 동참했다.[20]

1995년 지자체 선거에서 패한 뒤 사무총장이 된 TK 세력의 김윤환도 "정계 쪽에 말이 많다"면서 대통령을 압박했다. YS의 반응은 대체적으로 말끝을 흐리는 경우가 많았고, 더러는 "결국 아들 이기는 아버지가 없다는 말 그대로 못 말리겠더라"는 것이었다.[21]

YS는 기본적으로 '대통령의 아들'이라는 이유로 정치 지망생의 꿈을 접어야 하는 정치 풍토를 인정하지 않는 원칙론을 고집한 듯하다. 사실상 정치 개입을 방관한 듯한데, 자신에 대한 접근은 엄격히 한 채 끊임없이 견제하면서 나름대로 정치 수업을 계속 시킨 게 아니냐는 인상이 짙다.

수시로 돌파구를 연 것은 아들 쪽이었다. 아들이 아버지의 성향과 심리를 잘 헤아려 활용하는 준비와 요령을 갖추고 있었기 때문일 것이다. 어느 언론인은 이렇게 평했다.

"YS는 수많은 선후배와 동료들이 정치 공작에 따른 배신행위를 체험하다 보니, 자신처럼 믿을 수 있는 아들을 정치적 분신(分身)으로 생각한 듯하다. 그 아들이 참모장 역할까지 할 때 필요한 존재로 느꼈을 것이다. 그렇다 해도 정치에서 손을 떼게 하거나 아들의 자리를 공식화하든가 둘 중 하나를 택해, 사권화(私權化) 시비를 근원적으로 막았어야 했다."[22]

자신과 닮은 둘째 아들 편애하다

YS의 아들 과보호 성향은 자식에 대한 맹신(盲信) 때문이었을까?[23]

YS는 눈코 뜰 새 없이 바쁜 일정의 대통령 후보 시절에도 아침 7시가 되면 어김없이 마산에 있는 아버지 김홍조 옹에게 문안 전화를 했고, 아버지도 그 시간이 되면 전화기 앞에 앉아 있었다. 매일같이 그 같은 정경(情景)이 반복되는 것은 끈끈한 효심(孝心)과 부성애가 있기 때문에 가능한 일이었다.

그 같은 가족애는 YS와 현철에게 바통이 넘어왔다고 할 수 있다. 김현철이 구속되었던 시기, 강인한 투사였던 YS는 밤잠을 제대로 자지 못하고 눈물을 보이는 여리고 평범한 아버지의 모습을 보이고 있었다. YS는 외모는 물론, 대중 연설에 알맞은 목소리나 도전적인 정치 성향까지 닮은 현철을 편애한다는 소리를 들으면서 아꼈다.

아버지처럼 정치가가 되고 싶다는 점에서 현철은 외아들이나 다름없었다. 장남 은철은 동생과 달리 섬세하고 조용한 데다 몸도 약해서, 야당 투사 집안의 분위기나 환경에 걸맞지 않았다. 그는 일찍이 미국에 건너가 사업을 하는 평범한 삶을 택했다.

지휘관 회의나 참모회의를 통해 토론하고 결정하는 조직 문화에 익숙해 있던 군 출신들은, 대통령이 된 뒤에도 종적(縱的) 지휘 체제로 돼 있는 행정부를 지휘해 국정 운영을 하는 데 큰 어려움이 없었다. 그러나 김영삼의 경우는 다소 달랐다. 야당은 지도자를 정점으로 한 방사형(放射型) 형태의 지휘 체계를 가지고 있었기 때문이다.

다시 말해 참모들이 개인적으로 지도자와 연결돼 있고, 참모와 참모 사이의 횡적(橫的) 연결은 없는 구조였다. 기밀을 지키며 일하기에 알맞았다. 그것은 주요 참모의 경우 회의나 토론보다 지도자의 의중(意中)을 읽고 이심전심(以心傳心)으로 일하는 전근대적인, 그러나 야당 특유의 방식이었다.

그런 의미에서 김영삼은 취임 초기 불만이 많았다. 실물 정치를 잘 모르는 언론계 중진 출신의 주돈식(朱燉植) 정무수석은 대통령의 의중을 읽는 데 서툴렀고, 정무 소관의 일을 대신 맡아 처리하기도 한 박관용 비서실장도 상도동 합류가 늦은 인물이어서 대통령이 불편을 느낄 때가 많았다. 할 일은 많은데 손발이 안 맞는 형국이었다. 그래서 취임 10개월 만에 이뤄진 1차 개각에서 상도동 비서 출신의 이원종 공보처 차관이 정무수석 자리를 꿰차게 된 것이다.[24]

이원종은 표정만 봐도 YS의 기분 상태를 알 수 있고, 한마디만 들어도 무슨 말을 하고 싶어 하는지 알아챘다는 'YS의 의중(意中) 읽기 1인자'라는 소리를 듣던 인물이다. 그것은 평소 YS의 철학이나 정략, 행동 패턴, 성정(性情), 취향을 파악해두는 노력이 있었기에 가능한 일이었다.

YS를 아버지보다 존경한 정무수석 이원종

YS와 친구 사이인 변호사 출신 김명윤 의원의 조카이자 보좌관이던 이원종은, 경복고 1년 후배인 김덕룡 비서실장의 권유로 상도동에 합류한 늦깎이였다. 그런데도 어느 사이에 YS가 성(姓)을 빼고 '원종이' '원종이' 하고 부를 만큼 신임을 받는 입장이 되었다.

그는 두 차례 선거에서 낙선한 뒤 정치인의 꿈을 접고, YS 대통령 만들기에 올인하겠다고 공언한 충성파였다. 아첨할 줄도 모르는 낙선 3수생(=YS는 국회의원에 당선됐는지 여부가 인물 평가의 기준인 사람이다)을 믿고 중용하는 YS를 "아버지보다도 더 존경한다"는 사람이었다. 그는 10여 년 동안 YS의 대변인으로, 상도동 출입 기자를 포함한 언론계 상하를 상대로 헌신적으로 일했고 평판이 좋았다.

정치적 센스나 식견이 있었고 분별력도 있어 보였다. 정무수석이 된 뒤 매일 새벽 일찍 일어나 대통령이 라디오로 아침 뉴스를 틀기 전 뉴스 전반을 체크하는 일에서부터 아침 일과를 시작, 스스로의 표현처럼 '대통령의 눈과 귀'가 되어 수족처럼 움직였다.

그는 김덕룡, 강삼재 등 민주계 당 사무총장들과 손발을 맞춰 개혁 정국을 뒷받침했다. 또한 김영삼의 민주화 제도 완성을 위한 정치개혁 3법의 국회 통과와, 지자제 실시를 비롯한 정치 개혁에도 크게 기여했다.

그가 1996년 4월11일 실시된 15대 총선에서 모처럼 여당 신한국당이 승리하는 데 큰 공을 세웠다. 여기에 대해 김영삼은 회고록에서 "공천 실무 작업을 맡은 이원종 수석과 나는 오랫동안 고락을 함께 해왔으며, 정치적 감각과 판단이 뛰어나고 사심 없이 일하는 사람이다"고 평가했다. 수많은 사람과 함께 일했으나, YS가 회고록에서 그 같이 이름을 대고 칭찬한 예는 별로 없다.[25]

이원종과 김현철은 호의적인 인간관계를 맺고 있었다. 그런 데다가 대통령에 대한 국정 보좌라는 목표를 공유하고 있었으므로, 비공식적이나마 공조(共助) 체제가 자연스럽게 형성될 수 있었다. 이원종과 국내 정치 정보를 총괄하는 안기부 제1차장 오정소를 잇는 콤비는 '역대급(歷代級)'이라는 평가를 받을 정도로 활약이 두드러졌다. 보스 타입으로 조직 장악력과 업무 추진력이 있다는 오정소는, 궂은 일을 마다하지 않아 문민정부의 해결사라는 소리까지 들었다.

김현철은 국정에 관한 정보나 자료에 용이하게 접근할 수 있었고, 대통령의 신임 외에 아들의 지원까지 받게 된 이원종은 '왕수석'이라는 소리를 듣는 강자로 부상했다. 그러나 두 사람의 공조에는 한계가 불가피했다. 이원종은 50대 중반 나이에 권력의 핵심에 올랐으나 더 이상의 정치적 야망을 갖고 있지 않았다. 자신의 활동비를 마련하는 일도 홍인길 총무수석(별도로 다루기로 한다)에 의지하는 식으로 몸을 사리는 신중파였다.

김현철과의 친분 관계도 1939년생과 1959년생이라는 20년 나이 차이를 쉽게 넘기 어려웠다. 더구나 상대적으로 야심에 불타는 김현철과의 교감에도 한계가 있을 수밖에 없었다. 무엇보다도 그는 거스를 수 없는 대통령의 주의까지 듣고 있었다.

김영삼이 어느 날 "이 수석! 현철이를 너무 가까이 하지 말라"고 한마디 했다. 순간 이원종은 "이 어른이 참으로 무서운 분이구나. 아들을 두고도 정치(=견제 포석이라는 뜻일 것이다)를 하시는구나"라는 생각이 들었다고 증언한다. 대통령이 선을 넘지 말라는 경고 메시지를 던진 것이라 할 수 있다.[26]

초기에는 김현철의 활약에 순기능(順機能)적인 측면도 많았다. 그는 참모들이 대통령에게 직접 할 수 없는 성격의 '듣기 싫은 얘기'를, 청와대 예배 때 전할 때가 잦았다. 박정희 대통령에게 육영수 여사가 야당 역할을 했듯이 긍정적 기여를 많이 했다는 것이다.

"김기섭 차장과 오정소 차장의 등장으로 안기부가 김 소장의 사설 기관화 되었다는 비판까지 등장했었다"고 후임 김대중 정권의 안기부장 이종찬은 회고록에서 지적하고 있다.[27]

그러나 두 차장이 업무 활동과 관련하여 김현철에게 편의를 제공하며 도와준 것은 사실이겠지만, '사설 기관화 운운'한 것은 과장이었다고 할 수 있다. 나중에 김대중 정권이 들어선 뒤, 적폐청산 조사에서 김현철 계열의 인사로 적발된 사례가 별로 없기 때문이다. 말하자면 안기부가 기존 조직의 업무 한도 내에서 한 일을, 두 안기부 차장이 정치적으로 활용한 것이 확대 해석되었다고 볼 수 있다는 해석이다.

김광일 비서실장 등장과 궁정 권력 투쟁

김영삼은 1995년 지자체 선거 당시 사조직의 국정 개입 시비가 불거지자, 상도동 비서진의 핵인 김덕룡 전 사무총장에게 비서실장 자리를 제안했다. 김덕룡은 지자체 선거 패배에 대한 책임을 지고 당 사무총장을 그만둔 상태였다. YS로서는 청와대 분위기를 일신시키고 싶었던 것이다. 김덕룡은 순수 정치인으로 남겠다고 고사했으나, 세 차례에 걸친 대통령의 설득을 뿌리치지 못하고 수락했다. 그러나 발령이 나지 않았다. 극비였던 내정 사실을 알게 된 이원종이 김현철과 상의한 뒤, 인사안을 철회하게끔 대통령을 설득한 탓이었다.

김덕룡이 실장으로 오면 사이가 좋지 않았던 김현철이 불편해지고, 새로운 실세로 부상한 이원종과의 관계도 미묘해질 공산이 컸기 때문이었다고 할 수 있다. 이원종·김현철 라인과, 나머지 가신 그룹 사이에 미묘한 신

경전이 벌어지게 되었다.[28]

김영삼은 대안으로 모교인 경남고를 나왔고, 부산 지역의 인권 변호사들을 이끌어온 판사 출신 변호사 김광일(金光一)을 비서실장으로 발탁했다. 그는 YS가 민주당 총재일 때 노무현 변호사와 함께 민주당 공천을 받고 국회에 진출한 뒤, 청문회에서 스타가 됐던 인물이다.

그는 3당 합당 당시 참여를 거부하고 정주영의 국민당에 참여했다가 야인으로 돌아갔다. 육중한 체격과 선이 굵은 용모의 김광일은 계획을 세워 일하는 추진력이 있다는 평과, 판사 출신이어서 세상 물정이나 정계 사정에 어두운 편이라는 상반된 평을 듣고 있었다.[29]

부임해온 그는 비서실의 기강부터 잡으려 했다. 수석비서관들이 대통령에게 보고할 때는 비서실장에게 사전에 통보해달라고 지시했다. 오정소~이원종~대통령으로 이어지는 국정 정보 보고 라인에서 비서실장이 제외돼 있었다. 이원종이 전임 한승수 비서실장 이래 정무(政務)에 관해 대통령에게만 직보(直報)하고 있었다. 그래서 이를 시정하기 위한 것이 아니냐는 게 표면적인 해석이었다.

이원종은 일단 그 지시를 무시했다. 대통령과 이원종은 대면(對面) 보고도 하지만, 흉허물이 없는 친숙한 관계였던지라 수시로 직통 전화로 논의하는 패턴이었다. 번번이 실장에게 사전 보고하라는 지시가 먹히기 어려운 사정이 있었던 것이다.

상도동계는 3당 합당 때 YS를 배신하고 정주영 국민당에 합류했던 인물이, 뒤늦게 나타나 고압적으로 나오는 데 대해 저항감을 느끼고 있었다. 그런 데다가 청와대와 안기부 내의 경남고 인맥이 김광일을 지원해, YS 이후를 겨냥한 포석(布石)을 하기 시작한 것이 아닌가 하고 의심하게 되었다.

두 사람이 사사건건 충돌한다는 소리가 들리기 시작했고, 경복고와 경남고 세력 사이에 권력 투쟁이 시작된 게 아니냐는 때 이른 관측까지 등장했다. 이원종을 두둔하는 발언을 한 장관의 뒷조사를 수사기관에 의뢰했다는 소리까지 있었다.[30]

정면 대결로 승산이 없다고 본 듯 김광일은 대통령에게 큰 영향력을 끼칠 수 있는 원로 변호사 김윤도(金允濤)에게 도움을 청했다. 그래서 김윤도가 청와대에 들어가 대통령을 설득, 1995년 12월 개각 때 오정소가 경질되었다는 것이다.

그는 장관급인 보훈처장으로 승진했으므로 모양새는 영전(榮轉)이었으나 권력 투쟁에서 밀렸던 것이다. 오정소의 경질 결정을 후원자 입장인 이원종이나 김현철은 모르고 있었다. 오정소의 후임으로 김광일의 경남고, 서울 법대 후배인 박일룡 전 경찰청장이 기용되었다.

김광일의 복안대로 사태가 진전되었으나, 이원종을 바꾸지는 못했다. 차관급인 이원종을 장관급으로 승격시키는 등 대통령의 신임이 두터웠기도 하지만, 국정 보좌에 없어서는 안 될 존재였기 때문이라 할 수 있다.[31]

개정 노동법 기습 처리 사건이 발생했다. 김영삼은 한국이 선진국 대열에 들어가려면, 노동 시장 유연화를 해결하는 노동법의 개정이 반드시 이루어져야 한다는 생각을 가지고 있었다. 그에 따라 박세일 사회복지수석 주도로 만든 노동법 개정안이 국회에 제출되었다.

개혁 성향인 박세일의 구상이 반영된 노동법 개정안은 정리 해고 3년 유예, 복수 노조 즉시 시행, 노조 전임자 임금 지급과 같은 친(親)노조적인 3개 원칙을 포함하고 있었다. 7개월 동안 노동법 개정 방향에 대한 입장을 구체적으로 밝히지 않은 야당은 개정안 자체를 반대하고 있었고, 여당 내에서 사용자 측과 가까운 친(親)재계 쪽 의원들은 친노조 성향의 내용에 적극 반대했다.

이홍구 당 대표와 이상득 정책위의장이 "당이 책임지고 통과시키겠다"면서 수정안을 만들어 왔다. 정리 해고 3년 유예가 즉시 이행으로 바뀌는 등 세 가지 원칙이 모두 친재계 쪽으로 수정돼 있었다. 야당이 결사반대하는 상황에서, 여당 내에서조차 논란이 있으면 연내 법 개정이 불가능해진다고 본 김영삼은 수정안을 수용했다.[32]

신한국당은 1996년 12월16일 단독 국회를 열고, 여당 의원만 참석한 가운데 노동법 개정안을 기습 처리했다. 문제는 그 직후 일어났다. 자신들도 모르게 수정안이 통과된 것을 확인한 박세일 등이 반발하는 비서실 내부 분란이 일어난 것이다. 야당도 들고 일어났고, 양대 노총은 총파업에 나섰다.[33] (문제의 노동법 개정안은 재심에 붙여졌고 다시 원상태로 되돌아갔다.)

김영삼은 노동법 정국에서 비서실의 불부터 꺼야 했다. 김광일과 이원종 간에 진행된 대결 구도에 겹쳐, 박세일의 반발까지 얽히는 복잡한 상황이 되었기 때문이다. 김영삼은 이원종을 퇴진시키고, 그런 다음 김광일을 한동안 시간이 지난 뒤 정치특보로 보내면서 상황을 정리했다. 김광일에게는 비서실 관리 책임, 이원종에게는 노동법 개정 파문에 대한 책임을 물은 것이라 할 수 있다.

당시 김현철의 한보 관련 스캔들이 불거져 시국이 보다 어려워지고 있었다. 그래서 이원종의 보좌가 더 필요한 상황이었으나, 계속 붙들고 있을 수 없었던 것이다. 김영삼은 김광일의 후임으로 정치부 기자 시절부터 알고 지낸 김용태(金鎔泰) 전 의원을 택했다. 김용태는 신문사 편집국장 출신으로 재무위원장, 예결위원장, 민자당 원내총무를 지낸 4선 의원 경력에다 내무장관을 역임했다. 이것은 김영삼이 '언론, 정계, 행정부를 아는 이원종 유형'을 택한 셈이어서, 김광일의 보좌에 만족하지 않고 있었음을 드러낸 것이라 할 수 있다.

베일 속의 인물 김윤도 변호사

김광일과 이원종 사이의 대결에 개입했다는 김윤도 변호사는 YS와 수시로 만나고, 언제든지 통화가 가능했다는 원로 변호사였다. YS보다 여섯 살 위인 그는 해방 정국 당시의 검사였다. 서울대 재학 중인 YS와 알게 돼 40여 년간 우정을 나눠왔고, 한때 승마도 같이 했던 사이였다.

YS가 흉허물 없이 얘기를 나눌 수 있는 동년배 친구가 별로 없기에 더 권위적이게 되었다는 지적이 있고 보면, 김윤도는 매우 독보적인 존재였다. YS가 5공 시절 23일간 단식 투쟁을 했을 때, 회복된 뒤 처음 찾은 사람이 그였다. 또 청와대에 입성하고 제일 먼저 청와대 손님이 된 사람도 그였다.

두 차례나 국회의원이 될 기회를 주었으나 끝내 고사한 소신 때문이었는지 몰라도, YS는 그의 발언을 늘 경청하고 신뢰했다고 한다. 그는 첫 조각이 어떠냐고 묻는 김영삼에게 "문민정부라면서 왜 총리에 군 출신인가?" "한완상, 김정남은 좌파 아닌가?"고 지적했다.

또 이회창 감사원장이 나중에 대법원장 하마평에 오르자 "판사 시절 국가보안법에 반대, 소수 의견을 내놓은 진보 성향"이라고 알려주면서 반대 의견을 말하는 직언파(直言派)였다. 그는 유진산 총재와도 깊은 우정을 나눴던 사이여서 그의 아들 유한열 의원과도 가까웠고, 유한열을 통해 나중에 이회창과의 사이가 원만해져 이회창 후보 돕기에도 관계했다.

그는 DJ 비자금 사건 때 "고발 내용은 정확하나 기소하는 것은 별개 문제이다. DJ 측은 음모, 박해라고 결사 항전을 펼 것이고, 호남이 총궐기 하게 될 것이다. 정국이 극도의 혼란에 빠진다면 어느 쪽으로도 유리할 것이 없다. 선거로 이길 방법을 생각하라"고 충고했다는 일화를 남겼다.[34]

김윤도의 발언 내용은, 김영삼이 비자금 수사 유보를 지시하면서 한 말과 약속이나 한 듯 맥락이 비슷한 게 흥미롭다. 한 저술가는 이원종과 오

정소의 경질은 문민 정권 몰락의 전주곡이 되었다고 쓰고 있다.[35]

왜 그런 소리가 나올 수 있었을까? 오정소의 후임인 경찰 출신의 박일룡은 안기부의 텃세 탓에 겉돌기 일쑤였다. 또 정보와 정치가 복합적으로 얽히는 메커니즘에 익숙하지 못해 전임자처럼 능숙한 일처리가 힘들었다. 더구나 안기부법과 금융개혁을 무리하게 처리하려다가 여론에 밀려 실패하고, 김현철의 한보 관련설이 불거지고 있는 정국에서 전임자들처럼 이렇다 할 대응을 하지 못했다는 평도 들었다.

이원종의 후임인 강인섭 정무수석은, 대통령의 속마음을 잘못 읽고 취재진에게 발언한 책임을 지고 2개월 만에 도중하차했다. 그 후임으로 등장한 전 민주당 의원 조홍래는, 오랫동안 정치 현장에서 떠나 있었으므로 이원종의 대안이 되기에 역부족이었다.

김현철 사조직의 국정 개입 시비가 YS의 레임덕 현상을 가속화시킨 요인이라고 알려져 있다. 하지만 비서실장 김광일과 이원종이 벌인 권력 투쟁이 실질적인 국정 보좌 역량을 약화시킨 측면도 있다는 것은 하나의 역설(逆說·paradox)이라고 볼 수 있겠다.

참고 자료

1. 임영태 『대한민국사』 p745~746
2. 김현철 『하고 싶은 이야기 듣고 싶은 이야기』 p121
3. 박태준 증언 [월간조선] 2012년 9월호
4. 이동화 『김영삼 민주센터 녹취록』
5. 박관용 『김영삼 정부의 성공과 실패』 p102
6. 박관용 『김영삼 정부의 성공과 실패』 p103
   주돈식 『우리도 좋은 대통령을 갖고 싶다』 김영춘 증언
7. [동아일보] 특별취재팀 『문민정부 1800일 비화』 p350

8. [동아일보] 특별취재팀 『문민정부 1800일 비화』 p357~358

9. [동아일보] 특별취재팀 『문민정부 1800일 비화』

10. 임영태 『대한민국사』 p752~753

11. [동아일보] 특별취재팀 『문민정부 1800일 비화』 p396~399

12. [동아일보] 특별취재팀 『문민정부 1800일 비화』 p274

13. 한완상 『한반도는 아프다』 p280

14. 박관용 『김영삼 정부의 성공과 실패』 p105

15. 이원종 『한국 대통령 통치구술 사료집』 p279

16. 김기수 증언

17. [동아일보] 특별취재팀 『문민정부 1800일 비화』 p389~390

18. [동아일보] 특별취재팀 『문민정부 1800일 비화』 p389

19. 함성득 『김영삼 정부의 성공과 실패』

20. 김영춘 『김영삼 민주센터 녹취록』

21. 김영삼 『김영삼 정부의 성공과 실패』

22. 이동화 『김영삼 민주센터 녹취록』

23. [동아일보] 취재팀 『문민정부 1800일 비화』 p4

24. 이원종 『한국 대통령 통치 구술 사료집』 p273

25. 『김영삼 대통령 회고록』 하 p199

26. 이원종 『한국대통령 통치 구술 사료집』 p278

27. 『이종찬 회고록』 2 p434

28. 김덕룡 『한국 대통령 통치 구술 사료집』 p220

29. 박세일, 김기수 증언

30. 오인환 증언

31. 박관용 『김영삼 정부의 성공과 실패』 p105
    [동아일보] 특별취재팀 『문민정부 1800일 비화』 p370
    김기삼 『김대중과 대한민국을 말한다』 p227

32. 『김영삼 대통령 회고록』 하 p270~272

33. 이원종 『한국 대통령 통치구술 사료집』 p301~302

34. [동아일보] 특별취재팀 『문민정부 1800일 비화』 p370

35. 유한열 『격동의 시대 내가 아는 진실』 P220
    김기삼 『김대중과 대한민국을 말한다』 p227

3장 '신(新) 3김 시대'

김영삼은 자신을 끝으로 '3김 시대'를 마감해야 한다는 생각을 가지고 있었다. 3김 시대가 1980년부터 따져도 15년을 계속되어 많은 국민이 지겨워하는 만큼, 발전적인 변화의 물꼬를 틀 수 있어야 한다고 본 것이다. 사정이 그랬던지라 1994년 11월17일 오스트레일리아 시드니에서 발표된 「세계화 전략」에는 3김 시대를 종식시키기 위한 정치 개혁도 포함돼 있었다.

민주계 좌장인 내무장관 최형우가 그해 연말 "이제는 민자당에서 대표 체제는 없어져야 한다"면서 개혁 필요성에 대한 운을 뗐다. 3김 중 나머지 한 사람인 당 대표 김종필을 겨냥한 발언이었다. 1995년 새해 들어 1월10일, 김영삼이 "당직을 경선으로 치르는 게 좋겠다"고 한 걸음 더 나아갔다.

민주계는 JP의 퇴진을 기정사실로 보고 당명(黨名), 로고, 정강(政綱)을 모두 고친다는 수순을 마련해놓고 있었다. 그러나 '뒷골방의 늙은이'(=이승만이 은퇴 압력을 받았을 때 쓴 용어)가 될 생각이 전혀 없던 69세의 JP는 "3당 합당 정신을 부정하는 배신(背信) 행위"라면서 "당을 떠나겠다"고 결연하게 반발했다.

그가 억울하게 쫓겨나가는 듯한 모양새가 되자 여론은 "YS에게 토사

구팽 당했다"고 동정적이었다. 그 분위기를 타고 JP는 3월30일 자민련(=자유민주연합)을 창당했고, YS 정권의 기세에 눌려 지냈던 반(反) YS 성향의 인사들이 자민련으로 몰려들었다.[1]

민주계의 인위적인 정계 개편 시도가 사실상 꺼져가던 JP의 불꽃을 다시 타게 만드는 계기를 가져다주었고, 오히려 '신(新) 3김 시대'로 거꾸로 가는 길을 터준 셈이 되었다. 정계 은퇴를 공개 선언하고 영국에 갔다가 6개월 만에 돌아온 김대중에게도 자연스럽게 정치 활동을 재개할 수 있는 동기 부여를 해주었기 때문이다.

정계 은퇴했다가 슬그머니 복귀한 DJ

대선 패배 뒤 김대중이 눈물을 흘리며 정계 은퇴를 전격 선언했을 때, 언론은 진정성(眞情性)을 높이 사 긍정 일변도의 평가를 내렸다. 3김 시대가 끝나고 새 시대로 들어서는 역사적 신호로 해석했기 때문이다. 그러나 YS는 "모르는 소리 마라. 그는 돌아온다"고 예언하듯 말했고, JP 역시 "그는 어떻게든 다시 돌아올 것이다"고 내다보았다.[2]

DJ가 6개월 만에 런던에서 돌아오게 된 것은, 문민정부가 자신에 대해 정치 보복 같은 어떤 조치도 하지 않으리라는 점을 파악했기 때문이라고 했다. DJ는 서울에 온 뒤 언제든지 정치와 연결될 수 있는 비(非) 정치적 활동으로 워밍업을 시작했다.

그는 1994년 11월27일, 아태재단(=아시아태평양평화재단)을 출범시키고 이사장을 맡으면서 사회활동을 재개했다. 민주당 당적을 그대로 가지고 있던 김대중은 초대 비서실장이던 오랜 측근 권노갑 민주당 최고위원을 통해 당 문제에 영향력을 끼치기도 하고, 간여하기도 했다.

정가는 이제 DJ의 정계 복귀를 기정사실로 보고 있었다. DJ는 특히

1995년 6월27일에 실시한 지자체 선거에 관심이 컸다. 1990년 그가 단식 투쟁을 벌여 지자체 실시를 관철시켰기 때문이다.

지자체 선거는 이승만의 자유당 정권이 4·19혁명으로 붕괴된 뒤 들어선 민주당의 장면 정권에 의해 처음 실시되었다. 그러나 박정희 정권 이래 군부 독재 기간 동안 중단돼 왔다가, 34년 만에 문민정부에 의해 부활되었다.

6월27일로 예정된 지자체 선거는 헌정 사상 처음으로 기초 및 광역단체장 등 4개 지방선거가 동시에 진행되는 데다가, 문민정부가 야심적으로 만든 통합선거법의 시험 무대라는 점에서도 주목되었다. 김영삼은 "공명선거로 선거 혁명을 이룩하자"면서 지방자치단체장 후보로 행정 능력이 있는 인물들을 내세울 계획이었다. 그간의 개혁 성과를 점검하고, 개혁 완성도를 높이기 위해서는 행정의 전문성이 보다 필요하다는 취지였다.[3]

그런데 선거 분위기가 정부·여당에 불리했다. 헌정 사상 어떤 대통령도 겪어보지 못한 대형 인재(人災)사고가 기록적으로 잇달아 일어나면서 민심 이반 현상이 생겨났고, 대통령의 오만과 독선, 개혁 피로감으로 국정 지지도도 떨어지고 있었다. 거기에다 DJ와 JP가 반(反) YS 정서를 자극하면서 공세를 강화해가는 추세였다.

대권 4수(修)를 겨냥한 김대중의 움직임도 심상치 않았다. DJ는 서울시장 후보를 고르는 과정에서 조순 후보를 택할 때 배후에서 결정적인 영향을 끼쳤다. 또 선거유세에 지원 연사로 나서면서 사실상 정계 복귀가 기정사실화되었다.

그는 '지역 등권론(地域等權論)'이라는 새로운 이름의 지역 대결론을 들고 나와, 자신을 고립시키며 낙선시켰던 1992년의 3당 합당 체제를 역공(逆攻)하기 시작했다. 지역 등권론의 요지는 "3당 합당은 경북(TK)과 경남(PK)이 충청권과 연대해 호남을 고립화시켰던 지역 연합이었다. 이제 그 중

한 축이던 충청권의 JP가 이탈하고, TK 지역에서도 반 YS 정서가 커져가고 있는 상황에서 3당 합당 구도가 분열되고 있는 만큼 새로운 대안을 찾자"는 것이었다.

3김 시대를 마감하려는 YS의 경남(PK)을 고립시키고, 호남이 다른 지역과 수평적 협력 관계를 맺으면서 정권을 창출하겠다는 논리였다. DJ와 JP, 그리고 TJ(=박태준)의 DJT 연합의 이론적 틀을 제시한 것이다. 신한국당은 이에 대해 DJ의 지역 등권론은 자신이 호남의 맹주(盟主)임을 재확인하는 술수라고 강력히 비난했다. 언론도 '또 하나의 다른 지역 대결론'이라면서 비판적으로 보았다.[4]

이회창의 정계 데뷔

김대중, 김종필의 협공 태세에 긴장한 신한국당 김덕룡 사무총장은 지자체 선거에서 서울시장 자리는 반드시 지켜야 한다면서, 인기가 여전한 이회창 전 총리를 시장 후보로 내세우자고 대통령에게 건의했다. 이회창은 총리를 그만둔 뒤 변호사 사무실을 내고 세월을 낚시질하고 있었다. 사건 의뢰인은 별로 없고 찾아오는 정치인만 많았다.

이회창을 개인적으로 좋아하지 않는 것으로 알려진 김영삼은 처음에는 김덕룡의 건의를 묵살했으나, 설득 끝에 고집을 접었다. 서울시장 자리를 빼앗기면 안 된다는 사실을 누구보다도 절감하고 있었기 때문일 것이다.

민주당 쪽에서도 이회창에 관심을 두고 있다는 점이 판단에 영향을 주었을 듯하다. 그러나 김덕룡을 만난 이회창은 "또 한 번 이용한 뒤 버리려는 게 아니냐?"고 냉소적 반응을 보이면서 후보 제의를 거절했다.[5]

그 무렵 민주당 쪽에서도 후보 자리를 제의하는 러브콜을 보냈다. "이회창을 내보내면 당선이 확실하다"는 건의를 받은 DJ 역시 탐탁지 않은 표정이었다 한다. "그는 대통령 자리를 노리는 사람 아닌가? 만만치 않은 인물이다"면서 주저하다가 마지못해 동의했다. 이회창은 야당 측 제의도 즉각 거부했다.[6]

이회창의 정계 데뷔가 초읽기에 들어간 셈인데, 그는 이미 잠재적인 정치적 거물로 성장해 있었다.

기병(騎兵)대장 역할을 하다

6·27 지자체 선거에서 일반적인 예상대로 민주당과 자민련은 승리했고, 민자당은 참패하는 결과가 나왔다. 특히 서울시장 선거에서 민주당이 내세운 조순이 42.44%의 득표로, 20.7% 득표에 그친 민자당 후보 정원식을 누르고 압승한 것이 YS에게 아픈 패배였다.

민자당은 현대그룹 출신의 이명박 의원을 경선에 투입해 바람을 일으켜보려 했다. 그렇지만 정원식이 거부하는 등 소극적이어서 2위 자리까지 박찬종에게 빼앗기는 수모를 안아야 했다. 그나마 변호사 출신 초선 의원인 이인제가 경기도지사 선거에서 민주당 중진을 누르고 이긴 것이 YS에겐 위안이 되었다.

문민정부의 '충청도 홀대론' 분위기를 타고 등장한 JP의 자민련은 충남북에서 바람을 일으켰다. 대전 시장과 충남·충북·강원의 도지사 등 광역단체장 선거에서 선전(善戰), 승리하면서 JP에게 정치적 재기의 발판을 만들어 주었다.[7]

해가 바뀌어 총선 날짜(1996년 4월11일)가 다가오고 있었다. 민자당은 지자체 선거에서 패배한 뒤 전당대회를 열고, 당명을 신한국당(新韓國党)으로 바꾸면서 새로운 출발을 다짐했다. 역사 바로 세우기를 통한 전두환, 노태우 전(前) 대통령의 비자금 수사와 5·18 특별법 제정을 통해 민심을 아우르면서, 세대 교체론을 더욱 분명히 하겠다고 선언했다.

김영삼은 총선에 대비해 이회창에게 다시 손을 내밀어 선거대책위원장과 전국구 1번을 맡아주도록 요청했다. DJ와 JP의 본격적인 정치 재개를 막기 위해서는 이것저것 따질 겨를이 없었고, 마땅한 대안(代案)도 없었다.[8]

여러 차례에 걸친 YS의 요청을 받은 이회창은 "김 대통령이 총선에 불쏘시개로 쓰다가 버리려 하는 게 아니냐?"는 의구심을 가진 채 응하고 나섰다. 이미 정치를 하기로 작심하고 있었으므로, 끝까지 거부할 생각은 없었으리라 여겨진다. 그는 나중에 "김 대통령을 도와주는 게 도리라고 보아 신한국당에 입당하게 되었다"고 정계 데뷔 입장을 둘러댔다.[9]

기병(騎兵)대장 역의 이회창은 전국을 돌며 "3김 시대를 마무리하자"는 세대 교체론과 개혁 보완론을 폈다. 이기택의 민주당과 헤어져 새정치국민회의를 창당한 김대중은 문민 독재 견제와 부패 청산을 외쳤다.

4월4일, 북한이 느닷없이 "비무장지대를 인정할 수 없고, 정전 협정에 따른 모든 임무를 포기하겠다"면서 비무장지대(DMZ) 파기를 선언해 선거 분위기에 심상치 않은 영향을 끼쳤다. 말하자면 '북풍(北風)'이 불어 보수 성향 표심이 여당 쪽에 기우는 현상이 일어난 것이다.

선거 일주일을 앞두고 수십억 원 규모로 알려진 장학노 청와대 제1 부속실장의 부정 축재 사건이 국민회의 쪽 인사의 추적에 의해 폭로되었다. 그 바람에 장학노가 구속되고 YS는 대국민 사과까지 했다. 여당에 대한 감표 요인이 되었다.

그러나 선거 결과는 신한국당이 139석(=지역구 121석, 전국구18), 국민회의가 79석(지역구 66, 전국구 13)으로 나왔다. 신한국당은 외형상으로는 3당 합당 때의 169석에서 30석이 줄어들었다. 하지만 내용적으로는 승리라고 보고 자축하는 분위기였다.

특히 신한국당은 서울의 47석 중 27석, 인천의 11석 중 9석, 경기도 38석 중 18석을 얻는 등 수도권에서 압승했다. 여당이 전통적으로 약세인 수도권에서 그렇게 크게 이긴 것은 그때가 처음이었다.(지자체 선거 땐 수도권에서 참패했었다.) 진보 성향의 참신한 인물들을 대거 기용한 것이 신선한 인상을 주어 승리의 요인이 되었다.

국민회의는 목표였던 개헌 저지선(=100석)에 훨씬 못 미치는 79석에 그쳤고, DJ가 배수진을 치고 택한 전국구 14번이 아슬아슬하게 낙선되는 바람에 참패 분위기였다. 전국구에서 13번째까지만 당선되었던 것이다. 언론은 DJ의 '대권 4수(修) 전선'에 빨간불이 켜졌다고 분석하고 있었다.[10]

자민련은 지자체 선거에 이어 총선에서도 약진을 계속했다. 충청권 28석 가운데 24석을 차지했고, 경북 대구에서도 13석 중 8석을 따냈다. 그런가 하면 경기 5석, 강원 2석, 경북 2석을 보태 충청도당이라는 이미지를 벗을 수 있었다.

국민회의가 확보한 의석수가 79석밖에 되지 않아 자민련의 의석수를 합해도 과반에 미치지는 못했다. 그로 인해 자민련이 캐스팅 보트를 행사하는 것도 불가능해졌다. 그러나 JP로서는 후반기 전성기를 맞은 셈이었다.

139석의 신한국당은 과반(=150석)을 채우느라 야당과 무소속 의원들을 빼오기 시작했다. JP가 의원 빼가기에 대해 항의하자, YS는 "신한국당 공천에서 떨어진 사람들이 다시 오겠다는데 어쩔 수 없다"고 둘러댔다.[11]

신한국당의 신인 공천자들을 보면 이명박(서울시장), 박성범(KBS 아나운서), 강인섭(언론인), 이재오(이명박 정부의 2인자), 서청원(친박계 원로), 최병렬(신한국당 대표 역임), 김덕룡, 서상목, 홍준표(대통령 후보 역임), 홍인길, 김형오(국회의장 역임), 김무성(한나라당 대표 역임), 한이헌, 김도언(검찰총장), 신성일, 강재섭(한나라당 대표 역임), 김문수, 손학규(국민의당 대표 역임), 이완구(총리 역임), 김영일, 김기춘(박근혜 비서실장 역임) 등의 이름이 나와 있다.

국민회의 쪽에서도 천정배(법무장관 역임), 추미애(문재인 정부 법무장관 역임), 김근태(재야 세력의 수장), 김민석이 이때 국회에 입성했다.

YS와의 애증(愛憎) 2막 열리다

김영삼은 1997년 정축년 새해를 맞아 「유시유종(有時有終)」이라는 휘호를 썼다. "시작이 있으면 끝이 있다"는 자연의 법칙을 말하면서, 문민정부의 끝을 잘 마무리하고 싶다는 다짐을 담은 것이다.

개혁 작업을 어느 정도 마무리하느냐, 12월에 있을 대선을 어떻게 치르느냐 등 난제는 수북이 쌓여 있었다. 3월11일에는 민주계 좌장인 최형우가 뇌졸중으로 쓰러지는 소동도 있었다. 그는 청와대에서 김영삼을 만나 이홍구 대표의 퇴진으로 공석이 될 신한국당 대표 후임 인선 문제를 논의하던 중 격론을 벌였고, 흥분한 상태에서 시청 앞 P호텔에서 동료들에게 회동 결과를 설명하다가 쓰러졌다는 소문이 돌았다. 이틀 뒤 김영삼이 병상을 찾았으나 당사자는 의식을 잃은 채 깨어날 줄 몰랐다.[12]

군사 독재 시절 정보기관에 끌려가 고문을 받으면서도 끝내 입을 다물었고, 엘리트 관료인 중앙정보부장과 차장의 적극적인 회유도 뿌리치며 지조를 지킨 최형우. 그는 3당 합당 당시 민주계를 결속시키고, 민정계를 적극적으로 포섭하는 등 YS의 강력한 동지였다. 그는 스스로도 대선 후보로 나설 수 있고, 민주계가 선호하는 후보를 골라 결정적 역할을 할 수도 있는 거물이었다. 그의 낙마(落馬)는 대선을 앞두고 YS의 정국 주도력에까지 영향을 주게 되었다. YS가 정국 주도권을 빼앗기는 스타트 라인으로 보는 시각도 있었다.[13]

그 이틀 뒤 김영삼은 노동법과 안기부법 개정안 기습 처리와 관련해 그만둔 이홍구의 후임으로 이회창 전 총리를 당 대표로 임명했다. 세상이 예상치 못한 깜짝 인선이었다. 그동안 청와대는 "차기 당 대표는 경선 관리가 주(主) 임무이니까 후보가 될 사람은 제외될 것이다"고 시사해 왔다. 그래서 만일 후보 중에서 택한다면 YS의 의중 인물은 이한동일 것이라는 추측이 대세였다.[14]

김영삼은 회고록에서 "이회창 씨는 감사원장, 국무총리로 발탁했었고, 1996년 총선에선 신한국당 전국구 1번을 주어 정치인으로 키워내는 등 나와는 나름대로 인연이 있는 사람이었다. 여러 사정을 고려할 때 그를 지명하는 것이 낫겠다고 판단했다"고 회상했다.[15]

반면 이회창은 회고록에서 "대통령의 둘째 아들 김현철이 얽힌 한보 사태로 요동치고 있는 정국이었던 만큼, 영입파인 이홍구 대표를 내세워 노동법 개정안을 강행 처리했듯이 이번에는 역시 영입파인 나를 내세워 한보 사태를 정면 돌파하려고 한 것이 아닌가 짐작할 뿐이다"고 쓰고 있다.[16]

다른 뒷얘기도 있다. 이회창이 김영삼의 오랜 지기인 김윤도 변호사를 만나 "이한동이 당 대표가 되면 탈당하겠다. 당 대표를 달라"는 취지의 발언을 했고, 김윤도가 그 전언(傳言)을 청와대에 직접 전했다는 것이다. 한 유력 신문은 당시 이회창 진영의 서상목 의원도 여러 채널을 통해 "TK 세력의 리더인 김윤환도 우리와 한 패키지다"면서, 이회창 지지 세력이 많다는 점을 압박 카드로 썼다고 보도했다.[17]

DJ와 JP를 압도한 흥행거리

1997년 12월의 대선을 앞두고 벌어진 신한국당 후보 경선은, 여당에서 대통령의 의중(意中)의 인물이나 점지(點指)된 인물을 추인(追認)하는 형식이 아니라, 완전 자유 경선으로 뽑는다는 점에서 헌정 사상 처음 있는 일이었다. 민주화 투쟁을 주도했던 김영삼이 민주화 제도를 보완한 다음, 이제는 가부장(家父長)적 계승 정치를 끝내고 자유경선 시대까지 연 것이다.

그 같은 경선은 직계 세력의 옹립에 의해 하향식으로 선출된 김대중, 김종필의 구시대적 관행을 압도할 수 있는 흥행거리였다. 7명의 후보 모두가 서울대 법대와 상대, 문리대를 나온 젊고 참신한 전후 엘리트 세대들이어서 상고(=목포상고)와 육사(=단기 육사8기) 출신의 전중(戰中) 세대인 DJ나 JP와는 대조적이었다.

7명 중 5명이 YS 밑에서 총리를 지내는 등 중책을 거친 영입파이거나, 민주화 투쟁을 벌인 직계였다. 대쪽 이미지의 전 총리 이회창은 이미 여론조사에서 선두 자리를 꿰차고 있었다. 또 검사와 판사, 변호사를 두루 거친 이색 경력의 이한동은 5공 때 정계에 입문한 중진으로 경기 지역의 강자였다.

서울대 총장과 국무총리를 역임한 이수성은 TK 출신으로, 전국에 호형호제(呼兄呼弟)하는 사람이 5만 명이 넘는다는 특출한 친화력의 소유자였다. 또 사법·행정 양과를 패스했다는 변호사 박찬종은 재기발랄한 다선 의원이었고, 언론계 중진 출신의 최병렬은 우리나라에서 처음으로 여론조사를 선거에 도입한 선거 전략가이기도 했다.

YS의 비서실장 출신인 김덕룡은 후보 중 유일하게 민주화 투쟁 경력을 가진 인물이었고, 이인제는 헤어스타일이 박정희를 닮았다 해서 박정희 신드롬을 타고 급성장하게 되는 가장 젊은 후보였다. 굳이 문제점을 찾자면 외견상 흙수저 출신이 보이지 않는 것이 흠이라면 흠이었다. 김대중 캠프가 그 가운데 가장 경계한 후보는 '강직함과 깨끗함'으로 표현되는 대쪽 이미지의 이회창이었고, 다음은 영·호남 대결 구도를 가져올 수 있는 경북 칠곡

출신의 이수성이었다.[18]

김영삼은 1996년 5월29일, "대통령의 임기가 1년10개월이나 남아있는데 대선 후보 경선에 대해 성급하게 언급하는 것은 국정 수행에 도움이 되지 않는다"면서 논의를 자제해달라고 요구했다. 실세 2인자나 차기 후보가 부각되면 정·재계가 줄을 바꿔 서려고 서두르는 바람에 레임덕 현상이 앞당겨진다는 게 박정희 이래 한국 대통령들의 공통된 걱정거리였다.

YS도 같은 생각에서 한마디 했던 것이다. 그러나 그 같은 언급은 대통령이 '의중의 인물'을 염두에 두고 있는 경우라고 한다면, 그 인물에게 유리한 상황일 수가 있었다. 이회창이 때를 놓치지 않고 완전 경선론을 주장하고 나섰다. 대통령의 낙점(落點)으로 후보를 정하는 '제한 경선론'이나, 대통령이 간여하는 '후보 단일화론'은 안 된다는 것이었다.

말하자면 전두환의 노태우 후보 낙점이나, 노태우의 "노심(盧心)은 김영삼 후보"라고 했던 전례를 염두에 두고 이번 경선에서 김심(金心)이 작용해서는 안 된다는 견제구를 제대로 날렸던 것이다. 민주계가 반발했다. 따지고 보면 대통령에 대한 도전 행위가 아니냐고 해석한 것이다.

총리 취임 초 '책임 총리제'를 들고 나와 권력 나누기를 주장했던 전력(前歷)이 오버랩되었다. 게다가 논리가 "대통령의 퇴임 후 보호가 보장되지 않는 게 아닌가?"라는 회의적 시각으로도 번졌다. '이회창 대권 불가론'까지 고개를 들고 있었다.[19] 김영삼은 8월19일 당직자 임명장 수여식에서 대권 논의 금지를 다시 강조한 뒤 "독불장군에게는 미래가 없다"고 경고성 발언을 했다. 누가 봐도 역린(逆鱗)을 건드린 이회창이 들으라고 한 말처럼 여겨졌다.

김영삼은 결정적일 때 핵심을 찌르는 한마디로 상대의 기(氣)를 꺾는데 익숙한 인물이었다. 속이 부글거리고 있는 상태임을 많은 사람들이 느낄 수 있었다. 이회창은 나흘 뒤 "당내 자율화와 민주화가 이뤄지지 않는 정당에는 미래가 없다"고 외쳤다. 대통령의 경고를 작심하고 되받아친 것처럼 보였으므로, 언론은 사실상 반기(叛旗)를 든 것으로 해석했다.[20]

박정희의 용인술에서 영향받다

YS는 11년 연상인 박정희와 싸우면서 적지 않게 영향을 받은 듯하다. "독재와 효율적으로 싸우기 위해 필요하다"면서 카리스마와 야당 총재의 권력 강화를 시도했다.

대표적으로 벤치마킹한 것이 아랫사람의 도전을 용납하지 않고, 2인자를 두지 않은 용인술일 듯싶다. YS는 자신이 비서실의 비서들을 직접 각개 지휘하는 방사형 지휘 체계를 선호했고, 가급적이면 중간 지휘자나 비서끼리 업무의 횡적 연결을 원치 않았다. 충성심이 방사형 지휘 체계의 조직 원리였다. 그런 점에서는 DJ가 더 철저했다.[21]

그런 YS에게 이회창의 잇따른 공개적인 도전은 엄청난 심리적 갈등을 가져다주었을 것이다. 김영삼은 두 번의 대선, 두 번의 대통령 후보 경선, 두 번의 야당 총재 경선, 아홉 번의 국회의원 선거, 다섯 번의 원내총무 경선을 겪은 선거의 베테랑이었다. 신한국당 후보와 맞설 김대중, 김종필에 대해서도 누구보다도 밝았다.

적지 않은 사람들이 그가 "말 잘 듣는 의중의 인물을 후보로 내세워 3김 시대를 끝내기 위한 대리전을 치르려고 하지 않겠는가?"고 보았다. 시중에는 YS가 선호한다는 이홍구 전 총리가 그 의중의 인물일 것이라는 그럴듯한 얘기까지 나돌았다.

YS는 안면이 있는 정도의 서울대 정치학과 교수였던 그를 통일부총리로 발탁한 데 이어, 국무총리로까지 기용하는 신임을 보였다. 이후 신한국당 전국구 의원을 시켰고, 초선인데도 당 대표를 맡겼다. 그런 다음 대통령 후보 경선자 9명 가운데 한 명으로 부상하게 했다. 이홍구 스스로도 "YS 가 플랜을 가지고 나를 키워준 것 같다. 이회창이 잘못될 수도 있는 게 정치인만큼 나를 대안(代案)으로 택했을 듯하다"고 말할 정도였다.[22]

대학 제자인 안기부 운영차장 김기섭과 대통령의 아들 김현철이 일찍부터 그를 후보로 민다는 소문이 있었고, 나중에는 청와대 정무수석이 가세했다는 얘기도 나왔다. '이회창 반대'에 나섰던 민주계 정발협(=정치발전협의회)은 내놓고 그에 대한 지지를 선언했다. 훤칠한 키, 원만한 성품, 한국어와 영어로 국제회의를 끌고 가는 국제 경쟁력, 화려한 학·경력으로 보자면 그는 모범생 출신 대통령감일 수 있었다.

그런데 지지도가 바닥이라는, 대중 정치인으로서는 치명적 결함을 안고 있었다. 더구나 국가 지도자의 기본적 조건이라 할 수 있는 카리스마가 부족하다는 중론이 뒤따랐다. 자신의 한계를 일찍 간파한 듯 그는 제일 먼저 경선을 포기했다.

그 뒤 YS가 '깜짝 놀랄 만한 젊은 후보' 운운하면서 경기도 지사 이인제를 띄우는 발언을 하자, 정가에서는 이인제가 의중의 인물로 대치된 게 아니냐는 추측이 나돌았다. 한때는 이수성 의중설도 있었다. YS가 자신이 원하는 인물이 후보가 되기를 원했을 수도 있다. 그러나 그는 누구에게도 그에 관해 직접 자신의 생각을 말한 적은 없는 듯하다. 의중을 확인했다는 사람도 없다. YS가 그만큼 신중했다는 뜻도 되고, 노회했다는 이야기도 된다.

이인제를 대안(代案)으로 제시

이회창은 9월4일, "당내 민주화 세력과 산업화 세력이 힘을 합치는 국민 정당이 돼야 한다"면서 지역주의 타파를 주장했다. 주(主) 지지 세력인

TK 김윤환이 그 말을 받아 "다음 대통령은 비(非) 영남권에서 나와도 되지 않겠는가?"고 서울 출신인 이회창을 띄우는 발언을 했다. 그러자 TK 출신인 국회의원 이만섭이 '비영남 후보론'을 통렬하게 반박하면서 "정권 재(再)창출은 영남의 지지 없이 불가능하다"고 외쳤다.[23]

그것은 3당 합당의 한 축인 충청 세력의 JP가 당을 떠난 이후, 경북(TK) 내부에서도 균열 조짐이 드러나기 시작한 것이 아니냐는 우려를 낳기에 충분했다. 지역 등권론이 노리는 DJ의 PK 세력 고립 시도가 현실화될 수 있다는 가능성을 보이고 있었다. 그런데 지역 등권론에 맞서 현실적으로 기존의 지역 연대(=3당 합당 체제)를 강화해가야 할 입장의 이회창은, 오히려 지역주의 해체를 강력하게 주장하고 있었다.

3김 시대의 지역 분열 체제를 청산해야 한다는 명분과, 비영남권인 자신의 대권 도전을 위한 맞춤 전략이라는 이유에서였을 것이다. 이회창은 11월27일, 과거의 정치 풍토를 가리켜 '더러운 정쟁(政爭)'이라고 비판했다. 3김 정치를 대놓고 비판한 발언이었다.

DJ의 국민회의와 야당 측은 이회창이 군사정권 아래서 출세 가도를 달렸던 인물이라고 폄하하고 나섰다. 이회창 총리 시절 총리 퇴진에 앞장섰던 민주계는 일부 후보들과 손잡고, 경선 후보인 이회창이 당 대표 자리를 자진 사퇴해야 한다고 압박하기 시작했다.

후보들은 TV 토론에서도 이회창이 당 대표를 겸직하고 있는 것은 불공정하다면서 대표 사퇴론을 부각시켰다. 병석(病席)의 최형우를 뒤이어 민주계 리더가 된 전 총무처 장관 서석재를 비롯한 민주계 13명이 반(反) 이회창 연대이자 '당(黨)내의 당'이라 할 수 있는 정발협을 만들어 세력을 규합했다. 중진인 서청원이 간사장을 맡아 지방 조직까지 구성했다.

정발협은 이회창의 대항마로 이홍구를 택했다가 그가 사퇴하자, 경북 칠곡 출신의 이수성 전 총리를 대안으로 바꿨다. 그런데 이수성도 국민 지지도가 기대 이하였다. 정발협의 일부가 각광을 받기 시작한 이인제를 다른 대안으로 제시하면서 두 갈래로 나뉘었다. 정발협은 오랜 민주화 투쟁의 동지인 김덕룡을 호남 출신이라는 이유로 외면했다.[24]

6월17일, 이번에는 정발협에 맞서 민정계가 '나라회'를 구성했다. TK 세력의 리더 김윤환이 주도하는 친(親) 이회창 노선이었다. 대선의 1등 공신이면서 응분의 정치적 보상을 받지 못하고 소외당했다는 김윤환이, YS를 정치적으로 등지고 나선 것이라 할 수 있었다.

이회창이 정발협 문제를 수습해달라고 여러 차례 건의했다. 그러나 김영삼은 "당이 대표 중심으로 단합해야 한다"고 강조하면서도, 확실하게 교통정리를 해주지 않았다. 이회창이 7월1일 대표직 사퇴를 결단한 뒤에야 김영삼은 정발협 간사장 서청원을 청와대로 불러 정발협을 해체하라고 지시했다. 그러면서도 확실하게 자신의 의중을 밝히지는 않았다. 당 문제를 왜 대통령인 자신에게 가져오느냐면서 오히려 꾸중했다고 한다.

경선 승리 뒤처리 미숙했던 이회창

대의원 1만2104명이 모인 가운데 1997년 7월21일 열린 신한국당 전당대회에서 이회창은 4955표(41.2%)를 얻어 1위를 차지했고, 이인제가 1774표로 차점자가 되었다. 하지만 과반수 미달로 두 사람 간의 결선 투표가 벌어져 6922표를 얻은 이회창이 4622표에 그친 이인제를 누르고 대통령 후보가 되었다.

이회창은 후보 자리를 거머쥐는 데는 성공했으나 뒤처리가 미숙했다. 한 달 이상 금쪽같은 시간을 후유증에 시달려야 했고, 내홍(內訌)을 거듭했다. '패자를 감싸는 포용력'과 '결과에 승복하는 민주주의'가 어우러지지

않아 국민들에게 감동을 선사하지 못했다.[25]

보다 심각한 것은 이회창이 대통령과의 불화(不和) 관계에서 오는 갈등 구조를 원만한 수준으로 봉합하지 않은 채 선거전에 뛰어들게 되었다는 점이다. 총리 퇴진 사태에 대한 양쪽의 앙금이 제대로 풀리지 않은 상태에서, 위기 국면을 돌파하기 위해 이회창을 선거대책위원장으로 끌어들인 YS가 첫 단추를 제대로 끼우지 못한 것이기는 했다. 그렇지만 결국 갈등의 매듭을 주도적으로 풀어가는 일은, 정권 창출에 모든 것을 걸어야 하는 이회창의 몫이었다.

YS의 지원이 여러 가지로 필요한 만큼 솔직하고 심도(深度) 있는 대화를 통해 서로의 입장을 확인하고 신뢰 관계를 회복하는 절차를 가졌어야 했다. 그런데도 이회창 캠프엔 그 같은 준비가 돼 있지 않은 듯했다. 기본적으로 시간의 여유가 없었다고도 할 수 있다. 대선을 코앞에 두고 벌어지는 신한국당의 크고 작은 분열의 파열음, 두 아들의 병역 면제 의혹 사건, 이인제의 탈당과 독자 출마와 같이 사사건건 곡절을 겪은 것도 진정한 화해가 없는 형식적 협조가 갖는 한계를 잘 말해주고 있었다.

선거판 구도 바꾼 아들 병역 의혹

당 내분(內紛)이 나쁜 뉴스라고 한다면, 좋은 뉴스는 이회창이 여론조사에서 최고 50.3%(=7월23일 [중앙일보])를 기록하면서 야당 후보 김대중보다 20%쯤 앞서가고 있다는 사실이었다.[26]

이 무렵 국민회의 쪽에서는 그동안 추적해오던 이회창의 두 아들에 대한 병역 면제 의혹 문제를 폭로하고 나섰다. 7월23일의 국회 정치 분야 질문에서 김영환 의원이 "두 아들이 체중 미달로 병역 면제 받은 사실을 국민들은 의아해하고 있다"고 공격하면서 파문이 일었다. 여론전의 시작이었다.

부정적인 반응이 전국적으로 일자 DJ가 직접 주재한 국민회의 대책위원회는 이회창에게 큰 타격을 줄 결정적인 기회로 보고 "내친 김에 끝까지 밀어붙이자"고 결의했다. 이회창은 TV 토론에서 문제가 부각되자 "큰아들은 신체검사에서 키 179센티에 체중 41킬로그램으로 5급 판정을 받았고, 작은아들도 164센티에 체중 41킬로그램으로 5급 판정을 받았다"고 밝혔다. 그러면서 "그 과정에 아무런 위법(違法)이 없는 만큼 문제가 될 것이 없다"고 주장했다.

　　그러나 이미 성이 나기 시작한 여론은 그 해명을 믿으려 하지 않았다. TV 토론을 본 시청자의 64%가량이 수긍할 수 없다는 반응을 보이고 있었다. 뒤집어 말하면 특례가 있었다고 믿고 싶어 한 것이다.

　　문제는 의혹을 근본적으로 해소시킬 수 없다는 데 있었다. 179센티로 장신(長身)인 젊은이의 몸무게가 41kg이라는 게 사실일 수 있으나, 일단 의심을 품기 시작한 사람들을 믿게 할 수는 없었다. 더구나 신체검사 당시 이회창은 대법관 신분이어서, 두 아들이 약속이나 한 듯이 동시에 체중 미달로 병역 면제를 받았다는 사실이 "특권층 자제의 병역 특례 수법과 비슷하다"는 점에서 여론을 자극하는 측면이 있는 것이 사실이었다.

　　사건은 병역 문제에 민감하기 마련인 일반 부모들의 감성대(感性帶)까지 건드리는 결과로 이어졌다. 한국사회 특유의 '실제 존재하지는 않는 가공의 법'이라 할 국민정서법(國民情緖法)에 저촉되었던 것이다. 계속되는 TV 토론에서 쟁점으로 부각되고, 이회창의 길고 지루한 설명이 이어지는 사이에 지지도도 함께 떨어지기 시작했다. 1위로 가던 지지도가 2위로 떨어지는가 하면, 끝내 3위로 내려앉았다.[27]

　　야당의 기습적인 네거티브 공격에 당황한 이회창 측은 적절하고 필요한 위기관리 대응을 하지 못하고 우왕좌왕했다. 두 아들의 병역 문제에 대해 떳떳하다고 믿고 있었던 만큼, 위와 같은 사태가 발생하리라고 상상해보지 못한 것이다. 장황하고 지루하게 변명하는 것을 반복하는 외에는 제대로 된 대응을 하지 못했다.

훗날 이회창은 회고록에서 "법대로 했으니 아무 잘못이 없다"고 주장한 것이 "매우 어리석은 행동이었다"고 돌아보았다. 그는 국민이 품게 될 의혹이나 상심(또는 분노라고 표현할 수 있을 듯)을 알아차렸다면, 먼저 "국민에게 머리 숙여 사과부터 했어야 했다"고 후회하듯이 쓰고 있다.

신한국당 중진들이 당시 "두 아들을 지금이라도 군대에 입대시켜 국민 감정을 달래야 한다"고 충고했을 때, 그것은 국민을 속이는 것이라고 거절할 게 아니라 수용하고 불을 껐더라면 역사가 달라질 수도 있었을 것이다.[28]

이회창의 지지가 급전직하(急轉直下)하자 반동 탓으로 이인제의 지지율이 뜨기 시작했다. 두 배가량 앞서갈 때도 있었다. 그로 인해 여론조사 발표에 민감한 중진들 사이에서 "후보를 바꿔야 하는 거 아니냐?"는 소리가 나오기 시작했다. 대쪽 이미지가 깨지는 순간 무력해졌다는 자괴감과 실망감이 패배감으로 이어지며, 후보 교체론으로 나타나고 있었던 것이다.

YS는 "본인이 후보를 그만두지 않는 이상 교체는 있을 수 없다. 이 후보를 위해 단결해야 한다"고 원칙론을 강조하고 있었다.[29]

"이인제의 출마를 막아 달라!"

이인제가 경선 결과에 불복하여 독자 출마할 것이라는 얘기가 정가에 파다하게 퍼졌다. 민주계 비주류가 가세하고 있다는 소리도 들렸다. 그러는 가운데 이인제는 8월26일, 자신이 만든 당 개혁안을 가지고 이회창을 방문했다.

개혁안의 핵심 내용은 대통령과 당 총재직을 분리하고, 총재직 선출과 선출직 부총재 도입을 대선 이전에 실행하자는 요구였다. 대선을 코앞에 두고 이회창이 수용하기 어려운 난제를 들고 나온 것이었다. 그것은 후보 교체론 소동을 맞아 자신도 나름대로 노력했다는 명분을 내걸면서 이회창을 압박하는 한편, 독자적인 진로를 탐색하려는 속셈에서 나온 제스처라 할 수 있었다.

난처해진 이회창이 "시기와 방법을 검토하겠다"면서 명확한 답변을 피한 채 대통령과 국무총리로 명콤비를 이루자고 역(逆)제의했는데, 이인제는 즉답하지 않고 떠났다. 이회창은 이인제가 제 갈 길을 가기로 결심했음을 직감했다고 한다.[30]

이회창은 김영삼에게 이인제의 출마를 막아달라고 강력하게 요청했다. 다음날인 8월27일, 김영삼이 이인제를 청와대로 불러 점심을 함께 나누며 "경선 결과를 무시하고 출마하는 것은 정치 도의상 용납할 수 없는 일"이라고 강조하면서 출마를 만류했다.

1971년 신민당 대통령 후보 경선 당시 2차 결선에서 극적으로 역전패 당하는 충격을 받았으면서도, 의연하게 그 결과를 받아들이고 단상에 올라가 "김대중 후보의 승리가 나의 승리"라고 선언했던 자신의 경험담을 들려주었다. 그러면서 "이회창 후보의 선대본부장을 맡아 도와주는 것이 먼 장래를 위해 좋을 것이다"고 설득했다. 이인제는 긍정적 반응을 보이고 돌아갔다.

김영삼은 자신이 이인제를 정계에 진출시켜 국회의원이 되게 했고, 노동부장관으로 발탁했으며, 경기도 지사 후보로 공천해 당선시켰던 만큼(=그래서 YS가 이인제의 '정치적 아버지'라는 소리가 나왔다) 간곡하게 설득하면 통할 것으로 기대했다고 한다.

김영삼은 모두 세 차례나 이인제와 독대하고 설득했으나, 이인제는 끝내 대통령의 만류를 뿌리쳤다. 경선 승복의 위대한 전통을 이어간 정치인은 역설적이게도 YS의 정적(政敵)이던 박정희의 딸 박근혜였다. 그는 2007년 대선 때 이명박과의 대선 경선에서 패배한 뒤 즉각 결과에 승복하는 연설을 했었다. 김영삼은 주례 회동 때마다 자신에게 의뢰만 할 것이 아니라 이회창이 직접 이인제를 찾아가 설득하라고 충고했는데, 이회창이 말을 듣지 않았다고 회고하고 있다.[31]

이에 대해 이회창도 회고록에서 이인제의 출마를 막아달라고 요청할 때마다 대통령은 "알았다"고 대답했으나, 가시적으로 효과가 난 것은 없었다고 말하고 있다. 또 이회창이 직접 가지 않고 비서실장을 이인제에게 보냈더라는 지적에 대해, 그는 나중에 "이 지사를 만나려 했으나 소재를 찾기 어려워 비서실장이 소재 파악과 면담 일자를 파악하기 위해 경기도청에 갔다가 이 지사와 접촉하게 된 것"이라고 해명했다.[32]

이인제의 독자 출마를 둘러싼 밀당(=밀고 당기기)의 배경은 김영삼과 이회창, 이인제, 그리고 관계 당사들 간의 입장이나 이해관계에 따라 증언도 달라지기 때문에 일목요연하게 실체를 정리하기 어렵다. 그러나 여러 관계자들의 증언이 공통점을 이루는 것은, 이회창이 이인제를 끌어안는 데 덜 적극적이었다고 본다는 사실이다.

정치판에서 통 큰 승부는 당사자 사이에서 나오는 경우가 많은데, 이회창은 승부사적 결단보다는 논리적 해결을 선호하는 타입이어서 매듭을 풀지 못했다는 지적이 뒤따르고 있다.

'김대중 비자금'을 폭로하다

1997년 가을, 이인제의 탈당과 대선 독자 출마 선언으로 추석 정국의 대선 구도는 그야말로 '시계(視界) 제로'의 혼전 양상이 되었다. 김영삼은 그해 9월30일에 치러진 신한국당 전당대회에서 이회창에게 당 총재직까지 이양했다. 김영삼은 이인제의 출마로 '여권 표 분산'이라는 악재를 안게 될 이회창이 전의(戰意)를 새롭게 다질 기회를 주기 위해 총재직 이양이라는 상징적 이벤트를 마련했다는 것이다. 김영삼은 "이회창 총재를 중심으로 당의 전열을 굳건히 다져나가고 … 반드시 정권을 재창출해야 한다"고 역설했다.[33]

이회창은 회고록에서 "3김 시대를 마감하자"면서 총재직 수락 연설을 했고, 100여 차례에 걸쳐 박수와 환호를 받았다고 쓰고 있다.[34]

그러나 아들 병역 면제 의혹 폭로로 기울어진 이회창의 지지율은 회복될 기색이 전혀 보이지 않았다. 지루한 답보 상태가 계속되고 있었다. 1997년 10월7일, 신한국당 강삼재 사무총장이 긴급 기자회견을 열었다. 그는 "김대중 후보가 365개의 가(假)·차명(借名) 및 도명(盜名) 계좌를 통해 670억 원의 비자금을 조성·관리하고 있음을 확인했다"고 폭로하면서 검찰 수사를 촉구했다. 김대중 거액 비자금 사건이다.

3차례에 걸쳐 발표자를 바꿔가며 폭로된 비자금 총액은 1300억 원이 넘는 큰 금액이었다. 뚜렷한 직업이나 사업체도 없이 일생을 정치만 해오던 인물이, 큰 중소기업 규모의 자금을 운영하고 있었음이 드러난 것이다. 신한국당은 폭로 자료를 근거로 김대중을 특가법상의 조세 포탈, 뇌물수수, 무고 혐의로 대검에 고발까지 했다.

폭로된 자료는 청와대 사정비서관 배재욱이 1995년 10월부터 1997년 9월까지 관계 기관을 동원해 수백 개의 계좌를 추적한 끝에 만들어놓았던 것으로, 친구인 신한국당 국회의원 정형근(=검사 출신으로 안기부 국장 역임. 당의 정보통이었다)에게 넘겨주면서 빛을 보게 되었다.

정형근은 이를 이회창에게 보고했고, 직접 자료를 검토한 이회창은 "이 같은 비자금 조성은 옳은 일이 아니다. 그러면서도 김영삼 대통령의 대선 자금을 문제 삼은 것은 위선적인 행동을 해온 것이다. 그런 거짓과 위선이 통하지 않는 것이 정의(正義)다"고 판단하여 세상에 알리기로 했다는 것이다.

필사적인 대응 나선 DJ 진영

전국이 발칵 뒤집혔다. 천문학적인 규모의 돈을 뿌려가며 독재 체제를 유지하기 위해 금권 정치를 펴온 장본인은 박정희, 전두환의 군부 정권이었고, 그들로부터 핍박과 탄압을 받던 대표적인 야당 정치인의 한 사람이 김대중이었다. 그런데 민주화가 진행되면서 금권 정치가 어렵게 되자 여당이 오히려 야당 후보를 금권에 관해 규탄하고 나서는 믿기 어려운 사건이 발생한 것이다.

김대중 측은 두 아들의 병역 면제 폭로 사건으로 궁지에 몰린 이회창 측이 당내의 후보 교체론과 김대중·김종필 간의 DJT 연합이 타결 직전까지 가는 사면초가의 상황을 맞자, 초강수의 반전(反轉) 카드를 던진 것으로 보고 필사적인 대응에 나섰다.[35]

폭로 계획을 사전에 모르고 있다가 기습당한 입장이 된 청와대는, 예정돼 있던 대통령과 대선 후보 간의 주례 회동을 "시기적으로 미묘하다"는 이유로 즉각 취소하면서 불쾌한 내색을 감추지 않았다. 김영삼은 "이 후보가 비자금에 대한 수사가 이뤄지면 자신이 대통령 선거에서 승리할 것이라 판단한 것 같다. 하지만 사태는 그렇게 간단치 않았다"고 회고한다.[36]

언론도 이회창의 초강수 반격이라고 보고 검찰과 청와대의 움직임에 주목하기 시작했다. 증거 자료가 이미 확보된 상태였기에 검찰이 수사에 나서지 않을 수 없을 터였다. 그렇지만 대선을 앞둔 수사가 핵폭탄급 후폭풍을 몰고 올 수도 있는 문제여서 난감하기 짝이 없었다.

당시 검찰총장 김태정이 주재한 검찰의 내부 대책회의에서 비자금 수사에 대한 방향에 결정적인 영향을 끼친 인물은 광주 고검장 송정호였다. 그는 2002년에 김대중 정부에서 법무장관이 된 인물이다. 송정호는 "대선을 앞두고 DJ의 뒤를 파게 되면 호남 정서에 불이 붙어 호남에서 폭동이 일어날 것이다"고 예측하면서, 강력하게 수사 불가론을 개진했다. 그 주장은 김태정을 통해 YS에게 보고되었고, DJ도 다른 루트를 통해 YS를 압박하는 논리로 사용했다.[37]

반면 같은 시각 이회창 측은 DJ 비자금 폭로가 야당은 물론 대통령과 신한국당 내 반이(反李) 세력까지 적으로 돌릴 수 있는 사건이면서 3김이 주도하는 정치판을 깰 모험이고, '혁명적 과업'이라고 주장하고 나섰다. 그러나 검찰은 꿈쩍도 하지 않고 있었다.[38]

비자금 수사 여부에 정치적 명운(命運)이 걸리자 이회창 측과 DJ 측은 각기 청와대에 선을 대고 동정을 살폈다. 이회창 측은 YS의 오랜 지기인 원로 변호사 김윤도를 동원했고, DJ 측은 핵심 측근 이강래를 동원했다. 청와대 정치특보 김광일은 꼬마 민주당의 정책위의장을 지낼 당시 그 밑에서 정책실장을 했던 이강래와 교분이 두터운 사이였다.

김영삼을 만나본 뒤 이회창 측에 보낸 김윤도의 판단서는 아래와 같이 비자금 정국을 쉽고 간결한 문체로 일목요연하게 정리하고 있었다.

{고발장에 담긴 내용은 모두 정확하다. 청와대가 이전에 파악하고 있던 내용들이다. 그러나 수사에 착수할 수 없다. 수사하면 입건해야 하고 증거가 확실하기 때문에 기소해야 한다. 기소하면 … 김대중이 불법을 인정하고 고개를 떨어트리겠나? 아니다. 음모이고 박해라고 길길이 뛰면서 결사항전을 선언할 것이다.

국민들은 어떨까? 부패한 정치인이라 해서 그를 버리겠는가. 아니다. 전라도가 총궐기할 것이다. 김대중이 불법 자금으로 정치도 하고 개인 재산으로도 불려 재벌 수준의 재력을 가지고 있다는 것을 아는 사람은 다 안다. 그래도 전라도는 김대중 절대 지지다.…

기소하면 정국은 극도로 혼란해질 것이다. 혼란은 여론 따라 상황이 펼쳐진다. 음모다, 박해다는 외침이 먹히면 선거로 간다. 김대중은 확실하게 당선된다. 여론이 김대중은 부패분자라는 쪽으로 우세해지면 제2의 광주사태를 각오해야 한다. … 기소는 어느 쪽으로도 유리할 것이 없다.

선거로 가라. 선거를 통해 꺾을 생각을 하라. 김대중은 선거로 눌러 이겨야지, 다른 방법으로 누를 생각일랑 버려라.}

김윤도의 위와 같은 메시지를 전해들은 이회창은 불만이 역력했다고 한다. YS가 레임덕으로 힘을 잃어 수사를 못한다고 생각하는 것 같았다고 했다.[39]

김영삼은 폭로 12일 뒤인 10월19일 일요일 아침, 검찰총장을 불러 호남 지역의 반발로 대선이 위기에 처할 가능성이 있음을 지적하고 비자금 수사를 대통령 선거 이후로 미루라고 지시하면서 곧 발표하라고 했다.[40]

'03 인형'을 몽둥이로 내리치고…

우연인지 의도적이었는지 몰라도 검찰은 이회창이 국회에서 "3김 정치 체제를 청산하자"는 내용의 정당 대표 연설을 하는 시간, 생중계를 통해 비자금 수사 유보 입장을 발표하고 있었다. 신한국당은 대선 활동에 재를 뿌리는 것과 같다고 반발했다.[41]

대통령의 일방적인 비자금 수사 유보 결정에 대해 이회창 측은 "여당의 대통령 후보 입장을 배려하지 않고 무시한 처사"라고 비난하면서, 내친 김에 한 걸음 더 나아갔다. 긴급 기자회견을 열고 신한국당 명예 총재인 김영삼에게 당적을 떠나달라고 탈당을 요구했던 것이다.

기자회견에서 이회창은 "타락한 3김 정치라는 구시대 부패 정치를 청산하기 위해서는 1992년 민자당 대선 자금에 관한 의혹도 불법이 있다면 조사해야 한다"고 주장했다. 여당에만 주어지던 지정 기탁금 제도도 폐지하자고 제안했다.

이회창은 홀로서기를 선언하면서 우군인 대통령에게도 공개적으로 등을 돌린 것이다. 이회창의 대통령에 대한 탈당 요구는 지지도 반전(反轉)을 노린 또 하나의 극약처방이었다. 그렇지만 기대와는 달리 효과가 별로 없었다. 지정 기탁금 제도 폐지와 같은 여당 프리미엄 버리기도 무시하지 못할 승부수였으나, 여론의 반응은 냉담했다. 3김 청산론도, YS와의 차별화 전략도 먹혀들지 않았던 것이다.[42]

지지율은 DJ가 34.3%로 계속 1위를 유지하고 있었고 이인제가 26.8%로 2위, 이회창은 16.1%로 여전한 3위였다. 김영삼이 이회창의 요구를 받아들여 탈당하고, 탈당 요구에 반발한 이만섭 상임고문과 서석재, 한이헌을 비롯한 민주계가 동반 탈당하는 사태로 번져갔다. 그러자 반(反) 이회창 세력들은 더 거세게 후보 사퇴론을 밀어붙였다.

이만섭은 이회창과 원만한 사이였다. 그러나 이회창의 상식적으로 이해할 수 없는 정치 행보 때문에 당을 떠난다고 했다. 그는 "이회창 후보가 자신을 대통령 후보에 이르기까지 키워준 YS를 상대로 아무런 격식도 예의도 차리지 않은 채 탈당을 요구한 것은, 정치 도의상 도저히 있을 수 없는 일이었다"고 회고록에서 비판했다.[43]

11월6일, 포항 실내체육관에서 열린 경북 지역 필승 결의 대회에서는 이회창 지지자들이 김영삼을 의미하는 '03 인형'을 몽둥이로 내리치고 있었다. 이회창의 출정식이 YS 성토장으로 변하고 있었던 것이다. 경북 구미갑(=위원장 박세직) 소속 당원들이라고 했다. 박세직은 YS의 대선 당시 중앙선거 유세단에 참가해 YS 옆에서 열심히 선거운동을 폈던 인물이다.[44]

이회창의 진짜 패인(敗因)은?

11월3일, 김대중과 김종필이 대통령을 DJ로 단일화하고 JP를 국무총리로 하는 공동 정부와 내각제 개헌을 추진한다는 DJP 단일화 안에 서명했다. 권력은 5대 5로 균분(均分)하고, 1999년 말까지 내각제 개헌을 완료한다는 것이다.

언론의 반응은 부정적이었다. 정권을 잡기 위해 노(老)정객들이 실현 가능성이 없는 밀실 야합을 한 것이라고 비판했다. 이틀 뒤 DJP연합에 대응해 이회창이 민주당 후보 조순과 합당키로 전격 결정한 뒤, 당명을 한나라당으로 바꾸기로 했다. 대통령 후보는 이회창, 총재직은 조순이 맡기로 합의했다.

두 당의 합당은 역풍을 맞는 DJP연합에 비해 여론이 비교적 우호적(友好的)이었다. 15%선이던 이회창의 지지율이 단번에 20%선으로 반등했다. 11월8일의 [조선일보] 여론조사는 DJ가 35.7%, 이인제 28.0%, 이회창 21.4%였다. 그런데 구여권 세력의 결집 움직임에 힘입어 11월 15일에는 이회창이 24.4%로 23.7%인 이인제를 제치고 2위 자리를 되찾았다. 이회창은 빠르게 지지율을 회복하고 있었고, 이인제는 하강세, 김대중은 답보 상태였다.

1997년 12월19일의 대선 결과는 김대중이 총 유효 투표의 40.3%인 1032만 표, 이회창은 38.7%인 993만 표를 얻어 39만 표차(1.6%)로 김대중이 대통령에 당선되었다. 김대중의 승리는 야당 후보가 50년 만에 최초로 집권 여당 후보를 상대로 이긴 것이었다. 그것은 정권의 여·야 수평 교체를 이룩한 역사적 의의를 안고 있었고, 집념의 정치인인 DJ가 대권 도전 4수 끝에 챙긴 인간 승리라는 의미도 있었다. 그러나 많은 사람들의 관심은 이회창이 어떻게 질 수 없는 게임에서 패배자가 되었는가에 집중되고 있었다.

김영삼이 3당 합당을 통한 정권 창출을 선언했을 때 많은 사람이 비관적으로 보았다. 그런데도 그는 노태우가 결정적 순간에 등을 돌리고 이탈하는 충격을 받으면서도 승리해 문민정부를 세울 수 있었다. 반면 이회창은 정권 창출이 무난할 것이라고 보는 사람들이 압도적으로 많았다. 그렇지만 두 아들의 병역 문제 의혹 사건이라는 복병을 만나 그 충격을 끝내 극복하지 못하고 분패했다. 이길 수 있는 게임에서 진 것이다.

물론 이회창의 패인에는 이인제의 경선 불복과 독자 출마, 김대중·김종필 간의 DJT 연대 성사(=나중에 박태준 가세), IMF 외환위기 등이 뒤따른다. 하지만 그 패인은 전술적 관점에서 본 것일 뿐이고, 원천적이고 전략적 패인은 "3김에 대한 대응 전략이 미흡·부실했던 데 있다"는 시각이 존재한다.

이회창은 1996년 단기필마로 정계에 입문해 1년여 사이에 신한국당 선대위원장, 당 대표, 대통령 후보 자리를 따내는 신화를 쓴 인물이다. 수십 년 정치를 해도 하늘의 별을 따내는 것처럼 이루어내기 어려운 일을, 1994년 총리가 됐을 때부터 따져보아도 3년 만에 이룩하는 초스피드의 정치적 성장 기록을 보였다.

우리나라 헌정사에서 그 같은 전례는, 해방 정국 당시 비서도 없이 귀국길에 올랐던 초대 대통령 이승만이 한민당의 협조로 대통령 후보로 옹립됐던 예(例)가 유일했다.

꼬장꼬장한 인품과 타협 없는 소신 판결로 지식인 사회에나 알려져 있던 그는, 김영삼의 발탁과 잇단 중책 기용으로 기회를 얻을 수 있었다. 하지만 그는 자신을 스카우트해준 YS에게 예스맨으로서가 아니라 각을 세우고 도전하는 자세를 보이면서 성장해갔다. 결코 평범하지 않은 도전 방식을 택했던 것이다.

군사 독재에 식상해 있던 여론이 YS의 문민 카리스마에도 반발할 때여서, 그의 도전적인 복무 자세는 국민적 주목을 받는 행운을 가져다주었다. 이회창은 감사원장 시절 '성역 없는 감사'를 내세우며 자신을 발탁해준 대통령의 청와대까지 감사 대상에 넣었었다. 청와대 참모들은 불편한 심기였으나 인내할 수밖에 없었고, 여론은 신선한 충격을 주는 감사원장에 주목했다.

김영삼은 1994년 10월, 우루과이 라운드 파문으로 전국의 농가가 반발하는 사태를 맞자 감사원장 이회창을 국무총리로 기용하는 깜짝 인사를 했다. 전국적으로 부각된 대쪽 이미지를 위기 극복 카드로 활용하려는 속셈이었다.

그러나 그건 호랑이를 키우는 역효과의 시작이 되었다. 이회창은 대통령의 연설을 대독하거나 행사에 대리 참석하는 화분(花盆) 같은 허수아비 총리가 되는 것을 거부하고, '책임 총리제'를 위한 권력 분점을 요구하고 나섰던 것이다. 오랜 군부 독재와 싸우면서 투쟁을 통해 어려운 과정을 극복하고 권력을 쟁취한 YS는, 그 험한 시절을 법관으로 사무실에서 일했던 임명직 총리가 당당하게 권력을 요구하는 현실을 납득하고 수용하지 못했다. 그로 인한 갈등 끝에 이회창은 4개월 만의 단명(短命) 총리로 끝났다.

그런데 여론의 반응은 절묘했다. 노태우를 상대로 했을 때 YS를 지지했던 여론이, 이번에는 그만둔 총리를 지지하고 있었던 것이다. 대쪽 이미지의 이회창은 그만두면서 전국적인 인기를 얻는 입장이 되었다.

역대 어느 정권도 겪어보지 못한 기록적인 잇단 대형 사고와 YS의 독주로 민심 이반 현상이 깊어졌다. 게다가 김대중·김종필이 협공하는 '신 3김 시대'가 오자 YS는 국면을 돌파하기 위해 다가온 총선에서 이회창을 구원 투수로 다시 택할 수밖에 없었다. 이회창은 신한국당 선거대책위원장 겸 전국구 의원 1번이 되었다. 이회창은 선전했고 총선 승리에 기여했다. 이후 여세를 몰아 당 대표가 되고, 유력한 대선 후보로 부각되면서 '이회창 대세론'의 주인공이 되었다.[45]

이회창은 완전 경선론을 주장하며 대통령이 경선 구도에 영향을 끼칠 수 없게 만드는 데 성공했고, 그 결과로 자신의 힘만으로 당의 대선 후보 자리에까지 오르게 되었다. 하지만 그는 정치인으로 급성장하는 과정에서 생긴 후유증을 제대로 관리하거나 수습하는 과정을 갖지 못했다.

잇단 도전을 수용해야 하는 위치에 있던 김영삼은 심하게 자존심이 상한 상태에 있었다. 거기에 기(氣)가 센 두 사람은 개인적으로도 서로 좋아하지 않는 입장을 고수하고 있었다. 그랬던지라 갈등의 성격이 필요 이상 증폭되었다고 할 수 있다. 더구나 두 사람 사이에는 정치적 동지 관계에 필요한 우정, 신의, 충성심 같은 인간적 유대가 들어설 자리가 없었다.

"YS의 마음을 읽고 움직인다"는 정치적 결속력이 강한 민주계와의 사이도 순탄하게 풀어가지 못했다. 신한국당의 후보 경선을 마친 뒤 당력을 결집시켜나갈 시기에 내홍(內訌)에 빠지고, 적전 분열까지 가게 되는 데는 이회창 캠프의 YS에 대한 연구와 대비가 미흡했던 것이 주요 원인의 하나였다고 할 수 있다.

극명하게 대비된 DJ 캠프와 이회창 캠프

김대중은 숙고(熟考)에 숙고를 거듭해가며, 신중하게 계획을 세우고 움직이는 사색형(型) 정치인이다. 순발력이 뛰어나고 힘을 집중(集中)하는 능력이 탁월한 YS와 대조적이다. DJ는 흑색선전이나 네거티브 전략에도 매우 밝은 인물이었다.

국민회의 쪽에서는 이회창이 신한국당 대표가 되자 "대쪽 같은 성품의 인간은 대쪽이기 때문에 안아야 하는 결점이 있게 마련이고, 이회창의 경우는 아들들의 병역 면제 의혹이 치명타가 될 수 있다"는 점을 찾아냈다. 병역 면제 건을 물고 늘어져 끝판을 내자는 대책회의를 할 때, 회의 주재자는 DJ 자신이었다.

그러나 이회창 측은 DJ 측의 네거티브 전략 사용 가능성에 대한 대비를 전혀 하지 않고 있었다. 이회창 자신도 회고록에서 "당의 경선 과정을 둘러싼 내분과 바쁜 일정에 쫓기다 보니, 당이 구체적인 대선 전략이나 상대방의 네거티브 공격에 대비한 대책을 마련할 겨를이 없었다"고 회고하고 있다. 말하자면 DJ 전략에 대한 공부가 돼 있지 않았던 것이다.[46]

국민회의는 이회창이 두 아들의 병역 면제 의혹 사건으로 지지율이 곤두박질치자, 반사 효과를 얻어 지지율이 오른 이인제를 상대해서도 관리했다. 이인제가 지지율이 떨어져 대선 전열에서 빠지면, 이회창 견제 구도가 기본적으로 흔들릴 수 있다고 보아 그에 대비하는 전략도 썼다.

핵심 지지 세력을 동원해 이인제 캠프에 지지 전화를 걸게 하거나 후원금을 보내게도 하고, 유세장에 박수 부대도 파견했다. 여론조사 때는 '이인제 지지'라고 주장하게 해 이인제 지지율을 높이려고도 했다는 것이다. 그런 배경 때문인지 몰라도 이인제 유세장에 사람들이 대거 몰려들고 있었고, 민주계 선배인 박관용이 당권이나 총리직을 약속하며 이회창과의 연대를 논의하기 위해 찾아갔으나, 이인제는 만나주려고도 하지 않았다.[47]

그러나 DJ 측은 이인제가 국민신당을 창당하면서 지지율이 30%선까지 올라 1위인 김대중을 위협하자, 즉각 정동영 대변인을 동원해 "국민신당은 YS 신당이다"라고 까발리면서 각종 의혹에 대해 해명하라고 공격하는 등 견제도 잊지 않았다. 그로 인해 국민신당의 예기(銳氣)가 꺾였다.

그런가 하면 11월 중순 이인제의 지지율이 너무 하락하자, PK 지역에서 인기가 있는 부산 출신의 박찬종 고문을 이인제 캠프에 합류시키려고 공도 들였다. 이인제가 20%선의 지지율을 확보하고 있어야, DJ가 33~35%의 1위 지지율을 유지할 수 있다는 계산 때문이었다.[48]

국민회의는 안기부와 경찰과 같은 권력 기관의 선거 개입을 막는 것이 가장 중요하고, 그러려면 대통령의 초당파적 중립이 필요하다고 보고 일찍부터 청와대 접근을 시도하고 있었다. 앞서 지적했듯이 DJ 측의 핵심 측근 이강래와, 청와대 김광일 정치특보 사이에 핫라인을 만들어 깊은 물밑 대화까지 주고받는 수준이었다.

반면 멘토와 멘티 사이 같은 관계인 김영삼과 이회창 사이에는 그간의 불화와 갈등 탓인지 채널이 막혀 있었다. 비자금 폭로라는 비상사태 때 제3자인 김윤도 변호사가 이회창 캠프를 위해 중간 역할을 맡는 옹색한 상황이었다.

김종필은 구태의연한 부패 정치인으로 알려져 있었고, 젊은 세대의 기피 인물이기도 했다. 그렇지만 1990년대 한국 정치판에선 무시할 수 없는 존재였다. 충청권을 대표하며 정치적 캐스팅 보트를 쥐고 있는데다가, 당사자가 현란하게 정략(政略)을 구사하는 뛰어난 능변(能辯)의 정치 9단 중 한 사람이었기 때문이다. JP의 정치 생명은 민자당을 탈당하면서 극적으로 연장될 수 있었다. YS에게 이용당한 뒤 '팽(烹)' 당했다는 동정 여론으로 지자체 선거에서 재기할 수 있었기 때문이다. 특히 충청권에서 반발이 컸다.

1997년 대선을 앞두고 JP에겐 네 개의 선택지가 있었다. 하나는 대선

전의 내각제 추진, 두 번째는 여당과의 후보 단일화, 세 번째는 야당과의 후보 단일화, 네 번째는 독자 출마였다. 내각제 추진 문제는 김영삼이 철저한 내각제 반대론자이고 이회창도 반대 입장이어서, 실제로 추진 가능성이 거의 없었다.

여당과의 후보 단일화 문제도 반 JP 정서로 인해 가능성이 희박했다. 독자 출마는 충청권의 지지만으로는 역부족이라는 것을 세상이 다 알고 있었다. 그 가운데 가능성이 있는 나머지 선택은 DJ와의 후보 단일화 문제였으나, 일반 여론은 부정적이었다. DJ가 내각제 반대 입장인데다가, 물과 기름 같은 사이인 좌파와 극우 보수가 접점을 찾는 게 쉽지 않다고 보았기 때문이다.

1997년 8월에 이회창이 두 아들의 병역 의혹 폭로로 지지가 급락하면서 김대중이 1위로 부상했다. 그러면서 집권 가능성이 높아지자 신한국당에 'DJ 비토론'이 등장했고, 여권의 고위 인사가 JP 쪽에 "김 대통령이 (민자당을) 탈당하는 JP를 붙들지 못한 것을 몹시 안타까워하고 있다. 내각제를 추진해 JP와 손잡자고 했더니, YS가 그렇게 할 수 있으면 좋겠다고 말했다"는 전언을 보내는 등 애드벌룬을 띄웠다.[49]

JP는 어떻게 '트로이의 목마'가 됐을까?

당시 신한국당과 자민련에는 "이회창이 DJ를 극복하려면 JP의 도움이 필요하다"고 말하는 의원들이 적지 않았고, 민주계에도 동조자가 있었다. 그러나 JP가 9월5일 "김 대통령이 내각제를 결심하고 나선다면 … 적극 협조할 생각이다"는 취지의 떠보기 식 공개 발언을 했을 때 신한국당의 공식반응은 없었다. DJ의 집권을 원치 않는 YS가 나서려 해도 레임덕 현상으로 추진 동력이 없었고, YS와 이회창 간의 합의 도출도 가능한 상황이 아니었기 때문일 것이다.

그렇지만 선거 운동 종반에 가까워지면서도 이회창의 지지율 열세가 계속되자, 신한국당 일부 중진들이 "3당 합당 때처럼 충청 세력과 다시 손잡아야 한다"고 나섰다. JP가 감표 요인이 되지만, JP가 DJ 쪽으로 가면 DJ의 득표율이 두 배 이상 늘어날 전망이니까 "JP를 포용하는 것이 DJ의 득표를 저지하고 이 후보가 승리할 수 있는 방책"이라는 주장이었다.

중진들의 설득을 받은 이회창의 재가에 따라 신한국당 정책위의장 이해구가 JP 측근인 정석모를 상대로 협상에 나설 참이었다. 이와 정은 경찰 고위직 출신이어서 막역한 사이였다. 그러나 마지막 순간 이회창은 진보·개혁 성향의 핵심 측근들이 탈당하겠다고 강하게 반발하자, 분당 사태가 올지도 모른다고 우려해 마음을 바꿔버렸다. 나중의 선거 결과에서 나타나지만 중진들의 진단 쪽이 더 정확했다. JP와 손잡고 충청 표를 확장한 DJ가 승리자가 된 것이다.

이회창이 JP와의 연대론을 포기한 배경에는, '3김 시대 청산'을 내건 자신이 3김의 한 사람인 JP와 손잡게 되는 정치적 모순을 수용할 수 없는 대쪽 류의 원칙주의가 있었기 때문이라 할 수 있다. 하지만 DJ 측은 이회창처럼 대의명분을 따지지 않았다. JP와의 연대에 사실상 정치 생명을 걸고 이기고 보자고 나섰던 것이다.

당시 DJ 측은 JP와의 연대 추진 계획을 여권이 눈치 채면 반대 공작을 펼칠 것으로 보고, 극비로 다루면서 3단계로 연대를 치밀하게 추진했다고 한다. 1단계는 정책 공조, 2단계는 신한국당과 JP와의 공조 저지, 3단계는 DJP 단일화 성사를 목표로 했다.[50]

반면 이회창 측은 JP와의 연대론을 포기하면서 필요한 대안조차 마련치 않았다. DJ와 JP가 연대 가능성이 현실적으로 높은데도, 반대하거나 방해하는 계획의 필요성을 생각하는 사람도 없었다.

김종필은 2인자 처세술로 한국 현대사에서 독특한 정치적 족적을 남긴 인물이다. 그는 5·16 당시 박정희와 맞먹는 힘을 지닌 실세였으나 2인자의 길을 택했다. 박정희가 국가재건최고회의의 다른 장성들과 힘겨루기에 들어갔을 때, 중앙정보부장 자리를 스스로 내놓음으로써 박정희를 도왔다. 민정 이양을 둘러싼 군부 고위층과 갈등 때에도 자진해서 외유에 나서 박정희에게 돌파구를 열어주었다. 당시 사람들의 입에 오르내린 '자의 반 타의 반'이라는 용어로 유명하다.

그렇게 알아서 처신함으로써 그는 의심이 많은 박정희로부터 두터운 신임과 신뢰를 얻어냈다. 박정희는 사람을 50%만 믿는다는 소문이 있었다. 예술적 소양과 낭만적인 감성을 지닌 JP는 박정희가 강인하고 이지적이나 소탈하고 인정에 약한 구석을 가지고 있다는 점을 간파, 감성적 접근에 성공했다. 조카사위라는 혈연관계도 있었으나 박정희의 그림자를 밟지 않는다는 신중한 처신을 계속했다.

그는 이후락 비서실장, 김형욱 정보부장, 윤필용 수도경비사령관을 비롯한 핵심 측근들이 모두 별똥별(流星)같이 사라져 갔으나, 유일하게 붙박이별(恒星)처럼 살아남았다. 1969년 3선 개헌 반대를 주도하다가 굴복, 찬성으로 돌아섰을 때 그의 대통령 꿈도 사라진 것이나 다름없었다.[51]

그는 3당 합당 당시 YS가 후보가 될 수 있게 도왔고, 문민정부에서도 2인자 역할을 차질 없이 수행했다. YS를 극진하게 모시겠다고 머리를 깊이 숙였고, YS의 장관들을 대할 때도 훈수(訓手) 대신 말을 아꼈다.

그는 기회 있을 때마다 내각제를 주장했다. 그렇지만 양김이 철저한 대통령제 신봉자이고, 국민들도 대통령제를 선호하고 있었으므로 가능성이 희박하다는 것을 잘 알고 있었다. 영·호남 지역 대결 구도에서 충청권이 독자 노선의 길을 가기가 어렵다는 사실도 잘 알았다.

때문에 그에게는 정치적 생존을 위해 이미 개척해놓은 2인자 정치를 다시 택할 가능성이 계속 열려있었다. 그는 1997년 대선 때 같은 보수인 이회창과 후보 단일화를 하는 게 정답이었다. 그러나 이회창이 외면했고, 결국 정치적 생존을 위해 좌파 후보와 손을 잡았다. 어떻게 보면 그는 좌파가 집권하는 데 있어 트로이의 목마(木馬) 같은 역할을 했다는 소리를 들었다. 하지만 그가 있었기에 "한국의 민주주의도 좌·우가 번갈아 집권하는 체제를 굳힐 수 있었다"는 평가도 있다.

좌파 세력 교두보 된 DJ의 '지역 등권론'

앞서 소개한 대로 1997년 12월19일에 실시된 제15대 대통령 선거에서 김대중은 1032만6000여 표(40.3%)를 득표해 이회창을 39만여 표(1.6%) 차이로 누르고 가까스로 이겼다. 선거 운동이 시작될 무렵, 62세라는 상대적으로 젊은 나이에 대쪽 이미지를 장착한 이회창이 50%를 넘나드는 압도적 지지율로 74세의 고령(高齡)과 대선 4수, 정계 은퇴 번복과 복귀, 민주당 분당, 20억 원 대선 자금 수수, 용공 시비 등 부정적 요소가 많은 김대중을 압도하고 있었다.

그러나 두 아들의 병역 면제 폭로를 계기로 기세가 꺾이면서 지지율을 만회하지 못했다. 승인(勝因)보다 패인(敗因)에 더 관심이 가는, 질 수 없는 선거에서 졌다는 평이 나돌았다. 우선 김대중·김종필의 DJP 연대로 충청권에서 거둔 압승이 결정적인 DJ의 승인이 되었다는 점을 알 수가 있다.

14대 대선에서는 DJ가 충청권에서 YS에게 20만7000여 표를 졌다. 3당 합당 체제에서 JP가 YS를 지지했기 때문이었다. 15대 대선에서 DJ는 반대로 이회창에게 40만8000표를 이겼다. 결과적으로 DJ는 15대에서 14

대보다 61만5000여 표를 더 얻은 것이다. JP와의 DJP 연대가 그만큼 효과를 발휘했기 때문이었다고 볼 수 있다.

PK 지역의 경우, 이회창은 DJ에게 325만4000표를 이겼다. 대신 호남에선 295만 표를 졌다. 결과는 영남의 인구가 훨씬 많았으므로 이회창이 영·호남을 합쳐 29만7000여 표를 이긴 것으로 돼있다. 그러나 14대 대선 때 YS는 영·호남에서 136만7000여표 차로 이기고 있었다. 말하자면 이회창이 YS보다 107만여 표를 덜 획득한 수치였다.

이인제 후보가 이회창에게 갈 80여만 표를 끌어가고, YS에 대한 이회창 측의 반감 표시가 감표 요인이 되었다고 할 수 있다. 그중에는 DJ가 호남에서 YS 때보다 27만여 표를 더 얻었던 점도 포함돼 있다.[52]

1987년 대선에서 김대중은 '4자 필승론'을 내세우고 선거전에 임했다. 노태우가 경북(TK), 김영삼이 경남(PK), 김종필이 충청 지역을 기반으로 나서는 상황에서, 호남이 지지 기반인 DJ가 수도권의 지지를 더 얻어내면 승리할 수 있다는 전략이었다. 하지만 결과는 3위로 끝나고 말았다.

1992년 대선에선 김영삼이 3당 합당을 통한 지역 대결구도를 벌여, 고립된 호남 후보 DJ를 누르고 당선되었다. 영국에서 돌아온 뒤 대권 4수를 노리게 된 DJ는 1995년, 지역 등권론(地域等權論)이라는 새 전략을 들고 나왔다.

박정희, 전두환, 노태우(TK), 김영삼(PK)으로 이어지는 영남 패권주의를 종식시키고, 다른 지역들도 수평적 관계를 유지하며 협력하는 지역 등권주의 시대로 가야 한다는 주장이었다. 3당 합당의 결과물인 민자당의 충청축(JP)이 탈당하고, 다른 한 축(TK)도 반 YS 정서를 보이고 있는 상황에서, YS를 고립시키고 대신 호남이 다른 지역과의 연대를 통해 집권을 시도하겠다는 속셈이었다.

DJ는 지역 등권론을 기반으로 충청권의 JP, TK의 박태준과의 DJT 연대를 성사시킬 수 있었고, 결국 신한국당 이회창을 누르고 대선에서 승리할 수 있었다. 지역 등권론이 DJ의 한(恨)을 풀어준 승리의 전략이 된 것이다. 그렇지만 그때까지만 해도 지역 등권론은 3당 합당 체제를 역공(逆攻)하는 또 다른 이름의 지역 대결이라는 한계와 비판을 벗어나지 못했다.

하지만 2002년 대선에서 경남(PK) 출신의 좌파 정치인 노무현이, 김대중과 호남의 지지를 받으며 우파인 한나라당의 이회창을 누르고 대통령에 당선되면서, 지역 등권론은 좌파 부동의 집권 전략으로 부각되었다.

김대중 시절에는 지역이 우선이었으나 노무현 시절에 와서는 좌파 이념의 연대가 앞서고, 지역 연대가 뒤따르는 '신(新) 지역 등권론'이 등장한 것이라 할 수 있다. 그러나 2007년 17대 대선에서 호남(=전북) 출신의 정동영이 영남 출신 이명박에게 패배했고, 2012년 18대 대선에서는 부산 출신 문재인이 TK 출신 박근혜에게 패퇴해 '신 지역 등권론'은 빛이 바랬다.

그렇지만 그것이 박근혜 탄핵 후 치러진 19대 대선에서 극적으로 되살아나, 문재인 정권을 탄생시켰다. 민노총이 적극 지원했다는 촛불 혁명 사태가 좌파 세력을 결집시키고 중도파들까지 흡수해, 강고한 지지 기반을 과시하는 지역과 이념 연대를 소생시킨 것이라 할 수 있다. 이념과 지역의 연대 문제는 우리 역사에서 생소한 얘기가 아니다. 따지고 보면 조선왕조의 당쟁(黨爭)은 이념 대결이자 지역 대결이었다.[53]

지역 대결은 조선왕조 당쟁(黨爭)에 그 뿌리가…

조선왕조 14대 국왕인 선조 때 성리학계의 거두(巨頭)이고 주리론(主理論)을 주장하는 퇴계(退溪) 이황(李滉)을 따르는 영남학파가 동인(=남인과 북인으로 분파)이 되고, 주기론(主氣論)의 율곡(栗谷) 이이(李珥)를 추종

하는 경기·충청·전라의 기호학파가 서인(=노론·소론)이 되면서 당쟁이 시작되었다.

당쟁이 악화된 것은 벼슬자리에 오른 학파 구성원들이 집권하면서 상대 세력에게 정치 보복을 가했고, 보복을 주고받는 과정에서 악순환 구조가 자리잡았기 때문이었다. 성리학을 둘러싼 학파 싸움이 정파의 대결로 이어졌고, 정치 보복에 의해 피로 얼룩진 지역 싸움이 된 것이다.

조선왕조 말기 기호(畿湖) 지역의 노론 세력이 경상도 지역의 남인 세력을 철저하게 탄압하고, 수십 년간 장기 집권하다가 일본에 나라를 빼앗겼다. 조선왕조가 문 닫은 뒤 당쟁은 일단 사라지고, 지역감정 싸움 수준으로 축소되었다. 정치적으로 본격적인 지역 대결이 재등장하게 된 것은 1971년 대선 때였다. 김대중의 돌풍에 쫓기던 박정희의 공화당이, 노골적으로 지역감정을 선동해 선거에서 이기려 한 데서 비롯되었다. 지역 대결과 함께 반공 이데올로기도 동원되었다.

61년 만에 당쟁의 망령이 되살아난 셈이었다. 그러나 심각한 국면으로 들어선 것은 아니었다. 박정희 정권 당시 당쟁이 되살아났으나, 그 뒤 전두환과 노태우로 이어지는 군사정권이어서 정권 교체에 따르는 대규모 보복이 존재하지 않았다. 반독재 세력이 탄압을 받는 수준이었다.

김영삼 때도 3당 합당의 특성 때문에 전 정권에 대한 응징이 극히 제한적이었다. 전·노 두 대통령의 거액 비자금 사건은 당사자들의 범법 문제여서 별도로 쳐야 한다. 김대중 정권도 선거 중립을 지켜준 김영삼 정권에 대해 정치적 배려가 있었다. 김대중, 노무현 정권은 같은 좌파 정권이어서 별 문제가 없었다.

현대판 당쟁이 살벌한 상태로 나빠진 것은, 이명박 정권 때 전임 대통령 일가의 부정부패 사건을 수사하는 과정에서 노무현 전 대통령이 투신자살하게 된 뒤부터였다. 노무현의 비서실장이던 문재인이 대통령이 된 뒤 이명박, 박근혜 두 우파 출신 대통령들이 검찰 수사를 받고 투옥되었다. 야권은 정치 보복이라고 항변했다.

문재인 정권은 오랜 독재 시대를 거치면서 성장해온 사회 각 분야의 진보·좌파 중심 세대가 40~50대 장년이 된 시기에 등장했기에 전성기를 맞았다고 할 수 있다. 하지만 촛불 혁명으로 탄생했다는 문재인 정권은 무능, 위선, 오만, 실정(失政)이 겹치면서 지지세가 하락함으로써 2022년 대선의 향방이 깊은 안개 속으로 들어가는 형국이다.

좌파 쪽(=더불어민주당)은 2021년 10월, 영남 출신의 이재명 경기도지사를 대통령 후보로 선출했다. 이로써 DJ가 '지역 등권론'을 내세우고 집권한 이래 있었던 다섯 차례 대선에서 호남 출신 후보가 선출된 것은 한 번(전북 출신 정동영 후보는 이명박에게 패배)뿐이고, 나머지 네 번은 영남 출신이 후보 자리를 꿰찬 것으로 나타났다.

부산 출신의 노무현이 대통령에 당선된 이후 같은 지역 출신인 문재인이 한 번 패배한 다음 차례에 승리했으며, 이번에 다시 경북 안동 출신 이재명이 전남 출신 이낙연을 누르고 후보 자리를 꿰찬 것이다.

그것은 신(新) 지역 등권론이 사실상 지방연합의 형태로 굳어지고 있음을 나타낸 것이다. 그러나 우파에는 그에 대한 구체적인 대응 전략이 보이지 않는다.

참고 자료

1. 『김종필 증언록』2 p198
   이강래 『12월19일』 p83
2. 『김영삼 대통령 회고록』하 p91

　　『김종필 증언록』2 p215

3. 『김영삼 대통령 회고록』하 p90

4. 이강래 『12월19일』 p82~84

5. 김덕룡 『한국 대통령 통치 구술 사료집』 p206

6. 이강래 『12월19일』 p66~67

7. 『김종필 증언록』2 p215

8. 김덕룡 『한국 대통령 통치 구술 사료집』 p206

9. 『이회창 회고록』 II p22

10. 이강래 『12월19일』 p158~165

11. 『김종필 증언록』2 p217

12. 『김영삼 대통령 회고록』하 p304

13. 이영작 『대통령 선거 전략 보고서』 p295

14. 『이회창 회고록』 II p129

15. 『김영삼 대통령 회고록』하 p306~307

16. 『이회창 회고록』 II p130

17. [동아일보] 특별취재팀 『문민정부 1800일 비화』 p279~280

18. 이강래 『12월19일』 p251

19. 『이회창 회고록』 II p116~117

20. 『이회창 회고록』 II p120

21. 성한용 『DJ는 왜 지역 갈등 해소에 실패했는가』 p171

22. 이홍구 『김영삼 민주센터 녹취록』

23. 『이회창 회고록』 II p121

24. 김덕룡 『한국 대통령 통치 구술 사료집』 p212

25. 『김영삼 대통령 회고록』하 p325

26. 『김영삼 대통령 회고록』하 p325

27. 이강래 『12월19일』 p276~283

28. 『이회창 회고록』 II p160

29. 『김영삼 대통령 회고록』하 p327

30. 『이회창 회고록』 II p162
　　이강래 『12월19일』 p286

31. 『김영삼 대통령 회고록』하 p329~330

32. 『이회창 회고록』 II p161

33. 『김영삼 대통령 회고록』하 p339

34. 『이회창 회고록』Ⅱ p169

35. 『이회창 회고록』Ⅱ p169~171

36. 이강래 『12월19일』 p292~294

37. 『김영삼 대통령 회고록』하 p340 p343

38. 권노갑 『순명』 p59

39. 유한열 『격동의 시절 내가 아는 진실』 p221~222

40. 『김영삼 대통령 회고록』하 p343~344

41. 『이회창 회고록』 p172

42. 『이회창 회고록』Ⅱ p175

43. 이영작 『대통령 선거 전략 보고서』 p525

44. 이만섭 『정치는 가슴으로』 p341

45. 『김영삼 대통령 회고록』하 p348

46. 『이회창 회고록』Ⅱ p37

47. 『이회창 회고록』Ⅱ p157~158

48. 박관용 『나는 영원한 의회인으로 기억되고 싶다』 p153

49. 이강래 『12월19일』 p344 p373

50. 『김종필 증언록』2 p225

51. 이강래 『12월19일』 p201

52. 오인환 『박정희 리더십의 실체』 (미발간)

53. 이강래 『12월19일』 p404~405

4장 DJ 타계(他界)로 막 내린 '30년 극적 드라마'

　　김영삼은 국회의원이면 누구나 해보고 싶어 하는 원내총무를 무려 다섯 번이나 역임하는 흔치않은 경력을 갖고 있다. 반면 그의 맞수인 김대중은 단 한 번도 하지 못했다. 김대중은 2선 때인 1968년 여름, 유진오 총재로부터 원내총무로 지명되어 기회를 맞았다. 그러나 김영삼의 강력한 반대로 투표에서 부결(찬성 16, 반대 23, 기권 2)되는 바람에 뜻을 이루지 못했다.

　　당시 이미 세 번이나 총무를 지낸 관록의 YS가 계열 보스 유진산 부총재의 설득까지 뿌리치고 총재의 결정에 승복하지 않는 강수를 둔 이유는, 강력한 라이벌로 부상하는 DJ를 견제하기 위한 것이었다. 김영삼 자신은 회고록에서 "DJ가 동료 의원들로부터 신뢰를 받지 못했기 때문에 떨어졌다"고 쓰고 있지만….

　　YS는 그 뒤 1968년 11월8일, 만장일치로 그 자리를 다시 차지해 원내총무 네 번 연임의 승리를 만끽했다. YS와 DJ가 힘을 겨룬 첫 대결에서 YS가 완승했던 것이다. 그 대결은 민주당 구파 계열인 YS와 신파 계열인 DJ 사이의 계파 싸움이라는 뜻도 있었다. 그 뒤 구파는 상도동계로, 신파는 동교동계로 분파를 이어가게 된다.

하지만 2년 뒤인 1970년 9월29일에 열린 신민당 대통령 후보 경선대회에서 김대중은 김영삼에게 대역전패(大逆轉敗)를 안겨주면서 총무 선거에서의 패배를 앙갚음했다. YS는 패배 직후 "김대중의 승리는 곧 나의 승리"라면서 경선 결과에 승복하고, DJ의 선거 운동에 나서겠다고 연설했다. 멋진 승복의 모습이었다.

그렇지만 DJ는 선거 운동 중앙 무대에서 YS를 빼버리는 전략으로 나왔다. 푸대접을 당한 YS는 변두리 유세나 맡는 신세가 되었다. 이때 당한 수모가 DJ에 대한 불신이 깊어지는 계기가 되었다.[1]

박정희는 3선의 임기가 1년쯤 지난 1971년, 유신 체제를 선언했다. 당시 헌법으로는 3선 이상 집권할 수 없었다. 그래서 영구 집권을 위해 '유신'의 이름으로 또 쿠데타를 일으킨 셈이었다. 공교롭게도 김영삼, 김대중, 이철승 등 야당의 40대 기수 세 사람이 모두 외유 중이었다.

김대중과 이철승은 사태를 관망해야 한다면서 귀국하지 않았다. 미국 여행 중이던 김영삼은 미국 조야(朝野) 인사들의 만류를 뿌리치고 귀국했다가 강제 연금되었다. DJ가 일본에서 유신 체제를 비판하며 반정부 활동을 펴는 사이, 서울에 있던 YS가 유신 정권을 상대로 민주화 투쟁을 벌이기 시작했다.

YS의 지론인 현장 중심주의 정치를 펴 간 것이다. 그는 '참여 속의 개혁'을 해야 한다는 총재 유진산의 노선에 동승하면서, 참여 속에서 개혁만 얘기할 것이 아니라 도전도 해야 한다고 총재를 압박했다.[2]

유진산을 설득해 유신 헌법 개헌 주장을 당론으로 모았다. 그러자 박정권은 즉각 긴급조치 1호와 2호를 선포해 헌법 개폐 주장을 하지 못하도록 반격했다. 유신 선포 1년 뒤인 1973년 8월8일, 김대중이 일본 도쿄에서 중앙정보부원에 의해 강제로 서울로 끌려온 납치 사건이 일어났다.

중앙정보부장 이후락이 박정희의 신임을 확고하게 잡기 위해 일본에서 반정부 활동을 펴온 DJ를 불법으로 납치해왔던 것이다. 김영삼은 김대중 납치 사건은 개인의 일이 아니고 민주주의를 위한 투쟁에 관한 것인 만큼, 자신이 김종필 국무총리를 상대로 야당의 첫 질문자를 자청했었다고 회고했다. 김영삼은 납치 사건에 대한 수사 경위를 추궁하면서 김대중을 연금하고 있는 법적 근거를 대라고 따지는 한편, 연금 해제를 촉구했다.[3]

1974년 4월28일에 유진산이 69세 나이로 병사한 뒤, 김영삼은 중앙정보부의 치열한 반대 공작과 싸우면서 총재 경선에서 46세 나이에 최연소 야당 총재로 당선되었다. 대통령 후보 경선에서 패배한 뒤 4년 만에 재기한 것이다. YS는 가택 연금 상태인 DJ 몫까지 등에 지고 박 정권과 싸우게 되었다.

1979년 5월, 신민당은 타협 유화 노선의 중도 통합주의자 이철승이 당대표를 연임하느냐, 아니면 선명(鮮明) 강경 노선의 소수파 리더 김영삼이 2년8개월 만에 당권을 되찾아 올 수 있느냐를 두고 사활(死活)이 걸린 전당대회를 앞두고 있었다. 일반적인 예상은 이철승의 일방적 우세였다.

당시 정치 공작에까지 손을 뻗은 경호실장 차지철과 중앙정보부장 김재규가 대통령의 신임을 얻기 위해 서로 경쟁하면서, 막대한 뒷돈(=정치 자금)을 대고 갖은 공작으로 이철승 쪽을 적극 지원하고 있었기 때문이다. 그럼에도 김영삼은 하나마나일 것 같은 약세 판국을 뒤집고 당권을 찾아오는 데 극적으로 성공했다. 성공의 원인 중 가장 큰 것이 라이벌 김대중의 전폭적인 지원이었다.

DJ가 이례적으로 YS 지지에 나선 것은 "또다시 이철승 체제가 들어서면 야당은 정말 끝난다"는 위기의식 때문이었다. 그는 박 정권과 싸울 수 있는 야당 정치인은 YS밖에 없다는 상황 인식을 갖고 있었다. 개인적 입장에

서 볼 때도 자신의 연금 해제를 주장하는 유일한 현역이 YS뿐이기도 했다.[4]

이때가 양김(兩金)이 진심으로 손을 잡은 첫 번째 기회였다.[5]

진심으로 손잡을 첫 기회 맞은 YS와 DJ

야당 총재직을 되찾은 김영삼은 YH 여공의 신민당 당사 농성, 총재직 박탈, 의원직 제명, 부마(釜馬)사태 발발, 박정희 피살로 이어지는 제3공화국의 붕괴 과정에서 야당과 야권을 대표해 반독재 투쟁을 주도하고 있었다. 이 시기에 DJ의 활동 흔적은 역사의 기록으로는 별로 없다. 가택 연금으로 활동할 공간이 없었기 때문이다.

최규하 과도 정부가 들어섰을 때 양김의 협조 체제도 마감되었다. 두 사람은 약속이나 한 듯 신군부의 수상한 움직임을 무시하고 경쟁에 들어갔다. 김영삼은 최규하 과도 정부에 대해 "민주화를 위한 정치 일정을 앞당겨야 한다"고 촉구했다. 그러면서 선거와 정권 이양에 대비한다는 구상 아래 전국 시·도 지부 및 지구당 결성 등 조직 정비에 나섰다. 서두르기는 김대중 쪽이 더했다.

오랜 기간 정치적 동면(冬眠)을 강요당했던 불리한 입장을 만회하려는 듯, DJ는 역동적인 활동을 펴나갔다. YS가 장악하고 있는 신민당에의 입당을 거부하고, 특기라고 할 수 있는 선동 연설을 무기로 순회 연설회를 열면서 지지 세력을 모으고 있었다.

그러는 사이 '서울의 봄'은 안개 정국으로 변해갔다. 5월17일, 계엄령 전국 확대를 계기로 사실상 쿠데타에 들어간 신군부는 김종필, 이후락 등 9명을 권력형 부정 축재 혐의로 구속했다. 또 김대중과 문익환, 이영희를 사회 불안 조성과 학생 및 노조 소요의 배후 조종 혐의로 구속했다. 김영삼은 무장 군인들에 의해 가택 연금되었다.

재개되었던 양김의 경쟁도 함께 중단되었다. 수감 중이던 김대중이 "정치활동을 하지 않겠다"는 각서를 전두환에게 제출한 뒤 신병 치료차 미국으로 출국하고, 김영삼이 자택 연금으로 묶여있는 사이 구심점을 잃은 야당과 재야는 탄압에 쫓기면서 지리멸렬한 상태에 빠졌다.

김영삼은 광주사태 3주년이 되는 1983년 5월18일, 23일간에 걸친 단식 투쟁에 들어갔다. 생명을 건 그의 단식 투쟁은 주눅이 들어있던 국민과 야권을 잠에서 깨어나게 했고, 민추협(=민주화추진협의회)이 결성되는 계기를 가져왔다.

단식은 헤어졌던 양김이 다시 손잡는 계기도 가져다주었다. 두 사람의 협조와 공조는 그 뒤 2·12 총선이 다가오면서, 민주화 전망이 가시화되는 단계에서 경쟁과 대결 방식으로 다시 바뀌게 되었다. 김대중이 자신의 길을 모색하기 시작했던 것이다.

민주당 입당을 둘러싸고 밀고 당기기가 계속되었다. 노태우 후보의 6·29선언이 내려지면서 야권은 YS와 DJ 가운데 한 명을 대통령 후보로 택해야 하는 선택의 순간을 맞았다. 당시 시점에선 YS가 유리한 국면이었다.

군부나 고위 공직자 가운데 비토 세력이 있는 DJ에 비해 온건 노선이라는 이점도 있어, 윤보선 전 대통령이나 김수환 추기경을 비롯한 많은 사람들의 지지를 받았다. 그러나 김대중 측은 "현장 투쟁 경력이 적어 보이는 것은 당사자가 감옥에 있었거나, 장기간 미국에 체류했기 때문"이라면서, 나이가 5년 위이고 순교자(殉敎者) 이미지의 김대중이 먼저 후보가 되어야 한다고 주장했다.

단일 후보가 되기 위한 경쟁에서 마음의 상처를 더 받은 쪽은 유리한 입장이던 YS였다. YS는 자신이 대통령 후보, DJ는 당 총재를 맡는다는 내용의 역할 분담을 제의했으나 수용되지 않았다. 결국 단일화가 실패한 뒤

YS와 DJ 둘 다 출마하게 되었고, 어부지리(漁父之利)를 얻은 민정당 노태우가 대통령에 당선되었다.

양김의 경쟁 구도 수순(手順)을 최종적으로 정리해준 것은 시간(=세월)이었다. 5년이 지난 다음 YS가 대통령에 당선되었고, 그 뒤를 이어 10년 후 이번에는 DJ가 정권을 창출했다.

소선거구제 받아들인 YS, 제2야당으로 전락

DJ가 "5공이 직선제 개헌을 받아들이면 대통령 선거에 출마하지 않겠다"고 선언하자 상도동 참모들은 모두 면피용이라면서 코웃음을 쳤다. 그러나 이해 당사자인 YS는 진심이라고 믿고 싶어 하는 듯했다.

1987년 어느 날 YS는 좌장인 최형우에게 "동교동에 잘하라"고 말하는 등 표정이 밝았다. 최형우가 "후보 양보각서라도 받았는가?"라고 물었다. 그러자 YS는 "DJ가 '김 총재, 나는 몸도 불편하고 김 총재는 연부역강하니 앞장서서 싸워줬으면 좋겠다'고 말하더군!"이라면서 "먼저 후보가 돼달라는 뜻으로 해석하고 싶다"고 했다는 것이다.

이에 대해 최형우는 "김 총재가 싸우다 쓰러지면 그때 가서 숟가락만 들고 밥상을 차지하겠다는 얘기이다. 후보를 양보하겠다는 뜻은 아닐 것이다"고 반박했다고 한다. 이 같은 일화는 유리한 입장에 있던 YS가 "양보하겠다"는 DJ의 말 한마디를 학수고대하고 있었음을 잘 드러낸다.[6]

신민당 원내총무 김현규는 젊은 국회의원들의 전폭적인 지원 아래 김영삼, 김대중을 상대로 단일화를 강력하게 압박했다. 단일화 결단이 나올 때까지 4시간째 의원 총회를 강행하고 있었다. 답변을 해야 할 시점이 되자 비서진의 쪽지를 받은 DJ가 "함석헌 옹이 임종 직전이다. 내게 유언을 남긴다고 해 가봐야겠다"면서 자리를 떴다.

기자들이 뒤따라가 보니 DJ는 동교동 자택으로 직행하고 있었다. 기자들이 이상하게 여겨 함석헌 자택으로 확인 전화를 걸었더니 집에서 '식사 중'이라는 답변이 돌아왔다고 한다. 함석헌의 임종 운운한 말은 사실이 아니었던 것이다. DJ가 거짓말로 둘러대는 기지(機智)를 발휘하여 결정적으로 곤란해질 수 있는 입장을 피해간 셈이었다. 이것은 양김에게 단일화를 압박한 여러 가지 일화 가운데 백미(白眉)라 할 수 있었다.[7]

대선에서 패배한 뒤 1988년 1월, 김영삼은 "양김의 분열로 정권 교체에 실패했다. 단일화를 이루지 못한 책임을 져야 한다"는 당 소속 젊은 의원들의 퇴진 압력을 받았다. YS는 장고(長考) 끝에 이들의 요구를 수용하고, 설악산 산행을 시작했다.

그러나 퇴진론이 불거지지 않은 평민당의 김대중은 건재했다. 앞장에서 설명했듯이 이때 DJ가 설악산으로 밀사를 보내 "YS가 소(小)선거구제를 수용하면 민주·평민당이 합당할 수 있다"는 메시지를 보냈다.

당시 여당인 민정당과 평민당은 소선거구제 지지였고, 민주당은 중(中)선거구제를 주장하고 있었다. 민정당의 노태우는 "압승할 수 있다"는 오판(誤判)으로 인해, 호남 싹쓸이를 기반으로 4자 필승론을 외치던 평민당은 '수도권에서 승부를 걸기 위해' 소선거구제가 절실했다. 하지만 전국적으로 2위가 많은 민주당은 소선구제가 불리했다.

그럼에도 DJ의 진정성을 믿은 YS는 당 중진들과 상의하는 절차도 없이 소선거구제를 수용했다. DJ가 은퇴 위기에 몰린 YS를 도와 자연스럽게 컴백하는 계기를 마련해주면서, 소선거구제를 실현시키는 소득을 올린 셈이었다.

이렇게 민주당이 소선거구제를 당론으로 바꾸었으나, 그 전제였던 양당의 통합 작업은 시작부터 부진했다. YS는 협상이 실현될 가능성이 없다고 보고 포기하기로 결심했고, 대신 재야의 한겨레민주당과 양당 통합을 추진키로 했다. 그러자 야권의 정통성을 빼앗기는 걸 우려한 듯 평민당이 이번에는 아예 3당 통합을 하자고 다시 제의해왔다.

3당 통합 협상이 시작되었다. 그러나 최종 단계에서 DJ에게 승인을 받으러 간 평민당 대표들이 아직 돌아오지 않은 상황에서, 난데없이 정체불명의 괴청년들이 민주당 협상 대표들에게 달려들어 난장판이 되었다. 그 폭력 사태로 3당 통합 협상판 자체가 깨지고 말았다.[8]

그 뒤 치러진 총선에서 헌정 사상 처음으로 집권 여당인 민정당이 과반 의석을 차지하는 데 실패, 여소야대(與小野大) 국회가 되었다. 평민당은 제1야당으로 부상했다. 민주당은 득표율에서 평민당에 앞섰으나 당선자수에서는 뒤져, 제2야당으로 밀려나가게 되었다. 소선거구제를 받아들인 YS의 뼈아픈 실착(失着)만 돋보이게 되었다.

소선거구제 양보 탓에 제2야당으로 전락하여 절치부심하던 김영삼은, 그 후 3당 합당이라는 대담한 전략을 구사하면서 라이벌 김대중에 앞서 정권 창출에 성공하게 되었다. 그런데 그게 끝이 아니었다.

양김이 연출한 애증(愛憎) 드라마의 최종 백미편(白眉編)은 따로 있었다. 그것은 YS에게 패배했던 DJ가 보수 세력의 지역 연합으로 집권한 YS의 공식을 벤치마킹해, '지역 등권론'이라는 이름으로 JP와 연합하여 자신도 정권 창출을 하게 되는 마지막 과정에서 이루어진다. 중요한 것은 두 사람의 애증이 교차하던 경쟁이, 민주화 발전에 부정적인 면보다 긍정적으로 영향을 끼친 점이 더 많았다는 사실일 것이다.

3당 합당 뒤에도 필요하면 공조한 양김(兩金)

3당 합당으로 태어난 민자당의 대표가 된 김영삼(=총재는 노태우)은,

다수계인 민정계의 집중적인 견제를 받는 처지가 되었다. 노태우의 복심인 박철언의 도전을 받아야 했고, 내각제 합의 각서 유출 사건으로 위기를 맞기도 했음은 앞서 이야기한 그대로다.

공교롭게도 평민당 총재 김대중 역시 당 소속 국회의원 서경원이 북한에서 받아온 돈을 수수했다는 혐의로 검찰 조사를 받는 등 공안 정국에 시달리고 있었다. 공안 정국을 주도하고 있던 인물은 강성(强性)의 국무총리 노재봉이었다.

동병상련(同病相憐)의 두 사람은 대선 때의 앙금도 잊은 듯, 1991년 4월1일 대구에서 「영·호남 기독교인의 기도회」에서 만났다. 이 자리에서 두 사람은 첫째, 의원내각제 반대. 둘째, 소선거구제 유지. 셋째, 공안 통치 배제 등 양쪽의 이익이 걸린 현안과 관련된 합의를 하고 이를 발표했다.

여당의 2인자와 야당의 1인자가 손잡고 대통령을 압박하는 이색 풍경이 전개된 것이다. 양자 회동을 주선한 인물은, 두 사람과 모두 가까운 서울대 한완상 교수였던 것으로 알려져 있다. 실무 협상은 양쪽 비서실의 핵심인 김덕룡과 한광옥이 맡았다.[9]

양김의 공조는 그해 4월26일, 명지대생 강경대 군이 경찰 곤봉에 맞아 사망한 사건으로 인해 노재봉 내각이 위기를 맞으면서 위력을 발휘했다. 노태우는 당초 내무장관을 경질하는 선에서 사태를 수습하려 했다. 그렇지만 평민당이 '내각 퇴진'을 강력히 요구했고, YS도 총리 퇴진을 압박했다. 노태우는 "절대로 안 된다"고 버텼으나, 노재봉을 경쟁 상대로 본 민정계의 박태준과 이종찬까지 등을 돌리자 결국 손을 들고 말았다. 노재봉은 물러났다.

김영삼이 김대중을 누르고 대통령에 당선됐을 때, 양김의 오랜 '애증(愛憎)의 시대'가 끝난 것이라고 보는 사람이 많았다. 실제로 당사자인 DJ가 선거 결과가 확정되자 "훌륭한 대통령이 되기를 바란다…"면서 YS에게

축하 전화까지 했다.

그러나 두 사람 사이의 대결 시대는 계속되었다. 2월25일의 대통령 취임식에 민주당은 대선 기간 중 발표된 간첩 사건을 구실로 삼아 한 사람도 참석하지 않았다. 그것은 남파 간첩 이선실이 재야의 「전국연합」과 접촉했고, 「전국연합」은 민주당과 공조 관계라 해서 압박을 가했던 것을 가리켰다. YS는 축하 전화를 한 DJ가 소속 의원들에게 취임식 참석을 거부하도록 만든 뒤 런던으로 출국, "문민 시대의 개막 첫날 찬물을 끼얹었다"고 회고록에서 그 날을 돌이켰다.[10]

"대통령의 하야(下野)는 원치 않는다."

민주당은 9월21일에는 대통령의 국회 국정 연설에 참석하는 것도 보이콧했다. YS의 정치 보복 가능성을 의식해 런던으로 출국했던 김대중은 6개월 뒤 슬그머니 돌아왔다. 그는 누가 봐도 정치 재개를 위한 예비 활동을 펴기 시작했고, 민주당에도 배후에서 영향력을 행사하고 있었다.

당시 언론은 DJ의 대권 4수(四修)를 위한 정계 복귀를 기정사실로 보고 있었다. 이 무렵 DJ는 한 인터뷰에서 "(YS는) 나와 아·태 재단에 대해서 갖은 방법으로 방해를 한다. … 도청, 감시, 파괴 공작을 군사정권 때보다 더 한다. 사람은 살아있는 동안 노리개가 있어야 하는데 내게서 그걸 빼앗아 버렸다. 나를 정치에 다시 끌어들인 것은 YS라 볼 수 있다"고 주장했다.[11]

대권 4수를 위한 자신의 정치 재개 이유를 YS에게 돌리는 특유의 돌려치기 수사(修辭)인데, 날이 시퍼렇게 서 있었다. 이후 DJ는 자민련을 창당한 JP와 연대하면서 YS를 협공하기 시작했다. 언론은 "신(新) 3김 시대가 왔다"고 쓰고 있었다.

그런데 4·11 총선에서 신한국당이 예상 외로 선전(善戰)하고 기세를 올리던 평민당이 패배하는 결과가 나오자, 김영삼은 영수 회담을 갖자고 김대중에게 손을 내밀었다. YS는 그동안 DJ 쪽에서 영수 회담을 제의했을 때는 못 들은 척 했었다. YS가 정국 주도권을 확실히 하기 위해 태도를 바꾼 것이겠지만, 영수 회담이 패배의 충격에 빠진 DJ가 기력을 회복하고 구겨진 체면을 다시 세우는 데 도움을 주게 된 것도 확실하다.[12]

싸우면서도 두 사람은 여전히 필요할 때 서로 상대를 이용하고 있었다. 동지와 라이벌 사이를 밥먹듯 오간 정치 9단들이었다. 1997년 대선을 앞두고 여·야의 열띤 선거운동이 벌어지자, 역대 정권의 관권 선거를 두루 겪어본 김대중은 "대통령이 국민에 약속한 대로 선거 중립을 지킬 수 있겠느냐가 결정적인 관건이다"고 보고 있었다. 이회창 신한국당 후보와의 대결이 근소한 차이로 승패가 갈릴 것 같은 예상이어서, 선거 관리자인 대통령이 어떤 속마음을 가지고 있느냐가 그만큼 중요했던 것이다.

DJ는 청와대의 의중을 살피고 필요한 소통을 위해 청와대 쪽과 핫라인을 구축하는 데 공을 들였다. 비선(秘線)이 동원된 그 라인을 통해 양쪽은 김대중 비자금 폭로사건, YS의 퇴임 후 안전보장을 논의하는 등 깊숙한 대화를 나눴다. 협력 관계의 복원이라고도 말할 수 있는 포석이었다.

김대중은 한보 사태와 관련하여 김현철이 구속되면서 YS 퇴진론이 여기저기서 나오자 "대통령의 하야(下野)는 원치 않는다"고 선을 그었다. 더 큰 국가적 혼란을 막아야 한다는 대국적 발언이었으나, YS의 레임덕 현상이 악화되는 것을 막아주는 정치적 영향력이 있었던 것도 사실이었다. 자신을 위해 YS를 도운 것이라 할 수 있었다.

김대중이 대통령에 당선됐을 때, 김영삼의 반응은 긍정적이었다. "긴 안목으로 볼 때 DJ의 당선은 잘된 일이다. 나는 전임자(=노태우)와 국정 협조(=인수인계를 의미할 것이다)가 잘 안됐으나 DJ와는 깊이 있게 협의할 것이다"고 수석비서관들에게 말했다.[13]

 YS와 DJ는 이례적으로 자주 만나 IMF 사태에 대비한 정책을 의논해 처리했다. 또한 전두환, 노태우를 포함한 12·12 및 5·18 관련자들에 대한 사면 결정을 내릴 수 있었다. 그러나 DJ 집권 뒤 두 사람의 관계가 다시 꼬이기 시작했다.

 DJ 정권이 YS를 '나라를 망친 대통령'으로 몰아가자 YS는 격분했다. "DJ가 독재를 하고 나라를 망치고 있는데 야당이 제대로 대처하지 못한다. … IMF의 원인과 결과는 차츰 진실이 밝혀질 것이다"면서 '김대중은 독재자'라고 맹공했다. 게다가 김현철 처리 문제가 상황을 더욱 악화시켰다.[14]

 한보 사태로 구속된 김현철은 당시 재판이 진행 중이었다. 그런데 법무장관이 대법원에 상고 중이라서 형이 확정되지 않았고, 반대 여론도 심하다는 이유를 들어 사면(赦免) 불가를 고집했다. DJ 비자금 사건을 폭로케 한 배재욱 비서관이 김현철의 인맥으로 알려지면서, 집권 측 여론이 악화된 것이 사단이 된 듯했다. 결국 당초 김현철 사면을 긍정적으로 검토하던 DJ가, 사면 불가론을 주장하는 관계 장관의 강경론을 뛰어넘지 못한 것이 YS의 반발을 불러일으켰다.

 DJ가 약속을 어기고 식언(食言)했다는 것이었다. 사실 김현철 사면 문제는 DJ 참모들이 시야가 좁고 옹졸하게 소승적(小乘的)으로 접근함으로써 DJ를 잘못 보필한 측면이 없지 않았다. DJ는 TK 쪽과는 화해가 돼가고 있었다.(=그러나 바닥 민심은 냉랭했다) 하지만 PK 세력인 YS와의 관계 개선에 실패함으로써 동서 화합과 국민 화합이라는 큰 화해 구도를 만들어가지 못하게 되었던 것이다.[15]

 마음의 부담을 갖고 있던 DJ는 1999년 8월, 김현철에 대한 잔형(殘刑)

을 면제해주었다. 여론을 의식하면서 부분 사면을 한 셈이었다. YS는 이에 대해 별로 고마워하지 않았다.

2000년 6월 평양에서 김정일과 남북 정상회담을 한 뒤 돌아온 김대중이 YS를 만나고 싶다는 전갈을 보내왔고, 미국 여행 중이던 YS는 일정을 당겨서 돌아왔다. DJ가 "이제 한반도에서 전쟁은 없다"면서 방북 성과를 설명하자, YS의 반응은 매우 비판적이었다고 한다. "당신이 김정일을 대변하고 있느냐?"고 반응했다. DJ가 "100만 평양시민의 환영을 받았다"고 말하자, YS는 "김일성 배지를 단 당원들이 동원된 것 아니겠는가?"고 심드렁하게 받아들이기도 했다. 그 바람에 DJ가 원하던 우호적인 분위기는 이루어지지 않았다.[16]

2000년 10월에 DJ의 노벨평화상 수상이 결정되자, YS는 "노벨평화상의 권위가 땅에 떨어졌다. 인권 유린, 언론 탄압, 부정 선거, 야당을 말살한 DJ가 평화상을 받았다는 사실이 실망스럽다"고 비판하는 발언을 했다.[17]

DJ 급소 찌른 YS의 독설(毒舌)

YS는 이따금 독설을 퍼부었는데, DJ를 잘 알고 하는 소리여서 급소를 찌르는 아픔이었다. 흥미로운 것은 두 사람의 대결 구도가 숙명적인 인연에서 비롯되고 있다는 점이다. YS는 민주당 구파 출신이고 DJ는 신파 출신이었다. YS는 구파의 거물이던 조병옥 총재가 총애하던 유망주였고, 신파의 영수 장면 총리는 DJ의 가톨릭 대부(代父)였다.

구파는 논리나 분석보다 직관과 경험, 소신을 중시하는 정치인이 많았다. 조병옥, 윤보선, 유진산 등 거물들이 그런 부류에 속했고, YS는 그들로부터 정치를 배웠다. 반면 신파는 대체적으로 공부 잘하는 모범생 출신의 논리파형인 사람들이 많았다. 장면을 비롯해 태완선, 현석호, 정일형, 이재형이 대표적이었다.

수재(秀才)로 널리 알려진 학자 출신의 유진오 총재가 머리가 좋다는 DJ를 원내총무로 지명했던 일이나, 이를 YS가 반대한 것이 신·구파 간의 특징이나 맥과 닿는다고 할 수 있다. 개인적으로 서울대 철학과 출신의 학력에도 불구하고, YS는 지적(知的)으로 뛰어나다는 중평을 얻지 못했다. 상식적인 질문에 막히거나 논리적으로 길게 발언하는 데 익숙하지 않았다.

장문단답(長問短答)형이어서 언론인들이 고충이 많았다는 얘기가 공공연했다. 20대 초반 대학 재학 중 6·25전쟁을 겪었고, 휴전 직후 26세 최연소로 국회의원이 되면서 차분하게 책과 가까이할 기회가 적었던 모양이다. 동안(童顔)의 호남형(好男型) 젊은 국회의원이던 그는 요정(料亭)에서 단연 인기가 높았다고 한다. 당시는 '요정 정치 시대'로 일컬어졌다.

자신의 단점을 잘 알고 있던 YS는 학자나 언론인과 같은 지식인들과의 끊임없는 교류를 통해 배우기를 계속했다. 지식인들도 그의 여백(餘白)을 채워주는 조언(助言)을 즐거워했다. 그 과정에서 "머리는 빌릴 수 있어도 건강은 빌릴 수 없다"는 '김영삼의 명언(名言)'도 나왔다.

반면 목포상고가 최종 학력이지만, DJ는 아는 것이 많고 논리적인 능변가(能辯家)로 알려져 있었다. 특히 오랜 수감 기간 때 폭넓은 독서를 통해 정치, 경제, 역사, 철학 등 여러 분야에서 일가견을 가지게 되었다. 그 덕에 자기의 철학과 이념, 정치 노선을 스스로 정립한 보기 드문 정치인이 되었다.

정계 입문이 빠른 YS는 조병옥, 유진산 같은 구파 거물들 밑에서 승승장구했다. 선후배, 동료 의원들의 압도적인 지지로 다섯 번이나 원내총무를 맡는 등 지도력도 검증받았다. 민주당을 이끌어갈 차세대 대표 주자로 자리매김했다.

DJ는 1960년대 고향인 호남에서 공천을 받지 못하고 강원도의 보궐 선거에서 힘겹게 당선되었다. 그러나 5·16이 일어나는 바람에 배지도 달아 보지 못하는 불운을 겪었다. 1970년 9월29일에야 신민당 대통령 후보 경선에서 YS를 상대로 극적인 역전승을 거두면서 비로소 전국적인 인물이 된 늦깎이였다.

DJ는 도쿄에서 중앙정보부에 의해 납치돼오면서 세계적인 반정부 인사로 클로즈업되었다. 수난이 5공 신군부로 이어지면서 김대중은 순교자의 이미지로 각인되었다.

민주화 투쟁의 '쌍끌이' 지도자

YS와 DJ는 민주화 투쟁의 쌍끌이 지도자이면서도 그렇게 결(結)이 달랐던 것이다. 한국의 현대사가 상황이 불안정하고 급변하기 쉬운 난세(亂世=격변기)라는 점을 감안하면, 상황 변화에 신속하게 대응하기가 쉽지 않은 심사숙고형인 DJ의 신중 노선보다, 순발력(=결정력)과 돌파력(=추진력)이 뛰어난 YS의 현장 중심 노선이 성과를 낼 가능성이 더 높았다고 할 수 있다.

실제로 YS의 민주화 투쟁 업적이 더 많은 것도 사실이고 먼저 집권에 성공한 것도 사실이다. YS는 "DJ의 인내와 집념, 끈기를 높이 평가한다"고 했고, DJ는 "YS의 용기와 포용력을 높이 산다"고 말했다는 언론 보도가 많았다. 대체로 사실에 가까운 정확한 표현이기는 하지만, 두 사람이 면전에서 공개적으로 말한 덕담(德談)은 아니다. 언론인의 질문에 대답한 수사적인 발언이 대부분이었다.

JP가 증언하듯이 두 사람은 만났을 때 제대로 악수를 나눈 적도 별로 없었다고 한다. "하는 척했다"는 목격담인데, 냉랭하고 적대적인 분위기가 두 사람의 민낯이었을까? 상대에 대한 험담(險談)도 있다. YS는 "DJ가 자신이 DJ라는 사실 외에는 모두가 거짓말"이라고 혹평한 적이 있고, DJ는 "YS가 서울대를 나왔다는데 왜 머리가 비었나?"고 비꼬았다는 얘기도 있다. YS는 자신의 회고록에서까지 DJ의 '말 바꾸기'에 대해 여러 차례 쓰고 있었다. 거짓말 때문에 받은 마음의 상처를 삭이지 못한 울분의 여운이 노년의 나이 때까지 살아 있는 듯했다.

DJ의 말 바꾸기에 대해서는 김종필, 이철승, 박태준과 같은 정치인들도 회고록이나 평전에서 다루고 있다. DJ는 대체적으로 "나는 어려운 상황 속에서 약속을 못 지킨 적은 있지만 거짓말을 한 적은 없다"는 뉘앙스의 변명을 했다고 한다.[18]

YS와 DJ 사이에서 벌어진 '30년의 극적 드라마'는 DJ가 2009년 8월18일 타계했을 때 대단원의 종지부를 찍을 수 있었다. 조문차 빈소를 찾은 YS가 숙연하게 DJ와 화해(和解)를 선언했기 때문이다. 그것은 정가에서 흔히 보는 의례적인 것이 아니라, YS의 진심(眞心)이 담긴 역사 속의 화해였다.

DJ가 떠난 뒤 건강하던 YS는 이유 없이 수척해지면서 눈에 띄게 쇠잔해지기 시작했고, 지병까지 얻게 되었다.

그 모습을 지켜보면서 측근들은 "수십 년을 해로(偕老)한 노부부 중 한쪽이 세상을 떠났을 때 남은 사람이 나타내는 상실감, 우울증, 슬픔 같은 현상과 유사하다"는 인상을 받았다. DJ의 존재감이 YS의 삶에서 차지하는 비중을 느낄 수 있었고, 화해가 애증을 넘어 YS의 깊은 내면에서 나온 것임을 짐작할 수 있었다고 했다.[19]

참고 자료

1. 고바야시 게이지 『김영삼』 p103～104
2. 이성춘 『김영삼 민주센터 녹취록』

3. 『김영삼 회고록』2 p26
4. 홍성만 『김영삼 민주센터 녹취록』
5. 고바야시 게이지 『김영삼』 p157
6. 김기수 『김영삼 민주센터 녹취록』
7. 김현규 『김영삼 민주센터 녹취록』
8. 『김영삼 회고록』3 p142~143
9. 함성득 『대통령 비서실장』
10. 『김영삼 대통령 회고록』상 p50, p187
11. 조갑제 『김대중의 정체』 p22
12. 이강래 『12월19일』 p255
13. 성한용 『DJ는 왜 지역갈등 해소에 실패했는가?』 p255
14. 김광일 『김영삼 정부의 성공과 실패』
15. 성한용 『DJ는 왜 지역갈등 해소에 실패했는가?』 p323
16. 김기수 증언
17. 성한용 『DJ는 왜 지역갈등 해소에 실패했는가?』 p263
18. 『김종필 증언록』2 p221
19. 김기수 증언

5장 YS 특유의 현장 중심주의

　　김영삼에게는 특유의 현장 중심주의 전략과 철학이 있었다. 그의 현장 주의는 '의회 민주주의라는 제도적 틀 안에서의 투쟁'이라는 온건·비폭력 노선의 철학에서 비롯되었다. 사자가 토끼를 잡을 때에도 "맹수와의 싸움 못지않게 최선을 다한다"는 각오가 그 배경에 깔려 있었다.

　　김영삼은 4대 국회의원 선거에서 자유당의 부정선거로 낙선한 뒤 거제 도에 낙향해 있다가, 5·16이 일어났다는 뉴스를 듣고 즉시 서울로 올라왔 다. 일단 몸을 피하거나 관망하는 정치인들의 일반적인 행동 유형과는 다른 처신이었다. 1971년에는 미국 방문 중 10월 유신(維新) 소식을 듣게 되자 미 국 조야(朝野) 인사들의 만류에도 불구하고 귀국길을 서둘렀다. 유신 독재 를 당하는 국민과 현장에 함께 있어야 한다는 소신을 지킨 것이다.

　　유진산 신민당 총재가 "국회에서나마 공화당을 견제해야 한다"면서 선 거에 참여하는 '참여 속의 개혁'을 주장했을 때, 적지 않은 야당 인사들이 타협·패배주의로 보고 등을 돌렸으나 YS는 주저 없이 동조했다. 그는 '참 여 속의 개혁'에서 만족할 게 아니라, 한 걸음 더 나아가 "참여 속에서 독재 에 도전해야 한다"고 주장했던 것이다. 그 같은 생각에 따라 그는 "유신 헌법을 개정해야 한다"는 재야(在野)의 주장을 대변해 국회 현장에서 개헌을 주장한 유일한 야당 정치인이 되었다.[1]

1979년에 박 정권을 상대로 유화(宥和) 노선을 걷던 이철승을 극적으로 꺾고 신민당 총재 자리를 되찾은 YS는, 선명 노선을 앞세워 투쟁을 강행했다. 여기에 대해 박 정권은 그의 총재직과 의원직을 박탈하는 초강수의 탄압을 가했다. 하지만 그는 가만히 앉아서 당하지 않았다.

전국 대의원들을 단기간 내에 긴급 소집해 대회를 열어 독재를 규탄하는 역동적인 저항 의지를 과시했음은 이미 소개했다. 그 현장의 저항이 준 임팩트 때문에 중앙선관위는 민주당 지도부 대리 체제를 앉히려는 수순을 밟지 못했고, 대대적인 매수(買收) 공작에 흔들리던 소속 의원들을 결집시킬 수 있었다. 45명의 소속 의원이 모두 총재 지지 성명을 내게 되었던 것이다.[2]

23일의 단식 투쟁

그러나 YS는 자신의 총재직 제명 사건이 발판이 돼 부마(釜馬) 사태가 일어났을 때, 부산 현지에 가지 않았다. 독재정권이 일부 과격 시위대의 폭력을 이유로 부마 의거를 무력으로 진압하는 구실을 주지 않기 위해서였다.

그의 현장 중심 투쟁은 신군부 시절 본격화되었다. YS는 5공 탄압 통치와 싸우기 위해 민주산악회를 결성해 게릴라식 투쟁 방법까지 동원했다. 그렇지만 탄압에 막히게 되었고, 야권 모두가 움츠러들었다. 이때 그는 유명한 23일의 단식 투쟁에 들어갔다. 단식은 국내외에 엄청난 반향을 불러일으켰고, 야당과 재야에 새로운 동력을 제공할 수 있었다. YS 현장주의의 하이라이트였다.

YS는 재야의 반대에도 불구하고 상도동과 동교동계를 중심으로 민추협(=민주화추진협의회)을 결성했다. 그리고 "5공 정권에 정통성을 주게 되는 결과가 빚어질 수 있다"면서 일부 재야와 야당 인사가 반대하는데도 '참여 속의 승리'를 주장하며, 선거에 참여키 위한 신당 창당에 나섰다. 그는 선거 현장을 진두지휘하며 '2·12 신당 돌풍'을 일으킬 수 있었다.

문민정부의 창출도 현장 중심의 산물이었다. 3당 합당 초기 민주계 모두가 YS에 의한 정권 창출 가능성을 절망적으로 보았다. 그러나 현장에 뛰어든 그는 민주계를 설득하면서 군부 세력의 내각제 시도 음모를 꺾고 직선제를 관철함으로써 문민정부가 태어나게 하는 데 성공했다.

공리공론(空理空論) 배척하고 속전속결(速戰速決)

YS의 현장주의는 그의 실용주의적 정치 철학에서 나왔다. 그는 비현실적인 공리공론(空理空論)을 배척해왔고, 현장에 답이 있다고 믿는 실용주의자였다. 바닷가 출신인 그는 거친 기질, 배짱과 용기로 수많은 위기에 대처해왔다. 순발력이 뛰어나 판단이나 결정, 행동이 빨랐다. 한번 결심이 서면 좌고우면(左顧右眄)하지 않고 파죽지세(破竹之勢)로 나가니까 매사 템포가 빠르기 마련인 난세(=격변기)에서 성과를 쟁취할 기회가 많았다.[3]

속전속결(速戰速決)은 단기전에서 강점이 많으나 단점도 따른다. 1970년 신민당 대통령 후보 경선 당시 승리를 확신하고 방심(放心)한 탓에 당한 역전패, 손해가 더 컸던 박정희와의 영수 회담 제의, 1987년 대선 패배 뒤 성급하게 내세운 선거 무효 주장과 중간 평가 요구, 소선거구제 수용(1970년)처럼 실패 사례도 적지 않았다.

그럼에도 YS가 큰 승부에 강했다는 평가를 받게 된 것은, 결정적인 순간 몇 수 앞을 바라보는 뛰어난 동물적 감각에다 직관력과 예지력을 겸비하고 있다는 점 때문이었다. YS의 현장주의는 라이벌인 DJ의 거리두기 원칙이나, 치밀한 계산을 앞세운 신중 노선과는 대조적이었다.

박정희는 전국 곳곳의 사업 현장을 찾아가 점검, 확인하는 행사를 일과처럼 했다고 해서 유명했다. 사람은 인정받기 위해 열심히 일하고, 또 태만이나 잘못이 드러나는 것이 두려워 열심히 일하게 되기도 한다. 그렇기에 지도자의 중간 점검이 그만큼 중요하다고 생각했다는 것이다. 그런 점에서 현장주의의 YS가 산업화 현장에 많이 못 간 것은 매우 아쉬운 대목이라 할 수 있다.

참고 자료

1. 이성춘, 박권흠, 김덕룡, 이원종 『김영삼 민주센터 녹취록』
2. 김태룡 『김영삼 민주센터 녹취록』
3. 안영모 『김대중 개혁 대해부』

제
6
부

소용돌이 몰아친 정치판

1장 박정희에게 배운 1인자 리더십

김영삼은 집권 초 기습적인 깜짝 개혁을 연출해 폭발적인 여론몰이를 했다. 내각과 국회를 거치지 않고 대통령의 독단이거나, 극소수 참모들의 보좌에 의거해 국민 여론에 직접 소구(訴求)하는 방식을 택했다. 정권 구조는 민주적이나 법과 제도에 의하지 않고 권력이 행사되거나 정책이 집행되는 방식에선 권위주의적 성격을 나타내고 있다는 비판을 받았다.

철저한 기밀 유지가 성공의 관건이기도 한 기습 개혁이었던 만큼 불가피했다는 주장도 나올 수 있었다. 그렇지만 인치(人治), 문민 독재, 제왕적 대통령이라는 1인 지배 구조에 대한 반발과 비판이 나오는 계기가 되었다.[1]

대통령이 3권 분립의 원칙이 있음에도 불구하고 국가의 모든 영역에서 국정 최고 책임자라고 생각한 이승만과 박정희 정권에서 비롯된 1인 지배 체제의 관행, 그것이 그들의 독재와 싸워온 야당 투사들에게서도 나타났다는 사실은 역사의 아이러니가 아닐 수 없었다. 대항해 싸우면서 권위주의적 사고와 관행을 배우게 되었다고 볼 수도 있었기 때문이다.

박정희는 국가 주도형 산업화를 완성시키기 위해 장기 집권이 불가피하다면서 10월 유신(維新)까지 감행했다. 그는 유진산, 이철승을 비롯한 신민당 온건 노선의 수뇌부와 타협을 통해 공생의 길을 모색하면서 장기 집권의 길을 열려고 했다. 야당 수뇌부는 점진적 민주화를 말하면서 독재에 영합하려 들었다. 여·야 수뇌부의 그 같은 바람은 선명(鮮明) 투쟁 노선을 내건 김영삼, 김대중이 주도하는 반대에 부딪혔다.

김영삼은 '40대 기수론'을 내세워 선명 야당으로 가는 세대교체의 계기를 마련했고, 대통령 후보가 된 김대중은 박정희의 장기 집권에 반대하는 거센 야당 바람을 불러일으켰다. "강력한 유신 체제를 상대로 제대로 싸우려면 야당도 강력한 리더십을 갖추는 체제여야 한다"는 시대의 요구가 등장하게 되었다. 그 요구는 대충 3단계를 거쳐 야당에도 1인 주도 구조 체제를 가져오게 했다.

첫 단계는 박정희와 흉금을 털어놓고 이야기를 나눌 수 있다던 유진산 총재가 1974년 병사(病死)한 뒤, 46세의 김영삼 총재 체제가 들어서면서 시작되었다. 당시 총재 경선에 나선 여러 후보 가운데 김영삼의 조직 기반이 가장 약해 보였고, 중앙정보부의 방해로 자금줄도 막혀 있는 어려운 상황이었다. 그러나 신민당 대의원들은 정부 쪽 재정 지원을 받는 유력 후보의 금품 공세를 뿌리치고, 선명 투쟁을 내세운 유일한 후보인 김영삼을 총재로 택했다.

그때 신민당은 대여 투쟁력을 강화하기 위해 어느 때보다 총재에게 강력한 권한을 주는 내용의 당헌(黨憲)을 개정했다. 총재를 견제하는 경우가 더 많은 부총재직을 아예 없애고, 정무직을 포함한 모든 당직에 대한 인사권을 총재에게 일임했다. 그때까지 모든 당직은 물론 사무직 자리까지 계파별로 균배(均配)하고 있었다. 그로 인해 결집력과 충성심에서 약하다는 소리가 나왔다. 새 당헌에 따라 YS는 자파 중심으로 당직을 개편하고, 총재의 리더십 강화를 제도로 뒷받침할 수 있었다. YS는 그 뒤 당직 독점이 독

(毒)이 되어 당권을 잃는 후유증도 겪는다.

김영삼은 "대여 투쟁의 기본은 국회 중심의 원칙이다"면서 의회 중심의 투쟁을 선언했다. 그는 그것은 국민의 지지를 모아 국회 안에서 싸우겠다는 뜻이며, 대여 투쟁의 두 번째 기본은 국민 본위라고 밝혔다. 그러면서 그는 "의원의 자율성은 보장돼야 한다. 그러나 총재가 (옳은 길을) 바르게 갈 때엔 따라갈 수밖에 없지 않은가? 의회 내 투표는 당에서 통제할 수 있다. 미국식 민주주의는 아니니까…"라고 주장했다.

독재와 제대로 싸우기 위해서는 총재 중심의 강력한 리더십이 절실함을 강조하고 있었다. 1인 주도 구조 체제가 필요하다고 역설하고 있었던 것이다.[2]

한국 민주주의의 상징이 된 양김(兩金)

2단계의 시작은 중도·유화(宥和) 노선의 이철승 대표 중심 연합 세력에게 당권을 빼앗겼던 김영삼이, 1979년 박 정권의 방해 공작에도 불구하고 극적으로 당권을 되찾아 왔을 때였다. 김영삼이 유신 체제에 정면으로 도전하고 나서자 박 정권은 그의 총재직과 의원직을 박탈하고, 신민당 의원들을 상대로 매수·분열 공작까지 폈다.

그러나 여권의 그 같은 탄압이 흔들리고 있던 일부 야당 의원들을 오히려 일깨워, 야당성을 회복하는 계기를 가져다주었다. 44명의 신민당 의원 전원이 분전(奮戰)하는 총재에게 지지와 충성을 서약하게 되었던 것이다. 이철승을 비롯한 비주류들도 동참하지 않을 수 없는 처연한 분위기였다. 한국의 야당사(野黨史)에서 야당 총재가 문자 그대로 거당적(擧黨的) 지지와 충성을 100% 확보한 것은 그때가 처음이었다. 결과적으로 1인 주도의 리더십을 공인받은 셈이었다.

3단계는 전두환 정권에서 이뤄졌다. 공작 정치 아래 고사(枯死) 상태에 빠진 민주화 세력의 돌파구를 마련하기 위해, YS는 목숨을 건 23일의 단식 투쟁을 벌이면서 국면을 전환시키는 데 성공했다. 그는 김대중의 동교동계와 손잡고 민추협을 결성하여 신당을 창당했으며, 2·12 총선에서 신당 돌풍을 일으키면서 투쟁을 주도했다.

YS는 야당 세력은 물론 야당 지도부에 배타적이던 재야에 이르기까지, 야권 전체를 아우르는 국민적 지도자로 위상이 격상(格上)되었다. 그 전까지 그는 야권의 지도자 가운데 한 명이었을 뿐이다. 국민 여론도 독재와 싸우는 야당의 1인자 리더십을 긍정적으로 수용, 지지하는 경향을 보였다.

김대중도 망명 생활을 하던 미국에서 돌아와 야당의 1인자 자리를 놓고 겨루는 경쟁 관계에 들어갔다. 양김(兩金)은 어느 결에 한국 민주주의의 상징이 돼 있었다. 여느 독재자와 비교해도 손색이 없는 카리스마와 결단력, 파괴력을 갖춘 강력한 지도자로 성장해 있었던 것이다.[3]

2인자를 키우지 않았다

장기 독재를 시도한 박정희가 반(反) 유신의 역사적 흐름을 자초했고, 그 흐름이 양김을 키워낸 터전이고 원동력이었다. 그러나 양김이 박정희와 싸우면서 1인자 리더십을 익혀간 과정도 무시하지 못한다. 그들은 싸우면서 닮아간 것이다.

박정희는 18년간 집권하는 동안 2인자를 두지 않았고, 권모술수로 잠재적 도전자들을 제어했다. 그리고 정보 정치를 통해 야당 지도자들을 회유하거나 탄압했다. 양김도 박정희처럼 2인자를 키우지 않았다. 2인자 자리에 접근한 이기택이 "차세대를 키우지 않는다"고 불만을 터트리자 양김의 반응은 냉랭했다고 한다.

"후계자는 누가 키워주어서 되는 게 아니다. 스스로 투쟁해서 쟁취해야 하는 것 아니냐"는 의미였다. 원칙론으로는 맞는 말인데, 실제로도 사실이었다. 양김에 필적하는 정치적 생존력과 투쟁력을 보인 후진이 별로 없었기 때문이다.

상도동 캠프에선 충성심이 있고 포용력이 좋은 김동영이 2인자 자리에 근접했으나, 1989년 병사(病死)해 아쉬움을 남겼다. 직정적(直情的) 성격의 최형우가 그 뒤 좌장 소리를 들었지만, 결정적일 때 그도 쓰러지고 말았다.

한때 동교동계의 2인자 대우를 받던 이중재는 "DJ 계보의 2, 3인자 중 정치적으로 살아남은 사람은 없다"고 지적한 바 있다.([중앙일보] 1995. 7. 26)[4]

1971년 대선 당시 후보이던 DJ의 비서실장 김상현은 '김대중의 분신', '작은 김대중'이라는 별명이 따라다닐 만큼 지모와 친화력이 뛰어난 정치인이었다. 그는 DJ가 미국에 가 있는 동안 YS와 함께 민추협을 창설하는 등 DJ를 대리해 노력했다. 하지만 그 뒤 DJ의 반응은 냉담했고, 결국 결별했다.

양김은 아랫사람의 도전을 용납하지 않았고 충성을 중시했다. 각자 계파를 이끌면서 참모나 비서 한 명에게 힘이 몰리게 하지 않았다. 박정희처럼 나눠서 다스렸다고 볼 수 있다. 각자가 중간 보스를 거치지 않고 총재에게 직보(直報)하고, 지시도 직접 받는 방사선형(放射線型) 1인 지휘 체계를 구축했다.

총재는 기밀을 유지해야 한다는 이유도 있었으나, 아랫사람과 논의 과정 없이 큰 결정을 홀로 내리는 경우가 많았다. 그나마 YS는 정치자금 관리를 아래 참모에게 일임하는 식으로 상당 수준의 일을 맡기는 편이었다. 그렇지만 DJ는 '비서는 있으나 참모는 없는 체제'를 운영한다는 소리를 들었고, 돈도 직접 관리했다. 그는 1992년 대선에선 실무자가 해야 할 정보

종합 판단까지 자신이 직접 맡고 있었다.

'정치 9단'은 민주화 투쟁의 훈장(勳章)?

3당 합당 전에 병사한 김동영은 YS가 진심으로 믿고 2인자 대우를 한 인물이었다. 직설적인 최형우와는 달리 그는 YS에게 복종하고 충성하면서도, 필요할 때 직언(直言)할 줄 알았다. 이성적이고 친화력이 뛰어났으며, 당 내외의 주변 관리도 잘했다.

YS가 1979년 이철승 연합 체제를 극적으로 누르고 총재직을 다시 쟁취했을 때, 당의 최고 요직인 조직국장을 인선하면서 "김동영이 동의하면 그 명단을 발표하라"고 할 만큼 신임도가 높았다. 그가 YS가 집권한 뒤까지 살아있었다면 민주계와 민정계, 공화계와의 3당 합당 체계가 분열하는 일을 막아 YS의 부담을 덜어줄 수 있었을 것이라고 말하는 사람들이 많았다. 그가 생존해 있었다면, YS의 국정 운영에서도 유능한 참모장 역할을 해낼 수 있었을 것이다.[5]

양김은 정치 9단이라는 소리를 들었다. 그 소리는 일반론으로 볼 때, 지도력과 투쟁력에서 뛰어난 수준에 가 있다는 것을 의미한다. 군부 독재의 정보 정치를 상대로 살아남을 수 있는 정치적 방어 능력이 발군의 경지에 가 있음을 말해주는 것이기도 하다.

박정희가 갖고 있던 권력 유지의 비결은, 정보 조직을 잘 활용하는 시스템 운용의 재능이었다. 이 방면에서 그에게는 귀재(鬼才)라는 평판이 따랐다. 그런 정보 시스템에 따라 박정희는 다양하게 야당 지도자를 공략했다.

그 같은 시스템이 없는 양김은 타(他)의 추종이 어려운 수준의 고난도 개인기(=방어 능력)를 갖추려 노력해야 했다. 그래서 다양하고 다채롭게 방어력을 강화하다 보니 '정치 9단'이라는 말을 듣기 시작했다는 측면이 있는 것이다. '정치 9단'에는 '민주화 투쟁에서 나온 훈장(勳章)'이라는 뜻이 있다. 그런가 하면 야당의 1인 지배 구조는 물론, 집권자가 되기 위한 자기 준비라는 관점도 있었던 것이라고 할 수 있다.[6]

양김의 1인 주도 구조는 두 사람이 가지고 있던 민주주의의 내면화(內面化) 문제와도 연관이 있다. 이승만은 20대 후반 미국에 망명한 뒤, 그곳에서 수십 년을 살았다. 그랬지만 세계 최고 수준이라는 미국식 민주주의가 체화(体化)되었다고 볼 수는 없었다. 해방되자 귀국하면서 그는, 한국 국민의 민도(民度)가 낮으므로 10년 이상 교도(敎導) 민주주의를 해야 한다면서 장기 독재를 시도했다. 해방 후 15년간 민주주의를 맛보았던 박정희 역시 "조국 근대화 작업이 완성된 뒤에라야 민주주의가 가능할 수 있을 것이다"면서 민주화 운동을 탄압했다.

미국으로 이민 간 1세대와 2, 3세대 사이에 민주주의의 내면화가 큰 폭의 차이를 보이는 데서 확인할 수 있듯이, 어른이 된 뒤 받는 민주화 경험은 매우 제한적이거나 이중적일 수 있음을 보여준다. 해방이 되어 민주주의를 접하게 된 것이 YS는 17세, DJ는 22세 때였다. 민주주의의 심벌처럼 부각돼 있는 두 사람도 나이에 따른 민주주의의 내면화 문제는 비켜가지 않은 듯했다.

'민주화의 심벌' DJ의 비민주적 정치 공작

노태우의 수천억 비자금 조성 사건으로 촉발된 국민의 분노는, 신군부의 12·12 반란과 5·18 광주민주화운동에 관련된 범죄에 대한 단죄를 촉구하고 있었다. 그러나 시효가 소멸돼 실정법으로 처벌하는 길이 막혀 있다는 사실이 딜레마였다. 소급 입법만이 해결책이었지만 그것이 반민주적이라는 데 문제가 있었다.

헌정 사상 소급 입법의 첫 사례는 민주당 장면(張勉) 정권이었다. 자유당의 3·15 부정선거를 엄벌해야 한다는 성난 여론은 소급 입법을 압박하고 있었다. 하지만 장면은 "소급 입법은 나치 독일이나 군국주의 일본도 하지 않았다"면서 형사 불소급의 원칙을 내세워 반대 의사를 밝혔다. 그랬지만 악화된 여론의 중압을 끝내 이겨내지 못하고 처벌이 가능하게끔 헌법을 개정할 수밖에 없었다.

나중에 구파의 소장파 의원이던 김영삼은 "그때 장면 정권은 소급 입법을 하지 않았어야 했다"는 논평을 남겼다. 그랬는데 30여 년이 지난 뒤 자신도 성난 여론에 밀려 역사상 두 번째 소급 입법을 하는 당사자가 된 것이다. 기연(奇緣)이었다.

문민정부는 12·12에 대한 공소 시효를 정지시켜 군사 반란, 내란죄로 처벌할 수 있게 「5·18 민주화운동 등에 관한 특별법」을 소급 입법했고, 그에 따라 검찰 수사가 진행되었다. 이로써 "성공한 쿠데타도 처벌할 수 있다"는 판례를 얻어 군의 정치 개입을 원천적으로 막는 차단막을 칠 수 있었다.[7]

YS의 그 같은 선택은 대국적으로 볼 때 불가피했다는 주장도 있었다. 군부의 정치 개입을 원천적으로 차단하는 역사적 과업을 대충 넘길 수 없었기 때문이다.[8]

김대중도 2000년 원내 교섭단체 구성의 하한선인 20석을 그 이하로 줄이려는 국회법 개정안을 날치기 처리하려다가, 야당인 한나라당의 완강한 반대에 부딪혀 실패했다. 김대중은 DJP 연합의 파트너인 김종필의 자민련이 총선에서 패배하면서 17석밖에 확보하지 못하자, 이를 해결해주려고 비민주적 편법을 쓰려 했던 것이다.

국회법 개정을 할 수 없게 되자 김대중은 민주당 의원 3명을 자민련에 꿔주어 원내 교섭단체를 가능케 하는 헌정 사상 유례가 별로 없는 촌극까지 벌였다. 그 바람에 여론이 나빠지면서 자민련 내부에서도 반발이 나와, 부총재 강창희가 등록 날인을 거부하다가 제명되었다. 그러자 DJ는 민주당 의원 1명을 추가 파견해 빈자리를 메워주기까지 했다. 민주화의 심벌인 DJ 가 야당을 압박하기 위한 여대야소를 만들기 위해 비민주적 정치 공작을 내놓고 펼친 것이다.[9]

각료는 동지 아닌 장기판의 졸(卒)

양김은 정치적 위기를 맞을 때마다 이를 극복하기 위해 개각과 같은 대규모 인사를 통해 국면을 전환시키곤 했다. 임기 5년 중 크고 작은 개각 이 수십 번씩 이루어지고 있었다. 따지고 보면 전형적인 비민주적 통치 행 위라고 할 수 있었다. 각료를 동지로 보는 것이 아니라, 장기판의 졸(卒)로 보는 게 아니냐는 비판을 면할 수가 없었던 것이다.[10]

양김은 집권 기간 내내 낙하산 인사, 지역 편중 인사, 권력층의 부정부 패, 날치기로 인한 국회 파행으로 비판도 받았다. 많이 개선되었다고 했지 만 군부 통치의 권위주의적 행태를 답습하고 있었다. 그 이유와 원인은 아 마도 복합적일 것이다. 그렇게 된 가장 큰 원인은 대통령의 임기가 단임(單任) 5년뿐인 데다가, 실제로 일할 수 있는 기간은 초기 2~3년 전후일 수밖 에 없는 정치 현실의 한계에 있다고 할 수 있다.

김영삼의 경우 30년 만에 문민정부를 구현해 과욕(過慾)이라는 비판 속에서 의욕이 넘치고 있었다. 그러나 곧 시간에 쫓기는 처지가 되었다. 군 부 추종 세력의 반발, 기득권층이 된 공무원 집단의 복지부동, 반대를 위한 반대를 거듭하고 있는 야당의 저항에 부딪혀야 했다.

'민주화 완성'이라는 거대 담론을 살리기 위해, 사소한 민주적 절차를 희생시키는 '비민주적 유혹'을 뿌리치지 못했다는 이유가 거기에 있었다. 5

년 뒤 국민의 정부를 창출한 김대중도 같은 형태의 딜레마를 겪어야 했다. 그렇지만 6·25전쟁 이후 갓난아이 시절부터 민주주의를 익혔을 신세대 대통령들이 수십 년 전(前)의 양김보다도 더 비민주적 행태를 연출하고 있는 것을 보면, 민주주의의 내면화 여부가 진짜 문제의 핵심이 아니지 않느냐는 인상도 준다.

참고 자료

1. 김영명 『한국의 정치변동』 p339
2. 손세일 『김대중과 김영삼』 p11~12
3. 김영명 『한국의 정치변동』
4. 이태원 『김대중의 양 날개 정치』
5. 김덕룡, 문정수, 강신옥 『김영삼 민주센터 녹취록』
6. 이중재 의원 『증언』
7. 오인환 『박정희 리더십의 실체』(미발간)
8. 서진영 『김영삼 민주센터 녹취록』
9. 『이회창 회고록』 II p376~377
10. 한완상 『한반도는 아프다』 p185

2장 박정희의
실용주의적 리더십

변호사 출신의 원로(元老)인 공화당 정구영(鄭求瑛) 당의장은 1965년, 박정희가 지방 순시에 나서면서 씨앗 품종이나 논에 물 대기처럼 사소한 농가 일에까지 끼어드는 일이 잦자 "고을 수령의 일 같은 것은 하부 기관에 맡기고, 재상들을 잘 관리해 성공한 중국 한(漢)나라 시조 유방(劉邦)처럼 통 큰 통치를 하라"고 충고했다.

유방은 성격이 담대하고 포용력이 컸다. 그런데다가 용인술이 뛰어나 부하 재상들과 장군들을 적재적소(適材適所)에 활용하는 데 능숙했다. 그랬으므로 중국 천하를 통일해 다스릴 수 있었다. 그는 내정(內政) 분야에서 재상 장량(張良)이나 소하(蕭何), 군사 문제에서는 한신(韓信)의 능력이나 전문성에 미치지 못했다. 하지만 그들 모두를 통솔하는 능력에선 누구보다도 뛰어났다는 것이다.[1]

박정희는 정구영의 충고를 귀담아 들은 것 같지가 않다. 그 뒤에도 전국의 농촌을 부지런히 돌아다녔기 때문이다. 당시 박정희가 벌인 농촌 행사는 내무부 장관을 위시한 내무 관료와 전국의 도지사, 시읍면장이 지켜보는 현장 교육이었다. 농촌 근대화를 위한 수많은 개선 과제를 발굴하고 함께 배우는 학습 현장이었다. 훗날 세계의 후진국들이 배워간 새마을운동도 그 같은 과정에서 태어나 전국화 될 수 있었다. 박정희는 유방과는 달리 실무 업무에도 밝아 실무를 손수 이끌면서 재상과 장군들을 리드한 스타일의 지도자였던 것이다. 그 같은 실용주의적 리더십은 빈농(貧農) 출신인 그의 경험이나 다양한 군 경력이 있었기에 가능했다.

일제 식민 치하에서 교사가 되기 위해 사범 교육을 받았던 박정희는, 사람들을 가르치는 데 필요한 기본을 닦았다. 그런 다음 만주, 일본, 한국의 육군사관학교에서 교육을 받고 우수한 성적(1~3위)을 냈다. 작전 분야에서 두각을 나타낸 그는 한국군 수뇌부 가운데 선두였던 백선엽, 이용문 대령 밑에서 작전참모로 일했다. 6·25전쟁 중에는 장도영 제5사단장, 송요찬 제1군 사령관 밑에서 유능한 참모장으로 이름을 날렸다.

박정희는 계획을 입안(=참모)하고, 종합적으로 검토(=참모장)하며, 실천(=사령관)한 뒤, 사후(事後) 감사까지 일관 작업을 스스로 감당해낼 수 있는 리더십 훈련을 받은 군인이었다. 때문에 조국 근대화를 위한 산업화 전선의 총사령관 역할을 맡을 수 있었다.[2]

흥미로운 것은 김영삼도 후보 시절, 유방의 고사(古事)와 관련된 일화를 남기고 있다는 점이다. 김재순 전 국회의장은 김영삼을 가리켜 "그는 유방과 같은 유형의 통이 큰 지도자로서 대통령감이다"고 밝힌 적이 있다. 두 사람은 자유당 소장파 시절부터 친구 사이였다. 선거용이긴 했으나 무게가 느껴지는 발언이었다. YS는 사소한 일에 매이지 않는 원만한 성품에다, 유방처럼 포용력과 추진력을 겸비한 인물로 알려져 있었기 때문이다.

유방(劉邦) 스타일이 맞았을 YS

26세 때 국회의원이 되어 9선 의원에 오르기까지, 직업 정치인이던 김영삼은 박정희처럼 크고 작은 조직과 업무와 관련된 삶을 살지 않았다. 젊은 시절부터 독재와의 투쟁에 올인하고 살았던지라, 일하는 리더십을 공부하고 익힐 시간이나 공간도 없었다. 3당 합당 뒤 국정을 익혀야 할 시기에도 후보 자리를 쟁취하기 위해 당내 투쟁에 올인해야 했다.

그는 소년 시절부터 대통령이 되는 게 꿈이었다. 그러나 대통령이 된 뒤 "대통령 업무에 대해 5분의 1도 알지 못했다는 것을 알게 되었다"며 아쉬워하기도 했다. 아마도 대통령이라는 자리가 상상 이상으로 엄청나게 일해야 한다는 사실을 모르고 있었다는 고백처럼 들린다.

한국의 실정에 어두웠던 고령의 초대 대통령 이승만은, 엘리트 관료 출신들을 거느린 이기붕이라는 2인자를 참모장처럼 활용했다. 박정희는 정보기관을 연결하는 정보 시스템을 만들어 국정에 체계적으로 접근했다. 스스로도 집무실에 개인적으로 만든 확인 리스트를 갖추어놓은 다음, 사후 결과를 추궁할 준비까지 해두고 있었다.

그런데 유방 스타일이 걸맞을 김영삼은 의외로 박정희 같은 친정 체제의 길을 택했다. 30여 년 만에 문민시대를 열었고, 임기 5년 내에 많은 적폐를 개혁하자면 대통령이 국정을 진두지휘할 수밖에 없다는 사명감으로 인해 그런 결론을 얻었을 것이다. 민주화 세력은 자신들도 군부 집권 세력처럼 근대화의 성과 같은 것을 올릴 수 있다는 자신감을 가졌고, YS 스스로도 박정희가 해낸 일은 자신도 할 수 있다고 믿었던 것 같다.

그러나 성과를 올릴 수 있는 전문성이 하루아침에 갖춰지는 것이 아닌만큼, 그 같은 자신감이 쉽게 실현되기 어렵다는 점을 간과하고 있었다. 군출신들은 조직 문화 속에서 성장한 데다가, 장기 집권 체제에서 국정에 관한 전문성과 노하우(know-how)를 키울 훈련 시간과 기회를 충분하게 가질 수 있었다. 그렇지만 거대한 독재 권력과 싸워야 하는 민주화 세력에겐 그러한 기회가 없었다. 그것은 쉽게 해결 방법이나 대안을 찾기 어려운 딜레마였다. 민주화 시대의 대통령들이 고전(苦戰)하게 된 근본적인 원인은, 자신의 역할을 적절하게 설정하지 못한 데 있다는 지적이 있다.[3] 아마도 위에서 말한 딜레마와 관련이 있을 것이다.

김영삼은 특정 참모와 정보기관 중심이었던 박정희의 친정 체제와는 달리, 청와대 수석비서관들의 보좌를 주축으로 국정을 이끌어갈 복안이었다. 내각은 문민정부의 정책을 구현하는 실천 부서이고, 대통령이 필요에 따라 각부 장관을 직접 지휘하지만 일반적으로 해당 수석비서관이 중간 역할을 맡는 2원화 체제라 할 수 있었다.

안기부장의 정보 보고를 귓등으로 흘려

YS는 비서실 중심의 국정 운영을 할 생각이었다. 그러면서도 비서실장에게 수석들의 업무를 총괄 조정하는 참모장 역을 맡기지 않았고, 비서실 운영의 책임만 맡겼다. 수석들을 대통령이 직접 지휘하겠다는 포석이었다. 비서실장 자리에 국정 경험이 없는 야당 4선 인사인 상도동 비주류 박관용을 앉혔다.

YS는 국무총리 인사에도 예상과 다른 포석을 했다. 육군 소장(=경리감) 출신으로 국영기업체의 장과 장관, 3선 의원 경력을 가진 황인성을 기용했다. 그의 국정 경험은 풍부했으나 문민정부의 개혁 이미지와는 거리가 먼 인사였다. 개혁 정책에 대한 보좌의 관점보다 정치적 안배 쪽으로 무게가 실린 인사라 할 수 있었다. 3당 합당과 정권 창출의 1등 공신이라 할 수 있는 JP가 황인성을 추천했고, 이를 그냥 수용했던 것이다. 황인성은 JP가 처음 총리를 할 때 그 비서실장이었다.

국무총리 비서실장과 더불어 빅3로 불리는 안기부장에도 정보 분야나 국정 경험이 전혀 없는 정치학 교수 김덕을 발탁했다. 정보 공작 정치를 철폐하겠다는 의지가 강조된 인사 포석이었다.

YS의 친정 체제는 대통령 주도의 잇단 기습적인 개혁으로 지지 여론이 고공 행진하는 가운데 일단 순탄하게 진행되는 듯했다. 그러나 시간이 지나면서 빈 틈이 생기고 있었다. YS는 일주일에 한 번씩 있는 안기부 정례 보고 때, 안기부장이 가지고 오는 정보 보고서를 중시하지 않았다고 한다. 아들 김현철을 통해 중요 사안은 이미 알고 있었기 때문이었으리라.

국정 전반에 걸친 주요 정보가 망라돼 있는 이 보고서는 정보 공작 정치로 악용될 수 있는 역기능(逆機能)을 가지고 있었다. 그렇지만 국정 운영에 필수라 할 종합 판단을 위한 순기능(順機能)이 있었다. YS가 순기능까지 백안시하는 결과가 빚어지면서 하루아침에 청와대가 세상 돌아가는 사정에 한동안 어둡게 되었다.

민주계의 2인자 격인 내무장관 최형우는 하루에도 몇 번씩 "그거 어떻게 됐노?"라고 묻는 대통령의 전화 때문에 진땀을 뺐다고 한다. 김영삼이 묻는 '그거'가 수많은 내무부의 현안 가운데 무엇을 말하는지 짚어내는 게 고역 중의 고역이었다. 검사 출신 민정수석 김영수는 아예 예상 질문과 답안을 만들어 놨다가 재빠르고 간결하게 대응해 신임을 얻었다.[4]

이런 일화는 의욕에 넘친 대통령이 방대한 국정을 일일이 챙겨보려다 과부하(過負荷)에 걸린 모습을 보여준다. 정보의 순기능 문제나 과부하 현상은, 정부 출범 10개월 뒤 맞은 1차 개각에서 중견 가신 출신인 이원종 공보처 차관이 정무수석으로 발탁되며 상황이 다소 개선되기 시작했다.

성공적이었던 이원종 정무수석 발탁

경복고 선후배 사이인 이원종과 국내 정치 담당인 안기부 제1차장 오정소 사이에 라인이 형성되면서, 정보가 변형된 코스이긴 하나 국정에 반영되는 계기를 마련하게 되었다. 역시 경복고 후배이자 여론 조사기관 운영자이기도 했던 YS의 차남 김현철이 이원종 라인과 접촉하면서, 국정에 대한 논의가 측근 세력에 의해 이뤄지고 있다는 비판의 소리도 나왔다.

정계와 언론에 밝고 정무 감각이 있는 이원종은 "YS의 생각을 누구보다도 빨리 읽는다"는 사람답게 오정소가 제공하는 정치 정보와 아버지와 소통하는 김현철의 측면 지원을 받으며, 정무에 관한 한 유능한 참모장 역할을 펴나갔다.

이원종은 여러 개의 정치 개혁 입법을 추진해 YS가 민주화의 제도적 틀을 갖추는 실적을 올리게 보좌했다. 당·정 관계에서는 대통령이 '제왕적 총재'라는 소리를 들을 수 있을 만큼 당에 대한 장악력을 강화하는 역할도 수행했다. 이렇게 해서 그는 반(反) YS 정서에도 불구하고 1995년 총선에서 신한국당이 승리하는 데 공헌했다. 김현철과의 협조 관계가 국정 개입 시비로 불거져 논란이 계속 증폭돼가고 있었으나, 이원종 수석 라인의 정무 보좌는 합격점이라는 자평(自評)이 나왔다. 대통령도 흡족해했다.

반면 경제를 포함한 다른 국정 분야는 유능한 중간 인물이 없다는 점이 YS의 부담이었다. YS는 박정희 시대의 김정렴 비서실장과 장기영, 남덕우 부총리 같은 중량급 경제 전문가가 없었다. 또 전두환 시대의 김재익 청와대 경제수석 같은 특출한 경제 참모도 없었다는 게 불운이었다. 그 같은 불운은 나중에 IMF 사태로 이어졌다.

YS는 1994년 미국에서 개혁 정책을 연구하고 귀국한 서울대 박세일 교수를 청와대 수석비서관으로 발탁, 세계화 개혁을 전담시켰다. 문민정부가 개혁 정책을 표방하고 있었던 만큼 세계화는 마땅히 해야 할 개혁이었다. 그러나 두 가지 원인 때문에 성과가 크지 않았다.

하나는 세계화 개혁이 문민정부 출범 첫 해에 이루어졌어야 했는데, 그 이듬해에 했다는 실기론(失機論)이었다. 하나회 제거나 금융실명제 개혁도 중요하지만, 힘이 있을 때 구조 개혁을 했어야 했다는 지적인 것이다. 다른 또 하나는 세계화 개혁에서 대통령이 2선으로 물러나 있었던 것이 결과적으로 개혁의 추동력을 떨어트렸다는 책임론이다. 당시 YS는 국무총리와 민간인 대표를 공동위원장으로 하는 범정부 기구인 세계화추진위원회에 세계화 개혁의 추진을 맡겼고, 박 수석이 총괄해서 대통령에게 보고하게 했다.

대통령이 진두지휘에 나서거나, 아니면 총리에게 강력한 권한과 책임을 주어 추진했어야 했다. 그런데 이것도 저것도 아닌 애매한 체제였기 때문에 추동력이 약할 수밖에 없었다는 것이다.

세계화 추진위원장이던 이홍구 총리는 나중에 책임 총리제가 필요했었다고 회고했다. 그의 주장은 선임자인 이회창의 책임 총리제와 발상과 내용이 대동소이(大同小異)하다. 다른 점이 있다면 한 사람은 퇴임 후 주장했고, 다른 한 사람은 현역 시절 주장했다가 대통령과 충돌했다는 점이다. 두 전임 총리가 주장한 책임 총리제는 김재순 의장이 말한 유방의 재상론과 맥이 통한다.

세계화 개혁을 설계했던 박세일 자신도 훗날 "대통령은 국방, 통일, 외교 등 안보 관계 업무를 관장하면서 헌법기관을 구성하는 일과 국가적 개혁을 주도하고, 경제를 포함한 일상적인 행정부 업무는 책임 총리제의 국무총리가 맡아 각 부처를 이끌어 가는 것"이라는 의견을 밝히고 있었다.[5]

김영삼이 처음부터 유방 스타일과 박정희 스타일의 리더십을 절충하는 모델을 만든 다음, 적절한 1인 지배 체제의 보완책을 마련해 국정 경험이 풍부하고 경륜이 있는 인물에게 응분의 권력과 권한을 나눠준 뒤 자신은 국정의 큰 틀을 챙기는 체제로 갔다면, 큰 성과를 얻을 수 있었으리라는 추론이 가능한 것이다.

신임 비서실장과 정무수석의 권력 투쟁

이원종의 활동 범위는 당·정 관계와 대(對) 국회 활동, 내각을 비롯한 정무직 인사에다 공천권까지 포함함으로써 대통령 참모의 역할을 뛰어넘어 참모장 역까지 연출했다. 그는 대통령의 관심을 정책화하고, 대통령의 생각이 국정이나 언론에 반영되는 문제에서 순발력이 뛰어났다.

그러는 사이 위기가 찾아왔다. 새 비서실장 김광일이 김현철의 국정 개입 문제를 빌미로 비서실 기강을 잡기 위해 이원종과의 권력 투쟁에 들어간 것이다. YS에게 이원종이라는 존재는 대안이 없을 정도의 중요 카드였다. 그러나 국민 여론의 집중타를 받고 있던 김현철 문제로 인해 그를 내놓고 편들 형편이 되지 못했다.

결국 국회에서의 노동법 날치기 처리 문제에 대한 책임을 지고 신한국당 이홍구 대표가 퇴진하면서, 관련 수석인 이원종의 책임도 묻지 않을 수 없게 되었다. 청와대의 국정 보좌 시스템이 동요하기 시작했다.

이원종의 후임인 강인섭은 두 달도 못 돼 대통령의 눈 밖에 나 옷을 벗었다. 그 뒤를 이은 새 정무는 민주계였으나, 현역을 떠난 지 오래된 인물이어서 감각과 판단이 무뎠다. 새로 부임한 안기부 1차장은 김광일의 고교 후배였으나, 이원종-오정소 라인만한 정무 역량을 갖추고 있지 못했다. 김광일도 1년 뒤 정치특보로 밀려나고, 언론계 중진 출신으로 4선 의원이던 인사가 마지막 비서실장으로 기용되었다. 그럼에도 정무 라인은 이원종 수준의 역량을 보여주지 못했다.

그러는 사이 IMF가 다가왔다. 상도동 멤버들이 보기에 대통령은 가장 어려운 시기에 효율적인 보좌를 받지 못한 채 고전하고 있었다. 그 같은 사정을 잘 알던 이원종은 도미(渡美) 계획도 포기하고 대기했다. 하지만 그가 컴백할 기회는 끝내오지 않았다.

참고 자료

1. 예춘호 『정구영 평전』 p212
2. 오인환 『박정희 리더십의 실체』 (미발간)
3. 동아시아연구원 『대통령의 성공조건』 p25
4. 최형우 『더 넓은 가슴으로 내일을』
    김영수 『김영삼 민주센터 녹취록』
5. 동아시아연구원 대통령 개혁 연구팀 『대통령의 성공조건』 p152

3장 김영삼 '민주화 리더십'의
　　　재조명

　　김영삼은 집권 초 하나회 제거, 금융실명제 실시 같은 개혁을 기습적으로 단행하면서 90%가 넘는 폭발적인 여론의 지지를 받았다. 헌정 사상 유례가 없는 현직 대통령의 인기였다. 그러나 3년 차인 1995년, 지지율은 40%대로 하락세를 보이더니 1997년 말에 IMF 금융 위기를 맞으면서 한 자릿수로 급락(急落)했다.

　　바닥을 친 지지율은 IMF 사태가 지난 지 18년이 되는 2015년에도 회복세를 보이지 못하고 1%대에 머무르고 있었다. 광복 70년을 맞아 실시한 여론조사에서였다. 박정희가 44%의 지지율로 1위였고, 노무현은 24%였다. 뒤를 이어 김대중이 14%였고, 전두환이 3%로 1%대인 김영삼과 노태우를 앞선 것으로 나타났다.[1] 그 같은 여론 추세는 그 뒤에도 비슷하게 전개되고 있다. 김영삼이 저조한 이유는 잘한 일은 16%밖에 안 되는데, 잘못한 일은 42%라고 보기 때문이라는 것이다. 잘못한 일이 잘한 일보다 3배 가까운 비율을 보이는 이유는, IMF 사태와 관련된 실정(失政) 탓으로 여겨진다.

　　한국은 제2차 세계대전 이후 독립한 100개 이상의 후진국 가운데 산업화와 민주화를 함께 이룩한 유일한 나라라는 평가를 받고 있다. 산업화와 민주화 가운데 하나를 성공시키기도 어려운데, 갈등·상충 관계인 둘을 함께 해결했다는 것은 민족적 저력을 과시한 쾌거라 할 수 있다.

그런데 위의 여론조사를 보면 한국 국민들은 산업화와 민주화를 같은 비중으로 보지 않는다는 사실을 알 수 있다. 경제 성장의 가치를 민주 발전보다 더 중시(重視)하고 있는 것처럼 보이는 것이다. 농업 후진국을 산업화 중진국 반열에 오르게 한 박정희가 압도적 1위이고, 3저(低) 호황 때 제2의 경제발전 계기를 잡은 전두환이 긍정 평가를 받고 있는 것으로 나타났다.

두 사람은 인권을 유린하고 자유 민주주의 정신을 훼손하면서 권위주의 통치를 감행해 온 잘못(=過)을 저지른 인물들이기도 하다. 그런데 공과(功過) 비율에서 공(功)이 과(過)를 압도하는 것 같은 후한 점수를 받았다.

반면 일생을 민주화 투쟁에 바친 김영삼, 김대중은 상대적으로 저평가되고 있다. 경제 정책에서 성공하지 못했다는 이유 때문인 듯한데, 민주화 업적 부분에서까지 양김에 비해 별로 큰 일을 한 게 없는 2세대인 노무현에게 밀렸다. 그나마 김대중은 14%의 지지를 확보했으나, 김영삼은 바닥을 면치 못하고 있다.

중국을 공산화 통일한 마오쩌둥(毛澤東)은 집권 후기에 대약진 운동을 벌이다가 수천만 명의 국민을 굶겨 죽였다. 더구나 문화대혁명을 일으켜 국가 발전 역량을 10년 이상 정체(停滯)되게 만드는 바람에 평가가 나빴다. 그런데 덩샤오핑(鄧小平)이 공과를 균형 공정하게 보아야 한다면서 '공 7 과 3'의 비율로 재평가했다. 그 후 그것이 그들의 역사 평가로 정착되었다.

어느 나라 지도자이든 간에 차이는 있으나 공, 과의 비율이 있기 마련인 것이다. 2015년 여론조사의 문제점은 복합적인 현대사를 지나치게 단순화해서 재단(裁斷)하다 보니, 공정하고 균형 있는 역사 평가가 이루어지기 어려웠던 점이라고 할 수 있다. 산업화 쪽에 비중이 더 간 이유는 경제가 그만큼 중요하다는 뜻도 있겠다. 그러나 배금(拜金)주의 사상이나 천민(賤民) 자본주의처럼 돈을 중시하는 한국 사회의 가치관이 작용한 탓일 수도 있다.

YS와 DJ의 민주화 공로는 반반(半半)?

한국의 민주화 투쟁에는 수많은 민주 인사가 참여했고 많은 국민들이 동참했다. 그러므로 산업화 주역의 박정희처럼 절대적 비중을 차지하는 개별 공로자를 특정하기가 쉽지 않다. 하지만 야당과 재야인사, 그리고 종교계를 통틀어 볼 때, 김영삼과 김대중의 기여도나 위상이 가장 높았다는 것이 역사적 사실임을 부인하기는 어렵다. 양김은 민주화 투쟁의 상징이었고, 민주화 시대를 연 민주화 대통령들이기도 했다.

그렇다면 민주화에 대한 양김의 공로는 반반인가? 아니면 어느 쪽이 제1의 공로자인가? 여기에 대해서는 아직까지 정답이 없다. 관점과 입장에 따라 다를 것이기 때문이다.

상징적인 관점에서라면 국내는 물론 세계적으로 순교자적 이미지를 남긴 김대중의 우위(優位)가 눈에 띌 것이다. 1971년 대통령선거에서 박정희와 대결해 일약 전국적인 거물 정치인으로 부상한 김대중은, 유신 이후 일본과 미국 등 해외에서 머물며 반정부 활동을 펴 매스컴의 집중적인 조명 속에서 국제적 인물로 각광을 받았다.

그는 호남지역의 압도적인 지지 속에서, 좌파 성향이라는 이유로 영남 군부 정권 세력의 집중적인 견제와 탄압을 받았다. 그에게 가해진 군부 정권의 감시, 납치, 불법 연금과 구속, 그리고 사면 문제는 국민의 반발은 물론 국제사회의 비난과 비판을 받았다. 그 과정에서 DJ는 세계적인 반정부 인사로 부각되었다.

그러나 같은 시기에 국제적으로 덜 알려진 채, 국내에서 묵묵히 민주화 투쟁을 실질적으로 주도해가고 있던 중심인물은 김영삼이었다. 그가 유신 체제에 정면 도전해 신민당 총재직과 국회의원직을 강제로 박탈당한 사건이 부마(釜馬)사태를 촉발하면서 박정희 정권 몰락이 시작되었다.

그때까지 김대중의 그늘에 가려있던 김영삼이 대등한 야당 지도자로 부상했다는 소리가 들렸다. 그 뒤 수감 중 신병 치료를 이유로 DJ가 5공의 출국 허가를 받아 미국에 가 있는 사이, YS는 민주산악회를 이끌면서 5공과 맞서 싸웠다. 그는 재야를 포함한 지도자의 한 사람에 불과했으나 목숨을 건 23일간의 단식 투쟁 끝에 돌파구를 마련하는 데 성공했고, 2·12 총선 돌풍으로 이어지는 민주화 투쟁을 주도적으로 끌고 나갔다.

드디어 그는 야권과 국민 모두에게 인정받는 전국적인 지도자로 우뚝 성장했다. 1992년 대통령 선거에서 군부 통치 30년의 적폐를 청산할 후보는 YS와 DJ 가운데 한 사람이 될 것이 분명했다. 대통령 직선제를 실현시킨 두 사람이 압도적인 1, 2위로 여론이 지지하는 후보 자리를 차지하고 있었기 때문이다.

YS가 DJ를 누르고 대통령에 당선되기 전후, 노태우 정부의 육군 참모총장과 국방장관이 기자회견을 열어 공공연하게 "정부는 군의 협조를 받아야 한다." "군은 하나회에서 관리하고 통제하겠다"고 발언했다. YS는 이를 문민정부에 대한 도전으로 받아들여 어금니를 꽉 깨물었다고 했다.[2]

제대로 힘을 쓰지 못한 DJ의 접근 방식

김영삼은 역사에 나와 있는 대로 군부의 압박을 물리치고, 하나회 제거를 시작으로 대대적인 군부 인사 개편을 통해 군부의 정치 개입을 원천적으로 차단하는 개혁을 감행했다. 역사 바로 세우기를 통해 12·12 신군부 반란에 대한 책임까지 소급 추궁함으로써, 그 같은 사태가 다시 일어나지 않도록 군부 시대 청산 작업을 성공적으로 마무리해냈다. 그런 청산을 계기로 한국의 문민 민주주의 정치는 정상 궤도에 올라 지금에 이르고 있다.

김대중이 먼저 집권에 성공했다면 군부 청산 작업이 YS처럼 무난하게 진행됐을까? YS와 DJ를 누구보다도 잘 아는 동년배이자 3김의 나머지 한 사람인 김종필은, 그에 대해 매우 함축성 있는 비유를 남기고 있다. 그는 자신의 회고록에서 성격이 대담하고 결정을 한 뒤에는 곧 신속하게 행동하는 유형인 YS가, 하나회 청산 같은 일을 순발력을 발휘해 속전속결할 수 있었다고 평했다. 그러면서 DJ의 경우에는 생각이 복잡하고 신중한데다가, 단계적이고 복선적으로 접근하는 성격이어서 청산이 다른 방식으로 됐을 것이라고 에둘러 표현했다.

정치적 언어 구사에 능한 사람답게 비유적으로 말하고 있으나 메시지는 분명했다. YS는 일도양단(一刀兩斷)의 결단으로 해냈으나, DJ는 다른 방식으로 접근했으리라는 분석인 것이다. 그것은 정공법이 아니라 복합적인 접근 방식, 즉 화해(和解·Reconciliation)를 화두로 한 정치적 해법을 말한 것이라 할 수 있다.

실제로 DJ는 대선에서 승리한 뒤 사면권을 가지고 있는 현직 대통령 YS에게 전두환과 노태우 두 전직 대통령을 사면하자고 제의, 성사시켰다. 박정희와의 대결 이래 30년이라는 긴 세월 동안 군부 세력의 압박과 탄압을 받고 순교자처럼 부각돼왔던 피해 당사자가, 복수(復讐·Revenge) 대신 용서와 화해를 들고 나온 것이다.

자신의 원활한 통치를 위해 군부 추종 세력을 포용하는 정치적 포석을 놓은 게 아니냐는 해석이 뒤따랐으나, YS의 군부 통치 청산의 공로에 필적하는 다음 단계의 승부수라 할 수 있었다. 그 뒤 DJ는 TK 세력의 중진 인사를 비서실장으로 영입해 정치적 거물로 키워가며, TK지역 상대의 구애 작전에 구원 투수로 활용했다. 또한 박정희 기념사업을 위한 예산도 마련해 주는 등 배려를 계속했다.

군부 통치 추종 세력과 민주화 세력 간의 갈등 구조와 첨예한 동서 지역 대결 구도를 동시에 접근하는 화해 정책을 시도한 것이다. JP가 분석한 대로 일도양단이 아니라, 신중하게 단계적이고 복선적 방법론으로 접근한 것이다. 그러나 결과는 실망스러웠다.

TK 지역의 민심은 냉담했고, 선거 때도 반응이 차가워 충청도의 JP와 TK 지역의 박태준까지 가세했음에도 국민회의 쪽 후보자들이 전패(全敗)하다시피 했다. 복합적인 대결 구도를 완화·개선하는 데 이렇다 할 영향력을 주거나 기여를 못하지 않았느냐는 분석이 나왔다. 당사자들만의 화해 잔치로 끝난 게 아니냐는 비판도 있었다.

DJ의 접근 방식은 지역 대결 구도의 경직성 앞에서 제대로 힘을 쓰지 못했다. DJ는 YS가 군부 정치 세력 청산이라는 결정적 고비를 넘긴 뒤 등장했으나, 군부 일부 세력과 화해했을 뿐 화해 국면을 확산시키는 데 한계를 보였다. 그것은 DJ가 YS보다 먼저 집권했을 경우, 핵심 군부 청산과 화해 작업을 동시에 추진할 수 있었겠느냐는 의문으로 이어진다.

후진국의 악몽인 쿠데타의 악순환은 군부의 정치 세력이 군부에 남아 있다가 재기를 꾀할 수 있을 때 가능하다. 한국의 경우에도 권력을 맛보고 정치 개입을 당연시하던 군부는, 앞서 설명했듯이 문민 대통령으로 등장한 YS를 압박했다.

그런 군부가 오랫동안 터부시(Taboo=금기시)하던 DJ가 집권했더라면, 더 강하게 결속하거나 반발했을 가능성이 당시로서는 높았다고 할 수 있었다. 그 경우 DJ가 YS처럼 하나회를 하루아침에 제거할 수 있었겠는가? YS측의 한 인사는 "매우 어려웠을 것이다"고 논평했다.

YS의 대담성과 정면 돌파의 기세, 그리고 TK 군부를 견제하는 PK 출신 군부의 존재라는 지역적 연고가 없었다면, 정치 군부의 청산이 어려울 수 있었다는 가정을 전제하고 말하는 것이다.

한국의 현대사에는 과거 청산 트라우마가 있다. 대표적인 것이 "친일파 단죄를 제대로 하지 못해 민족정기를 바로 세울 수 없었다"는 역사 인식이다. 건국 대통령 이승만은 반공을 이유로 친일파 처벌 문제를 다루는 국회의 반민특위(反民特委)를 강제 해산했다.

해방 뒤 필마단기(匹馬單騎)로 미국에서 돌아온 이승만은 제휴 관계를 원하는 보수 정당 한민당을 기피하고, 자신의 친위 세력을 확보하기 위해 친일파 출신 관료를 대거 포용했다. 그 연장선상에서 반민특위의 친일파 청산 작업을 막았던 게 아니냐는 해석이 따르는 것이다. 한국 현대사에서 그에 버금가는 과거사 청산 문제가 있다면, 그것은 군부 장기 독재에 대한 청산 문제가 될 것이다. 김영삼이 그 문제를 제대로 처리하지 못했다면, 수십 년 사이 끊임없이 군부의 망령에 쫓기는 아웅산 수치의 미얀마(=버마)가 남의 나라 일만은 아닐 수도 있었을지 모른다.

YS의 군부 청산은 그 뒤 30여 년이 넘도록 도전이나 이의를 받지 않고 역사적 기정사실로 정착했다. 그것은 동기나 절차의 문제에서 반론은 있으나, YS의 역사 바로 세우기가 이제 역사적 업적이 됐다는 것을 뜻한다. 이제 YS는 하나회 제거를 시행한 대통령으로서가 아니라, 군부 통치 시대를 청산한 주역으로 기록되어야 할 것이다.

참고 자료

1. 윤평중 [조선일보] 칼럼 2015년 11월22일
2. 김영삼 대통령 회고록1 p93~94

4장 한류(韓流)의 공로자 YS

　　김영삼은 우리나라가 IT 강국이 되는 계기인 정보화 시대를 연 인물이다. 또한 한류(韓流=Korean wave)가 등장하게 된 배경인 다(多)매체 다(多)채널 정책을 시작한 한류의 공로자이다. 삼성전자와 LG전자로 대표되는 휴대폰 왕국의 계기를 마련해준 대통령이기도 하다.

　　그 같은 공헌을 했음에도 불구하고 일반인들에게 잘 알려지지 않은 이유가 있었다. 그것은 정보화 사업이 세계화 개혁 가운데 하나로 끼어 있어 충분하게 이목을 끌지 못했고, IMF 사태로 문민정부가 무너지듯 막을 내리는 바람에 다양한 업적이 정리, 홍보되지 못한 채 묻혀 버린 탓이었다.

　　후임 정부가 흩어져있던 YS 정부의 '정보화 및 다매체 다채널 정책'의 관련 업적을 자신들이 해낸 것처럼 재포장하고, 정보화 시대를 자신들이 열었다고 주장한 것이 착시 현상을 일으키게 한 측면도 없지 않다.

　　한국의 정보화 시대는 DJ가 아니라 YS가 먼저 열었다는 역사적 팩트(Fact=사실)는, 문민정부가 출범한 1993년 7월 「정보화 촉진 기본법」 제정에 관한 제언이 나왔고, 2년 뒤 법안이 성안된 데서 시작된다. 그 법안은 범국가적 정보화 추진을 위한 마스터플랜이었다. 그에 따라 우리나라에서도 정보 고속도로(Information Super Highway)로 불리는 광(光)케이블의 초고속 정보 통신망이 전국적으로 깔리기 시작했다.

정보화 고속도로는 공공기관·연구소·대학·기업 및 개개 가정에 이르기까지 첨단의 광케이블망으로 연결하여 음성 자료, 데이터, 영상을 비롯한 다량의 정보를 초고속으로 주고받는 최첨단 통신 시스템이다.

1994년에는 유선 전화 통신과 우편 업무를 주로 다루던 체신부를 정보화 시대를 이끄는 부처로 만들기 위해 정보통신부로 개편했다. 김영삼은 회고록에서 "한국경제의 새로운 활로는 세계적 조류인 정보화 혁명에 얼마나 부응할 수 있느냐에 달려있다. 이를 위해 초고속 정보통신망 구축을 국책 사업으로 서두르려 했고, 구식 미디어에 급급해온 체신부가 정보화 시대를 선도하는 부처로 탈바꿈하는 것이 시급했다"고 쓰고 있다.[1]

정보통신부 발족은 정보화 시대를 여는 획기적인 개혁으로 평가된다.([전자신문] 2012. 12.13.)

정보화 시대를 열자고 건의한 사람은 청와대 사회정책수석 이각범 전 서울대 교수였다. 그는 "한국은 19세기 말 쇄국(鎖國) 정책을 폈다가 세계의 산업화 추세에서 뒤처졌고, 서구 문명을 일찍 받아들이기 시작한 일본에 나라를 빼앗겼다. 21세기 들어 정보화 시대에도 그 같은 현상이 반복될 수 없는 일이다. 정보화 시대에는 일본, 유럽 등 선진국에 앞서 나가야 한다"고 대통령을 설득했다. YS는 좌고우면(左顧右眄)하지 않고 즉각 이를 수용했다.[2]

정보통신부(=약칭 정통부)는 1996년 말, 정보화시대의 청사진을 담은 「정보통신 산업발전 종합대책」도 세웠다. 문민정부는 정보화 정책을 추진하면서 함께 정보통신의 산업화도 시도했다.

1996년 7월에 기존 증권거래소와는 별도로 코스닥(Kosdaq)을 만들어 코스피(=한국증권거래소)에 들어가지 않은 정보통신 관련 스타트업 (Start up) 기업들이 들어갈 수 있게 했다. 또 코스피, 코스닥에 들어가지 못한 기업들로 제3시장을 만들어서 서로 합병(M&A)할 수 있게 했다.

1997년 8월에는 「벤처기업 육성에 관한 특별조치법」을 제정해 법인세를 면세해주고, 우수 인력에게 병역 혜택을 주는 지원책도 내놨다. 벤처기업들에 큰 도움이 되었다고 한다. 벤처기업과 중소기업을 전담 지원하는 중소기업청도 창설했다. 중소기업청은 그 뒤 정권에서도 계속 활동 중이다. 벤처기업 육성은 성공적인 IT 정책으로 평가된다.[3]

김영삼 서거 후, 재계는 그의 정보화 정책과 벤처기업 지원이 우리나라가 IT 강국으로 성장하는 밑거름이 되었다고 평가했다.

후임 정권이 가로챈 정보화 관련 업적

1997년 말 대선 때였다. 김대중 후보의 대선 공약의 하나로 정보화 시대에 관한 내용이 방송에 보도되고 있었다. 배경 화면에 위성방송용 인공위성이 뜨는 장면이 깔렸다.

이각범이 들어보니 몹시 낯익은 내용이었다. 자신이 그 전 해에 공들여 만들어 놓았던 정보화 정책 내용이 DJ의 공약으로 둔갑돼 발표되고 있었다는 것이다. 이각범은 어떻게 해서 그 같은 일이 가능할 수 있는지 갈피를 잡을 수 없었다. 문민정부가 제대로 홍보하지 못하고 퇴진하자, 다음 정권의 실무 관계자들이 베낀 게 아닌가 하고 추측한다고 했다.[4]

김대중은 취임사에서 "산업화에는 뒤졌지만 정보화는 앞서 가겠다"고 약속했다. 김영삼이 3년 전인 1995년에 정보화 시대를 열기로 결심하고 한 말과 똑같은 표현을 쓰고 있었다. YS가 이미 언급했다는 사실을 DJ가 알고 그랬는지 모르고 그랬는지 여부는 알 길이 없다.

문민정부에서 「선진 방송 5개년 계획」을 주도한 공보처 장관은, 퇴임 후 DJ 정부가 발간한 방송 관련 홍보 책자에 자신이 이룩한 업적을 그들이 이루어낸 것처럼 정리해놓은 것을 발견하고 충격을 받았다고 했다.

그러나 사업 내용을 가로챌 수 있을지는 모르나 관련 사진까지 급조할 수는 없는 노릇이었다. 그 장관이 주빈(主賓)으로 참석한 방송 관련 기공식과 준공식 사진은 그대로 쓰고 있었다. 그 사진들은 방송 정책의 시작(=기공식)에서부터 결과를 집행하기(=준공식)까지 문민정부가 주도했음을 알려주는 '스모킹 건(smoking gun)' 같은 결정적 증거이기도 했다.[5]

장기간에 걸쳐 진행되는 대형 국책 사업은 정권을 이어가면서 계속되는 경우가 많다. 초고속 통신망 부설, 인천공항 건설, KTX 사업은 모두 YS 정부에서 시작하거나 기공식을 하면서 본격적으로 사업이 추진되었다. 그러다보니 김대중 정부 집권 초기 준공식이 열렸고, DJ의 업적으로 기록되기도 했다. 설사 그런 점이 있다 해도 정보화 시대의 개막이나 다매체 다채널 사업의 성과는 YS 정부의 업적으로 자리매김이 돼야 할 것이다.

한 정치평론가는 "DJ가 정보통신 IT산업의 중요성을 잘 알고 있었고, 지식 정보화 사업을 적극 추진해 한국이 세계 제1의 지식정보 강국으로 등장하는 기반을 마련했다"고 평가했다. 그런데 그는 지식 정보 강국을 이끌 '정보화 시대'를 연 토대를 닦은 인물이 YS이고, 그 업적을 이어받은 DJ가 정보화 정책을 보완·보강해서 업그레이드했다는 점은 간과하고 있었다.[6]

문민정부는 1995년부터 2015년까지 20년간 총 45조 원을 투입해 전국을 광케이블로 연결하는 「초고속 정보통신 기반 구축 종합 추진 계획」을 확정했다. 굴뚝 산업을 선호하던 그 무렵, 정·재계 인사들의 반응은 경부고속도로 건설 당시처럼 반대 여론이 강했다.

찬·반 양론의 우여곡절 끝에 대통령의 결단으로 사업 추진의 길이 열렸다. 1968년 경부고속도로 건설에 반대한 것으로 알려진 중진 정치인 YS(=DJ도 반대하기는 마찬가지였다)가, 28년 뒤 대통령이 돼 사고(思考)의 지평을 바꾸면서 초고속 정보 도로 건설을 결심한 과정은 어떤 의미에서든 의미심장한 일이 아닐 수 없다.

위의 계획은 1997년까지 대도시에 시범망을 구축한 뒤 대량 통신 수요처에 우선적으로 광케이블을 설치하며, 2002년까지 인구 밀집 건물에 통신망을 확대한 다음 일반 가정에까지 연결한다는 계획이었다.[7]

초고속 정보 도로의 건설은 경부고속도로가 한국의 산업화에 기여했듯이 4차 산업 시대, 5G 시대에 대비한 미래를 위한 투자였다. 한국은 지금 전자 정부 시스템을 수출하는 1위의 국가가 되었다. 2012년에는 수출액이 3억4032만 달러에 달했다. UN 전자 정부 평가에서 1위를 달성한 것이 그 같은 결과를 낼 수 있는 저력이 되었다.

전자 정부의 목표는 '논스톱(non stop) 대민(對民) 서비스'이다. 민원(民願)의 논스톱 서비스를 준비했었다. 빅 데이터(Big Data)를 두어 정부 각 부처에서 모은 정보를 가지고 있다가, 한 창구에서 필요한 대민 서비스를 한 번에 처리할 수 있는 게 민원의 원스톱 서비스이다.

그 서비스를 위해서는 부처 사이에 정보의 칸막이가 없도록 행정을 통합해야 했었다. 그러나 문민정부 때 정보통신부와 총무처가 주도권 싸움을 벌이는 바람에 통합 개혁을 할 수 없었다. 그래서 전산화 작업만 먼저 서둘러야 했다. 그 뒤 국민의 정부를 거치면서 각 부처가 정보를 공유할 수 있게 되었고, 국무회의 때 장관들 앞에 노트북 컴퓨터가 등장하게 되었다.[8]

휴대폰 왕국의 길을 트다

문민정부 시절 우리나라가 디지털 방식의 CDMA(Code Division

Multiple Access) 기술을 상용(商用)하는 첫 번째 나라가 되었다. 그때까지 아날로그 방식의 기술 축적이 많은 미국은, 한국의 디지털기술 사용 시도를 달갑지 않게 보고 반대 압력을 가해왔다. 하지만 김영삼이 과감하게 상용화 결단을 내렸던 것이다.[9]

그로 인해 선진국의 아날로그 기술을 따라가기만 하던 한국이, 대등한 입장에서 국제경쟁에 나서는 계기를 맞았다. 삼성전자와 LG전자가 그 뒤 빠른 의사 결정과 집중적인 기술 투자를 통해 최신식 휴대폰을 개발하는 데 성공했고, 한국은 휴대폰 왕국이 되었다. 아날로그 방식을 고수했더라면 얻을 수 없는 값진 기회를 갖게 되었던 것이다.

문민정부는 1994년, '1가구 1컴퓨터' 시대를 목표로 2000년까지 개인용 컴퓨터(PC) 1000만 대를 보급하는 정책을 세웠다. 그 계획은 당초 목표를 3년이나 앞당겨 1997년에 1000만 대를 돌파했다. 그러나 1000만 대 PC 중 가구당 보급률은 18%밖에 안 돼, 사회 전반의 정보화 마인드가 부족하다는 언론의 평가가 있었다.[10]

정보화 시대와 함께 반도체와 PC, 인터넷의 발전으로 디지털 혁명이 일어나면서 방송과 통신의 융합 현상이 등장했다. 방송의 통신화, 통신의 방송화가 이뤄지며 다매체 다채널의 뉴미디어 시대가 진행되었다. 문민정부의 공보처는 뉴미디어 시대에 맞춰 1995년 「선진 방송 5개년 계획」을 확정했다. 케이블 TV(=종합 유선방송. 세칭 종편)의 개막, 지역 민방의 출범, 무궁화 1호, 2호 등 위성방송 실시의 3개 사업을 추진했다.

그동안에는 지상파 방송의 5개 채널에 만족해왔다. 그렇지만 케이블 시대에 들어서면서 보도, 영화, 음악, 스포츠, 교양, 오락, 어린이, 종교, 교통 관광, 홈쇼핑, 만화, 문화, 예술, 바둑 등 20여 개 채널로 늘어나 다채로워졌다. 그러나 케이블 TV는 지상파 방송이나 외국의 프로그램을 사다가 방영하고 있었고 재방, 3방, 4방까지 하는 순환 편성이 심했다. 프로그램 제작을 맡은 PP(Program provider)가 창조적이고 전문적인 자체 프로그램을 만들어내지 못하는 것이 심각한 문제였다. 콘텐츠(Contents) 기근 현상을 벗어나지 못했던 것이다.

그 뒤 지상파 출신 전문가들이 케이블 TV 업계에 진출하여 지상파 3사에서도 자회사를 만들었다. 또 삼성 영상산업단, 현대방송, 대우 영상산업부처럼 대기업이 진출하면서 영상 산업이 급속도로 발전하기 시작했다. 1조 원 이상의 자금이 투자되었다.

그 뒤 CJ그룹의 ENM을 비롯한 영화, 음악, 게임과 같은 문화산업 분야의 강자가 등장해 한류 시대가 열리게 된다. 그 출발은 1997년 중국에서 방영된 「사랑이 뭐길래」였고, 1억5000만 명이 시청했다고 한다.

2003년에는 KBS의 드라마 「겨울 연가」(=일본어 타이틀은 「겨울 소나타」)가 일본에 상륙해 '욘사마(=배용준) 열풍'을 일으켰다. 2004년에는 MBC가 제작한 「대장금」이 일본을 비롯하여 62개국에서 방영되면서 한류가 글로벌 차원으로 확산되었다. 이어 K-Pop과 게임이 한류의 주류가 되었고, 싸이 열풍에 이어 2020년에 BTS(방탄소년단)가 세계 음악팬들을 열광시키는 단계까지 왔다. 한국은 이제 케이블 TV뿐 아니라 IP TV, Sky life를 비롯한 유료 방송통신 융합 매체에 프로그램을 제공하는 PP가 무려 350여 개 넘는 수준으로 프로그램 공급 능력이 크게 발전했다.

한류가 세계적으로 알려지게 되는 데는 역대 한국정부의 지속적인 정보화 및 세계화 추진 정책이 가져온 시너지 효과라는 분석이 있다. 한국의 정보화 역량이 문화와 IT가 융합된 문화기술(Culture Technology) 저변에 축적되면서 한류를 촉진하는 힘이 되었다는 것이다.[11]

한류가 등장하는 시기가 동남아를 포함한 세계 각국이 한국에 이어 다매체 다채널 시대에 들어가는 시기와 겹치면서, 한국이 선두 주자의 이점을 최대한 확보하게 되었다는 평가도 있다. 한류가 '민주화 운동의 열매'라는 주장도 있다. 군부 통치 시절 국민의 에너지가 반독재 투쟁으로 소진되었는데, 민주화가 진행되면서 그 에너지가 새로운 힘인 한류를 창출하는 힘으로 변형된 것이라는 해석이다.[12]

어쨌든 김영삼 정부의 정보화, 세계화 시대의 개막과 다매체, 다채널의 뉴미디어 시대를 대비한 계획이 한류의 원년이 되었다고 할 수 있다. 이 항목에서 다룬 정보화 개막과 다매체 다채널에 관한 내용은 유세준 전 공보처 차관(=케이블TV 협회장과 수원대 석좌교수 역임), 이상식 계명대 교수와 유재웅 을지대 교수의 관계 논문을 참고해서 쓴 것임을 밝혀둔다.

참고 자료

1. 『김영삼 대통령 회고록』상 p378
2. 이각범 『김영삼 민주센터 녹취록』
3. [전자신문](2012. 12. 13)
4. 이각범 『김영삼 민주센터 녹취록』
5. 오인환 증언
6. 윤여준 『대통령의 자격』 p428
7. [매일경제신문]
8. 이각범 『김영삼 민주센터 녹취록』
9. 이원종 『김영삼 민주센터 녹취록』
10. [중앙일보] 사설(1997. 9. 25.)
11. 김상배 증언
12. 김정남 『김영삼 민주센터 녹취록』

5장 아들 구속하라고
검찰을 압박하다

김영삼은 회고록에서 "아들(=김현철 소장)의 문제가 크게 불거진 것은 1997년 1월23일, 한보(韓宝)철강이 5조 원이라는 천문학적 부채를 안고 쓰러지면서부터였다. 한보그룹의 부도 사태로 나라의 경제가 더 어려워지게 되자 전례가 없는 부채 규모에 정치권과 언론이 의혹을 제기하기 시작했고, 여론도 나빠지기 시작했다"고 쓰고 있다.[1]

그러나 실제 상황은 대통령이 표현하고 있는 것보다 더 비관적이었다. 정권 초부터 시작된 김현철의 국정 개입 시비가 계속 커져오다가, '한보철강의 몸통설'과 겹치면서 비등점(沸騰點·Boiling Point)을 향하기 시작했다.

1월31일, 한보의 정태수 회장이 「특정 범죄 가중 처벌법상 사기와 부정 수표 단속법」 위반 혐의로 구속되었다. 한보 사건과 관련해 상도동 재무 담당 집사로 알려진 가신(家臣) 홍인길, YS 비서실장 출신의 김우석, 한때 YS의 총애를 받던 황병태, DJ 가신 그룹의 좌장인 권노갑이 구속되었다.

정계와 언론계, 증권가에는 김현철이 한보 특혜의 진짜 배후라는 그럴 듯한 소문이 공공연하게 나돌았다. 야당은 김현철 커넥션 수사가 불가피하다며 국회에서 공론화 공세를 펴고 있었다. 김영삼은 일단 아들을 불러 소문의 진상을 직접 추궁했고, 김현철은 완강하게 자신의 결백을 주장하고 있었다.

김영삼은 아들 관련 부분을 검찰총장에게 수사하라고 지시했다. 근거 없이 공방을 주고받고 할 것이 아니라, 권위 있는 수사기관의 조사로 진상을 밝힌 뒤 따질 것은 따지자고 생각한 것이다. 이미 한보 사태에 대해 성역 없는 수사를 하겠다고 대(對)국민 약속을 한 뒤였으므로, 대통령의 아들이라 해서 예외가 될 수 없는 일이었다.

2월21일, 김현철은 대검 중앙수사부에 출두해 26시간에 걸쳐 강도 높은 조사를 받았다. 최정예 수사 검사들이 동원됐으나 이렇다 할 혐의를 밝혀내는 데에는 실패했다. 검찰총장은 인정되는 혐의가 없다고 보고했다. 아버지의 입장에서 반가운 소식일 수도 있으나, 대통령의 관점에서 보면 "국민이 납득할 수 있겠느냐?"는 의문이 나올 수밖에 없었다.

김영삼은 검찰 수사가 미진한 게 아니냐고 검찰총장을 심하게 질책했다. 오히려 검찰총장이 변명에 급급해하는 색다른 정경이 연출되었다. 대통령과 검찰총장 사이에 형성된 딜레마를 앞에 두고 돌파구를 마련한 인물은 고건 국무총리였다.

문민정부 마지막 총리로 기용된 그는 함께 입각한 최상엽 법무장관과 함께 해법을 찾아 나섰다. 야구 경기가 핀치에 몰릴 때 투수(Pitcher)를 바꾸듯이, 중앙수사부장을 교체해보자는 안이 채택됐다. 후임 중수부장에 특수부 검사로 명성을 날렸던 심재륜 대구 고검장이 급을 낮춰 기용되었다. 그러나 정치적 용어로는 발탁이었다. 그는 서울지검 초대 강력부장 시절, 역대 최대 폭력 조직으로 소문난 서방파 두목 김태촌을 구속하여 명성을 날리면서 '특수통 검사의 레전드'로 알려진 강골이었다.

심재륜의 지휘 아래 분위기를 쇄신한 중수부는 1개월여 보강 수사를 폈다. 그런 끝에 김현철이 관장하던 YS의 1997년 대선 자금 중 쓰고 남은

거액의 목돈이, 대호건설 이성호의 부친 계좌에 분산 입금돼 있다는 극비 사실을 밝혀냈다.[2]

별건(別件) 수사로 체면치레한 검찰

김현철은 그 목돈이 K고교 동문들로부터 선거자금으로 받은 것이라는 사실을 시인했다. 검찰에 의하면 김현철은 1993년부터 1996년 말까지 이성호 대호건설 사장과 동문인 김덕영 두양그룹 회장을 비롯한 6명으로부터 66억 1000만 원을 받아, 차명(借名)으로 관리하며 증여세를 포탈했다는 것이다.[3]

중수부의 김현철 선거 자금 적발은, 대통령 아들의 금융실명제 위반 사실이 드러난 것이라는 점에서 나름의 의미가 있었다. 실명제 실시 때 YS가 아들에게까지 철저하게 비밀을 지키는 바람에 나중에 문제가 될 수 있는 거액의 목돈을 그대로 가지고 있었음이 확인되었기 때문이다. 그러나 한보 사건과는 직접 관계가 없는 것이어서 야당의 공세나 여론의 질책을 잠재우기에 역부족이었다.

검찰은 대대적인 수사에 나섰다가 결과가 신통치 않을 경우 별건(別件) 수사를 펴 체면치레를 하는 관행이 있었다. 심재륜의 작품도 별건 수사여서 그만큼 대국민 설득력이 떨어지고 있었다고 할 수 있다.

수사 결과를 보고하러 온 검찰총장은 여전히 자신이 없었다. 검찰이 밝혀낸 것은 결국 정치자금으로 받은 돈에 대한 증여세를 탈루했다는 것인데, 그 같은 혐의로 처벌받은 선례가 없을 정도로 사문화(死文化)되다시피 한 경우였다. 대통령의 아들에게 처음 적용하는 게 무리가 아닌가 하는 신중론이었던 것이다. 하지만 김영삼은 구속 수사를 지시했다. 그 같은 정공법(正攻法) 이외에는 경색된 정국을 풀 수 있는 별도의 대책이 가능하지 않다고 보아 결심한 것이라 할 수 있다.[4]

당시 김영삼은 공사(公私)에 걸쳐 사면초가(四面楚歌)의 처지였다. 2월25일에는 취임 4주년을 맞아 "지난 4년간 오직 절제와 금욕으로 한 길만 달려온 저로서는 처절하고 참담한 심정입니다"면서 국민에게 사죄하는 담화를 발표해야 했다. 언론이나 야당이 김현철을 향해 돌팔매질을 하고 있었으나, 사실상 과녁은 대통령이었다. 한보 사태는 부정 대출 사건이 아니라 복합적인 정치 사건이 돼 있었던 것이다. 정국을 원활하게 반전시킬 해법이 절실했으나 마땅한 카드가 없었다.

아들에 대한 검찰 수사를 계기로 김영삼은 가족들과도 편치 않은 입장이 되었다. 마산에 있는 부친 김홍조 옹은 전화로 손자에 대한 걱정을 격앙된 어조로 전했고, 손자가 구속된 뒤 면회하고 나서 아들에게 원망하는 말을 퍼부었다. 영부인 손명순도 눈물을 흘리며 남편에게 항의하곤 했다.

고뇌 속에서 김영삼은 별건 수사 시비에 상관없이 아들을 구속하여 법정에 세우는 결단을 내렸다. 냉소적인 시각을 가진 사람들은 "정치 9단의 YS가 자신이 살기 위해 아들까지 희생시키려 하는 게 아니냐?"는 반응을 보이고 있었다.

DJ도 세 아들 뇌물수수 혐의로 구속

확실한 것은 YS가 대통령의 입장에서 성역 없는 수사를 진행시켜 국법 질서를 지키는 길을 택했다는 점이다. 왜 그런가 하면, 그런 결정이 YS의 정치 철학에서 나왔다고 볼 수 있기 때문이다. YS는 일생을 야당 투사로 싸웠고, 함께 싸운 사람들과 깊은 동지 관계를 맺었다.

패거리 정치를 편다는 비난도 끊임없이 들었다. 하지만 집권 뒤에는 패거리 정치를 뛰어넘는 노력을 보여주었다. 민주화 투쟁의 공(功)을 앞세워 혜택을 주고받는 팬덤(Fandom) 정치, 집단 이기주의의 정치를 극복하려는 의지를 드러냈다. 민주산악회가 압력 단체화 되고 있다는 소리가 들리자 산악회를 해산해버렸다. 장학로와 홍인길 같이 가족처럼 지내던 가신들이 비위에 관련해 구속되자, 비호하는 대신 당사자들이 원망할 정도로 냉정하게 선을 그었다. "정치인이 돈, 명예, 권력 세 가지를 다 가지려 하면 안 된다"는 철학을 가진 YS는, 상식에 어긋난 처신을 하는 비서들을 보면 평소에도 즉시 따끔한 질책을 가하는 사람이었다. 비위로 여론의 지탄을 받는 사람들을 두둔하거나 도와주려 하지 않았다. 그런 점을 가리켜 YS를 이기주의자라고 비난하는 사람도 있으나, 그 같은 원칙 때문에 YS가 야당 지도자로 대성하고 대통령이 될 수 있었다고 할 수 있다.

후임 대통령인 김대중도 세 아들이 뇌물수수 혐의로 구속될 때, 검찰에 압력을 넣지 않았다. 민주주의를 위해 헌신한 두 기수가 법치주의의 대도(大道)를 지키는 길을 택한 것이다.

사족(蛇足) 하나, 김현철 사건 이후 조세 포탈죄는 정치인의 떡값 처벌의 새로운 기준이 되었다. 사족 둘, 김현철이 조세 포탈죄로 기소된 것은 DJ의 세 아들이 모두 금품 수수죄로 기소된 것과 다르다. 그런가 하면 돈을 밝힌 김대중의 세 아들보다 김현철이 국민적 지탄을 더 받았다. 국정 개입 문제를 여론이 더 크게 보았기 때문일 것이다.[5]

참고 자료
1. 『김영삼 대통령 회고록』하 p291
2. 조성식 『대한민국 검찰을 말하다』 p333
3. 함성득 『비서실장론』 p228
4. 이원종 『역대 대통령 통치구술 사료집』 p334
5. 윤여준 『대통령의 자격』

6장 잦은 개각(改閣),
한국의 역사적 전통인가?

김영삼은 야당 당수 시절 이래 '인사(人事)가 만사(萬事)'라는 말을 유행시킨 인물이었다. 수십 년간 수천, 수만의 각계각층 사람들을 겪다보니 "세상일이라는 게 사람을 어떻게 쓰느냐에 달려 있는 법"이라는 생활 철학을 터득한 듯한데, 언론이 이리저리 보도하는 바람에 널리 알려지게 되었다.

YS는 또 인사(人事)를 둘러싼 기밀 보안(保安)을 철저히 하기로 유명했다. 요직 기용 방침을 당사자에게 알리면서 "누설되면 인사가 취소될 수도 있다. 가족에까지 기밀을 지키라"고 엄하게 입단속을 하곤 했다. 군부 통치 시절, 정보기관의 등쌀 탓에 인사 기밀이 새면서 인사 차질이나 분란을 겪다보니 방어 본능이 생겼기 때문이리라.

가족 입단속의 예로 대법원장이 된 윤관(尹琯)의 일화가 유명하다. 김영삼은 윤관에게 대법원장 내정 통보를 하면서 기밀 유지 당부를 잊지 않았다. 그런데 언론사 기자인 윤관의 아들이 회사로부터 아버지 근황 취재를 지시받으면서 상황이 벌어지게 되었다. 윤관은 이미 유력한 대법원장 후보자의 한 사람으로 언론계의 주목을 받고 있었던 것이다.

아들은 아내를 먼저 본가에 보내 기색을 살피게 했고, 자신은 저녁에 들러 통보 여부를 확인해볼 계획이었다. 낌새를 챈 윤관이 먼저 며느리를 불러 "통보받은 사실을 네 남편에게 알리면 나는 사법부의 수장이 되지 못한다. 그것은 가문의 명예를 잃게 되는 일이니 네가 깊이 생각해서 처신하라"고 선수를 쳤다. 그래서 며느리는 남편에게 시치미를 뗐고, 아들은 결국 인사 특종을 놓치고 말았다. 그 같은 사실은 며느리가 그 뒤 언론사 사보(社報)에 글을 기고하면서 세상에 알려지게 되었다.[1]

차가운 정치 현실이 안겨준 시행착오

YS는 평소 군부 세력이 군 출신과 TK 세력을 요직에 집중 배치하는 인사 풍조가 국정 난맥의 주요 원인의 하나라고 생각해왔다. 그래서 당선자 시절 그는 장관을 포함한 요직을 인선할 때 지연, 인연, 학연에 관계없이 공정한 인사를 하겠고, 그렇게 확보한 장관들은 미국의 대통령처럼 임기를 같이 하겠다고 강조하곤 했다. 언론인들에게도 그렇게 밝혀 보도가 되기도 했다.[2]

그러나 굳어 보이던 그 약속은 집권 초부터 흔들리기 시작해 안 하느니만 못하게 되었다. 신임 법무장관이 딸의 미국 국적 문제로, 보건사회부 장관은 부동산 투기 문제로 취임 1개월 만에 경질할 수밖에 없었다. 게다가 청와대 수석의 장인이 해방 정국에서 보수의 기둥이던 송진우(宋鎭禹) 암살범이라는 언론의 폭로가 나오자 그를 중도 하차시켜야 했다.

인사 보안을 철저히 지키는 바람에 시간에 쫓겨 경력 조회가 미흡하여 발생한 시행착오였다. 그런데 10개월 뒤에는 YS의 약속이 아예 본격적으로 깨지는 사태가 닥쳤다. 우루과이 라운드(UR)로 쌀 시장 개방이 불가피하게 되면서 집권 최초의 위기를 맞게 된 YS는, 이를 넘기기 위한 전면 개각이 불가피해졌다.

"쌀이 곧 목숨이다"는 농민들이 쌀 개방에 결사반대했고, YS 스스로 선거 유세에서 "자리를 걸고 쌀 개방을 막겠다"고 한 연설로 발목이 잡혀 있었다. 그 바람에 다른 뾰족한 대안이 있을 수 없었다. 결국 1993년 12월 16일, 정부 출범 10개월 만에 국무총리와 경제, 통일부총리를 포함한 장관 14명을 경질하는 1차 전면 개각을 단행할 수밖에 없었다.

차가운 정치 현실이 YS의 이상주의(理想主義)적 인사 철학에 시행착오를 가져다준 것이다. 그 이후 김영삼은 5년 임기 동안 자그마치 25차례나 크고 작은 개각을 단행해야 했다. 그로 인해 총리 6명, 경제부총리 7명, 통일부총리 6명, 장관 118명을 양산하는 기록을 남기게 되었다.

타이밍에 능한 승부사라는 소리를 듣던 YS가 전면 개각의 카드를 던질 때마다 정국은 거짓말처럼 안정기조를 되찾아갔다. 그는 문민정부인 만큼 한 차원 높은 국민의 지지와 이해, 그리고 인내를 기대했다. 그렇지만 충격 요법을 선호하는 국민 정서는 군부 정권 때와 다를 바 없었다.

어쨌든 개각은 대통령이 위기 국면을 넘기는 데 특효약임이 증명되고 있었다. 그런데 그것이 국정의 안정적인 추진력을 갉아먹는 부정적 요인이 될 수 있다는 게 문제였다. 잦은 인사가 일관성 있는 정책 수립과 집행을 어렵게 하고, 전문성이나 책임성을 훼손할 수 있다고 보는 것은 상식이다.

통상적으로 장관에 임명되면 해당 부서 출신이냐 아니냐와, 해당 부서의 업무에 대해 사전 지식이 있느냐 없느냐에 따라 차이가 있겠으나, 대체적으로 업무 전반을 파악하는 데 2~6개월의 준비 기간이 필요하다는 게 정설이다. 그것은 개각이 잦으면 일을 제대로 해보려는 시점에서 교체된다는 얘기가 된다. 물론 국·실장을 포함한 기존 조직을 짧은 시간 내에 장악하고 뛰어난 성과를 올린 장관들도 없지 않았다. 그러나 그것은 소수의 예외에 속한다.

문민정부의 개혁 작업에 대한 저해 요인으로 잦은 개각도 포함시킬 수 있다. 하위직 공무원들이 "1, 2년만 참고 견디자"면서 복지부동(伏地不凍), 안구부동(眼球不動) 현상을 보인 것과 관련이 있었을 것이기 때문이다. 그들이 반발한 주된 원인은 자신들이 개혁 대상이 될 수 있다는 가능성이었지만, 잦은 개각이 정부의 추진력을 갉아먹는 장애 요인이 되고 있었던 것 또한 사실이었다.

교육부 장관을 두 차례나 지낸 행정학 교수 출신의 안병영은 "개혁의 큰 그림을 그린 다음 일정 기간 개혁 의지를 불태울 수 있으려면, 적어도 2년가량의 임기가 필요할 것이다"고 주장한다.[3]

고위직 라이프 사이클이 짧은 건 민족적 DNA

하지만 따지고 보면 잦은 개각의 진정한 문제는 그것이 YS 정부에 국한된 현상이 아니라는 사실에 있다. 문민정부의 장관 재임 기간은 13.3개월이라 했다. 그러나 공보처 장관으로 유일하게 5년을 재임한 최장수 장관이었던 필자(=오인환)를 빼면, 실제 평균 재임 기간은 11.3개월이라는 지적이다.[4]

그런데 후임인 김대중 정권은 그보다도 짧아 평균 11개월 수준이었다. 짧게는 43시간에서 16, 17, 23일 만에 옷을 벗은 초단명(超短命) 장관들까지 여럿 있었다.[5]

군부 통치 시대였던 전두환, 노태우 정권에서는 각각 18.5개월과 13.3개월의 평균 재임 기간을 보여 민주화 정권들보다 다소 길었다. 하지만 장수 장관이 관행처럼 돼있는 미국이나 유럽에 비하면 임기가 짧기는 마찬가지였다.

박정희 정권 시절이 다소 더 길다고 했으나 당시는 대통령 임기가 3.6

배나 긴 18년 장기 독재 시기여서, 장관 수명도 그에 비례했다고 볼 수 있다. 역대 보수, 진보 정권이 왜 장관 단명(短命)이라는 공통점을 가지고 있는 것인가?

따지고 보면 한국사회는, 조선왕조 518년 동안에도 고위직의 임기가 짧았던 역사적 전통을 갖고 있다. 고위직의 라이프 사이클(Life Cycle)이 짧은 건 민족적 DNA가 아닐까 하는 생각까지 든다. 조선왕조를 보면 세종 때 23년간 정승 자리에 있었던 황희(黃喜)와 같은 몇몇 사례를 빼면, 고위 관리의 임기가 짧았던 게 역사적 사실이었다.

왕권이 강했던 태조에서 연산군까지의 초기에는, 임금을 견제하는 역할을 하는 대사간(大司諫)이 해마다 서너 번씩 교체되었다. 이후 200여 년 간은 비슷한 경향이었고, 대원군 집정기(執政期)에는 10년 사이에 183번이나 바뀌었다.

공무원에 대한 규찰을 담당한 대사헌(大司憲)도 193번 교체되었다. 조정의 다른 행정직 역시 임기가 불안정하고 단속적이긴 마찬가지였다. 신권이 강해진 중기에는 성리학의 대가인 퇴계(退溪) 이황(李滉)이 보여준 난진이퇴(難進易退=어렵게 벼슬길에 나왔다가 쉽게 물러가는 습관)라는 벼슬관의 영향 때문이기도 했으나, 임금의 만류에도 불구하고 벼슬을 물러나는 사람들이 많았다.

도덕 이론에 치우쳐 실천 철학을 경시하는 바람에 소극적이고 생산성이 떨어지는 행태가 유행했던 것이다. 이때는 신하 쪽이 잦은 개각의 원인이었다. 어쨌든 서울시장 격인 한성 판윤 자리가 조선왕조 518년 동안 1375번이나 바뀌었다. 고종 시대의 중신인 박제순은 27년 동안 54개 관직을 옮겨 다녔다고 한다.

조선왕조의 그 같은 인사 폐단은 일본에 병탄되면서 차단되었다. 일본

은 그 무렵 대신(大臣)이 3년에서 10년까지 한 자리에 일하는 장수(長壽) 내각이었다.[6]

잦은 개각이 던지는 정치적 함의(含意)

해방 뒤 이승만 정권에서 다시 조선왕조 스타일의 인사 패턴이 되살아났다. 이승만 취임 6개월 사이에 장관의 절반을 교체했고, 집권 12년 동안 매년 10명 이상의 비율로 장관을 경질했다. 4·19혁명 뒤 등장한 민주당 장면 정권도, 8개월 집권 기간 중 모두 28명의 장관을 바꿨다. 집권 초 4개월 사이에 내무장관이 달마다 바뀌는 기록을 남겼다. 5·16으로 집권한 박정희 정권도 처음에는 내각이나 정권의 요직을 빈번하게 교체하는 경향을 이어갔다. 정권이 안정기에 들면서부터 장기 근속자가 늘기 시작했던 것이다.[7]

잦은 개각의 문제는 역대 정권이 공통적으로 겪은 현상이었다. 그런데도 민주화 정부만 유난히 비판의 표적이 되었다면, 그것은 공정한 역사 평가라 할 수 없다. 군부 정권의 장관 수명이 민주화 정권보다 다소 긴 것을 가지고 위기관리 능력이 나았다고 본다면, 그것은 일종의 착시(錯視) 현상이라 할 수 있다.

박정희 정권은 집권 220개월(=18년)동안 위수령, 계엄령, 긴급조치에 의거해 105개월이나 힘으로 나라를 다스렸다. 위기관리의 개념으로 보자면 위수령, 계엄령과 같은 강권 발동 없이 민주주의를 실현해야 하는 민주화 정권과는 개각의 의미부터가 달랐던 것이다.

한국사회의 전통적인 잦은 개각 현상이 안고 있는 정치적 함의(含意)는 무엇일까? 지금까지는 인사 제도가 안정된 선진국에 비해, 잦은 개각이 비능률적이고 비효율적이라는 부정적 이미지가 돋보였다. 그러나 관점을 한번 바꿔볼 필요가 있다. 조선왕조는 고위 관리를 자주 바꾸는 인사 폐단이 있는 나라였으나, 518년간 세계에서 가장 긴 왕조를 이어가는 기록을 남겼다. 라이프 사이클은 짧았으나, 교체할 때마다 새로운 활력을 보태며 장기간 버틸 수 있는 저력을 확보한 것이라 할 수 있다.

그런 과정이 없이 무기력하고 무능했다면, 한반도는 벌써 외국의 영토가 돼 있었을 것이다. 해방 이후 70여 년간 잦은 개각을 반복하면서도 선진국 문턱에 오른 유일한 후진국인 오늘날의 한국도, 같은 이유로 성장해온 것이 아닐까?

'빨리빨리' 문화가 생활 리듬이고, 빨리 끓고 빨리 식는 짧은 라이프 사이클이 디지털(Digital) 시대를 맞아 한국을 경이롭게 전자왕국으로 끌고 가는 동력이 된 게 아닐까? 잦은 개각이 국가 리더십에 준 영향력의 긍정적 측면 역시 함께 연구해볼 필요가 있을 듯하다.

참고 자료

1. 이현덕 『대통령과 정보통신부』 p41
2. [조선일보] 1993년 1월1일자
3. 동아시아연구원 『대통령의 조건』 p354
4. 임영태 『대한민국사(史)』
5. 김충남 『대통령과 국가경영』 p650
6. 그레고리 헨더슨 『소용돌이의 한국정치』 p363
   오인환 『조선왕조에서 배우는 위기관리의 리더십』 p169
7. 그레고리 헨더슨 『소용돌이의 한국정치』 p365

제
7
부

세계 최강 노조(勞組)와 문민정부

1장   복수(複數) 노총 시대의 개막

한 정치평론가는 문민정부의 노동 정책이 극심한 널뛰기 현상을 보였다고 진단했다. 처음에는 노동 정책의 민주화를 주장하다가, 현대그룹 노동조합총연맹이 연대파업에 들어가는 심상치 않은 위기가 닥치자, 과거 군부독재 정권도 사용치 않았던 「긴급 조정권」까지 발동하며 초강경으로 선회하는 등 진폭이 큰 정책을 노출했다는 것이다.[1]

긴급 조정권이란 노동 쟁의 행위로 국민에게 피해가 발생할 우려가 있을 때, 이 쟁의 행위를 제재하는 특별한 조치이다. 문민정부가 긴급 조정권을 택한 이유는, 군부 정권처럼 위수령, 계엄령과 같은 더 위력이 있는 조치에 의거하지 않기 위해서였을 것이다.

김영삼은 집권 초 과거 군사 정권의 노동 정책과는 달리 노조 활동의 자율성(自律性)을 보장하고, 국가의 개입(介入)을 자제하는 중립성(中立性)을 지킨다는 정책 방향을 제시했다. 정부와 재계의 정경유착(政經癒着) 체제를 극복하기 위해서는 재계 개혁도 필요하지만, 재계의 상대역인 노동계에 대한 개선책 추진도 필요하다고 보았기 때문일 것이다.

그 같은 인식에 따라 당시까지 불법화(不法化) 대상이던 강경 노선의 법외(法外) 노조 전노협(全勞協=전국노동자조합협의회)을 대화 파트너로 인정하고, 전교조(全敎組=전국교직원노동조합) 사건으로 해임된 교사들도 복직 처리하고 있었다. 전노협은 1995년 11월, 민주노총이 되면서 한국노총 독주 시대를 마감시키고 복수(複數) 노총 시대를 연다.[2]

"노조 지도부가 빨갱이다. 일망타진해야 한다!"

전노협과의 대화 문제로 고전했던 초대 이인제의 후임으로 신한국당의 다선 의원 남재희가 2대 노동부 장관으로 기용되었다. 김영삼이 "언변(言辯)과 식견이 뛰어나고 진보 세력과 소통이 잘 된다"는 그를 발탁한 이유는, 노동 정책에서 보수의 기조를 지키며 진보성을 수용하는 균형과 유연성을 발휘해주길 바랐기 때문일 것이다.

민주화의 제도 완성, 부정부패 척결 등 개혁에 올인하고 있는 문민정부에서 노동 정책은 핵심 과제이면서도 국정 아젠다에서 상위에 있지 않았다. 그런 만큼 노동부 장관 개인의 역량이 그만큼 중요시되는 시기였다.

남재희는 이례적으로 많은 노동계 인사들을 만나 대화의 폭과 깊이를 넓혀갔고, 이를 전해들은 YS도 기대가 컸다. 그러나 김영삼은 남재희가 건의하는 전향적인 정책 방향을 즉시 수용하지 않고 있었다. 남재희는 시대 흐름으로 볼 때 복수 노조 인정과 제3자 개입 금지 철폐와 같은 조처가 불가피해진 것으로 판단하고, 그에 따른 정책 구현이 필요하다고 보았다.

김영삼도 통일민주당 총재 시절 이미 복수 노조 합법화를 공약으로 내놨던 입장이어서, 원칙론에서는 같은 생각이었다. 그러나 시행 시기를 정하는 데 있어 집권 뒤 생각이 바뀐 듯 했다. 막강한 영향력을 가진 삼성그룹을 포함한 재계가 복수 노조 허용과 같은 친(親) 노동 정책에 반대하고 있는데다가, 재계와 밀접한 관계를 맺고 있는 당·정 수뇌부가 노동 개혁 세력을 압박하고 있었기 때문일 것이다.

김영삼은 일단 노동부 장관과 재무, 상공부 장관, 청와대 정무수석으로 소위원회를 구성하여 노동 정책을 논의토록 조정했다. 그 같은 조정이 등장한 것은 노동부 장관의 독주를 견제하면서 시기를 관망하려는 포석이 었다고 할 수 있다.[3]

그러던 중 현대중공업 근로자들이 파업을 벌이는 대형 악재(惡材)가 발생했다. 정치권과 재계가 큰 충격에 빠졌다. 문민정부가 노동 정책의 민주화를 추진하고 있는 시점에서, 대기업 노조가 대화 기회를 기다리지 않고 대규모 실력 행사에 나섰기 때문이다.

남재희를 찾아온 현대자동차 회장 정세영은 "노조 지도부가 빨갱이다. 일망타진해야 한다"고 흥분하고 있었다. 재계는 이 파업에 느슨하게 대처하면 대기업 파업이 도미노 식(式) 현상을 일으키게 될지도 모른다고 경고했다. 당·청에 포진해 있던 보수 세력들은 "차제에 노조의 기세를 꺾어 놓아야 한다"면서 긴급 조정권 발동을 주장했다.

남재희는 그 같은 공권력 발동 방식에 반대했다. 그는 "현대중공업과 현대자동차가 (지리적으로) 붙어있다. 현대중공업에 1만여 명의 경찰이 투입돼 파업을 실력으로 진압하게 되면, 그에 자극을 받은 자동차 쪽도 일어날 수 있다"고 경고했다. 그는 자신이 먼저 대화로 해결해보겠다면서 시간을 달라고 건의했고, 김영삼은 이를 수용했다. 남재희의 중재로 파업 사태는 일단 진정 국면으로 접어들었다. 하지만 이미 노동부 주변에는 장관 교체설이 파다하게 퍼져 있었다.[4]

남재희는 취임 1년 만에 중도 하차했다. 여기서 주목되는 것은 중도 보수 성향의 YS가 진보 성향의 정책을 수용하는 데 정치적 한계에 부딪치고 있었고, 한걸음 더 나아가 좌파 인사 기용에선 더 큰 벽에 부딪히게 되었다는 점이다.

긴 잠에 빠져든 노동계

1910년 한국을 병탄한 일제(日帝)는 20년간 한반도를 값싼 쌀을 공급하는 장소로 간주했고, 1937년 중·일 전쟁이 발발하자 군사 물자와 산업 노동력을 공급하는 전진기지로 삼았다.

1943년 한국의 노동자 수는 175만 명으로 늘어났고, 노조 조직도 수백 개 이상으로 증가했다. 그에 따라 노동 운동도 자생적으로 발생했다. 1930~1935년의 경우 1만2천　　~1만9천 명의 노동자가 160~205건에 이르는 노동 쟁의를 일으켰다.[5]

식민지 말기에는 총 460만 명 정도의 남녀가 일본과 만주, 사할린, 동남아 지역으로 보내지는 등 일제의 통제와 감시 체제가 자리 잡게 되었다. 국가가 노동 정책을 일방적으로 끌고 가고, 노동자는 그에 순응하는 역학 관계가 굳어진 것이다.

그 전통은 해방이 된 뒤 집권한 한국의 보수 우파 정권에 의해 유지되었다. 식민지 시기의 노동 운동은 처음부터 무정부주의나 공산주의를 포함한 민족주의 성향의 사회주의 운동과 밀접하게 결부돼 발전했다. 우파 세력보다 투쟁력이 강했던 사회주의 세력이 일본의 탄압에도 불구하고 끝까지 살아남아, 해방 뒤 전농(全農)과 전평(全評)을 조직했다. 1946년 전평이 남한 지역에 거느리고 있던 조합원이 25만 명 수준이었다.

해방 후 진주한 미군정(美軍政)은 일본인 소유자들이 본국으로 철수하면서 남기고 간 적산(敵産) 가운데 문을 닫게 된 공장의 운영권을 불하했다. 당시 우리나라 전체 공장의 80% 이상이 일본인 소유였다. 그러나 불하하면서 전평 소속의 노동자 구성위원회에는 기회를 주지 않았다. 노동자

들의 손에 들어간 기업이 남로당(南勞黨)의 물질적 기반으로 전환하는 것을 막기 위해서였다.[6]

정부 수립 뒤 반공을 최우선한 이승만 정권은 6·25전쟁을 기점으로 좌파 세력을 노동 운동에서 제거하기 위해 대한독립촉성노동총연맹과 서북청년단을 비롯한 우파 세력을 내세워 노동 운동의 주도권을 잡게 했다.[7]

박정희는 독재 체제를 굳히게 되는 1970년대 들어와 노동 운동에 대한 압박도 강화해갔다. 노조 세력이 반정부 투쟁에 나서는 야당이나 학생 세력과 손잡는 것을 막기 위해, 중앙정보부를 앞세워 강력한 통제 체제를 마련했다.

그 바람에 노동 운동이 약화되거나 지하로 잠복했으나, 노동운동가들의 투쟁력은 오히려 강화되는 측면이 있었다. 군부 독재의 탄압과 사회주의 노동 투쟁의 전통이 접목되고 산업화 성공에 따라 노조 활동비가 상대적으로 넉넉해지면서, 한국의 노조는 다른 선진국 노조와는 다른 형태로 발전해 세계 최강의 조직력을 자랑하게 되고, 이어 소수의 귀족 노조가 이끄는 노조 강국이 되었다.[8]

1970년 11월13일, 서울 평화시장에서 분신자살한 전태일 사건이 박정희 정권과 노동계의 대결 구도가 극대화된 시점이었다. 그 사건은 유신 체제의 종말을 촉구하는 원인의 하나가 되기도 했다.

박정희 대통령 시해 사건으로 권력 공백기가 오자 노조는 전국적으로 노사 분규를 일으키기 시작했다. 전두환의 5공 정권은 박 정권 때보다 노동법을 더 강화해 탄압에 나섰다. 국영기업뿐 아니라 방위산업체까지 쟁의 행위가 금지됐고, 제3자 개입 금지 조항을 두어 노총이나 산별(産別) 노조까지 단위 기업의 노조 활동에 관여할 수 없게 했다. 노동계는 긴 잠에 빠지는 형국이었다.[9]

'노동자는 용감, 기업가는 무대책, 정부는 무책임'

1987년 6·29선언이 있고 나자 둑이 무너지듯 노동 쟁의 건수가 그 전 해의 276건에서 3천311건으로, 12배나 폭발적으로 증가했다. 노태우 정권이 노사 분규 개입 자제와 같이 완화된 노동법을 개정한 뒤, 5천여 개의 노조가 새로 생겼다. 노조 수는 7천883개, 조합원이 193만 명으로 늘어났다.[10]

민주화가 가시화되면서 노조가 활성화되고 노동권이 존중되는 추세를 탔다. 이때 정부는 노사 문제의 자율적 해결을 강조하며 뒷걸음치기 일쑤였고, 노사 분쟁을 자율적으로 해결해본 경험이 없는 기업은 정부가 나서주기를 바라고 있었다. 그 사이 노동 운동의 전투성은 더 가열돼 갔다. "노동자는 용감했고, 기업가는 대책이 없으며, 정부는 무책임하다"는 세평이 나왔다.[11]

'노동 정책의 민주화'라는 목표에서 문민정부와 노조는 같은 방향이었다. 그렇지만 목표가 달라 대결 구도가 불가피해졌다. 문민정부는 군부 시절의 경제성장 기조를 유지해야 한다는 의무감에서 벗어나지 못하고 있었고, 보수 세력의 연합이었으므로 친(親) 재계 세력의 압박을 벗어나지 못했다. 반면 노조 세력은 강경파인 좌파 성향의 법외 노조 민노총이 합법화를 눈앞에 두고 전투성을 강화해가고 있었다.

1995년 1월에 박세일 사회수석이 세계화 전략을 기획하면서, 노동 정책은 국제 경쟁력 강화 차원에서 다시 주요 개혁 대상으로 부상했다. '신 (新) 노사 관계 구상'이라는 이름으로 한국 노동 시장의 경직성(硬直性) 해소와 같은 노동 현안이 다시 개혁의 도마 위에 오른 것이다.[12]

노사관계위원회(=위원장 현승종 전 국무총리)가 6개월간 노사 협상을 진행했다. 1954년 노동법이 제정된 뒤 43년 만에 맞은 대대적인 전면 개정의 기회였다. 그러나 노사의 이견이 계속 팽팽하게 대립되는 바람에 노동법 개정안을 합의해낼 수 없었다.

결국 궁여지책으로 정부가 독자적으로 정부 개정안을 만들어 국회에 상정했다. 주요 개정 내용은 변형 근로제 도입과 가장 비중이 크고 중요했던 상급 단체 복수 노조 허용, 1999년부터의 교원 단결권 허용, 파업 시 대체 근로 인정, 3자 개입 금지 규정 철폐, 노조 전임 유급 5년 후 폐지 등이었다.

정부의 개정안이 국회에 상정되자 국민회의를 비롯한 야당은 결사반대의 입장을 분명히 했다. 1년 뒤 있을 대통령 선거에서 노동계의 표를 의식하지 않을 수 없었다. 일이 어렵게 된 것은 여당인 신한국당의 수뇌부에서도 반대의 소리가 높았다는 데 있었다.

정책의장 이상득이 재계의 대변자 역할을 하고 나섰다. 재계가 똘똘 뭉쳐 신한국당과 정부 인사들을 상대로 압박 캠페인을 벌인 것이다. 이홍구 대표가 "법안을 통과시키려면 복수 노조 3년 유예 등의 타협안을 반영해야 한다"고 건의했다. 이를 대통령이 받아들이자 정리 해고 즉시 이행, 복수 노조 3년 유예, 노조 전임자 임금 지급 즉시 금지 등 재계가 원하는 방향으로 고쳐졌다.

김영삼이 이홍구의 건의안을 재가한 이유는 또 한 해를 넘기면 노동자들의 춘투(春鬪)가 벌어지고, 이어 대선 정국으로 들어가면 법 개정안이 국회에서 처리될 가능성이 없어지는 걸 우려했기 때문이었다.

타협안을 반영시킨 신한국당은 여·야 합의 처리가 어차피 가능하지 않다고 보고, 12월26일에 여당 단독으로 국회를 열어 개정 노동 법안을 통과시켰다. 박세일을 비롯한 개혁파와 국무총리 이수성은 법안의 골자가 송두리째 바뀐 채 통과된 것을 나중에 알고 경악했다.

김영삼의 청와대 수석실이 두 쪽으로 갈렸다. 이원종 정무수석과 이석채 경제수석은 신한국당의 바꿔치기를 알고 있었고, 김광일 비서실장과 박

세일, 이각범은 까맣게 모르고 있었던 것이다. 이런 사태는 비서실 내부의 권력 싸움으로 비화했다.[13]

노동법 파동이 준 역사의 교훈

노동계는 개정 노동법 통과에 반발, 사상 초유의 총파업을 2개월이나 벌이며 정부를 압박했다. 정부의 강수(强手)가 오히려 역효과를 내, 노조가 마음 놓고 판을 키우는 빌미를 준 셈이었다. 특히 복수 노조 유예 규정이 결정적인 뇌관이었다.

그것은 제도권 밖 강성 노조인 민노총을 인정하지 않겠다는 것을 의미했으므로 민노총이 사활을 걸게 되었고, 친(親)정부적 입장인 한노총까지 여기에 가세했다. 대선을 앞두고 재계와 노조 사이에서 사태를 관망하던 야당이 본격적으로 노조를 지지하고 나섰다. 문민정부의 단독 강행 처리 방식에 대해 국민 여론도 나빠지고 있었다.[14]

노동법 개정 파문으로 얼어붙은 정국을 푸는 계기를 마련한 인물은 천주교 김수환 추기경이었다. 그는 대통령을 만나 명동에서 농성 중인 민노총 간부들에 대한 공권력 투입 자제를 비롯, 정부가 포용력을 발휘해줄 것을 요구했다. 나흘 뒤 김영삼은 국민회의 총재 김대중, 자민련 총재 김종필, 신한국당 대표 이홍구와 영수 회담을 열고 노동법을 다시 논의해 재처리하기로 합의하게 되었다.[15]

상급 단체 복수 노조 허용, 정리 해고 규정의 2년 유예, 노동위원회의 위상 강화를 핵심으로 여·야가 합의한 새로운 노동법 개정이 이루어졌다. 복수 노조 3년 유예, 정리 해고제 도입을 골자로 했던 것이 '복수 노조 허용 및 고용 조정(=정리 해고) 2년간 시행 유예'로 다시 뒤바뀌어 버린 것이다.

그것은 제도권 밖 강성 노조인 민노총을 제도권 안으로 끌어들여 세력을 키우는 계기를 마련해주었다. 또한 경직된 노동 시장에 유연성을 부여한다는 취지에서 마련된 정리 해고제를 2년간 유예시킴으로써, IMF 위기를 맞게 되는 주요 원인 가운데 하나를 제공하는 결과를 가져왔다.

IMF 체제에 들어간 1998년 2월, 정부는 「고용 조정 및 기업 구조 조정 관련법」을 국회에서 통과시켰다. 정부는 당시 IMF의 강력한 권고를 받아들여 고용 조정에 대한 관련법을 서둘러 고치면서, 유예시켰던 정리 해고제를 다시 도입했다. 노동법 개정 시행 1년 만에 외부로부터 충격을 받아 시행 이전으로 원점 복귀한 것이다.

'기업의 인수 합병도 정리 해고의 요건'에 포함시키는 바람에 문민정부의 개정 노동법보다 노동자에게 더욱 불리한 내용까지 들어가게 되었다. 국민들은 노사(勞使)와 여·야가 서로 합의해 노동법 개정을 이루지 못한 것이 얼마나 국정을 어지럽게 만들고, 국력을 소모케 했는지를 IMF 사태를 거치면서 절감할 수 있었다.

참고 자료

1. 윤여준 『statecraft』 p395
2. 남시욱 『한국 보수 세력의 연구』
3. 남재희 『김영삼 민주센터 녹취록』
4. 남재희 『김영삼 민주센터 녹취록』
5. 남화숙 『배 만들기 나라 만들기』 p41
6. 남화숙 『배 만들기 나라 만들기』 p63
7. 남화숙 『배 만들기 나라 만들기』 p76
8. 남화숙 『배 만들기 나라 만들기』 p373~374
9. 이장규 『경제는 당신이 대통령이야』 p109~162
10. 『이종찬 회고록』2
    윤여준 『statecraft』 p365

11. 김호진 『한국대통령 리더십』 p340

12. 남시욱 『한국 보수 세력의 연구』 p494

13. 『김영삼 대통령 회고록』하 p267~272

14. 남시욱 『한국 보수 세력의 연구』

15. 이충렬 『아! 김수환 추기경』 p392

2장 '신(新) 경제' 계획의
   허(虛)와 실(実)

문민정부 출범으로 본격적인 민주화 시대에 접어들면서 백화제방(百花齊放) 현상이 확산되었다. 재계, 노동계, 관계, 언론계를 포함한 각 분야가 제각각의 목소리를 높이기 시작했다. 그 바람에 권위주의 시대보다 경제 정책을 추진하기가 더 어려워졌다.

경제 여건도 국내 건설 경기의 과열에 따른 후유증과 대외 개방 압력의 과중(過重)으로 인해 상황이 어려워지고 있었다. 경기 과열의 후유증으로 생산 비용이 급등하며 경제성장이 둔화되었다. 인플레 심리에 올라탄 부동산 가격의 급등, 사회간접자본 부족에 의한 물류비 인상과 기술력 부족으로 기업들의 대외 경쟁력이 악화되는 등 위기가 중첩되었다.[1]

단기적인 처방과 함께 장기적인 구조 조정과 같은 '경제정책 전반에 걸친 본격적인 개혁'이 시급한 시점이었다. 그러나 대통령은 민주화를 완성하는 개혁에 올인하고 있었다. 신경제 체제를 위해 필요한 경제 개혁은 뒷전으로 밀렸다.

김영삼은 경제 리더십에서 박정희, 전두환과 입지가 달랐다. 권위주의 정권은 '선(先) 경제성장, 후(後) 민주화'를 약속하며 국민의 희생을 전제로 경제 살리기에 주력할 수 있었다. 그렇지만 민주화 정권은 민주화 완성이 우선 과제이면서도, 경제발전을 함께 이룩하는 상반된 두 가지 목표를 함께 추진해야 하는 부담을 안고 있었던 것이다.

김영삼은 적폐 청산과 개혁을 포함해 정치, 외교, 국방 문제는 직접 관리하고, 자신이 잘 모르는 경제, 교육, 사회 문제는 수석비서관들에게 의존하겠다고 공언하고 있었다. 보좌진 가운데 경제 참모는 서울대 경영학과 교수 출신의 박재윤과, 신현확 부총리 겸 경제기획원 장관 시절 핵심 참모진의 막내였던 기획원 출신의 한이헌이 있었다. 두 사람은 경쟁 관계였으나 먼저 박재윤이 청와대 경제수석으로 발탁되었고, 한이헌은 공정거래위원장 (=나중에 박재윤의 후임이 됨)으로 기용되었다. 박재윤은 YS의 개혁 정책을 뒷받침할 경제 안정 기조를 확보하는 한편, 경제 개혁도 추진해야 하는 '두 마리 토끼'를 잡는 역할을 맡게 되었던 것이다.

박재윤은 경제기획원 장관 이경식과 함께 「신경제 100일 계획」, 「신경제 5개년 계획」을 수립했다. 이경식은 계획을 발표하면서 "우리 경제의 기력(氣力)이 많이 쇠약해진 만큼 먼저 (기력 회복하는) 신경제 100일 계획을 추진한다"고 밝혔다. 경기 활성화를 이룩한 뒤 신경제 5개년 계획을 추진한다는 목표를 세운 것이다.

대통령이 펼치는 개혁 시리즈에 맞춰 경제 개혁에 나선 게 아니라, 우선 경기 부양책부터 먼저 택한 것이다. 그에 따라 공금리 인하, 통화 공급 확대, 재정의 조기 집행을 주 내용으로 하는 7개 분야에 걸친 경기 활성화 방안을 내놨다.[2]

구호는 '신(新)경제', 실제는 '구(舊)경제'?

'경제 논리'에서가 아니라 재계의 압력을 수용한 '정치 논리'에 앞선 발상이라는 비판이 나왔다. 게다가 박정희 정권 이래의 과잉 투자 문제로 인해 잉여 설비가 계속 문제가 되는 상황인데도, 과잉 투자 상황을 그대로 방치한 채 돈을 풀어 기업 투자를 촉진시키려 한다는 지적도 나왔다.[3]

'신(新)경제'라는 구호를 내세우고 '구(舊)경제' 식의 부양책에 매달린다는 비판이 경제부처 내부에서도 나왔다. 경제 계획은 군사작전처럼 단기간 내에 의도하는 대로 효과를 낼 수가 없었다. 100일이 지나도 경기가 회복될 이렇다 할 징후가 나타나지 않았다.

「신경제 100일 계획」에 이어 문민정부는 「신경제 5개년 계획」을 발표했다. 5개년 계획은 재정 개혁·금융 개혁·경제 행정 규제 완화를 골자로 하는 경제 개혁을 추진하면서, 기술 개발과 경영 혁신을 통해 성장 잠재력을 확충한다는 것이었다. 또 7%의 연(年)평균 성장률을 달성하고 물가는 3.5% 정도로 안정시키며, 무역 수지는 1995년까지 흑자로 전환시키는 것을 목표로 하고 있었다.[4]

5개년 계획은 앞선 정부가 추진해오던 제7차 5개년 계획을 수정한 것으로 알려졌다. 그런데 1년 남짓 역할을 했을 뿐, 1994년 시작된 세계화 개혁과 상충하면서 동력을 잃거나 폐기 처분된 것이 많았다. 결론적으로 문민정부가 일관된 경제 정책의 기본 방향을 지키지 못했다고 볼 수 있다는 것이다.[5]

박정희 정권 시절 10년 동안 경제 분야를 관장했던 김정렴 비서실장, 전두환 정권에서 경제 정책에 관한 실세 중의 실세였던 김재익 경제수석과 비교해보면, 박재윤 수석의 경우는 여러모로 다르다. 김정렴은 한국경제를 꿰고 있던 박정희의 전략에 따라 경제 분야 사령관역을 전담케 됐던 것이고, 김재익도 "경제는 전문가에게 맡겨야 한다"는 생각을 가지고 있던 전두환의 전폭적인 신임 속에서 구조 조정 정책을 소신껏 추진할 수 있었다. 당시 김재익의 강력한 견제 세력이던 5공 실세 허화평은 미국으로 떠나고 없었다.

이에 비해 김영삼은 경제를 참모들에게 일임한다고 했으나, 전적으로 맡긴 박정희나 전두환 방식이 아니었던 듯하다. 머리는 빌리되 정책을 주도하는 쪽은 대통령 자신이어야 한다는 의미일 것이다.

박재윤 스스로도 김정렴이나 김재익에 비해 경제 현장에서의 경험이 전혀 없는 교수 출신이었다. 더구나 경제팀은 자체 내에서도 손발이 잘 맞지 않았다. 조직 생활 경험이 없는 박재윤은 경제부처 장관들과의 협조·유대 관계가 매끄럽지 못했다는 소리를 들었다. 경제부처 수장인 연상의 부총리 겸 기획원장관 이경식의 입장을 살려주면서, 자존심이 강한 경제 관료들을 끌어안는 유연한 전략에 미숙했다.

대통령의 신임을 앞세워 박재윤이 독주하고, 제대로 기를 펴지 못하는 이경식을 가리켜 '이 주사'라는 별명을 붙이는 자조(自嘲)적인 분위기가 형성되었다. 후일담이지만, 나중에 금융실명제 전격 실시의 주역이었던 이경식이 박재윤만 그 기밀을 모르고 있었던 것을 빗대 "내가 한방 먹였지"라고 득의만면해 하더라는 소문이 보도되기도 했다.

내각 차원의 의식 개혁 캠페인이 벌어지고 있는데도, 신 경제팀은 별도의 의식 개혁 운동을 시도하고 있었다. 한 정부 안에서 똑같은 성격의 캠페인이 따로따로 벌어지고 있는데도 이를 지적하는 이가 없었다. 그것은 개혁 정책을 실질적으로 총괄 지휘하는 구심점이 문민정부 내에 없는 듯한 인상을 주었다.

무소불위(無所不爲)의 재정경제원

1993년 여름에 전격 실시된 금융실명제는 대통령의 야심적인 경제개혁이었으나, 경제팀에게는 오히려 부담이 되었다. 재계와 관계(官界), 그리고 보수 언론들이 경제가 잘 풀리지 않은 책임을 금융실명제 실시에 전가(轉稼)하는 현상이 생겼기 때문이다.

1995년에 세계화 개혁이 추진되면서 신경제 팀은 또 다시 악재를 만난 셈이었다. 개혁과 경기 활성화를 동시에 달성하려는 것은, 두 마리 토끼를 동시에 잡으려는 것처럼 어려운 과제였기 때문이다. 리더십도 문제였다. 김영삼은 세계화 개혁을 박세일, 경제 정책은 박재윤에게 맡기고 2선에서 통할하고 있었다. 그 같은 현상은 세계화 개혁을 대통령이 진두에서 지휘하거나, 추진력이 있는 책임 총리제로 접근했어야 했다는 주장을 낳았다.

또한 경제 정책 분야에 관해서는 대통령이 경제 전문가 수준의 경제 지식을 가질 수 있는 경우가 별로 없으므로, 경제 운영의 정도(正道)를 고집하는 유능하고 경험 많은 경제 참모(=부총리)를 발탁하여 그에게 힘을 실어 주어 오랫동안 일할 수 있게 하는 여건 조성이 절실하다는 상황론이 나왔다. 게다가 대통령이 경제 참모의 조언을 이해하고 분별할 수 있는 수준의 경제 지식과 경제 철학을 정립하고 있어야 한다는 조건론도 등장했다.[6]

경제 현안 외적인 문제점도 부각되었다. 작은 정부를 이룩한다는 명분 아래 경제기획원과 재무부를 통합한 재정경제원이라는 거대한 공룡(恐龍) 기구를 만든 것이 득(得)보다는 실(失)이 더 컸다는 게 중론이었다. 경제 정책의 일관성 있는 의사 결정, 집행의 신속성을 실현한 것은 크게 도움이 되는 측면이었다. 그러나 정책 수립, 집행의 효율성은 기대 이하였다는 혹평을 받아야 했다.

특히 두 부서의 통합으로 인해 경제기획원과 재무부 간의 상호 견제와 협의와 같은 종래의 장점이 사라졌다. 재정경제원은 재정·금융·예산·세정(稅政)과 같은 주요 경제 정책 모두를 장악한 무소불위(無所不爲)의 부처가 되었다. 그로 인해 가시성(可視性) 성과에 급급한 관료주의가 더 심해져 병이 깊어졌다는 분석이었다.

그뿐만 아니라 문민정부 5년 동안 경제부총리가 7번이나 바뀔 정도로 자주 경질되는 바람에 경제 정책의 일관성 유지나 신뢰 쌓기가 어려워졌다. 과도기 특유의 정치적 불안 요인 탓으로 잦은 내각 교체가 '정치적 위기 대응 전략'이라는 긍정적인 측면이 없지는 않았다. 대규모 개각 때마다 정국이 안정 기조를 되찾은 실례로 보아 그 점을 확인할 수가 있었다. 그러나 정부 각 부처의 행정 효율성이라는 측면에서는 마이너스 요인이 컸다. 특히 정책의 일관성이 생명인 경제 분야에서는 잦은 개각은 독(毒)이 되는 요인이었다.

IMF를 빼고도 문민정부의 경제 정책은 호의적이거나 긍정적인 평가가 적은듯하다. 하지만 거시지표(巨視指標)로 보면 대체로 만족할만한 수준이었다. 금융실명제를 실시한 이듬해인 1994년과 1995년의 한국경제는, 잠정 성장률 6~7%보다 높은 8.4%와 8.7%라는 좋은 성장률을 기록하고 있었다.[7]

참고 자료
1. 나라정책연구회 『김영삼 정부의 국정평가』 p284~286
2. 임영태 『대한민국사』
3. 나라정책연구회 『김영삼 정부의 국정평가』 p278
4. 김충남 『대통령과 국가경영』 p533~534
5. 나라정책연구회 『김영삼 정부의 국정평가』 p276
6. 나라정책연구회 『김영삼 정부의 국정평가』 p280~282
7. 나라정책연구회 『김영삼 정부의 국정평가』 p319~320

제
8
부

IMF, 국가적 재앙의 시작과 끝

1장 위기의 시작

1997년 새해 들어 김영삼이 역점을 둘 두 가지 과제는 대통령 선거를 공명정대하게 관리하는 일과 수출 부진, 무역 적자, 소비 풍조 등으로 악화 돼 가고 있는 경제난에 대처하는 일이었다. 2월28일에 김영삼은 공정한 대선 관리를 위해 국정을 두루 경험한 경력의 호남 출신 고건(高建)을 총리로 임명했고, 경제부총리로 정통 경제 관료 출신인 신한국당 국회의원 강경식(姜慶植)을 기용했다. 이후 고건은 대통령 선거를 대과(大過) 없이 치른 데 비해, 강경식은 IMF행(行)의 주범으로 지탄받는 불운한 처지가 된다.

강경식은 박정희 정권 말기, 고도성장 정책이 벽에 부딪히자 과감한 안정화 정책(=구조조정을 의미)으로 돌파해야 한다는 개혁론을 폈다. 5공에서도 김재익 경제수석과 함께 물가 안정 정책의 핵심으로 일하며 성과를 올렸던 경력의 소유자로, 문민정부에 들어와서도 개각 때마다 하마평(下馬評)에 떠오르던 인물이었다. 군부 시절 요직을 맡았던 인물 등용을 꺼려왔던 김영삼도 그의 해박한 경제 논리와 개혁 성향, 추진력을 인정하고 있었다.[1]

그는 1970년대 초, 남덕우 경제부총리 밑에서 기획국장으로 1차 석유파동을 겪었다. 1979년 2차 석유파동 때는 신현확 경제부총리 밑에서 기획

차관보로 일한 경력이 있어, 경제난에 대한 최상급의 소방수(消防手)라 할 수 있었다. 임기 1년을 남긴 김영삼은 한국경제의 체질 개선을 위한 금융 구조 조정 문제를 해결하지 못한 채 미해결 현안으로 가지고 있었다. 또한 개정 노동법에 결사반대하는 노동계의 도전에 직면하고 있었으므로 유능한 소방수가 절실했다.

노동계는 정초부터 노동법 개정에 반대하는 2단계 총파업에 나섰다. 노동계는 1996년 12월26일에 한나라당이 국회에서 변칙 처리한 개정 노동법의 '복수 노조 3년 유예', '정리 해고제 도입'이 독소(毒素)조항이라면서 원천 무효를 주장했다. 이에 대해 정부는 노사 개혁과 국제 경쟁력 강화를 위한 불가피한 선택이었다고 맞서왔다.

그러나 정부는 강성 노조가 이끄는 노동계의 거센 반발과, 대통령 선거를 맞아 노동계의 표를 의식하는 야당의 반대 공세를 극복하지 못했다. 1997년 3월10일, 노동계가 요구한 대로 복수 노조 허용 및 고용 조정(=정리 해고)을 2년간 '시행유예'로 바꿔 재개정하는 수순을 밟을 수밖에 없었음은 앞서 설명한 그대로다.

김영삼은 이에 대해 "복수 노조와 정리 해고를 노사 양쪽에서 하나씩 양보해서 합의를 이룰 수 있었다면 IMF 금융 위기의 원인 중 하나가 사전에 해소되는 셈이었는데, 그렇게 되지 않아 국가적으로 안타까운 일이었다"고 회고했다.[2]

김영삼은 나머지 과제인 금융 개혁과 규제 완화와 같은 현안도 마무리 해줄 것을 강경식에게 당부했다. 6월3일, 강경식은 금융개혁위원회(위원장 박성용)가 건의한 중장기 금융 개혁안을 토대로 최종안을 확정, 대통령에게 보고했다. 골자는 한은에서 금융 감독 기능을 분리하는 대신 금융감독위에 대한 조사 요구 및 합동 조사권은 한은에 부여하며, 금융 감독과 관련된 법령의 제정·개정권은 재경원에 남겨둔다는 것이었다.

OECD 가입과 더불어 자본시장이 활짝 열리는 추세에서 구태의연(舊態依然)한 관치 금융 체제에서 벗어나고, 대형화·합리화하는 개혁을 단행하지 않고서는 한국경제가 살아남기 어려웠다. 따라서 더욱 더 금융 개혁 법안의 국회통과가 절실했다. 그런데도 여당의 비협조와 야당의 반대로 국회통과는 어려운 전망이었다. 1997년 말 외환 위기가 닥쳤을 때 통과에 실패함으로써 IMF 위기를 맞는 결정적 위기 요인이 되었다.

5월17일, 대통령의 차남 김현철이 5조 원에 달하는 금융 부채를 안고 파산한 한보(韓宝)철강 부도 사건의 배후로 몰려 검찰 수사를 받다가 구속되었다. 아들의 비리로 정치적 타격을 크게 입은 김영삼은 레임덕 현상이 심화되기 시작했고, 강경식도 경제 정책을 추진하는 데 어려움이 가중되었다.

사실 강경식이 정부를 떠나있던 몇 년 사이 세상은 달라져 있었다. 군부 시절에는 대통령이 원하면 당·정 협의가 대체로 이뤄지고, 국회에서의 법안 변칙 처리도 다반사(茶飯事)여서 위기관리에 큰 어려움이 적었다. 그러나 문민시대에 와서는 사정이 달라졌다. 대통령과 여당인 한나라당 사이에 갈등 구조가 형성되는 이변(異變)이 일어났는가 하면, 대통령 선거를 앞두고 야당과의 협조 관계가 더욱 어려워져 있었다.

경제부총리의 운신 폭 역시 그만큼 옹색해진 것이다. 그는 다른 장관들과의 호흡도 잘 맞지 않았다. 강경식은 "경제에는 임기가 없다"면서 개혁의 지속을 강조했다. 아마 대통령 임기 5년에 빗댄 말이었을 것이다. 그 같은 강경식의 태도는 후반기 누수가 심각해진 상황임에도 불구하고, 마치 초대 내각의 경제 수장 같은 처신으로 비쳐졌다.

공무원들의 복지부동(伏地不動) 현실에 맞서 부처 업무의 마무리 작업에 전력을 기울여야 했던 다른 장관들은, 현실과 동떨어진 듯한 그의 감각

에서 괴리감을 느꼈다. 능력이 과대 포장된 게 아니냐는 중평(衆評)까지 나돌 정도였다.[3]

「부도유예 협약」이라는 정치적 절충안

7월9일의 진로그룹 부도에 이어, 7월15일에는 기아자동차가 「부도유예 협약」 적용 기업으로 선정되었다. 말을 돌려서 그렇지, 그것은 기아가 부도 난 것을 의미했다. 대기업 부도가 경제에 미칠 파장을 최소화하기 위해 한보 부도 당시 「부도유예 협약」 제도를 시행하기 시작했고, 기아가 그 적용 대상이 되었던 것이다.

기아는 과도한 단기 차입에 의한 무리한 설비 투자, 문어발식 기업 확장과 책임 경영의 부재 등 한국의 재벌기업이 가지고 있는 나쁜 점을 모두 가지고 있었다. 그런데다가 주식이 거의 없는 회장 김선홍이 노조의 지원을 통해 경영권을 어렵게 지탱해왔다.

부채 규모는 10조 원이 넘었고, 18개 계열사와 산하 협력단체의 임직원 가족을 포함하여 직접적인 피해 당사자가 수십만에 달했던지라 충격이 컸다. 문제가 심각한 것은 한국정부가 기아 부도 문제를 경제 논리대로 처리하지 않고, 2개월간 끌고 있다가 「부도유예 협약」이라는 정치적 절충안을 내놓은 데 있었다.

그것은 한국정부가 민간기업 부채 문제에 정치적으로 간여하고 있는 것으로 비쳐져, 외환 위기가 동남아에 퍼지고 있던 시기에 국제 신인도(信認度)에 악영향을 끼쳤다. 영국의 [파이낸셜타임즈]는 "한국에서 달러보다 부족한 것은 리더십이다"는 비판 기사를 내보냈다. 「부도유예 협약」은 외환 위기를 맞아 한국에서 외환이 빠져나가는 주된 구실이 되기도 했다.[4]

그 이후 한국경제에 대한 국제사회의 불신이 증폭되면서 신용평가 회사 무디스는 한국의 국가 신용 등급을 여덟 차례나 강등했다. 기아의 부도 처리가 2개월째 지지부진하고 기업들의 부도가 이어지는 사이, 7월2일에는 태국의 바트화 폭락 사태가 터졌다. 연이어 이웃 인도네시아의 루피아화도 폭락으로 이어지는 동남아 금융 위기가 발생했다. 그것이 우리나라에도 영향을 끼쳐 환율 불안정, 금리 상승, 주가 하락 현상이 일어나기 시작했다.[5]

그럼에도 강경식은 낙관론을 폈다. 그는 "태국의 바트화는 준(準) 국제 통화이므로 환율 방어에 막대한 달러가 필요하다. 그러나 한국의 원화는 철저하게 국내용이고 외국인이 대량 매매할 수도 없다. 금융이 해외 개방이 돼 있지 않아서 해외 투기 자금이 들락거리지 못한다"는 이유를 들어 태국의 외환위기가 한국에 큰 영향을 주지 못할 것이라고 주장했다.[6]

그러나 8월12일, 국내 7개 은행과 10개 종금사(=종합금융사)가 동남아의 위기 영향으로 달러를 구할 수 없게 되었다. 그로 인해 만기가 도래한 외채 상환 부분에 대해 부도 선언을 하는 사태가 일어났다. 외환 위기가 어느새 한국에도 상륙한 것이다. 재경원은 한국은행을 통해 10억 달러를 풀어 일단 부도를 막아주었고, 그 사실은 비밀에 부쳤다.

8월18일에는 경제정책관 이윤재가 "대책을 마련해야 한다"고 건의했다. 그런데도 강경식은 "전에도 파산 지경에 이른 적이 몇 번 있었다. 한국의 신인도는 아직 괜찮다. 대비책은 마련하되 당황하는 모습을 보이지 말자"고 말했다. 낙관론을 이어가고 있었던 것이다.[7]

외채(外債)와 리볼빙(Revolving) 제도

국제 금융기관이나 금융 투기 자본들은 그동안 한국의 경제 기초가 튼튼하고, 성장 전망도 좋다고 보아 한국 금융기관들을 상대로 외채를 가져다 쓰라고 권하고 있었다. 그들이 가져다 쓰길 원하는 것은 이자가 비싼 장기 외채였다. OECD가 한국에 원한 것도 장기 외채에 대한 금융 시장 개방이었다.

하지만 한국의 금융기관이나 30개 종합금융사들은 장기 외채 대신 이자가 싼 단기 외채를 다투어 차입했다. 만기일을 연장해주는 리볼빙(Revolving) 제도를 활용하면 장기 외채처럼 쓸 수가 있었다. 차입한 단기 외채를 이자가 비싼 장기 외채로 전환해 동남아 등지에 투자하기 시작했다. 이자 차익을 노리는 금융 장사였다.

기업들도 단기 외채를 빌려 시설 투자를 늘리는 게 유행이었다. 당시 삼성을 포함한 대기업들도 모두 국제 금융을 통해 리볼빙 제도를 활용하며 많은 외화를 빌려 쓰고 있었다. 문제는 국제 금융사들이 리볼빙을 일제히 거부하면, 한국의 대기업들도 연쇄적으로 부도가 날 위험 가능성을 안고 있었다는 데 있었다. 그렇게 되면 순식간에 금융 위기가 오게 되어 있었던 것이다.[8]

사실 외환 위기가 진행되던 8월부터 10월 사이의 2개월은 중요한 시기였다. 외환 투기 등 국제 금융의 특징이 타이밍과 스피드였던 만큼, 신속하게 대응할 수 있는 골든타임(golden time)이었다. 그러나 한국의 금융 당국은 외환위기에 대비한 효과적인 감시·감독 기능을 갖추지 못하고 있었다. 게다가 경제부처와 정보기관들은 동남아에 진출한 종금사의 단기 외채 규모조차 제대로 파악하지 못했다. 한국의 외채 규모가 1500억 달러에 이르고 있음이 뒤늦게나마 확인된 것은 김대중 정부 때였다.[9]

10월13일, 홍콩 증시가 폭락하면서 한국정부는 긴장 상태에 들어갔다. 당시 정부의 초점은 증시 안정 쪽에 있었다. 국내시장에서 빠져나가는 외화만큼 외화를 추가 확보하자는 것이 대응의 골자였다. 10월28일 밤, 경제부총리 강경식과 한은 총재 이경식, 청와대 경제수석 김인호가 모여 금융 시장 안정 종합 대책을 세웠다. 채권 시장 추가 개입과 현금 차관 도입 확대

와 같은 외환 공급 확대를 위한 대책이 주(主)내용이었다.[10]

경제부총리의 '펀더멘털 튼튼론(論)'

그러나 실기(失機)했다는 소리를 들었다. 종합 대책은 별 효과를 내지 못했고, 효과를 내기엔 너무 늦었으며 역부족이었다는 것이다. 환율이 더 올라가면서 증시 폭락, 외국인 투자금 이탈이 맞물렸다. 더구나 때마침 터진 해태, 뉴코아의 대기업 부도 소동에 휘말려버렸다.

투자금 이탈을 막는 상황 대응의 실패와, 부실한 경제 구조에서 오는 부작용이 서로 얽혔다고 할 수 있다. 특히 세계화의 물결을 타고 국경을 쉽게 넘나드는 국제 헤지펀드(Hedge Fund)의 위험성에 대해 전혀 관심을 기울이지 못한 것이 문제였다.

강경식은 외환 위기가 동남아에서 북상할 무렵 국무회의에서 "심도 있는 논의를 할 때가 아니냐?"는 발언이 나오자 "우리 경제는 펀더멘털이 튼튼하니까 아직 걱정하지 않아도 된다"고 답변했다. 그는 공·사석에서나 언론과의 인터뷰에서도 '펀더멘털 튼튼론(論)'을 계속 주장하고 있었다.

동남아에서의 외환 위기가 한국에서도 유동성 위기를 가져올 수 있고, 한국경제가 구조적인 결함을 많이 안고 있음에도 불구하고 외형상 성장률, 물가 상승률, 실업률, 경제 수지 등 거시 경제 지표로 봐서는 전혀 문제가 없다는 견해였던 것이다.

일부 금융 전문가들은 강경식의 낙관론에 동의하지 않았다. 외환위기를 단기 외채 비율을 넣고 분석해보면 한국의 위기 발생 확률은 19.5%여서 사실상 아시아에서 가장 높은 수준이라는 주장이었다. 인도네시아가 6.5%, 태국이 9.3%, 말레이시아가 6.4%, 필리핀이 10.0%였다는 것이다.[11]

강경식의 '펀더멘털 튼튼론'은 급기야 대통령으로부터 질책을 받았다.

그는 10월28일 TV 뉴스를 본 김영삼으로부터 "경제가 이렇게 어려운데 국회에서 펀더멘털이 좋으니 별 문제될 것이 없다고 하는데, 이 사람이 정신이 있는 사람이야?"라는 호통을 들어야 했다.

외환 위기가 진행되는 와중에 자신의 거시 경제 정책을 홍보하는 전국 강연을 다녔다 해서 대통령으로부터 야단을 맞는 일도 발생했다. 이때 그는 김영삼의 신임을 잃고 있었다. 경제수석 김인호도 김영삼에게 꾸중을 들었다고 했다.

김영삼은 대외적으로는 "경제는 전문가들에게 맡긴다"면서 경제부총리에게 일임하는 형식을 취했으나, 실제로는 경제수석에게 견제하는 역할을 맡기는 경향이었다. 양자 사이에서 경제 정책에 대한 균형을 찾았다고 할 수 있다. 초대 경제수석 박재윤은 견제역이 아니라 아예 경제부총리를 압도했고, 2대 경제수석 한이헌도 후보 비서실 출신의 실세로 장악력이 강했다.

청와대가 경제 정책을 좌우한다는 소리가 나오기도 했던 것이다. 그런데 강경식과 김인호는 경제 정책에 관해 같은 소리를 내고 있었다. 대통령은 그것을 못마땅해 했다.[12]

강경식과 김인호는 1970년대 초 예산국 총괄과장과 사무관, 1980년대 초 차관보와 물가 총괄과장으로 두 번이나 상하 관계로 일한 적이 있었다. 두 사람은 경제에 관한 생각이 비슷하여 언론으로부터 '환상적인 콤비'라는 소리를 들었다. 그러나 균형을 찾는 대통령에게는 경우에 따라 바람직하지 않은 한 통속으로 비쳐질 수가 있었다. 결국 나중에 가서 동반 퇴진으로 이어지는 원인이 되었다.[13]

"한국을 탈출하라, 즉시"(Get out of Korea, right now)

국제 금융 투자자들이 서울을 빠져나가기 시작했다. 미국의 투자은행

모건 스탠리가 "아시아물(物)을 즉각 팔아 치우라"는 긴급 보고서를 냈다는 사실이 알려지면서 국내 증시의 종합 주가 지수가 35포인트 빠져 500선이 붕괴했다.

그러는 사이 11월5일에는 미국의 [블룸버그통신]이 "한국의 가용 외환 보유액이 20억 달러에 불과하다"고 보도, 충격을 던졌다. 홍콩 페레그린 증권이 낸 한국 보고서는 "한국을 탈출하라, 즉시"(Get out of Korea, right now)로 끝맺고 있었다.

11월7일, 김인호 주재로 열린 재경원, 한은 관계자 연석회의에서 "시장의 불안 심리를 잡고 환율 폭등을 막으려면 상당한 규모의 외환 확보가 절실하다"는 데 의견을 모았다. 이 자리에서 "IMF에 금융 지원을 요청하자"는 건의가 처음 나왔다. 그것은 외환위기에 대한 초기 대응 정책이 모두 실패했음을 인정하는 단계였다고 할 수 있다.

김인호는 홍콩 증시 폭락 후 15일 만에 IMF 지원 요청을 검토할 정도로 상황이 급격하게 악화돼 간 데 대해, "위기 징후가 보이면 일시에 빠져나가는 국제 금융 자본의 냉혹한 생리(=기러기 효과)에 대한 이해가 부족했기 때문이었다"고 회고한다.[14]

강경식도 "동남아 위기는 결코 남의 얘기가 아니었다. 대외 신인도를 주시하면서 대책 강구가 절실했다"고 털어놓고 있는 것을 보면, 두 사람의 미흡한 국제금융 이해도가 한국의 IMF행에 주요한 요인이 되었음을 짐작하게 한다.[15]

재무부 출신의 전 경제부총리 홍재형은 "강 부총리, 김 수석이 국제 금융시장과 그 생리를 잘 모르고 있었던 것이 큰 문제였다"고 지적했다. 그쪽 사람들은 한국의 외환 보유고 실상을 손바닥 손금 보듯이 훤히 알고 있는데, 경제팀이 인위적으로 환율을 조정하는 데 매달려 헛수고를 했다는 것이다. 또 구조 조정을 해야 한다면서 금융개혁법에 매달려 외환 업무를 담당하는 핵심들까지 동원하는 바람에 외환위기 관리에 집중하기 어려웠던 점도 지적했다.[16]

당시 재정기획원 차관이던 강만수(=이명박 정부의 기획재정부 장관)는 국제 금융을 잘 모르는 경제 참모들이 환율 정책을 담당하게 된 것이 문제의 씨앗이라고 분석했다.

원래 기획원은 경제 계획이 전문이고, 환율 정책은 재무부 소관이었다. 그런데 문민정부에 와서 기획원과 재무부가 합쳐져 재정기획원이 되면서 문제가 잉태되었다. 기획원과 재무부가 서로 견제하고 보완하는 기능을 가지고 있었는데 그것이 사라지게 되었다는 것이다.[17]

거기에다 초대 경제수석 박재윤을 빼고는 경제기획원 출신들이 경제수석과 경제장관 자리를 계속 차지했다. 그 바람에 환율 정책에 차질이 빚어질 가능성이 높았다고 했다. 세계화 개혁을 주도했던 박세일도 행정고시와 기획원 출신 엘리트 고위 경제 관료들이 민간인 전문가들보다 국제금융에 대해 어둡다는 점을 지적하고 있었다.[18]

외환위기가 부총리나 경제수석 가운데 한 사람을 국제금융을 잘 아는 인물을 기용하지 않고, 기획원 출신만으로 채운 인사 정책과도 연관 관계가 있었음을 알 수 있는 것이다.

11월18일, 김인호는 대통령 대면 보고에서 "모든 방법을 다 써보고도 여의치 않으면 IMF로 갈 수밖에 없다"는 점을 설명했다. IMF행에 관한 첫 공식 보고였다. 김영삼은 평소 때처럼 "알았다"고 짤막하게 반응했다. 김인호는 "대통령이 사안이 사안인 만큼 좀 더 깊이 있게 따지는 단계가 있어야 했다"면서 소극적 반응을 아쉬워했다. 묻지도 않는데 설명을 길게 늘어놓을 수가 없었다는 뜻이다.[19]

참고 자료

1. 『김영삼 대통령 회고록』하 p296
   강경식 『환란일기』 p14
2. 『김영삼 대통령 회고록』하 p270~282
3. 오인환, 양수길 『김영삼 민주센터 녹취록』
4. [동아일보] 특별취재팀 『문민정부 1800일 비화』 p195
5. 『김영삼 대통령 회고록』하 p349
6. 강경식 『환란일기』 p28
7. [동아일보] 특별취재팀 『문민정부 1800일 비화』 p216
8. 김인호 『역대 대통령 통치 구술 사료집』 p491~492
9. 안철현 『한국현대정치사』
10. 김인호 『외환위기의 중심에 서다』 p31
11. [동아일보] 특별취재팀 『문민정부 1800일 비화』 p222
12. 정종욱 『김영삼 민주센터 녹취록』
13. 김인호 『외환위기의 중심에 서다』 p160
14. 김인호 『외환위기의 중심에 서다』 p40
15. 강경식 『환란일기』
16. 홍재형 『김영삼 민주센터 녹취록』
17. 강만수 『김영삼 민주센터 녹취록』
18. 박세일 『김영삼 민주센터 녹취록』
19. 김인호 회고록 『외환위기의 중심에 서다』 p41

2장 서울에 온 미셸 캉드쉬 IMF 총재

중대 사건에 마주치면 김영삼은 균형 있는 대책을 마련하기 위해 여러 사람의 의견을 듣는 것이 평소 관행이었다. 외환위기 때도 마찬가지였을 것이다. 김영삼이 경제수석의 보고에 단순하게 반응한 것은 이미 다음 단계 조치까지 구상해놓고 있었기 때문이 아니었을까? 그로부터 11일 뒤, 김영삼은 강경식과 김인호를 교체했다.

강경식은 11월9일이 일요일이었음에도 경제수석과 한국은행 총재를 만나 금융 외환시장 안정 종합대책을 논의했고, 이튿날 대통령에게 보고했다. 이때도 김영삼은 "알았다. 그대로 추진하라"고 짤막하게 반응했다고 한다.[1]

정부 차원의 IMF행 검토가 본격적으로 시작되었다. 11월13일, 김영삼은 IMF행 교섭 추진 건을 재가했다. 강경식은 극비리에 말레이시아 쿠알라룸푸르에 머물고 있는 미셸 캉드쉬 IMF 총재를 서울로 초청했다.

강경식은 캉드쉬와의 회동에서 한국정부가 18일 금융 개혁 법안을 국회에서 처리하고, 다음날 금융 개혁 조치를 취하는 즉시 IMF가 자발적으로 구제 금융 지원 방침을 발표하기로 합의했다. 캉드쉬 스스로가 한국경제의 '펀더멘털 튼튼론'을 인정하는 입장이어서 교섭이 그다지 어렵지 않게 진행되었다. 그런데 결정적 차질이 왔다.

약속대로 11월18일에 금융 개혁 법안들이 국회에서 통과되지 못한 것이다. 보수 노선의 김영삼 정권이 곤경에 빠지는 것이, 진보 노선인 자신의 대선 전략에 결정적인 도움이 되리라고 본 김대중이 법안 통과를 저지했기 때문이다. 그렇지 않아도 강경식과 김인호는 요지부동인 김대중을 움직이려면 YS가 직접 나서야 한다고 여러 차례 건의했다. 하지만 김영삼은 끝까지 움직이지 않았다.

사실 김영삼이 움직이기에는 대선 경쟁 구도가 과열돼 있는 게 결정적인 부담이었다. 대통령과 갈라선 이회창 후보 측은 YS가 DJ를 지지하고 있고, 그래서 DJ의 비자금 수사도 중지시킨 것이라고 공격하고 있었다. 이회창 측과는 대화도 단절되어 있었다.

이때 YS가 DJ와의 통화나 회동을 시도했더라도, DJ가 응할 가능성은 매우 낮았다. 설사 통화나 회동이 이뤄졌다 해도, 이회창 측의 밀통(密通) 시비로 상황이 더 악화될 가능성이 있었다. 여러 가지 경우의 수를 따져보아도 마땅한 묘책은 없었다.[2]

나중에 사석에서 김영삼이 김인호에게 "… 대통령 선거에선 후보의 눈에 표 이외에 다른 것은 보이지 않는다. DJ가 내 말을 들었겠나?"고 술회했다고 한다. 사실 1997년 말의 대선 판세는 여·야 후보의 지지도가 문자 그대로 박빙(薄氷)이었다. 김대중이 1위를 달리고 있었으나 지지도가 한계에 달해 보합세였다. 두 아들에 대한 억울한 병역 시비로 큰 타격을 받았던 지지도 2위의 이회창은 지지세를 회복하는 추세였다.

그러나 계속 박빙의 격차가 좁혀지지 않는 숨 가쁜 상황이었다. 누가 악재(惡材)를 만드느냐에 따라 승패가 결정되거나 뒤바뀔 수 있는 순간이었다. 실제로 대선 결과를 보면 지지도 1위였던 김대중은 순위를 지키는 데 성공했으나, 2위인 이회창과 39만557표(1.6%) 차이의 신승(辛勝)이었다. 국가와 국민의 이익과 결부돼 있지만, 대통령 선거라는 현실 정치에서 수십만 표와 연결된다는 금융 개혁 법안의 통과가 여·야 후보로부터 왜 외면당하게 되었는지를 한눈에 짐작할 수 있게 하는 대목이다.

IMF 책임론에 대한 언론 플레이

강경식은 "법안 통과가 무산되었다 해도 금융 시장을 안정시킬 필요가 있다"고 보아, 금융 시장의 구조 조정안과 IMF 구제 금융 신청안을 만들었다고 했다. 금융 개혁법 통과가 무산됐으니 실효가 있겠느냐는 의문이 있겠으나, 그렇다고 가만히 있을 수도 없었다.[3]

강경식은 법안 통과가 좌절된 이튿날인 19일, 시장 안정화 정책을 발표하면서 IMF행을 공표할 생각이었다. 그러나 김영삼은 IMF 이후의 과정을 후임인 임창열에게 맡기기로 하고 개각을 단행했다. 거기서 혼선이 생겼다.

캉드쉬와의 약속을 마무리하려는 순간 기습적인 경질 처분을 당해 마음이 상한 강경식은, IMF행에 관한 인수인계나 캉드쉬와의 합의 배경을 후임자에게 상세하게 알려주는 절차도 없이 그대로 귀가해버렸다. 후임 임창열은 대통령으로부터 "IMF행 준비를 잘 해달라"는 지시를 받긴 했으나, 배경에 관한 깊은 이해가 안 된 상태에서 "IMF에 가지 않겠다"고 일방적으로 발표함으로써 국내외에 충격과 혼선을 일으켰다.

약속한 금융 개혁법안의 국회통과가 무산되자 한국정부가 자신과의 합의까지 부인한 것으로 속단한 캉드쉬는, 한국정부에 대한 신뢰를 버리고 가혹한 지원 조건 카드를 꺼내들게 되었다. 미국 대통령 클린턴 역시 한국정부가 트릭을 쓰는 것으로 오해할 수밖에 없었다.

IMF로 가는 게 잘된 일은 아니나, 그렇다고 무조건 망국(亡國)으로 치닫는 것처럼 잘못되었다고 할 수도 없다. 영국처럼 IMF에서 돈을 빌려 경제위기를 순조롭게 극복한 사례도 적지 않기 때문이다. 그런데 타이밍을 잘못 맞춘 경질 인사가, 예기치 않은 IMF행을 더 험난하게 만드는 단초가 되었다.

강경식이 일단 IMF행을 발표한 뒤 인사를 단행했거나, 인사를 단행하더라도 IMF행 과정을 소상히 알고 있는 경제수석을 한동안 유임시켰더라도, 신임 경제부총리가 이틀 동안 국내외를 뒤흔드는 평지풍파를 일으키는 사고는 막을 수 있었을 것이다.

한국이 IMF의 구제 금융을 받게 된 뒤인 1998년 11월 들어 청와대 주변에선 "김 대통령이 IMF행에 대해 강 부총리와 김 수석으로부터 제때에 제대로 보고받지 못했다", "경제팀 외의 전문가(=홍재형 전 재무장관)에게서 외환 위기의 실상을 처음 전해 들었다", "때문에 적절한 대응 기회를 놓치게 됨으로써 외환 위기가 악화되었다"는 이야기가 나돌기 시작했고, 곧 언론에도 보도되었다.

IMF 책임론에 대한 언론 플레이가 등장한 셈이다. 김인호는 그 같은 언론 플레이가 IMF 사태에 대한 책임을 강경식과 자신에게 넘기고, 대통령을 구하기 위해 꼬리를 자르려는 충성심에서 비롯되었다고 보았다. 소문의 진원지를 비서실장 김용태로 여겨 실장 공관을 찾아갔다. 김인호가 조목조목 따지자 상대는 묵묵부답(黙黙不答)이었다고 했다. YS의 의중을 누구보다도 잘 읽어 신임이 두터웠던 이원종 전 정무수석이 한두 해 후까지 소문과 같은 주장을 편 것을 보면, 김용태 외에도 상도동 가신들이 'YS 구하기'에 동조하고 있었던 게 아니냐는 심증을 갖게 한다.[4]

그렇지만 위의 소동은 오히려 예기치 않은 역풍을 몰고 왔다. "그렇다면 국정 최고 책임자인 대통령은 무엇을 하고 있었는가. 무책임하고 무능했다는 반증이 아닌가?"라는 반론을 불러왔기 때문이다. 이 문제는 김대중 정권이 들어서면서 본격적인 책임론으로 비화되었다.

IMF 위기에서 구국의 해결사 역으로 등장한 김대중 정권은, 문민정부 말기의 경제팀인 강경식과 김인호를 '환란(=IMF 금융 위기의 다른 표현) 주범'으로 프레임을 짠 뒤 그에 따른 형사 책임을 묻게 되었다. 김영삼을 타깃으로 삼는 것은 정치적 부담이 크니까, 차선(次善)으로 경제팀을 희생양으로 삼는 전략을 세웠다고 할 수 있다.

인권 변호사 출신 감사원장 한승헌이 이끄는 감사원이 특별 감사에 나서, 두 사람의 환란 책임을 기정사실화하는 방향으로 의도적인 감사를 진행했다. 두 사람의 진술은 묵살되기 일쑤였고, 감사 중간 결론을 대통령에게 보고하고 그 의견을 들은 뒤 확정하는 식으로 감사원법을 위반했다.

법원의 무죄 판결 이끈 '김영삼 증언'

검찰은 감사원의 고발에 따라 강, 김 두 사람을 직무유기와 직권남용 혐의로 구속 기소했다. 혐의는 강경식이 7개, 김인호는 4개였다. 그러나 재판부는 27차에 걸친 심리 끝에 외환위기 본질 부분에 대해 명백한 무죄를 선고했고, 2심에 이어 3심에서도 무죄가 확정되었다.

무죄가 선고된 것은 IMF 사태에 대해 반발하는 국민 정서라는 압박에도 불구하고, 재판부가 IMF 위기의 책임을 두 사람에게 씌우는 검찰의 프레임을 인정하지 않은 것을 의미했다. 결정적인 역할을 한 것은 김영삼의 증언이었다.

김영삼은 1998년 5월2일자로 검찰총장에게 보낸 답변서에서 "외환위기의 실상을 외부인으로부터 듣고 알았다"고 한 소문을 일축한 다음, "IMF 사태의 시작과 진전에 따라 강, 김 등 경제팀으로부터 모든 보고를 다 받았다", "그들로부터 IMF에 대한 보고를 충분히 들은 뒤 본인 판단으로 IMF 행을 결정했다", "그들은 본인이 준 지침대로 최선을 다했다"고 진술했다.

그 답변을 검찰에 넘으로써 재판은 사실상 끝이 났다고 할 수 있다. 검찰은 두 사람이 IMF행에 대한 보고를 소홀히 함으로써 직무 유기를 했다는 대전제 아래 기소한 것인데, 당사자인 대통령이 전제가 잘못되었음을 밝혀주면서 검찰의 프레임이 무너진 것이다.

김영삼이 사실대로 명백한 진술을 하게 된 것은 답변서 준비를 지휘하던 정치특보 김광일이 "IMF에 관해 자신들이 잘못한 것도 모두 YS 정권에 뒤집어씌우는 DJ 정권의 계략에 대응하기 위해서는 사실대로 밝히는 것이 좋겠다"고 건의한 것이 수용됐기 때문으로 알려져 있다.[5]

법원의 무죄 판결은 "IMF가 온 것이 강, 김 두 사람의 직무유기나 직권남용이 원인이었다"는 검찰의 기소 부분에 대해서만 판단한 것이다. 불고불리(不告不理)의 원칙에 따라 검찰이 기소하지 않은 IMF행에 대한 본질적 책임 부분까지 판단한 것은 아니다. 오랜 기간 수많은 민관(民官)의 관계자가 얽히고설킨 경제정책에 관해 특정인에게 형사 책임을 묻는 경우는, 세계적으로 유례가 없다고 한다. 수많은 정책에 관련된 잘못이나 그에 따른 인과(因果) 관계를 칼로 두부 자르듯이 명백하게 객관적으로 규명하는 일부터가 불가능하기 때문이다.

외환 위기가 처음 발생했던 태국의 경우, 경제 전문가들로 구성된 위원회를 두어 종합적으로 외환 위기의 원인과 교훈을 정리하는 작업을 폈고, 백서(白書)도 만들었다. 그게 정도(正道)였다. 김대중 정권은 그 같은 위원회는 두지 않고 '환란 주범론'을 내세워 전(前) 정권의 경제팀을 형사 처벌하려고 서둘렀다.

그러다가 공소유지에 실패하면서 IMF 위기의 본질적 문제점을 규명하는 기회까지 무산시켰다. 한국에서는 「IMF 백서(白書)」가 지금까지도 나오지 못했다. IMF 위기에 대해 김영삼이 국정 최고 책임자로서의 정치적 책임을 졌으나, 여러 정권에 걸쳐 진행된 내부 원인론이나 대외 원인론 등에 대한 복합적인 역사적 책임은 가려내지 못한 것이다.

참고 자료

1. 김인호 회고록 『외환위기의 중심에 서다』 p46
2. 이각범 『김영삼 민주센터 녹취록』
3. 이교관 『누가 한국경제를 파탄으로 몰았는가』 p220
4. 김인호 『외환위기의 중심에 서다』 p870
   함성득 『비서실장론』 p242
5. 김광일 『김영삼 민주센터 녹취록』

3장 IMF 사태는
'미국의 한국 길들이기'였나?

한국이 IMF행을 결정하기 한 달 전인 10월 중순까지도 IMF 평가단은 서울에 와서 외환 위기의 징후를 발견하지 못했다. 한국경제의 펀더맨탈이 괜찮고, 경제 정책에도 별 이상이 없다면서 위기 가능성에 대해 한마디도 거론한 게 없었다. 11월 중순에 IMF행 여부를 논의하기 위해 극비리에 방한한 미셸 캉드쉬 총재 자신도 한국의 '펀더멘털 튼튼론'의 동조자였다.

그때까지 국내의 어느 경제 전문가도 위기 상황이 오리라는 것을 경고한 사람이 없었다. 김영삼은 외환위기 상황이 진행되던 10월20일부터 11월 15일 사이에 이경식(=한은 총재), 한승수(=국회의원), 박상희(=중소기업중앙회장), 김수환(=추기경), 최종현(=전경련 회장), 이건희(=삼성그룹 회장), 신격호(=롯데그룹 회장), 신현확(=전 국무총리), 나웅배(=전 부총리), 이순옥(=우방그룹 회장), 장치혁(=고합그룹 회장)을 만나 경제난에 관한 의견을 들었다.

대부분 "상황이 어렵기는 하나 타개할 수 있다"는 낙관론을 이야기했고, 외환위기 가능성을 귀띔한 사람은 한 명도 없었다.[1] 저명한 인사 가운데 외환위기 가능성을 경고한 사람은 포항제철 회장이던 자민련 총재 박태준이 유일했던 것으로 알려져 있을 뿐이다.

박태준은 30개로 급증한 종금사들이 단기 외채 차입에 몰려든다는 사태를 전해 듣자 "백인 진주군 사령관이 서울에 오게 될 것"이라고 외환위기를 경고했다고 한다. 그는 캉드쉬의 서울 입성을 일찌감치 내다보고 있었던 것이다. 그러나 그의 경고는 대통령에게까지 전해지지 않았다. 두 사람 사이가 정치적으로 냉랭해져 있었기 때문에 소통이 가능하지 않은 상태였던 것이다.[2]

위에서 열거한 사실들을 참고해보면 한국의 외환위기는 예상하지 못한 상태에서 기습적으로 들이닥친 상황이었던 것으로 정리된다. 박태준이 지적했듯이 종금사들이 위기의 문을 열었고, 미국과 일본의 국제 금융 세력이 보여준 향배와 한국 경제 당국의 적절한 대응 실패, 그리고 한국 경제 체제의 구조적 모순이 사태를 본격화시켰다는 분석이 가능한 것이다.

결과적으로 트로이의 목마(木馬) 역할을 하게 된 종금사들에게 단기 외채로 달러를 꾸어준 일본계 은행들이 일제히 돈을 회수하기 시작한 것이 외환 위기의 실질적인 시작이었다. 일본계 은행들은 10월27일부터 만기 재연장을 부분적으로 거부하다가, 11월3일부터 전면적인 거부로 들어갔다. 이 같은 거부는 미국과 유럽계 금융기관들에도 영향을 끼쳐, 한국은 11월4일부터 본격적인 유동성 위기에 직면하게 되었다.[3]

한국의 외환 보유고는 1996년 9월 말 297억 달러였는데, 이듬해 11월 말에 244억 달러로 53억 달러가 빠져나갔다. 12월18일엔 155억 달러로 다시 89억 달러가 빠져나갔다.[4]

일본 측은 갑작스럽게 집중된 단기 외채 회수가 일본 금융계에 닥친 어려움 때문이었다고 밝히고 있었다. 10월23일에 홍콩 증시가 폭락할 때, 미국의 대(大) 투자자들이 일제히 홍콩 증시와 도쿄 증시를 떠나면서 일본의 8

개 은행, 신탁, 증권, 보험회사가 도산하는 등 큰 타격을 입게 되었다. 그로 인해 한국에 투자했던 총 70억 달러를 갑자기 회수하게 되었다는 것이다.

이 같은 사실은 11월11일, 달러의 유동성 위기를 막기 위해 일본의 협조를 구하러 도쿄에 간 재경원 차관보 엄낙용에게 "협조가 어렵다"면서 일본 측 사정을 설명한 일본 대장성(大藏省) 차관 사카키바라 에이스케의 설명에서 나온 것으로 알려져 있다.

종금(綜金)은 '트로이의 목마(木馬)'

한국은 박정희 정권 시절 경제 개발 규모가 커지고 외환 업무가 급증하자, 중앙은행에서 외환 업무를 빼내 외환은행을 만들었다. 제1차 석유 위기 때 외환위기가 악화되면서 외환은행만으로는 역부족임을 느끼게 되었다. 그러자 「종합금융회사법」을 만들어 외자 도입의 창구를 다변화시키게 되었다.

금융 백화점으로 불리는 종금(=종합금융사)이 그렇게 탄생했다. 종금은 국제사회에서는 유례가 없고, 한국에만 있는 특수 금융기관이었다. 6공 때까지는 8개로 엄격히 제한돼 있었다. 그러던 것이 문민정부 들어 OECD 가입과 선거라는 정치적 요구에 휘말려 30개로 대폭 늘어났다. 금융 당국이 이 종금사들을 적절하게 감시·감독하는 체제를 제대로 갖추지 못한 사이, IMF 금융 위기의 트로이 목마 역을 맡게 된 것이다.[5]

왜 미국이나 일본의 국제 금융 자본들이 약속이나 한 듯 특정한 시기에 빠져나가 패닉(panic) 현상을 빚게 되었는가? 그 정확한 배경은 한국 측에 의해 규명·정리돼 있는 게 없다. 당시로선 미국 정부 기획설, 국제 음모론과 같은 소문만 무성했다.

미국 정부 기획설은 한국의 엄낙용 재경원 차관보가 일본에 가기 전인 10월 말, 클린턴 미 대통령과 루빈 재무장관이 각기 일본의 하시모토 총리와 마쓰즈카 대장상(大藏相)에게 편지를 보내 "한국이 IMF 구제 금융을 신청해 그 프로그램으로 구조 조정을 해야 하므로 일본은 협조 융자를 해주면 안 된다"는 의사를 전달했다는 이야기가 알려진 것에 기인한다. 미국이 그 같은 편지를 보낸 것이 사실이라면, 그 뒤 있었던 한국의 IMF행과 관련이 있었다고 해석할 수도 있는 것이다.[6]

미국 요구의 배경은 대체적으로 두 가지 때문이었다는 분석이다. 하나는 일본이 한국의 도움을 받아 추진하려던 AMF(=아시아통화기금) 창설 기도를 좌절시키느라 미국이 일본을 상대로 압박 정책을 펴는 사이에, 그 유탄(流彈)을 한국이 맞은 게 아니냐는 추론(推論)이다. 다른 하나는 한국의 금융시장을 개방시키려는 미국의 정책과 관련이 있는 게 아니냐는 것이다.

WTO(=세계무역기구) 체제를 통해 재화뿐 아니라 금융서비스를 비롯한 용역의 교역 자유화를 원하는 미국은, 개방에 폐쇄적인 아시아의 신흥 공업국 한국이 IMF 구제 금융을 받는 대가로 자본 시장을 완전히 개방하기를 바라고 있었다. 국제 금융이나 조지 소로스와 같은 국제 투기 자본 세력들도 한국 시장을 주목하고 있었다는 점에서, 미국정부 정책에 적극 동조했다는 것이다.

한국이 IMF행을 결정한 뒤 한국 시장이 미국정부나 국제 투기 자본 세력이 원하는 대로 개방된 전후 사정을 짚어보면, 미국정부의 압력설 관점이 매우 개연성이 높고 설득력도 뒤따른다는 사실을 알 수 있다. 외국 언론이 보도한 국제 음모론이 전혀 허구(虛構)가 아닐 수도 있었던 것이다.

실제로 1997년 11월24일 캐나다에서 열린 APEC 정상회담에서, 김영삼은 일본 총리 하시모토와 만나 IMF와는 별도로 60억 달러의 자금 지원을 부탁했다. 당시 하시모토는 "할 수 있는 모든 일을 하겠다"고 대답했으나, 나중에 가서 재정 지원이 어렵다고 완곡하게 거부했다. 김영삼은 클린 턴에게도 IMF와 별도의 지원을 요청했다. 그렇지만 "IMF를 통해서 지원하 겠다"는 냉정한 대답을 들었다.

귀국한 뒤 28일의 통화에서도 클린턴은 IMF와의 협상을 서두르라고 거듭 강조했다. 정상 외교에 대해 사사로이 섭섭한 감정을 표현한 적이 없던 김영삼이지만, 회고록에서는 "마음이 편치 않았다"고 솔직히 쓰고 있다.[7]

'통한의 한수(恨手)'가 된 클린턴의 외면

문민정부에서 정책기획위원회 위원장이었던 서진영 전 고려대 교수는 "한국이 IMF에 가게 된 것은 미국과 일본으로부터 뒤통수를 맞았기 때문" 이라고 보는 게 자신의 견해라고 밝혔다. 미국과 일본의 금융기관들이 일시 에 약속이나 한 듯 달러를 빼간 것은, 미국 정부의 한국 길들이기가 아니냐 는 주장인 것이다.

그는 중국의 경제부총리를 만났을 때 "한국, 괜찮은가?"라는 질문을 받았고, "왜 그러는가?"고 물었더니 "미국이 손봐준다던데 … 걱정스럽다" 고 말했다는 사실도 공개했다. 서진영은 김영삼이 클린턴이나 하시모토를 만날 때, "민주화 투쟁 경력이 화려한 문민 대통령이라는 자부심과 긍지를 가지고 있었으나, 강대국 수뇌들에게는 그것이 제대로 통하지 않았던 것 아 니냐?"고 풀이했다.[8]

김영삼은 클린턴과 대북 문제에서 갈등이 있었고, 반말을 하는 등 미 국 대통령을 제대로 예우하지 않았다는 뒷말이 있었다. 또 일본을 대상으 로 "버르장머리를 고쳐 주겠다"고 말해 주목을 받기도 했다. 김영삼과 강대 국 수뇌들과의 외교 이면사에 대해서는 앞서 자세히 언급한 그대로다.

대통령 비서실장이었던 김광일은 "결정적인 순간 급전(急錢)을 꿔주어 한국의 IMF 위기를 막을 수도 있는 클린턴 대통령이 외면한 게 통한의 한 수(恨手)였다"고 밝혔다. 그의 주장은 김영삼의 "마음이 편치 않았다"는 발언이나, 서진영의 주장과 연결시키면 간단치 않은 메시지가 된다.[9]

동남아의 외환위기 당시 마하티르 모하마드 말레이시아 총리가 "외환위기는 동남아를 위시한 신흥공업국의 경제를 국제 유대 자본에 예속시키려는 음모"라고 비난하면서 IMF를 외면해 주목을 받았다. 2011년 9월 유럽에서 금융 위기가 재현되었을 때, 영국의 한 전문가는 "정부가 세계를 지배하는 게 아니라 골드만삭스(=유태계의 미국 은행)가 세계를 지배한다"고 규탄한 적이 있다.

한국에서 달러가 약속이나 한 듯 빠져나갈 때, 배후에 국제 투기 세력이 관계하고 있었다는 점에서 시사하는 바도 크다. 그런 성격의 보도나 비판은 그 뒤에도 계속되었다. 그러나 국제 음모론이라는 게 실체가 드러난 적은 없다.[10]

그렇다고 모두가 음모론의 시각을 가지고 있는 것도 아니었다. IMF 주범으로 몰려 27차례나 재판을 받고 무죄가 된 강경식은 "[블룸버그통신]이 음모론을 제기하고 있으나 나는 그렇게 생각하지 않는다"고 밝혔다. 그는 자신의 입장을 유리하게 할 수도 있는 음모론을 단호하게 배척하면서, "경제 위기가 세계 도처에서 일어나고 있는데 그때마다 음모가 있다는 말인가. 그렇다면 Brexit(=영국의 EU 탈퇴)에도 음모가 있다는 것인가?"라고 반문했다.[11]

참고 자료

1. 『김영삼 대통령 회고록』하 p351
2. 이대환 『박태준』 p748

3. 이교관 『누가 한국경제를 파탄으로 몰았는가』 p13

4. 김인호 『역대 대통령 통치구술 사료집』 p495

5. 조이제, 카터 에커트 『한국 근대화, 기적의 과정』 p226

6. 이교관 『누가 한국경제를 파탄으로 몰았는가?』 p15

7. 『김영삼 대통령 회고록』하 p361~365

8. 서진영 『김영삼 민주센터 녹취록』

9. 김광일 『김영삼 정부의 성공과 개혁』 p144

10. 『이종찬 회고록』2 p491~493

11. 강경식 『김영삼 민주센터 녹취록』

4장 IMF 위기의 큰 변수는 대통령 선거

한국의 IMF 금융 위기는 앞장에서 설명했듯이 달러의 유동성 위기와 그에 대한 대응의 실패에서 비롯되었다.

그 위기는 미국의 신자유주의적 국제 금융 정책과 국내적 요인이 맞물리면서 IMF행으로 귀결되었다. 국내적 요인은 상황적 요인과 구조적 요인으로 나눠 볼 수 있다. 가장 큰 상황적 요인인 대통령 선거에 관해 먼저 설명하고, 구조적 요인에 대해서는 별도의 장(=5장)에서 상술할 것이다.

대통령 선거라는 변수가 본격적으로 등장한 것은 1997년 7월15일, 기아자동차가 「부도유예 협약」 적용 기업이 되었을 때였다. 이 협약은 정부가 유예 조치를 취해 부도를 일시적으로 막아주는 제도였다. 하지만 부채 규모가 10조 원이 넘고, 부도 사태로 피해를 입게 될 인원이 수십만 명을 헤아릴 기업이 사실상 부도를 낸 것이었으므로 국내외적으로 충격이 컸다.

기아는 과도한 단기 차입에 의한 무리한 설비 투자, 문어발식 기업 확장과 책임 경영 부재 등 한국의 재벌기업이 가지고 있는 구조적 약점을 모두 가지고 있었고 주식이 거의 없는 김선홍(金善弘) 회장과 노조가 회사를 공동 경영해왔음을 앞서 지적한 바 있다. 당시 기아 측은 "기아는 국민기업이다"고 도전적인 과장 캠페인을 벌이기 시작했고, 68개 시민 재야 단체가 '기아 살리기 범(汎)국민운동'에 나섰다. 언론도 동조하는 흐름이었다.

여론을 타고 김선홍은 "호남 기업을 살려야 한다", "경상도 기업(=삼성)이 PK 정권의 도움을 받아 기아자동차를 먹으려 한다"고 지역감정까지 자극하고 있었다.[1]

한나라당 이회창 후보가 먼저 지지에 나섰고, 이어 국민회의의 김대중 후보도 적극 개입했다. 김대중은 "기아를 국민기업으로 살리겠다"는 공약까지 내걸었다. 강경식 경제부총리와 김인호 경제수석은 당초 기아를 경제 논리대로 부도 처리해야 한다는 소신을 가지고 있었다. 그런데 여·야 대통령 후보들이 반대하고, 한보 사건 이래 대기업 부도에 소극적이게 된 김영삼도 부도 처리를 원치 않고 있었다. 그 바람에 어물어물하면서 2개월이라는 아까운 시간을 허비하고 말았다.

국제 신인도(信認度) 회복 날려버린 DJ

태국에서 발생한 외환 위기가 북상(北上)하는 사이, 기아 처리의 방향을 지켜보던 외국 투자자들은 한국정부가 정치적 타협안인 「부도유예 협약」 처리를 하자 "한국정부가 민간 기업에까지 간여한다. 한국정부의 대외 신인도를 믿지 못하겠다"면서 반발했고, 이어 한국에서 빠져나가기 시작했다.[2]

그 뒤 강경식은 국제 신인도를 찾고 외환위기에 대비하기 위해 금융관계법 12개를 만들어 국회에 제출했다. 11월에 강경식의 극비 초청으로 한국에 온 미셸 캉드쉬 IMF 총재는 한국정부의 금융 개혁법 의지를 높이 평가하고, 관계법의 국회통과를 전제로 IMF 금융 지원을 약속했다. IMF로 가지 않고 금융 지원으로 유동성 위기를 해결할 수 있는 마지막 기회였다.

그러나 각 당의 대통령 후보들은 캉드쉬와의 약속보다도 금융 관계법 통과에 반대하는 세력에 관심을 쏟았다. 한국은행과 은행·보험·증권감독원 및 그 산하 노조 등 수십만에 달하는 금융권의 표심을 더 중시한 것이다. 결정적인 역할을 할 수 있는 국민회의는 상임위를 정족수 미달로 공전시키면서 석 달 이상 법안 처리를 미뤘다. 국민회의 지도부 인사들은 정부 쪽의 설득으로 법안의 중요성을 이해했으나, 김대중 자신은 반대 입장을 바꾸려 하지 않았다.

11월17일, IMF 측과 구제 금융 협상이 막바지에 왔을 무렵 법안 처리를 끝내 좌절시켰다. 금융 관계법 통과 좌절은 한국경제에 대한 국제 신인도 회복 기회를 날려버렸고, IMF와의 협상에서 한국정부의 입장을 더욱 불리하게 만들었다.[3]

후유증 계속된 '소 잃고 외양간 고치기'

집권에 성공한 뒤, 김대중은 캉드쉬의 압박을 수용해 강경식이 만들어 놓았던 금융 개혁 법안을 다시 꺼내들어 통과 처리했다. 소 잃고 외양간 고치기였다. IMF 지원 조건이 이미 까다롭게 변해 있었던 것이다.

12월3일, IMF와 협상 마지막 순간에 캉드쉬는 이회창, 김대중, 이인제 후보들의 각서를 요구했다. 노동법과 금융 개혁법, 기아 사태 처리 과정에서 보여준 한국 정치인들의 부정적 행태에 대해 불신을 표시한 것이다. 대통령이 일단 각 후보들로부터 각서를 받아 IMF로 보내는 것으로 양해돼 정리되었다.

같은 날 재경원 장관 임창열과 캉드쉬 사이에 대기성 차관 협약을 위한 양해 각서가 조인되었다. 이 각서에 따라 IMF를 포함한 3개 국제 금융기구로부터 지원금 550억 달러가 들어오게 되었다. 양해 각서가 조인된 다음날, 김대중이 이번에는 IMF 재협상을 주장하고 나섰다.

그는 IMF와의 협상이 치욕적이고 의혹이 있다면서 재협상을 요구했다. 재협상 발언이 국내외에 큰 파문을 일으키자 김대중은 한발 물러서서 캉드쉬에게 다시 서한을 보내 협약 이행을 약속했다.[4]

대통령 선거가 IMF 사태에 부정적인 영향을 끼쳤지만, 그 후유증은 김대중 정권 집권 이후로도 계속되었다. 김대중은 나중에 IMF 체제를 관리하는 과정에서 "두 가지 큰 정책 실수도 피해가지 못했다"는 비판을 받았다.

당초 캉드쉬는 고금리 정책을 단기적으로만 쓰라고 권고했다. 그러나 DJ 정부가 계속 장기적으로 고금리 정책을 강행하는 바람에 한국 사회의 양극화 현상이 심화되는 결과가 초래되었다는 것이다.

자금을 많이 가진 자들은 이익을 많이 볼 수 있었으나 가난한 사람들은 더욱 가난해졌다는 지적이었다. 최하위 계층 20%의 가구 소득이 1998년에는 10.4%였다. 하지만 이듬해에는 8.4%로 감소된 반면 최상위 20%의 소득은 1998년 5.6%, 1999년에는 3.7% 늘어나는 등 소득 양극화 현상이 심화된 것으로 나타났다.[5]

대량 해고와 동의어가 된 IMF

캉드쉬는 각 당의 정책위의장을 만났을 때 "사람을 자르지 말라"고 조언했다고 한다. 대량 해고를 하면 정치적으로 저항 세력을 양산하게 되는 결과가 오고, 경제적으로는 훗날 그들에 대한 사회보장을 정부가 해줘야 하므로 비용이 더 들게 된다는 설명이었다는 것이다.

DJ 정부는 그 충고와 다르게 거꾸로 갔다. 정리 해고제를 통한 대량 해고 정책을 계속, 결과적으로 IMF가 대량 해고와 동의어가 돼버렸다는 것이다. IMF 체제에 따른 대량 부도 정책도 강행했다. 그리고 그로부터 발생하는 국민적 고통은 전 정권의 몫으로 돌려졌다.

DJ 정부는 자기 정부의 시행착오로 발생한 사태까지 전 정권의 잘못 탓으로 규정했고, 그 바람에 YS는 더 처절하게 여론의 지탄을 받게 되었다는 것이다. 나중에 이명박 정부에서 재경원 장관이 된 강만수가 두 가지 정책이 캉드쉬의 요구와는 달리 거꾸로 가게 된 경위를 확인해보려 했으나, 근거 서류가 하나도 없었다고 했다.[6]

김대중은 집권 뒤 김영삼과 만날 기회를 만들어 화해(和解)를 시도했다. 그러나 여의치 않았다고 한다. YS가 "IMF 사태가 온 데 대해 당신이 응분의 책임을 인정하라"고 단호하게 요구했기 때문이라는 것이다. IMF 사태와 관련된 YS와 DJ의 입장을 상징적으로 나타내는 장면이라 할 수 있다. 두 사람의 애증이 교차하는 화해는 다른 장에서 설명했듯이, DJ가 타계한 뒤 YS가 일방적으로 선언하면서 이루어질 수 있었다.[7]

참고 자료

1. 이각범 『김영삼 민주센터 녹취록』
2. 『김영삼 대통령 회고록』하 p316~321
3. 『김영삼 대통령 회고록』하 p287
4. 『김영삼 대통령 회고록』하 p369~370
5. 안철환 『한국현대 정치사』 p361
6. 강만수 『김영삼 민주센터 녹취록』
7. 김기수 증언

5장 대기업 도산(倒産)을 막아준 대마불사(大馬不死) 정책

　　IMF 사태를 불러온 구조적 모순의 문제는 박정희 신화(神話) 당시로 거슬러 올라간다. 박정희는 재벌(=대기업)이 중심이 되는 국가 주도의 산업화 정책을 강력하게 추진해 '한강의 기적'을 이루었다. 자원도 기술도 없는 농업 후진국이던 한국을 10여 년 사이에 후발(後發) 산업국의 대열에 오르게 하는 리더십을 발휘했다.

　　그러나 급속한 경제 성장에 비례해 경제 질서가 심각하게 왜곡되는 부작용과 후유증을 피해가지 못했다. 게다가 이를 개선하는 의지가 뒤따르지 못했기 때문에 30년 군부 통치 시대가 마감된 시점에서 IMF 사태를 맞게 되었다.

　　박정희의 고도성장은 달러를 차관(借款)으로 들여와 공장을 짓고 기술을 도입하면서 시작되었다. 기업들은 차관 도입이 바로 이권(利權)이었기에 외자 도입 경쟁에 나서게 되었고, 집권 세력은 그 과정에 끼어들어 정치 자금을 챙기는 정경 유착 관계가 등장하게 되었다. 비서실장 이후락을 비롯한 당정(黨政)의 4인방이 정치 자금을 주무르며 금권(金權) 정치의 문을 열었다.

1970년대 초 유신(維新) 독재에 들어가면서 중화학 시대를 선언한 뒤, 재벌 중심의 산업화 전략으로 대기업의 문어발식 팽창주의와 그에 따른 과잉 중복 투자로 인한 적자(赤字)와 부실화가 커지기 시작했다. 대기업 내부의 상호 지급 보증, 내부자 거래로 거품 경제의 모순도 커졌고, 기업의 채무 구조가 차입 위주로 짜여 있어 계속 돈을 꾸어서 빚을 갚는 악순환 구조에 빠지게 되었다.

정부가 대기업의 도산(倒産)을 막아주는 대마불사(大馬不死)의 정책을 고수했으므로, 금융기관은 대기업에 무한정 자금을 대출해주는 관치(官治) 금융에 익숙해져 있었다. 대기업과 금융기관 사이에 결탁 구조도 심화되었다.

섬유, 신발류, 가발을 위시한 경공업 제품이 수출 주종인 한국에서 국제 경쟁력의 원천은 근로자들의 낮은 임금이었다. 적게 받고 긴 시간 일하는 근로자들의 희생과 헌신이 강요되었다. 노동권이 무시되고 정보기관을 내세워 노조 활동을 통제·탄압했다. 기업들은 자력으로 노조와 소통하려는 노력을 포기하고 공권력에 의지하려 했다. 탄압과 방임 사이에서 노조는 노조대로 투쟁력을 강화해 강성 노조로 크고 있었다.

경제정책 놓고 대통령과 부총리가 대결?

정경 유착, 관치 금융, 재벌의 독점 폐해, 강성 노조와 같은 비정상적인 경제체제가 비대화되면서 국가 통제 주도의 압축 성장 전략은 한계에 부딪히게 되었다. 수출 부진, 물가 앙등(昂騰), 외채 급증, 무역 수지 불균형, 경공업 경시로 인한 소비재 부족 사태가 발생했다. 고도성장의 그늘 속에서 존재했던 한국 경제의 민낯이 그랬다.

박정희는 1978년 12월22일, 9년 3개월간 경제 정책을 총괄해오던 비서실장 김정렴과 부총리 겸 경제기획원 장관 남덕우를 퇴진시키고, 경북 인맥의 대부(代父)로 성장한 보사부 장관 신현확을 새 부총리 겸 경제기획원 장관으로 발탁했다. 벽에 부딪힌 고도성장 전략의 돌파구를 찾기 위해 승부수를 던진 인사 포석이었다.

신현확은 박정희가 젊은 시절부터 주목해온 인물로 실력과 역량, 배짱, 추진력을 골고루 갖춘 중량급 인물이었다. 그는 취임하자마자 성장보다는 안정, 규제보다는 자율과 경쟁 촉진, 보호 장벽보다는 개방으로 경제 운영의 방향을 바꿔야 한다는 내용의 새 정책을 들고 나왔다.

말로는 '안정화 시책'이라고 부드럽게 표현했으나, 그 내용은 박정희의 압축 성장 신화가 한계에 부딪혔으니 180도 정책을 바꿔야 살 수 있다는 폭탄선언 같은 것이었다. 박정희가 강하게 이에 반발, 경제 정책을 놓고 대통령과 부총리가 대결하는 듯한 구도가 형성되었다.[1]

두 사람의 정책 대결 구도는 1979년 10월26일, 대통령 시해(弑害) 사건으로 결론을 내지 못한 채 막을 내리고 말았다. 그 시기에 비정상적인 경제 체제 부실화가 경제 난국의 원인으로 부각되는 가운데, 제2차 석유 파동과 세계 경기 후퇴가 한국 경제를 강타하고 있었다.

신민당 총재 김영삼이 반독재 민주화 투쟁을 강화하면서 유신 독재와 정면충돌하는 정치 위기까지 겹치는 복합적 위기였다. 말을 바꾸어 박정희가 세상을 떠나지 않았다면, IMF 사태에 필적하는 복합 위기라는 감당하기 어려운 한계 상황을 맞았을 공산이 컸다. 그 위기를 어쨌거나 넘기고 안정 기조를 되찾은 인물은 신군부의 리더였던 전두환이었다.

신군부가 집권한 1980년 한국의 경제성장률은 해방 후 처음으로 마이너스 성장(-5.6%)을 기록하고 있었다. 비정상적인 경제 구조와 정치 경제적 혼란 상황이 마이너스 성장의 주(主)원인이었다.[2]

저유가, 저환율, 저금리의 '3저(低) 호황'

전두환은 신현확 밑에서 '안정화 정책'을 입안했던 차관보 강경식을 재무장관에 이어 비서실장으로 발탁했다. 또 안정화 정책의 핵심 이론가인 기획국장 김재익을 청와대 경제수석으로 기용하여 경제 활력을 되찾고, 부작용과 후유증이 심각해진 3공의 압축 성장 전략을 수정하는 작업을 폈다.

"경제 위기를 극복해야 한다"는 국민적 공감을 등에 업고, 독재자의 완력으로 당·정을 눌러 정부 예산을 긴축 동결했다. 그래서 40%가 넘는 인플레를 10%선으로 잡을 수 있었다. 그 뒤 저유가, 저환율, 저금리의 '3저(低) 호황'을 맞는 행운에 힘입어 제2의 경제 성장을 시도했다.

그때가 IMF 사태라는 관점에서 보면 비정상적인 경제구조를 획기적으로 개선·조정할 수 있는 최적의 개혁 기회였다. 그렇지만 여러 차례 중화학공업 부문에 대한 구조 조정을 시도했으나 결과는 미흡했다. 3저 호황에 따른 버블 경제의 효과 때문에 긴장감이 떨어져 있는 데다가, 갈수록 덩치가 커지고 있던 재계의 강력한 압력에 밀려 모처럼 좋은 기회를 살리지 못한 것이다.

6공도 비슷했다. 노태우도 비정상적 경제 체제에 대한 개혁의 필요성을 잘 인식하고 있었다. 그러나 그는 집권 초 재벌 기업에 대해 3개의 주력 기업을 선택케 해 문어발식 사업 확충 사태를 막고, 대기업에 의한 금융기관의 여신을 규제하는 정책을 세웠다가 역시 재계가 강력하게 반발하자 중도 철회하고 말았다.

임기가 끝난 뒤 노태우는 "재벌의 과잉 부채가 문제였다. 5대 재벌의 부채가 1991년에는 각기 5조 원 수준이었는데, 6년 뒤인 1997년 IMF 때는 24조~25조 원으로 5배가 늘어나 있었다"고 지적하면서, 개혁 중단을 후회하고 있었다.[3]

6공은 '6월 항쟁'의 영향으로 그간 억눌려 있던 노동운동이 화약고처럼 폭발하는 갈등의 시기였다. 1986년에 276건이던 노동 쟁의가 1987년에는 3749건으로 10여 배나 급증하고 있었다. 노동운동의 전투성도 더 치열해졌고, 한국의 강성 노조는 세계적으로 유명해졌다.

6공은 추진력이 좋은 국회의원 최병렬을 노동부 장관에 기용해 사태를 개선하기 위한 노동법 개정안을 마련했으나, 법제화에 실패했다. 총선을 앞둔 시점에서 여당인 민자당 스스로가 강력하게 반대하고 나섰기 때문이다.[4]

3당 합당은 문민정부 탄생이라는 정치적 신화를 낳았다. 그렇지만 경제 정책으로 볼 때 비합리적인 경제 구조에 대한 조정 기회를 놓친 채 출발하는 부정적 측면을 안고 있었다. 노태우는 "구조 조정에 매달리다가 침체된 경제를 살리지 못하면 1992년 대선에서 패배할지도 모른다"고 우려했다. 그래서 3당 합당 직후 안정화 정책(=구조조정의 다른 이름이다)을 펴던 부총리 겸 경제기획원 장관 조순을 비롯한 경제장관 모두를 경질, 이승윤 부총리 팀을 내세웠다.

이승윤은 산업 구조 조정을 계속해야 하는 시점에서 거꾸로 경기 부양책을 택했다. 대통령 후보 김영삼은 중화학공업 부문의 과잉·중복 투자와 부실기업을 정리할 마지막 기회를 놓친 채 정권 창출에 나서야 했다.[5]

김영삼 정부도 집권 초 하나회 제거로 군부 독재의 뿌리를 제거하고, 민주주의 토대를 제도화하려는 민주개혁에 집중하다가 비정상적인 경제 체제를 고치는 적절한 기회를 놓쳤다. 세계화 개혁 때 다시 기회가 왔으나 힘이 더 커진 재계가 다시 강하게 반대했고, 군부 정권에서 잔뼈가 굵은 경제 참모들이 신중론을 내세우며 제동을 걸었다.

OECD에 가입하기 위해 충분한 감독 및 감시 체제를 구축하기 전에 금융 시장을 대외 개방하고 규제를 완화한 것이 독(毒)이 돼, IMF 사태로 연결되는 원인이 되었던 것이다.[6]

국민의 다이내믹한 애국심으로 IMF 조기(早期) 극복

한국은 중남미의 여러 나라들처럼 정부가 빚을 져서 외환위기가 온 경우가 아니었다. 국가 부도가 아니라 기업과 금융기관이 부도를 냈다. 정부는 차입 외화를 기업들에 빌려주어 유동성 위기를 막아주려다가 외환 보유고가 바닥나 부도가 난 것이어서, 남미 국가들의 국가 부도와 성격이 달랐다. 경제 펀더멘털이 튼튼한데도 불운하게 IMF 금융 위기를 당했던 것이다.[7]

강경식이 한국의 '펀더멘털 튼튼론'을 주장했다가 IMF 구제 금융을 받게 되는 바람에 웃음거리가 됐으나, 그의 주장이 허튼소리가 아니라는 사실이 확인된 것은 2년 뒤였다. 한국은 국제 사회의 예상을 깨고 IMF 체제를 조기(早期)에 극복하는 데 성공했다. 바로 그런 성공의 주(主) 원인이 튼튼한 펀더멘털이었던 것이다.

김대중 정부나 한국을 지원한 IMF의 공도 평가해야 한다. 하지만 각종 경제 지표를 보면, 한국 국민이 지탱해준 펀더멘털 구조가 조기 극복의 동력으로 부각되고 있는 것을 알 수 있다. 총 수출액을 따져보면 1997년에 1361억 달러, 1998년에 1323억 달러 수출(2.8% 감소)이었다. 수입액은 1997년 1446억 달러에서 1998년 933억 달러로 줄어들어 513억 달러의 흑자를 보게 되었다. IMF를 맞아 국민들이 소비를 줄였기 때문에 건국 후 최고의 흑자를 기록한 것이다.

그 추세는 1999년에도 이어졌다. 가용 외환 보유고는 1997년도의 88.7억 달러에서 1998년 말 520억 달러, 1999년 말 740억 달러로 늘어났다. 환율도 1997년 1달러당 1695원이었으나 1998년 말 1207원, 1999년 말 1145원으로 하락했다. 물가도 1998년에는 소비자 물가가 7.5% 상승했는데 1999년에는 0.8%로 하락했다.

경제성장률 역시 1998년까지는 마이너스 성장(-6.7%)이었으나, 1999년에는 연평균 10.7%의 높은 성장률을 보였다.

국가 신용 등급도 1997년 12월에는 '투자 부적격' 판단이었다. 그렇지만 1999년 12월에는 '투자 적격'으로 상향 조정되었다. IMF 당국이 한국 경제 잠재력을 재평가하기 시작해 규제를 완화하게 되었고, 2년 만에 6·25전쟁 이후 최대의 국난(國難)이라는 IMF를 극복하게 되었다.[8]

한국 산업화 성공의 진정한 주체는 갑남을녀(甲男乙女)의 이름 없는 국민들이었다. 그들이 피땀을 흘려 산업보국을 했고, 그들의 성원으로 민주화까지 이룰 수 있었다. IMF를 조기 극복한 것도 세계에 유례가 없는 '금 모으기 운동'을 편 국민들의 다이내믹한 애국심 덕분이었다.

참고 자료
1. 신철식 『신현확의 증언』 p273
2. 『전두환 대통령 회고록』 2 p29
3. 『노태우 대통령 육성 회고록』 p279
4. 김호진 『한국의 대통령과 리더십』 p340
    최병렬 자서전 『보수의 길 소신의 길』 p243
5. 이교관 『3자 복합체와 그 음모』 p191~200
6. 정용식 『문민정부 1800일 비화』 p265
7. 김인호 『역대 대통령 통치 구술 사료집 4』 p494
8. 오원철 『박정희 대통령은 이렇게 경제 강국을 만들었다』 p611~618

제 9 부

"아시아에 이런 대통령도 있다니…"

1장 여백(餘白)의 정치학

호남형(好男型)의 풍모에 온화한 분위기인 장년의 YS에게는 사람이 많이 몰렸다. YS와 깊은 대화를 나누는 동년배이자 민주당 원로인 김수한 전 국회의장은 YS에 대해 "천진난만한 동심(童心) 같은 것을 가지고 있었고 그 때문에 사람들이 몰린 것 같다"고 평했다.[1]

김수한은 정치인으로서는 드물게 순진해 보이고 순수해 보이기도 하는 YS의 인력(引力)을 매력의 포인트로 보고 있었다. 1970년대 한 일간지가 YS를 '덕장형(德將型)'으로 분류하는 보도를 한 적이 있다. 그러자 '지장형(智將型)'으로 지적된 DJ의 동교동 참모들이 "덕장이 지장보다 위 아니냐?"면서 아쉬워했다는 일화가 있다.[2]

YS는 단식 투쟁 뒤 5공과 맞선 민주화 투쟁을 주도하면서 용장(勇將) 쪽으로 변해간 듯하다. 그러나 YS에 대한 촌평(寸評) 가운데 TK의 마당발 김윤환이 언론계 중진 출신다운 감각으로 말했다는 "YS의 매력은 여백(餘白)이 있기 때문이다"는 표현이 가장 돋보인다.[3]

'여백'은 인간으로서의 YS의 개성(Personality)과, 정치인으로서의 포용성을 동시에 설명할 수 있는 단어이기 때문이다. 그렇지만 여백만으로는 많은 사람을 끌어모으지 못한다. YS는 마주 앉아 대화하는 상대를 끌어들이는 강한 인력을 가지고 있는 인물이다. 그 인력의 정체는 아마도 단정한 용모에서 은은하게 뿜어져 나오는 카리스마라 할 수 있다.

그의 인력에 끌리는 사람들이 YS의 여백을 채워주고 싶은 충동을 느끼게 된다고 할까? 실제로 수많은 정치인, 학자, 언론인을 위시한 지식인들이 YS의 여백을 메워주기 위해 많은 얘기를 해주었고, YS는 진지하게 경청하는 모드였다.

경청하는 자세가 YS의 성공 비결이 되었다. YS가 자신의 조언(助言)이나 충고를 받아들여 정책에 반영했다고 기억하는 사람들이 의외로 많다. 수많은 상대를 만나다 보니 YS는 대화의 핵심을 순간적으로 빨리 포착하는 능력이나, 내용을 판단하는 선별력도 키우게 되었다. 자신에게 도움이 된다는 생각이 들면 묻고 또 물어서, 그 내용을 스펀지처럼 흡입하는 능력도 키우게 되었던 것이다. 그 같은 대화의 연속이 그의 정치적 에너지의 기본이 되었다.[4]

민자당 대변인 박희태(=나중에 국회의장 역임)가 YS에게 "지역구(=부산 서구)를 솔선해서 포기하는 것이 어떠냐?"고 건의한 것이 대표적인 경우의 하나가 될 것이다. 박희태는 3당 합당을 선언한 지 3개월이 지났는데도 지구당 위원장을 어느 쪽이 차지하느냐를 둘러싸고 3당 출신 사이에서 갈등과 알력이 계속되는 현상을 해소하기 위해, 누군가가 대표적으로 물꼬를 터야 한다고 보아 그 같이 건의한 것이다.

YS는 자신도 같은 생각이라고 반응했으나, 막상 자신의 지역구를 그와 맞대결했던 변호사 박찬종에게 물려주어야 한다는 얘기가 나오자 "절대 안 된다"고 선을 그었다. 자신에 대한 여권의 저격수 역할을 했던 박찬종의 활동에 대해 매우 불쾌하고 부정적인 인식을 가지고 있었던 것이다.

그러나 몇 시간 뒤, YS는 건의를 수용하는 결단을 내렸다. 당시 언론은 "계파를 초월해 당의 위기를 극복하려는 행동"이라고 긍정적인 평가를 내렸다.[5]

경제 과목 과외수업 받은 YS

최진 교수는 저서 『대통령의 독서법』에서 역대 대통령 중에서 '알맹이 독서', '발췌 독서'라고 하면 가장 먼저 떠오르는 사람이 YS일 것이라 했다. YS는 저자나 교수처럼 전문가들로부터 필요한 정보나 지식을 듣는 방식과, 참모들의 요약정리, 또는 책의 목차를 보고 주요 부분만을 읽는 '알맹이 독서'의 방식으로 필요한 지식을 습득했다는 것이다.[6]

YS는 대선 후보가 된 뒤 1992년 6월부터 매일 오후 2시간여에 걸쳐 취약 분야인 경제에 관한 과외수업을 받았다. 박재윤 경제특보(=나중의 청와대 경제수석. 재무장관)와 한이헌 경제보좌관(= 同 청와대 경제수석)이 주로 강의했고, 통일 분야에 대해서도 교수나 전직 고위 관료들의 강의를 받았다.

그는 국정(國政) 실무에까지 밝고 판단력과 분석력, 실천력을 두루 갖춘 박정희형(型) 리더십을 높게 평가하는 3공·5공 치하에선 폄하의 대상이 되었다. 정부·여당은 YS에 대해 공부를 제대로 하지 않은 사람, 지식이 모자라는 사람, 국정을 모르는 사람으로 이미지를 왜곡시켜온 측면이 강하다.[7]

당시 정부·여당의 잣대로 보면 싱가포르의 리콴유(李光耀) 같은 사람이 최고일 수 있으나, 윈스턴 처칠(Winston Leonard Spencer Churchill) 같은 지도자는 하위점일 수 있는 논리적 허점을 안고 있었다. YS의 강점을 제대로 세상에 알리지 못한 민주계나, YS 지지 지식인들의 소극성이나 무

신경 탓으로 'YS는 공부가 모자란 사람'이라는 관점이 과장되게 화석화되었다.

인간으로서가 아니라 정치인으로서의 여백을 따져 보면 보다 흥미롭다. 이 경우 여백은 아마도 친화력, 포용력이 될 것이다. YS는 한국적 정치 현실에서 여·야를 통틀어 가장 정치적 여백이 넓은 정치인의 한 사람이었다.

3공 시절 "나는 새도 떨어트린다"던 중앙정보부장을 국회에 나가 맹공하고, 유신 체제를 정면으로 비판했던 국회의원은 YS가 유일했다. 그러면서도 그는 체육관에 나가 시민들과 어울려 운동을 했다. 숨 막히는 억압 체제 속에서도 대중과 함께하는 마음의 여유를 가진 인물이었다.

5공 때 민주산악회, 단식 투쟁, 민추협(=민주화추진협의회), 신당 돌풍을 홀로 끌고 가면서도 미국에 있던 라이벌 DJ의 지분을 스스럼없이 인정했다. 상도동 50%, 동교동 50%로 똑같이….

쌍끌이 투쟁의 효과 때문에 양보한 것이겠지만, 어느 구석에서든지 자신의 비중과 실적이 상대보다 더 크다는 것을 과시하는 차별을 시도한 흔적이 별로 없다. 수많은 언론을 상대했으면서도 공식적으로는 DJ를 대등하게 예우하는 태도로 일관했다. 후보 단일화 문제로 다툴 때에도 상식의 선을 넘지 않았다.

퇴임 후에야 YS는 DJ와 다투던 비화를 일부 측근에게 털어놨다. YS와 DJ는 단둘이서 심하게 언쟁도 하곤 했는데, 하루는 화가 난 YS가 "내가 단식하고 민추협 결성할 때 니는 미국에서 뭐 한 게 있노? 이제 와서… 숟가락 들이대면 다냐?"고 윽박질렀고, DJ는 대답을 못했다고 한다.[8]

YS의 입이 무거웠던 것도 따지고 보면 여백의 정치 영역이다. YS는 1976년 신민당 당권을 빼앗아간 이철승과 대결 상태였음에도, 상대가 야당 대표인 점을 고려해 1년 동안 그의 '중도 통합론'에 대한 비판을 삼갔다. 또 유신 정권의 앞잡이가 돼 자신에 대해 총재직 가처분 신청을 냈던 유기준을 용서하고, 나중에 경기도 광주에 공천하여 국회에 진출시켰다.

1979년 당시 김종필 국무총리의 부동산 비리가 드러났을 때 고발하자는 건의가 있었으나, "나의 투쟁 대상은 박정희다. 적을 많이 만들 필요가 없다"고 덮어두게 했다.[9]

신군부는 YS 세력을 약화시키기 위한 책략으로 상도동계의 스피치라이터이자 비서실장을 지낸 박권흠과 서석재, 신상우, 박관용을 '민정당 2중대'라던 민한당에 끌어들였다. YS는 그렇게 민한당으로 간 사람들을 변절자로 보았다. 그렇지만 나중에 기회가 왔을 때 다시 포용했다. 세(勢)를 확대하려다 보니 불가피했으나, 수용할 마음의 자세가 돼 있었기에 가능한 일이었다.

서석재는 민자당 시절 다시 돌아와 '나사본'(=나라사랑본부)의 본부장을 거쳐 총무처장관이 되었다. 박관용은 선거홍보위원장으로 일했고, 문민정부 초대 청와대 비서실장이 되었다. 신상우도 다시 받아들였다.[10]

"YS가 머리는 안 좋아도 덕망이 있다."

전두환의 경호실장, 안기부장을 맡았던 5공의 장세동은 역사 바로 세우기 재판에서 징역 3년 6개월을 선고받고 복역 중이었다. 그런데 1966년 월남전 참전 때 총격을 받았던 상처가 도져 어깨를 쓰지 못하게 되었다. 그는 베트남 퀴논 지역에서 중대장으로 참전했는데, 부하 소대장이 총을 맞고 쓰러지자 그를 구하려고 일어나는 순간 어깨에 총격을 받았다는 것이다. 장세동은 치료를 한 뒤 다시 전선으로 돌아갔고, 세 번 참전했다고 한다.

법무장관 김종구로부터 그런 보고를 받은 YS는, 용감한 군인이었다는 점을 높이 사 "민간병원으로 이송해 수술을 받은 뒤 장기 치료를 하라"고

지시한 적도 있었다.([조선일보] 2020년 9월28일)

　　YS의 여백의 정치는 3단계로 나눌 수 있다. YS는 40대 초까지 술도 잘 마시고(=위스키 1병), 담배도 체인 스모커(=하루 3~4갑)였으며, 취재진들과도 자주 어울려 식사와 술을 나누는 기회를 가졌다. 그 무렵 고참 기자들로부터 "공부 좀 하라"는 고언(苦言)까지 듣곤 했다.

　　그러던 YS가 10월 유신 이후 술과 담배를 끊고 심기일전했다. 그것이 첫 단계였다. 2단계인 5공 시절, 그의 여백의 정치는 한층 무르익는다. 과도정부의 국무총리 신현확이 3당 합당이 있기 1년 전 YS에게 '민주화를 가능하게 하기 위해서'라며 3당 합당을 권유한 것은 여백의 정치 중 하이라이트였다.

　　신현확은 "YS가 머리는 안 좋아도 덕망이 있다"면서 같은 고향 출신인 신민당 김현규 원내총무를 중간에 놓고 YS와 만나게 되었고, YS에게 큼직하게 훈수를 둔 것이다. YS는 장고(長考) 끝에 내각제 개헌을 빼고 3당 합당을 추진하는 승부수로 그 훈수에 답했다.[11]

　　3단계에서 여백의 정치는 일단 피리어드를 찍는다. 집권 뒤 나라 안팎의 사정과 정보를 가장 많이 아는 입장이 되자, 반생을 전문가들에게서 배운 YS는 그들을 상대로 이제 길게 말하기 시작했다. 그야말로 입장이 뒤바뀌는 대기만성(大器晩成)을 한 것이다. 사람들은 YS가 오만(傲慢)해졌다면서 '3독'(=독선·독단·독주)을 비판하기 시작했다. 법치(法治)가 아니라 인치(人治)라는 비판도 그때 나왔다.

'의리(義理)의 정치'에서 나온 상도동 결속력

　　김영삼은 1986년 한 잡지와의 인터뷰에서 "정치를 하면서 존중하는 것은 의리나 신의(信義)다. 계보(=상도동계)를 끌어가는 철학도 의리이다"고

밝히고 있었다.[12]

의리를 중시한 민주당 구파의 전통 때문인지 YS는 젊어서부터 '정치인의 의리'가 소신이었다. 따라서 직계인 상도동계도 의리가 상하좌우를 결속시키는 원동력이었다. 정가에는 "동교동계에는 머리 좋은 사람이 많고 질이 나쁜 사람도 많은데, 대조적으로 상도동계엔 머리 나쁜 사람이 많고 의리 있는 사람도 많다더라"는 우스갯소리가 나돌 정도였다.[13]

비서나 운전기사와 같은 수행원들이 자주 교체되느냐, 아니면 오랫동안 고정돼 있느냐 하는 것이 정치인을 평가하는 잣대의 하나가 될 수 있다. 정치인의 됨됨이에 문제가 있다면, 수행원들은 기회만 생기면 떠나버릴 것이기 때문이다. YS는 그 반대에 해당된다. 상도동의 특징은 한번 인연을 맺으면 비서나 기사가 오랫동안 함께 일하는 게 상식이었다. 심지어 가사 도우미까지도 20여 년을 함께 살고 있었다.[14]

상도동에 이어 청와대까지 가서 30여 년간 YS의 승용차를 몰았던 운전기사는 YS에 대해 '평생의 보스(='오야붕'이라고 일본식 표현을 썼다)'라고 말했다. YS의 속마음을 읽는 데 1인자란 소리를 듣던 정무수석 이원종은 "아버지보다 더 존경했다"고 털어놓았다.

"정치 자금을 한 푼도 받지 않겠다"는 김영삼의 원칙과, 불가피하게 돈을 필요로 하는 정치 현실과의 괴리(乖離) 사이에서, "개인 자격으로 정치자금을 변통했다" 해서 두 차례나 수감 생활을 해야 했던 홍인길은 "그 어른을 위해 한 일이다. 회한은 없다"고 했다. 총재 시절 수행 비서였던 김기수는 청와대에서도 비서(=수행실장)였고, 퇴임 후에도 비서(=비서실장)였다.

반생을 충직한 비서로 일하는 것은 결코 흔하지 않다. YS의 빈소에서 김기수를 알아본 JP가 "충신(忠臣)이다"면서 엄지를 치켜세웠다. YS를 정점으로 하는 상도동계의 의리는, 이렇게 충성심으로 끈끈하고 탄탄하게 맺어져 있었다.

YS가 민자당 후보 경선에서 승리하고 대통령 선거에 나서는 과정에서도 민주계는 책임 있는 자리를 모두 민정·공화계에 양보하고, 뒤에서 열심히 뒷받침하는 겸손한 모습이었다. 문민정부 초기 이회창 총리가 "우리 모두가 실세가 되어야 한다"면서 민주계의 눈에 띄는 처신을 견제하는 말을 던질 때도, 상도동 2인자였던 내무장관 최형우는 경청하는 자세였다.

정권 초기에는 그런대로 의리의 정치를 유지해가고 있었다고 할 수 있다. 그러나 관가(官街) 여기저기서 민주계가 점령군처럼 행세하고 있다는 얘기가 나왔고, "군화(=군부)가 떠나니 그 자리에 등산화(=민주산악회)가 대신 들어섰다"는 투의 비아냥까지 등장했다.

자유당 소장파 의원 시절부터 YS와 친구 사이였고 '대통령 만들기'에서 한 역할을 했던 김재순은, 재산 공개 때 축재(蓄財) 비리와 관련하여 밀려나자 "토사구팽(兎死狗烹) 당했다"고 외쳐 그 말이 시중에 유행어가 되었다. YS 대통령 만들기의 특등 공신이라는 소리를 듣던 TK 출신 김윤환이 "논공행상에서 지나치게 푸대접받는다"는 지적도 있었다.

1995년에는 3당 합당의 세 주역 가운데 한 명인 JP가 민자당에서 쫓겨나듯 탈당하는 충격적인 사건도 일어났다. YS는 3당 합당 덕으로 대통령이 될 수 있었다. 3당 합당이 보수 대연합이라거나, 호남권과 진보 세력을 포위한 지역 연합이라는 얘기가 괜히 나온 것이 아니었다.

그것은 문민정부 창출로 끝나는 것이 아니라, 문민정부의 개혁이나 YS의 퇴임 이후 정국에서도 3당 연합 구도가 중요할 수밖에 없다는 숙명적 정치 지형을 말해주고 있었다. 그런데 민주계는 결과적으로 TK 및 충청 세력과 등지는 노선을 택했던 것이다. 민주계가 결국 "자충수(自充手)를 두었다"는 것을 확인하는 데 많은 시간이 걸리지도 않았다.

새로운 돌파구를 찾아 나선 김윤환은 일부 TK 세력과 함께 이회창을 택했고, 그로 인해 세력이 강화된 이회창은 자신 있게 대통령과 본격적으로 각을 세우기 시작했다. 자민련을 창당한 JP는 DJ와 손잡고 YS 협공에 나서고 있었다.

기본적으로 JP는 내각제 개헌이나 자신이 대통령이 되는 일이, 한국적 정치 지형에서 어렵다는 점을 누구보다도 잘 알고 있었다. 협상의 문이 열려있었다. 김윤환은 자타가 공인하는 킹 메이커였고, 누구보다도 협상을 우선하는 실리주의자였다. 민주계가 JP나 김윤환을 상대로 YS 퇴임 이후에 대비한 큰 스케일의 구상을 할 수 있었다면, 상황이 많이 달라질 수 있었다.

참고 자료

1. 김수한 [월간조선] 2016년 2월호 p260
2. 이경재 『김영삼 민주센터 녹취록』
3. 고바야시 게이지 『김영삼』 p34
4. 김정남 『김영삼 민주센터 녹취록』
5. 박희태 『대변인』 p67~72
6. 유진 『대한민국 대통령, 그들은 누구인가』 p77
7. 최진 『대통령의 공부법』 p147
8. 김정남 『김영삼 민주센터 녹취록』
9. 정윤재 『한국대통령 리더십 연구』 p413~414
10. 문정수 『김영삼 민주센터 녹취록』
11. 김현규 『김영삼 민주센터 녹취록』, 신철식 『신현확의 증언』 p375~376
12. 강준만 『김영삼 이데올로기』 p290
13. 김정남 『김영삼 민주센터 녹취록』
14. 조수미 『김영삼과 나』 p108

2장 독단(獨斷)의 뿌리는 민주화 투쟁

문민정부 초기 청와대 참모는 물론 내각도 모르는 사이에 발표되는 대통령 주도의 깜짝 개혁이 화제가 되었다. 그러나 그것이 거듭되자 YS의 독선(獨善), 독주(獨走), 독단(獨斷)의 '3독(獨) 현상'이 문제로 부각되기 시작했다. 3독 가운데 독단이 핵심 문제였다.

알고 보면 그 뿌리는 독재와의 투쟁 시대로 거슬러 올라간다. 민주당 시절 원내총무나 총재 재임 당시, YS는 중요한 결정을 혼자 하는 버릇이 있었다. 당사자는 그것을 "정보기관을 상대로 비밀도 지키고 동지도 보호하려다 보니 그렇게 되었다"고 설명했다.

중앙정보부장 김형욱을 문책하자는 성명을 낸 적이 있었다. 그런데 중앙정보부가 성명 건의자, 의논 상대, 보도 경위를 추적 수사하는 것을 보고 동지들을 보호할 필요를 느꼈다는 것이다. 또 공화당의 3선 개헌을 반대하는 투쟁을 벌일 때 총재와 부총재 3인, 그리고 원내총무인 YS의 5명이 전략회의를 했는데, 회의 내용이 계속 새어 나갔다. 그래서 총재와 총무 둘이서만 의논하여 결정하게 되자 "기밀이 100% 지켜지더라"는 것이 YS의 설명이었다.[1]

그런 설명이 없더라도 독재 정보 통치 아래서 야당이 살아남으려면 기밀 지키기가 생명이었다는 것을 인정하기 어렵지는 않다. 문제는 그 같은 일이 민주화의 기수인 YS의 문민정부에서도 자주 일어나기 시작했다는 점이다.

물론 하나회 제거나 금융실명제 실시가 고도의 기밀 유지를 전제로 하는 큰 개혁이기는 했지만, 지나치게 개혁 과제를 '깜짝 쇼'처럼 처리한다는 인상을 준 것은 생각해볼 문제였다고 할 수 있다. 개혁에 동참해야 할 국민을 방관자로 밀어내고, 반대 세력에 문민독재라고 비판할 구실을 줄 수 있었기 때문이다.

"나는 한 푼의 정치 자금도 받지 않겠다."

YS는 개인적으로 돈을 챙겨놓은 게 없었다. 수십 년간 정치를 하면서 정치 자금을 다루었으나, 당과 정치인들의 뒷바라지에 쓰였다. 돈이 잠깐 거쳐 간 정거장이었던 셈이다.

퇴임한 후에는 생일잔치할 돈도 없었다. 서거(逝去)한 뒤 지은 「김영삼민주센터」가 신축 과정에서 차질이 생겨 거액의 부채가 발생했고, 가족들이 이를 변제하기 위해 유일하게 남은 상도동 사저(私邸)를 팔려고 내놓아야 했다. 그러고도 청산이 되지 않아 민주센터는 지금 소유권이 용산구청으로 넘어가 있다.[2]

수많은 재산을 남기고 간 다른 정치 지도자들과 비교가 된다. YS는 돈 문제에서 초탈했던 것으로 알려져 있다. 그는 자신의 이름으로 은행 계좌를 개설한 적도 없고, 부동산을 매매해본 적도 없다. 그는 정치자금을 재정 담당 비서에게 맡기고 필요할 때 필요한 액수만 받아 썼다. 그는 자금의 사용 내역을 물은 적도 없다. 다른 지도자들과는 달리 비서 출신들로부터는 공천 헌금을 받지 않았고, 전국구 공천 헌금도 직접 받지 않고 비서에게 맡겼다. 사적(私的)으로 유용할 수 있는 길을 스스로 차단한 것이다.

문민정부 출범 때 "한 푼의 정치 자금도 받지 않겠다"고 약속한 것을 끝까지 철저하게 지켰다. 정직하고 청렴하기 위한 그의 노력이 국민에게 덜 알려지고 묻힌 것은, 아들의 국정농단 시비나 일부 비서들의 비위에 대한 국민적 비판에 묻힌 탓인 듯하다.

헌정 중반기 무렵까지 역대 대통령 가운데 돈 문제에 관해 잡음이 없었던 인물은 이승만, 윤보선 이래 처음이었을 것이다. 박정희도 예상보다 청렴했음이 드러났으나, 영남대와 MBC의 지분을 가지고 있는 정수(正修) 장학회 문제를 둘러싼 시비를 남긴 것이 옥의 티였다.[3]

키가 작은 게 콤플렉스였던 YS

신장 1미터 68.5센티의 YS는 굽이 좀 높은 구두를 신고, 그 굽을 감춰 보려는 듯 바지자락을 길게 입고 있었다. 그 연배로는 작은 키가 아니었으나, 본인은 '단신(短身) 콤플렉스'가 있었던 모양이다.

5공 시절 야당의 가두시위 때 180센티의 장신인 비서 홍인길이 부축해 주기 위해 옆으로 다가가자, YS가 뜬금없이 "니, 키 되게 크데이!" 하고 외쳤다. TV 영상에 함께 비치는 걸 우려했던 듯한데, 말귀를 재빨리 알아챈 홍인길이 얼른 피했다는 일화가 있다.

그는 젊어서부터 외모 꾸미기나 옷차림에 신경을 쓴 동안(童顔)의 멋쟁이였다. 초선 의원 시절 바바리코트를 차려입은 그는 여성 팬이 많았다. 유년 시절 박 정권이 머리 기르는 자유까지 억압하며 장발족 단속을 할 때, YS는 귀밑을 덮는 장발로 젊은이들의 분노를 대변하면서 멋도 부리는 정치인이었다.

1979년 박 정권이 그의 신민당 총재직을 정지시키는 탄압을 가할 때, YS는 영웅으로 부상하고 있었다. 당시 중앙정보부 과장이던 이종찬(=나중에 민정당 총무와 사무총장 역임)이 남산체육관에서 본 YS는, 카리스마를 가진 육중한 정치 지도자라기보다 한 시대의 인기스타 같았다.

"감색 양복을 단정하게 입고 장발에 굽 높은 구두를 신은 그의 행동 하나하나가 멋 그 자체였다. 여성들이 모두 반한 듯 그를 응시했고, 트레이닝을 갈아입은 그가 트랙을 달리기 시작하자 젊은 지지자들이 뒤따랐고 여성들도 따랐다. 그는 선두에서 그 시대를 상징하듯 앞장서 달리고 있었다."[4]

'40대 기수론'으로 야당을 젊게 만드는 데 기여했던 YS는, 독재와 처절하게 싸우면서도 투쟁가로서의 강한 이미지 대신 친근한 이웃처럼 다가가는 대중 정치가로서의 면모를 과시하고 있었다. YS는 헌정 사상 처음으로 세련된 대중 정치가의 이미지를 선보인 선구자이기도 했던 것이다.

YS, 등산에 이어 조깅 유행에도 앞장서

김영삼은 등산에 이어 조깅도 유행시킨 선구자였다. 5공의 자택 연금 시절, 분노를 곰삭히기 위해 앞마당을 수없이 뛰는 바람에 잔디가 살아남지 않았더라는 소리를 듣던 그는, 그 뒤 자택이 있는 상도동 주민들과 어울려 매일 새벽 조깅을 한 것으로 유명하다. 대선 때는 지방 순회를 가서도 아침 일찍 운동장에 나가 수십 명 이상의 지역 인사들과 뛰는 행사를 계속한다. 조깅이 그의 정치적 트레이드마크처럼 되었다.

그는 대통령이 된 뒤 외국에 나가서도 뛰는 것을 중단하지 않았다. 강행군하는 일정에도 불구하고 새벽 조깅을 하는 YS를 보고 미 백악관 경호원들이 "한국 대통령은 철인(鐵人)이다"라고 혀를 내둘렀다는 일화도 남겼다. 클린턴과는 여러 차례 함께 조깅을 했는데, YS가 더 빨리 뛰려 해 상대가 민망해했다는 뒷소문도 있었다.

김일성이 사망하지 않았다면 남북 정상회담 때 대동강변에서 조깅하는 YS를 볼 뻔했다.

그러나 오랜 조깅으로 무릎이 나빠져 나중에는 수영이나 가벼운 배드민턴 경기로 조깅을 대신했다.

유명했던 아버지 어장(漁場) 멸치 선물

5공 시절이던 1985년, YS의 멸치를 선물 받지 못한 사람은 '축에 끼지 못한 사람'이라는 우스개가 있었다. 자금이 충분치 않은 그는 아버지 김홍조 옹의 어장에서 멸치를 가져와 선물로 돌렸는데, 해마다 3000포씩 가져왔다고 한다. 김장철에는 멸치 젓갈도 가져다 선물로 나눠주었다.

어장 저장용이 모자라면 이웃 어장에서 빌려다 메우기까지 했다. 3당 합당 때는 멸치 수요가 늘어 1만 포를 달라고 했으나 "그건 어렵다"면서 거절당했다고 한다.[5]

YS의 아버지는 자신은 싸고 맛있는 집을 찾아다니며 검소하게 살았고 인색했다. 그러면서 현금을 모아 두었다가 선거철이 되면 아들에게 선선히 내줬다. 그가 한번은 "왜 내가 힘들게 번 돈을 네가 펑펑 쓰는가?"면서 혼낸 적도 있었다고 한다. 김홍조는 임종 전에 아들 김영삼에게 "네가 모두 가져다 써버리는 바람에 나는 세상을 떠나면서 짐이 가벼워져서 좋다"는 유머러스한 덕담을 남기기도 했다는 것이다.[6]

YS는 약속 시간을 철저하게 지키는 것으로도 유명했다. 약속 시간 정각에 도착하는 것이 습관처럼 돼 있었다. 어쩌다 일찍 도착할 것 같으면, 승용차로 주위를 더 돌면서 제 시간을 맞추곤 했다. "시간을 지킬 수 없는 사람은 어떠한 약속도 지킬 수 없다"는 게 그의 지론이었고, 자주 늦는 사

람은 자연 눈 밖에 났다.[7]

철학을 공부한 그는 졸업 논문으로 「칸트(=독일 철학자)에 관한 소고」를 썼다. 그래서 시간 지키기가 칸트의 영향을 받은 것이라는 얘기까지 있었다. 칸트가 정확하게 시간을 지키는 생활을 하여, 주변 주민들은 칸트가 산책에 나서는 것을 보고 시간을 알게 되었다는 일화가 있었다는 것이다.

앞서 이야기한 대로 YS는 박정희가 장발 단속령을 내려 젊은이들을 죄인 취급할 때, 스스로 머리를 길게 길러 장발족이 됨으로써 젊은이들의 보호막이 되었다. 5공 시절 청와대를 드나들 때 누구나 이름표를 달아야 했으나, YS는 공개적으로 끝까지 달기를 거부하면서 전두환 독재의 권위에 도전했다.[8]

작은 일로 상징성을 내는데도 과감했다는 얘긴데, 대통령이 된 뒤 칼국수로 식단을 바꾼 것도 한 예(例)가 된다.

5공 시절 가택 연금이 되자 YS는 어느 날 집을 에워싼 전경들을 향해 "전두환은 아무리 나를 가두어도 민주주의를 향한 내 마음을 빼앗을 수 없다"고 절규하는 연설을 했다. 그가 전경을 상대로 연설한 것은 일반 취재진과의 접촉이 차단돼 있는데, TV 촬영 팀이 우연치 않게 집 앞에 와서 대기하고 있었기 때문이다. 상기된 표정으로 그 말을 하는 YS의 처절한 모습은, 2015년 11월22일 서거 당일 하루종일 TV에 방영되었다. 그 모습은 젊은 세대에게 민주화 투쟁의 생생한 현장을 실감케 해주었다.

1995년 8월15일, 조선총독부 건물이던 중앙청을 철거하는 행사를 마친 YS는 민주계 원로인 국회의장 김수한에게 전화를 걸어 "오늘 내 연설이 어땠던가요?"라고 물었다. 무슨 대답이 필요한지 잘 알고 있는 김수한은 "아주 좋았습니다. 감동적이었습니다"고 대답했다.[9]

YS는 신경을 써야 할 때 연설을 하는 경우 "내 연설이 어땠나?"라고 주변에 묻는 것이 버릇이었다. 대체로 좋다는 답이 돌아왔으나, 반응이 신통치 않으면 사람을 바꿔 묻기도 했다. YS는 '철성(鐵聲)'이라고 불리는 대중 연설에 알맞은 쇳소리의 차분하고 강한 음성을 가지고 있었다. 따라서 연설 내용이 좋으면 좋은 연설이 될 확률이 그만큼 높았다.

그런데도 확인하는 것이 버릇처럼 된 것은 자기 최면이 필요하기도 했겠지만, '연설의 달인'이라는 소리를 듣던 DJ와의 경쟁을 의식한 데서 비롯되었다는 해석도 있었다.

참고 자료

1. 김영삼 『나의 정치 비망록』
2. 이경재 『김영삼 민주센터 녹취록』
3. 김광일 『김영삼 정부의 성공과 실패』 p131
4. 『김종필 증언록』2 p341
    『이종찬 회고록』1 p317
    박권흠, 홍인길 『김영삼 민주센터 녹취록』
5. 강성재 『김영삼과 운명의 대권』 p213
6. 복진풍 『김영삼 민주센터 녹취록』
7. 김광일 『김영삼 정부의 성공과 실패』
8. 이우정 『김영삼과 나』 p192
9. 김수한 [월간조선] 2016년 2월호

3장 '정치의 민주화' 다음은 '풍자(諷刺)의 민주화'

서독 수상 헬무트 콜(Helmut Kohl)은 코미디와 만화의 단골손님이었다. 동·서독 통일에 결정적 역할을 하는 큰 업적을 남겼으나, 큰 덩치에 어눌해 보이는 서민적 캐릭터가 국민들에게 친근감을 주어 인기가 높았기 때문이다.

우리나라의 경우 YS가 집권하자 대통령을 소재로 한 유머가 헌정 사상 처음으로 등장했다. 초대 대통령 이승만은 고령인데다가 왕가의 후손이라는 엄격한 이미지여서 유머의 대상이 아니었고, 박정희는 소탈한 서민적이미지였으나 독재자로서의 카리스마 탓인지 냉정하게 비쳐지고 있었다.

전두환 정권 당시 그의 대머리를 주제로 한 풍자가 나왔으나, 언론 통제로 구전(口傳)될 뿐이었다. 그런데 YS 집권 후 '정치의 민주화'가 오면서 '풍자(諷刺·satire)의 민주화'가 뒤따라왔던 것이다.[1]

YS를 소재로 한 유머 책이 여러 권 나왔는데, 방송에서 작가 장덕균이 쓴 『YS는 못 말려』를 들은 YS가 "많이 웃었다!"면서 작가에게 전화를 걸기도 했다.

1992년 초 몽골 대통령이 방한했을 때, 청와대 환영연에 YS만 연미복을 입고 참석해 눈길을 끌었다. 청와대가 연미복을 평복 차림으로 바꿔 통보한 것을, 수행비서 김기수가 제때 챙기지 않아 발생한 해프닝이었다. YS는 행사가 끝난 뒤 돌아가는 승용차 안에서 아무 말도 하지 않았다. 승용차가 한강교 앞에 다다르자 차를 세우고 김 비서를 내리게 한 뒤, "한강에 뛰어 내리라"고 한마디 한 뒤 떠나버렸다.

다음날 김 비서가 출근하자 YS는 언제 그랬느냐 싶게 편안한 표정이었다. 따끔하게 주의를 줄 땐 주면서도 곧 잊어버리는 대범한 성격이었던 것이다. 상도동 비서들은 야단맞을 일이 있으면 2, 3일간만 YS와 마주치는 것을 피하는 게 요령이었다고 한다.[2]

YS는 서당에 다니던 다섯 살 때부터 붓글씨를 익혔다고 했다. 한때 서예가 김창환을 사사(師事)했다. 자택 연금을 당하고 있던 시절에는 잡념을 잊기 위해 서예에 열중하여 수준도 올랐고, 국내외에 알려지기도 했다.

YS의 아호인 거산(巨山)도 서예동호회가 거제도(巨濟島)와 부산(釜山)에서 '거' 자와 '산' 자를 따서 지어준 것이다. 그가 즐겨 쓴 글은 대도무문(大道無門), 사필귀정(事必歸正), 민주광복(民主光復), 극세척도(克世拓道) 같은 4자 성어와 정의(正義), 양심(良心), 자유(自由) 같은 단어들이었다.

퇴임 후 상도동에 돌아와서도 그때그때 정정(政情)을 상징하는 4자 성어를 즐겨 썼다. 클린턴 미 대통령이 방한했을 때도, 클린턴을 옆에 세워놓고 「대도무문」을 쓰던 사진이 유명하다.

작품을 국내외 인사들에게 나눠주었고, 서예전을 열어 수익금을 기부하기도 했다. 제임스 릴리(James Lilley) 주중 대사가 주한대사일 때 YS로부터 받은 한자 휘호 「自由」를 액자에 넣어, 미 대사관으로 피신한 물리학자이자 반정부 인사였던 방려지(方勵之)에게 선물로 주었다는 일화가 있다. 당시 릴리는 "독재로부터 박해를 받은 YS가 끝내 대통령 후보까지 되었다"

면서 "이 글씨가 당신에게 영감을 불러일으키길 바란다"고 말했다는 것이다.[3]

덕장(德將)에서 용장(勇將)으로 변하다

앞서 한차례 소개했으나, 1970년대에 양김을 두고 "YS가 덕장(德將)형이고, DJ가 지장(智將)형"이라는 보도가 있었다. 그런데 5공을 거치면서 YS는 덕장에서 용장 쪽으로 무게가 옮겨진 듯했다. 야전사령관처럼 싸우다 보니 거칠어진 것이 아닐까.[4]

YS는 태어날 때부터 기독교 신자였다. 어업(漁業)에 성공한 할아버지가 거제도 최초의 교회를 세웠고, 아버지와 어머니도 그 교회의 장로와 집사였던 기독교 가정의 첫 손자였던 것이다. 그는 안암동의 신암교회에서 문익환 목사의 부친인 문재린 목사로부터 세례를 받았고, 6·25 당시 부산에 온 김창인 목사(=당시는 전도사)와 알게 돼 그가 개척한 충현교회에 나가 장로가 되었다. 그의 정치 역량이 여러 단계를 거쳐 성숙되었듯이, 신앙 역시 시련을 거치며 깊어갔다. 자택 연금 기간은 깊은 좌절과 실의의 기간이었으나, 신앙과 민주화에 대한 집념으로 극복했다.

YS는 연금 시절 "두려워 말라, 내가 너와 함께 함이니라. 놀라지 말라, 나는 네 하나님이 됨이니라…"라는 구약성경의 이사야 41장 구절을 하루에도 수십 번씩 찾아 읽었다. YS의 기도문을 보면 다른 장로들보다 '나라', '민족', '사회', '민주화', '가난하고 억눌린 자', '지금도 감옥에서 고생하는 자'를 위한 기도가 많았다.

그는 아침에 조깅을 하고 와선 가정예배를 꼭 보았고, 청와대 시절에는 목사들이 와 예배를 주도했다. 그는 정치인이나 참모들과의 식사 때도 꼭 기도를 하게 했는데, 기도자로 지명 받은 사람들의 기도 솜씨가 대체로 물 흐르듯 유려한 것이 인상적이었다.

그가 권모술수가 판치는 정치 세계에서 생존에 성공할 수 있었던 것은, 기독교적 신앙에 힘입은 바가 컸다. 깊은 신앙심에 있어서 그는 평생의 맞수 DJ와 닮았다.[5]

1987년 대선 당시 YS는 주말에는 선거운동을 멈추고, 지방에 갈 때마다 교회의 조찬 기도회에 참석했다. 불교계를 의식해 사찰(寺刹)도 방문했으나, 합장 의례는 하지 않았다. 그 바람에 불교계가 크게 반발했다.

1992년 대선 때도 같은 양상이 반복되었다. 그래서 부인 손명순 여사가 전국의 사찰을 480여 차례나 찾아다니며 불교계 인사들을 달래는 역할을 수행했다. 손명순은 직정적(直情的) 성격의 YS에게 야단맞거나 꾸중을 들은 사람들의 마음을 풀어주는 역할도 했고, 여성 스캔들 문제도 마무리를 잘했다. YS의 지역구 관리를 맡아 한 사람도 손명순이었다.[6]

YS를 '아니키(=형님)'라 부른 일본 총리

'김영삼 대통령의 정상 외교'에선 눈에 보이지 않으나 묵직한 존재감(存在感)이 비장의 무기 역할을 했다. 남아공의 만델라(Nelson Mandela) 대통령처럼 '민주화 운동의 기수'로 국제적으로 널리 알려지게 된 김영삼은, 동남아 각국 정상들로부터는 중국 주석에 버금가는 예우를 받았다. 또 처음 만난 클린턴도 그를 깍듯하게 대접했다. 민주화 투사로서의 존재감 때문이었다.

천문학적인 공사비가 책정된 경부고속전철 공사를 프랑스의 테제베(T. G. V)가 수주했을 때의 일이다. 감사 인사차 방한한 테제베 대표가 청와대에 들러 국제적으로 공인(公認)된 커미션을 지불하겠다고 했다. 그러자 YS는 즉각 이를 거절했다고 한다. YS는 대신 그만큼 고속전철 건설비를 깎아

달라고 요구했고, 파리로 돌아간 그 대표는 "아시아에 이런 대통령도 있다니 놀랍다"고 반응했다는 비화가 있다. 대통령이 된 뒤 한 푼의 정치 자금도 받지 않겠다고 선언한 그로서야, 당연히 공사비 줄이기 발상을 하게 되었으리라.

김영삼은 자신의 존재감과 카리스마, 그리고 개인적인 기백과 순발력을 앞세워, 클린턴뿐 아니라 여러 강대국 원수들과 당당한 외교를 펴며 국격(國格)을 지키는 데 한 역할을 했다. 그 자신도 자부심과 긍지를 느끼고 있었던 듯, 총 796페이지에 달하는 회고록에서 해외 정상들과의 외교 활동에 관해 무려 261페이지를 할애하고 있었다.

김영삼은 무라야마 도미이치(村山富市) 일본 총리를 만났을 때, 일본이 과거사 사과에 인색한 점을 면전에서 추궁했다. 전례가 별로 없는 경우였다. 난징(南京) 대학살에 대해 의견을 나눴던 중국 주석 장쩌민과의 회담이 끝난 뒤, 그가 '독도는 일본 땅'이라고 말한 일본 총리 하시모토 류타로(橋本龍太郎)를 겨냥한 듯 "일본의 버르장머리를 고치겠다"고 발언해 일본정부는 물론 한국 사람들도 놀라게 만들었다. 일본어에는 '버르장머리'에 해당하는 단어 자체가 없어 생각보다 충격이 작았다고 보는 견해도 있다.[7]

그런 YS였지만 1995년 일본에서 한신(阪神) 대지진이 발생했다는 TV 뉴스를 본 뒤, 즉석에서 외무장관에게 전화를 걸어 "구호품을 보내라!"고 지시했다. YS의 순발력으로 한국은 일본의 자연 재해에 제1차 구호품 제공 국가가 되었다.

싱가포르의 국부(國父)로 일컬어지는 리콴유(李光耀) 전 수상과 만났을 때도 하고 싶은 말을 다 했다. 영국 옥스퍼드대학 출신의 수재라는 리콴유는 탁월한 식견과 뛰어난 경륜, 역사와 정치를 보는 깊은 통찰력으로 각국 지도자들로부터 멘토로 대우받는 인물. '선(先) 경제 발전 후(後) 민주화 노선'인 그는, 같은 성향의 박정희 지지자였다. 그런 리콴유를 만나서도 김영삼은 서슴없이 "인권과 민주주의가 중요하다. 국민들의 참된 행복은 민주주의에서 찾아야 한다"고 강조했다. 리콴유가 진지하게 듣고 있었다고 한다.[8]

김영삼은 프랑수와 미테랑(Francois Mitterrand) 프랑스 대통령의 방한 때 "외규장각(外奎章閣) 도서를 반환하지 않으려면 올 생각도 말라"는 취지의 강경 메시지를 비공식적으로 보냈다는 비화(祕話)도 갖고 있다. 외규장각 도서는 1866년 병인양요(丙寅洋擾) 때 프랑스군이 약탈해간 총 297권에 달하는 조선왕조의 주요 도서였다.

미테랑은 서울에 오면서 두 권을 상징적으로 가지고 왔고, 그 중 한 권인 『휘경원(徽慶園) 원소도감의궤(園所都監儀軌)』(상)를 김영삼에게 직접 전달했다. 프랑스가 제국주의 시절 각국에서 약탈해간 수많은 문화재 가운데 피해국에 반환한 것은 그때가 처음이었다. 프랑스가 외교 전통을 깨면서까지 도서를 반환한 것은, 경부고속전철 사업을 수주(受注)하기 위한 지원외교의 일환으로 볼 수 있었다. 그것은 김영삼의 강한 압박이 이끌어낸 결과라고도 할 수 있다.[9]

김영삼은 소련이 해체된 뒤, 야당 출신으로 권력을 창출한 보리스 옐친(Boris Yeltsin) 러시아 대통령과는 첫 만남에서부터 얘기가 통하는 친구 사이가 되었다. 옐친은 성격에서도 강한 의지력과 고집이 센 점이 YS와 비슷했다. YS는 고르바초프(Mikhail Gorbachev)와도 사이가 좋아 은퇴한 그를 서울로 초청하기도 했다.

마거릿 대처(Margaret Hilda Thatcher) 전 영국 총리와도 흉허물 없이 대화를 나눴다. 대처는 "말 잘하는 사람이 득 보기 마련인 TV 토론은 문제가 있다"고 지적, YS의 대선전 TV 토론 기피에 힘을 실어주기도 했다. 자크 시라크(Jacques Chirac) 프랑스 대통령은 "월드컵 축구의 서울 유치를 도와달라"는 요청을 받자 개인적 인맥을 소개해주기도 했고, 넬슨 만델라(Nelson Mandela) 남아공 대통령은 "김 대통령이 남아공을 방문하시면 민주주의를 위해서 싸운 사람들이 누구인지를 온 세계가 다시 알게 될 것이다"는 내용의 만찬사를 하기도 했다.

권력과 명예를 얻는 데 만족한 정치인

YS는 1992년 대선에서 TV 토론 문제를 놓고 생각이 많았다. 말이 짧은 것으로 알려진 YS는 논리적으로 자신의 생각을 전개하는 데 능한 달변가인 DJ나, 실물 경제에 밝은 정주영과 대결하는 문제에서 신경을 쓸 수밖에 없었다.

TV 토론에서 악재가 나오면 여론조사 1위인 입장이 큰 타격을 받을 수도 있었다. 위에서 말한 대로 그런 YS에게 서울에 왔던 마가렛 대처 전 영국 총리가 해결점을 귀띔했다. 대처는 단호한 어조로 "TV 토론 하나로 오랫동안 형성된 지지가 단번에 바뀐다는 것은 공정하지도 않고, 신뢰할 수도 없다"는 취지의 충고를 했던 것이다. YS는 대처의 지적에 즉각 동감을 표했고, 곳곳에서 대처의 발언을 소개하면서 그 논리로 다자(多者)에 의한 TV 토론을 거부하고 1인 초대 토론 형식만 받아들였다.

미국도 케네디(John F. Kennedy)가 닉슨(Richard Nixon)과의 토론에서 이긴 뒤 예상을 깨고 대통령이 당선된 이래, 16년간 양자 토론이 없었다.[10]

민자당 대통령 후보 김영삼은 1992년 대선에 대비해 각계의 중진 인사들을 발탁, 수십 명이 넘는 확대 비서실을 운영했다. 그는 틈이 있을 때마다 비서실 인사들을 상대로 자신의 생각이나 철학이 담긴 발언을 되풀이해서 강조하곤 했다. 그 중 첫 번째가 "사자는 토끼를 잡을 때도 다른 맹수와

싸울 때처럼 전력(全力)을 다하는 법"이라는 경구(警句)였다. "방심(放心)하
거나 오만(傲慢)해져 집중력이 떨어지면 큰일을 그르칠 수 있다"는 경계의
메시지가 그 안에 담겨있었다.

당시 그는 라이벌인 민주당 김대중 후보보다 8~10% 선을 여론조사에
서 앞서가고 있는 유리한 국면이었다. 그랬음에도 경계심을 강화해가고 있
었던 것이다. 그는 1970년 신민당 대통령 후보 경선 당시, 지지 세력이 압도
적이라고 해서 방심하고 마지막 순간 후보 수락 연설문을 다듬고 있다가,
DJ 측의 기습적인 반격 작전에 말려 극적 역전패를 당한 일이 있었다.

22년 뒤 같은 상대와 맞서는 대통령 선거에서 악몽이 되풀이되는 것을
막아야 한다는 일념이 그만큼 강했다고도 할 수 있다. 그러나 따지고 보면
YS가 되풀이한 경구는 투사의 철학을 상징하는 것이었다. 그가 살벌한 군
부 독재와의 투쟁에서 살아남을 수 있었던 것은, 그 같은 철저한 생존 철학
을 가지고 있었기 때문이다.

YS는 "사람이 돈과 권력, 그리고 명예까지 함께 가지기는 어렵다. 셋
중 한두 가지만 가져도 만족할 줄 알아야 한다"고 강조하곤 했다. 정권 창
출 가능성이 매우 높아 보였으므로, 집권을 전제로 한 자계(自戒)의 목소리
도 높아진 셈이었다. 게다가 YS가 스스로를 향해 던지는 소리처럼 들린 측
면도 없지 않았다. YS 자신도 재임 기간 중 자계론을 철저히 지키려고 노력
했다.

집권 초 "한 푼의 정치 자금도 받지 않겠다"고 對국민 약속을 했고, 그
약속을 지키려고 끝까지 노력했다. 권력과 명예를 얻는데 만족한 정치인의
한 사람이 된 것이다. 그것은 쉽지 않은 개인의 공적이었다.

그러나 IMF 사태로 제대로 평가받지 못한 채 역사의 뒷무대로 밀려나
가고 말았다. YS는 "산을 오를 때 정상에까지 가는 것도 중요하지만, 하산

(下山)할 때가 보다 중요하다"고 강조하곤 했다. 모두가 방심(放心)하는 순간이 더 위험하다는 뜻이었다.

그것은 집권할 때가 아니라 권력을 놓을 때가 진정한 위기라는 현실적인 인식을 가지고 있었음을 알려주고 있다. 그렇게 하산할 때 주의해야 한다고 입버릇처럼 외쳤으면서도, 집권 말기에 닥친 IMF 사태를 제대로 처리하지 못했다. 그로 인해 그 자신뿐 아니라 국민들에게 뼈저린 시대의 아픔을 안겨주었다는 사실이 진한 아쉬움으로 남는다.

참고 자료

1. 한홍구 『대한민국사(史)』3 p151
2. 김영환 『김영삼과 나』 p221
3. 제임스 R. 릴리 『아시아 비망록』 p501
4. 이경재 『김영삼 민주센터 녹취록』
5. 김무성 『왜 김영삼이어야 하는가?』 p187
6. 전병국 『김영삼 민주센터 녹취록』
7. 이청수 『김영삼 민주센터 녹취록』
8. 박진 『김영삼 민주센터 녹취록』
9. 『김영삼 대통령 회고록』하 p188
10. 『김영삼 대통령 회고록』상 p185

이 책의 사진은 〈김영삼민주센터〉에서
제공받아 사용하였습니다.

대통령과 임기를 함께한 문민정부 최장수 장관의 김영삼 評傳

金泳三 재평가

지은이 | 오인환
펴낸이 | 趙甲濟
펴낸곳 | 조갑제닷컴
초판 1쇄 | 2021년 11월 1일
개정판 1쇄 | 2021년 11월 15일

주소 | 서울 종로구 새문안로3길 36, 1423호
전화 | 02-722-9411~3
팩스 | 02-722-9414
이메일 | webmaster@chogabje.com
홈페이지 | chogabje.com

등록번호 | 2005년 12월 2일(제300-2005-202호)
ISBN 979-11-85701-72-1-03300

값 20,000원